Entscheidungen

des

Reichsgerichts.

Herausgegeben

von

den Mitgliedern des Gerichtshofes
und der Reichsanwaltschaft.

Entscheidungen in Zivilsachen.

Neue Folge.

Dreizehnter Band.

Der ganzen Reihe dreiundsechzigster Band.

Leipzig,
Verlag von Veit & Comp.
1906

Entscheidungen

des

Reichsgerichts

in

Zivilsachen.

Neue Folge.

Dreizehnter Band.

Der ganzen Reihe dreiundsechzigster Band.

Leipzig,
Verlag von Veit & Comp.
1906

Druck von Metzger & Wittig in Leipzig.

Inhalt.

I. Reichsrecht.

II. Gemeines Recht.

III. Preußisches Recht.

IV. Rheinisches Recht.

V. Prozeßrecht.

1. Was ist bei der Enteignung zur Anlegung städtischer Straßen unter der „neuen Anlage“ zu verstehen, deren Einfluß auf den Wert des abzutretenden Grundstücks bei der Bemessung der Entschädigung nicht in Anschlag kommen soll?

Preuß. Enteignungsgesetz vom 11. Juni 1874 § 10 Abs. 2.
Preuß. Fluchtliniengesetz vom 2. Juli 1875 § 11.

VII. Zivilsenat. Urt. v. 27. Februar 1906 i. S. H. u. Gen. (Kl.) w. Stadtgem. M. (Bekl.). Rep. VII. 257/05.

I. Landgericht Münster.
II. Oberlandesgericht Hamm.

Die Kläger besaßen im Süden der Stadt M. ein früher von zwei Feldwegen, der Scheibenstraße A (nördlich) und dem Dahlweg (östlich), begrenztes Grundstück. In einem 1896/97 festgestellten Bebauungsplan war die Umwandlung dieser Feldwege in städtische Straßen vorgesehen und sind die Fluchtlinien festgesetzt. Die Scheibenstraße A, jetzige Augustastraße, wurde alsbald in Angriff genommen; die Kläger traten dazu bereits im Jahre 1898 einen Streifen von ihrem Grundstück ab. Im Jahre 1901 wurde sodann der hier fragliche Teil des Dahlwegs als städtische Straße ausgebaut, und hierbei den Klägern ein 123 qm großer Streifen enteignet. Gegen die Entschädigungsfeststellung des Bezirksausschusses beschritten dieselben den Rechtsweg. Streitig war unter anderem die Frage, ob die enteignete Fläche als Bauland, oder nur als Gartenland zu entschädigen sei. Das Landgericht entschied die Frage zugunsten, das Oberlandesgericht zuungunsten der Kläger. Das Berufungsurteil wurde aufgehoben.

Aus den Gründen:

. . . „Die Kläger machen geltend, durch die Herstellung der Augustastraße im Jahre 1898 sei ihr ganzes Grundstück an derselben bebaubar geworden; bei der Enteignung vom Jahre 1901/2 sei ihnen also nicht, wie der Bezirksausschuß angenommen, Gartenland (im Werte von 10,50 M), sondern Bauland (im Werte von 24 M für das Quadratmeter) entzogen worden. Das Landgericht hat sich diesen Standpunkt der Kläger angeeignet und demgemäß die Entschädigung um 1660,50 M erhöht. Dabei hat es den Grundsatz des § 10 Abs. 2 des Enteignungsgesetzes, wonach eine Werterhöhung, die das abzutretende Grundstück erst infolge der neuen Anlage erhält, bei der Bemessung der Entschädigung nicht in Anschlag kommt, wohl in Erwägung gezogen. Es erachtet aber diesen Grundsatz auf die durch die Herstellung der Augustastraße entstandene Werterhöhung nicht für anwendbar, weil für das gegenwärtige Verfahren als „neue Anlage" im Sinne des § 10 Abs. 2 des Enteignungsgesetzes nur der Dahlweg, nicht auch die Augustastraße anzusehen sei.

Das Oberlandesgericht hat die Kläger ... mit ihrem Verlangen ... abgewiesen. ... Es führt aus, die Auffassung des Landgerichts, daß die Augustastraße und der Dahlweg je für sich als neue Anlage zu gelten habe, sei zu mißbilligen. Ein Bebauungsplan sei nicht lediglich als Summe einzelner Straßenfluchtpläne anzusehen, sondern als ein organisches Ganzes, zwischen dessen einzelnen Teilen ein innerer Zusammenhang bestehe. Deshalb könnten die durch die Fluchtlinienfestsetzungen des Planes bewirkten Wertsteigerungen nur als Wirkungen des Planes in seiner Gesamtheit, nicht als Wirkungen einer einzigen in dem Plane enthaltenen Straßenfluchtlinie in Betracht kommen. Zu dieser Beurteilung nötige auch die Erwägung, daß andernfalls die Eigentümer, deren Grundstücke von mehreren Fluchtlinienfestsetzungen betroffen würden, den Eigentümern anderer Grundstücke gegenüber einen erheblichen Gewinn machen würden. Entgegen der Absicht des Gesetzes, zu verhüten, daß die Enteignung für den Enteigneten zu einer Gewinnquelle werde, würde hierdurch die Spekulation mit Eckgrundstücken zum Nachteile der Stadtgemeinden oder der Unternehmer von Straßenanlagen begünstigt werden. Hiergegen ist zu bemerken, daß das Verlangen der Kläger, daß das enteignete Trennstück als Bauland bewertet werde, allerdings nicht gerechtfertigt ist. Denn als im Jahre 1898 die Augustastraße hergestellt wurde, stand die Fluchtlinie für den später ausgeführten Teil des Dahlwegs bereits fest; und es war demnach das jetzt enteignete Trennstück schon damals gemäß § 11 des Fluchtliniengesetzes vom 2. Juli 1875 mit der öffentlichrechtlichen Last der Unbebaubarkeit über die Fluchtlinie hinaus behaftet. Diese Beschränkung war als rechtliche Folge der Fluchtlinienfestsetzung für den Dahlweg eingetreten, gleichgültig ob die Festsetzung im nämlichen Bebauungsplan, wie diejenige für die Augustastraße, oder ob sie in einem besonderen Verfahren, ob sie gleichzeitig, oder früher oder später als die Festsetzung für die Augustastraße erfolgt war. Die Tatsache einer bestehenden Fluchtlinie für den Dahlweg verhinderte mit rechtlicher Notwendigkeit die Umwandlung des Trennstücks in Bauland, gleichgültig ob man die Herstellung des Dahlwegs mit dem Landgerichte als eine besondere neue Anlage, oder, wie das Oberlandesgericht, zusammen mit der Augustastraße als eine einzige neue Anlage ansieht. Hiergegen verstößt das landgerichtliche Urteil, und auch dem Berufungsgerichte scheint dieser Gesichtspunkt entgangen zu sein, da es ihn nicht berührt. Dagegen spricht allerdings hohe Wahrscheinlichkeit dafür, daß durch die Herstellung der Augustastraße das gesamte ihr benachbarte Gelände, insbesondere die Grundstücke am unregulierten Dahlweg, eine Werterhöhung im allgemeinen, auch in ihrer Eigenschaft als unbebaubares Gartenland, erfahren haben, und an dieser allgemeinen Wertsteigerung nahm auch das enteignete Trennstück teil. Für die Entscheidung der Frage nun, ob auch diese Wertsteigerung außer Ansatz zu bleiben hat, kommt es darauf an, was man bei der allmählichen Ausführung eines mehrere Straßen umfassenden Bebauungsplanes unter der „neuen Anlage" zu verstehen hat, deren werterhöhende Wirkung bei der Festsetzung der einzelnen Enteignungsentschädigungen außer Ansatz bleiben muß. Das Landgericht beantwortet diese Frage durch die Aufstellung des Rechtsgrundsatzes: Jede Straße ist für sich ein selbständiges Unternehmen, eine besondere neue Anlage, während das Berufungsgericht den Rechtsgrundsatz aufstellt: Alle im nämlichen Bebauungsplan vorgesehenen Straßen (und Plätze) bilden ein einheitliches Unternehmen, eine einzige neue Anlage im Sinne des § 10 Abs. 2 des Enteignungsgesetzes vom 11. Juni 1875. In dieser scharfen Zuspitzung kann weder die eine noch die andere Begriffsbestimmung für zutreffend erachtet werden. Zwar ist im § 15 des Fluchtliniengesetzes, woselbst im Abs. 1 von dem „Unternehmer der neuen Anlage", im Abs. 2 von den Kosten der „gesamten Straßenanlage" die Rede ist, unter der neuen Anlage unzweifelhaft nur die einzelne gerade ausgeführte Straße, jede Straße als Anlage für sich, zu verstehen.

Vgl. Entsch. des Oberverwaltungsgerichts vom 21. Februar 1898 Nr. 361, IV; v. Strauß u. Torney, Komm. zum Fluchtliniengesetz 5. Aufl. S. 232.

Allein diese für die Kostenverteilung gegebene Bestimmung kann nicht ohne weiteres auf die Anwendung des § 10 des Enteignungsgesetzes übertragen werden. Wenn mehrere Straßen nach ihrer ganzen Anlage, nach dem Zuge des sich darin entfaltenden Verkehrs und ähnlichen Gesichtspunkten in einem inneren Zusammenhange, einem gegenseitigen Abhängigkeitsverhältnisse zueinander stehen, so können sie sehr wohl als eine Anlage, ihre Herstellung als ein Unternehmen erscheinen. Eine solche Einheit als rechtlich notwendig aber schon deshalb anzunehmen, weil die Straßen im nämlichen Bebauungsplane vorgesehen sind, wie dies das Berufungsgericht tut, das geht zu weit. Was das Berufungsgericht über die Aufstellung größerer Bebauungspläne, über die von den Gemeinden hierbei zu beachtenden Gesichtspunkte, über den organischen Zusammenhang der einzelnen Teile des Planes ausführt, mag in der Regel zutreffen. Allein daraus folgt noch nicht, daß auch die Ausführung des ganzen Planes nur ein einziges und einheitliches Unternehmen ist. Bebauungspläne werden „nach dem voraussichtlichen Bedürfnisse der näheren Zukunft" aufgestellt. Diese kann sehr erhebliche Zeiträume umfassen; zwischen der Ausführung der ersten und der letzten der im Plane vorgesehenen Straßen können Jahrzehnte liegen. Der Plan kann Straßen umfassen, deren alsbaldige Ausführung einem dringenden Verkehrsbedürfnisse entspricht und deshalb von der Gemeinde selbst ins Werk gesetzt wird, und wieder andere, an deren Herstellung hauptsächlich nur die angrenzenden Grundeigentümer interessiert sind, denen deshalb die Bestimmung des Zeitpunktes der Herstellung überlassen werden kann. Die eine Straße kann die vorgängige, gleichzeitige oder alsbaldige Ausführung einer anderen zur notwendigen Voraussetzung oder Folge haben, wenn nicht die Anlage verfehlt sein soll; bei anderen Straßen kann dieser innere Zusammenhang fehlen. Die gebotene Abwägung dieser tatsächlichen Verhältnisse kann nicht durch die Bezugnahme darauf, daß ja die mehreren Straßen in einem Bebauungsplane festgesetzt sind, ersetzt werden. Ein einheitlicher Plan kann sehr wohl eine ganze Reihe selbständiger Unternehmungen umfassen. Dies zeigt sich deutlich an den älteren Bebauungsplänen aus der Zeit vor Erlassung des Fluchtliniengesetzes, insbesondere an den durch Königliche Kabinetsorder festgestellten Berliner Bebauungsplänen. Daß auch diese nicht zufällig zusammengewürfelt, sondern nach wohldurchdachten Gesichtspunkten aufgestellt waren, ist zweifellos. Ihre allmähliche Ausführung aber ist noch nie und nirgends als ein einheitliches Unternehmen angesehen worden. Nun waren freilich jene Pläne nicht veröffentlicht. Allein wie die Veröffentlichung sollte bewirken können, daß die allmähliche Ausführung des Planes rechtlich als ein Unternehmen anzusehen wäre, während sie ohne Veröffentlichung in mehrere Unternehmungen zerfiele, ist nicht wohl abzusehen. Richtig ist nur so viel, daß die Ausführung des einzelnen Unternehmens mit der Offenlegung des Planes beginnt, daß demnach auch von diesem Zeitpunkte an die werterhöhenden Wirkungen des Unternehmens, der neuen Anlage, zu beurteilen sind. Von dieser zeitlichen Einheit des einzelnen Unternehmens ist aber die sozusagen räumliche Einheit mehrerer Unternehmungen wohl zu unterscheiden. Diese Erwägungen führen zu der Entscheidung, daß es in jedem einzelnen Falle von den besonderen, nötigenfalls unter Zuziehung von Sachverständigen zu prüfenden Verhältnissen abhängt, ob die Herstellung mehrerer Straßen eine Anlage bildet, oder nicht. Von besonderer Bedeutung wird hierbei der zeitliche Zusammenhang der Ausführung sein. Zusammengehörige Straßen werden wohl in der Regel auch gleichzeitig oder unmittelbar nacheinander ausgeführt werden. Bleibt nach Herstellung der einen Straße die andere noch jahrelang zurückgestellt, so scheint dies gegen ein nahes Abhängigkeitsverhältnis zu sprechen. Von diesen, bisher vom Berufungsgericht nicht gewürdigten Gesichtspunkten aus bedarf die Sache nochmaliger Prüfung. Hierbei mag noch bemerkt werden, daß die Befürchtung ungesunder Spekulation besonders mit Eckgrundstücken, die das Berufungsgericht verwertet hat, um die Notwendigkeit seiner Auffassung zu begründen, nicht so schwer ins Gewicht fällt. In der Hauptsache ist der Spekulation, wie oben gezeigt, durch die Festsetzung einer Fluchtlinie der Boden entzogen. Bisher unbebaubare Flächen, die künftig zur Straße fallen sollen, können von da an nicht mehr Baulandseigenschaft erlangen. Wenn aber den Eigentümern die allgemeine Wertsteigerung des unbebaubaren Landes zugute kommt, so ist dies nichts Unberechtigtes. Denn diesem ihrem Vorteile steht der Vorteil der Gemeinde gegenüber, daß es von ihr abhängt, den Zeitpunkt der Enteignung zu bestimmen. Die Auffassung, daß es eine nach den Verhältnissen des jeweiligen Einzelfalles zu beantwortende Tatfrage ist, um die es sich hier handelt, ist auch der bisherigen Rechtsprechung des Reichsgerichts nicht fremd. So hat der V. Zivilsenat in einem Urteile vom 30. März 1887 (Bolze, Praxis des Reichsgerichts Bd. 4 Nr. 976) die tatsächliche Feststellung gebilligt, daß die Verbreiterung der neuen Friedrichstraße und die Anlegung der Kaiser-Wilhelmstraße in Berlin Teile derselben neuen Anlage seien. Freilich ist beizufügen, einmal, daß jene Unternehmungen gleichzeitig ausgeführt wurden, sodann, daß derselbe Senat in einem Urteile vom 19. Oktober 1889 (Bolze, a. a. O. Bd. 9 Nr. 568) auch die gegenteilige Annahme bezüglich der nämlichen Straßen gebilligt hat." ...

---

2. Steht die Reichsgesetzgebung dem Fortbestehen der französischrechtlichen Gemeinschaftlichkeit von Scheidemauern (der mitoyenneté) entgegen?

V. Zivilsenat. Urt. v. 28. Februar 1906 i. S. R. (Bekl.) w. Sch. (Kl.). Rep. V. 369/05.

I. Landgericht Mannheim.
II. Oberlandesgericht Karlsruhe.

In den Jahren 1897 und 1898 errichtete der Kläger auf seinem Grundstück B.straße 3 in M. zuerst ein Vordergebäude und dann ein Hintergebäude. Die Grenzmauern beider Neubauten gegen das Grundstück B.straße 5 zu wurden „halbscheidig", d. h. so gebaut, daß sie ihrer ganzen Länge nach zum Teil auf Grund von Nr. 5 zu stehen kamen. Beide Male wurde den Eigentümern dieses Nachbargrundstückes von dem Bauvorhaben Kenntnis gegeben. Das erste Mal erschienen sie vor dem Bezirksamt als Baupolizeibehörde gar nicht, das zweite Mal behielten sie sich alles Weitere vor.

Am 5. Juli 1899 verkaufte der Kläger das Grundstück Nr. 3 an die St.'schen Eheleute, wobei er sich die Hälfte des unabgeteilten Eigentums der erwähnten Grenzmauern vorbehielt. Er erwarb das Grundstück aber durch Zwangsversteigerungszuschlag vom 26. August 1903 zurück. Im gleichen Jahre erwarb der Beklagte das Nachbargrundstück Nr. 5 der V.straße zum Eigentum; er errichtete darauf einen Neubau unter vollständiger Benützung der vorbezeichneten Scheidemauern. Deswegen erhob Kläger gegen ihn Klage auf Zahlung einer Vergütung von 1691,48 ℳ, als Wert der halben Mauer, nebst Prozeßzinsen. Der Beklagte widersprach; er wurde aber vom ersten Richter unter Abweisung der Mehrforderung zur Zahlung von 1560,72 ℳ nebst Zinsen verurteilt. Das Landgericht verwarf den Klagegrund rechtloser Bereicherung, nahm aber ein stillschweigendes Angebot der Mauerbenützung auf seiten des Klägers und die tatsächliche Annahme dieses Angebots durch den Beklagten unter Heranziehung des § 921 B.G.B. und demnach die Zahlungspflicht des Beklagten an. Dessen Berufung wurde zurückgewiesen. Zwar billigte der Berufungsrichter den Entscheidungsgrund des Landgerichts nicht; er erachtete aber ein nach bad. L.R.S. 691 in den Jahren 1897 und 1898 durch Vergünstigung begründetes, dahin gehendes Dienstbarkeitsverhältnis für durchschlagend, daß der Kläger ein dingliches Recht erworben habe, die Mauern teilweise auf Grund und Boden des Beklagten zu errichten, wogegen der Beklagte, bzw. zunächst dessen Besitzvorgänger dinglich berechtigt worden seien, an die halbscheidigen Mauern gegen Ersatz des entsprechenden Wertes anzubauen.

Die Revision des Beklagten wurde zurückgewiesen.

Aus den Gründen:

„Die Revision, in der Aufhebung der französisch-rechtlichen mitoyenneté behauptet, nicht genügende Begründung des Berufungsurteils hinsichtlich der Servitutbestellung, namentlich Nichtberücksichtigung des Protestes eines Vorbesitzers des Beklagten, gerügt, Alleineigentum des Beklagten an der auf seinem Grund und Boden stehenden Mauerhälfte und rechtliche Unmöglichkeit der vom Vorderrichter angenommenen Dienstbarkeit geltend gemacht wird, vermag nicht durchzudringen.

An sich galt auch nach Code civil (badischem Landrecht) Art. 551 flg. der Grundsatz, daß das Eigentum an der Grundfläche das darauf Gebaute nach sich ziehe. Aber zur Erzielung einer sparsamen Bauweise, besonders in den Städten, bestand für sog. Scheidemauern (clôtures) eine Ausnahme. Sie beruhte auf Nachbarrecht oder gesetzlicher Dienstbarkeit nach Art. 653 flg. Code civil und ging dahin, daß der Erbauer einer solchen Mauer, wenn er sie zum Teil auf dem Grenzstreifen des Nachbars, aber auf alleinige Kosten errichtete, an ihr — nicht auch am Grenzstreifen des Nachbars — Alleineigentum erwarb, sofern der Nachbar wenigstens seine stillschweigende Zustimmung erteilt hatte. Dieses Maueralleineigentum war aber kraft erwähnten Nachbarrechts, insbesondere gemäß Artt. 661. 663 Code civil, mit der gesetzlichen Dienstbarkeit belastet, daß der Nachbar durch Ersatz des halben Mauerwerks die Gemeinschaftlichkeit — mitoyenneté — d. h. kein eigentliches Miteigentum daran, sondern nur Gemeinschaftsrechte erwarb.

Vgl. über all dies Entsch. des R.G.'s in Zivils. Bd. 2 S. 364; Behagel, Badisches Landrecht Bd. 1 S. 376; O.L.G. Köln in Puchelt's Zeitschr. Bd. 36 S. 52.

Alle Voraussetzungen für Entstehung gegenseitiger Rechte der vorbezeichneten Art waren im gegebenen Falle vor Einführung der neuen Gesetzgebung erfüllt. Insbesondere hat der Berufungsrichter ohne Rechtsverstoß festgestellt, daß die in Rede stehenden Scheidemauern vom Kläger mit stillschweigender Zustimmung der damaligen Nachbarn errichtet worden sind. Ohne weiteres unbedenklich ist diese Annahme in Ansehung der zuerst errichteten Scheidemauern des Vordergebäudes, dessen Übergreifen auf ihr Grundstück die Nachbarn kannten, aber trotz Ladung zur Baubehörde stillschweigend geschehen ließen. Aber auch für den später erbauten Mauerteil kann dem Ausspruch des Berufungsgerichts nicht entgegengetreten werden, daß der scheinbare Protest, der nur „alles Weitere vorbehielt", und dem eine weitere Folge nicht gegeben wurde, bedeutungslos gewesen sei, und daß ihm auch vom Beklagten keine Bedeutung beigelegt worden sei.

Unter diesen Umständen kann es keinem Zweifel unterliegen, daß, falls an die bestrittenen Scheidemauern vom Nachbar vor dem

1. Januar 1900 angebaut worden wäre, ebenso wie dessen volles Recht hierzu, so auch seine Verpflichtung zur Vergütung der Hälfte der Kosten der Mauern festgestanden hätte. Es kann nicht zugegeben werden, daß durch Einführung der Reichsgesetzgebung von selbst das Recht der mitoyenneté gänzlich wegfallen mußte. Es belastete zu dieser Zeit nicht etwa nur die auf fremdem Grunde stehende Scheidemauernhälfte, sondern die ganzen Scheidemauern zugunsten des Nachbars, indem es diesem ein Anbaurecht gegen Zahlung der halben Mauererrichtungskosten gewährte. Derartige Rechte bleiben nach der Regel des Art. 184 Einf.-Ges. zum B.G.B. mit ihrem bisherigen Inhalte bestehen. Dies muß nach Art. 124 daselbst auch für nachbarrechtliche Belastungen gelten. Mit Unrecht beruft sich der Revisionskläger für seine Meinung, daß das ganze in Frage stehende Recht durch die Reichsgesetzgebung untergegangen sei, auf die über französisches Kellerrecht und Übergangsrecht hierzu ergangene Entscheidung des erkennenden Senats vom 13. Januar 1904 (Entsch. in Zivils. Bd. 56 S. 258). Dort ist ausdrücklich das Fortbestehen solcher Kellerrechte nach dem angezogenen Art. 184 anerkannt, wenn auch die Änderung ihrer rechtlichen Konstruktion ausgesprochen wurde. An eine solche Änderung kann auch im vorliegenden Falle gedacht werden. Es kann zweifelhaft sein, ob mit dem 1. Januar 1900 das Alleineigentum der Scheidemauern beim Erbauer verblieb, oder ob es, soweit sie auf Grund und Boden des Nachbars stehen, also zur Hälfte, auf diesen Nachbar überging. Diese Frage kann aber hier um deswillen auf sich beruhen, weil jedenfalls auch im letzteren Falle ein Recht des Nachbars auf die fremde Sache verblieb, weil er eben von Anfang an nicht etwa ein Recht des Anbaues an die auf seinem Grund stehende Mauerhälfte, sondern ein Recht des Anbaues an die ganze Scheidemauer, die baupolizeilich und praktisch nur als Einheit gedacht werden kann, besaß.

War nach dem allem die neue Reichsgesetzgebung der Fortdauer des bestrittenen Rechts nicht entgegen, so stand es doch gemäß Art. 218 mit Artt. 124. 184 Einf.-Ges. zum B.G.B. der badischen Landesgesetzgebung frei, es abzuschaffen, und daß dies geschehen sei, nimmt das Berufungsgericht unter Hinweis auf die der mitoyenneté nicht günstigen Äußerungen bei Beratung des badischen Ausführungsgesetzes an. Dieser Ansicht stehen, besonders soweit sie nicht nur die Neubegründung derartiger Rechte für die Zukunft, sondern auch den Fortbestand der vor 1900 wohlerworbenen Rechte verneinen will, erhebliche Zweifel entgegen. Denn eine ausdrückliche Aufhebung enthält das badische Ausf.-Ges. zum B.G.B. nicht. Im Gegenteile sprechen die Artt. 13 und 14 dieses Gesetzes für eine andere Auffassung. Art. 13 läßt die früheren Grundsätze über einseitige Überbauung (Erhöhung) einer gemeinschaftlichen Mauer im wesentlichen fortbestehen, und es ist wohl zu bemerken, daß nach dem bisher allerdings nicht näher geprüften Vorbringen des Klägers im gegebenen Falle auch eine solche Erhöhung durch den Beklagten vorgenommen worden sein soll. Art. 14 des bezeichneten Gesetzes aber sagt: „Hat der Eigentümer eines Grundstücks vor dem Inkrafttreten des Bürgerlichen Gesetzbuchs auf Grund des Landrechtsatzes Art. 663 von seinem Nachbar verlangt, daß er zur Erbauung einer Scheidemauer beitrage, so bleiben für das Recht und die Pflicht zur Errichtung derselben die bisherigen Vorschriften maßgebend.“ In der Tat wurden in der rheinpreußischen Rechtsprechung die ähnlichen Bestimmungen in Art. 23 und 24 preuß. Ausf.-Ges. zum B.G.B. in naheliegender Weise schon dahin ausgelegt, daß das in Rede stehende Recht dadurch im wesentlichen aufrecht erhalten worden sei.

Vgl. Urteil des O.L.G. Köln in Puchelt's Zeitschr. Bd. 36 S. 601.

Muß man indessen den erwähnten gegenteiligen Ausspruch des Berufungsgerichts für Baden gemäß §§ 549. 562 Z.P.O. in Verb. mit § 1 der Kaiserlichen Verordnung vom 28. September 1879 als der Revision nicht unterworfen anerkennen, so trägt der weitere Ausspruch des Oberlandesgerichts, daß in vorliegender Sache ein Dienstbarkeitsverhältnis desselben Inhalts, wie das Recht der mitoyenneté, in den Jahren 1897 und 1898 begründet worden sei, die angefochtene Entscheidung vollkommen. Soweit dieser Ausspruch auf Tatsachenwürdigung beruht, läßt er Verletzung der Vorschriften über das Streitverfahren, insbesondere des § 286 Z.P.O., nicht erkennen, und soweit er die rechtliche Möglichkeit eines derartigen Dienstbarkeitsverhältnisses anerkennt, verstößt er weder gegen den Code civil, noch gegen Art. 184 Einf.-Ges. zum B.G.B., noch gegen §§ 1020—1028 B.G.B. Namentlich kann auch das ausnahmsweise Bestehen einer Zahlungspflicht des Dienstbarkeitsberechtigten nicht als mit jenen Gesetzen unvereinbar angesehen werden, was insbesondere auch aus Inhalt und Sinn der §§ 1021 und 1022 B.G.B. hervorgeht.

Da somit schon die gegebene Begründung des Vorderrichters zur Aufrechterhaltung seiner Entscheidung ausreicht, bedarf es keiner Untersuchung darüber, ob nicht auch äußerstenfalls noch andere Rechtsgründe, namentlich der der rechtlosen Bereicherung oder der Geschäftsführung zu gleichem Ergebnisse führen müßten." ...

3. Auslegung der einer Bürgschaftserklärung beigefügten Beschränkung, daß die Bürgschaft nur bis zu einem bestimmten Tage gültig sein solle, bei der Bürgschaft für erst künftig entstehende Forderungen.

VI. Zivilsenat. Urt. v. 1. März 1906 i. S. P. (Kl.) w. B. (Bekl.). Rep. VI. 230/05.

I. Landgericht Halle a. S.
II. Oberlandesgericht Naumburg a. S.

Der Beklagte, ein Kaufmann, stellte unter dem 15. August 1901 auf Ansuchen des Kaufmanns B. eine Urkunde aus, durch die er gegenüber dem Kläger Bürgschaft für Verbindlichkeiten des B. übernahm. Die Urkunde lautete:

„Hierdurch übernehme ich selbstschuldnerische Bürgschaft für alle Ansprüche, welche die Firma G. P. in H. aus ihrem geschäftlichen Verhältnis mit der Firma E. B. in L. an letztere in der Höhe von 6000 *M* hat, und zwar ist die Bürgschaft gültig bis zum 15. August 1902."

Der Kläger, der auf Grund der Bürgschaft dem B. Kredit in Höhe von mehr als 6000 *M* gewährt hatte, forderte, als B. Anfang September 1902 in Konkurs verfiel, von dem Beklagten aus Geschäften, die er mit B. in der Zeit zwischen dem 15. August 1901 und 15. August 1902 geschlossen hatte, Bezahlung von 6000 *M*. Die erste Instanz verurteilte nach dem Klagantrage; das Oberlandesgericht wies die Klage ab. Das Reichsgericht hat das Berufungsurteil aufgehoben und die Sache in die Berufungsinstanz zurückverwiesen.

Aus den Gründen:

„Die Vorinstanz stellt einwandfrei fest, daß die vom Beklagten geleistete Bürgschaft auch diejenigen Beträge habe umfassen sollen, welche B. dem Kläger nach der Bürgschaftsleistung schuldig werden würde. Hieraus und aus der unstreitigen Tatsache, daß die in Betracht kommenden Ansprüche des Klägers an B. insgesamt erst nach dem 15. August 1901 entstanden sind, leitet die Vorinstanz mit Recht die Folgerung ab, daß die Vorschrift in § 777 B.G.B., die sich nur auf die Bürgschaft für bei deren Übernahme bereits bestehende Verbindlichkeiten des Hauptschuldners bezieht, hier keine Anwendung finden könne. Sie erachtet gleichwohl die Klageforderung für unbegründet, weil die zeitliche Beschränkung, die der Beklagte seiner Bürgschaftserklärung beigefügt hat, dahin zu verstehen sei, daß er überhaupt nur bis zum 15. August 1902 als Bürge gebunden sein und auch für die bis dahin entstandenen Verbindlichkeiten des B. nur dann aufkommen wolle, wenn sie in der gesetzten Frist fällig geworden seien, und der Kläger auch bereits innerhalb der Frist den Beklagten als Bürgen in Anspruch genommen habe. Dies aber sei nicht geschehen.

Die Erwägungen, welche die Vorinstanz zu dieser Auffassung bestimmt haben, sind indes in mehrfacher Beziehung zu beanstanden.

Zunächst kann der Annahme, daß die von der Vorinstanz vertretene Auslegung der klaren Fassung der Bürgschaftsurkunde entspreche, keineswegs beigepflichtet werden. In dieser ist zunächst ausgesprochen, der Beklagte übernehme für alle Ansprüche des Klägers an B. selbschuldnerische Bürgschaft, jedoch nur bis zur Höhe von 6000 *M*. Wenn dem dann noch hinzugefügt ist: „und zwar ist die Bürgschaft gültig bis zum 15. August 1902", so ist es nicht bloß möglich, sondern nach dem Wortlaut und dem inneren Zusammenhange der ganzen Erklärung auch das Nächstliegende, dies dahin zu verstehen, es sei damit lediglich der Kreis der Forderungen, auf die sich die Bürgschaft beziehen sollte, noch zeitlich beschränkt worden, nämlich dahin, daß sie nur für Forderungen des Klägers aus der Zeit bis zum 15. August 1902 gültig sein solle. Diese Auslegung entspricht auch der im Geschäftsverkehr, insbesondere unter Kaufleuten, üblichen Ausdrucksweise (§ 346 H.G.B.). Sie steht im Einklange mit demjenigen, was in den Motiven zum Entwurfe eines

Bürgerlichen Gesetzbuchs zu § 679 (Bd. 2 S. 681) ausgeführt ist und von den Bearbeitern des Gesetzbuchs, soweit sie sich mit dieser Frage beschäftigen, überwiegend angenommen wird.

Vgl. die Kommentare von Planck und von v. Staudinger in den Bemerkungen zu § 777, ferner Windscheid-Kipp, Pandektenrecht Bd. 2 S. 1033, auch Matthiaß, Lehrbuch des bürgerl. Rechts 3. Aufl. Bd. 1 § 131 unter E, 1.

Das Berufungsgericht hat seine Auffassung weiter damit begründet, daß die von ihm angenommene Auslegung aus allen die Errichtung der Urkunde begleitenden Umständen als die dem Willen der Beteiligten entsprechende zu entnehmen sei.

Angeführt wird jedoch in dem Urteile nur ein Umstand, nämlich Äußerungen, die der Beklagte vor Ausstellung der Urkunde bei zwei Gelegenheiten gegenüber dem Hauptschuldner B. und dessen Ehefrau getan haben soll. Aus ihnen wird gefolgert, „daß der Beklagte keinen Augenblick länger als bis zum August 1902“ — soll wohl heißen: bis zum 15. August 1902 — „habe haften und mit diesem Augenblick klar habe sehen wollen, woran er sei“. Hiergegen kommt jedoch folgendes in Betracht. Bei der Auslegung des zwischen den Parteien zustande gekommenen Vertrages ist nicht entscheidend, was der Beklagte seinerseits gedacht und beabsichtigt hat; es kommt vielmehr darauf an, was er dem Kläger tatsächlich erklärt hat, und wie dieser die an ihn gerichteten Erklärungen des Beklagten nach deren Inhalt nach Treu und Glauben verstehen durfte. Die von der Vorinstanz auf Grund der Aussagen der Eheleute B. als erwiesen erachteten Äußerungen des Beklagten würden daher höchstens dann für die Vertragsauslegung Bedeutung beanspruchen können, wenn sie vor oder bei Abschluß des Bürgschaftsvertrages dem Kläger bekannt geworden wären. Daß dies geschehen sei, ist von der Vorinstanz nicht festgestellt, von dem Beklagten auch gar nicht behauptet worden, und nach den Aussagen der Eheleute B. kann nicht wohl ein Zweifel darüber bestehen, daß der Kläger bei den Gesprächen, bei denen die von der Vorinstanz verwerteten Äußerungen vom Beklagten getan worden sein sollen, nicht anwesend gewesen ist.

Andere begleitende Umstände, welche für die von der Vorinstanz angenommene Vertragsauslegung sprechen könnten, sind in dem

Berufungsurteile nicht angegeben, von dem Beklagten übrigens auch gar nicht behauptet worden.

Die von der Vorinstanz dargelegten Gründe sind hiernach nicht geeignet, die von ihr getroffene Entscheidung zu rechtfertigen; vielmehr würde nach dem, was bisher vorliegt, anzunehmen sein, daß der Beklagte bis zur Höhe von 6000 ℳ für alle Forderungen, die dem Kläger bis zum 15. August 1902 an B. erwachsen sind, als Bürge aufzukommen habe.

Das angefochtene Urteil mußte hiernach aufgehoben werden. Selbst in der Sache zu erkennen, war das Reichsgericht nicht in der Lage, da in keiner Weise aufgeklärt ist, wie der Vertragsabschluß zwischen den Parteien sich vollzogen hat, also die Möglichkeit besteht, daß hierbei Erklärungen gewechselt worden sind, aus denen sich eine andere als die nach dem bisherigen Sachstande anzunehmende Vertragsauslegung ergeben würde." ...

---

4. Kann im Fall der Pfändung einer Eigentümer-Briefgrundschuld, welche gemäß den §§ 1117. 1163. 1177 B.G.B. dadurch entstanden war, daß der Eigentümer nach Bestellung einer Hypothek den Brief dem als Gläubiger Eingetragenen nicht übergeben hat, von dem letzteren gegenüber dem Pfändungsgläubiger mit Erfolg geltend gemacht werden, der Eigentümer habe sich vertraglich verpflichtet, ihm den Brief zu übergeben?

VII. Zivilsenat. Urt. v. 2. März 1906 i. S. W. u. Gen. (Bekl.) w. P. (Kl.). Rep. VII. 286/05.

I. Landgericht Stettin.
II. Oberlandesgericht daselbst.

Aus den Gründen:

... „Weiter macht die Revision geltend, daß, da, wie behauptet, Beklagte zu 1 Valuta gewährt, ihr Vater, der Eigentümer Ferdinand P., ihr auch Bestellung einer Sicherheit zugesagt habe, letzterer jedenfalls verpflichtet gewesen sein würde, ihr den in seinen Händen befindlichen Hypothekenbrief herauszugeben, was die Entstehung der Hypothek in ihrer Person zur Folge gehabt haben würde, daß sie den ihr danach zustehenden Anspruch gegen P. durch Klage und Einrede gegen diesen hätte geltend machen können, und daß ihr dasselbe Recht auch gegen die Klägerin als dessen Rechtsnachfolgerin zustehen müsse. Zutreffend ist, daß, wenn Ferdinand P., um zur Konstatierung zu bringen, daß nicht, wie der Inhalt der Eintragung und des Hypothekenbriefs annehmen lassen würde, eine Hypothek in der Person der Beklagten zu 1, sondern infolge der die Eintragung begleitenden und ihr folgenden Vorgänge kraft Gesetzes in seiner Person eine Eigentümergrundschuld bestehe, eine Klage auf Berichtigung des Grundbuchs gegen die genannte Beklagte angestellt hätte, diese der Klage mit dem Einwande hätte begegnen können, daß, weil sie Valuta entrichtet habe, er verpflichtet sei, ihr durch Übergabe des Briefes eine Hypothek zu verschaffen. Entscheidend aber ist, ob nach Pfändung und Überweisung der Grundschuld gegenüber dem pfändenden Gläubiger, welcher die aus diesen Akten für ihn hervorgegangenen Rechte ausübt, die Verbindlichkeit des Hypothekbestellers von Bedeutung ist, und dies muß verneint werden. Die Verbindlichkeit zur Schaffung der Hypothek charakterisiert sich als eine rein persönliche Verbindlichkeit, berührt nicht unmittelbar das dingliche Recht und stellt sich nicht als eine Einschränkung dieses letzteren dar. Ein Zusammenhang zwischen dem dinglichen Rechte und jener Verbindlichkeit besteht nur insofern, als die Inhaberschaft des Grundschuldrechts und die Verbindlichkeit in einer und derselben Person zusammentreffen, und nur so lange, als dies der Fall ist. Die persönliche Verbindlichkeit geht, wenn der Hypothekbesteller die Grundschuld veräußert, auf seinen Singularsukzessor nicht über; er macht sich, indem er die Veräußerung vertragswidrig vornimmt, verantwortlich gegenüber seinem Gegenkontrahenten; aber der Wirksamkeit des Veräußerungsgeschäfts entsteht dadurch kein Hindernis, und sein Vertragsbruch rechtfertigt dem Erwerber gegenüber keinen Einwand. Bei Gleichartigkeit der Rechtslage muß in den letzteren Punkten von der Pfändung und Überweisung einer Grundschuld dasselbe gelten." ...

5. Geht, wenn ein Bankier, dem für ein Darlehn Wertpapiere in einem die Darlehnssumme übersteigenden Betrage verpfändet worden waren, die Papiere, ohne daß die Voraussetzungen für den Pfandverkauf vorlagen, veräußert, demnächst aber behufs Befriedigung des Verpfänders wegen des diesem zustehenden Anspruchs auf den die Darlehnssumme übersteigenden Teil des Erlöses Geld in einen Briefumschlag legt, und letzteren mit der Aufschrift „Depot N.N." (Namen des Darlehnsempfängers) versieht, auf diesen das Eigentum an jenem Gelde über?

B.G.B. §§ 181. 930.

VII. Zivilsenat. Urt. v. 2. März 1906 i. S. H. (Kl.) w. D. Konkursverw. (Bekl.). Rep. VII. 283/05.

I. Landgericht Allenstein.
II. Oberlandesgericht Königsberg.

Aus den Gründen:

„Der Kläger hatte von dem im Oktober 1903 verstorbenen Bankier D. im gleichen Jahr ein Darlehn von 3589,50 ℳ unter Verpfändung von Obligationen der Meiningschen Landeskreditanstalt im Betrage von 6500 ℳ erhalten. D., der sich in schlechten Vermögensverhältnissen befand, hat, ohne sich als Pfandgläubiger zu bezeichnen, diese Obligationen, bevor der Darlehnsanspruch fällig geworden war, veräußert, angeblich zum Nennwert. Er hat demnächst 2300 ℳ bar in einen Briefumschlag gelegt und diesen mit der Aufschrift „Depot Gewerberat H." (Name des Klägers) versehen. Im übrigen hat er den erzielten Kaufpreis teils zur Tilgung der Darlehnsforderung, zum Teil sonst für sich verbraucht. Über D.'s Nachlaß wurde unter Bestellung des Beklagten zum Verwalter der Konkurs eröffnet. Mit der Klage hat der Kläger die Zahlung von 2300 ℳ nebst Zinsen seit dem 1. November 1903 verlangt. Beide Teile sind zutreffend der Ansicht, daß dieser Anspruch an sich für begründet erachtet werden muß, falls dem Kläger zur Zeit der Konkurseröffnung das Eigentumsrecht an dem in den Briefumschlag gelegten Geldbetrage zugestanden hat. Die Vorinstanzen haben dieses Recht für nicht vorhanden gehalten und danach die Klage abgewiesen.

Dieser Entscheidung kann nicht beigetreten werden.

Es ist davon auszugehen, daß D., als er das Geld in den mit der erwähnten Aufschrift versehenen Briefumschlag legte, den Kläger wegen seines Anspruchs auf Herauszahlung des über die Darlehnssumme durch die Veräußerung der verpfändeten Obligationen erzielten Mehrbetrags in Höhe der niedergelegten Summe befriedigen und damit jenen zum Eigentümer der letzteren machen wollte. Der Sachverhalt läßt eine andere Absicht als durchaus ausgeschlossen erscheinen. Vom Berufungsgericht ist die gegenteilige Auffassung mit der auf ein in Holdheim's Monatsschrift, Bd. 12 S. 55 abgedrucktes Gutachten der Ältesten der Kaufmannschaft von Berlin gestützten Begründung geltend gemacht, wonach eine derartige Manipulation eines Bankiers nicht eine auf sofortige Eigentumsübertragung gerichtete Willenskundgebung, sondern nur ein Internum seiner Geschäftsverwaltung bedeute. Hierbei blieb jedoch unberücksichtigt, einmal daß das Gutachten eine anders geartete Sachlage vor Augen hatte, ferner daß die Entscheidung in dem in Rede stehenden Punkte nach den Besonderheiten des einzelnen Falles zu treffen ist, welche vorliegend auf die hervorgehobene Willensrichtung des D. zwingend hinweisen.

Solche Absicht hat nun aber nach § 930 B.G.B. den Eigentumsübergang jedenfalls dann bewirkt, wenn D., als er in der erwähnten Weise vorging, in Vertretungsmacht für den Kläger handelte (§ 181 a. a. O.). Denn die nach der erstgedachten Bestimmung zum Eigentumsübergang erforderliche Vereinbarung über ein Rechtsverhältnis, vermöge dessen Kläger den mittelbaren Besitz erlangte, ergibt sich solchenfalls daraus, daß D., indem er den Geldbetrag, um ihn dem Kläger behufs dessen Befriedigung zu eigen zu machen, in den mit dem Namen des letzteren versehenen Briefumschlag legte, den jenen Besitzerwerb vermittelnden Vertrag als Vertreter des Klägers in einer nach dem angezogenen § 181 wirksamen Weise mit sich selbst abschloß (Entsch. des R.G.'s in Zivils. Bd. 52 S. 130 flg.). Das Vorliegen der Vertretungsmacht auf seiten des D. muß aber aus dem zwischen ihm und dem Kläger abgeschlossenen Pfandvertrage entnommen werden. Es kommt hierfür in Betracht, daß D. den Pfandgegenstand bis zu dem Zeitpunkte der Veräußerung für den Kläger verwahrte (§ 1215 B.G.B.), ferner daß, falls D. in rechtmäßiger Weise mit der Veräußerung vorgegangen wäre, er den Erlös, soweit er nicht zur Deckung seiner Forderung erforderlich war, für den Kläger inne hatte.

Vgl. Motive zu dem jetzigen § 1247 B.G.B. bei Mugdan, Materialien Bd. 3 S. 463.

Entsprechendes ist für den vorliegenden Fall, daß D., ohne daß die materiellen und formalen Voraussetzungen für den Verkauf der Pfandsache vorlagen, diesen vornahm, selbst dann, wenn er, wie nach den Behauptungen des Beklagten zu unterstellen ist, die erlösten Geldstücke zunächst für sich ausgab, dahin anzunehmen, daß D. zugleich in berechtigter Vertretung des Klägers handelte, als er demnächst behufs Befriedigung des Klägers mit der Niederlegung des Geldbetrages vorging.

Es dürfte aber auch, selbst wenn man von dem Bestehen einer auf solche Weise begründeten Vertretungsmacht absieht, der Eigentumsübergang auf Grund davon als bewirkt anzusehen sein, daß D., als er in der Absicht, diesen Übergang herbeizuführen, den Betrag von 2300 *M* in den Briefumschlag legte, jedenfalls als auftragloser Geschäftsführer des Klägers handelte. Denn dann würde in Berücksichtigung dessen, daß die Genehmigung der Geschäftsführung von seiten des Geschäftsherrn eingetreten ist, der Kläger gleichfalls Eigentümer des Geldes geworden sein, da auch in solchem Falle nach dem oben Gesagten zufolge der §§ 181. 930 B.G.B. sich der Eigentumsübergang vollzogen hätte." . . .

6. Findet die Formvorschrift des § 313 Satz 1 B.G.B. auch auf Verträge betr. die Übertragung ausländischer Grundstücke Anwendung?

V. Zivilsenat. Urt. v. 3. März 1906 i. S. Bank für Immobiliarbesitz (Bekl. u. Widerkl.) w. Graf B.-St. (Kl. u. Widerbekl.). Rep. V. 372/05.

I. Landgericht I Berlin.
II. Kammergericht daselbst.

Die obige Frage ist vom Reichsgericht verneint, aus folgenden Gründen:

... „Es könnte zunächst in Frage kommen, ob sich die Unanwendbarkeit der in Rede stehenden Formvorschrift auf ausländische Grundstücke nicht schon aus der Entstehungsgeschichte und dem Inhalt des § 313 B.G.B. ergibt, namentlich da im Satz 2 eine Heilung des Formmangels durch Auflassung und Grundbucheintragung, also durch Rechtsakte, die dem deutschen Rechte eigentümlich sind, zugelassen ist. Indessen braucht auf diesen Gesichtspunkt nicht weiter eingegangen zu werden, da jedenfalls die Bestimmungen des Einf.-Ges. zum B.G.B. über das sog. internationale Privatrecht zu demselben Ergebnis führen. Die Vorinstanzen sind hier freilich insofern abweichender Ansicht, als sie die Anwendung der ausländischen, für Grundstücksveräußerungsverträge geltenden Formvorschriften durch die Gerichte des Deutschen Reichs auf Grund des Art. 30 Einf.-Ges. zum B.G.B. für ausgeschlossen erachten. Dem kann jedoch nicht beigetreten werden.

Wie das Reichsgericht bereits in dem Urteile vom 21. März 1905 (Entsch. in Zivils. Bd. 60 S. 296) ausgesprochen hat, liegt ein Verstoß gegen den Zweck eines deutschen Gesetzes im Sinne des zitierten Art. 30 nur dann vor, wenn der Unterschied zwischen den staatspolitischen oder sozialen Anschauungen, auf denen das nach den Vorschriften des internationalen Privatrechts an sich maßgebende Recht des Auslandes und das davon abweichende deutsche Recht beruhen, so erheblich ist, daß die Anwendung des ausländischen Rechts direkt die Grundlagen des deutschen staatlichen oder wirtschaftlichen Lebens angreifen würde. Davon kann bei der Formvorschrift des § 313 B.G.B. nicht die Rede sein. Nach den Motiven (vgl. Bd. 1 S. 189 zu § 351 des Entw.) ist für die Erschwerung des Vertragsschlusses über Grundstücke durch Einführung der gerichtlichen oder notariellen Form in erster Linie die Rücksicht darauf bestimmend gewesen, daß der Grundbesitz die natürliche Grundlage für die Seßhaftigkeit der Bevölkerung bildet, und diese soziale Bedeutung ihm auch nicht durch die infolge der modernen wirtschaftlichen Entwicklung gestiegene Bedeutung des Mobiliarwertbesitzes verloren gegangen ist. In derselben Richtung bewegten sich die Erwägungen der zweiten Kommission, die, indem sie den erwähnten Formzwang beibehielt, dabei auch noch die Notwendigkeit betonte, die weniger gewandte bäuerliche Bevölkerung gegen übereilte Käufe und Verkäufe, namentlich soweit derartige Geschäfte im Wirtshause verhandelt zu werden pflegen, zu schützen und die Zersplitterung des Grund und Bodens durch parzellierende Güterschlächter zu verhüten.

Vgl. die von Achilles, Spahn und Gebhard herausgegebenen Protokolle der zweiten Kommission Bd. 1 S. 459. 461.

Es bedarf keiner Ausführung, daß man bei allen diesen Erörterungen nur die deutsche Bevölkerung im Auge hatte und nur deren Interessen zu wahren bedacht war, hingegen die zum Teil völlig verschieden gearteten Verhältnisse des Auslandes gänzlich außer Betracht ließ. Danach bietet die Vorschrift des Art. 30 Einf.-Ges. zum B.G.B. kein Hindernis für die Nichtanwendung des § 313 B.G.B. auf ausländische Grundstücke, und es fragt sich nur, ob die das internationale Privatrecht betreffenden reichsgesetzlichen Bestimmungen positiv die Anwendung des Rechts des Auslandes in dem in Frage kommenden Falle vorschreiben. Dies ist zu bejahen. Allerdings findet sich der Satz, daß bei Verträgen über ausländische Grundstücke das Erfordernis der Form nach den Gesetzen des Orts, wo das Grundstück gelegen ist, zu beurteilen sei, nirgends ausdrücklich ausgesprochen. Denn Abs. 2 des Art. 11 Einf.-Ges. zum B.G.B. bezieht sich nur auf die Form der dinglichen Rechtsgeschäfte und besagt in Verbindung mit der Vorschrift des Abs. 1 Satz 2 ebenda nichts weiter, als daß bei dinglichen Rechtsgeschäften, gleichviel wo sie vorgenommen werden, die Form stets denjenigen Gesetzen entsprechen muß, die für das dingliche Rechtsverhältnis maßgebend sind; es wird aber nicht gesagt, welche Gesetze dies sind. Gleichwohl läßt sich die Beantwortung der letzteren Frage aus Abs. 1 Satz 1 des Art. 11 entnehmen. Nach dessen allgemeiner Fassung unterliegt es keinem Bedenken, bei Rechtsgeschäften, deren Gegenstand ein Grundstück bildet, die örtlichen Gesetze als maßgebend anzusehen, und demgemäß diese Gesetze ohne Unterschied, ob es sich um dingliche oder persönliche Rechtsbeziehungen handelt, insbesondere also auch bei der Entscheidung der Frage, ob und welchem Formzwange obligatorische Veräußerungsverträge unterliegen, zur Anwendung zu bringen. Das erscheint um so mehr gerechtfertigt, als das frühere Recht auf dem gleichen Standpunkt stand (vgl. für das preuß. Recht § 115 A.L.R. I. 5, für das gemeine Recht Dernburg, Pandekten Bd. 1 § 47, Windscheid, Pandektenrecht Bd. 1 § 35), und nicht ersichtlich ist, daß man bei der reichsgesetzlichen Kodifizierung der Rechtsmaterie von diesen Grundsätzen hat abweichen wollen." ...

7. Ist nach preußischem Recht über den Anspruch des Patrons, Kirchenvorsteher zu bestellen, der Rechtsweg zulässig?

IV. Zivilsenat. Urt. v. 5. März 1906 i. S. preuß. Fiskus (Bekl.) w. kath. Kirchengemeinde zu St. (Kl.). Rep. IV. 374/05.

I. Landgericht Bromberg.
II. Oberlandesgericht Posen.

Der Beklagte war Patron der katholischen Kirche in St. Auf Grund des Patronatsrechts ernannte die Königliche Regierung, Abteilung für Kirchen- und Schulwesen zu Bromberg, als Vertreterin des Beklagten in Gemäßheit des § 39 des Gesetzes vom 20. Juni 1875, betreffend die Vermögensverwaltung in den katholischen Kirchengemeinden, durch Verfügung vom 13. Mai 1903 den Förster Sp. zum Kirchenvorsteher der Klägerin. Letztere erachtete dies für unzulässig, weil dem Beklagten vor Erlassung des Gesetzes eine solche Befugnis nicht zugestanden habe. Sie erhob Klage mit dem Antrage, den Beklagten zu verurteilen, anzuerkennen, daß ihm ein Recht zur Bestellung eines Kirchenvorstehers nicht zustehe. Der Beklagte bestritt den Anspruch und verweigerte unter Erhebung der Einrede der Unzulässigkeit des Rechtswegs die Einlassung zur Hauptsache. Die erste Instanz verwarf die Einrede. Die Berufung des Beklagten wurde zurückgewiesen. Auch seine Revision wurde zurückgewiesen.

Aus den Gründen:

„Die Revision führt zur Begründung des Rechtsmittels aus, der § 13 G.V.G. sei verletzt. Der geltend gemachte Feststellungsanspruch gehöre nicht vor die ordentlichen Gerichte, da er nicht unter die im § 13 bezeichneten bürgerlichen Rechtsstreitigkeiten falle. Das von dem Beklagten für sich in Anspruch genommene Nominationsrecht gründe sich auf das demselben zustehende Patronat. Das Patronatsrecht gehöre aber dem öffentlichen Kirchenrechte an. Grundsätzlich müßten daher auch alle einzelnen aus dem Patronatsrechte fließenden Befugnisse, als nicht dem Zivilrecht angehörig, der Kognition der ordentlichen Gerichte entzogen sein, sofern nicht im einzelnen Falle, wie dies im § 577 A.L.R. II. 11 geschehen, der Rechtsweg besonders für zulässig erklärt sei. Der streitige Anspruch gehöre nicht zu den im § 577 erwähnten. Die gegenteilige Ansicht führe zu Inkonsequenzen. Das vom Beklagten in Anspruch genommene Recht sei auf die §§ 5 Nr. 3, 39 des Gesetzes vom 20. Juni 1875 gegründet. Nach § 5 Nr. 2 dieses Gesetzes gehörten zum Kirchenvorstand auch mehrere Mitglieder, welche durch die Gemeinde gewählt würden. Es könne keinem Zweifel unterliegen, daß, falls über die Wahlberechtigung der Gemeinde oder einzelner Mitglieder derselben ein Streit entstünde, hierüber nicht die ordentlichen Gerichte, sondern die Verwaltungsgerichte zu entscheiden haben würden. Das gleiche müsse deshalb auch im Falle eines Streites über die Berechtigung aus § 5 Nr. 3, also auch im vorliegenden Falle gelten.

Der Revision war der Erfolg zu versagen, da mit dem Berufungsgericht der Rechtsweg für zulässig zu erachten ist.

Seinem Wesen nach ist das Patronat nicht, wie das Obertribunal in den Entscheidungen Bd. 45 S. 33 angenommen hat, ein Kirchenamt. Des Patrons wird im Abschn. III des Tit. 11 Tl. II A.L.R., in dem die geistlichen Obern und Vorgesetzten, darunter auch die Kirchenkollegien, aufgeführt sind, nirgends gedacht.

Vgl. Jacobson, Das evangelische Kirchenrecht des preußischen Staates I. Abteilung S. 282.

An dieser prinzipiellen Auffassung ist nichts dadurch geändert, daß nach § 39 des Gesetzes vom 20. Juni 1875, betreffend die Vermögensverwaltung in den katholischen Kirchengemeinden, der Patron unter gewissen Voraussetzungen in den Kirchenvorstand einzutreten befugt ist.

Vgl. auch § 6 der Kirchengemeinde- und Synodalordnung vom 10. September 1873.

Ist hiernach zwar dem Patronat der Charakter eines Kirchenamts abzusprechen, so übt doch der Patron innerhalb der Kirche öffentlichrechtliche Befugnisse aus. Dies hat insbesondere zu gelten von der Berechtigung desselben, den Pfarrer zu präsentieren und Kirchenvorsteher zu bestellen. Sowohl vom Standpunkte des gemeinen als auch des preußischen Rechts ist es danach zutreffend, wenn das Reichsgericht im Anschluß an Hinschius, System des katholischen Kirchenrechts Bd. 4 S. 7, das Patronatrecht als ein innerhalb der kirchlichen Sphäre liegendes Individualrecht kirchlich öffentlich-rechtlicher Natur charakterisiert.

Vgl. Entsch. des R.G.'s in Zivils. Bd. 15 S. 171. 172, Bd. 25 S. 304.

Handelt es sich demzufolge im vorliegenden Streite in der Tat um publizistische Rechtsverhältnisse, so ist dennoch der ordentliche Rechtsweg kraft positiver Vorschrift des Allgemeinen Landrechts zugelassen. Nachdem in den §§ 364. 362 A.L.R. II. 11 bestimmt ist, daß ein Streit unter mehreren Patronen vor den ordentlichen Richter gehöre, ordnet § 577 a. a. O. an, daß alle Streitigkeiten darüber, ob jemandem das Patronat zukomme, der Entscheidung des ordentlichen Richters anheimfallen. Mit Recht wird gefolgert, daß, was vom ganzen Patronat gelte, naturgemäß auch von den Teilrechten desselben gelte, und gehört daher ein Streit über das patronatische Recht der Präsentation zum Pfarramte wie der Bestellung zum Kirchenvorsteher, gleichwie über einen Gegenstand des Privateigentums, vor das ordentliche Gericht.

Vgl. Stölzel, Rechtsweg und Kompetenzkonflikt in Preußen S. 178 flg.; Entsch. des R.G.'s in Zivils. Bd. 43 S. 362. 363."...

8. Ist ein eigenhändiges Testament, in dem der Erblasser einen Erben einsetzt und diesen mit einem Vermächtnisse beschwert, die Vermächtnisanordnung aber zum Teil von fremder Hand schreiben läßt, seinem ganzen Umfange nach nichtig?

B.G.B. §§ 2231 Nr. 2. 139. 2085.

IV. Zivilsenat. Urt. v. 5. März 1906 i. S. K.=S. (Bekl.) w. K.=B.'sche Erben u. Gen. (Kl.). Rep. IV. 470/05.

I. Landgericht Trier.
II. Oberlandesgericht Köln.

Am 30. Juli 1900 starb zu Serrig bei Saarburg der Ackerer Peter K.=Bl. ohne Abkömmlinge und Verwandte aufsteigender Linie.

Bei der gerichtlichen Nachlaßregelung beanspruchten die Kläger, von denen der eine ein Bruder des Erblassers, und die anderen Abkömmlinge zweier vorverstorbenen Schwestern desselben sind, auf Grund der gesetzlichen Erbfolgeordnung drei Viertel des Nachlasses für sich und waren bereit, den Beklagten, die Abkömmlinge einer dritten vorverstorbenen Schwester des Erblassers sind, ein Viertel des Nachlasses zuzugestehen. Die Beklagten erhoben dagegen Widerspruch und behaupteten, daß die Mitbeklagte Susanna Sch. auf Grund eines vom Erblasser errichteten eigenhändigen Testaments vom 16. Juli 1900 die alleinige Erbin geworden sei. Die Kläger bestritten die Gültigkeit dieses Testaments und erhoben Klage auf Feststellung der von ihnen beanspruchten Erbanteile. Beide Vorinstanzen erachteten das Testament vom 16. Juli 1900 wegen einer darin vorkommenden, nicht vom Erblasser, sondern wahrscheinlich, wie das Berufungsurteil ausführt, von der Susanna Sch. geschriebenen Stelle für ungültig. Auf die Revision der Beklagten Susanna Sch. wurde das Berufungsurteil aufgehoben aus folgenden

Gründen:

„Das streitige Schriftstück trägt die Überschrift: „Mein letzter Wille" und die Unterschrift:

„Serrig den 16. Juli 1900
Peter K.-Bl.."

Die ersten sechs Zeilen enthalten die Bestimmung, daß die Susanna Schreiner den ganzen Nachlaß erhalten soll. Daran schließt sich folgender Satz:

„Dieselbe ist gehalten, aus diesem Nachlasse meinem Bruder Mathias K. zu Serrig einen Ertrag von dreißig Mark herauszuzahlen."

Der Satzteil: „achlasse meinem Bruder Mathias K. zu Serrig einen Ertrag von" ist, wie festgestellt, nicht von der Hand des Erblassers geschrieben worden. Das Berufungsgericht nimmt an, daß dem Erblasser, als er das Wort „Nachlasse" zu schreiben begann, die Hand versagt habe, daß dann mit seinem Einverständnisse von einem anderen das folgende geschrieben worden sei, und daß schließlich der Erblasser, nachdem er sich wieder erholt gehabt, den Schluß des Testaments geschrieben habe. Das Testament ist seinem ganzen Inhalte nach — auch hinsichtlich des dem Mathias K. ausgesetzten Vermächtnisses — eine wortgetreue Abschrift des auf Veranlassung des Erblassers von dem Prozeßagenten W. aufgesetzten Testamentsentwurfs und deckt sich inhaltlich vollständig mit einem vom Erblasser früher angefertigten, von W. jedoch aus formellen Gründen als ungültig bezeichneten Testamente.

Es fragt sich, ob das Testament vom 16. Juli 1900, wie beide Vorinstanzen annehmen, die Revision dagegen bestreitet, seinem ganzen Umfange nach, insbesondere auch in Ansehung der Erbeseinsetzung, wegen Formmangels ungültig ist. Nach § 2231 Nr. 2 B.G.B. kann ein Testament in ordentlicher Form errichtet werden durch eine von dem Erblasser unter Angabe des Ortes und Tages eigenhändig geschriebene und unterschriebene Erklärung. Der erste Entwurf eines Bürgerlichen Gesetzbuchs (§ 1914) ließ als ordentliche Testamentsformen nur die gerichtliche und die notarielle Form zu (Begründung Bd. 5 S. 258). Bei der zweiten Lesung wurden Anträge auf Zulassung des eigenhändigen Testaments gestellt, aber abgelehnt (Protokolle Bd. 5 S. 326—329). Erst in der Reichstagskommission gelangten Anträge solcher Art zur Annahme (Kommissionsbericht S. 175—177 [Heymann's Verlag 1896]). Die Beschlüsse der Kommission fanden die Genehmigung des Reichstags. Schon vor dem Inkrafttreten des Bürgerlichen Gesetzbuchs war es in den Gebieten des französischen Rechts und des badischen Landrechts zulässig, durch eigenhändige Niederschrift und ohne Zuziehung von Zeugen ein Testament zu errichten. Der Code civil (Art. 970) bestimmte darüber: „le testament olographe ne sera point valable, s'il n'est écrit en entier, daté et signé de la main du testateur.“ Das eigenhändige Testament mußte also seinem ganzen Inhalte nach von dem Erblasser geschrieben, von ihm datiert und unterzeichnet sein. Hatte der Erblasser auch nur ein einziges Wort von fremder Hand schreiben lassen, so war das ganze Testament nichtig (Art. 1001 Code civil).

Vgl. Zachariae-Crome, Französisches Zivilrecht 8. Aufl. Bd. 4 § 678 S. 280. 281, § 680 S. 291.

Mehrere Schriftsteller vertreten nun die Ansicht, daß auch für das Rechtsgebiet des Bürgerlichen Gesetzbuchs Nichtigkeit des ganzen Testaments anzunehmen sei, wenn von einem Dritten auf Geheiß des Erblassers auch nur ein einziges Wort eingefügt worden sei. So namentlich:

Endemann, Lehrbuch 6. Aufl. § 27 Nr. 2a Bd. 3 S. 118;

v. Staudinger, Bürgerliches Gesetzbuch 2. Aufl. § 2231 Bem. V A 2; Frommhold, Erbrecht § 2231 Bem. 2a; Brock, Das eigenhändige Testament S. 75 und 76; Oertel, im Sächsischen Archiv Bd. 13 S. 404. 405; Leske, vgl. Darstellung Bd. 2 S. 1234.

Diese Ansicht wird jedoch von anderen Schriftstellern als unzutreffend bekämpft, namentlich von:

Cosack, Lehrbuch 4. Aufl. § 353 I² Bd. 2 S. 687; Planck, Bürgerliches Gesetzbuch § 2231 Bem. II 2b; Dernburg, Erbrecht § 29 II 2c; Wilke, Bürgerliches Gesetzbuch § 2231 Bem. 4e; Strohal, Erbrecht 3. Aufl. § 21a zu II 4b und c Bd. 1 S. 105; Neumann, Handausgabe 4. Aufl. § 2231 Anm. 2b.

Aus den Vorberatungen des Bürgerlichen Gesetzbuchs läßt sich eine zuverlässige Entscheidung der Streitfrage nicht schöpfen. Allerdings ergibt die Fassung mehrerer bei der zweiten Lesung und in der Reichstagskommission gestellter Anträge, daß sich einige Antragsteller eng an die Grundsätze des französischen Rechts anschlossen, indem sie zum Ausdruck brachten, die Urkunde müsse „ihrem ganzen Inhalte nach" oder „ihrem ganzen Umfange nach" eigenhändig von dem Erblasser geschrieben sein. Daneben waren aber auch Anträge gestellt worden, die ihrer Fassung nach nur im allgemeinen „eigenhändige Niederschrift" begehrten. Immerhin läßt sich daraus, daß den ersteren Anträgen hinsichtlich der Fassung nicht entsprochen wurde, daß insbesondere Worte, die den Sinn des französischen Ausdrucks „en entier" wiedergeben, nicht in das Bürgerliche Gesetzbuch übergegangen sind, ein Schluß auf eine gewollte Abschwächung des strengen französischrechtlichen Grundsatzes bei der anerkannt knappen Ausdrucksweise des Bürgerlichen Gesetzbuchs nicht mit völliger Sicherheit ziehen. Ebensowenig kann ein entscheidendes Gewicht darauf gelegt werden, daß in der Benennung: „le testament olographe", im Vergleiche zu dem Ausdrucke: „Das eigenhändige Testament", eine starke Betonung des Erfordernisses, es müsse die Urkunde ihrem ganzen Wortlaute nach eine eigenhändig geschriebene sein, gefunden werden kann. Mehr Bedeutung könnte schon dem Umstande beigemessen werden, daß das Bürgerliche Gesetzbuch eine dem Art. 1001 Code civil nachgebildete Vorschrift, wonach die Vernachlässigung vorgeschriebener Förmlichkeiten die Nichtigkeit des ganzen Testaments nach sich zieht, überhaupt nicht hat. Von Wichtigkeit aber sind die allgemeinen Rechtsgrundsätze des Bürgerlichen Gesetzbuchs über die Nichtigkeitsgründe überhaupt und den Nichtigkeitsgrund des Formmangels insbesondere. Der § 139 B.G.B. bestimmt:

„Ist ein Teil eines Rechtsgeschäfts nichtig, so ist das ganze Rechtsgeschäft nichtig, wenn nicht anzunehmen ist, daß es ohne den nichtigen Teil vorgenommen sein würde."

Eine sich hiermit sachlich deckende Bestimmung enthielt schon der erste Entwurf im § 114. Es unterliegt keinem Zweifel, daß sich diese Bestimmungen auch auf die Nichtigkeit eines Rechtsgeschäfts wegen Mangels der durch das Gesetz vorgeschriebenen Form (§ 125 Satz 1 B.G.B. und § 91 Abs. 2 Satz 1 des ersten Entwurfs) beziehen.

Vgl. Planck, Kommentar, Vorb. VII, 1 vor § 104 und Bemerkung zu § 139 B.G.B.

Abweichend von § 139 bestimmt nun der § 2085 B.G.B. für Testamente:

„Die Unwirksamkeit einer von mehreren in einem Testament enthaltenen Verfügungen hat die Unwirksamkeit der übrigen Verfügungen nur zur Folge, wenn anzunehmen ist, daß der Erblasser diese ohne die unwirksame Verfügung nicht getroffen haben würde."

Eine sich hiermit sachlich deckende Bestimmung enthielt schon der erste Entwurf im § 1787. Wie die Begründung zum § 1787 (Bd. 5 S. 60) ergibt, war für die Aufnahme dieser Bestimmung hauptsächlich folgende Erwägung maßgebend: Nach den Erfahrungen des täglichen Lebens entspreche es nicht dem Willen des Erblassers, aus der Einheitlichkeit des Nachlasses auf die Einheitlichkeit und die innere Zusammengehörigkeit aller über den Nachlaß getroffenen Verfügungen zu schließen; vielmehr sei die Selbständigkeit jeder einzelnen Verfügung zu vermuten. Deshalb habe bei Testamenten, anders als bei Rechtsgeschäften unter Lebenden, die Unwirksamkeit einer einzelnen Verfügung die Unwirksamkeit der übrigen Verfügungen nur dann zur Folge, wenn derjenige, welcher sich auf die Unwirksamkeit der übrigen Verfügungen berufe, den Beweis erbringe, daß der Erblasser diese ohne die unwirksame Verfügung nicht getroffen haben würde. Nur wegen dieser anderweiten Regelung der Beweisfrage sei die Bestimmung im § 1787 erforderlich geworden; im übrigen gebe sie nur das wieder, was bereits im § 114 des Entwurfs enthalten sei und selbstverständlich auch für Testamente gelte. Ähnlich spricht sich die Begründung (Bd. 1 S. 222) auch bei der Rechtfertigung des § 114 aus. Auch darüber kann kein Zweifel herrschen, daß im § 2085 B.G.B. (früher 1787) jede Art von Unwirksamkeit gemeint ist (so auch v. Staudinger, a. a. O. § 2085 Bem. 1), und daß die Nichtigkeit wegen Formmangels eine Art Unwirksamkeit ist (Planck, a. a. O. Vorb. VII vor § 104), mithin ebenfalls unter § 2085 B.G.B. fällt.

Hiernach ist der Standpunkt des Bürgerlichen Gesetzbuchs von Anfang an der gewesen, daß die für Rechtsgeschäfte unter Lebenden über teilweise Nichtigkeit aufgestellten Grundsätze, mit einer Änderung hinsichtlich der Beweisfrage, auch für Testamente gelten sollten, insbesondere auch für solche, die in der ordentlichen Testamentsform (gerichtlichen oder notariellen) errichtet würden. Daß man demnächst in den weiteren Entwicklungsabschnitten bei Annahme des eigenhändigen Testaments als der dritten ordentlichen Testamentsform für diese jene festen Grundsätze habe preisgeben wollen, dafür liegt nicht der geringste Anhalt vor, ist auch weder bei den Beratungen noch im Gesetze selbst zum Ausdrucke gelangt. Die Gründe der Gegner sind nicht stichhaltig. Insbesondere kann der französisch-rechtliche Ursprung des eigenhändigen Testaments kein Hindernis bilden, diese Rechtseinrichtung infolge ihrer Eingliederung in das Bürgerliche Gesetzbuch den deutschen Rechtsgrundsätzen anzupassen und insoweit des fremdartigen Gewandes zu entkleiden.

Geht man von diesen Grundsätzen aus, so ist das Testament des Peter K.-Bl. vom 16. Juli 1900 nicht schon deshalb, weil ein Satzteil von fremder Hand mit Zustimmung des Erblassers geschrieben ist, seinem ganzen Inhalte nach nichtig. Allein die Nichtigkeit könnte, wenn andere stichhaltige Gründe vorlägen, dennoch angenommen werden. Solche liegen aber nicht vor. Allerdings handelt es sich bei dem von fremder Hand geschriebenen Satzteile nicht um einen ganz unerheblichen Zusatz (wie etwa die Hinzufügung der Straße und Hausnummer neben der Ortsbezeichnung). Im Gegenteil der betreffende Satzteil ist wichtig, denn er enthält die Anordnung eines Vermächtnisses, also recht eigentlich eine Verfügung des Erblassers über den Nachlaß. Fällt der das Vermächtnis anordnende Teil als unwirksame Verfügung hinweg, so kann man nicht sagen, daß in dem übrig bleibenden Reste der Urkunde der letzte Wille des Erblassers vollständig zum Ausdrucke gelangt sei. Es bleibt dann eben nur die Erbeseinsetzung ohne Vermächtnisauflage übrig, während der Erblasser die Erbeseinsetzung mit Vermächtnisauflage gewollt hat. Wäre es nun richtig — und das Berufungsgericht vertritt diese Meinung —, daß ein Testament, in dem der letzte Wille des Erblassers nicht vollständig, sondern nur zum Teil von der Hand des Erblassers geschrieben wäre, eben wegen dieser Unvollständigkeit kein eigenhändiges Testament darstellte, d. h. dem Gebot eigenhändiger Niederschrift nicht genügte, so müßte der ganze Inhalt der Urkunde für unwirksam erachtet werden. Dem steht aber entgegen, daß die Form des eigenhändigen Testaments rechtlich nach Grund, Zweck und Bedeutung nichts anderes ist als die Form des gerichtlichen oder notariellen Testaments. Auch bei diesen Testamenten können Zusätze, Einschaltungen oder Ergänzungen vorkommen, die nicht als gerichtlich, bzw. notariell beurkundet zu gelten haben. Dergleichen Vorkommnisse zwingen aber nicht zu dem Schlusse, die ganze Testamentserrichtung als keine gerichtliche, bzw. keine notarielle zu erachten. Das eigenhändige Testament nimmt in dieser Beziehung keine Sonderstellung ein. Auch seine Form unterliegt den allgemeinen Formvorschriften, mithin auch der mit ihnen im Zusammenhange stehenden Auslegungsvorschrift des § 2085 B.G.B.

Hiernach ist das Testament vom 16. Juli 1900 als ein eigenhändiges Testament anzusehen. Der das Vermächtnis enthaltende Satz ist, da er zum Teil vom Erblasser, zum Teil mit seiner Zustimmung von einer anderen Person geschrieben ist, unwirksam. Hinfällig ist aus diesem Grunde also nur die Vermächtnisanordnung, die eine einzelne von mehreren Verfügungen darstellt. Für die Frage, ob auch der an sich deutliche, die Erbeseinsetzung enthaltende Rest des Testaments unwirksam sei, kommt es auf den von den Klägern zu führenden Beweis an, daß der Erblasser die Erbeseinsetzung ohne die Vermächtnisauflage nicht vorgenommen haben würde. Diesen Beweis haben die Kläger nicht geführt, auch, soweit ersichtlich, bisher nicht zu führen versucht. Nur die Beklagten haben den entscheidenden Gesichtspunkt berührt, indem sie in einem als vorgetragen bezeichneten Schriftsatz ausgeführt haben, es könne in Anbetracht der Geringfügigkeit des Vermächtnisses im Vergleiche zu dem Werte des Gesamtnachlasses nicht angenommen werden, daß der Wille des Erblassers dahin gegangen wäre, die Rechtsbeständigkeit der Erbeseinsetzung von der Wirksamkeit des Vermächtnisses abhängig zu machen." ...

9. Was gehört zu der im § 405 Abs. 1 H.G.B. geforderten ausdrücklichen Eintrittsanzeige des Kommissionärs?

II. Zivilsenat. Urt. v. 6. März 1906 i. S. G. (Kl.) w. K. (Bekl.). Rep. II. 343/05.

I. Landgericht I Berlin, Kammer für Handelssachen.
II. Kammergericht daselbst.

Aus den Gründen:

... „Das Berufungsgericht erwägt, der Kläger habe durch den — im Wortlaut mit dem an der Berliner Produktenbörse üblichen Schlußscheine übereinstimmenden — Schlußschein und das Bestätigungsschreiben vom 17. Februar 1903 nicht im Sinne des § 405 Abs. 1 H.G.B. ausdrücklich erklärt, daß er selbst eintreten wolle. Der Revisionskläger rügt, das Berufungsgericht verkenne dadurch den rechtlichen Begriff der Ausdrücklichkeit im § 405 a. a. O. Dieser Angriff ist nicht begründet.

Zunächst ist nicht nötig, zu der vielumstrittenen Frage Stellung zu nehmen, was grundsätzlich zu einer ausdrücklichen Willenserklärung im Gegensatze zu einer stillschweigenden zu erfordern sei, und wie die einzelnen Stellen des Bürgerlichen Gesetzbuchs und des Handelsgesetzbuchs, die das Wort „ausdrücklich" gebrauchen, zu verstehen seien. Denn für das Recht des Bürgerlichen Gesetzbuchs und des Handelsgesetzbuchs ist der Standpunkt zu billigen, daß das Wort „ausdrücklich" kein technisches sei, und daß für jeden einzelnen Fall seines Gebrauches seine Bedeutung festgestellt werden müsse. Deshalb handelt es sich im gegebenen Falle nur darum, welche Bedeutung das Wort „ausdrücklich" im § 405 Abs. 1 H.G.B. hat. Nach Zweck, Bedeutung und Entstehungsgeschichte dieser Bestimmung muß, um dem Erfordernisse der Ausdrücklichkeit im § 405 zu genügen, unzweideutig durch Worte ausgedrückt werden, daß der Kommissionär vom Recht des Selbsteintritts Gebrauch gemacht habe. Von dieser Auffassung des Gesetzes aus hat das Berufungsgericht rechtlich nicht geirrt, wenn es annahm, der Schlußschein und das Bestätigungsschreiben vom 17. Februar 1903 habe nach der Sachlage keine solche ausdrückliche Erklärung des Selbsteintritts enthalten. Zutreffend erwägt es: Die in der Übersendung des Schlußscheines und des Bestätigungsschreibens ohne die ausdrückliche Mitteilung des Selbsteintritts zunächst liegende Ausführungsanzeige könne an sich nur als Erklärung angesehen werden, daß die Ausführung durch Abschluß des Geschäfts mit einem nicht namhaft gemachten Dritten erfolgt sei; daraus aber, daß der Kläger selbst den Schlußschein wie ein Verkäufer vollzog, könne — insbesondere unter den hier obwaltenden Umständen — noch nicht geschlossen werden, daß er damit andere Verpflichtungen gegenüber dem Beklagten übernommen habe, als wie sie ihm schon nach § 384 Abs. 3 H.G.B. oblagen.

Der Kläger hatte sich noch auf einen Handelsgebrauch berufen, nach welchem bei den an der Berliner Produktenbörse abgeschlossenen Kommissionsgeschäften der Eintritt des Kommissionärs durch Übersendung eines Schlußscheins des hier vorliegenden Inhalts erfolgen soll. Dieses Vorbringen beseitigt das Berufungsgericht rechtlich einwandfrei schon mit der Erwägung, der Kläger habe als Ausführungsanzeige nicht bloß den Schlußschein, sondern auch das Begleitschreiben vom 17. Februar 1903 übersendet; letzteres sei aber wegen der darin enthaltenen Stellen: „Sie haben einen sehr guten Kauf gemacht, da der Preis heute $^3/_4$ ℳ höher gewesen ist." „Auf dieses Geschäft vergüten Sie mir 1 % vom Wertbetrage, die usancemäßige Maklergebühr und die Stempelauslagen", wie näher ausgeführt wird, mehrdeutig, insbesondere auch in dem Sinne abgefaßt, er, der Kläger, habe nur als Kommissionär mit einem Dritten abgeschlossen. Es war daher nicht erforderlich, die über diesen angeblichen Handelsgebrauch erbotenen Beweise zu erheben." . . .

10. Bedarf die durch § 2242 Abs. 2 B.G.B. vorgeschriebene Feststellung, daß der Erblasser erklärt hat, er könne nicht schreiben, der Vorlesung und der Genehmigung durch den Erblasser?

IV. Zivilsenat. Urt. v. 8. März 1906 i. S. L. (Kl.) w. M. u. Gen. (Bekl.). Rep. IV. 12/06.

I. Landgericht Meseritz.
II. Oberlandesgericht Posen.

Die Ausgedingerin Eleonore M. geb. L. errichtete am 6. Februar 1900 bei dem Amtsgericht in Bentschen durch mündliche Erklärung ein Testament. Sie bestimmte darin den Beklagten zum alleinigen Erben. In dem über die Testamentserrichtung aufgenommenen Protokolle schließt die sachliche Erklärung der Erblasserin mit den Worten ab: „Weiter habe ich nichts zu bestimmen." Sodann wird fortgefahren:

„Das Protokoll wurde hierauf der Testatorin laut vorgelesen und von ihr genehmigt. Sie erklärte, daß sie nicht schreiben könne. Geschlossen."

Es folgen die Unterschriften des Richters und des Gerichtsschreibers.

Die Erblasserin starb am 12. März 1902. Kläger, ein Bruder der Erblasserin, würde, wenn ihm das Testament nicht entgegenstände, der alleinige gesetzliche Erbe sein. Er behauptete, das Testament sei nichtig. Die Erklärung der Erblasserin, daß sie nicht schreiben könne, sei zwar festgestellt; die Feststellung folge jedoch der beurkundeten Vorlesung und Genehmigung des Protokolls nach; es erhelle deshalb nicht, daß auch die Feststellung selbst der Erblasserin vorgelesen und von ihr genehmigt worden sei. An die Stelle des im Laufe des Prozesses verstorbenen Beklagten traten dessen Witwe und weitere Erben. Von ihnen verlangte der Kläger die Herausgabe des Nachlasses der Eleonore M. Das Landgericht erachtete die formelle Bemängelung des Testaments für begründet und verurteilte die Beklagten nach dem Klagantrage. Das Oberlandesgericht hielt das Testament für formgerecht und erkannte auf Klagabweisung. Die Revision wurde zurückgewiesen, aus folgenden

Gründen:

... „Die Revision verweist auf das in der Jurist. Wochenschr. von 1905 S. 541 Nr. 33 und in der Deutschen Juristztg. von 1905 S. 961 Nr. 76 mitgeteilte Urteil des Reichsgerichts, welches nicht, wie in beiden Zeitschriften angegeben, am 29. Juni, sondern am 11. Juli 1905, und nicht von dem fünften, sondern von dem auch gegenwärtig erkennenden vierten Zivilsenate des Reichsgerichts erlassen ist. Auf die Ausführungen dieses Urteils gestützt, bezeichnet sie den § 2242 Abs. 2 B.G.B. als verletzt, weil die bei der Testamentserrichtung getroffene Feststellung, daß die Erblasserin sich für schreibensunkundig erklärt habe, nicht einen Teil des vorgelesenen und von der Erblasserin genehmigten Protokolls bilde, sondern sich außerhalb desselben befinde; die Notwendigkeit einer diese Feststellung umfassenden Vorlesung und Genehmigung habe der Berufungsrichter zu Unrecht verneint.

Es kommt zunächst darauf an, ob die Voraussetzung der Revisionsrüge, daß der Feststellungsvermerk über die erklärte Schreibensunfähigkeit nicht vorgelesen und nicht von der Erblasserin genehmigt worden sei, als zutreffend gelten kann. Für einen Fall, der dem vorliegenden im wesentlichen gleichlag, haben das in Abrede gestellt:

Weißler, in der Zeitschrift des Deutschen Notarvereins Bd. 4 (1904) S. 279 flg. unter 6, sowie Jastrow, Die Beurkundung der Schreibensunfähigkeit eines Beteiligten, ebendas. Bd. 4 S. 397 flg.

Die Beurkundung der Testamentserrichtung schloß damals mit dem Vermerk ab:

„Das Protokoll wurde vorgelesen und von Frau W. (der Erblasserin) genehmigt. Sie erklärte, nicht schreiben zu können."

Weißler bemerkt unter Zustimmung von Jastrow: die Urkunde bezeuge ja, daß das Protokoll, also das ganze Protokoll und mithin auch der Vermerk über die Schreibensunfähigkeit, vorgelesen und genehmigt worden sei. Es ändere daran nichts, daß der Vermerk erst hinter dieser Bezeugung stehe. Wer das Gegenteil behaupte, mache sich einer Verwechselung des räumlichen Hintereinander mit dem zeitlichen Nacheinander schuldig. Wäre das richtig, so würde im gegebenen Falle der Revision von vornherein der Boden entzogen sein. Dem ist jedoch nicht so. Wie weit bei einer derartigen Fassung des Protokollabschlusses die Vorlesung und Genehmigung sich erstreckt hat, kann aus der Anwendung des Wortes „Protokoll" allein nicht beurteilt werden. Denn weder das Gesetz noch auch der Gerichtsgebrauch wenden den Ausdruck immer in der gleichen Bedeutung an. Sie verstehen darunter bald das vollendete, bald das in der Entstehung begriffene, also seine Beschaffenheit und seinen Umfang verändernde Schriftstück. Hier aber, wie in dem von den beiden Schriftstellern erörterten Falle, spricht die Wortfassung gerade dafür, daß die Vorlesung beendet war, bevor die Erblasserin ihre Schreibensunfähigkeit erklärte. Und daß nach dem Abgeben und dem Niederschreiben dieser Erklärung der Akt der Vorlesung und Genehmigung wiederholt oder fortgesetzt worden wäre, läßt sich keineswegs aus dem Protokolle herauslesen.

Das vorliegende Testament bleibt mithin nur dann bei Bestand, wenn die Vorlesung und Genehmigung des Feststellungsvermerks über die erklärte Schreibensunfähigkeit grundsätzlich als entbehrlich gelten darf. Bei dieser Frage aber tritt die Zwiespaltigkeit der Meinungen nicht nur in der Literatur, sondern ebenso bei den in einzelnen Bundesstaaten erlassenen Ausführungsverordnungen hervor. Die Bestimmung im § 2242 Abs. 2 gilt nämlich gemäß § 2249 B.G.B. auch für die Errichtung von Nottestamenten, und sie kehrt andererseits mit hier nicht wesentlichen Abweichungen im § 177 Abs. 2 Fr.G.G. wieder. Während nun in Bayern unter den durch gemeinsame Bekanntmachung des Staatsministeriums der Justiz und des Staatsministeriums des Innern vom 19. Dezember 1900 eingeführten Mustern für die Errichtung von Testamenten vor den Gemeindevorstehern das eine der Muster eine Fassung erhalten hat, bei der die Feststellung über die erklärte Schreibensunfähigkeit dem Vermerk über die Vorlesung und Genehmigung des Protokolls nachfolgt und von ihm nicht mit umfaßt wird (Just.-Min.-Bl. von 1901 S. 24 flg., insbesondere S. 32. 33, und Amtsblatt des Staatsministeriums des Innern von 1901 S. 4 flg., insbesondere S. 12), enthält das Anschreiben des Großherzoglich hessischen Ministeriums der Justiz an sämtliche Justizbehörden vom 3. Juli 1901 (Amtsblatt Nr. 13) eine Rechtsbelehrung in entgegengesetztem Sinne: die Erklärung des Nichtschreibenkönnens gehöre zu demjenigen Teile des Protokolls, der nach § 177 Abs. 1 Satz 1 Fr.G.G. vorgelesen und von den Beteiligten genehmigt werden müsse (S. 13 unter 17 daselbst). Das gleiche würde für die Errichtung von Testamenten in ordentlicher öffentlicher Form nach § 2242 Abs. 1 und 2 zu gelten haben, und auf den Standpunkt dieser letzteren Meinung stellt sich also im gegebenen Falle die Revision. Das zu ihrer Begründung herangezogene reichsgerichtliche Urteil vom 11. Juli 1905 kann ihr dabei insoweit nicht zur Stütze dienen, als es sich um das äußere Verhältnis der Feststellung über die Vorlesung und Genehmigung des Protokolls (§ 2242 Abs. 1 Satz 2) zu der Feststellung über die erklärte Schreibensunfähigkeit des Erblassers (§ 2242 Abs. 2) handelt. Denn nach § 2242

Abs. 2 bildet diese letztere Feststellung einen Ersatz für die fehlende Unterschrift des Erblassers. Gehört sie demnach an dieselbe Stelle wie diese Unterschrift, so befindet sie sich im vorliegenden Falle gerade da, wo nach jenem reichsgerichtlichen Urteile die Unterschrift hingehört, wenn anders das Testament zu Recht bestehen soll: sie folgt der Feststellung, daß das Protokoll vorgelesen und von der Erblasserin Eleonore M. genehmigt sei, räumlich nach. In dieser Beziehung ist es also für die gegenwärtige Entscheidung auch nicht von Bedeutung, daß der Senat inzwischen von der dem Urteile vom 11. Juli 1905 zugrunde liegenden Rechtsansicht abgegangen ist und durch den Beschluß vom 15. Februar 1906, Beschw.-Rep. IV. 14/06,[1] sich dafür entschieden hat, daß die Unterschriften der Beteiligten dem Feststellungsvermerk über die geschehene Vorlesung, Genehmigung und Unterzeichnung des Protokolls zwar nachfolgen dürfen, aber nicht nachfolgen müssen. Bei Übertragung dieses Grundsatzes auf das Verhältnis der beiden Feststellungsvermerke zueinander darf allerdings die von der Revision verlangte und im Streitfalle vermißte Voranstellung des Feststellungsvermerks über die erklärte Schreibensunfähigkeit keinesfalls für fehlsam gelten, und sie würde sogar den Vorzug für sich haben, daß derartige Zweifel, wie sie gegen die Formgültigkeit des Testaments im Streitfalle erhoben worden sind, aus sachlichen Gründen überhaupt nicht hätten aufkommen können, da doch alsdann die festgestellte Vorlesung und Genehmigung des Protokolls auf die vorangestellte Feststellung der erklärten Schreibensunfähigkeit mit bezogen werden müßte. Allein durch diese Zweckmäßigkeitserwägung wird nicht die grundsätzliche Notwendigkeit einer derartigen Protokollfassung, und fürs erste auch das nicht bewiesen, daß es auf eine Bestätigung des im § 2242 Abs. 2 vorgeschriebenen Feststellungsvermerks durch den Erblasser und auf deren Beurkundung in entscheidender Weise ankommt. Der Berufungsrichter hat überdies zutreffend hervorgehoben, daß die Nachstellung des Vermerks über die Schreibensunfähigkeit in zahlreichen Fällen gerade mit dem tatsächlichen Verlauf der Verhandlung vollkommen übereinstimmt, weil einerseits die Erfahrung lehrt, daß mit der Erklärung, nicht schreiben zu können, nicht selten zurückgehalten wird, bis nach geschehener Vor-

[1] Abgedruckt im 62. Bande dieser Sammlung S. 1 flg. D. R.

lesung und Genehmigung des Niedergeschriebenen der Richter oder Notar zur Unterschrift auffordert, und weil auch aus anderen Ursachen die Schreibensunfähigkeit sich erst in diesem Zeitpunkte als tatsächlich vorhanden herausstellen kann.

Entspricht somit eine Aufeinanderfolge der beiden Feststellungsvermerke, wie sie im gegenwärtigen Falle das Protokoll aufweist, einem keineswegs ungewöhnlichen, vielmehr einem ganz natürlichen tatsächlichen Verlaufe des Beurkundungsverfahrens, so kommt es schließlich darauf an, ob für einen solchen Fall sich aus dem Gesetze das Erfordernis einer zweimaligen Vorlesung und Genehmigung herleiten läßt. Denn darauf würde es hinauslaufen, wenn nach geschehener Vorlesung und Genehmigung des die Bestandteile des § 2241 umfassenden Schriftstücks (des Protokolls im Sinne des § 2242 Abs. 1 Satz 1), und nach geschehener Feststellung dieses Vorganges mit der nunmehr hinzukommenden Feststellung, daß der Erblasser erkläre, nicht schreiben zu können, in derselben Verhandlungs- und Beurkundungsform weiter verfahren werden müßte. Die Fassung des Gesetzes nötigt in keiner Weise dazu, das anzunehmen. Noch weniger bieten die über die Vorarbeiten zum Bürgerlichen Gesetzbuch veröffentlichten Mitteilungen einen Anhalt dafür. Im ersten Entwurfe zum Bürgerlichen Gesetzbuch bildete die jetzt im § 2242 Abs. 2 enthaltene Gesetzesvorschrift, unter scharfer äußerer Trennung von den im § 1919 dieses Entwurfs vorgeschlagenen Bestimmungen über die Bestandteile des Protokolls und über die Regelung des Protokollabschlußverfahrens, den besonderen Inhalt des § 1920 daselbst. Schon diese äußere Absonderung sprach dagegen, daß die im I. Entw. § 1919 Abs. 2 enthaltene Vorschrift über die Vorlesung und Genehmigung des Protokolls sich auf die hinterher durch § 1920 verlangte Feststellung der erklärten Schreibensunkunde erstrecken sollte. Sachlich hat § 1920 späterhin weder überhaupt noch auch in seinem Verhältnis zu § 1919 eine Änderung erfahren. Von der Kommission für die zweite Lesung des Gesetzentwurfs wurde, wie es in den Protokollen S. 7189 (Guttentagsche Ausgabe Bd. 5 S. 339) heißt, § 1920 unbeanstandet angenommen, und dabei erwogen, daß diese Vorschrift das im Falle der Schreibensunfähigkeit sonst erforderliche beglaubigte Handzeichen ersetze (vgl. §§ 126 Abs. 1, 129 Abs. 1 B.G.B., I. Entw. § 92, II. Entw. § 105). Die damit noch besonders hervorgehobene rein formale Bedeutung des Feststellungsvermerks macht die Behauptung, es sei auch für ihn die Vorlesung und Genehmigung durch den Erblasser vorgeschrieben, um so weniger annehmbar. Mit Recht sieht es in dieser Beziehung der Berufungsrichter für ausgeschlossen an, daß der Gesetzgeber verlangen wollte, dem Erblasser müsse im Regelfalle seine eigene Unterschrift vorgelesen und von ihm genehmigt werden, und es ist nicht minder zutreffend, wenn er das gleiche Verlangen gegenüber der die Unterschrift formell ersetzenden Feststellung deshalb ebensowenig für begründet hält. Auch darin ist ihm schließlich beizutreten, daß die Erklärung, nicht schreiben zu können, mit den rechtsgeschäftlichen Erklärungen des Erblassers (§§ 2238. 2241 Ziff. 3 B.G.B.) nicht in eine Linie gestellt werden darf, und daß deshalb das im § 2242 Abs. 1 enthaltene Gebot der Vorlesung, Genehmigung und Unterzeichnung des Protokolls sich unter diesem Gesichtspunkte gleichfalls auf sie nicht ausdehnen läßt.

Alle diese Erwägungen führen dahin, daß von der dem § 2242 Abs. 2 B.G.B. entsprechenden urkundlichen Feststellung, der Erblasser habe erklärt, daß er nicht schreiben könne, dasselbe gilt, was der erkennende Senat in dem schon erwähnten Beschlusse vom 15. Februar d. J. von der durch § 2242 Abs. 1 Satz 2 und übereinstimmend damit durch § 177 Abs. 1 Satz 2 Fr.G.G. vorgeschriebenen Feststellung der Vorlesung, Genehmigung und Unterzeichnung des Protokolls angenommen hat: sie ist ein Zeugnis, dessen Aussteller die mitwirkenden Personen allein sind, und dessen Vollwirksamkeit das Gesetz an die Bedingung einer hinzukommenden Bestätigung durch den Erblasser nicht gebunden hat.

Die hiernach anzunehmende Formbeständigkeit des Testaments vom 6. Februar 1900 wird endlich dadurch nicht in Frage gestellt, daß nach der Fassung des Protokolls dieses nicht schlechthin, also gleichzeitig zu Gehör der mitwirkenden Personen, sondern „der Testatorin" vorgelesen wurde. In dieser Beziehung ist auf die Ausführungen in dem Urteile des Senats vom 18. November 1901 (Entsch. des R.G.'s Bd. 50 S. 23) zu verweisen." . . .

11. Kann der geschiedene Ehemann, der infolge einer gemäß § 627 Z.P.O. erlassenen einstweiligen Verfügung der Frau während des Scheidungsprozesses eine ihrem standesmäßigen Unterhalt entsprechende Geldrente gewährt hat, von der Frau, wenn auch diese für schuldig an der Scheidung erklärt ist, auf Grund des § 945 Z.P.O. Erstattung derjenigen Beträge verlangen, die für ihren notdürftigen Unterhalt nicht erforderlich gewesen sein sollen?

IV. Zivilsenat. Urt. v. 8. März 1906 i. S. gesch. Ehefr. W. (Bekl.) w. W. (Kl.). Rep. IV. 430/05.

I. Landgericht Köslin.
II. Oberlandesgericht Stettin.

Die Parteien waren miteinander verheiratet, sind aber geschieden worden. Die Scheidung erfolgte auf Grund des § 1568 B.G.B. infolge Klage der Frau und unter Erklärung des Mannes für den schuldigen Teil; doch wurde auf Antrag des letzteren die Frau, unter Anwendung des § 1574 Abs. 3 B.G.B., ebenfalls für schuldig erklärt. Während des Scheidungsprozesses erwirkte die jetzige Beklagte eine einstweilige Verfügung des damaligen Prozeßgerichts, durch welche ihr für die Dauer jenes Rechtsstreits das Getrenntleben gestattet und angeordnet wurde, daß ihr der jetzige Kläger an Unterhaltsgeldern vierteljährlich 300 ℳ zu zahlen habe. Letzterer erhob Widerspruch; es wurde jedoch durch Urteil des Landgerichts vom 30. Mai 1902 die einstweilige Verfügung aufrecht erhalten und die Berufung hiergegen zurückgewiesen. Infolgedessen zahlte der jetzige Kläger an Unterhaltsgeldern im ganzen 2700 ℳ. Als der Scheidungsprozeß endgültig erledigt war, forderte derselbe die von ihm gezahlten Beträge zurück, und zwar mit der Begründung, daß die jetzige Beklagte, da auch sie schuldig an der Scheidung gewesen sei, zufolge § 1611 Abs. 2 B.G.B. nur Anspruch auf den notdürftigen Unterhalt gehabt, die hierfür erforderlichen Mittel aber schon in den Zinsen ihres eigenen Vermögens besessen habe, welches ihr von dem jetzigen Kläger damals herausgegeben worden sei und etwas mehr als 1250 ℳ an jährlichen Zinsen getragen habe. Kläger erhob deshalb die gegenwärtig vorliegende Klage und beantragte die Verurteilung der Beklagten zur Zahlung von 2700 ℳ nebst Prozeßzinsen an den Kläger. In erster

Instanz wurde die Klage abgewiesen. Auf Berufung des Klägers wurde dagegen durch Urteil abändernd erkannt, und der Klage stattgegeben. Die Revision der Beklagten führte zur Wiederherstellung des landgerichtlichen Urteils.

Gründe:

„Das Berufungsgericht ist davon ausgegangen, daß in einem Falle der vorliegenden Art die Bestimmung des § 945 Z.P.O. Platz greife, und hat angenommen, daß Kläger die Rente, deren Zahlung ihm auferlegt worden sei, zurückfordern könne, wenn er beweise, daß Beklagte kein Recht auf die empfangenen Beträge gehabt habe. Der Beweis aber ist von dem Berufungsgericht für geführt erachtet worden, da Beklagte zufolge § 1611 Abs. 2 B.G.B. nur Anspruch auf den notdürftigen Unterhalt gehabt habe, und da hierfür die Zinsen ihres eigenen, ihr vom Kläger zur Verfügung gestellten, Vermögens ausgereicht hätten.

Diese Anwendung des § 945 Z.P.O. muß beanstandet werden. Allerdings ist die Anordnung der im § 627 Z.P.O. zugelassenen Maßnahmen eine einstweilige Verfügung; es sind für dieselbe dort jedoch besondere Vorschriften gegeben, und es wird im Abs. 4 gesagt, daß für sie im übrigen die Bestimmungen der §§ 936—944 Z.P.O. zu gelten hätten; hierdurch aber wird die Geltung sowohl des § 935, als des § 945 ausgeschlossen. In Ansehung des § 935 kann das einem Bedenken nicht unterliegen; die Ausschließung ergibt sich ohne weiteres daraus, daß die für Ehesachen im § 627 vorgesehene einstweilige Verfügung nicht, wie die im § 935 zugelassene, zur Sicherung des Anspruchs auf eine eigenartige Leistung bestimmt ist, sondern anderen Zwecken dient. In Ansehung des § 945 dagegen könnte der Umstand, daß lediglich auf die §§ 936—944 verwiesen ist, daraus erklärt werden, daß es nur darauf angekommen sei, die Zuständigkeit und das Verfahren zu regeln, während die Vorschrift des § 945 eine materiellrechtliche ist, und es könnte daher eingewendet werden, daß aus der Fortlassung des § 945 noch nicht gefolgert werden dürfe, seine Geltung habe dadurch ausgeschlossen werden sollen. Für die Ausschließung sprechen jedoch auch innere Gründe.

Eine Anwendung des § 945 Z.P.O. auf die im § 627 bezeichneten Maßnahmen wäre überhaupt nur insoweit möglich, als dieselben die Regelung des Unterhalts, sei es der Ehegatten, sei es der Kinder betreffen. Soweit diese Regelung nach dem freien Ermessen des Gerichts erfolgen mußte, ist aber ein Anspruch auf Schadensersatz aus dem Grunde, weil seine Verfügung unzutreffend gewesen sei, ausgeschlossen, da die Frage, ob das Gericht, wo es seinem Ermessen zu folgen hatte, hiervon einen richtigen Gebrauch gemacht habe, in einem anderen Verfahren nicht nachgeprüft werden darf. Raum für die Behauptung, daß die Anordnung des Ehegerichts von Anfang an ungerechtfertigt gewesen sei, ist deshalb nur dann, wenn geltend gemacht werden kann, daß das Gericht aus einem anderen Grunde nicht so, wie geschehen, hätte verfügen dürfen. Ein solcher Fall ist freilich bei Verfügungen der in Rede stehenden Art möglich, wird indes tatsächlich nicht oft vorliegen.

Durch den Beginn eines Rechtsstreits, für den die Bestimmungen des § 627 Z.P.O. berechnet sind, wird die gesetzliche Unterhaltspflicht der Eltern und, was hier zunächst in Frage steht, der Ehegatten an und für sich nicht berührt. Auch eine einstweilige Verfügung, durch welche den Ehegatten das Getrenntleben gestattet wird, ändert hieran nichts; es greift nur in Ansehung ihres Unterhalts der § 1361 B.G.B. Platz, dessen Vorschriften stets maßgebend sind, wenn die Ehegatten getrennt leben, und einer von ihnen die Herstellung des ehelichen Lebens verweigern darf und verweigert. Der § 1361 trifft Bestimmungen, die sich auf die Art der Gewährung des Unterhalts (Abs. 1) und auf die Unterhaltspflicht als solche beziehen (Abs. 2); soweit aber diese Bestimmungen nicht eingreifen, bleibt es bei den allgemeinen Vorschriften; es gilt also § 1360, sowie daneben, und zwar auch während der Dauer eines Eheprozesses, der § 1611 Abs. 2 B.G.B., wonach der Ehegatte, der sich einer Verfehlung schuldig macht, die den anderen Gatten berechtigt, ihm den Pflichtteil zu entziehen, von diesem nur den notdürftigen Unterhalt verlangen kann. Diese Bestimmung ist deshalb von dem Ehegerichte bei Anwendung des § 627 Z.P.O. und des § 1361 B.G.B., auf den dort verwiesen wird, ebenfalls zu berücksichtigen.

Vgl. Jurist. Wochenschr. 1903 Beil. S. 81 Nr. 188, S. 104 Nr. 233.

Es muß daher anerkannt werden, daß eine in einem Eheprozeß über den Unterhalt der Frau erlassene einstweilige Verfügung wenigstens zum Teil ungerechtfertigt sein kann, nämlich dann, wenn ihr der standesmäßige Unterhalt zugebilligt worden ist, während sie nur auf den notdürftigen Unterhalt Anspruch gehabt hatte. Zugegeben werden mag ferner, daß in solchem Falle die Anwendung des § 945 Z.P.O. möglich sein würde, da an und für sich seine Bestimmungen auch gegenüber solchen einstweiligen Verfügungen Platz greifen könnten, die nicht bloß eine Sicherung, sondern bereits eine Befriedigung des Gläubigers zur Folge haben (vgl. die in den Entsch. des R.G.'s in Zivils. Bd. 9 S. 334 und Bd. 27 S. 429 behandelten Fälle und § 1716 B.G.B.). Es würde indes die Geltendmachung des § 945 Z.P.O. wohl nur höchst selten dazu führen, daß ein Gatte schuldig erkannt würde, die von dem anderen empfangenen Unterhaltsgelder zu erstatten. Denn solche Gelder werden der Regel nach in dem guten Glauben, sie beanspruchen zu können, empfangen; auch werden sie ihrer Bestimmung gemäß verbraucht werden; und bei solcher Sachlage wäre die Verpflichtung zur Herausgabe schon durch § 818 Abs. 3 B.G.B. ausgeschlossen. Abgesehen davon aber steht eine Rückforderung, wie sie im vorliegenden Falle unternommen ist, mit den Verhältnissen, die durch die Eingehung einer Ehe geschaffen werden, nicht im Einklang. Zum Unterhalt der Frau ist in der Regel, also abgesehen von dem Falle des § 1360 Abs. 2 B.G.B., der Mann verpflichtet, und es kann sich, wenn sie getrennt von ihm lebt und leben darf, er ihr also den Unterhalt durch Entrichtung einer Geldrente gewähren muß, nur darum handeln, wie hoch diese zu bemessen ist. Ist ein Eheprozeß anhängig, und verlangt die Frau die Festsetzung der Rente durch einstweilige Verfügung, so hat das Ehegericht den Betrag gemäß § 1361 B.G.B. zu bestimmen, muß jedoch, wenn der Mann geltend macht, daß er nur den notdürftigen Unterhalt zu gewähren brauche, hierauf eingehen. Die Beschränkung seiner Unterhaltspflicht kann der Mann auch nach dem Erlaß der einstweiligen Verfügung gemäß §§ 927. 936 Z.P.O., nämlich dann noch geltend machen, wenn die Tatumstände, die zufolge § 1611 Abs. 2 B.G.B. die Beschränkung bedingen, erst nachträglich zu seiner Kenntnis gelangt sind.

Vgl. Entsch. des R.G's in Zivils. Bd. 24 S. 369, Jurist. Wochenschr. 1891 S. 10.

Erhebt der Mann aber einen derartigen Einwand nicht, und wird daraufhin von dem Gerichte die Rente dem standesmäßigen Unterhalt der Frau entsprechend festgesetzt, so würde einer Rückforderung des Mannes regelmäßig auch noch der § 814 B.G.B. im Wege stehen, da ihm entgegengehalten werden könnte, daß die Rente seines Schweigens wegen so, daß sie den standesmäßigen Unterhalt der Frau deckte, bemessen worden sei, sein Schweigen aber lediglich der von ihm auf den Anstand zu nehmenden Rücksicht entsprochen habe. Die Rückforderung von Rentenbeträgen, die ein Gatte von dem anderen während der Dauer eines Eheprozesses empfing, würde mithin häufig unerwünschte, ja sogar anstößige Erörterungen zur Folge haben und doch nur selten zu einem für den Kläger günstigen Ergebnis führen.

Was sodann die hier nicht zur Frage stehende, aber für die Auslegung des § 627 Z.P.O. auch in Betracht zu ziehende Regelung der Unterhaltspflicht der Ehegatten den Kindern gegenüber im Verhältnis der Ehegatten zueinander anlangt, so ist für eine Verpflichtung zum Schadensersatze gemäß § 945 Z.P.O. kein Bedürfnis, da jene Regelung nur eine einstweilige ist, und die etwa erforderliche Ausgleichung auch ohne Heranziehung des § 945 bei Gelegenheit der endgültigen vermögensrechtlichen Auseinandersetzung der Ehegatten erfolgen kann.

Im Hinblick auf alles dies ist die Annahme berechtigt, daß die Fassung des Abs. 4 im § 627 Z.P.O. mit Vorbedacht gewählt ist, die Fortlassung des § 945 aber zur Folge hat, daß seine Bestimmungen gegenüber den gemäß § 627 getroffenen Anordnungen niemals — mithin auch nicht im Falle des § 942 Abs. 3, wenn ein solcher Fall überhaupt vorkommen könnte — geltend gemacht werden können.

Danach erweist sich die erhobene Klage, soweit sie auf § 945 Z.P.O. gestützt wird, als verfehlt. Sonstige Gründe, aus denen Kläger den von ihm verfolgten Anspruch herleiten könnte, sind, wie das Landgericht zutreffend dargelegt hat, ebenfalls nicht vorhanden".

12. Übernahme einer Hypothekenschuld durch Vertrag zwischen dem Erwerber und dem Veräußerer des Grundstücks; kann der Gläubiger sie nur genehmigen, wenn die Mitteilung der Übernahme an ihn den in § 416 Abs. 2 Satz 2 B.G.B. vorgeschriebenen Hinweis ent-

hielt, und der Erwerber schon zur Zeit der Mitteilung als Eigentümer im Grundbuch eingetragen war (das. Abs. 2 Satz 1)?

V. Zivilsenat. Urt. v. 10. März 1906 i. S. E. (Bekl.) w. Witwe W. (Kl.). Rep. V. 387/05.

I. Landgericht Meiningen.
II. Oberlandesgericht Jena.

Eine Restkaufgeldhypothek von 15500 *M*, die mit 4 Prozent Zinsen für die Klägerin an erster Stelle auf dem im Jahre 1901 von ihr an den Beklagten für 17500 *M* verkauften Mühlengrundstück in E. eingetragen worden war, sollte nach Behauptung des Beklagten von dem Müller Rich. Z. in Anrechnung auf den Kaufpreis übernommen worden sein, als er an diesen das Grundstück durch Vertrag vom 16. Februar 1903 weiter verkaufte. In erster Instanz waren die Parteien darüber einig gewesen, während in zweiter Instanz die Übernahme von der Klägerin unter Widerspruch des Beklagten bestritten wurde. Im Laufe des Jahres 1903 klagte Klägerin die Hypothek gegen Z. ein und brachte das Grundstück zur Zwangsversteigerung. Wegen des Ausfalls an der Hypothek, den sie mit Zinsen auf vorläufig 8454,46 *M* berechnete, nahm sie den Beklagten als persönlichen Schuldner in Anspruch.

Der Beklagte bestritt seine persönliche Verpflichtung mit der Behauptung, daß Kläger die Übernahme der Hypothek durch Z. genehmigt habe. Er wollte der Klägerin diese Übernahme in einem Briefe vom 1. März 1903 angezeigt haben, der allerdings nicht den Hinweis darauf enthalten hatte, daß Z. an seine Stelle als Schuldner trete, wenn Klägerin nicht binnen sechs Monaten ihre Genehmigung verweigere (§ 416 Abs. 2 Satz 2 B.G.B.). Aber er behauptete, daß die Klägerin in einer Abrechnungsverhandlung vom 18. April 1903 ihm gegenüber sich mit der Schuldübernahme durch Z. einverstanden erklärt und auch tatsächlich den Z. als Schuldner angenommen habe, indem sie die Zinsen von ihm erhoben, ihm dabei Stundung gewährt und schließlich gegen ihn geklagt habe.

Von der Klägerin wurde bestritten, daß ihr die Schuldübernahme mitgeteilt worden sei, und sie diese genehmigt habe. Sie wies eventuell darauf hin, daß ihr die Übernahme durch den Brief vom 1. März ohne den im § 416 Abs. 2 Satz 2 vorgeschriebenen Hinweis angezeigt worden sei, und behauptete, daß auch die Eintragung des Z. im Grundbuche damals noch nicht erfolgt, sondern erst am 1. April 1903 die Auflassung an ihn erklärt worden sei (§ 416 Abs. 2 Satz 1), woraus sie folgerte, daß ihr die Übernahme jedenfalls nicht wirksam schriftlich angezeigt worden sei. Sie bestritt aber auch, am 18. April ihr Einverständnis mit der Übernahme ausgedrückt und den Z. tatsächlich als Schuldner angenommen zu haben, wofür die Annahme und Stundung von Zinsen sowie die Anstellung der Hypothekenklage nicht schlüssig seien.

Der Beklagte behauptete, daß Z. schon vor dem 1. März 1903 als Eigentümer eingetragen worden sei.

In erster Instanz wurde die Entscheidung von einem richterlichen Eide des Beklagten über gewisse von ihm und der Klägerin am 18. April 1903 abgegebene Erklärungen — in denen der erste Richter eine Genehmigung der Schuldübernahme durch die Klägerin erblickte — abhängig gemacht. Das Berufungsgericht erkannte dagegen auf unbedingte Verurteilung des Beklagten nach dem Klagantrage. Diese Entscheidung wurde vom Reichsgericht aufgehoben, und die Sache in die Berufungsinstanz zurückverwiesen.

Aus den Gründen:

... „Der Berufungsrichter hat angenommen, daß der Beklagte trotz der von ihm behaupteten Schuldübernahme durch Z. persönlicher Schuldner geblieben sei. Insoweit diese Annahme darauf gestützt ist, daß zwischen der Klägerin (Gläubigerin) und dem Z. (Erwerber des Grundstücks) kein Schuldübernahmevertrag zustande gekommen sei (§ 414 B.G.B.), kann sie nicht beanstandet werden. Wenn die Klägerin Zinszahlungen von Z. angenommen, ihm auch die Zinsen teilweise gestundet und schließlich das Kapital gegen ihn — aber mit der dinglichen Klage — eingeklagt hat, so begründen diese Tatsachen nicht den Schluß, daß die Klägerin durch einen Vertrag mit Z. diesen als persönlichen Schuldner an Stelle des Beklagten angenommen habe; jedenfalls hat der Berufungsrichter solchen Schluß abgelehnt, und diese tatsächliche Würdigung des Sachverhalts kann nicht im Wege der Revision umgestoßen werden. Mit Recht hat dagegen die Revision die rechtliche Beurteilung angegriffen, womit der Berufungsrichter auch die Anwendbarkeit des § 416 B.G.B. auf den vorliegenden Fall verneint hat.

Der Berufungsrichter läßt dahingestellt, ob wirklich ein Schuldübernahmevertrag zwischen Z. und dem Beklagten vorliege, und der Brief des Beklagten an die Klägerin vom 1. März 1903 eine Mitteilung von dieser Schuldübernahme enthalten habe, desgleichen ob in den Verhandlungen zwischen den Parteien vom 18. April 1903 eine Genehmigung der Schuldübernahme durch die Klägerin gefunden werden könnte, indem er solche Genehmigung um deswillen für wirkungslos erachtet, weil sie erfolgt sein würde auf eine Mitteilung des Beklagten hin, die zwar gemäß § 416 Abs. 2 Satz 2 schriftlich erfolgt wäre, aber nicht den dort weiter vorgeschriebenen Hinweis enthalten habe: daß Z. an die Stelle des bisherigen Schuldners (des Beklagten) trete, wenn nicht die Klägerin innerhalb sechs Monaten die Verweigerung ihrer Genehmigung erklären werde. Aus diesem Grunde ist er auf eine Prüfung der Frage nicht erst eingegangen, ob die angebliche Mitteilung vom 1. März nicht auch deshalb unwirksam gewesen sei, weil, wie die Klägerin behauptet, damals der Erwerber Z. noch nicht als Eigentümer im Grundbuch eingetragen gewesen sei.

Der Berufungsrichter ist also der Ansicht, daß nach § 416 B.G.B. eine Genehmigung der Schuldübernahme durch den Gläubiger nicht anders erfolgen könne, als wenn die schriftliche Mitteilung des Veräußerers von der Schuldübernahme den Hinweis auf die in Abs. 2 Satz 2 angedrohte Folge des Schweigens enthalten habe. Diese Ansicht ist auch in einem Urteile des IV. Zivilsenats des Reichsgerichts, abgedruckt in Gruchot's Beitr. Bd. 49 S. 354 flg., vertreten worden, auf das der Berufungsrichter sich bezieht. In Übereinstimmung mit den Ausführungen in diesem Urteil stützt der Berufungsrichter seine Auffassung auf den Wortlaut des § 416, der bei dem untrennbaren Zusammenhange der Abss. 1 u. 2 mit zwingender Notwendigkeit ergebe, daß der Gläubiger die Schuldübernahme nur genehmigen könne, wenn der Veräußerer sie ihm mitteile (Abs. 1 Satz 1), sowie daß diese Mitteilung schriftlich erfolgen und den vorerwähnten Hinweis enthalten müsse (Abs. 2 Satz 2), woraus zu folgern sei, daß nach einer diesen Hinweis nicht enthaltenden Mitteilung die Sachlage die gleiche sei, als wenn eine Mitteilung überhaupt nicht erfolgt wäre. In dem Urteil des Reichsgerichts war hinzugefügt worden, daß dieser Wortsinn auch dem gesetzgeberischen Grunde und Zwecke der Sondervorschrift des § 416 entspreche: einerseits im Interesse des Realkredits die Vereinigung der persönlichen und der dinglichen Haftung aus der Hypothekenschuld in einer Person zu fördern, andererseits den Veräußerer vor der Gefahr zu schützen, daß er den ihm schon im Kaufpreise von seinem Käufer gekürzten Betrag der Hypothek später noch einmal an den Gläubiger zahlen müsse. Dabei war noch bemerkt worden, daß aus der Entstehungsgeschichte des Gesetzes nichts Gegenteiliges zu entnehmen sei, während der Berufungsrichter im vorliegenden Falle nicht zu verkennen scheint, daß dies doch wohl der Fall sein könnte — wie der erste Richter ausgeführt hatte —, aber darauf kein entscheidendes Gewicht legen will.

Der IV. Zivilsenat des Reichsgerichts war in dem erwähnten Falle bezüglich der jetzt streitigen Frage derselben Ansicht wie der damalige Berufungsrichter, gelangte aber aus anderen Gründen zu einer Aufhebung des angefochtenen Urteils. Für diese Entscheidung war die Erörterung in den Entscheidungsgründen über den jetzt in Frage stehenden Punkt unerheblich; es bedurfte daher für den jetzt erkennenden Senat, der zu einer abweichenden rechtlichen Beurteilung der Frage gelangt ist, nicht der Einholung einer Entscheidung der vereinigten Zivilsenate nach § 137 G.V.G.

Es mag zugegeben werden, daß der Wortlaut des § 416 B.G.B. für die Auslegung verwertet werden kann, die im vorliegenden Falle von dem Berufungsrichter — abweichend vom ersten Richter — vertreten wird. Aber für zwingend kann er so wenig erachtet werden, daß umgekehrt, nach der Entstehungsgeschichte und dem Zwecke dieser gesetzlichen Bestimmung, ein Zweifel an der Unrichtigkeit dieser Auslegung nicht berechtigt erscheinen und auch nicht aus dem Wortlaut begründet werden kann.

Nachdem im § 415 im allgemeinen bestimmt worden ist, in welcher Weise durch (abstrakten, dinglichen) Vertrag zwischen dem bisherigen Schuldner und einem dritten Übernehmer eine Schuldübernahme mit der Wirkung herbeigeführt werden kann, daß der Übernehmer an Stelle des bisherigen Schuldners in das Schuldverhältnis eintritt (sog. privative Schuldübernahme), werden im § 416 besondere Bestimmungen für den Fall getroffen, daß es sich um die privative Übernahme einer Hypothekenschuld handelt. Der erste Entwurf enthielt keine Sonderbestimmungen für diesen Fall, sondern stellte ihn unter die in den §§ 314 und 315 enthaltenen allgemeinen Vorschriften, die im wesentlichen den jetzigen §§ 414 und 415 B.G.B. entsprachen. Danach wäre die privative Übernahme einer Hypothekenschuld, wenn sie, was hier allein interessiert, durch eine Vereinbarung zwischen Schuldner und Übernehmer zustande kommen sollte (I. Entw. § 315, B.G.B. § 415), von der Genehmigung des Gläubigers abhängig gewesen, zu der dieser sowohl vom Schuldner als vom Übernehmer hätte aufgefordert werden können, deren Verweigerung oder nur Nichterklärung aber die Schuldübernahme dem Gläubiger gegenüber unwirksam gemacht hätte. Diese Regelung stieß jedoch sowohl bei mehreren bundesstaatlichen Regierungen als auch in der allgemeinen Kritik auf Bedenken,

vgl. Gutachtliche Äußerungen der Regierungen Bd. 1 S. 42 flg.; Zusammenstellung der gutachtlichen Äußerungen durch das R.J.A. Bd. 2 S. 86 flg., Bd. 6 S. 312 flg.,

die dann auch in der Kommission für die zweite Lesung des Entwurfs Berücksichtigung gefunden haben. Sie wurden daraus entnommen, daß im Grundstücksverkehre, wo die Übernahme von Hypothekenschulden in Anrechnung auf den Kaufpreis meistens durch die Umstände geboten und gebräuchlich ist, das Bedürfnis besteht, der mißlichen Lage abzuhelfen, in welche dabei der Veräußerer gerät, wenn er, nachdem er sich den Betrag übernommener Hypotheken im Kaufpreis hat kürzen lassen, von dem Gläubiger noch an der persönlichen Haftung festgehalten und — möglicherweise erst nach langen Jahren und nachdem das Grundstück mehrfach den Besitzer gewechselt hat — gezwungen wird, den Betrag noch einmal an den Gläubiger auszuzahlen. Es erschien auch im Interesse des Realkredits wünschenswert, darauf hinzuwirken, daß die persönliche und die dingliche Haftung aus einer Hypothekenschuld sich in einer Person vereinigen. Man suchte daher nach einem Mittel, die Genehmigung des Gläubigers zu der Übernahme von Hypothekenschulden und die Entlassung des Veräußerers aus dem Schuldverhältnisse zu fördern und zu beschleunigen. Als das geeignetste Mittel hierzu wurde, unter Ablehnung eines dem § 41 preuß. Eig.-Erw.-Ges. vom 5. Mai 1872 entsprechenden weitergehenden Vorschlags, nach dem Vorgange des bayerischen Gesetzes vom 29. Mai 1886 Art. 1 Nr. 2 eine Vorschrift befunden, die den Gläubiger durch Androhung fingierter Genehmigung zwingt, zu der ihm mitgeteilten Schuldübernahme bestimmte Stellung zu nehmen. Aus diesen Erwägungen ist der § 416 entsprungen. Die zweite Kommission hatte den ihm entsprechenden § 315a des Entw. anfangs folgendermaßen gefaßt:

„Hat im Falle der Veräußerung eines Grundstücks der Erwerber eine Schuld des Veräußerers, für welche eine Hypothek an dem Grundstück besteht, übernommen, so gilt die Übernahme als durch den Gläubiger genehmigt, wenn dieser nicht binnen sechs Monaten nach dem Empfang der ihm von dem Veräußerer gemachten schriftlichen Mitteilung der Schuldübernahme dem Veräußerer gegenüber die Genehmigung verweigert hat.

Die Mitteilung kann erst wirksam erfolgen, wenn der Erwerber als Eigentümer in das Grundbuch eingetragen ist; sie muß den Hinweis enthalten, daß, wenn die Verweigerung nicht innerhalb der Frist erfolge, der Übernehmer an die Stelle des bisherigen Schuldners trete."

Hieran schloß sich noch ein 3. Absatz mit den Bestimmungen, die jetzt der 3. Abs. des § 416 B.G.B. enthält.

Prot. Bd. 1 S. 413—416 u. 417.

In der zweiten Lesung der Kommission wurde der obige Abs. 1 des § 315a abgeändert; er erhielt folgende Fassung:

„Hat im Falle der Veräußerung eines Grundstücks der Erwerber mit dem Veräußerer die Übernahme einer Schuld des letzteren vereinbart, für welche eine Hypothek an dem Grundstücke besteht, so ist nur der Veräußerer berechtigt, die Schuldübernahme nach Maßgabe des § 315 Abs. 1 dem Gläubiger zur Genehmigung mitzuteilen. Die Genehmigung gilt als erteilt, wenn der Gläubiger nach Empfang der Mitteilung nicht binnen sechs Monaten die Genehmigung dem Veräußerer gegenüber verweigert; die Vorschrift des § 315 Abs. 2 Satz 2 findet keine Anwendung."

Wie die Protokolle Bd. 2 S. 472 flg. ergeben, ist diese Änderung vorgenommen, um die Möglichkeit auszuschließen, daß auch der Erwerber dem Gläubiger die Schuldübernahme anzeige, wozu er nach § 315 des Entw. berechtigt gewesen wäre, und sogar mit der Wirkung, daß, wenn dabei dem Gläubiger eine Frist zur Erklärung gesetzt wurde, die Nichterklärung — umgekehrt als nach § 316 — nicht als Genehmigung, sondern als Verweigerung gegolten und die Schuldübernahme beseitigt hätte. Inhaltlich mit diesen Beschlüssen der 2. Kommission übereinstimmend, nur etwas anders gefaßt, ist der neue § 315a als § 410 in die Reichstagsvorlage übergegangen und mit diesem gleichlautend als § 416 B.G.B. Gesetz geworden.

Aus dieser Darlegung ergibt sich, daß der Schwerpunkt des § 416 in der Bestimmung des Abs. 1 Satz 2 liegt, der den Gläubiger bei Vermeidung fingierter Genehmigung verpflichtet, binnen 6 Monaten nach Empfang der Mitteilung die Verweigerung der Genehmigung zu erklären. Hierin liegt — abgesehen von der Beschränkung des Mitteilungsrechts auf die Person des Veräußerers — die grundsätzliche Abweichung der Vorschriften über die Übernahme von Hypothekenschulden (§ 416) von den allgemeinen Vorschriften über die Schuldübernahme durch Vertrag zwischen Schuldner und Übernehmer (§ 415); letztere erfordert unter allen Umständen eine Genehmigungserklärung des Gläubigers, erstere kann durch den Veräußerer von einer Nichterklärung der Verweigerung solcher Genehmigung abhängig gemacht werden. Die übrigen Bestimmungen des § 416 enthalten nur eine nähere Ausgestaltung dieses Satzes. Es wird vorgeschrieben, daß nur der Veräußerer berechtigt ist, dem Gläubiger die Schuldübernahme mitzuteilen und ihn in die erwähnte Zwangslage zu versetzen (Abs. 1 Satz 1), daß dies aber erst geschehen darf, wenn der Erwerber als Eigentümer im Grundbuch eingetragen ist (Abs. 2 Satz 1), daß die Mitteilung schriftlich erfolgen und den Hinweis auf den nun eingetretenen Erklärungszwang enthalten muß (Abs. 2 Satz 2), und daß der Erwerber berechtigt ist, vom Veräußerer die Mitteilung an den Gläubiger und eine Benachrichtigung über das Ergebnis zu verlangen (Abs. 3).

Was insbesondere die Vorschrift anlangt, die hier in Frage steht, daß die Mitteilung den Hinweis auf die Folgen des Schweigens enthalten muß, so ist dieselbe sowohl in den erwähnten Kommissionsberatungen (Prot. Bd. 1 S. 415 Abs. 4), als in der Denkschrift an den Reichstag (Bahlensche Ausgabe S. 85 unten) ausdrücklich damit begründet worden, daß sie geboten sei wegen der schwerwiegenden Wirkungen, die sich aus dem Schweigen des Gläubigers für dessen Rechtslage ergeben. Diese Begründung ist einleuchtend; sie zeigt, daß die für den Veräußerer geschaffene Erleichterung nicht zu einer unnötigen Härte für den Gläubiger gesteigert, und darum dieser in die Lage gebracht werden sollte, zu erkennen, welcher Rechtsfolge er sich aussetze, wenn er sich auf die Mitteilung von der Schuldübernahme untätig verhalte. Einen Wert hat diese Erkenntnis aber nur für einen Gläubiger, der mit der Absicht umgeht, die Schuldübernahme nicht zu genehmigen; unerfindlich ist dagegen, welches Interesse ein Gläubiger, der die ihm mitgeteilte Schuldübernahme genehmigt, daran haben könnte, ob die Mitteilung den Hinweis enthielt, daß bei seinem Schweigen Genehmigung angenommen werden würde. Aber nicht allein, daß nach der Lage der Sache für den Gesetzgeber kein Grund gegeben war, den Hinweis auf die Folge des Schweigens als Vorbedingung nicht bloß für die Verwirklichung dieser Folge, sondern auch für die Zulässigkeit einer erklärten Genehmigung vorzuschreiben; es hätte eine derartige Vorschrift auch im Widerspruche mit dem von ihm verfolgten Zwecke gestanden und diesem entgegengearbeitet. Die Genehmigung des Gläubigers, die begünstigt und gefördert werden sollte, wäre erschwert und gehindert, nämlich an eine Bedingung geknüpft worden, die in sich überflüssig und nur geeignet war, der Übernahme von Hypothekenschulden Schwierigkeiten zu bereiten. Zudem hat schon der erste Richter mit Recht darauf hingewiesen, daß der Gesetzgeber den sonst im Bürgerlichen Gesetzbuch vertretenen Grundsätzen möglichster Formfreiheit und der Beförderung von Treu und Glauben im Rechtsverkehr untreu geworden sein würde, wenn er einem Hypothekengläubiger, der die Schuldübernahme genehmigt hat, das bequeme Mittel in die Hand gegeben hätte, durch Berufung auf eine ganz überflüssige Formvorschrift sich von den freiwillig übernommenen Rechtsfolgen der erklärten Genehmigung der Schuldübernahme wieder zu befreien.

Bei dieser durch die Entstehungsgeschichte und den gesetzgeberischen Grund gebotenen Auffassung des § 416 kann nun aber auch der Wortlaut keine Auslegungsschwierigkeiten hervorrufen. In seiner oben wiedergegebenen ursprünglichen Fassung war als Abs. 1 der Satz an die Spitze gestellt, daß das Schweigen des Gläubigers auf die Mitteilung von der Schuldübernahme als Genehmigung gelten solle; dann folgten im Abs. 2 die Vorschriften, wie solche Mitteilung beschaffen sein müsse, um — wie danach nicht zweifelhaft sein konnte — die

Fiktion der Genehmigung zu begründen. Erst bei der zweiten Lesung in der Kommission ist der nunmehrige erste Satz des Abs. 1 eingefügt worden, der klarstellen soll, daß nur der Veräußerer das Recht hat, dem Gläubiger die entscheidende Mitteilung zu machen, nicht auch der Erwerber. Darin findet die von der Kommission gewählte Fassung, daß nur der Veräußerer zu der Mitteilung befugt sei, ihre natürliche Erklärung. Nun lautet allerdings dieser Satz in der ihm in der Reichstagsvorlage gegebenen und Gesetz gewordenen Fassung dahin, daß der Gläubiger die Schuldübernahme nur genehmigen könne, wenn der Veräußerer sie ihm mitteile; aber der Sinn hat dadurch nicht verändert werden sollen, wie sich daraus ergibt, daß die Denkschrift S. 84. 85 diese Bestimmung mit denselben Gründen motiviert, die in den Beratungen der 2. Kommission für die Beschränkung des Mitteilungsrechts auf die Person des Veräußerers geltend gemacht worden waren. Mit dieser Beschränkung steht jedoch die Vorschrift im Abs. 2 Satz 2, daß die Mitteilung den Hinweis auf die Folgen des Schweigens enthalten müsse, weder nach der Entstehungsgeschichte noch sachlich in irgendeiner Beziehung; sie kann daher nicht mit dem Berufungsrichter als eine allgemeine Mußvorschrift für den Inhalt der Mitteilung an den Gläubiger, sondern nur in der Begrenzung als eine solche aufgefaßt werden, daß sie eine Bedingung für den Eintritt der auf das Schweigen des Gläubigers gesetzten und anzudrohenden Rechtsfolge sein soll.

Demnach muß mit dem ersten Richter, der bereits diese Ansicht in überzeugender Weise begründet hat, in Übereinstimmung mit dem Obersten Landesgericht für Bayern (Seuffert, Arch. Bd. 60 Nr. 32 a. E.) und der weit überwiegenden Mehrzahl der juristischen Schriftsteller, angenommen werden, daß die Rechtswirksamkeit einer vom Hypothekengläubiger erklärten Genehmigung der ihm vom Veräußerer schriftlich mitgeteilten Schuldübernahme durch den Erwerber dadurch nicht berührt wird, daß die Mitteilung den in Frage stehenden Hinweis nicht enthalten hatte. Der Grund, aus welchem der Berufungsrichter die auf eine solche Genehmigung der Klägerin gestützte Einrede des Beklagten verworfen hat, trifft also nicht zu, und dies mußte, da die Sachlage in tatsächlicher Hinsicht noch weiterer Feststellung bedarf, zu einer Zurückverweisung der Sache in die Berufungsinstanz führen.

Dies würde sich freilich erübrigen, wenn der Genehmigung der Schuldübernahme durch die Klägerin aus dem ferner von ihr geltend gemachten Grunde die Rechtswirksamkeit abgesprochen werden müßte, daß die Mitteilung von der Schuldübernahme zu einer Zeit erfolgt sei, als der Erwerber Z. noch nicht als Eigentümer im Grundbuch eingetragen gewesen sei. So behauptet sie, und sie beruft sich dabei auf den Abs. 2 Satz 1 des § 416, wo bestimmt ist, daß die Mitteilung erst erfolgen könne, wenn der Erwerber als Eigentümer eingetragen sei. Aber auch auf diesem Wege kann die Klägerin ihre Genehmigung der Schuldübernahme, wenn sie solche erklärt haben sollte, nicht entkräften. In tatsächlicher Beziehung kann davon ausgegangen werden, daß der Erwerber Z. jedenfalls am 18. April 1903, dem Tage der angeblichen Genehmigungserklärung der Klägerin, schon eingetragener Eigentümer war; denn die Klägerin hat nur bestritten, daß er schon am 1. März, von welchem Tage der die Mitteilung von der Schuldübernahme enthaltende Brief des Beklagten datiert, eingetragen gewesen sei, als Tag der Auflassung aber selber den 1. April angegeben. Es fragt sich also, ob es für die Rechtsgültigkeit einer von der Klägerin am 18. April ausgesprochenen Genehmigung der ihr im Briefe des Beklagten vom 1. März mitgeteilten Schuldübernahme nicht genügt hätte, daß der Erwerber Z. am 18. April eingetragener Eigentümer war, möchte er es auch am 1. März noch nicht gewesen sein. Diese Frage muß aber bejaht werden. Die Vorschrift im Abs. 2 Satz 1 ist in der 2. Kommission damit begründet worden: daß, dem Zwecke der Sondervorschrift des damaligen § 315a gemäß, die Vereinigung der obligatorischen Haftung mit dem Eigentum an dem der Hypothek unterworfenen Grundstück in einer Person zu fördern, die Mitteilung erst erfolgen dürfe, wenn der Erwerber als Eigentümer im Grundbuch eingetragen sei; solange die Eintragung noch ausstehe, könne man dem Gläubiger billigerweise nicht zumuten, sich über die Schuldübernahme zu erklären. Damals bestand die Sondervorschrift, wie oben dargelegt, bloß in der Androhung fingierter Genehmigung für den Fall des Schweigens des Gläubigers auf die Mitteilung; man fand es unbillig, den Gläubiger in diese Zwangslage zu bringen, bevor die dingliche Haftung des Erwerbers begründet worden war, die sich also noch wieder zerschlagen konnte. Diese Erwägung trifft aber gar nicht den hier vorliegenden Fall, daß der Gläubiger die ihm schon vorher mitgeteilte Schuldübernahme genehmigt, nachdem inzwischen der Erwerber als Eigentümer eingetragen worden ist. Auf diesen Fall ist die in Frage stehende Vorschrift überhaupt nicht berechnet. Man würde vergeblich fragen, welchen Zweck und Sinn es haben sollte, wenn in einem solchen Falle, wo materiell die Sache infolge der erteilten Genehmigung des Gläubigers völlig in Ordnung ist, nochmals eine Mitteilung von der Schuldübernahme erfolgen, und die Genehmigung des Gläubigers wiederholt werden müßte."

13. 1. Hat der Arbeitnehmer, dem wegen ungenügender Verwendung von Versicherungsmarken die Invalidenrente abgesprochen ist, einen Anspruch auf Schadensersatz gegen den Arbeitgeber?

2. Ist dessen Haftung für die Unterlassung aus dem Dienstvertrage herzuleiten, oder auf § 823 B.G.B. zu gründen? Anwendung des § 242 B.G.B.

3. Notwendigkeit einer Angabe über den Betrag der vom Kläger bezogenen Unfallrente.

Invalidenversicherungsgesetz vom 13./19. Juli 1899 (R.G.Bl. S. 463) § 15 Abs. 2.

VI. Zivilsenat. Urt. v. 12. März 1906 i. S. K. Wwe. (Kl.) w. Fürst v. L. (Bekl.). Rep. VI. 234/05.

I. Landgericht Oppeln.
II. Oberlandesgericht Breslau.

Der Klägerin, die am 7. Januar 1903 durch einen Unfall erwerbsunfähig geworden war, wurde die von ihr beanspruchte Invalidenrente von der Landesversicherungsanstalt, und auf eingelegte Berufung vom Schiedsgericht abgesprochen, weil die für den Ablauf der Wartezeit erforderliche Zahl von Versicherungsmarken nicht verwendet sei. Von den in ihre Quittungskarte eingeklebten Marken seien nur 120 anrechnungsfähig gewesen, 125 verspätet, daher unwirksam verwendet. Die Klägerin machte für den Verlust der Invalidenrente ihren Arbeitgeber verantwortlich, bei dem sie 23 Jahre lang vor dem Unfallstage als Tagelöhnerin in Arbeit gestanden haben wollte. Sie leitete dessen Haftung einerseits aus dem Arbeitsvertrage ab, durch den er zur Verwendung von Marken verpflichtet gewesen sei, andererseits aus unerlaubter Handlung, weil die Unterlassung des Arbeitgebers vom Gesetz mit Strafe bedroht sei.

Über diese Haftung, soweit sie nach Bürgerlichem Gesetzbuch zu beurteilen war, besagen die

Gründe:

... „Das Bürgerliche Gesetzbuch, das für die Zeit nach dem 1. Januar 1900 maßgebend ist, kennt eine allgemeine Haftung für fahrlässige Vermögensbeschädigung nicht. Der § 823 Abs. 1 steht daher der Klägerin nicht zur Seite. Aber auch auf Abs. 2 kann sie sich nicht berufen, weil die Vorschriften des Invalidenversicherungsgesetzes über die Strafbarkeit des Arbeitgebers, der die ihm auferlegte Mitwirkung bei der Einziehung der Versicherungsbeiträge unterläßt, nicht ein den Schutz der Arbeitnehmer bezweckendes Gesetz sind. Freilich das Versicherungsgesetz ist zur Fürsorge für die Arbeiter bestimmt; aber diese sind verpflichtet, für die Erlangung des in der Versicherung liegenden Nutzens selbst mitzuwirken, indem sie sich eine Quittungskarte verschaffen und Beiträge entrichten. Letztere zieht die Versicherungsanstalt für sich ein, kraft öffentlichen Rechts, wie Gemeindeabgaben. Zu ihrem Nutzen, zur Sicherung des regelmäßigen Eingangs der Beiträge sind die Arbeitgeber zur tätigen Mitwirkung gesetzlich verpflichtet worden. Die für die bloße Untätigkeit ihnen angedrohten Strafen sind in dem älteren Gesetz von 1889 (§§ 142. 143) ausdrücklich als Ordnungsstrafen bezeichnet. Das jetzige Gesetz (§§ 175. 176) gebraucht diesen Namen nicht, hat jedoch sachlich nichts geändert. Es ist eine Strafe im Interesse des ordentlichen Geschäftsganges der Versicherungsanstalten geblieben; daher wird sie auch nach § 178 nur im Verwaltungswege festgesetzt.

Hiernach bleibt für die Zeit nach dem 1. Januar 1900 nur die Frage offen, ob die Klägerin ihren Anspruch auf den mit dem Beklagten geschlossenen Arbeitsvertrag gründen kann. Daß das Arbeitsverhältnis schon vor jenem Zeitpunkt, unter der Herrschaft des preußischen Allgemeinen Landrechts, begonnen hat, ist unerheblich, weil die Klägerin nur in Tagelohn gearbeitet haben will, also nach der Regel des § 905 A.L.R. I. 11 und des § 621 B.G.B. ein dauerndes Vertragsverhältnis, das zur Anwendung des Art. 170 Einf.-Ges. zum B.G.B. führen könnte, nicht bestanden hat.

Die Urteile des Reichsgerichts, die sich auf die Zeit des früheren Rechts beziehen (Entsch. in Zivilf. Bd. 58 S. 102) sind hier nicht maßgebend. Aber ihren Ausführungen ist darin beizustimmen, daß aus dem Inhalt des Invalidenversicherungsgesetzes eine Erweiterung der aus dem Arbeitsvertrage entspringenden Leistungspflicht des Arbeitgebers nicht unmittelbar herzuleiten ist. Wie die Versicherung selbst nicht eine vertragliche ist, so sind es auch nicht die in ihrem Interesse den Beteiligten auferlegten Leistungen. Ebensowenig läßt sich aus den Bestimmungen des Bürgerlichen Gesetzbuchs über den Arbeitsvertrag die von der Revision behauptete Erweiterung der Vertragspflichten des Arbeitgebers herleiten, insbesondere nicht aus §§ 616—618. Freilich sind ihre Vorschriften dem Bestreben entsprungen, im Interesse der wirtschaftlich schwächeren Arbeitnehmer die Vertragspflichten der Arbeitgeber zu erweitern. Aber sie haben den Charakter positiver Sonderbestimmungen, was bei den §§ 617. 618 darin erkennbar hervortritt, daß sie durch § 619 zu zwingendem Recht gemacht sind. Sie lassen sich daher nicht als Zeugnisse für das Bestehen eines allgemeinen, wenngleich nur in Einzelfällen ausdrücklich ausgesprochenen, Rechtssatzes auffassen (vgl. Entsch. in Zivilf. Bd. 58 S. 135), für den zugleich, was die Markenverwendung anlangt, ein unabweisliches Bedürfnis um deswillen nicht besteht, weil die Arbeiter völlig in der Lage sind, selbst sich eine Quittungskarte zu verschaffen und die Verwendung von Marken zu überwachen. Demungeachtet ist es rechtsirrtümlich, wenn das Berufungsgericht grundsätzlich und ohne Eingehen auf die Lage des Falles verneint, daß der Beklagte vertraglich zur Verwendung von Marken habe verpflichtet sein können.

Wie es möglich ist, daß der Arbeitgeber ausdrücklich sich dem Arbeiter gegenüber zu der in Rede stehenden Leistung verpflichtet, so können besondere Umstände zu der Annahme berechtigen, daß unausgesprochen die Beteiligten gewollt haben, der Arbeitgeber solle mit dem Abschluß des Arbeitsvertrages zugleich die Fürsorge für die Markenverwendung übernehmen. Wenn innerhalb eines gewissen Kreises die Verkehrssitte sich so gestaltet, daß der Arbeitgeber regelmäßig nicht bloß die für gemachte Lohnabzüge angeschafften Marken verwendet, sondern darüber hinaus die Versicherungspflicht der von ihm beschäftigten Personen feststellt und die Anschaffung von Quittungskarten veranlaßt, so wird durch dieses Verhalten des Arbeitgebers der einzelne Arbeiter zu der Meinung veranlaßt werden können, daß jener, was er bei den Mitarbeitern als selbstverständlich tut, auch ihm gegenüber selbstverständlich übernehmen werde. Liegt aber die Sache so, so muß nach § 242 B.G.B. der Arbeitgeber auch gegenüber dem auf diesen Brauch sich verlassenden Arbeiter seine Leistung als Arbeitgeber so bewirken, wie Treu und Glauben mit Rücksicht auf die Verkehrssitte es erfordern. Bei staatlichen, von Beamten geleiteten Arbeitsbetrieben und auch sonst bei größeren Betrieben wird nicht ganz selten der Brauch sich einbürgern, daß die Arbeiter sich in der erwähnten Richtung auf den Arbeitgeber, wie diesem bekannt ist, verlassen, und dann wird die Erweiterung der vertraglichen Leistungspflicht des letzteren gemäß § 242 anzuerkennen sein. Trifft das für den vorliegenden Fall zu, und wird die Erweiterung angenommen, so ist die Anwendbarkeit des § 278 B.G.B. die notwendige Folge. Auf der anderen Seite ist aber auch, weil nicht Erfüllung, sondern Schadensersatz gefordert wird, die Ersatzpflicht des Beklagten nach § 254 abzuwägen.

Die Tatsachen, welche die Anwendung des § 242 in dem erörterten Sinne begründen, muß der behaupten und beweisen, der die Vertragsklage erheben will. Es kann bezweifelt werden, ob die Darstellung der Klägerin im vorliegenden Falle eine ausreichende Sachbegründung bereits enthält. Aber der Umstand, daß der Verwalter P. alsbald nach seinem Dienstantritte die Klägerin gefragt hat, ob sie eine Quittungskarte besitze, sowie die nachträgliche, wenngleich zum Teil unwirksame, Verwendung von Marken, deuten auf die Möglichkeit hin, daß die Gutsverwalter des Beklagten die Fürsorge für die Arbeiter bezüglich der Invalidenversicherung zu übernehmen pflegten, und da aus einem anderen Grunde das Berufungsurteil ohnehin aufzuheben war, so war es angezeigt, auch den letzterwähnten Rechtsirrtum hervorzuheben, der bei der erneuten Beurteilung der Sache vermieden werden kann.

Daß die Klägerin eine Unfallsrente bezieht, steht dem Klaganspruch nicht grundsätzlich entgegen, so wenig wie die aus Anlaß des Todes ihres Mannes ihr zugesprochene Rente ihre Versicherungspflicht ausschloß. Aber nach § 15 Abs. 2 Inv.-Vers.-Ges. begründet die gegenwärtige Erwerbsunfähigkeit der Klägerin einen Anspruch auf Invalidenrente und folgeweise den erhobenen Ersatzanspruch nur insoweit, als die zu gewährende Invalidenrente die Unfallrente übersteigt, die aus Anlaß des die Invalidität bewirkenden Unfalls der Klägerin gewährt ist. Diese, die für den Betrag des ihr zukommenden Ersatzes beweispflichtig ist, hat darzutun, um welchen Betrag die Invalidenrente höher gewesen sein würde, als die geständlich jetzt von ihr bezogene Unfallsrente. Die weitere Verhandlung wird der Klägerin Gelegenheit geben, auch nach dieser Richtung die fehlende weitere Aufklärung beizubringen." ...

14. Sind auf die Veräußerung gegen Geld — den „Verkauf" — eines Handelsgewerbes (Handelsgeschäfts) mit Kundschaft die allgemeinen Bestimmungen über den Kauf, und auf die Zusicherung, daß das Handelsgewerbe einen näher bezeichneten Reinertrag hatte, die Bestimmungen über Gewährleistung für Zusicherungen einer Eigenschaft beim Kauf körperlicher Sachen analog anzuwenden?

II. Zivilsenat. Urt. v. 13. März 1906 i. S. A. (Bekl.) w. Sch. (Kl.). Rep. II. 344/05.

I. Landgericht Düsseldorf.
II. Oberlandesgericht Köln.

Die Frage wurde bejaht, aus folgenden

Gründen:

... „Nach der Vertragsurkunde vom 11. Januar 1902 hatte der Beklagte an die Klägerin sein in einem gemieteten Raume zu Mühlheim a. Rh. W.straße 66 betriebenes Fisch- und Delikatessengeschäft zum Preise von 1500 ℳ verkauft. Gegenstand des von den Parteien als „Kauf" bezeichneten Rechtsgeschäfts war nach der gegebenen Sachlage die Überlassung des in Mieträumen betriebenen Handelsgewerbes mit Kundschaft sowie die Übertragung der Ladeneinrichtung mit etwa vorhandenen Vorräten. Dabei war für die

Parteien die Überlassung des Handelsgewerbes mit der Kundschaft der maßgebende Teil des Rechtsgeschäfts. Ladeneinrichtung und Vorräte hatten einen ganz geringen Wert; ihre Übertragung hatte für die Parteien nach der gegebenen Sachlage nur nebensächliche Bedeutung. Nach Annahme der Instanzgerichte hatte der Beklagte der Klägerin bei dem Vertragsschlusse zugesichert, daß das erwähnte Handelsgewerbe bis dahin wöchentlich einen Reinverdienst von etwa 100 *M* hatte. Am 11. Januar 1902 übernahm die Klägerin die Fortführung des Geschäfts; sie hat in der Folge den Kaufpreis bezahlt. Im September 1902 erhob sie Klage auf Schadensersatz wegen Nichterfüllung aus § 463 B.G.B., weil dem „verkauften Geschäft" die zugesicherte Eigenschaft gefehlt habe. Die Instanzgerichte gingen mit den Parteien davon aus, daß das vorliegende Rechtsgeschäft als Kauf zu beurteilen sei, und deshalb den Vorschriften der §§ 433 flg. B.G.B. unterliege, daß ferner in jener Zusicherung eine nach § 463 B.G.B. zu beurteilende Zusicherung einer Eigenschaft zu finden sei, und folgeweise der aus dem Mangel jener Eigenschaft abgeleitete Anspruch auf Schadensersatz wegen Nichterfüllung der kurzen Verjährung des § 477 unterliege, es sei denn, daß der Beklagte das Fehlen der zugesicherten Eigenschaft arglistig verschwiegen habe. In erster Reihe war daher zu prüfen, ob die bezogenen Vorschriften des Bürgerlichen Gesetzbuchs über den Kauf und über die Zusicherung einer Eigenschaft der verkauften Sache hier unmittelbar oder doch analog angewendet werden können. Einer analogen Anwendung der letzteren Vorschriften stehen die Entscheidungen des V. Zivilsenats vom 11. Juni 1904, Rep. V. 557/04 (Jurist. Wochenschr. 1905 S. 403 Nr. 2) und vom 10. Mai 1905, Rep. V. 529/04 (Jurist. Wochenschr. 1905 S. 389 Nr. 7) nicht entgegen. In letzterer Entscheidung ist diese Frage ausdrücklich dahin gestellt.

Das Bürgerliche Gesetzbuch regelt im § 433 nur für den Kaufvertrag über Sachen oder Rechte die wichtigsten Verpflichtungen aus dem Kaufvertrage. Ein Handelsgewerbe und die an dasselbe geknüpfte Kundschaft fällt aber weder unter den rechtlichen Begriff der Sache, unter der eine körperliche Sache zu verstehen ist, noch unter den rechtlichen Begriff des „Rechts" im Sinne von § 433 Abs. 1. In dem modernen Verkehrsleben gibt es indessen neben dem Handelsgewerbe und der an dasselbe geknüpften Kundschaft eine Reihe zum Teil sehr wertvoller Güter, die weder körperliche Sachen noch „Rechte" in jenem engeren Sinne sind, die aber im legitimen Verkehr gegen Geld veräußert werden. Es wirft sich die Frage auf, welche Rechtsgrundsätze auf solche Kaufgeschäfte im weiteren Sinne anzuwenden sind. Deren Prüfung entfällt vorliegend auch nicht um deswillen, weil auch die Ladeneinrichtung und Warenvorräte mitverkauft wurden. Dieser Teil des Vertrages hatte nur nebensächliche Bedeutung; er ist nicht geeignet, den ganzen Vertrag den Vorschriften über den Kauf körperlicher Sachen unmittelbar zu unterwerfen. Tritt man aber in eine Erörterung obiger Frage ein, so kann zunächst den Bestimmungen des § 433 keine ausschließliche Tragweite dahin zukommen, daß ein Kaufvertrag nur an einer körperlichen Sache oder an einem Rechte rechtlich möglich sei, und daß auf die Veräußerung aller anderen Güter, die nicht körperliche Sachen und Rechte sind, nur die allgemeinen Bestimmungen des Bürgerlichen Gesetzbuchs über Schuldverhältnisse und gegenseitige Verträge angewendet werden können. Denn bei Beratung des § 433 wurde — vgl. insbesondere Prot. II, 2 S. 51/52 — allgemein anerkannt: „es sei theoretisch richtig, daß auch andere Werte als Sachen und Rechte Gegenstand eines Kaufes sein können; die Fassung des § 433 schließe dies aber nicht aus; das Bürgerliche Gesetzbuch habe sich für solche Fälle einer besonderen Vorschrift enthalten, weil dasjenige, was in denselben dem Verkäufer obliege, sich aus dem Inhalt des Vertrages unter Berücksichtigung von Treu und Glauben mit Rücksicht auf die Verkehrssitte ergebe; es empfehle sich im Interesse der Klarheit, an einer konkreten Gestaltung festzuhalten, und nicht für alle Geschäfte, sondern nur für die Geschäfte Fürsorge zu treffen, deren Ordnung der Verkehr erfordere." Danach können auf den Verkauf von Gütern, die nicht körperliche Sachen und Rechte sind, die Vorschriften des Bürgerlichen Gesetzbuchs über den Kauf nicht unmittelbar angewendet werden. Indessen hat § 433 seine mehr konkretisierte Gestaltung nur aus gesetzestechnischen Erwägungen, nicht aus inneren Gründen erhalten. Der Gedanke, seine Anwendung auf den Kauf anderer Lebensgüter auszuschließen, lag fern. Deshalb besteht kein Hindernis, die besonderen Bestimmungen des Bürgerlichen Gesetzbuchs über den Kauf auch auf die Veräußerung anderer Güter gegen Geld analog anzuwenden, soweit das einzelne Gut dieser Art eine solche analoge Anwendung gestattet. Bedenken letzterer Art bestehen bei der Veräußerung eines Handelsgewerbes mit Kundschaft gegen Geld nicht; auf sie sind daher die besonderen Bestimmungen des Bürgerlichen Gesetzbuchs über den Kauf analog anzuwenden.

Nach Annahme der Instanzgerichte war die Zusicherung, daß das verkaufte Handelsgewerbe einen näher bezeichneten Reinverdienst bisher hatte, die Zusicherung einer Eigenschaft des Kaufgegenstandes, und die Instanzgerichte haben weiter angenommen, daß auf diese Zusicherung § 463 B.G.B., und folgeweise auf die Verjährung der aus ihr abgeleiteten Ansprüche der § 477 anzuwenden sei. Auch dieser Auffassung war in dem Sinne beizutreten, daß nach Lage des gegebenen Falles jene Vorschriften analog zur Anwendung gelangen.

Die Bearbeiter des Bürgerlichen Gesetzbuchs fanden sich einer starken, in der Gesetzgebung der Einzelstaaten zum Teil anerkannten Rechtsentwicklung gegenüber, wonach die Grundsätze des römischen Rechts über die Gewährleistung für Mängel körperlicher Sachen auf alle Mängel und Zusicherungen von Eigenschaften anderer Kaufgegenstände auszudehnen seien, soweit jene Mängel oder das Fehlen der zugesicherten Eigenschaften nicht Rechtsmängel im engeren Sinne wären. § 459 B.G.B. spricht indessen nur die Verpflichtung des Verkäufers einer körperlichen Sache zur Gewährleistung wegen Mängel der Sache aus, und auch die Vorschriften der §§ 459 Abs. 2. 463 B.G.B. über die Zusicherung der Eigenschaft einer Sache und deren rechtlichen Folgen beziehen sich nur auf körperliche Gegenstände; sie sind daher weder auf verkaufte Rechte unmittelbar anwendbar, noch kann die Zulassung analoger Anwendung der Bestimmungen über den Kauf auf die entgeltliche Veräußerung von Lebensgütern, die nicht körperliche Sachen oder Rechte sind, unmittelbar dazu führen, auf eine solche Veräußerung die Vorschriften der §§ 459 flg. B.G.B. schlechthin anzuwenden. Andererseits haben jene Vorschriften in ihrer Beschränkung auf körperliche Sachen keine derart ausschließliche Tragweite, daß nicht auch sie — ganz oder teilweise — auf eine Veräußerung gegen Geld — einen „Kauf“ — solcher Güter, die nicht körperliche Sachen, aber auch keine Rechte sind, analog angewendet werden können. Vielmehr ist bei jedem einzelnen Gute der ersteren Art zu prüfen, ob und in welchem Umfange den

Verkäufer die Verpflichtung zur Gewährleistung für dessen Mängel im Rahmen der §§ 459 flg. treffe. Im gegebenen Falle handelt es sich um die Zusicherung, daß das verkaufte Handelsgewerbe einen näher bezeichneten Reinertrag abgeworfen hatte. Darin die Zusicherung einer Eigenschaft des Handelsgewerbes zu finden, kann einem rechtlichen Bedenken nicht unterliegen. Denn auch für den Kauf körperlicher Sachen ist in der Rechtsprechung,

vgl. Entsch. des R.G.'s in Zivils. Bd. 52 S. 1 flg., Bd. 59 S. 243,

und in der Rechtslehre allgemein anerkannt, daß „unter den Begriff der Eigenschaften auch solche tatsächlichen und rechtlichen Verhältnisse fallen, welche zufolge ihrer Beschaffenheit und vorausgesetzten Dauer nach den Verkehrsanschauungen einen Einfluß auf die Wertschätzung der Sache zu üben pflegen". Danach hat sich durch diese Zusicherung der „Verkäufer" des Handelsgewerbes, gleich dem Verkäufer einer individuell bestimmten Sache, der das Vorhandensein einer Eigenschaft dieser Sache zugesichert hat, verpflichtet, für den Fall, daß die zugesicherte Eigenschaft nicht vorhanden war, dem Käufer dafür Gewähr zu leisten. Verkehrsanschauung und Verkehrsbedürfnis verlangen aber, auf den Inhalt dieser Gewährleistung die Bestimmungen der §§ 459 Abs. 2. 463. 477 B.G.B. über die an die Zusicherung einer Eigenschaft beim Verkauf einer körperlichen Sache geknüpften Gewährleistungsansprüche analog anzuwenden.

Einer solchen analogen Anwendung der in diesen Paragraphen enthaltenen Bestimmungen auf den hier gegebenen Fall der Zusicherung einer Eigenschaft beim „Verkaufe" eines Handelsgewerbes mit Kundschaft kann nicht die insbesondere für den Verkauf von Inhaberpapieren vertretene Auffassung entgegengehalten werden, wonach auf Zusicherungen über Güte und Wert solcher Papiere oder des Unternehmens, auf das sie sich beziehen, die Bestimmungen der §§ 463. 477 keine Anwendung finden. Denn diese — namentlich in ihren Ergebnissen für den Kauf von Inhaberpapieren — jedenfalls nicht unbedenkliche Auffassung beruht im wesentlichen auf der Annahme, die hier in Betracht kommende Materie sei für den Kaufvertrag über Forderungen und Rechte, dem für obige Zusicherungen der Kaufvertrag über Inhaberpapiere gleichzustellen sei, durch die §§ 437 und 438 ausschließlich dahin geregelt, daß das Fehlen einer zugesicherten Eigenschaft jenes Inhalts als Mangel im Rechte gelte;

dadurch sei aber allein schon eine Anwendung der Bestimmungen der §§ 459 Abs. 2. 463. 477 B.G.B. ausgeschlossen. Hier handelt es sich dagegen um ein Gut ganz anderer Art, das weder Recht noch Forderung ist, und es fehlt an jedem Anhalte, selbst wenn die aus den §§ 437 und 438 abgeleiteten Rechtsfolgen für Zusicherungen beim Kaufe über Forderungen und Rechte zwingend wären, jenen Sondervorschriften für den Kauf über Forderungen und Rechte irgendeine Bedeutung auf den Kauf solcher Güter einzuräumen. Aus Erwägungen ähnlicher Art kann auch den Entscheidungen des I. Zivilsenats, welche sich mit Zusicherungen beim Aktienkaufe und der Verjährung der daraus abgeleiteten Ansprüche beschäftigen,

vgl. Entsch. des R.G.'s in Zivils. Bd. 56 S. 253; Bd. 59. S. 241; Urteil vom 31. Mai 1905, Rep. I 671/04; Holdheimer, Monatsschr. 1905 S. 261,

keine maßgebende Bedeutung auf die hier zu entscheidende Frage zukommen.

Danach ist für das Recht des Bürgerlichen Gesetzbuchs davon auszugehen, daß auf die Veräußerung gegen Geld — den Verkauf — eines Handelsgewerbes mit Kundschaft die allgemeinen Bestimmungen über den Kauf, und auf die Zusicherung im Kaufvertrage, daß das Handelsgewerbe einen näher bezeichneten Reinertrag hatte, die Bestimmungen über Gewährleistung für Zusicherungen einer Eigenschaft beim Kauf einer körperlichen Sache analog anzuwenden sind." ...

---

15. 1. Ist für die Frage der Haftung der Mitglieder bereits vor dem 1. Januar 1900 errichteter nicht rechtsfähiger Vereine für die von dem Vorstand nach dieser Zeit eingegangenen Verbindlichkeiten das frühere Recht, oder das Bürgerliche Gesetzbuch maßgebend?

2. Inwieweit besteht nach dem Bürgerlichen Gesetzbuch eine solche Haftung der Vereinsmitglieder für die Vereinsschulden mit ihrem persönlichen Vermögen? Kann diese Haftung ausdrücklich oder stillschweigend durch die Satzungen auf das Vereinsvermögen beschränkt werden?

II. Zivilsenat. Urt. v. 16. März 1906 i. S. Firma G. (Kl.) w. H. u. Gen. (Bekl.). Rep. II. 355/05.

I. Landgericht Mannheim.
II. Oberlandesgericht Karlsruhe.

Die klagende Firma hatte an den seit 1896 bestehenden, nicht rechtsfähigen Verein „Kohlenkasse W.", der den Zweck verfolgte, seinen Mitgliedern den billigen Bezug ihres Hausbedarfs an Kohlen zu ermöglichen, in den Jahren 1902 und 1903 auf Bestellung des Vorstandes Kohlen geliefert, für die sie bezüglich einer Restforderung von 1802 ℳ Zahlung weder von dem Verein noch von dem bestellenden Vorstand erlangen konnte. Sie hat darauf gegen acht Vereinsmitglieder Klage auf Verurteilung zur Zahlung dieses Betrages unter Gesamthaftbarkeit erhoben. Die Klage wurde vom Landgericht abgewiesen, und die hiergegen eingelegte Berufung vom Oberlandesgericht zurückgewiesen. Auch die Revision wurde zurückgewiesen, aus folgenden

Gründen:

... „Die Klägerin und Revisionsklägerin beansprucht mit der gegenwärtigen Klage von den Beklagten als Mitgliedern der „Kohlenkasse W.", eines nicht rechtsfähigen Vereins im Sinne des § 54 B.G.B., und zwar unter Gesamthaftbarkeit, Zahlung des Kaufpreises von 1802 ℳ für Kohlen, welche sie unbestritten in den Jahren 1902 und 1903 an den genannten Verein käuflich geliefert hat, indem sie aufstellt, es müsse angenommen werden, daß die Bestellungen der Kohlen durch den damaligen Vorstand des Vereins, den, mit diesem bereits rechtskräftig verurteilten, indessen zahlungsunfähigen Rechtskonsulenten S., im Auftrag und mit Vollmacht der sämtlichen Vereinsmitglieder und für diese erfolgt seien; es greife folgeweise die gesetzliche Vermutung des § 427 B.G.B. Platz, und danach sei jedes einzelne Vereinsmitglied für die durch die Bestellung und Lieferung der Kohlen entstandene Schuld des Vereins der Klägerin gegenüber gesamtschuldnerisch haftbar, und der Klagantrag daher begründet.

Was die Beurteilung der Sache durch das Oberlandesgericht anlangt, so ist von demselben mit Recht das Bürgerliche Gesetzbuch, und nicht das französische Recht angewandt worden; das streitige Lieferungsgeschäft datiert aus den Jahren 1902 und 1903, und für die Frage der zeitlichen Anwendbarkeit des Gesetzes ist es nicht von Bedeutung, daß der Verein, für den die Lieferungen erfolgten, bereits im Jahre 1896 begründet wurde. Die von ihm nach dem 1. Januar 1900 abgeschlossenen Geschäfte sind, auch was die Frage der Haftbarkeit der Mitglieder anlangt, nach dem neuen Recht zu beurteilen.

Zur Sache hat das Oberlandesgericht, in Übereinstimmung mit dem Landgericht, aus dem Inhalte der Statuten mit Rücksicht auch auf die sonstige Sachlage hergeleitet, daß die allerdings anzunehmende persönliche Haftbarkeit der Mitglieder für die Verbindlichkeiten aus den Kohlenankäufen des Vorstandes satzungsgemäß auf das Vereinsvermögen beschränkt worden sei; denn die Vertretungsmacht des Vorstandes sei nach diesen Satzungen zu bestimmen, so daß auch ein von ihm namens des Vereins abgeschlossenes Geschäft eine persönliche Haftbarkeit der Mitglieder über dieses Vermögen hinaus mit dem eigenen Vermögen nicht begründe. Es wird in dieser Hinsicht auf den Zweck des Vereins, der nur die Beschaffung eines einzelnen Haushaltungsbedürfnisses im Auge habe, auf die Persönlichkeit der Mitglieder als kleiner Leute, die Geringfügigkeit der von ihnen zu leistenden Beiträge, sowie darauf hingewiesen, daß nur insoweit den Mitgliedern Kohlen geliefert werden sollten und wurden, als Beiträge von ihnen eingeliefert waren, mit der Maßgabe, daß für den Einzelnen immer noch ein Bestand von einer Mark bleiben mußte. Anlangend die Frage, ob danach das Oberlandesgericht den Klaganspruch gegen die von der Klägerin aus der Zahl der Mitglieder herausgegriffenen acht Beklagten, der die Gesamthaftbarkeit derselben über das Vereinsvermögen hinaus zur Voraussetzung hat, mit Recht für unbegründet erachtet und abgewiesen hat, so kommt folgendes in rechtlicher Hinsicht in Betracht.

Das Bürgerliche Gesetzbuch enthält im § 54 die Bestimmung, daß auf die nicht rechtsfähigen Vereine die Vorschriften über die Gesellschaft Anwendung finden, und bezüglich des Verhältnisses nach außen, daß aus einem Rechtsgeschäft, das im Namen eines solchen Vereins einem Dritten gegenüber vorgenommen wird, der Handelnde persönlich haftet, und daß, wenn mehrere handeln, dieselben als Gesamtschuldner haften. Von den für anwendbar erklärten Bestimmungen über die Gesellschaft muß der § 735 B.G.B. außer Betracht bleiben, da dieser nur auf das innere Verhältnis der Gesellschafter bzw. Vereinsmitglieder bezüglich der Vereinsschulden untereinander sich bezieht. Dagegen ist von Bedeutung der § 714, wonach, soweit einem Gesellschafter nach dem Gesellschaftsvertrage die Befugnis zur Geschäftsführung zusteht, derselbe im Zweifel auch ermächtigt ist, die anderen Gesellschafter Dritten gegenüber zu vertreten. Da dem Vorstand des Vereins regelmäßig, insbesondere auch im vorliegenden Falle, die Geschäftsführung obliegt, so muß auch hier eine gleiche Ermächtigung im Verhältnis zu Dritten angenommen werden. Dieselbe besteht nun aber nach der ausdrücklichen Bestimmung des § 714 nur im Zweifel, also nur insoweit nicht anderweite Vereinbarungen bezüglich der Vertretungsmacht des Vorstandes Dritten gegenüber getroffen worden sind; und daß solche Vereinbarungen insbesondere durch die Satzungen des Vereins nicht nur ausdrücklich, sondern auch stillschweigend getroffen werden können, ist rechtlich unbedenklich. Die Vereinsmitglieder sind berechtigt, den Umfang der Vollmacht des Vorstandes auch insoweit maßgebend zu bestimmen, als es sich um ihre persönliche Haftbarkeit aus den Geschäften des Vorstandes für den Verein mit Dritten handelt. Der Senat nimmt keinen Anstand, in dieser Frage der Mehrzahl der Schriftsteller,

vgl. u. a. Gierke, Verein ohne Rechtsfähigkeit 2. Aufl. S. 39 Anm. 65; Endemann, Bürgerliches Recht 8. Aufl. Bd. 1 S. 205 Anm. 16; v. Staudinger, Kommentar 2. Aufl. zu § 54 Bem. VI 1 u. 4 und Anm. zu Bem. 4; Planck, Kommentar zu § 54 Bem. 2h. A. M. Rehbein, Bd. 1 S. 43; Hachenburg, Vorträge S. 477; v. Staudinger in der Deutsch. Juristztg. 1900 S. 477,

dahin beizutreten, daß insbesondere die Beschränkung der persönlichen Haftbarkeit der Vereinsmitglieder auf das Vereinsvermögen, also der Ausschluß der Haftbarkeit der Mitglieder mit dem eigenen Vermögen zulässig und jedenfalls dann unbedenklich rechtswirksam ist, wenn, wie im vorliegenden Falle weiterhin festgestellt ist, der Dritte (die Klägerin) bei Abschluß des Rechtsgeschäftes mit dem Vorstand diejenige Kenntnis von den Verhältnissen des Vereins und seiner Mitglieder hatte, nach denen eine Haftbarkeit der Mitglieder über das Vereinsvermögen hinaus mit ihrem eigenen Vermögen als ausgeschlossen gelten mußte. Die hiergegen gerichtete Ausführung mehrerer Schriftsteller (vgl. Rehbein und Hachenburg a. a. O.), es könne auf diese Weise ein nicht rechtsfähiger Verein sich die Stellung einer Gesellschaft mit beschränkter Haftung verschaffen, ohne die hierzu erforderlichen Bedingungen zu erfüllen, ist nicht zutreffend. Bei der Gesellschaft mit beschränkter Haftung handelt es sich um eine durch das Reichsgesetz vom 20. April 1892 eingeführte neue Gesellschaftsform, für welche im wesentlichen unter Gewährung der mit der offenen Handelsgesellschaft verbundenen bevorzugten rechtlichen Stellung der für diese geltende Grundsatz der Solidarhaft der Gesellschafter durchbrochen, und unter bestimmten Bedingungen die Beschränkung der Haftbarkeit der Gesellschafter auf ihre Einlagen gesetzlich zugelassen wurde. Durch diese Gesetzgebung werden nicht rechtsfähige Vereine, denen das Gesetz eine solche Stellung nicht gewährt, nicht gehindert, das Vollmachtsverhältnis des Vorstandes statutarisch so zu bestimmen, wie dasselbe im Verhältnisse zu Dritten ihren Interessen entspricht. Die angefochtene Entscheidung ist danach rechtlich begründet." ...

---

16. Haftet nach dem Recht des Bürgerlichen Gesetzbuchs der Vermieter dem Mieter für den demselben aus der vorzeitigen Kündigung des Erstehers bei der Zwangsversteigerung erwachsenen Schaden?
B.G.B. § 571 und Zw.V.G. § 57.

III. Zivilsenat. Urt. v. 16. März 1906 i. S. P. (Kl.) w. B. (Bekl.).
Rep. III. 348/05.

I. Landgericht I Berlin.
II. Kammergericht daselbst.

Gründe:

„Durch zwei schriftliche Verträge vom 14. Juli 1902 und 1. Mai 1903 vermietete die Beklagte, welcher der Nießbrauch an dem Hausgrundstück Warschauerstraße Nr. 2 in Berlin zustand, dem Kläger zwei in demselben befindliche Wohnungen bis zum 1. Oktober 1905. Der Kläger behauptet, daß die Beklagte ihm mündlich auch die Zusicherung erteilt habe, daß sie bei einer etwaigen Zwangsversteigerung des Grundstücks dasselbe erstehen und ihm den Mietvertrag bis zum 1. Oktober 1908 verlängern werde. Es kam dann zur Zwangsversteigerung; die Beklagte gab das Meistgebot ab. Sie trat aber dann ihre Rechte aus dem Meistgebot einem Gastwirt K. ab, und dieser erhielt daraufhin den Zuschlag. Dieser kündigte dem Kläger zum 1. Januar 1904, und Kläger hat an diesem Tage die Wohnungen geräumt. Wegen des aus dieser vorzeitigen Kündigung ihm bereits erwachsenen Schadens, den er auf 3180 ℳ berechnet, hat er gegen die Beklagte auf Zahlung dieser Summe, und außerdem auf Feststellung geklagt, daß die Beklagte auch noch den ihm bis zum 1. Oktober 1908 erwachsenden Schaden zu ersetzen habe.

Das Berufungsgericht hat nach stattgehabter Beweisaufnahme die vom Kläger behaupteten mündlichen Nebenberedungen nicht für erwiesen erachtet und dann die Klage abgewiesen, weil mangels einer besonderen Abmachung nach dem Recht des Bürgerlichen Gesetzbuchs im Gegensatz zu dem gemeinen Recht und dem preußischen Allgemeinen Landrecht der Vermieter für den dem Mieter aus der vorzeitigen Kündigung des Erstehers erwachsenen Schaden nicht hafte. Dies ergebe sich aus § 57 Zw.V.G. in Verbindung mit § 571 B.G.B. Denn § 57 Zw.V.G. erkläre auch für die Zwangsversteigerung den ganzen § 571 B.G.B. für anwendbar. Der Zuschlag sei die Veräußerung im Sinne des § 571. Mit dem Augenblick des Zuschlags trete deshalb der Ersteher in die Stelle des Vermieters, und beschränke sich die Haftung des Vermieters auf die eines selbstschuldnerischen Bürgen. Diese kraft Gesetzes eintretende Wirkung sei eine endgültige und werde nicht dadurch wieder aufgehoben, daß der nun als Vermieter in das Rechtsverhältnis eingetretene Ersteher von dem ihm gegebenen Rechte der vorzeitigen Kündigung Gebrauch mache. Trotzdem bleibe dann also der frühere Vermieter nur als Bürge für die Verpflichtungen des Erstehers haftbar. Die Bürgschaft setze aber eine gültige Hauptverbindlichkeit voraus. Der Ersteher mache sich aber durch Ausübung des ihm gesetzlich gegebenen Kündigungsrechts nicht schadensersatzpflichtig, und daher könne auch der Vermieter als Bürge nicht haften.

Die gegen diese Ausführung gerichtete Revision muß für gerechtfertigt erachtet werden. Es kann dem Berufungsgericht zugegeben werden, daß der Wortlaut der genannten Paragraphen, insbesondere des § 571 sich für die von ihm vertretene Auffassung verwerten läßt. Sie entspricht jedoch nicht dem Willen des Gesetzgebers. Zunächst fällt ins Gewicht, daß, wenn eine so wesentliche Abweichung von den bisher hauptsächlich geltenden Rechten gewollt wäre, dies doch in irgendeiner Weise bei den Vorverhandlungen über die jetzigen Gesetzesbestimmungen zum Ausdruck gekommen sein müßte. Das Berufungsgericht gibt selbst an, daß die Materialien, wie auch richtig ist, in dieser Beziehung nichts ergeben. Die Tendenz des § 571 ist, wie die Materialien klar erkennen lassen, umgekehrt gerade die gewesen, den Mieter in seinen Rechten zu schützen, und darauf beruht auch der § 57 Zw.V.G. Die Einschränkung des Satzes 2 des § 57 hat das Interesse des Erstehers und wegen der dadurch möglichen Erhöhung des Meistgebots das Interesse des Eigentümers und der Hypothekengläubiger, sicherlich aber nicht des Vermieters als solchen im Auge. Aber auch der Wortlaut des § 571 zwingt nicht zu der Auffassung des Berufungsgerichts. Davon, daß das obligatorische Band zwischen Vermieter und Mieter mit der Veräußerung überhaupt gelöst sein solle, sagt er nichts. Er modifiziert nur die Verpflichtungen des Vermieters insofern, als, da die Verpflichtungen des Vermieters im Interesse des Mieters auf den Erwerber übergehen sollen, dafür aber, eben wieder im Interesse des Mieters, auch der bisherige Vermieter haftbar bleiben soll, er diese Mithaftung des Vermieters als selbstschuldnerische Bürgschaft konstruiert. Aber soweit die Verpflichtungen des Vermieters auf den Erwerber nicht übergehen, von einer Mithaftung daher keine Rede sein kann, fehlt es an jedem Grunde, den Vermieter nicht aus dem ursprünglichen Mietvertrage haften zu lassen. Zu den nicht auf den Erwerber übergehenden Verpflichtungen gehört aber die Verpflichtung, das Mietobjekt die ganze vertraglich ausgemachte Zeit zu gewähren. Diese obligatorische Verpflichtung wird daher durch die §§ 57 Zw.V.G. und 571 B.G.B. nicht berührt, und sonach hat bei der Kündigung des Erstehers und der dadurch für den Vermieter eintretenden Unmöglichkeit der Erfüllung der letztere gemäß § 325 B.G.B. Entschädigung zu leisten. Daß die eingetretene Unmöglichkeit der Leistung nicht von dem Schuldner zu vertreten sei, hat nach § 282 B.G.B. der letztere zu beweisen. In dieser Beziehung ist aber von der Beklagten in der Vorinstanz nichts vorgebracht; es ergibt sich aber auch ohne weiteres das Gegenteil schon daraus, daß die Beklagte ihr Meistgebotsrecht an den späteren Ersteher abgetreten und gerade dadurch die erfolgte Kündigung möglich gemacht hat.

Hiernach ist der geltend gemachte Schadensersatzanspruch für die Zeit, für welche ein gültiger Mietvertrag geschlossen war, also bis zum 1. Oktober 1905, dem Grunde nach gerechtfertigt. Für die spätere Zeit vom 1. Oktober 1905 bis dahin 1908 ist aber jeder Anspruch unbegründet, da, ganz abgesehen von der Formvorschrift des § 566, ein Vertrag für diese Zeit überhaupt nicht erwiesen ist. Insoweit ist daher die Revision zurückzuweisen."

17. Kann der für mehrere Jahre bestellte Agent einen Anspruch auf Provision oder auf Schadensersatz geltend machen, wenn vor der Ausführung der durch ihn vermittelten Geschäfte über das Vermögen des Geschäftsherrn der Konkurs eröffnet, oder wenn durch diese Konkurseröffnung dem Agenten die Gelegenheit zur Vermittlung weiterer Geschäfte entzogen worden ist?

H.G.B. § 88 Abs. 2.
K.O. § 23 Abs. 2 §§ 26. 27.

III. Zivilsenat. Urt. v. 16. März 1906 i. S. E. (Kl.) w. P.'er Glashüttenaktienges. im Konk. (Bekl.). Rep. III. 345/05.

I. Landgericht Görlitz.
II. Oberlandesgericht Breslau.

Am 30. Dezember 1902 war der Kläger von der P.'er Glashüttenaktiengesellschaft auf die beiden Jahre 1903 und 1904 unter Zusicherung einer Provision von 3 Prozent als Agent zum Vertrieb ihrer Fabrikate in einem bestimmten Bezirk bestellt worden und hatte auch in der Zeit vom 1. Januar bis 9. Mai 1903 eine größere Anzahl von Geschäften vermittelt. Als die Gesellschaft am letztgenannten Tage in Konkurs geriet, beanspruchte er der Konkursmasse gegenüber u. a.

a) Provision für die bis zur Konkurseröffnung von ihm vermittelten, von der Gesellschaft aber nicht ausgeführten Geschäfte,
b) Schadensersatz wegen der ihm entgangenen Provision für die Geschäfte, die er in der Zeit vom 9. Mai 1903 bis zum Ende des Jahres 1905 weiter hätte vermitteln können.

Beide Vorinstanzen haben diese, vom Konkursverwalter bestrittenen Ansprüche abgewiesen, und auch die vom Kläger eingelegte Revision wurde vom Reichsgericht zurückgewiesen, aus folgenden

Gründen:

... „2. Der Kläger hat ferner einen Provisionsanspruch von 4050 *M* darauf gestützt, daß er bis zur Konkurseröffnung Geschäfte im Betrage von 135000 *M*, woraus sich nach dem Satze von 3 Prozent die erwähnte Provision ergebe, vermittelt, die P.'er Glashüttenaktiengesellschaft zwar diese Geschäfte nicht ausgeführt, und auch der Konkursverwalter sich nach § 17 K.O. für deren Nichterfüllung entschieden habe, daß aber gleichwohl nach § 88 Abs. 2 H.G.B. sein Anspruch auf die von ihm verdiente Provision begründet sei.

Das Berufungsgericht hat diesen Anspruch um deswillen abgewiesen, weil nach dem vorliegenden Agenturvertrage die Provision dem Kläger nur für effektuierte, d. h. zur Ausführung gelangte Geschäfte zustehe, der Kläger aber sich nicht darauf berufen könne, daß die Ausführung in einer den Geschäftsherrn nach § 88 Abs. 2 H.G.B. gleichwohl haftbar machenden Weise unterblieben sei. Denn einmal habe der Kläger den ihm obliegenden Beweis nicht erbracht, daß dem Konkursverwalter bei seiner Ablehnung der Ausführung wichtige Gründe in der Person derjenigen, mit welchen die Geschäfte abgeschlossen seien, nicht zur Seite gestanden hätten. Sodann aber sei die Ausführung der Geschäfte nicht, wie § 88 Abs. 2 voraussetze, infolge eines unberechtigten willkürlichen Verhaltens der nachmaligen Gemeinschuldnerin, als der ursprünglichen Geschäftsherrin, sondern infolge der Entschließung des Konkursverwalters unterblieben, welcher auf Grund gesetzlichen Auftrages, nicht aber als Vertreter der Gemeinschuldnerin, tätig geworden und in seiner Entschließung von deren Willen oder Anweisung nicht abhängig gewesen sei.

Dem Berufungsgericht ist im Ergebnis, wenn auch nicht durchweg in der Begründung beizutreten.

Nach dem vorliegenden Agenturvertrage und nach § 88 Abs. 1 H.G.B. gebührt dem Agenten eine Provision für jedes zur Ausführung gelangte Geschäft, welches durch seine Tätigkeit zustande gekommen ist. Nach dem vom Kläger angezogenen Abs. 2 soll dem Agenten jedoch auch im Falle der Nichtausführung eine Provision dann zukommen, wenn die Ausführung eines Geschäfts infolge des

Verhaltens des Geschäftsherrn ganz oder teilweise unterblieben ist, ohne daß hierfür wichtige Gründe in der Person desjenigen vorlagen, mit welchem das Geschäft abgeschlossen war. Nun kann zwar der Vorinstanz nicht darin beigetreten werden, daß der Nachweis des Nichtvorhandenseins der letzterwähnten wichtigen Gründe dem klagenden Agenten obliege; vielmehr ist das Vorhandensein derartiger Gründe vom beklagten Geschäftsherrn, als ein Grund seiner Befreiung von der Verpflichtung zur Zahlung der Provision, nachzuweisen. Immerhin aber hat nach dem Eingange des angeführten Abs. 2 der Agent als Voraussetzung seines Provisionsanspruches darzutun, daß die Ausführung infolge des Verhaltens des Geschäftsherrn unterblieben sei. Als „Geschäftsherr" kann hier — wie die Vorinstanz zutreffend ausführt — allein die P.'er Glashüttenaktiengesellschaft in Betracht kommen, für welche der Kläger die in Frage stehenden Geschäfte vermittelt hat, nicht aber der Konkursverwalter, der erst nach der Konkurseröffnung an Stelle der Gemeinschuldnerin die Verfügung über deren Vermögen erlangt hat, und nach der Rechtsprechung des Reichsgerichts (Entsch. in Zivils. Bd. 29 S. 29) nicht als deren Vertreter anzusehen ist. Unter dem erwähnten „Verhalten des Geschäftsherrn" aber ist — entsprechend dem Zwecke dieser Vorschrift im Abs. 2 des § 88, den Agenten vor dem Verluste seiner Provision infolge willkürlicher oder ungerechtfertigter Ablehnung der Geschäftserfüllung seitens des Geschäftsherrn zu bewahren — ein solches zu verstehen, durch welches die Nichtausführung vom Geschäftsherrn verschuldet oder wenigstens in freier Entschließung herbeigeführt worden ist.

Vgl. Staub, Kommentar zum Handelsgesetzbuch 6./7. Aufl. Bd. 1 S. 316 § 88 Anm. 6; Goldmann, Handelsgesetzbuch Bd. 1 S. 417.

Dahin gehört aber nicht ohne weiteres der Fall, wenn durch die Eröffnung des Konkurses über das Vermögen des Geschäftsherrn die Nichtausführung der vom Agenten vermittelten Geschäfte veranlaßt worden ist. Wie der Agent keinen Anspruch auf Provision oder auf Schadensersatz hat, wenn der Geschäftsherr, durch äußere Umstände hierzu genötigt, vor Ablauf der Vertragsfrist die Produktion einstellt (vgl. Entsch. des R.G.'s in Zivils. Bd. 31 S. 61), so ist der gleiche Erfolg auch im Falle einer durch äußere Umstände, ohne Verschulden des Geschäftsherrn herbeigeführten Konkurseröffnung über ihn anzunehmen. Die Revision hat zwar hierzu das vom Kläger in der Berufungsinstanz zum letzten Klaganspruch von 18000 *M* geltend gemachte Vorbringen wiederholt, daß der Konkurs der Gemeinschuldnerin, wie die Konkursakten ergeben würden, durch ihre Mißwirtschaft und ihre verkehrten Geschäftsdispositionen verursacht sei. Allein dieses Vorbringen muß schon aus dem von der Vorinstanz ausgeführten Grunde unbeachtet bleiben, weil der Kläger die einzelnen verkehrten Maßnahmen, auf welche das Verschulden der Gemeinschuldnerin gestützt wird, ungeachtet der ihm hierzu gewordenen Veranlassung nicht angegeben hat, und dieser Mangel durch die bloße Bezugnahme „auf die Konkursakten" nicht ersetzt werden kann.

Der Provisionsanspruch von 4050 *M* scheitert hiernach an dem Mangel des vom Kläger zu erbringenden Nachweises, daß die Ausführung der von ihm vermittelten Geschäfte infolge des Verhaltens des Geschäftsherrn unterblieben sei.

... 4. Der Kläger hat endlich einen Schadensanspruch von 18000 *M* (3 Prozent von 600000 *M*) geltend gemacht, weil er bei ordnungsmäßiger Durchführung seines Agenturverhältnisses während der Vertragsdauer (bis Ende 1904) Geschäfte im Betrage von 600000 *M* für die Gesellschaft vermittelt haben würde, durch deren Konkurs aber daran verhindert, und dieser durch die Mißwirtschaft und die verkehrten Geschäftsdispositionen der Beklagten verursacht worden sei. Wegen der ihm hierdurch entgangenen Provision sei ein Anspruch nach §§ 22 Abs. 2, 26 K.O. und nach § 325 B.G.B. gerechtfertigt.

Vom Berufungsgericht ist die Zurückweisung dieses Anspruchs im wesentlichen darauf gestützt worden, daß nach § 23 Abs. 2 K.O. das Agenturverhältnis mit der Konkurseröffnung aufgehoben, dem Kläger aber ein Entschädigungsanspruch wegen dieser Aufhebung noch nicht durch § 26 K.O. gegeben sei, ein solcher vielmehr nur auf das allgemeine bürgerliche Recht, insbesondere auf § 324 B.G.B. gegründet werden könne, daß sich zwar die hiernach erforderliche Unmöglichkeit der Leistung des Klägers aus dem Erlöschen des Auftrags nach § 23 Abs. 2 K.O. ergebe, die weiter erforderliche Behauptung aber, wonach die Gesellschaft durch Mißwirtschaft und verkehrte Dispositionen das Hereinbrechen des Konkurses verschuldet und sonach die Unmöglichkeit der Ausführung des Agenturvertrages zu vertreten habe, vom Kläger trotz Bemängelung der Begründung dieser Behauptung durch den Gegner nicht näher durch Angabe bestimmter Tatsachen dargelegt worden sei.

Es ist der Vorinstanz zunächst darin beizutreten, daß der vorliegende Schadensanspruch in rechtlicher Beziehung nicht auf § 26 Satz 2 K.O. gestützt werden kann, wonach die bei Eröffnung des Konkurses mit dem Gemeinschuldner in einem Vertragsverhältnis stehende Partei eine Forderung wegen der Nichterfüllung oder der Aufhebung nur als Konkursgläubiger geltend machen kann, soweit ihr nicht ein Anspruch auf abgesonderte Befriedigung zusteht. Denn dieser Satz bestimmt nicht, daß die durch den Konkurs eintretende Nichterfüllung stets einen Anspruch des anderen Teiles zur Folge hat, sondern nur, daß, wenn die Nichterfüllung oder Aufhebung nach dem bürgerlichen Recht eine Forderung erzeugt, dieselbe, abgesehen von etwaigen Absonderungsansprüchen, keinesfalls etwas anderes als eine Konkursforderung sein kann.

Vgl. v. Wilmowski (Kurlbaum), Deutsche Konkursordnung 6. Aufl. S. 124; Entsch. des R.G.'s in Zivils. Bd. 26 S. 93 flg.; Gruchot, Beiträge Bd. 28 S. 1178.

Ebensowenig kann ein Anspruch nach § 22 Abs. 2 K.O. geltend gemacht werden, wonach bei einem zur Zeit der Konkurseröffnung bestehenden Dienstverhältnis im Falle der Kündigung des Verwalters der andere Teil berechtigt ist, Ersatz des ihm durch die Aufhebung des Dienstverhältnisses entstehenden Schadens zu verlangen. Denn das Agenturverhältnis ist, wie die Vorinstanz zutreffend ausgeführt hat, kein „Dienstverhältnis", und seine Aufhebung durch den Konkurs wird nicht durch den § 22 Abs. 2, sondern durch den § 23 Abs. 2 K.O. geregelt, wonach in dem Falle, wenn sich jemand durch einen Dienstvertrag oder einen Werkvertrag verpflichtet hat, ein ihm von dem Gemeinschuldner übertragenes Geschäft zu besorgen, dieses Verhältnis durch die Eröffnung des Verfahrens erlischt.

Vgl. Petersen u. Kleinfeller, Konkursordnung 4. Aufl. S. 111; Jaeger, Konkursordnung 2. Aufl. S. 190.

Diese Bestimmung reicht aber auch zur Zurückweisung des vorliegenden Anspruches aus, und es bedarf dazu nicht, wie vom Berufungsgericht angenommen wird, eines weiteren Eingehens auf die

Frage, ob die Konkurseröffnung auf ein schuldhaftes Verhalten der Gesellschaft zurückzuführen sei. Denn wenn, wie nach dem angeführten § 23 Abs. 2 anzunehmen ist, das Agenturverhältnis mit der Konkurseröffnung kraft Gesetzes erlischt, so kann von einem durch den Gemeinschuldner zu vertretenden Umstand, wie er nach bürgerlichem Recht zur Begründung des Schadensersatzanspruchs erfordert wird, als Ursache der Nichtausführung der Geschäfte nicht mehr die Rede sein, vielmehr nur in Frage kommen, ob etwa die Konkursordnung dem Agenten infolge der Aufhebung des ihm gewordenen Auftrages einen Entschädigungsanspruch gewährt. Das ist aber nicht der Fall; im Gegenteil geht aus der Vergleichung des § 23 Abs. 2, wo von einer Forderung der durch die Konkurseröffnung benachteiligten anderen Vertragspartei nicht die Rede ist, mit dem § 27, wo im Falle des Erlöschens eines Vertrages der im § 23 Abs. 2 bezeichneten Art dem anderen Teile für seine ausnahmsweise nach der Eröffnung des Verfahrens fortgesetzte Vertragstätigkeit gewisse Ansprüche zugestanden werden, sowie mit anderen Paragraphen — insbesondere § 22 Abs. 2, wo im Falle der Kündigung eines Dienstverhältnisses durch den Konkursverwalter dem anderen Teile ein Ersatzanspruch ausdrücklich vorbehalten wird — mit ausreichender Bestimmtheit hervor, daß im Falle des § 23 Abs. 2 dem anderen Teile kein derartiger Anspruch zustehen soll. Nach dieser Vorschrift wird mithin auch die letzte Entschädigungsforderung des Klägers hinfällig, und es war daher die Zurückweisung der Revision überhaupt geboten."

18. In welchem Zeitpunkt ist die Pfändung einer Gesamthypothek vollzogen, für welche die Erteilung eines Hypothekenbriefes ausgeschlossen ist?

VII. Zivilsenat. Urt. v. 16. März 1906 i. S. H. (Kl.) w. G. (Bekl.). Rep. VII. 310/05.

I. Landgericht Rudolstadt.
II. Oberlandesgericht Jena.

Die Frage ist dahin beantwortet, daß die Pfändung erst mit der Eintragung auf den Blättern aller gesamthaftenden Grundstücke vollzogen sei, aus folgenden

Gründen:

... „Das Wesen der Gesamthypothek als einer Belastung, vermöge deren eine bestimmte Geldsumme wegen einer dem Hypothekengläubiger zustehenden Forderung nicht bloß aus einem Grundstücke, sondern aus mehreren Grundstücken, aber nur einmal zu zahlen ist (§§ 1132. 1113 B.G.B.), schließt Maßnahmen aus, welche eine Vervielfältigung des hypothekarischen Rechts herbeizuführen geeignet sind. Der Gläubiger kann nicht die Hypothek in Ansehung eines Grundstücks übertragen, in Ansehung des anderen für sich behalten; er kann sie ebensowenig an verschiedene Personen abtreten. Das gleiche gilt von der Belastung der Gesamthypothek, insbesondere mit einem Pfandrecht, welches den Pfandgläubiger unter den gesetzlichen Voraussetzungen zu selbständigen Verfügungen über die Hypothek ermächtigt (§§ 1277. 1282 B.G.B.), und daher nicht neben dem unbelasteten Gläubigerrecht des Pfandschuldners in der Weise bestehen kann, daß dem Pfandgläubiger die Gesamthypothek nur bezüglich eines oder einiger der Grundstücke haftet, im übrigen aber unbeschränkt dem Pfandschuldner zusteht. Nicht anders verhält es sich mit der Pfändung, durch welche der Gläubiger ein Pfandrecht an der Gesamthypothek erwirbt (§ 804 Z.P.O.). Darum ist es mit der Natur der Gesamthypothek unvereinbar, daß sich ihr Erwerb zugunsten eines Dritten nach und nach vollzieht, je nach Erfüllung des für den Erwerb vorgeschriebenen Tatbestandes rücksichtlich der einzelnen gesamthaftenden Grundstücke. Wenn daher für die Abtretung der Buchhypothek und entsprechend für deren Verpfändung und Pfändung die Eintragung in das Grundbuch zur Vollendung des Rechtserwerbs erfordert wird (§§ 1154. 1174 B.G.B., § 830 Z.P.O.), so ist die Möglichkeit von vornherein beseitigt, daß etwa die Eintragung auf dem Blatte des einen Grundstücks das Recht des Dritten wenigstens für dieses Grundstück begründe, während für die anderen Grundstücke noch der bisherige Gläubiger als der Berechtigte zu gelten hätte. Es kann nur in Frage kommen, ob nicht die Eintragung auf dem Blatte eines der belasteten Grundstücke für den Rechtserwerb des Dritten genügt. In der zweiten Kommission war die Aufnahme einer derartigen Vorschrift sowohl für die Fälle der Übertragung, wie für die Fälle der Belastung in Vorschlag gebracht. Der Antrag wurde indessen abgelehnt, weil man Verwicklungen befürchtete, die dadurch entstehen könnten, daß das Grundbuch bis zur Eintragung der vollzogenen Rechtsänderung auf allen beteiligten Blättern verschiedene Berechtigte ausweise; von einer das Prinzip des Grundbuchrechts durchbrechenden Spezialbestimmung sei unter diesen Umständen abzusehen (Prot. Bd. 3 S. 636. 637). Hiernach bleibt für die Anwendung des Bürgerlichen Gesetzbuchs, in welchem eine solche Spezialbestimmung fehlt, nur die Annahme, daß es zur Übertragung und zur Belastung einer Gesamthypothek, bei welcher die Erteilung eines Hypothekenbriefes ausgeschlossen ist, der Eintragung auf dem Blatte eines jeden der mitverhafteten Grundstücke bedarf, daß also bis zu dieser alle Grundstücke umfassenden Buchung weder von dem Übergange der Gesamthypothek auf einen neuen Gläubiger, noch von der Entstehung eines Pfandrechts an ihr die Rede sein kann. Dies ist auch jetzt die einhellige Meinung in der Literatur." . . .

---

19. Bedarf die Verpfändung einer Mündelhypothek für eine fremde Schuld der Genehmigung des Vormundschaftsgerichts?
B.G.B. §§ 1821 Abs. 1 Nr. 1, Abs. 2. 1822 Nr. 10.

V. Zivilsenat. Urt. v. 17. März 1906 i. S. G. (Bekl.) w. Oberschles. Terrain- u. Holzverwertungs-Aktiengesellsch. (Kl.). Rep. V. 397/05.

I. Landgericht Beuthen O./S.
II. Oberlandesgericht Breslau.

Für die Beklagte war auf dem Grundstücke ihres Bruders J. G. eine Darlehnshypothek von 20000 *M* eingetragen. Die Mutter der Parteien, F. G., hatte am 25. Februar 1901, während die minderjährige Beklagte unter ihrer elterlichen Gewalt stand, deren Hypothek der Klägerin für eine Forderung, die der Klägerin gegen den J. G. in Höhe von 10000 *M* zustand, schriftlich unter Übergabe des Hypothekenbriefes verpfändet. Im Zwangsversteigerungsverfahren über das Pfandgrundstück wurde bei der Kaufgelderverteilung streitig, ob die Verpfändung für die Beklagte verbindlich sei. Der erste Richter verneinte dies, das Berufungsgericht bejahte es. Das Reichsgericht hob das Berufungsurteil auf, aus folgenden

Gründen:

... „Das Berufungsgericht ist zur Überzeugung gelangt, daß die Mutter F. G. der Beklagten kraft ihrer elterlichen Gewalt die Verpfändungsurkunde vom 25. Februar 1901 mit ihrem eigenen und mit dem Namen ihrer minderjährigen Tochter, der Beklagten, unterzeichnet und dabei gewußt hat, daß es sich um die Verpfändung von 10000 *M* der Hypothek der Beklagten handle, diese Verpfändung auch beabsichtigt hat. Der gegen diese Feststellung aus einer anderweitigen Auslegung der Urkunde hergeleitete Angriff der Beklagten ist nicht zulässig.

Dagegen muß den Ausführungen des Berufungsgerichts bei der Frage, ob die Verpfändung der Hypothek der Beklagten ohne Genehmigung des Vormundschaftsgerichts gültig sei, entgegengetreten werden. Nach der Vorschrift des § 1822 Ziff. 10 B.G.B., die auch bei der elterlichen Gewalt der Mutter zur Anwendung kommt (§§ 1686. 1643), bedarf es der Genehmigung des Vormundschaftsgerichts zur Übernahme einer fremden Verbindlichkeit, insbesondere zur Eingehung einer Bürgschaft. Wie die Motive (Bd. 4 S. 1144 Nr. 11) bemerken, steht die Vorschrift des § 1822 Nr. 10 im Einklange mit dem § 42 Nr. 13 preuß. Vorm.-Ordn. vom 5. Juli 1875, und es ist von einer kasuistischen Aufführung der einzelnen in Betracht kommenden Fälle der Übernahme fremder Verbindlichkeiten abgesehen, weil im Gebiete der preußischen Vormundschaftsordnung die in Rede stehende Bestimmung bei der praktischen Anwendung zu keinen Zweifeln Veranlassung gegeben habe. In Preußen hat man der Vorschrift des § 42 Nr. 13 Vorm.-Ordn. ohne weiteres Interzessionen jeder Art, kumulative (Bürgschaft und Pfandbestellung) wie privative (Expromissionen) unterstellt.

Vgl. Dernburg u. Schultzenstein, Vorm.-Recht S. 288 flg. lit. c; Turnau, G.B.O. Bd. 2 S. 403 Bem. 6.

Unbedenklich ist Planck, Kommentar (Bd. 4 Bem. 10 zu § 1822) beizustimmen, der denselben Begriff für das Bürgerliche Gesetzbuch nicht enger auffaßt. Wenn nun im § 1822 Nr. 10 B.G.B. zur Wirksamkeit der Übernahme einer fremden Verbindlichkeit die Genehmigung des Vormundschaftsgerichts gefordert wird, so steht dies keineswegs, wie das Berufungsgericht meint, im Widerspruche mit der Vorschrift in § 1821 Abs. 1 Ziff. 1 in Verbindung mit Abs. 2, wonach der Vormund der

Genehmigung des Vormundschaftsgerichts zur Verfügung über ein Recht an einem Grundstücke dann nicht bedarf, wenn dieses Recht eine Hypothek ist, also auch nicht zur Verpfändung einer Mündelhypothek. Das Verhältnis beider Bestimmungen zueinander stellt sich so: An sich bedarf es zur Verpfändung einer Hypothek des Mündels durch den Vormund der Genehmigung des Vormundschaftsgerichts nicht; geschieht aber die Verpfändung zur Übernahme einer fremden Verbindlichkeit, so ist dazu die Genehmigung des Vormundschaftsgerichts unerläßlich. Dafür, daß der Begriff der Übernahme einer fremden Verbindlichkeit sich in dem obligatorischen Rechtsgeschäft erschöpfe, wodurch eine persönliche Verpflichtung zur Übernahme begründet wird, spricht weder der Wortlaut der Bestimmung, der nicht zwischen einer bloß persönlichen und einer dinglichen Übernahme unterscheidet, noch lassen sich dafür Bemerkungen in den Motiven und den Protokollen der zweiten Lesung verwerten. Es wäre auch ein wunderliches Ergebnis, sollte zur persönlichen Übernahme einer fremden Verbindlichkeit die Genehmigung des Vormundschaftsgerichts erforderlich sein, während es ihrer zu dem dinglichen Rechtsgeschäfte, zu der Verfügung, wodurch unmittelbar die Übernahme bewirkt wird, nicht bedürfte.

War hiernach die Verpfändung vom 25. Februar 1901 mangels der Genehmigung des Vormundschaftsgerichts für die Beklagte unverbindlich, so ist damit der Entscheidung des Berufungsgerichts der Grund, auf dem allein sie beruht, entzogen." . . .

---

20. Zur Auslegung der §§ 6. 7. 21. 35 des Militärpensionsgesetzes vom 22. Mai 1893.

III. Zivilsenat. Urt. v. 20. März 1906 i. S. preuß. Fiskus (Bekl.) w. v. S. (Kl.). Rep. III. 351/05.

I. Landgericht Danzig.
II. Oberlandesgericht Marienwerder.

Gründe:

„Der Kläger ist am 12. September 1895 als Hauptmann I. Klasse mit einer Pension von 2180 M pensioniert. Am 4. Mai

1898 wurde er in der Gendarmerie wieder angestellt, und zwar zunächst mit einem dem Gehalt der Hauptleute II. Klasse entsprechenden Einkommen, rückte am 1. September 1900 in die II. Klasse der Gendarmerieoffiziere, die der Klasse der Hauptleute I. Klasse entspricht, ein, und wurde dann, bevor er ein Jahr in dieser Stellung gewesen war, am 20. Juli 1901 mit der gesetzlichen Pension wieder verabschiedet. Die Pension wurde zunächst unter Zusammenrechnung der ersten und zweiten Dienstzeit und nach dem zuletzt bezogenen Einkommen eines Hauptmanns I. Klasse auf 2577 ℳ festgesetzt, demnächst aber auf den Betrag der früher erdienten Militärpension von 2180 ℳ herabgesetzt, weil Kläger zur Zeit seiner zweiten Pensionierung die Charge eines Hauptmanns I. Klasse noch nicht ein Jahr lang bekleidet gehabt habe, danach die als Gendarmerieoffizier erdiente Pension nur nach dem Einkommen eines Hauptmanns II. Klasse habe berechnet werden dürfen, und, da die so berechnete Pension sich niedriger gestellt haben würde, als die frühere Militärpension, es bei dieser letzteren nach § 35 des Militärpensionsgesetzes in der Fassung des Gesetzes vom 22. Mai 1893 verbleiben müsse.

Der Kläger hält diese Rechtsauffassung nicht für begründet, meint vielmehr, daß sowohl nach den besonderen Bestimmungen der §§ 21 und 7, als auch nach der allgemeinen Bestimmung des § 6 des Militärpensionsgesetzes ihm ein Pensionsanspruch in der ursprünglich festgesetzten Höhe zustehe. Das Landgericht ist ihm hierin in jeder Beziehung beigetreten. Das Berufungsgericht erachtet zwar die Bestimmungen der zitierten §§ 21 und 7 nicht für anwendbar, hat aber gleichfalls auf Grund des § 6 den streitigen Pensionsanspruch mit der dem § 35 des Militärpensionsgesetzes entsprechenden Maßgabe ihm zuerkannt, daß außer der ihm zugebilligten, aus Militärfonds zu zahlenden Pension von 2180 ℳ ihm der Mehrbetrag von 397 ℳ von dem Beklagten zu zahlen sei.

Hiergegen richtet sich die Revision des Beklagten mit dem Antrage, die Klage völlig abzuweisen, und diesem Antrage mußte nach den bestehenden gesetzlichen Bestimmungen entsprochen werden.

Der hier vorliegende Fall, daß ein pensionierter Offizier des Reichsheeres in der Gendarmerie eines Bundesstaates wieder angestellt wird, ist in dem Militärpensionsgesetz in dem § 35 Abs. 2 (Fassung des Gesetzes vom 22. Mai 1893) ausdrücklich besonders geregelt. Danach soll bei der Pensionierung eines solchen Offiziers auf ihn der Abs. 1 des § 35 Anwendung finden, wonach, wenn ein Militärpensionär eine Zivilpension erdient, er anstelle dieser Zivilpension die frühere Militärpension (aus Militärfonds) und den etwaigen Mehrbetrag der — also zunächst zu ermittelnden — Zivilpension (aus Zivilpensionsfonds) erhält. Danach ist also für den Kläger zunächst zu berechnen der in seiner letzten Stellung als Gendarmerieoffizier erdiente Pensionsbetrag. Beträgt dieser mehr, als die frühere Militärpension, so erhält er die frühere Militärpension (aus den Fonds des Reichs) und den Mehrbetrag (aus den Fonds des Bundesstaats, der ihn wieder angestellt hat). Ist aber hiernach die als Gendarmerieoffizier erdiente Pension entscheidend, so ergibt sich zunächst ohne weiteres, daß der § 21 des Militärpensionsgesetzes, welcher eine mögliche Erhöhung der früher erdienten Pension behandelt, für den vorliegenden Fall überhaupt nicht in Frage kommen kann, wie denn auch sein Wortlaut deutlich ergibt, daß er nur Fälle provisorischer Wiederverwendung, nicht aber solche einer Wiederanstellung im Auge hat. Es wäre ja auch ein offenbar unmöglich gewolltes Ergebnis, wenn ein als Leutnant pensionierter, demnächst wieder angestellter Offizier die Stellung eines Generals erreichte, gleichwohl nur eine nach den Dienstjahren erhöhte Leutnantspension erhalten sollte. Das aber wäre das Ergebnis der Auffassung des Klägers. Ebenso kann, wie gleichfalls das Berufungsgericht zutreffend ausgeführt hat, der § 7 des Militärpensionsgesetzes keine Anwendung finden. Sein Wortlaut ergibt klar, daß er nicht von pensionierten Offizieren, die wieder angestellt werden, spricht, sondern von einer Verwendung aktiver Offiziere bei einer und derselben ursprünglichen Anstellung. Es kann sich daher, wie auch das Berufungsgericht annimmt, nur darum handeln, ob nach dem § 6 des Militärpensionsgesetzes die vom Kläger als Gendarmerieoffizier erdiente Pension nach der Charge eines Hauptmanns I. Klasse zu berechnen ist. Der § 6 bestimmt: „Die Höhe der Pension wird bemessen nach der Dienstzeit und dem pensionsfähigen Diensteinkommen der mindestens während eines Dienstjahres innerhalb des Etats bekleideten Charge." Das Berufungsgericht nimmt an, daß unter der bekleideten Charge die zur Zeit der Pensionierung, also die zuletzt bekleidete Charge zu verstehen ist; das ist zweifellos richtig, da die verschiedensten Chargen im Laufe der Dienstzeit bekleidet gewesen sein können, und in Ermangelung einer Bestimmung, daß die höchste Charge die maßgebende sei, völlig unbestimmt geblieben wäre, welche Charge maßgebend sein sollte, übrigens auch sämtliche Pensionsgesetze von jeher in diesem Sinne verstanden worden sind. Daraus folgert dann aber das Berufungsgericht zutreffend weiter, daß ganz gleichgültig ist, ob der zu Pensionierende früher einmal eine höhere Charge bekleidet hat, und daß daher, wenn Kläger zu der Zeit, als er noch als Gendarmerieoffizier in der Charge der Hauptleute II. Klasse sich befand, pensioniert worden wäre, auf seine frühere Stellung als Hauptmann I. Klasse keine Rücksicht hätte genommen werden können. Ist aber die zuletzt bekleidete Charge die im Gesetz gemeinte, und muß diese nach dem Gesetz ein Jahr lang bekleidet gewesen sein, wenn sie in Berücksichtigung kommen soll, dann ist mindestens das Nächstliegende, daß diese Charge ein Jahr lang vor der Pensionierung bekleidet gewesen sein muß, und daß nicht, wie das Berufungsgericht will, aus einer früheren Zeit, in welcher einmal eine entsprechende Charge bekleidet ist, eine Zeit zur Kompletierung des vorgeschriebenen Jahres herübergezogen werden darf, wenn an sich nur die Zeit der Pensionierung entscheidend ist. Hierfür spricht wesentlich auch die Entstehungsgeschichte des § 6. Denn nach dem im allgemeinen dem jetzigen Recht zugrunde gelegten früheren Recht, dem preußischen Militärpensionsreglement vom 13. Juni 1825 und der dazu erlassenen Allerhöchsten Kabinettsorder vom 31. Dezember 1828 mußte ein Jahr seit der letzten Beförderung verflossen sein, um die Pension nach dieser höheren Charge oder diesem höheren Einkommen bemessen zu können. Diese Bestimmung hatte der Entwurf fallen lassen, indem der § 6 die Worte „mindestens während eines Dienstjahres" nicht enthielt, und zwar, wie die Motive sagen, weil diese Bestimmung zu fiskalisch sei. Das Abgeordnetenhaus fügte aber, ohne daß zur Motivierung näheres gesagt ist, auf einen Antrag des Abgeordneten v. Bonin und Genossen die Worte wieder ein, allem Anschein nach doch in der Absicht, das alte Recht wieder herzustellen. Auch der nächstliegende Zweck dieser Bestimmung, daß nicht lediglich zum Zweck der Pensionserhöhung noch in letzter Stunde eine Beförderung erfolge oder erstrebt werde, weist darauf hin, daß das verlangte Jahr das unmittelbar vor der Pensionierung liegende sein muß. Wenn endlich das Berufungsgericht seine abweichende Ansicht darauf stützt, daß aus den bereits besprochenen §§ 21 und 7 ein Prinzip sich folgern lasse, das auch im vorliegenden Falle zu einer Erhöhung der Pension führen müsse, so kann, wie bereits oben gezeigt, der § 21 mit dem vorliegenden Falle überhaupt nicht in Verbindung gebracht werden; der § 7 aber, welcher, wie schon seine Stellung und auch sein Inhalt ergibt, eine Ausnahme von § 6 bildet, versagt für diese Schlußfolgerung deshalb, weil aus einer Ausnahme nicht wieder ein allgemeines Prinzip gefolgert werden kann. Da hiernach der Pensionsanspruch des Klägers als Gendarmerieoffizier nur nach seiner Charge als Hauptmann II. Klasse berechnet werden konnte, der hiernach sich ergebende Pensionsbetrag aber geringer ist, als die frühere Militärpension, so mußte es nach § 35 des Militärpensionsgesetzes lediglich bei letzterer verbleiben, und war die Klage daher abzuweisen."

---

21. Verfahren bei der öffentlichen Zustellung eines Versäumnisurteils, wenn die Notwendigkeit der öffentlichen Zustellung sich erst nach Erlaß des Urteils herausstellt.

Z.P.O. § 339 Abs. 2.

V. Zivilsenat. Urt. v. 21. März 1906 i. S. S. (Bekl.) w. M. (Kl.) Rep. V. 541/05.

I. Landgericht Potsdam.
II. Kammergericht Berlin.

Auf Antrag des Klägers wurde der Beklagte durch Versäumnisurteil zur Zahlung von 15187,50 ℳ verurteilt. Da der Beklagte inzwischen unbekannt verzogen war, wurde dem Kläger auf seinen Antrag „für das Urteil und weiter notwendig werdende Schriftstücke" die öffentliche Zustellung bewilligt. Darauf wurde beglaubigte Abschrift des Versäumnisurteils vom 20. Juni 1904 behufs öffentlicher Zustellung an den Beklagten an die Gerichtstafel geheftet und am 5. Juli 1904 wieder abgenommen. Auf Antrag des Klägers wurde durch Beschluß vom 27. Juli 1904 die Einspruchsfrist auf zwei Wochen festgesetzt. Dieser Beschluß, der dem Kläger zugestellt wurde, hing vom 4.—10. August 1904 an der Gerichtstafel aus. Ein besonderer Antrag des Klägers auf Bewirkung des Aushangs lag nicht vor. Nachdem später die Wohnung des Beklagten bekannt geworden war, ließ der Kläger ihm das Urteil am 21. Dezember 1904 zustellen. Am 4. Januar 1905 legte der Beklagte Einspruch ein. Vom Landgericht wurde der Einspruch als unzulässig verworfen, da das öffentlich zugestellte Versäumnisurteil zur Zeit der Einlegung des Einspruchs bereits rechtskräftig gewesen sei. Die Berufung des Beklagten wurde durch Versäumnisurteil zurückgewiesen. Dieses Urteil wurde auf eingelegten Einspruch aufrecht erhalten.

Die Revision des Beklagten wurde zurückgewiesen, aus folgenden

Gründen:

„Entgegen der Ansicht des Berufungsrichters vertritt die Revision die Meinung, daß die öffentliche Zustellung immer nur für einen einzelnen Akt bewilligt werden könne, so daß die vom Landgericht erteilte Bewilligung „für weiter notwendig werdende Schriftstücke" unzulässig gewesen sei, daß der Beschluß, durch den die Einspruchsfrist festgesetzt worden ist, dem Beklagten nicht von Amts wegen, sondern nur auf Antrag des Klägers habe öffentlich zugestellt werden können, und daß die öffentliche Zustellung des Versäumnisurteils wirkungslos sei, weil damals eine Einspruchsfrist noch nicht bestimmt gewesen sei. Die Revision gründet ihre Meinung auf die §§ 203 bis 207. 339 Z.P.O., die nach ihrer Ansicht verletzt sind. Die Angriffe der Revision erweisen sich jedoch teils als unerheblich, teils als unbegründet. Unerheblich, wenn auch an sich berechtigt, ist die Rüge, daß das Landgericht die öffentliche Zustellung nicht „für weiter notwendig werdende Schriftstücke" habe bewilligen dürfen. Die öffentliche Zustellung kann immer nur für einen schon den Gegenstand eines Antrags bildenden Fall, nicht für mögliche künftige Fälle bewilligt werden. Das folgt ohne weiteres daraus, daß die Voraussetzungen der öffentlichen Zustellung zu der Zeit vorhanden sein müssen, wo der einzelne Zustellungsakt beantragt wird. Im vorliegenden Falle aber ist jener im Beschlusse des Landgerichts enthaltene Zusatz unschädlich und daher unerheblich, weil in Wirklichkeit, wie aus den folgenden Ausführungen erhellt, nur eine einzige Zustellungshandlung in Frage steht, die sich freilich infolge nicht ganz ordnungsmäßigen Verfahrens in zwei Akten abgespielt hat.

Die Zivilprozeßordnung geht im § 339 Abs. 2 davon aus, daß die Notwendigkeit der öffentlichen Zustellung eines Versäumnisurteils bereits bei der Fällung des Urteils vorliegt, und ordnet an, daß das Gericht die Einspruchsfrist im Urteile zu bestimmen hat. Ist dies geschehen, dann bildet die Bestimmung einen Bestandteil des Versäumnisurteils. Ist es übersehen, oder ergibt sich die Notwendigkeit der öffentlichen Zustellung, wie im vorliegenden Falle, erst nach Erlaß des Urteils, so hat das Gericht die Einspruchsfrist nachträglich durch besonderen Beschluß, der ohne vorgängige mündliche Verhandlung erlassen werden kann, zu bestimmen. Der Beschluß stellt sich als eine Ergänzung des Versäumnisurteils dar, und zwar, wie sich aus dem Wortlaute des Gesetzes ergibt, als eine von Amts wegen vorzunehmende Ergänzung. Ein Versäumnisurteil, das weder die Einspruchsfrist enthält, noch auf die bezeichnete Art ergänzt worden ist, ist kein Urteil, dessen öffentliche Zustellung für sich allein bewilligt werden könnte. Bewilligt das Gericht für ein solches Urteil die öffentliche Zustellung, so ist damit von selbst auch die öffentliche Zustellung des eine notwendige Ergänzung des Urteils bildenden Beschlusses bewilligt, durch den die Einspruchsfrist bestimmt wird. Ordnungsmäßig ist dieser Beschluß mit dem Beschlusse zu verbinden, durch den die öffentliche Zustellung bewilligt wird. Wird das übersehen, und der Beschluß über die Bestimmung der Einspruchsfrist erst später erlassen, so bedarf es nicht noch einer besonderen Bewilligung der öffentlichen Zustellung dieses Beschlusses; denn die erste Bewilligung umfaßt alles, was zur Zustellung des Versäumnisurteils nötig ist. Es handelt sich um die Bewilligung nur eines öffentlichen Zustellungsaktes, nicht um künftig notwendig werdende öffentliche Zustellungen, also nicht um einen Fall, an den das Landgericht mit dem Zusatze „und weiter notwendig werdende Schriftstücke" gedacht haben mag.

Wie die Bewilligung, so umfaßt auch der Antrag auf Bewilligung der öffentlichen Zustellung alles zu dem betreffenden Zustellungsakt Erforderliche, mithin auch das Ersuchen um gleichzeitigen Erlaß des Beschlusses über die Bestimmung der Einspruchsfrist, der mitzuzustellen ist. Daher ist die Rüge der Revision, daß die öffentliche Zustellung dieses Beschlusses, wenn er erst nach dem ersten Bewilligungsbeschlusse gefaßt ist, nur auf besonderen Antrag der

Partei bewilligt werden dürfe, verfehlt. Die Revision rügt aber ferner, daß der dem Kläger zugestellte Beschluß über Bestimmung der Einspruchsfrist ohne weiteren Antrag an die Gerichtstafel geheftet worden ist, während die Zustellung Sache des Parteibetriebs sei. Auch diese Rüge ist unbegründet. Darüber, ob der Beschluß über die Einspruchsfrist beiden Parteien, oder nur der Partei, die ein Versäumnisurteil zugestellt haben will, von Amts wegen zuzustellen ist, herrscht in der Literatur Streit. Es braucht aber zu dieser Frage nicht Stellung genommen zu werden; denn bei der öffentlichen Zustellung von Schriftstücken, die keine Ladung enthalten, beschränkt sich der Parteibetrieb auf den Antrag, das Schriftstück öffentlich zuzustellen, d. h. es an die Gerichtstafel anzuheften (Z.P.O. § 204). Dieser Mitwirkung hat sich im vorliegenden Falle der Kläger unterzogen, da er den Antrag auf öffentliche Zustellung des Versäumnisurteils und damit — nach den obigen Ausführungen — auch des Beschlusses über die Einspruchsfrist gestellt hat.

Endlich leitet die Revision noch daraus Bedenken her, daß das Versäumnisurteil und der nachträglich gefaßte Beschluß nicht gleichzeitig an der Gerichtstafel ausgehangen haben. Aber auch diese Bedenken können nicht für begründet erachtet werden. Das Versäumnisurteil war, nachdem es die gesetzlich vorgeschriebene Zeit hindurch ausgehangen hatte, dem Beklagten zugestellt. Freilich hatte diese Zustellung wegen des Mangels der Bestimmung einer Einspruchsfrist nicht die Wirkung der Inlaufsetzung einer Einspruchsfrist. Dieser Mangel ist aber dadurch geheilt, daß auch der Beschluß über die Bestimmung der Einspruchsfrist die vorgeschriebene Zeit hindurch an der Gerichtstafel ausgehangen hat, zumal da in diesem Beschlusse das Versäumnisurteil genau bezeichnet war. Nunmehr waren sowohl das Versäumnisurteil als auch der Beschluß dem Beklagten zugestellt, und mit der Zustellung des Beschlusses begann die Einspruchsfrist. Die nochmalige Anheftung auch des Versäumnisurteils würde keinen ersichtlichen Zweck gehabt haben. Der formalistische Standpunkt, auf dem die Revision steht, würde nur dann berechtigt sein, wenn das Gesetz den gleichzeitigen Aushang angeordnet hätte, was aber nicht der Fall ist." . . .

22. 1. Genügt es, wenn die Testamentszeugen nur bis zur Vorlesung, Genehmigung und Unterzeichnung des Protokolls zugegen sind?
2. Mündliche Erklärung des letzten Willens durch den Erblasser?
B.G.B. §§ 2238. 2239. 2242.

IV. Zivilsenat. Urt. v. 22. März 1906 i. S. H. H. (Bekl.) und G. H. (Nebeninterven.) w. O. (Kl.). Rep. IV. 463/05.

I. Landgericht Bielefeld.
II. Oberlandesgericht Hamm.

Aus den Gründen:

„Nach den Feststellungen des Berufungsrichters hat die Mitwirkung des Zeugen H. bei der Testamentserrichtung nur in folgendem bestanden: Er begab sich mit dem Notar, der das Testamentsprotokoll bereits fertig niedergeschrieben hatte, und dem zweiten Zeugen, Pastor K., in das Schlafzimmer des Erblassers. Beim Eintritt fragte der Notar den Erblasser, ob das Schriftstück (dessen Inhalt dem Zeugen bis dahin nicht bekannt war) sein letzter Wille sei; dann wolle er ihm jetzt das Protokoll vorlesen. Auf diese Frage hat der Erblasser nicht geantwortet. Hierauf ist die Vorlesung, Genehmigung und Unterzeichnung des Protokolls erfolgt. „Bis zur Vorlesung des Protokolls hat daher der Testamentszeuge H. von dem letzten Willen des Erblassers keinerlei Kenntnis erhalten". Bei solchem Sachverhalt vermißt der Berufungsrichter mit Recht, daß der Zeuge, wie § 2239 B.G.B. vorschreibt, während der ganzen Verhandlung zugegen gewesen sei. Wie eng oder wie weit man auch den Begriff der Testamentsverhandlung fassen mag, so bildet doch, wenn es sich um Errichtung eines Testaments vor einem Richter oder vor einem Notar handelt, die mündliche Erklärung des letzten Willens durch den Erblasser oder seine mündliche Erklärung, daß die übergebene Schrift seinen letzten Willen enthalte, nach § 2238 B.G.B. einen wesentlichen und unentbehrlichen Bestandteil der Verhandlung. Gerade damit vollzieht sich im Sinne des Gesetzes die „Errichtung" des Testaments. Das „über die Errichtung des Testaments aufzunehmende Protokoll" dient nur der Beurkundung des Errichtungsaktes. Das Reichsgericht ist bereits in einer Reihe von Entscheidungen der Neigung entgegengetreten, bezüglich der Form, in der die mündliche Erklärung des Erblassers vor sich zu gehen hat, übertriebene Anforderungen zu stellen. So ist wiederholt anerkannt, daß die Erklärung nicht in ausführlicher oder zusammenhängender Rede zu erfolgen braucht, daß sie vielmehr auch im Wege der Rede und Gegenrede, Frage und Antwort zwischen dem mit der Testamentsaufnahme betrauten Beamten und dem Erblasser zum Ausdruck gelangen kann. Auch die Benutzung von Niederschriften ist hierbei nicht für ausgeschlossen erklärt, sofern nur die mitwirkenden Personen, insbesondere die Zeugen, aus dem Verlauf der sich vor ihnen abspielenden Verhandlung und der hierbei vom Erblasser abgegebenen mündlichen Erklärung klar zu erkennen vermögen, worauf der wirkliche Wille des Erblassers gerichtet ist (so in Sachen Sch. w. B., Rep. IV 579/04, Urteil vom 13. April 1905). Allein das Reichsgericht ist niemals soweit gegangen, die Anwesenheit der Zeugen bloß bei dem letzten Teile der Testamentsverhandlung, der Vorlesung, Genehmigung und Unterzeichnung des Protokolls (§ 2242 B.G.B.) genügen zu lassen. Nur hierauf aber hat sich nach den Feststellungen des Berufungsrichters die Mitwirkung des Zeugen H. beschränkt. Die deutlich erkennbare Absicht des Gesetzgebers, wie sie namentlich auch in der bewußt abweichenden Fassung des § 174 des Gesetzes über die freiwillige Gerichtsbarkeit,

vgl. Begründung zu § 170 des Entwurfs und Begründung zum Bürgerlichen Gesetzbuch Bd. 5 S. 263,

hervortritt, geht dahin, daß die zugezogenen Testamentszeugen in der Lage sein sollen, sowohl bei späteren Streitigkeiten über den Inhalt des vom Erblasser wirklich Gewollten Auskunft zu geben, als auch die Übereinstimmung des erklärten Willens mit der darüber aufgenommenen Niederschrift zu kontrollieren. Es liegt auf der Hand, daß sie weder der einen noch der anderen Aufgabe gerecht werden können, wenn, wie im Streitfalle, irgendwelche letztwillige Erklärung des Erblassers zu ihrem Angehör gar nicht abgegeben worden ist."

23. Zur Auslegung des § 6 des Telegraphenwegegesetzes vom 18. Dezember 1899.

VI. Zivilsenat. Urt. v. 23. März 1906 i. S. Stadtgemeinde G. (Bekl.) w. Reichspostfiskus (Kl.). Rep. VI. 266/05.

I. Landgericht Verden.
II. Oberlandesgericht Celle.

Die verklagte Stadtgemeinde beschloß im Jahre 1901, eine elektrische Zentralanlage zur Beleuchtung von Straßen und Plätzen und als Kraftanlage für gewerbliche Zwecke in G. zu errichten. Mit der Errichtung beauftragte sie die Gebr. K. in K. gegen Zahlung einer Vergütung von etwa 152000 ℳ. Gleichzeitig vereinbarte sie mit denselben, daß sie nach Fertigstellung des Werkes zu ihr in ein Pachtverhältnis treten und Verwaltung, Betrieb und Unterhaltung des gesamten Werkes für sie übernehmen sollten, so daß ihr daraus keinerlei Unkosten erwachsen würden. Die Errichtung der Anlage machte teils eine Verlegung der dem Kläger gehörigen, auf den von der Beklagten zu unterhaltenden Straßen befindlichen Fernsprechlinien, teils die Anbringung von Schutzvorkehrungen an den Telegraphenlinien des Klägers erforderlich. Beides nahm dieser auf Verlangen der Beklagten vor. Die ihm dadurch erwachsenen Kosten forderte er von ihr auf Grund des § 6 Abs. 5 des Telegraphenwegegesetzes vom 18. Dezember 1899 erstattet. Das Landgericht wies die Klage ab; das Oberlandesgericht erkannte dagegen nach dem Klagantrage. Auf die Revision der Beklagten wurde das Berufungsurteil aufgehoben, und die Berufung des Klägers gegen das landgerichtliche Urteil zurückgewiesen, aus folgenden

Gründen:

„Das Berufungsgericht sucht die Bedeutung der Worte „zur Ausführung gebracht werden soll" im 2. Abs. des § 6 des Reichsgesetzes vom 18. Dezember 1899 aus dem Begriffe der ebenda befindlichen Worte „unter überwiegender Beteiligung", wie dieses aus der Entstehungsgeschichte des § 6 zu erkennen sei, zu gewinnen. Aus den Materialien des Gesetzes ergebe sich klar und unzweideutig, daß unter „einer überwiegenden Beteiligung" des Wegeunterhaltungspflichtigen nur der Fall zu verstehen sei, wenn das

Schwergewicht der Finanzierung des neuen Unternehmens auf seiten des Wegeunterhaltungspflichtigen gelegen habe. Daraus ergebe sich, daß als allein ausführender Teil im Sinne des Abs. 2 der Unterhaltungspflichtige nur dann gelten könne, wenn er allein der das Unternehmen finanzierende Teil sei, d. h. wenn er allein die finanziellen Lasten und das Risiko des neuen Unternehmens trage. Entscheidend sei also nicht sowohl, ob der Unterhaltungspflichtige den Auftrag zur Herstellung der neuen Anlage erteilt habe, ob er also der Bauherr sei, auch nicht, ob er nachher Alleineigentümer der Anlage werde, ebenso nicht, ob ihm nachher die meisten Vorteile aus der neuen Anlage zuflössen; entscheidend sei vielmehr das Maß der Aufwendungen und der Gefahr, die der Wegeunterhaltungspflichtige im Interesse der neuen Anlage übernehme, und nur wenn er die finanziellen Lasten und das Risiko des neuen Unternehmens allein oder doch überwiegend trage, könne ihm das Privileg des Abs. 2 zugute kommen. Im Anschluß hieran wird vom Berufungsgerichte dargelegt, daß die Beklagte nach Inhalt der von ihr mit den Gebr. K. abgeschlossenen Verträge die finanzielle Last und das Risiko der neuen Anlage weder allein, noch auch nur überwiegend übernommen hat, sondern daß beides im Effekt ganz überwiegend von den Gebr. K. getragen wird; diesen Umstand hält es für ausschlaggebend, um die Gebr. K. als die überwiegend Beteiligten an der Ausführung der Anlage erscheinen zu lassen.

Die Revision bezeichnet die Auslegung des § 6 Abs. 2 durch das Berufungsgericht als rechtsirrtümlich und wendet sich auch dagegen, daß die Beklagte die finanzielle Last und das Risiko nicht in überwiegendem Maße zu tragen hätte. Es kann ihr der Erfolg nicht versagt werden.

Zunächst erscheint es nicht angängig, die Bedeutung der Worte „zur Ausführung gebracht werden soll" aus dem Begriffe „unter überwiegender Beteiligung" zu gewinnen. Der Gesetzentwurf sprach im § 6 schlechthin vom Unternehmer der Anlage und verstand darunter denjenigen, der die Anlage für sich und für eigene Rechnung ausführte. Erst aus Anlaß verschiedener in der Reichstagskommission gestellter Anträge, die geltend machten, daß nicht jedem Unternehmer, sondern nur dem Wegeunterhaltungspflichtigen, der eine Anlage der im Paragraphen näher beschriebenen Art ausführe, die Vergünstigung zuteil werden sollte, aber auch schon dann, wenn die Anlage nicht von ihm allein, sondern auch, wenn sie unter seiner überwiegenden Beteiligung ausgeführt werde, wurde die aus jenen hervorgehobenen Worten sich ergebende Fassung gewählt und nachmals zum Gesetz erhoben. Daraus ergibt sich, daß die Frage, wen das Gesetz unter demjenigen, der die Anlage ausführt, versteht, nicht aus den erst nachträglich in den Gesetzentwurf aufgenommenen Worten „unter überwiegender Beteiligung" beantwortet werden kann.

Der Auslegung des Berufungsgerichts steht schon der Wortlaut des Gesetzes entgegen. Nach dem gewöhnlichen Sprachgebrauch bedeutet „eine Anlage zur Ausführung bringen" die Herstellung und die erste Einrichtung der Anlage, im Gegensatz zum Betrieb und zur weiteren Unterhaltung der Anlage. So hat auch der erkennende Senat in dem in den Entsch. in Zivils. Bd. 50 S. 83 flg. abgedruckten Urteil S. 89 den Begriff „ausführen" einer Anlage im § 12 des Gesetzes über das Telegraphenwesen vom 6. April 1892 ausgelegt. Nun ist es hier die wegeunterhaltungspflichtigte Beklagte gewesen, die allein für ihre Rechnung und für sich die elektrische Anlage durch Gebr. K. hat herstellen und einrichten lassen, und hieran wird auch dadurch nichts geändert, daß sie, wie von vornherein zwischen ihr und Gebr. K. vereinbart war, diesen von Anfang an den Betrieb überlassen hat. Die Anlage hat daher von ihr allein zur Ausführung gebracht werden sollen und ist auch von ihr allein zur Ausführung gebracht worden.

Von der Bedeutung der Worte „zur Ausführung bringen", wie sie der gewöhnliche Sprachgebrauch an die Hand gibt, abzuweichen, bietet aber auch die Entstehungsgeschichte des § 6 und die Absicht des Gesetzgebers keinen Anlaß. Nach § 6 des Entwurfs sollte die Telegraphenverwaltung die aus der Verlegung oder Veränderung der Telegraphenlinien oder aus der Herstellung erforderlicher Schutzvorkehrungen erwachsenden Kosten nur dann tragen, wenn die Herstellung der Anlage aus Rücksichten der Gesundheitspflege oder aus sonstigen polizeilichen Gründen gefordert werde, und für die Benutzung der Anlage eine Gebühr überhaupt nicht erhoben werde, oder die zur Erhebung kommende Gebühr nur zur Deckung der Verwaltungs- und Unterhaltungskosten, einschließlich der Ausgaben für die Verzinsung und Tilgung des aufgewendeten Kapitals, diene. Der

§ 6 des Entwurfs ist nur mit mehrfachen Abänderungen Gesetz geworden; zunächst in subjektiver Hinsicht, insofern die Vergünstigung nur eintreten soll bei Anlagen, die vom Wegeunterhaltungspflichtigen (oder unter überwiegender Beteiligung eines oder mehrerer Pflichtigen) zur Ausführung gebracht werden sollen; dann in objektiver Hinsicht, insofern die Vergünstigung eintritt überhaupt bei allen Anlagen, die aus Gründen des öffentlichen Interesses errichtet werden; endlich ist die Schlußbestimmung bezüglich der Erhebung von Gebühren weggefallen, so daß nicht in Betracht kommt, ob für die Benutzung der Anlage eine Gebühr überhaupt, und in welcher Höhe erhoben wird. Nach der Auffassung der Kommission belasteten die Bestimmungen des Entwurfs zu sehr die Wegeunterhaltungspflichtigen, also im wesentlichen die Gemeinden, und wurden deren Interessen und Bedürfnissen nicht gerecht; es wurde darauf hingewiesen, daß bei einem Kampfe zwischen verschiedenen öffentlichen Interessen dasjenige Interesse das stärkere sei, das noch das Recht aus dem Eigentum für sich habe, daß somit den Interessen der wegeunterhaltungspflichtigen Gemeinde der Vorrang eingeräumt werden müsse. Nirgends aber ist auch nur angedeutet, daß die Vergünstigung nur dann der Gemeinde zuteil werden solle, wenn sie allein oder doch überwiegend die finanziellen Lasten und das Risiko der Anlage trage. Damit wird vom Berufungsgericht ein Gedanke in das Gesetz hineingetragen, der weder bei der Beratung, noch durch den Wortlaut zum Ausdruck gelangt ist. Daß das Gesetz den wegeunterhaltungspflichtigen Gemeinden die Vergünstigung dann nicht habe gewähren wollen, wenn sie von vornherein Einrichtungen treffen, die ihnen einen Gewinn aus der Herstellung der Anlage mit Sicherheit versprechen, wird widerlegt durch die Streichung des die Erhebung von Gebühren betreffenden Schlußsatzes des § 6 des Entwurfs, und es ist ganz gleichgültig, wie die Gemeinde diesen Gewinn erzielt, ob sie bei eigenem Betrieb viel höhere Gebühren für die Benutzung der Anlage erhebt, als zur Deckung ihrer Selbstkosten erforderlich sind, oder ob sie die Anlage von vornherein gegen einen hohen Pachtzins verpachtet. Der § 6, wie er schließlich Gesetz geworden, bezweckt, den wegeunterhaltungspflichtigen Gemeinden den Weg zu neuen Anlagen offenzuhalten, und verlangt nur, da es nicht Privatinteressen schützen will, und die durch das Gesetz eingeräumten Vorteile sonst lediglich einzelnen, insbesondere Aktionären, zugute kommen würden, daß ein Wegeunterhaltungspflichtiger entweder die Anlage selbst ausführt, oder daß er sein Interesse an der Ausführung durch Aufwendungen in einem gewissen Maße betätigt. Es verlangt aber keineswegs, daß der Wegeunterhaltungspflichtige, der die Anlage ausgeführt hat, sie auch betreibt oder am Betriebe durch Tragung eines Teils der Betriebskosten oder eines Teils des Risikos sich beteiligt. Die Unrichtigkeit der Auslegung des Berufungsgerichts ergibt sich auch aus der Erwägung, daß, wenn der zweite Vertrag zwischen der Beklagten und den Gebr. K. erst nach Ausführung der Anlage abgeschlossen worden wäre, sei es daß die Beklagte in der Zwischenzeit selbst die Anlage betrieben hätte, sei es daß mit dem Betrieb nicht unmittelbar nach der Ausführung begonnen worden wäre, auch nach der Auffassung des Berufungsgerichtes die Beklagte Anspruch auf die Vergünstigung haben würde, und nur in Frage kommen könnte, ob die Bestimmung im Abs. 4 des § 6 sie ihr wieder zu entziehen vermöchte. Das müßte aber verneint werden, da im Abschluß eines Pachtvertrages nicht die „Überlassung des Anteils" an der Anlage erblickt werden kann. Die Hinausschiebung des Abschlusses eines Pachtvertrages könnte aber doch eine solche verschiedene Beurteilung nicht rechtfertigen. Die Bestimmungen des Pachtvertrages sind für die zur Entscheidung stehende Frage völlig einflußlos. Ausschlaggebend ist, daß die Beklagte die Anlage für ihre Rechnung hat ausführen lassen, und daß sie auch jetzt noch Eigentümerin der Anlage ist. Daraus ergibt sich einmal, daß ihr Abs. 2 zur Seite steht, und Abs. 4 nicht entgegensteht, und dann, daß die Frage, was unter „überwiegender Beteiligung" zu verstehen ist, hier nicht beantwortet zu werden braucht." . . .

---

24. Findet der § 3 Ziff. 2 des Anfechtungsgesetzes auf die Anfechtung von Verträgen Anwendung, die der Schuldner mit Verwandten seines früheren Ehegatten schließt?

Anfechtungsgesetz vom 21. Juli 1879 (20. Mai 1898) § 3.
B.G.B. § 1590 Abs. 2.
Einf.-Ges. zum B.G.B. Art. 33.

VII. Zivilsenat. Urt. v. 23. März 1906 i. S. Gr. (Bekl.) w. G. (Kl.). Rep. VII. 326/05.

I. Landgericht Duisburg.
II. Oberlandesgericht Hamm.

Die Klägerin ficht einen Vertrag an, den ihr Schuldner mit der Beklagten, einer Schwester (Halbschwester) seiner zur Zeit des Vertragsschlusses bereits verstorbenen Ehefrau, geschlossen hat. Das Berufungsgericht hat die Anfechtung aus § 3 Nr. 2 des Anfechtungsgesetzes für zulässig erachtet. Die Revision ist zurückgewiesen worden.

Aus den Gründen:

... „Näherer Prüfung bedarf die Frage, ob der angefochtene Vertrag unter den § 3 Nr. 2 des Anfechtungsgesetzes vom 21. Juli 1879 fällt. Diese Bestimmung erleichtert (durch Umkehrung der Beweislast) die Anfechtung von Verträgen des Schuldners a) mit seinen nächsten Verwandten, b) mit den nächsten Verwandten seines Ehegatten, c) mit den Ehegatten dieser, d. i. der zu a und b erwähnten, Personen. Sie stimmt insoweit mit dem § 31 (früher 24) Nr. 2 K.O. wörtlich überein. Hier handelt es sich um die in der Literatur nicht unbestrittene Frage, ob in der Gruppe b unter dem „Ehegatten" des Schuldners auch sein früherer (verstorbener, für tot erklärter, geschiedener) Ehegatte zu verstehen ist. Das Berufungsgericht hat dies für das jetzt geltende Recht im Hinblick auf Art. 33 Einf.-Ges. zum B.G.B. bejaht.

Übereinstimmend: Jaeger, K.O. § 31 Anm. 27, Anfechtungsgesetz § 3 Anm. 34 lit. γ; v. Wilmowski-Kurlbaum, K.O. (6. Aufl.) § 31 Anm. 11; anderer Meinung: Hartmann-Meikel, Anfechtungsgesetz (5. Aufl.), § 3 Bem. 22 lit. b.

Der erkennende Senat schließt sich der Ansicht des Oberlandesgerichts an. Sieht man zunächst von Art. 33 Einf.-Ges. ab, so wäre freilich anders zu entscheiden. Dem Revisionsgericht ist es nicht zweifelhaft, daß das Gesetz (§ 3 Nr. 2 des Anfechtungsgesetzes) in seiner ursprünglichen Fassung und Bedeutung Verwandte des früheren Ehegatten so wenig treffen wollte, wie Verwandte des künftigen, sondern nur Verwandte des derzeitigen Ehegatten des Schuldners, nur Verträge, die der Schuldner mit Verwandten seines Ehegatten während bestehender Ehe schließt. Zu dieser Auffassung nötigt schon der Wortlaut des Gesetzes, dessen ausdehnende Auslegung dem gewöhnlichen Sprachgebrauch widerstrebt. Man braucht nur an einen Vertrag des wiederverheirateten Schuldners mit dem Vater oder Bruder seiner ersten (verstorbenen oder geschiedenen) Ehefrau zu denken. Zum gleichen Ergebnisse führt die Betrachtung derjenigen Bestimmungen der gleichzeitig mit der Konkursordnung und dem Anfechtungsgesetze in Kraft getretenen Reichsjustizgesetze, in denen an die „Schwägerschaft" rechtliche Wirkungen geknüpft sind (vgl. G.V.G. § 156 Abs. 1 Ziff. 3; Z.P.O. § 41 Nr. 3, § 383 (früher 348) Nr. 3; St.P.O. § 22 Nr. 3, § 51 Nr. 3). In allen diesen Bestimmungen ist der Begriff der Schwägerschaft durch den ausdrücklichen Zusatz erläutert: „auch wenn die Ehe, durch welche die Schwägerschaft begründet ist, nicht mehr besteht". Vergleicht man diese Ausdrucksweise mit derjenigen des Anfechtungsgesetzes, so wird man sich der Überzeugung nicht verschließen können, daß in dem letzteren absichtlich und zur Hervorhebung einer sachlichen Besonderheit neben den Verwandten des Schuldners nicht dessen „Verschwägerte" (mit oder ohne erläuternden Zusatz), sondern die Verwandten „seines Ehegatten" genannt sind. Diese Personen sind „Verschwägerte" des Schuldners; gleichwohl läßt sich nicht ohne weiteres sagen, daß die Rechtswirkung (der erleichterten Anfechtung) an die „Schwägerschaft" geknüpft sei. Denn der Kreis der in dem Anfechtungsgesetze für verdächtig erklärten Verschwägerten darf weder auf Grund des in den obigen Stellen der Reichsjustizgesetze, und jetzt auch im § 1590 Abs. 2 B.G.B. festgelegten Begriffes der Schwägerschaft, noch unter Zugrundelegung des jeweiligen örtlichen Zivilrechts umgrenzt werden, ist vielmehr aus dem Anfechtungsgesetze selbst und selbständig zu ermitteln. Will man in diesem Gesetze die Worte „Verwandte des Ehegatten" durch das Wort „Verschwägerte" ersetzen, so müßte es heißen: Verträge des Schuldners mit seinen Verschwägerten während der die Schwägerschaft begründenden Ehe. Daß diese engere Auslegung für das frühere Recht die zutreffende war, wurde auch in der Literatur überwiegend angenommen und von der Rechtsprechung gebilligt.

Vgl. Urteil des R.G.'s vom 7. Oktober 1882 (Jurist. Wochenschr. S. 261) und (für den entsprechenden § 5 Nr. 3 des preußischen

Gesetzes vom 9. Mai 1855) Entsch. des Obertribunals Bd. 53 S. 347.

Mit dem Berufungsgerichte ist nun aber anzunehmen, daß dieser Rechtszustand durch den Art. 33 Einf.-Ges. zum B.G.B. eine Änderung erfahren hat. Der Auslegung der Worte „Verwandte des Ehegatten" ist nunmehr der Schwägerschaftsbegriff des Bürgerlichen Gesetzbuchs (§ 1590 Abs. 2) zugrunde zu legen. Sie wären jetzt so zu umschreiben: „Verschwägerte, auch wenn die Ehe, durch die die Schwägerschaft begründet wurde, aufgelöst ist". (Eine zweite Klasse von Verschwägerten, die Ehegatten von Verwandten, soll hier überall außer Betracht bleiben.) Der Wille des Gesetzgebers, diese sachliche Erweiterung des Anfechtungsrechts durch den Art. 33 Einf.-Ges. herbeizuführen, ist unzweifelhaft. Es muß dies daraus geschlossen werden, daß anderenfalls die Hereinziehung der Schwägerschaft in den Art. 33 kaum verständlich wäre. Den Begriff der Verwandtschaft in allen im Art. 33 genannten Gesetzen mit dem Bürgerlichen Gesetzbuche in Einklang zu setzen, mochte ein Bedürfnis bestehen; für den Begriff der Schwägerschaft ist ein solches Bedürfnis in bezug auf die eigentlichen Reichsjustizgesetze (Gerichtsverfassung, Zivilprozeßordnung, Strafprozeßordnung) nicht anzuerkennen. Denn wie schon bemerkt, ist in diesen Gesetzen überall, wo an die Schwägerschaft rechtliche Folgen geknüpft sind, ausdrücklich beigefügt, daß die Schwägerschaft auch nach Beendigung der sie begründenden Ehe fortbesteht. Wenn es trotzdem für nötig erachtet wurde, im Art. 33 den Schwägerschaftsbegriff des Bürgerlichen Gesetzbuchs für maßgebend zu erklären, so kann dabei wohl nur an den § 23 (jetzt 31) K.O. und § 3 des Anfechtungsgesetzes gedacht sein; sonst wäre die Hereinziehung der Schwägerschaft überhaupt gegenstandslos. Auch die Motive (zu Art. 10 des I. Entw. des Einf.-Ges.) und die Verhandlungen der 2. Kommission (Protokolle Bd. 6 S. 564) legen diese Auffassung nahe. Demgegenüber ist dem von Hartmann-Meikel a. a. O. erhobenen Bedenken — das sich darauf gründet, daß das Anfechtungsgesetz nicht von der Schwägerschaft spricht — kein entscheidendes Gewicht beizulegen. Die Verwandten des Ehegatten des Schuldners sind immerhin mit ihm verschwägert; die Beschränkung der erleichterten Anfechtung auf Verträge, die während der die Schwägerschaft begründenden Ehe geschlossen sind, entspricht dem römisch-rechtlichen Begriff der Schwägerschaft. Insofern sind also im Anfechtungsgesetze an die Schwägerschaft rechtliche Folgen geknüpft.

Fragt man sich, ob für die durch Art. 33 Einf.-Ges. geschaffene Änderung des materiellen Anfechtungsrechts ein wirkliches Bedürfnis bestand, so wird die Antwort kaum bejahend lauten können. Daß aus der einschränkenden Auslegung für den Rechtsverkehr nachteilige, der Abhilfe bedürftige Folgen erwachsen wären, ist nicht ersichtlich. Auch ist nicht zu verkennen, daß durch den Art. 33 ein neuer Zweifel in das Gesetz hineingetragen wird, der vorher nicht bestand. Der § 3 Nr. 2 des Anfechtungsgesetzes trifft nicht nur gewisse Verschwägerte des Schuldners, sondern auch „die Ehegatten dieser Personen", die als solche mit dem Schuldner weder verwandt noch verschwägert sind. Bezüglich ihrer läßt sich demnach aus dem Art. 33 eine Änderung des bisherigen Rechts nicht ableiten. Läßt man es aber bei der früheren Auffassung, dann kommt man zu dem Ergebnisse, daß die Worte „Ehegatte des Schuldners" im nämlichen Satze eine verschiedene Bedeutung haben, je nachdem der Vertrag mit Verwandten, oder mit Verschwägerten dieses Ehegatten geschlossen ist. Diese Bedenken müssen indessen gegenüber dem klar erkennbaren Willen des Gesetzgebers zurücktreten."

25. Ist die Aktienzeichnung durch eine offene Handelsgesellschaft rechtswirksam, wenn der Zeichnungsschein im Namen der Gesellschaft ausgestellt, aber nur von einem der Gesellschafter unterzeichnet ist, obwohl nach dem Handelsregister zur Vertretung der Gesellschaft die gemeinschaftliche Erklärung mindestens zweier Gesellschafter erforderlich ist?

H.G.B. § 281.
B.G.B. §§ 177. 182. 184.

I. Zivilsenat. Urt. v. 24. März 1906 i. S. Gelf. Verk.-Ver. (Kl.) w. V. & Co. u. Gen. (Bekl.). Rep. I. 477/05.

I. Landgericht Essen, Kammer für Handelssachen.
II. Oberlandesgericht Hamm.

Die klagende Aktiengesellschaft hatte im Jahre 1900 ihr Aktienkapital erhöht und von den Beklagten Zeichnungen darauf entgegengenommen, von der verklagten offenen Handelsgesellschaft V. & Co. auf 7 Aktien. Auf Einzahlung der gezeichneten Beträge belangt, erhoben die Beklagten eine Reihe von Einwendungen, die hier nicht interessieren. Diese Einwendungen wurden vom Berufungsgerichte für nicht durchgreifend erachtet, und die Beklagten demgemäß nach den Klaganträgen verurteilt. Nur bei der Beklagten V. & Co. gelangte der Berufungsrichter zur Abweisung der Klage.

Vom Reichsgerichte wurde die Revision der anderen Beklagten zurückgewiesen, auf die Revision der Klägerin aber auch die Partei V. & Co. klaggemäß verurteilt.

Im übrigen ergibt sich der Sachverhalt aus den

Gründen:

... „Gleichwohl ist das Oberlandesgericht bei dieser Beklagten nicht zur Verurteilung, sondern zur Abweisung der Klage gelangt, und zwar aus folgendem Grunde.

Nach dem Handelsregister ist die Vertretungsbefugnis bei der aus drei Personen bestehenden offenen Handelsgesellschaft V. & Co. so geordnet, daß jedesmal mindestens zwei Gesellschafter zusammen handeln müssen. Der Zeichnungsschein aber ist nur von dem Gesellschafter Wilhelm V. unterzeichnet worden. Hieraus leitet das Oberlandesgericht Nichtigkeit des Zeichnungsscheines ab, und zwar eine unheilbare Nichtigkeit, da die schriftliche Form nach § 281 Abs. 1 Satz 1 H.G.B. wesentlich sei, und da dieser Mangel nicht zu denen gehöre, die nach § 189 Abs. 4 daselbst durch die dort bezeichneten Rechtshandlungen geheilt werden könnten. In der Teilnahme der drei Gesellschafter an der Generalversammlung vom 22. Oktober 1900 könne auch nicht etwa eine Bestätigung des nichtigen Rechtsgeschäfts gefunden werden; denn ein nichtiges Rechtsgeschäft erlange nur dadurch rechtliche Wirksamkeit, daß es erneut unter Beobachtung der gesetzlichen Vorschriften vorgenommen werde.

Diese Ausführungen sind von der Revision der Klägerin mit Recht beanstandet.

Wie der Text ergibt, ist der Zeichnungsschein von Wilhelm V. nicht im eigenen Namen, sondern in Vertretung der Firma V. & Co. gezeichnet worden. Fehlte es, wie feststeht, Wilhelm V. an der nötigen Vertretungsmacht, konnte er allein durch seine Unterschrift die Gesellschaft nicht verpflichten, so ist dies kein Mangel, der eine unheilbare Nichtigkeit des Zeichnungsscheines bewirkt. An sich ist die gesetzliche Form (§ 281 Abs. 1 Satz 1 H.G.B.) beobachtet, nur von einem nicht legitimierten Vertreter. Nach § 177 Satz 1 B.G.B. hängt, wenn jemand ohne Vertretungsmacht im Namen eines anderen einen Vertrag abschließt, die Wirksamkeit des Vertrages von der Genehmigung des anderen ab. Diese Genehmigung bedarf nach § 182 Abs. 2 B.G.B. nicht der für das Rechtsgeschäft selbst bestimmten Form, und wirkt nach § 184 Abs. 1 auf den Zeitpunkt der Vornahme des Rechtsgeschäfts zurück.

In Anwendung dieser vom Berufungsgerichte verkannten Rechtssätze hat das Reichsgericht bereits in der Sache Beschw.-Rep. I 42/01 (Jurist. Wochenschr. 1901 S. 518 Nr. 9) eine Wechselunterschrift, die von einem Kollektivvertreter einer Gesellschaft mit beschränkter Haftung abgegeben und deshalb an sich unwirksam war, deswegen als hinterher gültig und wirksam geworden anerkannt, weil die Gesellschaft mit den Unterschriften beider Vertreter dem Wechselgläubiger nachher geschrieben hatte, „die Papiere gingen in Ordnung". Vom Zeichnungsscheine kann in diesen Punkten nichts anderes gelten, als vom Wechsel.

Eine Genehmigung der Zeichnung durch die offene Handelsgesellschaft aber ist unbedenklich in der feststehenden Tatsache zu erblicken, daß alle drei Teilhaber an der Generalversammlung vom 22. Oktober 1900 auf Grund der gezeichneten 7 Aktien teilgenommen und mitgestimmt haben.

Die Revision der Klägerin erweist sich demnach als begründet, und da weitere tatsächliche Feststellungen nicht erforderlich sind, war auch die Firma B. & Co. nach dem Klagantrage zu verurteilen." ...

---

26. 1. Inwieweit findet der § 7 Z.P.O. bei Bemessung des Wertes des Beschwerdegegenstandes der Revision Anwendung?
2. Anwendung des § 7 a. a. O. bei Klagen auf Beseitigung der Beeinträchtigung einer streitigen Grunddienstbarkeit.

B.G.B. § 1027.

V. Zivilsenat. Urt. v. 24. März 1906 i. S. A. (Bekl.) w. Kn. (Kl.). Rep. V. 409/05.

I. Landgericht Oldenburg.
II. Oberlandesgericht daselbst.

Der Beklagte war in den Vorinstanzen zur Anerkennung eines von dem Kläger über ein Grundstück des Beklagten beanspruchten Wegerechts und ferner verurteilt worden, den von ihm errichteten Neubau, soweit dadurch das Wegerecht des Klägers beeinträchtigt wird, zu beseitigen.

Der Wert des Streitgegenstandes war in erster Instanz durch Gerichtsbeschluß auf 1000 *M* festgesetzt worden.

Behufs Glaubhaftmachung der Revisionssumme überreichte der Beklagte Gutachten, wonach zur Herstellung des dem Kläger zuerkannten Weges der Abbruch des neuerbauten Hauses erforderlich war, und der Abbruch und der Wiederaufbau des Hauses an anderer Stelle einen Kostenaufwand von 3607 *M* verursacht haben würde. Seitens des Klägers wurde dagegen geltend gemacht, daß für den Wert des Streitgegenstandes das Interesse des Klägers, nicht das etwa höhere Interesse des Beklagten maßgebend sei.

Die Revision wurde dem Gegenstande nach für zulässig erachtet.

Aus den Gründen:

„Nach konstanter Rechtsprechung des Reichsgerichts kann der Wert des Beschwerdegegenstandes (§ 546 Z.P.O.) niemals den Wert des Streitgegenstandes übersteigen, für den zunächst der mit der Klage erhobene Anspruch, also das Interesse des Klägers, maßgebend ist (vgl. Entsch. des R.G.'s in Zivils. Bd. 47 S. 421). Nun bildet aber für die Bewertung des Streitgegenstandes der § 7 Z.P.O. insofern eine Besonderheit, als, wenn eine Grunddienstbarkeit Gegenstand des Streites ist, der Streitwert durch den Wert, welchen die Grunddienstbarkeit für das herrschende Grundstück hat, oder durch den Betrag, um den sich der Wert des dienenden Grundstücks durch die Dienstbarkeit mindert, und zwar durch den höheren dieser beiden Beträge, sich bestimmt. Da diese Vorschrift gleich den übrigen §§ 3—9 Z.P.O. im § 546 Abs. 2 mit in Bezug genommen ist, so muß sie auch in betreff des Werts des Beschwerdegegenstandes Anwendung finden, freilich mit der Einschränkung, daß auch, wenn es sich um eine Grunddienstbarkeit handelt, der Revisionskläger, dessen Interesse an dem Bestehen oder Nichtbestehen der Grunddienstbarkeit den Betrag der Revisionssumme nicht erreicht, sich nicht auf das höhere Interesse des Revisionsbeklagten berufen kann (vgl. Entsch. des R.G.'s in Zivils. Bd. 16 S. 342, Gaupp, Z.P.O. Anm. IV. 3 zu § 546). Wohl aber kann sich der Revisionskläger auf sein eigenes höheres Interesse im Sinne des § 7 berufen, auch wenn das Interesse der auf Anerkennung einer Grunddienstbarkeit klagenden Gegenpartei die Revisionssumme nicht erreicht. Denn er hat nach § 7 das Recht, den Streitgegenstand nach dem Minderwert seines, des dienenden Grundstücks bemessen zu lassen, auch wenn das in den Vorinstanzen nicht geschehen ist. Es liegt auch kein Grund vor, die Anwendung des § 7 a. a. O. auf Klagen zu beschränken, die auf Feststellung des Bestehens oder Nichtbestehens einer Grunddienstbarkeit gerichtet sind; es darf vielmehr, wenn, wie hier, zugleich auf Beseitigung der Beeinträchtigung einer Grunddienstbarkeit (§§ 1027. 1004 B.G.B.) geklagt wird, die hieraus dem Beklagten in der Benutzung seines Grundstücks erwachsende Beeinträchtigung bei Bemessung der Wertminderung, die das dienende Grundstück durch die Dienstbarkeit erleidet, nicht außer Betracht bleiben.

Durch die von seiten des Beklagten beigebrachten, vom Gegner nicht angefochtenen Gutachten erscheint nun glaubhaft gemacht einerseits, daß der Beklagte, um dem Berufungsurteile zu genügen, den ganzen Neubau abbrechen muß, und andererseits, daß die Kosten des Abbruchs und des Wiederaufbaues des Hauses 3607 ℳ betragen würden. Es kann keinem Bedenken unterliegen, daß um diesen Betrag der gegenwärtige Wert des dienenden Grundstücks gemindert ist. Das genügt aber zur Anwendung des § 7 Z.P.O." ...

27. Kann der Verkäufer eines Grundstücks, der noch vor Fälligkeit des Kaufpreises dem sich vom Vertrage lossagenden Käufer gemäß § 326 B.G.B. eine Frist zur Erklärung gesetzt hatte, vom Käufer nach fruchtlosem Fristablaufe Schadensersatz wegen Nichterfüllung des Vertrags verlangen, wenn er, bevor der Kaufpreis fällig geworden war, das Grundstück anderweit veräußert hat?

V. Zivilsenat. Urt. v. 24. März 1906 i. S. B. (Kl.) w. R. (Bekl.). Rep. V. 406/05.

I. Landgericht Flensburg.
II. Oberlandesgericht Kiel.

Der Kläger verkaufte sein Meiereigrundstück in F. am 7. Dezember 1903 an den Beklagten für 85000 *M* mit der Abrede, daß die Übernahme des Grundstücks und die Zahlung eines Teiles des Kaufpreises am 1. April 1904 erfolgen sollte. Mitte März 1904 erklärte Beklagter den Vertrag für ungültig. Er ließ auch eine Frist, die ihm der Kläger alsbald zur Erklärung über seine Bereitschaft, den Vertrag zu erfüllen, setzte, fruchtlos verstreichen. Der Kläger veräußerte daraufhin noch vor dem 1. April 1904 das Grundstück mit Ausschluß einer auf 3000 *M* bewerteten Wiese an andere Personen für 72000 *M* und klagte die Differenz von 10000 *M* als Schadensersatz ein. Der erste Richter wies die Klage ab. Die Berufung blieb ohne Erfolg. Auch die Revision des Klägers wurde zurückgewiesen, aus folgenden

Gründen:

„Der Berufungsrichter stützt seine Annahme, daß dem Kläger ein Entschädigungsanspruch gegenüber dem Beklagten nicht zustehe, auf zwei selbständige Erwägungen. Zunächst fehle es an einem die Schadensersatzpflicht begründenden Verzuge des Beklagten. Der Verzug wäre erst eingetreten, wenn Kläger nach der Fälligkeit den Beklagten aufgefordert hätte, den Vertrag durch Zahlung des verabredeten Kaufgeldes zu erfüllen. Dazu würde es allerdings genügt haben, daß der Kläger seinerseits dem Beklagten Vertragserfüllung anbot. Aber auch dies sei nicht geschehen. Sodann geht der Berufungsrichter auf die Frage ein, ob der Klaganspruch sich vielleicht aus dem von dem Reichsgericht in mehreren Entscheidungen,

vgl. Entsch. des R.G.'s in Zivils. Bd. 52 S. 150, Bd. 54 S. 98, Bd. 57 S. 106,

zur Geltung gebrachten Gesichtspunkt der sog. positiven Vertragsverletzung rechtfertigen lasse. Dies verneint er ebenfalls. Er erwägt dabei, daß jene Auffassung im Bürgerlichen Gesetzbuche nirgends eine Stütze finde, namentlich nicht im § 326 B.G.B., der unzweifelhaft nur die Folgen eines Verzugs im Auge habe. Auch das Reichsgericht habe sich für die von ihm in den angeführten Urteilen vertretene Ansicht nicht im allgemeinen, sondern nur in bezug auf gewisse dem Handelsverkehr angehörige Ausnahmefälle ausgesprochen. Dort kämen öfters, namentlich bei Verträgen mit Sukzessivlieferungen, dauernde Vertragsverhältnisse vor, in denen es unter Umständen für den Gläubiger eine Härte sein würde, wenn er, um die Verzugsfolgen gegenüber dem vertragsuntreuen Schuldner herbeizuführen, erst die Fälligkeit aller einzelnen Leistungen abwarten müßte. Dagegen sei eine Verallgemeinerung jener Ansicht des Reichsgerichts, insbesondere durch Anwendung der gleichen Grundsätze auf den Fall eines Grundstücksverkaufs, nicht gerechtfertigt.

Die Revision hält diese Ausführungen für rechtsirrig und vermißt in den vom Berufungsrichter angezogenen Reichsgerichtsurteilen die Beschränkung der dort aufgestellten Grundsätze auf Verhältnisse des Handelsverkehrs. Außerdem macht sie geltend, daß es, um den Beklagten in Verzug zu setzen, einer Mahnung im vorliegenden Falle nicht bedurft habe. Der Beklagte habe, indem er vor dem 1. April 1904 dem Kläger gegenüber sich bestimmt weigerte, den fraglichen Kaufvertrag zu erfüllen, ihn der Notwendigkeit einer weiteren Tätigkeit zum Zwecke der Inverzugsetzung überhoben. In der Erfüllungsweigerung liege ein Verzicht auf Mahnung. Diese sei auch schon deshalb nicht erforderlich gewesen, weil Zug- um Zugleistung zu einem bestimmten Termine (§ 284 Abs. 2 B.G.B.) nicht etwa eine Vorleistung des Klägers in Frage stehe.

Die Revision konnte keinen Erfolg haben.

Der Begriff der sog. positiven Vertragsverletzung ist zuerst vom II. Zivilsenate des Reichsgerichts in dem Urteile vom 6. März 1903 (Entsch. in Zivils. Bd. 54 S. 98) einer prinzipiellen Erörterung unterzogen worden. Dort wird gegenüber den in den §§ 325. 326 B.G.B. allein behandelten beiden Fällen der schuldhaften Leistungsunmöglichkeit und des schuldhaften Leistungsverzugs auf die an sich mögliche dritte Art des schuldhaften Verhaltens eines Vertragsteils — positive Vertragsverletzung, die nicht zugleich die dem Verletzten obliegende Leistung unmöglich macht — hingewiesen, und aus der Entstehungsgeschichte jener Paragraphen in Verbindung mit ihrer Wortfassung der Satz hergeleitet, daß sie nicht singuläre Rechtsbehelfe darstellen, sondern den von ihnen bezeichneten Schutz dem benachteiligten Vertragsteil in allen Fällen gewähren wollen, in denen durch das vertragsverletzende Verhalten des anderen Teiles die Erreichung des Vertragszwecks gefährdet wird. Ob diesen Ausführungen gegebenenfalls beizutreten sein würde, kann dahingestellt bleiben. Denn der damals erkennende Senat hat selbst seine Auffassung nur mit der Einschränkung vertreten, daß es von den tatsächlichen Verhältnissen und den jedesmaligen Umständen des Einzelfalls abhänge, wie sich jene analoge Anwendung der §§ 325. 326 B.G.B. bei den einzelnen Verträgen gestalte; in Betracht komme sie hauptsächlich bei Lieferungsgeschäften und ähnlichen, auf längere Dauer berechneten Verträgen. Daß den derart charakterisierten Verträgen ein Grundstücksverkauf, bei dem es sich regelmäßig um einfach und rasch innerhalb verhältnismäßig kurzer Zeiträume zu erledigende Geschäfte handelt, nicht an die Seite gestellt werden darf, liegt auf der Hand. Mit Recht hat daher der Berufungsrichter im vorliegenden Falle angenommen, daß der Kläger zur Begründung seines Schadensersatzanspruchs sich nicht auf jene nur für handelsrechtliche Verhältnisse berechnete reichsgerichtliche Rechtsprechung berufen dürfe.

Auch die weitere Annahme des Berufungsrichters, daß der Kläger Schadensersatz nicht verlangen könne, weil der Beklagte nicht in Verzug gekommen sei, ist zutreffend. Allerdings hat das Reichsgericht wiederholt ausgesprochen, daß es, wenn der in Verzug geratene Vertragsteil die Erfüllung ernstlich verweigert, zur Geltendmachung eines Schadensersatzanspruchs nicht der im § 326 B.G.B. bestimmten vorgängigen Fristsetzung bedürfe, und daß die letztere sich auch dann erübrige, wenn die Erfüllungsverweigerung noch vor Eintritt der Fälligkeit erklärt sei.

Vgl. Entsch. des R.G.'s in Zivils. Bd. 51 S. 347, Bd. 52 S. 150, Bd. 54 S. 98, Bd. 57 S. 106.

Diese Grundsätze können indessen auf den vorliegenden Fall deshalb keine Anwendung finden, weil der Kläger, bevor die Fälligkeit seiner Ansprüche aus dem Kaufvertrag eingetreten war, das an den Beklagten verkaufte Grundstück anderweit veräußert hat. Dadurch hat er sich, wie der Berufungsrichter richtig bemerkt, mit dem Annullierungsverlangen des Beklagten einverstanden erklärt. Wollte er demnächst hiervon wieder abgehen und auf Erfüllung des Vertrags bestehen, so hätte er gemäß § 295 B.G.B. die ihm aus dem Vertrag obliegende Leistung — Übergabe und Auflassung des verkauften Grundstücks gegen Empfangnahme des Zug um Zug zu leistenden Teiles des Kaufpreises — dem Beklagten anbieten müssen. Dadurch wäre dieser in Verzug gekommen und bei fortdauernder Erfüllungsverweigerung schadensersatzpflichtig geworden. Ein solches Angebot hat aber unstreitig nicht stattgefunden." ...

28. Kann bei Festsetzung der Höhe des wegen einer Körperverletzung zu leistenden Schadensersatzes auch der Umstand, daß der Ersatzpflichtige gegen derartige Schadensfälle versichert ist, berücksichtigt werden?

B.G.B. § 847.

III. Zivilsenat. Urt. v. 27. März 1906 i. S. Dr. B. (Bekl.) w. S. (Kl.). Rep. III. 578/05.

I. Landgericht Heidelberg.
II. Oberlandesgericht Karlsruhe.

Der Beklagte war wegen eines Versehens bei einer von ihm ausgeführten Operation des Klägers u. a. zur Bezahlung eines Kapitalbetrags von 12000 *M*, als Entschädigung für Schmerzen und Entstellung (§ 847 B.G.B.), verurteilt worden. Seine Revision wurde, nachdem sie im übrigen zurückgewiesen war, wenigstens insoweit sie sich gegen die Festsetzung dieses Kapitalbetrags richtete, vom Reichsgericht für gerechtfertigt erachtet, aus folgenden

Gründen:

... „Nicht bedenkenfrei ist dagegen die Begründung, welche für die Angemessenheit des zuerkannten Kapitalbetrags von 12000 *M* dargelegt worden ist. Das Berufungsgericht berücksichtigt hierbei einerseits die bedrängte Vermögenslage und die beklagenswerte körperliche und seelische Verfassung des Klägers, andererseits die Verhältnisse des Beklagten, welcher ein wohlhabender Mann und überdies bis zu 30000 *M* Kapital versichert sei. Die Revision macht geltend, daß diese, an sich nicht bestrittene, Tatsache der Versicherung nicht zugunsten des Klägers bei der Bemessung der Schadensersatzsumme in Betracht gezogen werden könne, vielmehr die letztere zunächst ohne Berücksichtigung der Versicherung, lediglich auf Grund der Gesetze und der sonstigen Sachlage festzustellen, und erst dann der in solcher Weise ermittelte Betrag dem Schadensersatzpflichtigen aus der Versicherungssumme zu ersetzen sei. Dieser Auffassung ist beizutreten. Mit Recht hat zwar das Berufungsgericht bei der Festsetzung der „billigen Entschädigung in Geld", welche nach § 847 B.G.B. dem Verletzten zukommt, die persönlichen und Vermögensverhältnisse beider Teile, insbesondere auch des Beklagten, in Betracht gezogen. Allein das genannte Gericht verkennt den Begriff des „Vermögens" sowie die rechtliche Natur der vorliegenden Versicherung, wenn es die Versicherungssumme von 30000 ℳ schon jetzt als Bestandteil des Vermögens des Beklagten behandelt, während dieselbe doch lediglich den Zweck hat, demselben Schadloshaltung für die ihm auferlegte Entschädigungspflicht zu gewähren, nachdem deren Betrag unter Berücksichtigung der sonstigen Sachlage festgestellt ist. Die erwähnte Versicherung hat sonach außer Betracht zu bleiben." . . .

---

29. Rechtlicher Charakter von Bedingungen in polizeilichen Bauerlaubnisscheinen, durch welche im finanziellen Interesse der Stadtgemeinde die Zulassung des Baues von einer bei der Stadtkasse zu bewirkenden, demnächst auf die ortsstatutarischen, bzw. Kanalbaubeiträge anzurechnenden Einzahlung einer Geldsumme abhängig gemacht wird. Zulässigkeit des Rechtsweges für den Anspruch auf Rückerstattung der Summe?

Preuß. Baufluchtliniengesetz vom 2. Juli 1875 § 12.
G.V.G. § 13.
Preuß. Landesverwaltungsgesetz vom 30. Juli 1883 §§ 127 flg.

VII. Zivilsenat. Urt. v. 27. März 1906 i. S. Stadtgem. D. (Bekl.) w. Z. (Kl.). Rep. VII. 335/05.

I. Landgericht Düsseldorf.
II. Oberlandesgericht Köln.

Der Kläger suchte im Frühjahr 1903 bei der Polizeiverwaltung in D. um die Erteilung der Bauerlaubnis für einen Bau nach, der auf einem an der Oststraße und der Steinstraße daselbst liegenden Grundstück errichtet werden sollte. Durch Verfügung der Polizeiverwaltung vom 11. April 1903 wurde die Erlaubnis erteilt, jedoch u. a. an die Bedingung geknüpft, „daß der vom Gemeindevorstande gestellten Anforderung gemäß vor Beginn der Bauarbeiten bei der Stadtkasse die Einzahlung eines Betrags von 17150 ℳ erfolgt, den der Gemeindevorstand demnächst auf die zu entrichtenden ortsstatutarischen bzw. Kanalbaubeiträge in Anrechnung bringen wird". Nach Einzahlung des erwähnten Betrags beantragte der Kläger die Verurteilung der verklagten Stadtgemeinde zur Rückzahlung von 1800,96 ℳ mit der Behauptung, er habe die Zahlung in dem Irrtum geleistet, der Betrag von 17150 ℳ sei für die an der Steinstraße gelegenen Hausfronten eingefordert; es seien in ihm aber Beträge von 1316,96 und 484 ℳ für die an der Oststraße gelegene Front enthalten; die Einforderung dieser Beträge sei unzulässig, weil die Oststraße eine historische Straße darstelle. Die Beklagte erhob die Einrede der Unzulässigkeit des Rechtsweges mit der Ausführung, daß die Verfügung der Polizeibehörde nur durch Beschwerde im Aufsichtswege oder durch Klage im Verwaltungsstreitverfahren anzufechten sei. Der erste Richter verwarf diese Einrede nach Beschränkung der Verhandlung auf dieselbe durch Zwischenurteil. Die Berufung der Beklagten blieb erfolglos. Auf ihre Revision ist die Klage wegen Unzulässigkeit des Rechtsweges abgewiesen, aus folgenden

Gründen:

„Das Ortsstatut der Stadt D. vom 5. April 1898 bestimmt im § 10: „An Straßen oder Straßenteilen, die noch nicht in Gemäßheit der baupolizeilichen Bestimmungen für den öffentlichen Verkehr und den Anbau fertig gestellt sind, dürfen Wohngebäude, die nach diesen Straßen einen Ausgang haben, nur unter den vom Gemeindevorstande im Einverständnisse mit der Ortspolizeibehörde mit Rücksicht auf das öffentliche bzw. das Gemeindeinteresse vorzuschreibenden Bedingungen gestattet werden."

Der Berufungsrichter führt zunächst aus, die in dem Bauerlaubnisschein vom 11. April 1903 enthaltene Anordnung bezüglich der Einzahlung des Betrags von 17150 ℳ sei gemäß § 12 des

Fluchtliniengesetzes vom 2. Juli 1875 und dem auf diesem beruhenden § 10 des Ortsstatuts der Stadt D. vom 5. April 1898 erlassen. Der Kläger habe Zahlung geleistet, um eine von dem Gemeindevorstande im Einverständnisse mit der Ortspolizeibehörde mit Rücksicht auf das öffentliche, bzw. Gemeindeinteresse vorgeschriebene Bedingung zu erfüllen, unter der er die Bauerlaubnis für den Neubau an einer Straße erhalten habe, die noch nicht in Gemäßheit der baupolizeilichen Bestimmungen für den öffentlichen Verkehr und den Anbau fertig gestellt gewesen sei.

Er verneint sodann den polizeilichen Charakter des Bauerlaubnisscheines in bezug auf die erwähnte Anordnung mit folgenden Ausführungen. Eine polizeiliche Verfügung liege nur dann vor, wenn die Polizeibehörde eine in ihrer Zuständigkeit als Inhaberin der Polizeigewalt begründete Maßnahme in Ausübung ihrer eigenen Rechte erlassen habe, nicht hingegen, wenn die Polizeibehörde, von eigener sachlichen Prüfung und Entscheidung absehend, lediglich Anordnungen anderer Behörden zur Ausführung bringe. Wenn die verklagte Gemeinde nun auch, wie sie ausführe, den Weg, die Bedingungen der in Rede stehenden Art durch Polizeiverfügung zu stellen, allgemein gewählt habe, um die Zuständigkeit der ordentlichen Gerichte für Rückforderungsansprüche auszuschließen, so sei doch anzunehmen, daß die Polizeiverwaltung nur die Maßnahmen habe treffen wollen, die das Gesetz und das dieses ergänzende Ortsstatut gestatte. Nach § 10 des Ortsstatuts habe der Gemeindevorstand sich zwar hinsichtlich der zu stellenden Bedingungen mit der Ortspolizeibehörde ins Einverständnis zu setzen, aber nicht die Polizeibehörde, sondern der Gemeindevorstand habe dem Unternehmer die Bedingungen vorzuschreiben, unter denen die Bauerlaubnis erteilt werde. Selbst wenn daher der Wortlaut des Bauerlaubnisscheines zu der Annahme führte, daß die Polizeiverwaltung ihrerseits eine Bedingung gestellt habe, so wäre damit die Polizeibehörde doch lediglich für den Gemeindevorstand, nicht in Ausübung eigenen Rechts, tätig geworden. Dann liege soweit keine polizeiliche Verfügung vor, wie die in Rede stehende Bedingung reiche. Die Anforderung zur Zahlung sei vielmehr ein mittels der Polizeibehörde von dem Gemeindevorstande abgegebenes Vertragsangebot. Dies habe der Kläger durch seine Zahlung angenommen, wohingegen die Beklagte auf ihr

Recht, die Bauerlaubnis zu verweigern, verzichtet habe. Dieser Vertrag, der sich auf zivilrechtlichem Gebiete bewege, sei der Rechtsgrund der Zahlung.

Diese letzteren Ausführungen konnten nicht gebilligt werden.

Der in nicht bemängelter Abschrift vorgelegte Bauerlaubnisschein vom 11. April 1903 stellt sich schon in seiner äußeren Form als eine Verfügung der Polizeiverwaltung dar und läßt klar erkennen, daß die Polizeibehörde die Bedingung der Einzahlung des Betrags von 17150 *M*, von welcher die Bauerlaubnis abhängig gemacht ist, in Ausübung eigener Befugnis gestellt hat, wenn sie hierbei auch einer Anforderung des Gemeindevorstandes gefolgt ist. Die Gründe, aus denen die Vorinstanz diesem Teile des Erlaubnisscheines den polizeilichen Charakter abspricht, sind unzutreffend. Nach § 12 Abs. 1 des Straßen- und Baufluchtliniengesetzes vom 2. Juli 1875 kann durch Ortsstatut festgestellt werden, daß an Straßen oder Straßenteilen, welche noch nicht gemäß den baupolizeilichen Bestimmungen des Orts für den öffentlichen Verkehr und den Anbau fertig gestellt sind, Wohngebäude, die nach diesen Straßen einen Ausgang haben, nicht errichtet werden dürfen. Die in Rede stehende Bedingung der dem Kläger erteilten Bauerlaubnis ist, wie auch der Berufungsrichter annimmt, auf Grund dieser Gesetzesvorschrift und des offensichtlich auf derselben beruhenden § 10 des Ortsstatuts vom 5. April 1898 gestellt worden. Die auf Grund des § 12 des Straßen- und Baufluchtliniengesetzes erlassenen ortsstatutarischen Bestimmungen bilden aber einen Bestandteil des für die Gemeinde geltenden öffentlichen Baurechts und sind, ebenso wie die baupolizeilichen Bestimmungen im engeren Sinne, von der Polizeibehörde bei der Entscheidung auf die ihr vorgelegten Baugesuche zu beachten.

Vgl. Entsch. des preuß. Oberverwaltungsgerichts Bd. 34 S. 412; Friedrichs, Straßen- und Baufluchtliniengesetz 5. Aufl. S. 133.

Demnach ist aber davon auszugehen, daß die Polizeibehörde, indem sie die Bedingung der Einzahlung des erwähnten Betrags stellte, in Wahrnehmung eigener Berechtigung und Verpflichtung handelte. Hieran kann der Umstand, daß jene Bedingung im finanziellen Interesse der Gemeinde gestellt war, nichts ändern. Müssen die Gründe für die Versagung von Baugenehmigungen auch sonst im allgemeinen immer polizeiliche sein, so kann sich doch gerade bei Bauten, bei denen die Bauverbotsbefugnis der Gemeinde gemäß § 12 des Straßen- und Baufluchtliniengesetzes in Betracht kommt, aus den auf Grund dieser Vorschrift erlassenen ortsstatutarischen Bestimmungen ergeben, daß die polizeiliche Genehmigung an die Erfüllung von Bedingungen zu knüpfen ist, die nicht dem polizeilichen Gebiete angehören.

Vgl. Entsch. des preuß. Oberverwaltungsgerichts Bd. 33 S. 421; Friedrichs, a. a. O. S. 134.

In dem § 10 des Ortsstatuts der Stadt D. vom 5. April 1898 ist bestimmt, daß an noch nicht fertig gestellten Straßen Wohngebäude, die nach diesen Straßen einen Ausgang haben, nur unter den vom Gemeindevorstande im Einverständnisse mit der Ortspolizeibehörde mit Rücksicht auf das öffentliche, bzw. das Gemeindeinteresse vorzuschreibenden Bedingungen gestattet werden. Da der Gemeindevorstand seine Einwilligung in die Errichtung des vom Kläger geplanten Neubaues von der mehrerwähnten Einzahlung abhängig machte, lag es der Polizeibehörde ob, die polizeiliche Bauerlaubnis an die entsprechende Bedingung zu knüpfen, sofern sie es nicht vorzog, — was nicht der Fall war, — es dem Kläger zu überlassen, vorab eine bezügliche Vereinbarung mit der Gemeinde zu treffen und den Nachweis der Einwilligung der letzteren in die Errichtung des Baues zu erbringen. Demgemäß und mit Rücksicht auf den klaren Wortlaut des Bauerlaubnisscheines verdient die Auffassung des Berufungsrichters, die Polizeibehörde habe, soweit jene Bedingung in Betracht komme, nicht in Ausübung eigenen Rechts gehandelt, ihre Tätigkeit habe sich insoweit darauf beschränkt, dem Kläger ein Vertragsangebot des Gemeindevorstandes zu übermitteln, keine Billigung.

Der Kläger hat nun zwar noch geltend gemacht, die Anordnung der Polizeibehörde, daß der angegebene Geldbetrag vor Beginn des Baues gezahlt werden müsse, werde mit der erhobenen Klage nicht angegriffen. Durch die im Bauerlaubnisschein gestellte Bedingung sei dem Kläger aufgegeben worden, vor der Bauausführung einen Vertrag mit dem Gemeindevorstande wegen dessen Verzichts auf das Bauverbot abzuschließen. Die Zahlung sei demnach als eine freiwillige, aus einem privatrechtlichen Rechtsgrunde erfolgte anzusehen. Diese Ausführungen finden jedoch durch die obigen diesseitigen Erwägungen ihre Widerlegung und stehen mit dem unstreitigen Sachverhalte nicht in Einklang. Zwischen dem Kläger und dem Gemeindevorstande haben Verhandlungen über einen Verzicht auf das Recht des Bauverbots gegen Zahlung eines auf die demnächst von dem Kläger zu entrichtenden ortsstatutarischen, bzw. Kanalbaubeiträge in Anrechnung zu bringenden Betrags nicht stattgefunden. Die Zahlung des Betrags von 17150 *M* ist lediglich in Erfüllung der polizeilicherseits gemachten Auflage geleistet. Die Klage, mit welcher Rückzahlung eines Teils jenes Betrags gefordert wird, richtet sich somit gegen die polizeiliche Anordnung. Diese ist aber der Anfechtung im ordentlichen Rechtswege entzogen (vgl. § 13 G.V.G., §§ 127 flg. des Landesverwaltungsgesetzes vom 30. Juli 1883)."

---

30. Kann der bei einem Grundstückskauf Betrogene als Schadensersatz das Erfüllungsinteresse beanspruchen? Kann er dies auch dann, wenn er vor der Auflassung den wahren Sachverhalt erfahren hat?

B.G.B. §§ 123. 823 Abs. 2. 826. 249. 252. 463 Satz 2.

V. Zivilsenat. Urt. v. 28. März 1906 i. S. M. (Kl.) w. K. (Bekl.). Rep. V. 356/05.

I. Landgericht Elbing.
II. Oberlandesgericht Marienwerder.

Die Beklagten verkauften dem Kläger ihre Grundstücke, die nach dem Grundbuch einen Flächeninhalt von 10 ha 38 a 20 qm oder — nach kulmischen Morgen berechnet — von 18,529 Morgen hatten, durch notariellen Vertrag vom 7. November 1903 und schlossen in dem Vertrage die Gewährleistung aus. Der Preis wurde auf 37000 *M* festgesetzt, und der Kaufgelderrest von 22000 *M* mit 4 Prozent verzinslich auf die Grundstücke eingetragen. Der Kläger behauptete jedoch, arglistig getäuscht und um mindestens 2000 *M* dadurch geschädigt worden zu sein, daß der verklagte Ehemann bei Abschluß des Vertrags die Größe der Grundstücke wider besseres Wissen auf 20 kulmische Morgen angegeben habe. Der Kläger hatte die richtige Größe noch vor der Auflassung erfahren; bei der Auflassung behielt er sich seine Ansprüche wegen des Größenunterschiedes vor, während die Beklagten auch hierbei jede Haftung ablehnten.

Die auf Zahlung von 2000 ℳ nebst 4 Prozent Zinsen oder auf Löschung eines gleich hohen Betrages von dem eingetragenen Kaufgelderrest gerichtete Klage wurde in erster Instanz abgewiesen, nachdem ein Sachverständiger den Wert der Grundstücke in ihrer katastermäßigen Größe auf 37074 ℳ, bei Zugrundelegung von 20 kulmischen Morgen auf 39499 ℳ berechnet hatte. Die Berufung hatte keinen Erfolg.

Auf die Revision des Klägers wurde das Berufungsurteil aufgehoben, aus folgenden

Gründen:

„Beide Vorderrichter gehen zutreffend davon aus, daß die angebliche Versicherung des verklagten Ehemannes, die Grundstücke hätten eine Größe von 20 kulmischen Morgen, nicht die Bedeutung einer vertragsmäßigen Zusage hatte, weil sie in den notariellen Vertrag nicht aufgenommen, und bei der Auflassung, nachdem der Kläger die richtige Größe erfahren, nicht aufrecht erhalten worden ist. Ein Anspruch auf Gewährung oder auf Schadensersatz wegen Nichterfüllung des Vertrags nach den §§ 468. 463 Satz 1 B.G.B. kommt daher nicht in Frage.

Bei der Beurteilung des Anspruchs auf Schadensersatz wegen Betrugs, den beide Vorderrichter an sich nach den §§ 823 Abs. 2. 826 B.G.B. in Übereinstimmung mit der Rechtsprechung des Reichsgerichts für zulässig erachten, ist nur das Landgericht auf eine Würdigung des Sachverhalts, wie er sich nach dem Ergebnisse der von ihm veranlaßten Beweisaufnahme gestaltet hat, eingegangen. Dasselbe hat als erwiesen angenommen, daß der verklagte Ehemann beim Abschlusse des Vertrags die Größe der Grundstücke wider besseres Wissen auf 20 kulmische Morgen angegeben hat, und daß diese wahrheitswidrige Angabe für die Bewilligung des Kaufpreises von 37000 ℳ bestimmend gewesen ist. Das Landgericht vermißt aber gegenüber dem Gutachten des Sachverständigen das Vorhandensein eines Schadens. Insoweit ist ihm das Berufungsgericht beigetreten. Es führt aus, der durch den Abschluß eines Vertrags Betrogene könne nach den Vorschriften des Bürgerlichen Gesetzbuchs, im Gegensatz zu denen des Allgemeinen Landrechts (§§ 350 flg. 286 flg. I. 5), nur das negative Vertragsinteresse, nicht das positive Erfüllungsinteresse verlangen, jedenfalls nicht, nachdem er, wie im vorliegenden Falle, den wahren Sachverhalt erfahren, die Erfüllung zu dem Zwecke herbeiführen, um dann den durch die Erfüllung erlittenen Schaden ersetzt zu verlangen (vgl. Entsch. des R.G.'s in Zivils. Bd. 56 S. 51).

Mit diesen Ausführungen hat sich der Berufungsrichter in bewußten Gegensatz zu den in den Urteilen des Reichsgerichts vom 12. November, 19. November und 7. Dezember 1904 (Entsch. in Zivils. Bd. 59 S. 155, Gruchot, Bd. 49 S. 902. 889) angenommenen Rechtsgrundsätzen gesetzt. An diesen Grundsätzen ist aber festzuhalten. Der Betrogene hat nach § 123 B.G.B. das Recht, den Vertrag wegen Betrugs anzufechten, und kann dann die Widerherstellung des Zustandes, wie er ohne den Vertrag bestehen würde, (das negative Vertragsinteresse) verlangen. Er hat aber nicht die Verpflichtung dazu. Er darf auch beim Vertrage stehen bleiben und geht, wenn er das tut, des Rechtes auf Schadensersatz nach den §§ 823. 826 B.G.B. nicht verlustig, da keine Vorschrift besteht, die ihm das Recht nähme. Bleibt aber der Vertrag bestehen, so sind für den Schadensersatz die vertragsmäßigen Festsetzungen, soweit sie nicht durch den Betrug betroffen werden, maßgebend. Der Betrogene kann nach § 249 B.G.B. die Herstellung des vertragsmäßigen Zustandes, wie er ohne den Betrug sich gestaltet hätte, verlangen. Hat er infolge des Betruges sich zur Bewilligung eines höheren Kaufpreises verstanden, so kann er die Ermäßigung oder den Ersatz bis zu dem Betrag verlangen, den er vertragsgemäß ohne den Betrug gegeben hätte. Ob der Betrüger zu diesem Preise verkauft hätte, ist ganz gleichgültig. Er ist an den Vertrag gebunden und muß alle Folgen seines Betrugs auf sich nehmen. Ein Rücktrittsrecht steht ihm nicht zu.

Daß diese mit den Bestimmungen des preußischen Allgemeinen Landrechts und der entsprechenden, vom Berufungsrichter angeführten Rechtsprechung im Einklang stehenden Grundsätze dem Bürgerlichen Gesetzbuche fremd seien, kann dem Berufungsrichter nicht zugegeben werden. Wo das Bürgerliche Gesetzbuch den Schadensersatz (wie bei den Fällen der culpa in contrahendo) auf das negative Vertragsinteresse und darüber hinaus beschränkt, finden sich ausdrückliche gesetzliche Bestimmungen; für den Betrug aber fehlt es an solchen Bestimmungen. Im Gegenteil ist für den Fall des arglistigen Verschweigens eines Fehlers im § 463 Satz 2 B.G.B. (vgl. die Motive zu § 385 des Entwurfs Bd. 2 S. 229) die auch hier aus dem Vertrage sich nicht ergebende Haftung nach Maßgabe des Vertrags (Ersatz des Erfüllungsinteresses) ausdrücklich vorgeschrieben. Daß der Gesetzgeber für die arglistige Täuschung durch positive Vorspiegelungen etwas anderes gewollt hätte, kann ihm nicht zugemutet werden.

Ist, wie oben erwähnt, der Betrogene nicht verpflichtet, den Vertrag wegen Betrugs aufzuheben, so kann ihm auch kein Vorwurf daraus gemacht, und kein Verlust des Schadensersatzanspruchs daraus hergeleitet werden, daß er trotz der Kenntnis des richtigen Sachverhalts die Auflassung entgegennimmt. Er hat das Recht, die Erfüllung des Vertrags zu verlangen, und der Schaden, der hierbei infolge des Betrugs in die Erscheinung tritt, ist eben auf diesen Betrug zurückzuführen. Insoweit in der Entscheidung Bd. 56 S. 51 hiervon abweichende Grundsätze, die nicht in der besonderen Lage des damaligen Falles ihre Rechtfertigung finden, gefunden werden könnten, sind diese in der späteren, oben angeführten Rechtsprechung des erkennenden Senats wieder aufgegeben worden und können demnach nicht aufrecht erhalten werden.

Da der Berufungsrichter die tatsächlichen Feststellungen des Landgerichts noch nicht geprüft hat, so war die Sache zur anderweiten Verhandlung und Entscheidung an das Berufungsgericht zurückzuverweisen." . . .

---

31. 1. Kann die im § 1571 Abs. 2 B.G.B. vorgesehene Aufforderung, entweder die häusliche Gemeinschaft herzustellen, oder die Scheidungsklage zu erheben, durch einen Vertreter erlassen werden?

2. Beeinflußt diese Aufforderung den Lauf der Klagefrist nur mit bezug auf solche Eheverfehlungen, die vor ihrem Erlaß begangen sind?

IV. Zivilsenat. Urt. v. 29. März 1906 i. S. S. (Bekl.) w. Ehefr. S. (Kl.). Rep. IV. 473/05.

I. Landgericht Breslau.
II. Oberlandesgericht daselbst.

Das Reichsgericht hat die erste Frage bejaht, die zweite verneint.

Aus den Gründen:

... „An erster Stelle handelt es sich um die Frage, ob die Aufforderung vom April 1903 überhaupt so beschaffen war, daß durch dieselbe gemäß § 1571 Abs. 2 Satz 2 zugunsten des Beklagten die Klagefrist von neuem — gleichviel für welche Verfehlungen — in Lauf gesetzt wurde. Denn im April 1903 hat nicht der Beklagte in eigener Person die Klägerin aufgefordert, zu ihm zurückzukehren oder auf Scheidung zu klagen; es ist das vielmehr nur in seinem Auftrage durch seine Mutter, Frau B. S., und durch seine Schwester D. S. geschehen. ... Nun kann zwar nicht verkannt werden, daß es sich bei einer solchen Aufforderung um ein Vorgehen des schuldigen Ehegatten handelt, dessen innerer Bedeutung es nicht zu entsprechen scheint, wenn die auf Beseitigung des ehelichen Zerwürfnisses oder auf Herbeiführung der Scheidung berechnete Erklärung durch einen Dritten abgegeben wird. Auch entsteht für das äußere Verhalten des die Erklärung empfangenden anderen Ehegatten eine Ungewißheit der Rechtslage, sofern wie hier der Vertreter es unterläßt, sich über die ihm erteilte besondere Ermächtigung, im Namen des schuldigen Ehegatten zu handeln, durch Vorlegung einer Vollmachtsurkunde auszuweisen. Allein in letzterer Beziehung gibt § 174 B.G.B. dem klageberechtigten Ehegatten ein Mittel an die Hand, durch das er der Ungewißheit auf der Stelle abzuhelfen vermag. Im übrigen bildet nach dem Rechte des Bürgerlichen Gesetzbuchs die Zulässigkeit der Vertretung die grundsätzliche Regel. Der bei der zweiten Lesung des Gesetzentwurfs gemachte Vorschlag, diese Regel für gewisse dem Familienrechte und dem Erbrecht angehörige Willenserklärungen, und darunter auch für solche, die sich auf eine Aufhebung familienrechtlicher Verhältnisse beziehen, durch eine allgemein gefaßte Vorschrift einzuschränken, hat keine Annahme gefunden (Antrag 2 Abs. 2 zu § 115 I. Entw., Protokolle S. 277 flg. Guttentagsche Ausgabe Bd. 1 S. 134 flg.). Die Fälle, in denen das Gesetz durch besondere Vorschriften eine Vertretung in familienrechtlichen Angelegenheiten als unzulässig ausgeschlossen hat (§§ 1307. 1317. 1336. 1337 Abs. 3. 1358 Abs. 3. 1595. 1598 Abs. 3. 1728. 1731. 1748 Abs. 2. 1750. 1755. 1770), lassen sich daher nicht verallgemeinern, sondern bilden bestimmt abgegrenzte Ausnahmen von der Gesetzesregel. Steht somit im gegebenen Falle fest, daß B. und O. S. auf Grund besonderer und ausdrücklicher Ermächtigung des Beklagten handelten, als sie in dessen Namen die Klägerin aufforderten, entweder die häusliche Gemeinschaft mit ihrem Manne herzustellen, oder gegen ihn auf Scheidung zu klagen, so ist es rechtlich zutreffend, daß der Berufungsrichter dieser Aufforderung die im § 1571 Abs. 2 Satz 2 vorgesehene Wirkung beilegt, die Klagefrist von neuem in Lauf gesetzt zu haben, und daß er mit Rücksicht hierauf den Verfehlungen des Beklagten in weitem Umfange die Bedeutung selbständiger Scheidungsgründe wegen Fristablaufs abspricht. Er ist sogar zum Nachteile des Beklagten hierin nicht weit genug gegangen.

Denn der Berufungsrichter irrt darin, daß eine ihrem Inhalt und ihrer weiteren Beschaffenheit nach den Anforderungen des § 1571 Abs. 2 Satz 2 entsprechende Aufforderung in ihrer Wirkung — wie er glaubt — nur auf eine Ausschließung schon bestehender Klagegründe hinführe, daß sie dagegen auf das Klagerecht wegen späterer Verfehlungen des schuldigen Ehegatten keinen Einfluß haben soll. Der eigentliche Zweck der Gesetzesvorschrift im § 1571 Abs. 2 Satz 2 besteht nicht darin, dem schuldigen Ehegatten ein Mittel darzubieten, vermöge dessen er das Klagerecht des von ihm getrennt lebenden anderen Ehegatten mit bezug auf einzelne seiner Verfehlungen zeitlich einzuschränken vermag, sondern das Gesetz will ihm die Möglichkeit gewähren, einem auf die Dauer unhaltbaren Zustande, der in einer Fortsetzung der Ehe ohne eheliche Lebensgemeinschaft besteht, ein Ende zu bereiten. Die Erklärung, welche er zu diesem Zweck an den anderen Teil zu richten hat, bedeutet eine Kundgebung des Willens, zwar die Scheidung hinzunehmen, falls dazu ein berechtigter Anlaß gegeben sei, nicht aber auch für alle Zeit ohne eheliche Gemeinschaft weiterzuleben. In diesem Sinne verstanden, muß die Aufforderung, entweder die häusliche Gemeinschaft herzustellen, oder die Klage zu erheben, sobald sie einmal erlassen ist, für alle Fälle genügen. Der Wortlaut des Gesetzes bietet keinen Anhalt für die Annahme, daß der Auffordernde nach jedem späteren Vorgange, von dem er zu gewärtigen hat, er könnte vielleicht als Scheidungsgrund gegen ihn Verwertung finden, seine Aufforderung wiederholen müßte, wenn anders die Klagefrist in Lauf kommen soll. Irgendein innerer

Grund besteht aber für eine derartige Gesetzesauslegung ebensowenig. Die Aufforderung setzt daher die klageerhaltende Wirkung des Getrenntlebens überhaupt außer Kraft." ...

32. Anwendung des § 278 B.G.B. auf Fälle, in denen die Verbindlichkeit in einem Unterlassen besteht.

VI. Zivilsenat. Urt. v. 29. März 1906 i. S. S. (Bekl.) w. B. & Co. (Kl.). Rep. VI. 276/05.

I. Landgericht Halle a. S.
II. Oberlandesgericht Naumburg a. S.

Der Beklagte hatte sich im Februar 1903 schriftlich verpflichtet, während der Dauer von fünf Jahren Sanatogen und Sanatogenpräparate nicht unter gewissen, von der Klägerin vorgeschriebenen Detailpreisen zu verkaufen, und diese Verpflichtung auch durch keinerlei sonstige Vergünstigungen zu umgehen; für jeden Fall der Zuwiderhandlung hatte er die Zahlung einer Konventionalstrafe von 100 *M* der Klägerin versprochen. Mit der Behauptung, daß er jener Verpflichtung dadurch zuwidergehandelt habe, daß er den Käufern von Sanatogen Rabattmarken verabreicht habe, forderte die Klägerin Zahlung der Konventionalstrafen. Das Oberlandesgericht erklärte diesen Anspruch dem Grunde nach für gerechtfertigt. Die Revision des Beklagten wurde zurückgewiesen, aus folgenden

Gründen:

„Das Berufungsgericht führt aus, daß nach der von den Parteien übereinstimmend geschilderten Einrichtung der Rabattsparvereine in der Verabreichung von Rabattmarken bei Verkauf von Sanatogen und Sanatogenpräparaten eine Zuwiderhandlung gegen die vom Beklagten der Klägerin gegenüber übernommene Verpflichtung liege. Diese, von der Revision lediglich zur Nachprüfung gestellte, Ausführung läßt einen Rechtsirrtum nicht erkennen. Es wird im Berufungsurteil weiter dargelegt, daß die Verwirkung der Vertragsstrafe ein Verschulden des Beklagten nicht voraussetze, da die von diesem geschuldete Leistung in einem Unterlassen bestehe; unerheblich sei, daß lediglich seine Angestellten ohne sein Wissen oder selbst gegen seine ausdrückliche Anordnung den Kunden Rabattmarken verabreicht hätten; denn für diese Zuwiderhandlungen habe er nach § 278 B.G.B. einzustehen. . . . Die Revision wendet sich hiergegen mit der Ausführung, die Angestellten des Beklagten seien keine Personen, deren er sich zur Erfüllung seiner Verbindlichkeit gegenüber der Klägerin bediene.

Dieser Angriff kann nicht für begründet erachtet werden. Es kann dabei dahingestellt bleiben, ob mit der in der Literatur herrschenden, auch vom V. Zivilsenate des Reichsgerichts (vgl. Entsch. des R.G.'s in Zivils. Bd. 55 S. 79) geteilten Ansicht der Satz 2 des § 339 B.G.B. dahin aufzufassen ist, daß, wenn die geschuldete Leistung in einem Unterlassen besteht, die Strafe mit der Zuwiderhandlung verwirkt ist ohne Rücksicht darauf, ob den Schuldner ein Verschulden trifft, oder ob nicht vielmehr jene Gesetzesvorschrift den Gläubiger nur vom Nachweise des Verschuldens befreit, dem Schuldner aber nachläßt, den Mangel eines solchen als Befreiungsgrund geltend zu machen und zu beweisen. Nach § 241 B.G.B. kann die Leistung, die der Gläubiger kraft eines Schuldverhältnisses zu fordern berechtigt ist, auch in einem Unterlassen bestehen. Die Erfüllung der Verpflichtung besteht hier darin, daß der Schuldner die Handlung, die er unterlassen soll, nicht vornimmt. Solange er diese Handlung nicht vornimmt, befindet er sich im Zustande der Erfüllung. Nun könnte man auf den ersten Anblick sagen, es sei undenkbar, daß er sich hierbei der Hilfe anderer Personen bedient, es komme hierbei vielmehr nur auf sein persönliches Tun und Lassen an. Das wird der Fall sein, wenn die verbotene Handlung nur vom Schuldner selbst vorgenommen werden kann, und daher auch nur eine Zuwiderhandlung des Schuldners selbst als unter das Verbot fallend von den Vertragschließenden gemeint sein kann. Im vorliegenden Falle kann aber ein Verkauf des Sanatogens unter den von der Klägerin festgesetzten Detailpreisen nicht bloß vom Beklagten selbst, sondern auch von denjenigen vorgenommen werden, die er mit dem Verkauf beauftragt hat, und daß auch ein solcher Verkauf durch das Verbot hat getroffen werden sollen, kann nicht zweifelhaft sein. Nun läßt sich schon sagen, daß der Beklagte, da er beim Verkauf des Sanatogens die der Klägerin gegenüber übernommene Verbindlichkeit zu erfüllen hat, eine andere Erfüllung überhaupt nicht denkbar ist, sich zur Erfüllung dieser Verbindlichkeit derjenigen Personen bedient, die er mit dem Verkauf beauftragt hat. Man könnte vielleicht aber den Zweifel aufwerfen, ob dies für den Fall zutrifft, daß er seinen Angestellten nicht untersagt haben sollte, den Abnehmern von Sanatogen Rabattmarken zu gewähren, und jene auf Grund der allgemeinen Übung in seinem Geschäfte es getan hätten. Solchenfalls würde § 278 schon deswegen nicht anwendbar sein, weil es an einem Verschulden der Angestellten fehlen würde; der Beklagte würde aber gleichwohl zur Zahlung der Strafe verpflichtet sein, weil dann der Fall so anzusehen ist, als ob er selbst — und zwar schuldhaft — die Zuwiderhandlung vorgenommen hätte. Es kann aber jedenfalls dann, wenn er seinen Angestellten die Gewährung von Rabattmarken beim Verkauf von Sanatogen ausdrücklich untersagt haben sollte, keinem Zweifel unterliegen, daß er sich jener zur Erfüllung der von ihm der Klägerin gegenüber übernommenen Verbindlichkeit bei dem Verkauf von Sanatogen bedient hat, und daß diese Angestellten, da sie seinem Verbot zuwidergehandelt haben, ein Verschulden trifft." ...

---

33. Ist § 323 Z.P.O. anwendbar, wenn eine Witwe, der durch ein im Gebiete des französischen Rechts ergangenes, vor dem 1. Januar 1900 rechtskräftig gewordenes Urteil eine lebenslängliche Rente als Schadensersatz wegen des Todes ihres Ehemannes gemäß Artt. 1382 flg. Code civil zuerkannt worden ist, nach dem 1. Januar 1900 sich wieder verheiratet?

II. Zivilsenat. Urt. v. 30. März 1906 i. S. Stadtgemeinde T. (Kl.) w. Ehefr. F. (Bekl.). Rep. II. 497/05.

I. Landgericht Trier.
II. Oberlandesgericht Köln.

Die Frage wurde verneint aus folgenden

Gründen:

„Durch rechtskräftiges Urteil des Landgerichts zu Trier vom 19. Mai 1897 wurde die gegenwärtige Klägerin verurteilt, der

Beklagten, Witwe M., — jetzigen Ehefrau F. — eine lebenslängliche Rente von monatlich 23,30 *M* zu zahlen. Die Verurteilung der Klägerin zur Zahlung dieser Rente ist unbedingt auf die Lebenszeit der Witwe M. erfolgt und enthält keine Beschränkung für den Fall der Wiederverheiratung. Deshalb hat das Berufungsgericht mit Recht angenommen, die gegenwärtige Klage müsse nach den zur Zeit jenes Urteils für die Tragweite der materiellen Rechtskraft maßgebenden Grundsätzen des Art. 1351 Code civil und des § 293 Z.P.O. a. F. an der Rechtskraft jenes Urteils scheitern, und hieran sei auch durch den § 323 Z.P.O. n. F. nichts geändert worden. Denn es handelt sich nach wie vor um die Frage des Ersatzes eines einheitlichen, unter der Herrschaft des Code civil entstandenen Schadens, der sowohl seinem Entstehungsgrunde als auch dem Gegenstande nach mit dem in dem Vorprozesse geltend gemachten identisch und in Ansehung der Dauer, für die Ersatz zu leisten ist, schon durch das rechtskräftige Urteil unbeschränkt auf die Lebenszeit der Witwe M. festgestellt ist. Der auf den Unterhaltsanspruch bezügliche Art. 209 Code civil ist als Ausnahmevorschrift einer analogen Anwendung auf den, von dem Unterhaltsanspruche seiner Natur nach verschiedenen, Anspruch auf Schadensersatz, der nach richterlichem Ermessen sowohl in Form eines Kapitals als auch einer Rente zuerkannt werden kann, nicht fähig. Dem § 323 Z.P.O. n. F. aber, als einer Vorschrift von materiellrechtlicher Natur, hat das Berufungsgericht zutreffend rückwirkende Kraft versagt. Zwar ist in der Rechtslehre die Meinung vertreten, der erste Absatz des § 323 setze für die dort bezeichneten Urteile überhaupt keinerlei Besonderheiten fest, er hebe vielmehr nur hervor, daß auch auf diese Urteile die allgemeinen Rechtskraftgrundsätze Anwendung zu finden hätten, der Inhalt der beiden ersten Absätze des § 323 sei unter der Herrschaft der Zivilprozeßordnung geltendes Recht, auch wenn sie nicht daständen.

Vgl. Schwartz, Billigkeitsurteil des § 829 B.G.B. S. 79 und 89.

Dieser Ansicht ist aber nicht beizutreten. Vielmehr stellt sich der § 323 als eine neue materiellrechtliche Vorschrift dar, die im Unterschiede von § 767 Z.P.O. beiden Parteien für den Fall einer Verurteilung zu künftig fällig werdenden wiederkehrenden Leistungen aus Billigkeitsrücksichten das Recht gewährt, im Wege der Klage eine

Änderung des Urteils zu verlangen, wenn die hierin festgestellten Grundlagen für die Höhe oder die Dauer der Leistungen nachträglich eine wesentliche Änderung erfahren. Die materiellrechtliche Natur des § 323 erhellt schon daraus, daß die Bestimmung sich zunächst im ersten Entwurf des Bürgerlichen Gesetzbuchs, und zwar im § 724 Abs. 6 (Entschädigung durch Rente wegen Tötung des Unterhaltsverpflichteten) und im § 1493 (familienrechtliche Unterhaltspflicht) fand, und die Kommission für die zweite Lesung Aufnahme der Vorschrift in die Zivilprozeßordnung als Ergänzung des § 293 a. F. beschloß. Als materiellrechtliche Vorschrift hat aber der § 323 mangels einer ausdrücklichen dahingehenden Vorschrift keine rückwirkende Kraft auf einen unter der Herrschaft des Code civil aus unerlaubter Handlung entstandenen Schadensersatzanspruch, über den bereits vor dem 1. Januar 1900 rechtskräftig entschieden worden ist."

---

34. 1. Kann nach früherem (gemeinem) Recht der vor dem 1. Januar 1900 in einem korrespektiven Testamente eingesetzte überlebende Ehegatte, welcher den Nachlaß des vorverstorbenen angetreten hat, seine in diesem Testamente enthaltene Verfügung nachträglich aufheben, wenn ihm ein gesetzlicher Enterbungsgrund zur Seite steht?

2. Ist auch das Vorhandensein eines solchen Enterbungsgrundes nach den früheren (landesrechtlichen) Vorschriften zu beurteilen?

III. Zivilsenat. Urt. v. 30. März 1906 i. S. M. u. Gen. (Kl.) w. M. (Bekl.). Rep. III. 370/05.

I. Landgericht Gotha.
II. Oberlandesgericht Jena.

Beide Fragen wurden vom Reichsgericht bejaht, aus nachstehenden, zugleich den Sachverhalt ergebenden

Gründen:

„Der jetzt allein in Frage stehende, auf gleichheitliche Verteilung des Nachlasses der Marie M. gerichtete Klaganspruch unter Ziff. 2

ist von den Klägern Max und Klara M. auf das gemeinschaftliche Testament des Joseph und der Marie M. vom 20. April 1867, worin dieselben sich gegenseitig auf den Nießbrauch und ihre drei Kinder Otto, Max und Klara M. der Substanz nach als Erben eingesetzt haben, sowie auf den weiteren Umstand gestützt worden, daß nach dem am 7. Mai 1892 erfolgten Tode des Joseph M. dessen Witwe Marie M., die Mutter der Streitteile, am 29. Juni 1892 seinen Nachlaß nach Maßgabe jenes Testaments angetreten hat. Zur Bestreitung dieses Klaganspruchs hat sich der Beklagte auf das anderweite Testament der Marie M. vom 27. August 1902 berufen, worin dieselbe die beiden Kläger, weil sie sich sowohl mündlich wie schriftlich in der ungebührlichsten Weise gegen sie benommen und ihre Mutter zum Verbot des weiteren Betretens ihrer Wohnung genötigt haben, auf den Pflichtteil gesetzt, im übrigen aber ihren Nachlaß ihrem Sohne Otto, dem Beklagten, hinterlassen hat.

Beide Vorinstanzen haben diesen Einwand des Beklagten für durchschlagend erachtet und demgemäß den erwähnten Klaganspruch abgewiesen. Die gegen die Entscheidung des Berufungsgerichts eingelegte Revision der Kläger war nur in einem, unten hervorzuhebenden Punkte für begründet zu erachten.

Nicht zu beanstanden ist zunächst die Auffassung der Vorinstanz, daß das gemeinschaftliche Testament der Eheleute M., in welchem jeder Ehegatte seine letztwillige Verfügung mit Rücksicht auf diejenige des anderen und in Abhängigkeit von derselben traf, als ein korrespektives anzusehen, und demgemäß die Witwe M., welche nach demselben den Nachlaß ihres Mannes antrat, nach den insoweit maßgebenden Bestimmungen des gemeinen Rechts an dasselbe gebunden gewesen sei. Letztere Annahme insbesondere steht im Einklang mit der ständigen Rechtsprechung des Reichsgerichts, wie sie z. B. in den Entsch. in Zivils. Bd. 6 S. 174, Bd. 41 S. 169 zum Ausdruck gekommen ist....

Auch darin ist der Vorinstanz beizutreten, daß die Witwe M., sofern ihr später gegenüber ihren Kindern Max und Klara M. ein gesetzlicher Enterbungsgrund erwuchs, befugt war, in ihrem Testamente vom 27. August 1902 von ihrer Verfügung in dem früheren gemeinschaftlichen Testamente abzuweichen, und den genannten Kindern das ihnen früher Zugewendete ganz oder — wie sie durch Einsetzung auf den Pflichtteil getan — teilweise zu entziehen.

Die Revision hat sich dem gegenüber auf die in der angeführten Entscheidung des Reichsgerichts (Bd. 6 S. 174) anerkannte Unwiderruflichkeit des korrespektiven Testaments nach erfolgtem Erbschaftsantritt berufen. Allein diese Bezugnahme reicht nicht aus, da es wesentlich auf die weitere Frage ankommt, ob diese Unwiderruflichkeit auch bei einem nachträglich eintretenden Enterbungsgrunde bestehen bleibt. Diese Frage ist zwar nach den jetzigen Vorschriften in den §§ 2271 Abs. 2, 2294 B.G.B. unbedenklich zu verneinen; allein mit Rücksicht auf die im Jahre 1887 erfolgte Errichtung des gemeinschaftlichen Testaments und den damals erfolgten Erbschaftsantritt der Witwe M. kommt für deren Bindung aus jenem Testament nach dem auch vom Berufungsgericht angezogenen Art. 214 Einf.-Ges. zum B.G.B. nicht das jetzige, sondern das im Jahre 1887 geltende Recht zur Anwendung. In dieser Beziehung ist allerdings für das Gebiet des preußischen Rechts, obwohl dasselbe, ebenso wie die gemeinrechtliche Rechtsprechung, die Gebundenheit aus einem gemeinschaftlichen Testamente bei hinzutretendem Erbschaftsantritt festsetzte (§ 492 A.L.R. II. 1), die Aufhebung dieser Gebundenheit im Falle eines später eingetretenen Enterbungsgrundes in Rechtsprechung und Rechtslehre anerkannt worden.

Vgl. Entsch. des R.G.'s in Zivils. Bd. 22 S. 276 und die daselbst angeführten Schriftsteller; vgl. auch Denkschrift zum Entwurfe des jetzigen § 2271 B.G.B. S. 433.

Für den vorliegenden Fall ist aber das frühere gemeine Recht maßgebend, und in diesem fehlt es an einem ausdrücklichen Zeugnisse für die Bejahung der oben aufgestellten Frage, wie solches für das preußische Recht in der erwähnten Entscheidung des Reichsgerichts enthalten ist. Vielmehr hat der jetzt erkennende Senat für Erbverträge sogar die Unzulässigkeit des Widerrufes aus einem der in Novelle 115 aufgestellten Enterbungsgründe angenommen (vgl. Entsch. des R.G.'s Bd. 47 S. 237).

Allein dieser Grundsatz läßt sich nicht auch auf gemeinschaftliche Testamente ausdehnen, welche sich nicht, wie der Erbvertrag, von vornherein als eine einheitliche Verfügung, sondern als zwei verschiedene Verfügungen darstellen und demgemäß auch in der Folge von verschiedenartigen Zufällen betroffen werden können. Derartige nachträgliche Vorgänge aber können bei den gemeinschaftlichen Testamenten, sofern damit dem überlebenden Mittestator ein Enterbungsgrund an die Hand gegeben wird, in der Tat die Befugnis für ihn begründen, seine in dem gemeinschaftlichen Testamente enthaltene Verfügung aufzuheben und durch eine andere zu ersetzen. Diese Befugnis läßt sich nicht, wie das Berufungsgericht ausführt, lediglich aus Billigkeitsgründen, sondern vor allem aus der mutmaßlichen Willensmeinung der beiden Errichter eines gemeinschaftlichen Testaments herleiten. Auf dieser Willensmeinung, wie sie sich in der gemeinsamen Verfügung und in dem nachträglichen Erbschaftsantritt des Überlebenden äußert, beruht zunächst die bindende Kraft des gemeinschaftlichen Testaments für den Überlebenden, immerhin jedoch nur unter der Voraussetzung der Fortdauer der zur Zeit der Testamentserrichtung und des Erbschaftsantritts bestehenden Sachlage, so daß es ihm insoweit nicht gestattet ist, willkürlich von dem gemeinschaftlichen Testamente abzugehen (vgl. die angeführte Entsch. Bd. 22 S. 277). Dagegen läßt sich jene mutmaßliche Willensmeinung in der Regel und namentlich auch im vorliegenden Falle nicht so weit erstrecken, daß der Überlebende auch dann noch gebunden ist, wenn nachträglich Umstände eintreten, welche für ihn einen gesetzlichen Grund zur Aufhebung einer jeden von ihm errichteten letztwilligen Verfügung, insbesondere zur gänzlichen oder teilweisen Ausschließung der darin eingesetzten Erben, abgeben würden. Vielmehr ist alsdann die Geltendmachung solcher Aufhebungsgründe als dem Willen der beiden Testamentserrichter entsprechend anzusehen, wie ja überhaupt die bindende Kraft gemeinschaftlicher Testamente keine unbedingte ist, vielmehr, auch abgesehen von dem Willen der Errichter, durch später eintretende äußere Ereignisse, wie z. B. durch die nachträgliche Geburt von Noterben des überlebenden Ehegatten, beseitigt werden kann.

Vgl. Dernburg, Pandekten Bd. 3 § 97 a. E.; Entsch. des R.G.'s in Zivils. Bd. 62 S. 14.

So erscheint namentlich im gegenwärtigen Falle die Befugnis der Witwe M., ihre frühere Verfügung von 1887 durch die spätere von 1902 zu ersetzen, dann begründet, wenn ihr, wie der Beklagte geltend macht, in den Jahren 1901 und 1902 durch das ungebührliche Verhalten der Kläger ein gesetzlicher Enterbungsgrund an die

Hand gegeben und von ihr in der vorgeschriebenen Form zum Ausdruck gebracht wurde.

In diesem letzten Punkte hat zwar das Berufungsgericht in unanfechtbarer Auslegung und Beweiswürdigung angenommen, daß die Mutter der Streitteile mit dem im § 3 ihres Testaments vom 27. August 1902 erwähnten „ungebührlichsten Verhalten" des Max und der Klara M. die ihr von denselben durch den Vorwurf der Blutschande zugefügte schwere Beleidigung gemeint habe, und daß solche auch erwiesen sei. Der auf ungenügende Angabe des Enterbungsgrundes gestützte Revisionsangriff kann daher nicht als zutreffend angesehen werden. Rechtsirrtümlich hat dagegen das genannte Gericht für die Frage, ob eine derartige schwere Beleidigung einen gesetzlichen Enterbungsgrund bilde und demgemäß das Abgehen von der in dem gemeinschaftlichen Testament enthaltenen Verfügung der Witwe M. rechtfertige, das Bürgerliche Gesetzbuch und insbesondere den § 2333 desselben für anwendbar erklärt.

Diese Frage hängt mit der Frage, ob eine Bindung der Mutter der Streitteile an das gemeinschaftliche Testament von 1887 anzunehmen, oder ob und unter welchen Voraussetzungen ein Widerruf desselben zulässig sei, innig zusammen und ist daher gemäß Art. 214 Einf.-Ges. nach dem früheren Rechte zu beurteilen.

Vgl. Planck, B.G.B. Bd. 6 Art. 214 Bem. 4 d β.

Es war daher die angefochtene Entscheidung aufzuheben, und, da die Berücksichtigung einer schweren Beleidigung, wie der hier vorliegenden, als eines gesetzlichen Enterbungsgrundes von den vor Eintritt des Bürgerlichen Gesetzbuchs im Herzogtum Gotha gültig gewesenen irrevisibeln erbrechtlichen Vorschriften abhängt, nach § 565 Abs. 4 Z.P.O. die Sache zur anderweiten Verhandlung und Entscheidung an das Berufungsgericht zurückzuverweisen."

35. Gehört der Schalterdienst bei der Fahrkartenausgabe der Eisenbahn zu dem „gesamten Betrieb" der Eisenbahnverwaltung?

Preuß. Beamtenfürsorgegesetz vom 18. Juni 1887 § 1.

Gewerbe-Unfallversicherungsgesetz vom $\frac{30.\ \text{Juni}}{5.\ \text{Juli}}$ 1900 § 1 Nr. 3.

III. Zivilsenat. Urt. v. 31. März 1905 i. S. preuß. Eisenbahnfiskus (Bekl.) w. W. (Kl.). Rep. III. 398/04.

I. Landgericht Hannover.
II. Oberlandesgericht Celle.

Der Kläger stand seit dem Jahre 1880 im Dienst der preußischen Eisenbahnverwaltung und wurde am 12. Mai 1893 als Stationsassistent etatsmäßig auf Kündigung angestellt. Als solcher hatte er Schalterdienst bei der Fahrkartenausgabe in Bremen zu versehen. Bei Ausübung dieses Dienstes zog er sich am 29. Dezember 1900 dadurch eine Verletzung zu, daß er von einer abgeschrägten Fußbank fiel, die er auf Anweisung seiner Vorgesetzten beim Herunterholen der in den oberen Gefächern liegenden Fahrkarten benutzte. Am 2. November 1901 wurde ihm, weil er sich weigerte, den Dienst anzutreten, wegen Gehorsamsverweigerung das Dienstverhältnis gekündigt. Er verlangte vom Beklagten Ersatz der Kurkosten, Weiterzahlung seines vollen Gehaltes, eventuell Zahlung einer Pension auf Grund des Beamtenfürsorgegesetzes. Das Gericht der ersten Instanz hat eine Minderung der Erwerbsfähigkeit des Klägers um 30 Prozent als erwiesen angenommen und den Beklagten zur Zahlung der Kurkosten in Höhe von 89,45 *M*, ferner auf Grund des genannten Gesetzes vom 18. Juni 1887 zur Zahlung einer jährlichen Pension von 528 *M* — vom 1. Februar 1902 an — verurteilt, die weitergehenden Ansprüche des Klägers abgewiesen.

Das Berufungsgericht wies durch Urteil vom 27. Juni 1904 die Berufung beider Parteien zurück.

Die Revision des Beklagten wurde zurückgewiesen, aus folgenden

Gründen:

„Der Anspruch des Klägers, soweit er vom Berufungsgericht anerkannt worden ist, gründet sich auf den § 1 des Gesetzes vom 18. Juni 1887, wonach unmittelbare Staatsbeamte, welche in reichsgesetzlich der Unfallversicherung unterliegenden Betrieben beschäftigt sind, Pension erhalten, wenn sie infolge eines im Dienst erlittenen Betriebsunfalls in ihrer Erwerbsfähigkeit beeinträchtigt worden sind. Daß der Kläger unmittelbarer Staatsbeamter war, wird vom Beklagten nicht bestritten. Es steht auch fest, daß derselbe den Unfall am 29. Dezember 1900, infolgedessen seine Erwerbsfähigkeit um 30 Prozent gemindert ist, im Dienst erlitten hat. Streit besteht nur darüber, ob der Kläger als Schalterbeamter bei der Fahrkartenausgabe in einem reichsgesetzlich der Unfallversicherung unterliegenden Betriebe beschäftigt war, und der Unfall als ein Betriebsunfall anzusehen ist. Nach § 1 Ziff. 3 des Gewerbe-Unfallversicherungsgesetzes in der durch das Gesetz vom 30. Juni 1900 (R.G.Bl. S. 335) gegebenen Fassung (R.G.Bl. S. 347 u. 585) unterliegt der Unfallversicherung der gesamte Betrieb der Post-, Telegraphen- und Eisenbahnverwaltungen. Es fragt sich also, ob der Schalterdienst bei der Fahrkartenausgabe der Eisenbahn zu dem „gesamten Betrieb der Eisenbahnverwaltung" gehört. Das Berufungsgericht bejaht diese Frage. Zwar sei seitens der verbündeten Regierungen bei Beratung des Gesetzes erklärt worden, daß der Begriff „der gesamte Betrieb" enger zu ziehen sei, und bei der Postverwaltung nicht diejenigen Beamten durch die Unfallfürsorge getroffen werden sollten, welche lediglich in den Bureaus der Postanstalten zu fungieren haben (vgl. Stenogr. Berichte des Reichstags, Session 1884/85 S. 2466). Aber abgesehen davon, daß die Tätigkeit der Schalterbeamten der Eisenbahn — die (namentlich an einer lebhaften Station, wie Bremen) öfters fortwährend in Bewegung sein müßten — mit derjenigen der Schalterbeamten der Post, die meistens im Sitzen ihren Dienst verrichten, hinsichtlich ihrer Gefährlichkeit nicht auf eine Stufe gestellt werden dürfe, sei auch jene Erklärung über die engere Auslegung nicht unwidersprochen geblieben (vgl. die Reden des Abgeordneten Schrader a. a. O.) und habe auch im Gesetz keinen Ausdruck gefunden. In Theorie und Praxis sei aber allgemein anerkannt, daß die gesamten Versicherungsgesetze eher extensiv auszulegen seien (vgl. Entsch. des R.G.'s in Zivils. Bd. 54 S. 192). Unter dem „gesamten Betrieb" sei daher das „gesamte Geschäft" der Eisenbahnverwaltungen zu verstehen ohne weitere Unterscheidung von Betrieb mit oder ohne besondere Gefahren (vgl. Entsch. des Reichsversicherungsamtes vom 10. Juli 1897; Deutsche Juristenzeitung 1898 S. 22; Entsch. des R.G.'s in Zivils. Bd. 27 S. 31 flg.).

Die Revision hält die Auslegung der Bestimmung des § 1 Nr. 3 des Gewerbe-Unfallversicherungsgesetzes — „im gesamten Betriebe der Eisenbahnverwaltungen" — für zu weit gehend. Die Worte „gesamter Betrieb" hätten nur einen Zweifel darüber ausschließen sollen, daß auch die sog. Nebenbetriebe, z. B. Wasserstationen, Lichtanlagen, Magazine und Werkstätten unter den Begriff des Eisenbahnbetriebes fallen. Eine Ausdehnung des Begriffes über das Maß des Betriebes im eigentlichen Sinne habe das Gesetz nicht gewollt. Hiermit stimme die vom Berufungsgericht unzutreffend für seine Ansicht angeführte Entscheidung des Reichsgerichts Bd. 27 S. 31 überein. Der Schalterdienst gehöre zu der gefahrlosen Beschäftigung in den Bureaus. Hierfür spreche, daß in der Kommissionsberatung der Antrag, „Arbeiter und Betriebsbeamte, welche „im Dienste" der Post-, Telegraphen- und Eisenbahnverwaltungen stehen", der Versicherung zu unterwerfen, abgelehnt sei (vgl. Bericht der XIII. Kommission Aktenstück Nr. 238 der Anlagen zu den Verhandlungen des Reichstags, insbesondere S. 1070, und Stenographische Berichte der 90. Sitzung vom 1. Mai 1885 S. 2466 Abs. 3); der Beschluß der Kommission sei so, wie gefaßt und gewollt, Gesetz geworden.

Die Revision kann nicht für begründet erachtet werden.

Zwar geht das Berufungsgericht zu weit, wenn es den „gesamten Betrieb" mit dem „gesamten Geschäft" der Eisenbahnverwaltung identifiziert ohne weitere Unterscheidung von Betrieb mit oder ohne besondere Gefahren; denn es könnte immerhin — was hier dahingestellt bleiben kann — die Auffassung berechtigt erscheinen, daß die gefahrlose Beschäftigung in den Bureaus zum Eisenbahnbetrieb, auch wenn man ihn im weitesten Sinne auffaßt, hierzu nicht zu rechnen sei, wie in der Begründung des Entwurfs zum Gesetz vom 28. Mai 1885, betreffend die Ausdehnung der Unfall- und Krankenversicherung, (R.G.Bl. S. 159) hervorgehoben worden ist (vgl. Nr. 77 der Drucksachen des Deutschen Reichstags; Stenogr. Berichte VI. Legislaturperiode 1. Session 1884/85 Bd. 5 S. 249 flg.), und daß das Bureaupersonal der Post einschließlich der Beamten am Schalter, soweit diese Personen nicht im technischen Betriebe beschäftigt sind, nicht unter das Gesetz falle (vgl. Bericht der XIII. Kommission Nr. 238 der Drucksachen, Stenographische Berichte Bd. 6 S. 1068 flg. und Stenographische Berichte Bd. 4 S. 2465 flg.). Indessen kann diesen in der Begründung des Entwurfs enthaltenen und bei den Kommissionsverhandlungen hervorgetretenen Meinungsäußerungen eine entscheidende Bedeutung für die Auslegung des Gesetzes nicht beigemessen, und der Revision nicht zugegeben werden, daß das Gesetz der in den Kommissionsverhandlungen zur Geltung gekommenen Auffassung entsprechend in einschränkendem Sinne ausgelegt werden müsse. Die Revision erkennt an, daß unter Eisenbahnbetrieb im Sinne des Gesetzes nicht nur das Bewegen von Fahrzeugen auf Eisenschienen zu verstehen ist, sondern daß auch die sog. Nebenbetriebe unter den Begriff des Eisenbahnbetriebes fallen. Das Urteil des VI. Zivilsenats vom 10. November 1890 (vgl. Entsch. des R.G.'s in Zivils. Bd. 27 S. 31 flg.), auf welches die Revision Bezug nimmt, steht der Annahme des Berufungsgerichts, daß auch der Schalterbeamte der Eisenbahn zu den im Betriebe der Eisenbahn beschäftigten Personen zu zählen sei, nicht entgegen. In diesem Urteil wird ausgesprochen, daß es sich bei dem „gesamten Betrieb der Eisenbahnverwaltungen" nicht nur um den eigentlichen Bahnbetrieb im engeren Sinne, sondern um alle Betriebe und technischen Verrichtungen handele, welche mit dem Eisenbahndienste zusammenhängen und zu diesem Betriebe als solchem gehören, und daß im Sinne des § 1 Abs. 1 des Unfallversicherungsgesetzes der Betrieb nicht nur die Summe aller derjenigen Tätigkeiten umfaßt, welche den Zwecken des Betriebes unmittelbar dienen, sondern auch jene, welche die Zwecke des Betriebes mittelbar fördern (vgl. auch Entsch. des R.G.'s in Zivils. Bd. 24 S. 124). Hiernach sind auch solche Tätigkeiten, welche die Beförderung von Personen durch die Eisenbahn vorbereiten und somit den Personentransport der Eisenbahn mittelbar fördern, wie die Abfertigung und Überführung des Gepäckes zu den Zügen (vgl. Handbuch der Unfallversicherung 24. Aufl. 1897 S. 469 Nr. 14, S. 470 Nr. 14b), die Ausgabe der Fahrkarten am Eisenbahnschalter, zum gesamten Betriebe der Eisenbahn zu rechnen. Zutreffend führt das Berufungsgericht aus, daß die Tätigkeit des Schalterbeamten der Eisenbahn mit derjenigen der Schalterbeamten der Post hinsichtlich ihrer Gefährlichkeit nicht auf eine Stufe gestellt werden dürfe. Der Dienst des Schalterbeamten der Eisenbahn unterliegt vermöge der Eile, mit der die Fahrkartenausgabe an das andrängende Publikum in einer meist kurz bemessenen Zeit geschehen muß, und vermöge der Unruhe und Aufregung, von der das Publikum erfahrungsmäßig häufig ergriffen wird, und die sich auf den Schalterbeamten leicht überträgt, besonderen Gefahren, die mit dem Betriebe der Eisenbahn im Zusammenhang stehen. Hat hiernach das Berufungsgericht ohne Rechtsirrtum angenommen, daß der Schalterdienst der Eisenbahn zu dem gesamten Betrieb der Eisenbahn im Sinne des Gewerbe-Unfallversicherungsgesetzes zu rechnen ist, so besteht kein rechtliches Bedenken gegen die weitere Feststellung desselben, daß der Unfall, von dem der Kläger am 29. Dezember 1900 betroffen wurde, als Betriebsunfall anzusehen, und der ursächliche Zusammenhang des Unfalles mit dem Betriebe selbst und dessen Gefahren gegeben sei."

---

36. 1. Fortdauernde Geltung des § 43 A.L.R. I. 22 für nicht eingetragene Grundgerechtigkeiten.
2. Begründet der Vertrag, wodurch ein dingliches Untersagungsrecht bestellt wird, für den Besteller der Grundgerechtigkeit auch eine fortdauernde persönliche Verpflichtung?

A.L.R. I. 22 §§ 13. 43.
Einf.-Ges. zum B.G.B. Artt. 189 Abs. 3. 115. 218.
Preuß. Ausf.-Ges. zum B.G.B. Art. 89 Ziff. 1b.

V. Zivilsenat. Urt. v. 31. März 1906 i. S. T. (Bekl.) w. R. (Kl.).
Rep. V. 421/05.

I. Landgericht Stettin.
II. Oberlandesgericht daselbst.

Die Parteien, die Eigentümer zweier angrenzenden, am Meeresstrande in H. gelegenen Grundstücke sind, hatten im Jahre 1895 einen schriftlichen Vertrag geschlossen, wonach die Beklagte die Erlaubnis erhielt, auf der gemeinschaftlichen Grenze, im Anschluß an ein bereits vorhandenes Gebäude, eine massive Mauer bis zu einer Entfernung von $3\frac{1}{2}$ m von der Strandböschung zu errichten, gleichzeitig aber auch die Verpflichtung übernahm, die Mauer nicht näher als $3\frac{1}{2}$ m an die Böschung heranzubauen, und jede durch den Druck der aufzuführenden Mauer an der Böschung oder dem Bollwerk des klägerischen Grundstücks entstehende Beschädigung beseitigen zu lassen.

In der Zeit vom 15. März bis Anfang Juni 1902 baute die Beklagte auf ihrem Grundstück nach der See zu eine Halle und verlängerte dabei die im Vertrage von 1895 gestattete Grenzmauer bis an die Böschung und darüber hinaus. Dadurch fühlte sich die

Klägerin verletzt, weil ihr, abgesehen von der Gefährdung der Böschung, die Aussicht nach dem Meeresstrand in der Richtung des Langenberges verbaut war. Sie war der Ansicht, daß die Beklagte nach dem Vertrage von 1895 in der ganzen Breite ihres Grundstücks mit dem Hallenbau $3^1/_2$ m von der Böschung hätte fernbleiben, jedenfalls aber mit der Grenzmauer den durch eine Polizeiverordnung vom 29. April 1901 vorgeschriebenen Abstand von 2 m von der Grenze hätte einhalten müssen. Die Klägerin klagte, nachdem sie am 7. Juni 1902 schriftlichen Einspruch erhoben hatte, mit dem Antrage, die Beklagte zu verurteilen, die an der Grenze errichtete Mauer der neuen Halle, soweit sie näher als $3^1/_2$ m an die Strandböschung herankommt, abzureißen.

Das Landgericht erkannte nach diesem Antrage, das Oberlandesgericht wies die Berufung der Beklagten zurück. Auf die Revision der Beklagten wurde das Berufungsurteil aufgehoben, und die Sache an das Berufungsgericht zurückverwiesen, aus folgenden

Gründen:

„Die Beklagte hatte eingewendet, der Vertrag von 1895 habe sich nur auf die damals zu errichtende Mauer, nicht aber auf spätere Bauten bezogen, und das Recht des Widerspruchs gegen die Überschreitung der gesetzlichen (polizeilichen) Baubeschränkungen habe die Klägerin eingebüßt (§§ 139 flg. 191 A.L.R. I. 8, § 43 I. 22), weil sie nicht alsbald gegen den Neubau eingeschritten sei. Ihr Sohn, der zur Führung aller ihrer Geschäfte Vollmacht gehabt habe, sei im April 1902 in H. gewesen und habe die damals bereits im Bau begriffene Mauer gesehen, auch der Klägerin Mitteilung gemacht.

Der Berufungsrichter hat die Richtigkeit dieser, von der Klägerin bestrittenen, Behauptung dahingestellt gelassen. Er nimmt an, daß der Vertrag von 1895 eine Grundgerechtigkeit zugunsten des klägerischen Grundstücks begründet, und so der Beklagten die dauernde Verpflichtung auferlegt habe, die Weiterführung der Mauer bis zur Böschung zu unterlassen, daß aber diese Grundgerechtigkeit auch im Falle der Richtigkeit jener Tatsache nicht erloschen sei, weil § 43 A.L.R. I. 22 durch Art. 89 Ziff. 1b preuß. Ausf.-Ges. zum B.G.B. ausdrücklich aufgehoben, und in der Unterlassung des sofortigen Widerspruchs ein Verzicht oder ein Einverständnis der Klägerin nicht zu finden sei.

Diese Ausführungen werden von der Revision mit Recht angegriffen. Die Auslegung des Vertrags entzieht sich allerdings der Nachprüfung in der Revisionsinstanz, weil ein Rechtsirrtum dabei nicht ersichtlich ist. Geht man aber mit dem Berufungsrichter von der Annahme aus, daß der Vertrag dem Grundstücke der Beklagten eine Grundgerechtigkeit auferlegt habe, so sind auch, da diese unstreitig nicht zur Eintragung gelangt ist, nach Art. 189 Abs. 3 Einf.-Ges. zum B.G.B. für die Aufhebung der unter früherem Recht entstandenen Grundgerechtigkeit die früheren Gesetze maßgebend. Nach Art. 218 Einf.-Ges. hätten zwar diese früheren Vorschriften durch Landesgesetz geändert werden können; eine einfache Aufhebung aber war schon deshalb nicht möglich, weil es dann an Vorschriften für das Erlöschen nicht eingetragener Grundgerechtigkeiten gefehlt hätte. Eine solche Aufhebung ist denn auch in dem von dem Berufungsrichter angezogenen Art. 89 Ziff. 1 b preuß. Ausf.-Ges. zum B.G.B. nicht ausgesprochen worden; denn die Aufhebung, von der dort die Rede ist, bezieht sich nach dem Eingang des Art. 89 a. a. O. nicht auf die Übergangsvorschriften, zu denen Art. 189 Einf.-Ges. gehört. Sie ist ausdrücklich „unbeschadet der Übergangsvorschriften" erfolgt. Auffällig könnte es allerdings auf den ersten Blick erscheinen, und dieser Umstand mag den Berufungsrichter irre geführt haben, daß im Art. 89 die auf Grundgerechtigkeiten bezüglichen Vorschriften der §§ 55—242 A.L.R. I. 22 ausdrücklich aufrecht erhalten worden sind. Dies hat aber mit den Übergangsvorschriften als solchen nichts zu tun. Denn jene von der Aufhebung ausgenommenen Vorschriften bestimmen den Inhalt und das Maß der dort erörterten Grundgerechtigkeiten näher und sollen deshalb nach dem Vorbehalt im Art. 115 Einf.-Ges. zum B.G.B. auch für die Grundgerechtigkeiten des neuen Rechts bestehen bleiben (Motive zum preuß. Ausf.-Ges. S. 236; Habicht S. 417 Anm. 3).

Die Fortdauer des § 43 A.L.R. I. 22 für die nicht eingetragenen Grundgerechtigkeiten alten Rechts kann hiernach keinem Zweifel unterliegen.

Vgl. auch Dernburg, Bürgerl. Recht Bd. 3 § 172 S. 515 flg.; Turnau u. Förster, Liegenschaftsrecht, 2. Aufl. Bd. 1 S. 428. Danach aber erlöschen Grundgerechtigkeiten „durch stillschweigende Einwilligung, wenn der Berechtigte wissentlich geschehen läßt, daß in der verpflichteten Sache Anstalten und Einrichtungen getroffen werden, die die Ausübung seines Rechts geradezu unmöglich machen". Die Einwilligung folgt aus dem wissentlichen Geschehenlassen; auf den Umstand, ob der Berechtigte den Verzichtswillen wirklich gehabt hat, kommt es nicht an (vgl. Entsch. des R.G.'s in Zivils. Bd. 52 S. 79 und die dort angeführte ältere Rechtsprechung, an der festzuhalten ist). Demnach sind die von der Beklagten in der Berufungsinstanz unter Beweis gestellten Tatsachen erheblich, und es mußte behufs Erörterung dieser Tatsachen das Berufungsurteil aufgehoben werden.

Zwar hat die Klägerin die Entscheidung des Berufungsrichters damit zu rechtfertigen versucht, daß sie aus dem Vertrage vom Jahre 1895 nicht sowohl eine Grundgerechtigkeit, als vielmehr einen persönlichen Anspruch gegen die Beklagten herzuleiten versucht und geltend gemacht hat, für das Erlöschen dieses persönlichen Rechts seien nicht die oben erörterten Vorschriften, sondern die Vorschriften über obligatorische Rechte maßgebend; diese erforderten einen rechtsgültigen Verzicht, und ein solcher Verzicht liege nach der Feststellung des Berufungsrichters nicht vor. Nun mag es richtig sein, daß die Klage sich auch als Geltendmachung eines persönlichen Anspruchs hätte auffassen lassen, die Ausführungen der Klägerin scheitern aber an der Auslegung des Vorderrichters. Der Berufungsrichter hat, wie bereits erwähnt, ohne Rechtsirrtum festgestellt, daß durch den Vertrag von 1895 eine Grundgerechtigkeit begründet worden ist (§ 13 A.L.R. I. 22). Dagegen ist umsoweniger anzukämpfen, als der § 1 des Vertrages als Vertragschließende ausdrücklich die eingetragenen Eigentümer der beiden in Betracht kommenden Grundstücke bezeichnet. War aber eine Grundgerechtigkeit begründet, so erschöpfte sich damit der Inhalt des Vertrags, und es kann nicht die Rede davon sein, daß etwa daneben noch eine persönliche Verbindlichkeit der Eigentümerin des dienenden Grundstücks begründet werden sollte. Ob dies bei einem Vertrage, durch den eine Grundgerechtigkeit bestellt wird, überhaupt möglich und denkbar ist, braucht hierbei nicht erörtert zu werden; denn es bedürfte dazu jedenfalls einer ausdrücklichen und zweifelsfreien Vereinbarung, die hier nicht vorliegt." . . .

37. Anforderungen an den Gläubigerausschuß in bezug auf die Überwachung der Geschäftsführung, insbesondere der Kassenverwaltung, des Konkursverwalters.

K.O. § 88.

VI. Zivilsenat. Urt. v. 2. April 1906 i. S. G. u. Gen. (Bekl.) w. B. Konkursverw. (Kl.). Rep. VI. 283/05.

I. Landgericht I Berlin.
II. Kammergericht daselbst.

Am 3. August 1901 wurde über das Vermögen des Kaufmanns B. in S. Konkurs eröffnet, und der Kaufmann H. zum Verwalter bestellt. Die erste, am 3. September 1901 abgehaltene Gläubigerversammlung bestätigte den H. als Verwalter; sie wählte die Beklagten zu Mitgliedern des Gläubigerausschusses und bestimmte, daß die eingehenden Gelder bei der Deutschen Bank in Berlin hinterlegt werden sollten.

Der Verwalter kam dieser Anordnung nicht nach, unterschlug vielmehr zur Konkursmasse gehörige Gelder im Betrage von mehr als 20000 ℳ. Der an Stelle des H. bestellte Konkursverwalter verlangte von den Beklagten, unter der Behauptung, daß sie die ihnen bezüglich der Überwachung des H. obliegenden Pflichten grob vernachlässigt hätten, für die Konkursmasse Schadensersatz zunächst in Höhe von 1600 ℳ. Das Landgericht wies die Klage ab, weil es keinen Kausalzusammenhang zwischen der Pflichtverletzung der Beklagten und dem eingetretenen Schaden annahm; dagegen erklärte das Berufungsgericht den Klaganspruch dem Grunde nach für berechtigt. Die Revision der Beklagten blieb erfolglos.

Gründe:

„Nach den Feststellungen des Berufungsgerichts, gegen die insoweit Angriffe nicht erhoben worden sind, und Bedenken nicht vorliegen, ergibt sich zunächst folgender Sachverhalt.

Noch am 3. September 1901 sind die Beklagten mit dem Konkursverwalter H. zu einer Beratung zusammengetreten; es wurde beschlossen, daß H. das Geschäft des Gemeinschuldners unter dessen Mitwirkung fortführen, sich aber bemühen solle, einen Käufer zu finden, der das Geschäft als ganzes erwürbe. Bereits am 10. September lud H. die Mitglieder des Gläubigerausschusses für den

12. September zu einer Besprechung wegen eines ihm von dem Kaufmann Bl. gemachten Angebots ein. In dieser wurde der Preis, der gefordert werden solle, bestimmt, und H. angewiesen, von Bl. eine Kaution von 3000 *M* zu fordern. Der Verkauf des Geschäftes kam kurz danach in der Weise zustande, daß an Stelle von Bl. auf dessen Vorschlag der Kaufmann K. das Geschäft des Gemeinschuldners um 22153,29 *M* erwarb. K. erhielt das Kaufobjekt am 18. September 1901 von H. übergeben, und dieser empfing dagegen bar den vollen Kaufpreis.

H. hatte schon in der Zeit vor der Gläubigerversammlung vom 3. September 1901 mehr als 2000 *M* für die Konkursmasse vereinnahmt, und in der Zeit bis zum 18. September weitere Beträge von annähernd 1100 *M*. Er hat von diesen Summen nichts zur Deutschen Bank gebracht; ebensowenig hat er dies bezüglich der ihm am 18. September gezahlten 22153,29 *M* getan, diese Summe vielmehr noch an dem Tage, wo er sie empfangen, rechtswidrig für sich verwendet.

Diese Unterschlagung ist erst nach geraumer Zeit entdeckt worden, nämlich erst als ein vom Gemeinschuldner angebotener Zwangsvergleich im Mai 1902 gerichtliche Bestätigung fand. Als dies geschehen war, wurde H. flüchtig. Aus den von ihm zurückgelassenen Papieren ergab sich, daß er sich zwar über die Verwaltung des B.'schen Konkurses verschiedene Aufzeichnungen gemacht, ordentliche Bücher über Einnahmen und Ausgaben aber nicht geführt hatte. H., der sich später selbst gestellt hat und zu längerer Gefängnisstrafe verurteilt worden ist, besitzt kein Vermögen, aus dem Ersatz der von ihm unterschlagenen Gelder erlangt werden könnte.

Die Beklagten haben in der ganzen Zeit von ihrer Bestellung zu Mitgliedern des Gläubigerausschusses an bis zur Flucht des H. niemals dessen Bücher und Akten eingesehen, nie seine Kasse revidiert, sich niemals darum gekümmert, ob er die vereinnahmten Gelder bei der Deutschen Bank hinterlegt habe, auch keine Anordnungen darüber getroffen, wie und wie oft ihnen H. Bericht zu erstatten habe.

Auf Grund dieses Tatbestandes hat das Berufungsgericht ausgesprochen, daß die Beklagten in grob fahrlässiger Weise die ihnen als Mitgliedern des Gläubigerausschusses obliegenden Pflichten vernachlässigt hätten; es hat aber auch, abweichend von der ersten

Instanz, angenommen, daß durch das schuldhafte Verhalten der Beklagten die von dem Kläger verwaltete Konkursmasse geschädigt worden sei, indem zwischen diesem Verhalten und den Unterschlagungen des H. ein ursächlicher Zusammenhang bestehe. Es hat insoweit folgendes ausgeführt.

Die Beklagten hätten bei Anwendung der durch die von ihnen übernommene Stellung gebotenen Sorgfalt vor allem alsbald nach ihrer Erwählung, also am 3. September 1901 oder an einem der nächstfolgenden Tage, von den Büchern und sonstigen Schriften des Konkursverwalters Einsicht nehmen und seine Kasse unter Feststellung des Sollbetrags und des vorhandenen Bestandes prüfen müssen, um sich ein Urteil über seine bisherige Geschäftsführung zu bilden und eine Unterlage für die von ihnen zu treffenden Anordnungen zu gewinnen. Hätten sie das getan und dadurch für H. die Überzeugung begründet, daß er einer wirksamen Beaufsichtigung seiner Geschäftsführung als Konkursverwalter gewärtig sein müsse, auch auf die alsbaldige Hinterlegung des bei ihm vorgefundenen Kassenbestandes hingewirkt, so würde er gar nicht gewagt haben, sich an den in seine Hände gelangenden Geldern zu vergreifen, sich vielmehr zu der von der Gläubigerversammlung angeordneten Hinterlegung der Gelder bei der Deutschen Bank bequemt haben.

Die Beklagten würden aber auch, wenn sie alsbald nach Übernahme ihrer Funktion eine Prüfung der Bücher und der Kasse des H. mit der erforderlichen Sorgfalt vorgenommen hätten, gegründeten Anlaß zu Bedenken gegen die Korrektheit seiner Geschäftsführung gefunden und daher dringenden Grund zu besonders scharfer Beaufsichtigung gehabt haben. Dann aber hätten sie keinesfalls geschehen lassen dürfen, daß bei dem Verkaufe des vom Gemeinschuldner betriebenen Geschäftes der Preis dafür ohne jede Kontrolle an H. bezahlt werde; sie hätten dann vielmehr Vorkehrungen dahin treffen müssen, daß dieser Preis von dem Käufer des Geschäfts für Rechnung der Konkursmasse unmittelbar an die Deutsche Bank gezahlt werde. Übrigens sei es überhaupt eine als Fahrlässigkeit zu erachtende Unvorsichtigkeit gewesen, daß die Beklagten ungeachtet der Hinterlegungsanordnung eine den Betrag von 20000 *M* übersteigende Summe ohne weiteres und ohne Überwachung an den Konkursverwalter hätten zahlen lassen.

Die Revision hat nicht versucht, den gegen die Beklagten erhobenen Vorwurf, ihre Pflichten als Mitglieder des Gläubigerausschusses vernachlässigt zu haben, überhaupt abzuwehren; sie bestreitet aber, daß dieselben verpflichtet gewesen seien, die von der Vorinstanz bezeichneten Maßnahmen zu treffen, insbesondere alsbald nach dem 3. September 1901 eine Revision der Geschäftsführung des Konkursverwalters vorzunehmen oder bezüglich der Bezahlung des Preises für das B.'sche Geschäft besondere Vorsichtsmaßregeln zu treffen. Eine Verpflichtung der Beklagten zu solchem Verhalten sei weder aus den Vorschriften der Konkursordnung, noch aus den besonderen Umständen des gegebenen Falles herzuleiten. In der Zeit von der Eröffnung des Konkurses an bis zum Geschäftsverkauf seien offenbar erst wenig Geschäfte abgewickelt, und ein nicht erheblicher Geldbetrag in die Hände des H. gelangt gewesen. Zu einer alsbaldigen Kassenrevision, die nach § 88 K.O. nur alle Monate einmal stattzufinden brauche, für deren Vornahme vor dem 3. Oktober 1901 also keine Verpflichtung bestanden habe, sei daher kein Anlaß gegeben gewesen. Die Beklagten hätten auch keinerlei Grund gehabt, die Redlichkeit und die geschäftliche Tüchtigkeit des H. zu bezweifeln. Dieser habe, wie auch das Berufungsgericht als feststehend ansehe, in noch einer ganzen Anzahl anderer Konkurse die Stellung als Verwalter bekleidet; er sei also ein Mann gewesen, der sich bei dem Konkursgericht und in den Kreisen der Geschäftsleute allgemeinen Vertrauens erfreut habe.

Nehme man aber an, es sei den Beklagten kein Vorwurf daraus zu machen, daß sie nicht vor dem 18. September 1901 die Geschäftsführung des H. kontrolliert hätten, so fehle es an dem ursächlichen Zusammenhang zwischen dem Verhalten der Beklagten und dem für die Konkursmasse eingetretenen Verluste, da, wie festgestellt sei, H. die am 18. September 1901 an ihn gezahlte Summe sofort unterschlagen habe, diese Handlung also durch spätere Akte der Beklagten nicht hätte verhindert werden können. Ungerechtfertigt sei es, wenn die Vorinstanz angenommen habe, die Beklagten hätten es, ganz abgesehen von der Verpflichtung, schon vor dem 18. September die Geschäftsführung des H. durch eine bei ihm vorzunehmende Revision festzustellen, überhaupt nicht leiden dürfen, daß der Preis für das verkaufte Geschäft an den Konkursverwalter gezahlt werde; dieser sei die zu dieser Empfangnahme berufene Person gewesen, und Grund zu Mißtrauen gegen ihn habe nicht vorgelegen.

Diese Angriffe konnten keinen Erfolg haben.

Zu Unrecht meint die Revision aus der Bestimmung im § 88 Abs. 2 K.O., wonach der Gläubigerausschuß verpflichtet ist, die Untersuchung der Kasse des Verwalters wenigstens einmal in jedem Monat durch ein Mitglied vornehmen zu lassen, die Folgerung ableiten zu dürfen, daß eine Kassenprüfung keinesfalls früher als am letzten Tage einer von der Bestellung des Ausschusses an zu berechnenden einmonatigen Frist erfolgen müsse. Der Zeitpunkt, wann der Ausschuß als solcher zuerst eine Kassenrevision veranlassen muß, wird durch jene Vorschrift nicht bestimmt, und ganz unhaltbar ist die Meinung, daß durch sie den einzelnen Mitgliedern des Ausschusses nachgelassen sei, die Erfüllung ihrer Pflicht, die Geschäftsführung des Verwalters zu überwachen, in der Weise hinauszuschieben, daß mit den ersten Akten der Überwachung bis zum Ablauf eines Monats nach der Bestellung des Ausschusses gewartet werden dürfte. Der Vorinstanz ist auch beizustimmen, wenn sie angenommen hat, der Regel nach müsse, wenn der zunächst vom Gerichte ernannte Konkursverwalter von der ersten Gläubigerversammlung bestätigt worden ist, der in dieser gewählte Gläubigerausschuß sich gleich bei Beginn seiner Funktion durch eigene Nachprüfung davon überzeugen, wie der Verwalter in der Zeit bis zur ersten Gläubigerversammlung die Geschäfte besorgt hat, um sich eine auf eigener Wahrnehmung beruhende Unterlage für die weiteren Entschließungen zu verschaffen. Hierzu hatten auch die Beklagten im vorliegenden Falle Anlaß, da, wie von der Vorinstanz festgestellt ist, H. schon vor der Gläubigerversammlung vom 3. September 1901 durch Einziehung von Außenständen und Fortführung des Geschäftes des Gemeinschuldners mehr als 2000 ℳ eingenommen hatte, und die in seine Hände gelangten Gelder nach dem Beschlusse der Gläubigerversammlung bei der Deutschen Bank hinterlegt und so der einseitigen Verfügung des Verwalters entzogen werden sollten (§ 137 K.O.).

Zutreffend erscheint aber auch die weitere Annahme des Berufungsgerichts, daß die Beklagten, als ihre Zustimmung zum Verkaufe des B.'schen Geschäfts im ganzen vom Verwalter eingeholt wurde (§ 134 Ziff. 1 K.O.), Vorkehrung dahin hätten treffen müssen, daß der von dem Erwerber zu zahlende Preis auch wirklich sofort der Deutschen Bank zugeführt und dadurch gesichert würde. Es handelte sich dabei um eine sehr namhafte Summe, die den Hauptbestandteil der ganzen Konkursmasse bildete; die Beklagten aber hatten zu der Zeit, als der Verkauf stattfinden sollte, und sie die Genehmigung dazu erteilten, noch keinerlei Maßnahme getroffen, die ihnen ein eigenes Urteil über die Geschäftsführung des Verwalters ermöglicht hätte, und es war ohne jede Schwierigkeit ausführbar, die Einzahlung der Kaufsumme bei der Deutschen Bank sicher zu stellen, mochte zu diesem Zwecke der Erwerber K. verpflichtet werden, die geschuldete Summe direkt für Rechnung der Konkursmasse bei der Bank einzuzahlen, oder bedungen werden, daß er nur gemeinschaftlich an den Konkursverwalter und ein Mitglied des Ausschusses — das dann die Ablieferung des Geldes an die Bank zu überwachen hatte — zahlen dürfe.

Es liegt nach alledem kein Anlaß vor, der Auffassung des Berufungsgerichts entgegenzutreten, daß die Beklagten schon vor der Unterschlagung der bei Gelegenheit des Geschäftsverkaufs in die Hände des H. gelangten Summe die ihnen als Mitgliedern des Gläubigerausschusses obliegenden Pflichten schuldhaft vernachlässigt und dadurch diese Unterschlagung ermöglicht haben. Es kann gegenüber demjenigen, was die Vorinstanz insoweit festgestellt hat, zweifelhaft erscheinen, ob es gerechtfertigt gewesen ist, daß sie lediglich über den Grund des erhobenen Anspruchs entschieden und die Sache zur Verhandlung und Entscheidung über dessen Höhe an die erste Instanz zurückverwiesen hat. Es bedarf aber eines Ausspruchs hierüber nicht, da es jedenfalls die Beklagten nicht beschwert, daß so, wie geschehen, erkannt worden ist." . . .

38. Kann auf Grund des § 8 des Gesetzes zur Bekämpfung des unlauteren Wettbewerbs vom 27. Mai 1896 einem Handeltreibenden die Benutzung der für ihn im Handelsregister eingetragenen Firma allgemein untersagt werden?

II. Zivilsenat. Urt. v. 3. April 1906 i. S. Mühlheim-Speldorfer Tonwerke G. m. b. H. (Bekl.) w. Speldorfer Tonwerke G. m. b. H. (Kl.). Rep. II. 358/05.

I. Landgericht Duisburg.
II. Oberlandesgericht Hamm.

Die Klägerin, welche ihren Sitz in Mülheim-Speldorf hat, und unter der Firma „Speldorfer Tonwerke, G. m. b. H., zu Mülheim-Speldorf" eine Fabrik daselbst betreibt, erhob gegen die Beklagte, die unter der Firma „Mülheim-Speldorfer Tonwerke, G. m. b. H., zu Duisburg" in das Handelsregister eingetragen ist, und ebenfalls in Mülheim-Speldorf eine Fabrik betreibt, auf Grund des § 8 des Wettbewerbsgesetzes Klage mit dem Antrage, die Beklagte zu verurteilen, die Benutzung der Firma „Mülheim-Speldorfer Tonwerke, G. m. b. H., zu Duisburg" zu unterlassen. Diese Klage wurde in erster und zweiter Instanz zugesprochen, und die gegen das Urteil des Oberlandesgerichts eingelegte Revision zurückgewiesen, und zwar, was die oben bezeichnete Frage betrifft, aus folgenden

Gründen:

... „Endlich erscheint es auch als durch die festgestellten Tatsachen gerechtfertigt, daß das Berufungsgericht der Beklagten die Benutzung der von ihr seither geführten Firma allgemein untersagt hat. Zwar ist im § 8 des Wettbewerbsgesetzes nur ein „Anspruch auf Unterlassung der mißbräuchlichen Art der Benutzung" erwähnt. Im vorliegenden Falle hat aber das Berufungsgericht festgestellt, daß jede Art der Benutzung der Firma der Beklagten eine mißbräuchliche ist; denn es hat die klägerische Behauptung für bewiesen erachtet, daß die Beklagte die streitige Firma lediglich deshalb gewählt habe, um Verwechselungen mit derjenigen der Klägerin hervorzurufen. Hierdurch ist aber zugleich allgemein festgestellt, daß die ganze seitherige Benutzung der fraglichen Firma seitens der Beklagten zu dem erwähnten mißbräuchlichen Zwecke erfolgt ist, und daß auch die gesamte Benutzung derselben in Zukunft dem nämlichen mißbräuchlichen Zwecke dienen würde. Durch diese und die weiter von dem Berufungsgerichte getroffene Feststellung einer bezüglich jeder Art der Benutzung dieser Firma gegebenen objektiven Verwechselungsgefahr wird aber die Annahme begründet, daß die gesamte Benutzung der Firma der Beklagten in der Vergangenheit eine mißbräuchliche im Sinne des § 8 des Wettbewerbsgesetzes war, und es im Falle der Fortdauer auch in Zukunft sein würde. Hiernach steht der fraglichen allgemeinen Fassung des der Beklagten gegenüber erlassenen Verbots zunächst ein etwa aus § 8 hergeleitetes Bedenken nicht entgegen.

Ebenso widerspricht dieses allgemeine Verbot der Benutzung einer zurzeit noch im Handelsregister eingetragenen Firma nicht den in Geltung befindlichen Grundsätzen über das Firmenrecht (§§ 17 flg. H.G.B.); denn wie der erkennende Senat bereits in seinem Urteile vom 5. März 1901, Rep. II. 359/00, im Anschluß an die Motive zu § 8 ausgesprochen hat, sollte durch diese Vorschrift der durch das Handelsgesetzbuch gewährte Firmenschutz, der nach der Entwicklung des Handelsverkehrs nicht mehr für genügend erachtet worden war, erweitert, und unter den im § 8 bestimmten Voraussetzungen ein Schutz gegen die mißbräuchliche Anwendung auch solcher Firmen gewährt werden, die den Anforderungen der Bestimmungen des Handelsgesetzbuchs genügen. Hieran ist auch durch das neue Handelsgesetzbuch nichts geändert worden (vgl. Art. 2 Abs. 2 Einf.-Ges. zum H.G.B.). Wenn also, wie im vorliegenden Falle, die gesamte Benutzung einer eingetragenen Firma gegen § 8 verstößt, so kann auch aus dem noch bestehenden Eintrag derselben kein Bedenken gegen eine auf denselben sich stützende allgemeine Untersagung der Benutzung der Firma hergeleitet werden." ...

39. Kann, wenn in einem Rechtsstreite wegen Verletzung eines Patents der Beklagte in der Berufungsinstanz zur Unterlassung jeder Zuwiderhandlung gegen das Patent verurteilt ist, nach Erlassung des Berufungsurteils sowie nach Einlegung der Revision aber das Patent rechtskräftig für nichtig erklärt wird, die Revision auch durch diese Tatsache der Vernichtung des Patents begründet werden?

Z.P.O. §§ 549. 550.

I. Zivilsenat. Urt. v. 4. April 1906 i. S. Firma Sch. (Bekl.) w. v. d. B. Margarine-Gesellschaft m. b. H. (Kl.). Rep. I. 492/05.

I. Landgericht Hamburg.
II. Oberlandesgericht daselbst.

Das Reichsgericht hat die Frage bejaht aus folgenden, den Sachverhalt ergebenden

Gründen:

„Es handelt sich in dieser Instanz nur um den negatorischen Anspruch der Klägerin, mit dem sie auf Grund des Patents 97057 verlangt, daß der Beklagten bei Strafe die gewerbsmäßige Herstellung und der Vertrieb von Margarine verboten werde, die Zucker unter Zusatz von Eigelb enthält. In beiden Instanzen ist nach diesem Antrage der Klage erkannt worden. Nach den §§ 1. 4. 7 des Patentgesetzes kann die Klägerin den mit diesem Klagantrage gesuchten Schutz ihres Patents nur für die Zeit der Dauer des Patents verlangen. Die Formel der beiden Urteile der Vorinstanzen ist nur mit dieser Beschränkung zu verstehen. Es ist nicht zu beanstanden, daß der Berufungsrichter sich begnügt, dies in den Gründen seines Urteils auszusprechen, ohne dieser Beschränkung in der Urteilsformel einen Ausdruck zu geben.

Der erkennende Senat hat durch sein Urteil vom 19. März 1906, nach Erlassung des angefochtenen Urteils und nach Einlegung der Revision, das Patent, für welches die Klage Schutz verlangt, vernichtet. Damit hat das Patent jedenfalls sein Ende erreicht, und das Verbot, welches das angefochtene Urteil durch die Zurückweisung der Berufung mit dem ersten Richter für die Dauer des Patents ausspricht, hat damit seine Bedeutung verloren. Materiell ist dieser Streit der Parteien erledigt. Die Beklagte ist nach der Vernichtung des Patents durch nichts mehr gehindert, die ihr als Verletzung des Patents für dessen Dauer verbotene Herstellung und den Vertrieb von zuckerhaltiger Margarine mit Zusatz von Eigelb gewerbsmäßig zu betreiben.

Die Wirkung der Vernichtung des Patents reicht aber weiter. Die Vernichtung hat rückwirkende Kraft; sie spricht nach §§ 1. 10 des Patentgesetzes aus, daß das Patent nicht hätte erteilt werden dürfen, daß eine Erfindung, für welche ein Patent nach § 1 des Patentgesetzes erteilt werden konnte, nie bestanden hat, und daß deshalb die Klägerin die dem gültigen Patent im § 4 des Patentgesetzes beigelegte Wirkung, das Ausschließungsrecht und das Verbotsrecht gegen andere, nie mit Recht in Anspruch nehmen konnte, die negatorische Klage also von Anfang an unbegründet war.

Die Frage ist nur, ob dies nach der Gestaltung des Rechtsmittels der Revision durch die §§ 549. 550 Z.P.O. noch in der Revisionsinstanz geltend gemacht werden kann. Der Berufungsrichter konnte die erst nach Erlassung seines Urteils eingetretene Tatsache der Vernichtung des Patents nicht berücksichtigen; er hatte auch nach der Gestaltung des Verfahrens wegen Erklärung der Nichtigkeit des Patents in den §§ 28 flg. des Patentgesetzes über die Gültigkeit des Patents nicht zu befinden, hatte dasselbe vielmehr bis zur Vernichtung in dem besonders geordneten Verfahren vor dem Patentamt und dem Reichsgericht als gültig zu behandeln. Eine Verletzung des Gesetzes im Sinne des § 550 Z.P.O. kann ihm deshalb nicht vorgeworfen werden, soweit sie nur aus der Vernichtung des Patents hergeleitet werden soll.

Das Reichsgericht hat indessen bereits in zwei Urteilen vom 13. Januar 1900 in zwei gleich wie der jetzige Fall liegenden Sachen ... (Rep. I. 275 und I. 299/1899) ausgesprochen, daß dieser Umstand der Erlassung des durch die objektive Rechtsverletzung sachlich gebotenen Erkenntnisses auf Abweisung der von Anfang an unbegründeten Klage nicht entgegenstehe. Das Gesetz sei insofern verletzt, als einer auf ein nichtiges Patent gegründeten Klage entsprochen sei, und Befugnisse zugesprochen seien, die nie bestanden. Wenn ein Gesetz mit rückwirkender Kraft ergehe, und sich die Beurteilung des Berufungsrichters infolgedessen als unzutreffend erweise, werde das Revisionsgericht dem neuen Gesetz zur Anerkennung verhelfen müssen. Nicht anders liege es, wenn durch ein Urteil ein vom Staate gewährtes Privileg zur Geltung gebracht werde, dessen Nichtigkeit sich demnächst herausstelle. Daran ist trotz der Bedenken, die sich dagegen aus den Urteilen des Reichsgerichts in den Entsch. in Zivils. Bd. 45 S. 95, 98 u. 418 herleiten lassen, festzuhalten. Es ist richtig, daß der Berufungsrichter im Sinne der §§ 549 u. 550 Z.P.O. ein Gesetz nicht verletzt, das erst nach Erlassung seines Urteils mit rückwirkender Kraft für noch anhängige, noch nicht entschiedene Sachen ergangen ist. Für die hier vorliegende Frage kommen, worauf auch in dem Urteil Entsch. Bd. 45 S. 418. 423 hingewiesen ist, andere Erwägungen in Betracht. Das Patent hat die Natur eines Spezialgesetzes, welches subjektive Rechte mit Wirkung gegen alle schafft, wie eine objektive Rechtsnorm. Der Richterspruch, der das Patent vernichtet, hebt kraft der Wirkung, die ihm das Gesetz beilegt, diese Rechtsnorm von Anfang an auf so, als ob sie für die zur Zeit ihrer Entstehung, der Erteilung des Patents, begründeten Rechtsverhältnisse nie bestanden hätte. An die Stelle der Rechtsnorm, die das Patent enthielt, tritt der Rechtssatz des Nichtigkeitsurteils. Dieser Rechtssatz gilt für die zur Zeit der Patenterteilung bestehenden Rechtsverhältnisse so, als ob er damals schon bestanden hätte. Er ist für die damals begründeten Rechtsverhältnisse maßgebend, nicht wegen seiner rückwirkenden Kraft, sondern weil er im Sinne des Gesetzes damals schon bestand. Wird davon ausgegangen, so muß der Rechtssatz des Nichtigkeitsurteils bei der Beurteilung des Rechtsverhältnisses auch noch in der Revisionsinstanz zugrunde gelegt werden, soweit das Rechtsverhältnis nicht durch rechtskräftiges Urteil festgestellt und damit einer anderen rechtlichen Beurteilung entzogen ist. Der Fall ist analog dem Falle zu beurteilen, wo durch authentische Interpretation mittels eines späteren Gesetzes der wahre Inhalt eines früheren Gesetzes festgestellt ist. Solche authentische Interpretation ist noch in der Revisionsinstanz zu beachten, weil der Rechtssatz, den sie ausspricht, nach der in Wissenschaft und Praxis feststehenden Auffassung als schon zur Zeit der früheren Rechtsverhältnisse bestehend anzusehen ist.

Vgl. Windscheid-Kipp, Pandektenrecht Bd. 1 S. 116.

Hiernach hat die negatorische Klage ohne weiteres abgewiesen werden müssen."

40. 1. Ist dem Erfordernisse der Schriftform genügt, wenn in der Urkunde die Bestellung einer Kaution, die ein bezeichneter Dritter zu bestellen verpflichtet sei, versprochen ist, ohne daß dabei angegeben ist, wofür diese Kaution haften solle?

2. Ist ein Vertrag, der zu dem Zwecke geschlossen wird, damit der eine Kontrahent, ohne selbst eine polizeiliche Erlaubnis zum Gastwirtschaftsbetriebe zu haben, die Wirtschaftskonzession eines Dritten als dessen scheinbarer Stellvertreter ausnutze, nach § 138 Abs. 1 B.G.B. nichtig?

VI. Zivilsenat. Urt. v. 11. April 1906 i. S. L. (Bekl.) w. Aktienges. Gl.-Brauerei (Kl.). Rep. VI. 305/05.

I. Landgericht Dortmund.
II. Oberlandesgericht Hamm.

Gründe:

„Geklagt ist aus einer am 25. März 1902 vom Beklagten ausgestellten Urkunde, deren erster Absatz, auf den es hauptsächlich ankommt, folgendermaßen lautet:

„Die von meinem Bruder Wilhelm der Gl.-Brauerei zu G. zu stellende Kaution im Betrage von 5511,28 ℳ stelle ich für denselben, und zwar in der Weise, daß, wenn mein Bruder seine eingegangenen Verbindlichkeiten gegen die Brauerei gelöst hat, mir die Kaution, bzw. soweit sie nicht in Anspruch genommen ist, wieder zufällt."

Wenn der Beklagte in der Revisionsinstanz diese Urkunde schon aus formellen Gründen hat für wirkungslos erklären wollen, so war das ... völlig verfehlt. Der Revisionskläger hat geltend gemacht, er sei als Bürge für seinen Bruder in Ansehung der diesem obliegenden Kautionsbestellung eingetreten; dazu habe es nach § 766 B.G.B. der Schriftform bedurft; an dieser fehle es aber insofern, als die Hauptschuld, für welche die Kaution haften sollte, in der Urkunde nicht bezeichnet sei. Nun mag es zwar richtig sein, daß es sich hier um eine Bürgschaft handelt; jedenfalls ist für eine privative Schuldübernahme aus der Urkunde nichts zu entnehmen; es könnte also höchstens noch ein abstraktes Schuldversprechen in Frage kommen, für welches im § 780 B.G.B. ebenfalls Schriftlichkeit vorgeschrieben ist. Aber zuvörderst würde noch erst zu erörtern sein, ob denn nicht der Beklagte, als Ziegeleibesitzer, Kaufmann sei, folglich die Bürgschaft, bzw. das Schuldversprechen nach § 344 Abs. 2 vgl. mit § 343 H.G.B. auf seiner Seite als Handelsgeschäft zu gelten gehabt und daher nach § 350 H.G.B. der Schriftform doch nicht bedurft habe. Sodann aber würde jedenfalls dem Erfordernisse dieser Form völlig Genüge getan sein. Diejenige Hauptschuld, für welche der Beklagte als Bürge haften sollte, würde ganz klar bezeichnet sein, nämlich die Verpflichtung seines Bruders zur Bestellung der fraglichen Kaution; weshalb auch diejenige Verbindlichkeit, für welche dann diese Kaution haften solle, in der Urkunde sollte ausdrücklich erwähnt sein müssen, wäre nicht abzusehen.

Die in der Urkunde übernommene Verpflichtung war aber, wie der Revisionskläger ferner hervorgehoben hat, materiell gegenstandslos, und weil das Berufungsurteil dies verkannt hat, unterlag es der Aufhebung. Der Bruder des Beklagten, W. L., war nämlich selbst gar nicht der Klägerin zur Bestellung einer Kaution verpflichtet, und daraus folgt mit Notwendigkeit, daß es auch der Beklagte nicht sein kann, da er nur versprochen hat, die „von seinem Bruder Wilhelm zu stellende" Kaution seinerseits zu bestellen; wird seine Verpflichtungserklärung als Verbürgung aufgefaßt, so ist eben die Bürgschaft wegen Mangels einer entsprechenden Hauptschuld nichtig. W. L. aber war deshalb nicht zur Kautionsleistung verpflichtet, weil der Vertrag vom 27. Februar 1902, in welchem er diese Leistung versprochen hatte, wegen Verstoßes gegen die guten Sitten nach § 138 Abs. 1 B.G.B. überhaupt nichtig war. Das Berufungsgericht hat nämlich in einwandfreier Weise tatsächlich festgestellt, daß der bezeichnete Vertrag zwischen der Klägerin und W. L. zu dem Zwecke geschlossen sei, damit letzterer, ohne selbst eine polizeiliche Erlaubnis zum Gastwirtschaftsbetriebe zu haben, als scheinbarer Stellvertreter der Witwe Kn. deren Wirtschaftskonzession ausnutze. Dieser Vertrag zielte also auf ein nach den §§ 33 und 147 Abs. 1 Nr. 1 Gew.O. ungesetzliches und verbotenes Ergebnis ab. Ein solcher Vertrag ist aber, wie er früher nach preußischem Landrechte (Entsch. des R.G.'s in Zivils. Bd. 39 S. 268 flg.) und nach gemeinem Rechte (Urt. i. S. S. w. W., Rep. VI. 36/03) für ungültig erklärt worden ist, so auch nach dem Bürgerlichen Gesetzbuche, als unter § 138 Abs. 1 fallend, zweifellos nichtig. Diese Nichtigkeit wird übrigens auch vom Oberlandesgericht nicht bezweifelt, welches sie nur, weniger zutreffend, statt aus § 138 Abs. 1, aus § 134 B.G.B. ableitet. Das Berufungsgericht meint aber, weil deswegen noch nicht auch die späteren, mit dem Wirtschaftsbetriebe des W. L. nur tatsächlich zusammenhängenden Rechtsgeschäfte zwischen ihm und der Klägerin, wie die Lieferung von Bier, die Vorstreckung von Geldern 2c, nichtig seien, und weil die Kaution nach dem Vertrage vom 27. Februar 1902 auch für die hieraus entspringenden Verbindlichkeiten des W. L. habe haften sollen, so sei die Klägerin doch befugt, die Bestellung der Kaution zu verlangen. Hier sind zwei Fragen nicht genügend auseinander gehalten. Richtig ist, daß aus jenen anderen Geschäften vollkommen gültige Verbindlichkeiten des W. L. gegen die Klägerin entstanden sein mögen, und daß die Kaution, wenn sie bestellt wäre, dafür haften würde; aber daraus folgt doch noch nicht, daß W. L. verpflichtet ist, eine Kaution dafür zu bestellen. Eine solche Verpflichtung müßte er besonders übernommen haben, und nun liegt nicht vor, daß er irgendeine andere Verpflichtung zur Kautionsleistung übernommen hätte, als die in dem Vertrage vom 27. Februar 1902 enthaltene, die mit diesem Vertrage, von dem die betreffende Klausel einen untrennbaren Bestandteil bildet, dahinfällt.

Da aus diesen Gründen das angefochtene Urteil aufgehoben werden mußte, so war weiter nach § 565 Abs. 3 Nr. 1 Z.P.O. alsbald in der Sache auf Abweisung der Klage zu erkennen." . .

41. 1. Kann der Geschäftsvermittler aus § 826 B.G.B. zum Schadensersatz verpflichtet sein?
2. Stillschweigende Übernahme der Haftung für arglistiges Verhalten des Geschäftsvermittlers durch den Geschäftsherrn bei der Anstellung des Vermittlers.

V. Zivilsenat. Urt. v. 11. April 1906 i. S. Märk. Immob.-Verein und P. (Bekl.) w. L. (Kl.). Rep. V. 437/05.

I. Landgericht I Berlin.
II. Kammergericht daselbst.

Durch notariellen Vertrag vom 27. September 1900 hatte der Kläger ein Haus in Charlottenburg von den damaligen Eigentümern, dem Märkischen Immobilienverein und dem Bankdirektor S., gekauft und demnächst übereignet erhalten. Er verkaufte es kurz darauf weiter, wurde aber von der Käuferin wegen Schwammfehler in Anspruch genommen und zahlte ihr im Vergleichswege eine Entschädigung von 15400 *M*. Er verlangte nun Schadloshaltung von dem Märkischen Immobilienverein und von dem für diesen Verein bei dem Kaufgeschäft tätig gewesenen damaligen Häuserverwalter P. und klagte gegen diese beiden Beklagten als Gesamtschuldner vorläufig auf Zahlung von 3400 *M* nebst Zinsen. Er behauptete:

Sowohl die damaligen Direktoren des Vereins, L. und W., als auch der Beklagte P. hätten den Schwammfehler gekannt, aber arglistig verschwiegen, sogar Schwammfreiheit zugesichert. Jedenfalls habe P. den Fehler gekannt, und dessen Arglist müsse von dem Verein vertreten werden, da er als dessen Bevollmächtigter die Kaufverhandlungen geleitet habe. P. hafte aber auch persönlich, indem er in einer gegen die guten Sitten verstoßenden Weise den Kläger vorsätzlich in Schaden gebracht habe (§ 826 B.G.B.).

Beide Beklagte bestritten Grund und Betrag des erhobenen Schadensanspruchs. Sie bestritten insonderheit, um den Schwamm gewußt und sich des behaupteten arglistigen Verhaltens schuldig gemacht zu haben, beriefen sich auch auf den Ausschluß der Gewährleistung im § 1 des Kaufvertrags. Der Verein lehnte eine Haftung für P. ab, der nicht sein Bevollmächtigter gewesen sei, sondern nur tatsächlich das Geschäft vermittelt habe. P. wollte mit dem Kläger nicht persönlich verhandelt, sondern ihm nur durch einen Agenten eine Mitteilung über den Kaufpreis und die Mieterträge zugestellt, und dann das Kaufangebot des Klägers weiter befördert haben. Er machte weiter geltend, daß Kläger sich eine Schadensersatzforderung selbst dadurch abgeschnitten habe, daß er im § 6 des Kaufvertrags sich für den Fall, wenn Fehler zum Vorschein kommen sollten, lediglich das Rücktrittsrecht vorbehalten habe. Auch hielt er seine etwaige Haftung dadurch für erledigt, daß der Kläger beim notariellen Vertragsschluß über die Schwammfrage unmittelbar mit dem Direktor L. verhandelt habe.

In erster Instanz wurde die Klage gegen den Verein abgewiesen, dagegen dem P. gegenüber dem Grunde nach für gerechtfertigt erklärt. Die Berufung des P. wurde zurückgewiesen, auf Berufung des Klägers jedoch die Klage auch dem Verein gegenüber dem Grunde nach für gerechtfertigt erklärt. Die Revisionen beider Beklagten wurden zurückgewiesen, aus folgenden

Gründen:

„Der Berufungsrichter führt zunächst aus, daß weder der Ausschluß der Gewährleistung im § 1 des Kaufvertrags, noch die vertragsmäßige Beschränkung des Klägers im § 6 auf das Rücktrittsrecht, falls Fehler zum Vorschein kommen sollten, dem auf arglistige Täuschung oder arglistiges Verschweigen gegründeten Schadensersatzanspruche, wie er hier erhoben ist, entgegenstehen. Das ist unbedenklich und auch von der Revision nicht bezweifelt worden.

Daß zur Zeit des Kaufs Schwamm in dem verkauften Hause gewesen, und der Kläger dadurch geschädigt worden ist, wird festgestellt.

1. Zunächst nimmt nun der Berufungsrichter, in Übereinstimmung mit dem ersten Richter, an, daß für diesen Schaden der Beklagte P. persönlich haftbar sei; er gelangt daher zur Zurückweisung seiner Berufung. Die Haftbarkeit des P., der nicht Vertragspartei gewesen ist, gründet er auf § 826 B.G.B., nämlich darauf, daß P. in dem Bewußtsein, daß Kläger dadurch in Schaden kommen werde, den ihm wohlbekannten Schwammfehler dem Kläger gegenüber entweder ausdrücklich abgeleugnet oder verschwiegen, und somit vorsätzlich wider die guten Sitten den Kläger in Schaden gebracht habe. Wenn die Revision hiergegen geltend macht, daß zum Begriff der vorsätzlichen Schadenzufügung nach § 826 B.G.B. die unmittelbare Richtung des Vorsatzes auf die Schadenzufügung erforderlich sei, das bloße Wissen um die schädlichen Folgen dagegen den Vorsatz nicht ersetze, so ist das ein Irrtum. Wer eine Handlung vornimmt in dem Bewußtsein, daß ein anderer dadurch Schaden leide, hat die Schadenzufügung gewollt, und mehr ist zur vorsätzlichen Schädigung nicht erforderlich. Ob der Handelnde dadurch gegen die guten Sitten verstoßen habe, ist freilich eine andere Frage, bei der es darauf ankommen kann, ob ein berechtigtes Interesse zur Vornahme der Handlung vorlag (Entsch. des R.G.'s in Zivils. Bd. 58 S. 215); aber davon kann im vorliegenden Falle keine Rede sein, was auch die Revision nicht zu bezweifeln scheint. Die tatsächliche Feststellung, daß P. um das Vorhandensein des Schwamms zum mindesten — was dem gleichsteht — um die hochgradige Schwammverdächtigkeit des Hauses gewußt und dem Kläger gegenüber den Fehler entweder ausdrücklich abgeleugnet, oder doch verschwiegen habe, war mit der Revision nicht zu beseitigen. Es kann sich daher nur fragen, ob der Berufungsrichter weiter mit Recht angenommen hat, daß der Eintritt des Schadens, nämlich der Kaufabschluß über das schwammverseuchte Haus, sei es überhaupt, oder unter den jetzigen Bedingungen, auf jenes arglistige Verhalten des P., wie diesem auch bewußt gewesen, zurückzuführen sei. In dieser Beziehung kann kein Gewicht darauf gelegt werden, ob P. persönlich, oder nur, wie er behauptet, durch Vermittlung von Agenten mit dem

Kläger über den Ankauf verhandelt hat. Denn der Berufungsrichter stellt fest, daß die dabei in Betracht kommenden Agenten bloße Werkzeuge des P. waren, die lediglich nach dessen Anweisungen handelten, und sowohl in den Erklärungen, die sie dem Kläger übermittelten, als in dem, was sie diesem verschwiegen, an die Vorschriften gebunden waren, die ihnen P. gab, so daß alles, was dem Kläger in den Vorverhandlungen über die Schwammfrage gesagt oder nicht gesagt wurde, auf den Willensentschluß des P. zurückzuführen war. Daß nun aber das, was der Kläger über die Schwammfrage erfuhr oder nicht erfuhr, für seinen Entschluß zu dem Ankaufe, wie er vorliegt, bestimmend gewesen, und daß dafür P. verantwortlich zu machen ist, entnimmt der Berufungsrichter mit Recht aus den Feststellungen, die er über die von P. bei den Vorverhandlungen und noch beim schließlichen Abschluß des Vertrags entfaltete Tätigkeit getroffen hat. Sie gehen dahin:

P., der die Grundstücke des Märkischen Immobilienvereins, jedenfalls eine große Zahl davon, in Oberverwaltung hatte, sei von dem Verein nach außen hin als diejenige Persönlichkeit hingestellt worden, die für den Inhalt der abzuschließenden Grundstücksverkäufe maßgebend sei. Er habe selbständig, nach seinem eigenen Ermessen die Vorverhandlungen zu leiten, die erforderlichen Auskünfte zu erteilen, die Kaufbedingungen zu vereinbaren und überhaupt die Verträge so weit vorzubereiten gehabt, daß die Direktoren des Vereins nur das nach seinen Verhandlungen ausgefüllte Vertragsformular zu unterschreiben und somit die Verträge förmlich zu vollziehen brauchten; jeder Einwirkung auf die Kaufgeschäfte im übrigen hätten sie sich begeben. Für die Preisbemessung werde wohl der Direktor S. von der preußischen Hypotheken-Aktienbank, dem die sämtlichen Geschäftsanteile des Märkischen Immobilienvereins zur Verfügung gestanden hätten, den Ausschlag gegeben haben, aber nach außen sei auch S. nicht hervorgetreten; den Kauflustigen habe immer nur P. als diejenige Person gegenüber gestanden, mit der über die Kaufbedingungen unterhandelt werden mußte, und deren Auskünfte maßgebend waren. Von ursächlicher Bedeutung für den Abschluß und den Inhalt der Verträge sei demnach das gewesen, was P. bei den Vorverhandlungen erklärt oder verschwiegen habe. Dieser ursächliche Zusammenhang sei auch im vorliegenden Falle gegeben und nicht etwa dadurch unterbrochen worden, daß der Kläger bei dem förmlichen Vertragsschlusse mit den Direktoren L. und W. selber über die Schwammfrage verhandelt habe. Kläger habe damals gefragt, ob Schwamm im Hause sei, sich aber darüber durch eine verneinende Erklärung beruhigen lassen, die — möge sie von dem dabei anwesenden P., oder von einem der Direktoren abgegeben worden sein — in jedem Fall auf P. als den Urheber zurückfalle, weil er der Einzige gewesen sei, der über die Frage Bescheid gewußt habe, und der sich darum auch dann einer Arglist schuldig gemacht haben würde, wenn er selber auf die Frage des Klägers geschwiegen haben sollte.

Die tatsächliche Richtigkeit dieser Feststellungen hat von der Revision nicht bemängelt werden können; die daraus gezogenen Schlüsse aber auf arglistiges Verhalten des P. und den dadurch herbeigeführten ungünstigen Vertragsabschluß des Klägers unterliegen keinem Bedenken.

Wie hiernach die Berufung des P. mit Recht zurückgewiesen worden ist, seine Revision also keinen Erfolg haben konnte, so war

2. dem Berufungsrichter auch darin beizutreten, daß, abweichend vom ersten Richter, die Klage gegen den Märkischen Immobilienverein ebenfalls für begründet erachtet werden muß. Ein unmittelbares Verschulden der beiden Direktoren, der gesetzlichen Vertreter des Vereins, hat auch der Berufungsrichter nicht feststellen können; es ist ihnen weder eine Kenntnis des Schwamms oder der Schwammverdächtigkeit, noch ein Versehen bei der Auswahl des P. zum Leiter der Vorverhandlungen (§ 831 B.G.B.) nachgewiesen worden. Weiter hält der Berufungsrichter auch nicht die Grundsätze für anwendbar, die das Bürgerliche Gesetzbuch in den §§ 164 flg. über die Stellvertretung bei Willenserklärungen aufstellt, weil dem P. keine Vollmacht zum Abschluß von Kaufverträgen für den Verein erteilt worden war, die ihm übertragenen Verrichtungen sich vielmehr in tatsächlichen Dienstleistungen erschöpften, und nach dem Bürgerlichen Gesetzbuch eine unmittelbare Haftung des Geschäftsherrn für die Handlungen des Vertreters bei bloß tatsächlichen Verrichtungen nicht besteht. Endlich erkennt der Berufungsrichter an, daß auch nicht der im § 278 B.G.B. geregelte Fall einer Vertretung des Vereins bei der

Erfüllung übernommener Verbindlichkeiten vorliegt. Gleichwohl nimmt er eine Haftung des Vereins für den durch P. verursachten Schaden an, und zwar als Folge rechtsgeschäftlicher Erklärung.

Die dem P. vom Vereine zugewiesene Stellung, wie sie unter 1 näher dargelegt worden ist, wonach P. die Kaufverhandlungen selbständig, nach eigenem Ermessen zu führen hatte, während die Direktoren des Vereins nur die so vorbereiteten Verträge zum förmlichen Abschluß brachten, habe — so führt der Berufungsrichter aus — nach außen nur so verstanden werden können, daß die Direktoren alle Erklärungen des P., insbesondere die von ihm zur Erfüllung der dem Verkäufer obliegenden Verpflichtung zur Auskunfterteilung über etwaige Mängel der Kaufsache abgegebenen oder dem Käufer vorenthaltenen Erklärungen, als ihre eigenen gelten lassen, und die Verträge ohne Einschränkung auf der von dieser Mittelsperson vorbereiteten Grundlage abschließen wollten. Danach sei auch hier verfahren worden; bei Errichtung der notariellen Vertragsurkunde hätten die Direktoren L. und W. den anwesenden P. als die maßgebliche Auskunftsperson behandelt und den Kläger in dem Glauben belassen, daß er sich auf die Schwammfreiheit des Hauses um deswillen verlassen könne, weil P. sie versichert oder vom Vorhandensein von Schwamm nichts erwähnt habe.

Der Berufungsrichter findet also in den Vorgängen und Umständen, die die Anstellung des P. als Geschäftsvermittlers sowie das Zustandekommen des Kaufvertrags mit dem Kläger begleiteten, die (stillschweigende) Abmachung der Vertragsparteien, daß der Verein für etwaiges Verschulden des P. bei seiner Tätigkeit, insbesondere auch für dessen Verfehlung gegen die Verpflichtung des Käufers zur Mängelanzeige, aufzukommen habe. Diese tatsächliche Würdigung des Sachverhalts muß die Revision gelten lassen. Die Rüge ist unbegründet, daß der Berufungsrichter nicht, wie geschehen, die Direktoren des Vereins, sondern den Kläger hätte für verpflichtet erachten müssen, klarzustellen, ob auch trotzdem, daß er beim förmlichen Vertragsschlusse mit den Direktoren selbst über die Schwammfrage verhandelte, noch das Verhalten des P. in diesem Punkt maßgebend bleiben solle. Der Berufungsrichter stellt fest, daß die Direktoren überhaupt keinen Einfluß auf den Inhalt des Vertrags üben wollten, und auch in den Augen des Klägers bloße Strohmänner waren; bei solcher Sachlage war es ihre Aufgabe, den Kläger darüber aufzuklären, wenn darin eine Änderung eintreten sollte.

Diese vertragsmäßige Übernahme der Haftung durch den Verein war mit dem Berufungsrichter für rechtswirksam zu erachten. Wenn auch, wie schon erörtert ist, von den einzelnen Bestimmungen, die das Bürgerliche Gesetzbuch in den §§ 164 flg., 278 und 831 über die Haftung des Geschäftsherrn für Handlungen seines Vertreters getroffen hat, keine unmittelbar auf den vorliegenden Fall paßt, so kommt doch in Betracht, daß das Bürgerliche Gesetzbuch auf dem Standpunkt möglichster Vertragsfreiheit steht, und von diesem Standpunkt aus muß es unbedenklich für zulässig erachtet werden, daß eine Vertragspartei sich der andern gegenüber verpflichtet, für alle etwaigen Verschuldungen einer von ihr benutzten Mittelsperson unmittelbar zu haften. Daß die gesetzliche Haftung des Geschäftsherrn nicht so weit reicht,

vgl. das Urteil des erkennenden Senats in den Entsch. des R.G.'s Bd. 61 S. 207,

steht dem nicht im Wege; um die gesetzliche Haftung handelt es sich hier nicht. Mit Recht weist aber der Berufungsrichter noch auf das unerwünschte Resultat hin, das entstehen würde, wenn in einem Falle wie dem vorliegenden der Geschäftsherr die Vorteile eines für ihn durch einen Geschäftsführer vorbereiteten Geschäfts genieße, dagegen die durch die Mittelsperson verschuldeten Nachteile für die andere Vertragspartei von sich weisen dürfte.

Vgl. auch Entsch. des R.G.'s in Zivils. Bd. 43 S. 146.

Demnach war auch die Revision des verklagten Vereins zurückzuweisen."

42. Vormerkung zur Sicherung des Anspruchs auf Löschung einer Hypothek für den Fall, daß sie sich mit dem Eigentum in einer Person vereinigt. Unterschied, ob die Löschungsverpflichtung gegenüber einem dinglich Berechtigten, oder gegenüber einem am Grundstücke noch nicht Berechtigten eingegangen ist. Bedeutung der Vormerkung für den Zessionar derjenigen Hypothek, zu deren Gunsten die Vormerkung eingetragen ist.

B.G.B. § 1179.

V. Zivilsenat. Urt. v. 11. April 1906 i. S. M. (Kl.) w. J. u. Gen. (Bekl.). Rep. V. 435/05.

I. Landgericht I Berlin.
II. Kammergericht daselbst.

Bei der Verteilung des Versteigerungserlöses eines dem Architekten Sch. gehörig gewesenen Grundstücks in Berlin wurde von der in Abt. III unter Nr. 5 für die Rheinische Hypothekenbank in M. eingetragenen Darlehnshypothek von 280000 ℳ nur ein Betrag von 239000 ℳ liquidiert, weil die Gläubigerin nur in dieser Höhe Baugelderdarlehne hergegeben hatte. Der Post ging ursprünglich eine Restkaufgeldhypothek von 20700 ℳ im Range vor, die in Abt. III unter Nr. 4 für die Firma Fritz Fl. eingetragen war. Von dieser war aber der Bank für ihre Darlehnshypothek von 280000 ℳ der Vorrang eingeräumt, und es war ferner bei letzterer eine Vormerkung eingetragen worden, die folgenden Wortlaut hatte:

„Zu Nr. 5 280000 ℳ Vormerkung zur Sicherung des Anspruchs des jeweiligen Gläubigers der 20700 ℳ Nr. 4 gegen den Eigentümer, diese Hypothek löschen zu lassen, falls sie sich ganz oder teilweise mit dem Eigentum vereinigt."

Nach Eintragung der Rangänderung und der Vormerkung, die auf einem zwischen der Firma Fritz Fl. und dem Eigentümer Sch. abgeschlossenen notariellen Vertrage vom 15. November 1902 beruhte, zedierte die gedachte Firma die Hypothek von 20700 ℳ an den Kläger, und dieser machte die Rechte aus der Vormerkung bei der Verteilung des Versteigerungserlöses hinsichtlich der von der Rheinischen Hypothekenbank nicht liquidierten 41000 ℳ geltend. Er verlangte, daß der Versteigerungserlös so verteilt werde, daß dabei diese 41000 ℳ nebst den von ihnen anzusetzenden Zinsen nicht berücksichtigt würden. Für ihn hafteten nämlich auf demselben Grundstücke noch nacheingetragene Hypotheken im Gesamtbetrage von 28385 ℳ, auf die eine Hebung nur dann entfallen wäre, wenn die ihnen im Range vorgehenden 41000 ℳ bei der Verteilung ausschieden. Dem Verlangen des Klägers widersprachen aber die Beklagten, für welche die Eigentümerhypothek des Sch. und dessen Befriedigungsanspruch aus dem Erlöse gepfändet worden war. Diese waren der Meinung, daß der Kläger Rechte aus der Vormerkung nur insoweit habe geltend machen dürfen, als zu seiner Befriedigung mit der ihm abgetretenen Hypothek von 20700 ℳ erforderlich gewesen sei. Da er mit dieser unstreitig einen Ausfall nur in Höhe von 12817,76 ℳ erlitten habe, so habe er auch nur in dieser Höhe die Vormerkung für sich verwerten, also nicht verlangen können, daß der Versteigerungserlös so verteilt werde, als ob die nicht valutierten 41000 ℳ bereits gelöscht seien. Infolge des Widerspruchs wurden die zur Hebung gelangten 41000 ℳ nebst Zinsen zu einer Streitmasse genommen, und im gegenwärtigen Prozesse verfolgte der Kläger seine Rechte an dieser aus der Vormerkung gegen die beiden Beklagten und zwei andere Beteiligte, die jetzt nicht mehr in Betracht kommen.

Der erste Richter billigte den vom Kläger vertretenen Standpunkt und verurteilte die Beklagten dementsprechend. Dagegen erkannte der Berufungsrichter dahin, daß das mit der Klage verlangte Anerkenntnis dem Kläger nur bezüglich der 12817,76 ℳ zu gewähren sei, mit denen er bei der Zwangsversteigerung des Grundstücks noch nicht zur Hebung gelangt war. Die weitergehende Klage wurde abgewiesen. Auch die Revision des Klägers wurde mit einer hier nicht in Betracht kommenden Maßgabe zurückgewiesen, aus folgenden

Gründen:

„Nach dem Wortlaute des § 1179 B.G.B. kann darüber kein Zweifel sein, daß der Eigentümer die Verpflichtung, eine ihm anfallende Hypothek löschen zu lassen, nicht bloß gegenüber einem am Grundstücke bereits dinglich Berechtigten und mit der Einschränkung übernehmen kann, daß sie zur Sicherung dieses am Grundstücke bestehenden Rechts dienen soll, daß er vielmehr eine solche Verpflichtung auch Dritten gegenüber eingehen kann, die am Grundstücke noch nicht dinglich berechtigt sind, und daß auch in diesem Falle eine Vormerkung zur Sicherung des Anspruchs auf Löschung in das Grundbuch eingetragen werden darf.

Vgl. Oberneck, Grundbuchrecht 3. Aufl. Bd. 1 S. 678, u. Beschl. des bayer. Obersten Landesgerichts vom 17. April 1902 in der Rechtspr. der O.L.G. Bd. 4 S. 490.

Welche Wirkung der Vormerkung im letzteren Falle bei der Verteilung des Versteigerungserlöses zukommt, läßt sich im allgemeinen nur dahin bestimmen, daß ein rechtliches Interesse an ihrer Geltendmachung erkennbar sein muß, und daß, soweit dieses rechtliche Interesse reicht, auch der durch die Vormerkung Gesicherte richterlichen Schutz in der Wahrnehmung seiner Rechte zu beanspruchen hat. Im vorliegenden Falle würde es für den Kläger, wenn in der Tat die durch die Vormerkung gesicherte Löschungsverpflichtung des Eigentümers nicht bloß zur Sicherung der dem Kläger abgetretenen Hypothek von 20700 *M* dienen sollte, an dem rechtlichen Interesse zu ihrer Geltendmachung bei der Verteilung des Versteigerungserlöses nicht fehlen; denn es steht fest, daß für den Kläger auch noch nacheingetragene Posten von zusammen 28385 *M* auf dem Grundstücke hafteten, die aus dem Versteigerungserlöse nur zur Hebung gelangen konnten, wenn die streitigen 41000 *M* nebst Zinsen bei der Verteilung völlig ausschieden, also so behandelt wurden, als sei bereits die Löschung, auf die der Kläger aus der Vormerkung Anspruch zu haben behauptet, erfolgt. Daß der Kläger diese nacheingetragenen Hypotheken von zusammen 28385 *M* erst erworben hat, nachdem bereits die Hypothek über 20700 *M* auf ihn übergegangen, und auch die Vormerkung für ihn wirksam geworden war, würde an sich der Heranziehung dieser nacheingetragenen Posten zur Begründung seines rechtlichen Interesses nicht entgegenstehen. Denn wenn in der Tat der Grundstückseigentümer der Firma Fritz Fl. (der Zedentin des Klägers) gegenüber die Verpflichtung zur Löschung schlechthin — (und nicht bloß zur Sicherung der für sie eingetragenen Hypothek von 20700 *M*) — übernommen hat, so ist nicht zu ersehen, weshalb Kläger nicht befugt gewesen sein sollte, Hypotheken an dem Grundstücke, die vielleicht nicht völlig sicher standen, zu erwerben und ihnen eine sichere Stellung, bzw. Befriedigung aus dem Versteigerungserlöse dadurch zu verschaffen, daß er die Rechte auf Löschung aus der Vormerkung geltend machte. Die Entscheidung des Rechtsstreites hängt also ausschließlich davon ab, ob der Kläger — wie der erste Richter angenommen hat — auf Grund der Vormerkung die Löschung der zur Eigentümergrundschuld gewordenen 41000 *M* so weit verlangen kann, wie sein rechtliches Interesse überhaupt reicht, oder nur — wie der zweite Richter angenommen hat — so weit, wie sein rechtliches Interesse als Hypothekengläubiger der Post von 20000 *M* reicht. Letzteres erschöpft sich natürlich in und mit der Befriedigung dieser Hypothek und würde also, da diese bis auf den Betrag von 12817,76 *M* bereits gedeckt ist, über diesen Betrag hinaus dem Kläger einen Anspruch auf Löschung nicht gewähren.

Was nun die hiernach allein entscheidende Frage anlangt, so hat der Berufungsrichter zunächst durch Beweiserhebung zu ermitteln gesucht, worauf der Vertragswille gerichtet war, als Sch. (der Grundstückseigentümer) der Firma Fritz Fl. (der Hypothekengläubigerin) gegenüber die Verpflichtung übernahm, den ihm als Eigentümerhypothekar etwa zufallenden Betrag der für die Rheinische Hypothekenbank eingetragenen 280000 *M* löschen zu lassen. Auf Grund dieser Beweiserhebung ist bedenkenfrei festgestellt, daß die beiderseitige Absicht der Vertragschließenden nur dahin ging, der erwähnten Firma für ihre Hypothek von 20700 *M*, mit der sie der Hypothekenbank den Vorrang eingeräumt hatte, nach Möglichkeit Sicherheit zu gewähren. An eine über die Befriedigung der Hypothek von 20700 *M* hinausreichende Wirkung der von Sch. übernommenen Verpflichtung haben die Beteiligten überhaupt nicht gedacht; damit ist von selbst gegeben, daß es ihnen fern gelegen hat, eine solche herbeiführen zu wollen. Mit Recht schließt hieraus der Berufungsrichter weiter, daß auch die dingliche Einigung der Beteiligten in diesem Sinne stattgefunden habe, und damit würde, wenn jetzt die Handlung Fritz Fl. Rechte aus der Vormerkung geltend machen wollte, der Rechtsstreit entschieden sein; denn diese Firma wäre an die mit Sch. getroffene Vereinbarung gebunden, und könnte über sie hinaus die ihr durch die Vormerkung gesicherten Rechte nicht ausdehnen. Aber der Kläger ist Zessionar. Als solcher kann er den öffentlichen Glauben des Grundbuchs für sich in Anspruch nehmen, wofern er nicht etwa beim Erwerbe der Hypothek gewußt hat, auf Grund welcher Abreden die Vormerkung zur Eintragung gelangt ist. Die Frage rückt also dahin weiter, ob der Kläger aus der Vormerkung selbst ersehen konnte, daß sie nur zur Sicherung der ihm abgetretenen Hypothek von 20700 *M* bestimmt sei. Ist dies zu bejahen, entfällt also für den Kläger auch die Berufung auf den öffentlichen Glauben des Grundbuchs, so kann er der Vormerkung eine über die Absicht der Beteiligten hinausgehende Wirkung nicht beimessen. Und so ist die Vormerkung in der Tat zu verstehen; sie bringt durch ihre Fassung erkennbar zum Ausdrucke, daß der Eigentümer die Verpflichtung zur Löschung nicht schlechthin zugunsten eines Dritten, sondern zugunsten einer bestimmten, bereits bestehenden Hypothek, nämlich der in der Vormerkung selbst benannten Hypothek von 20700 *M*, übernommen hat. Hierüber könnte man zweifelhaft sein, wenn die Vormerkung zur Sicherung des Anspruchs der Firma Fritz Fl. auf Löschung der Eigentümerhypothek eingetragen wäre; denn der Umstand, daß dieser Firma zugleich die Hypothek über 20700 *M* damals gehörte, würde zwar den Schluß, daß die Löschungsverpflichtung zugunsten dieser Hypothek übernommen sei, zulassen, vielleicht auch nahelegen; zwingend aber zu dieser Schlußfolgerung wäre er nicht. Das Gegenteil wäre schon zu sagen, wenn die Vormerkung „für die Firma Fritz Fl. in ihrer Eigenschaft als Hypothekengläubigerin der Post Abt. III Nr. 4" eingetragen wäre; denn schon damit wäre erkennbar zum Ausdrucke gekommen, daß sich das Interesse des Berechtigten an Einhaltung der Vormerkung in seiner Eigenschaft als Inhaber einer bestimmten Hypothekenpost erschöpfen soll. Noch mehr aber muß dies gelten, wenn die Vormerkung, wie hier, zur Sicherung des Löschungsanspruchs „des jeweiligen Gläubigers der 20700 *M* Nr. 4" eingetragen worden ist. Hat der Kläger, wie er wenigstens behauptet, diese einschränkende Bedeutung der Vormerkung nicht erkannt, so hat er die Eintragung nicht verstanden; aber für ein Mißverständnis kann er nicht den öffentlichen Glauben des Grundbuchs in Anspruch nehmen. Das Grundbuch gewährleistet nur das, was aus ihm erkennbar hervorgeht, und dies ist im vorliegenden Falle die Befugnis des Hypothekengläubigers der Post Abt. III Nr. 4, in dieser seiner Eigenschaft die Löschung der ihm vorgehenden Hypothek insoweit, als sie sich mit dem Eigentum in einer Person vereinigen sollte, zu verlangen. Ist das aber der Fall, so darf der Kläger, wie der Berufungsrichter zutreffend ausgeführt hat, auch nicht Rechte aus der Vormerkung geltend machen, die mit seiner Eigenschaft als Inhaber der Post Abt. III Nr. 4 nichts zu tun haben; sein rechtliches Interesse erschöpft sich in dieser seiner Eigenschaft, und es entfällt, wenn und soweit er mit der Hypothek befriedigt worden ist. Daraus erklärt es sich, daß es keinen Widerspruch in sich selbst enthält, wenn der Berufungsrichter meint, der Kläger sei vielleicht berechtigt gewesen, die Löschung der vollen 41000 *M* zu verlangen, solange der Zuschlag noch nicht erteilt war, daß er ihm diese Befugnis aber jetzt, wo es zur Verteilung des Versteigerungserlöses gekommen ist, abspricht; denn solange der Betrag, der unter die Realgläubiger zur Verteilung kommen soll, nicht feststeht, konnte der Kläger an der Löschung der ihm vorgehenden Hypothek schon deshalb in seiner Eigenschaft als Inhaber der Post Abt. III Nr. 4 ein rechtliches Interesse haben, weil er sich damit für letztere die leichtere Begebbarkeit sicherte. Bei der Verteilung des Erlöses aber konzentriert sich alles rechtliche Interesse auf einen Punkt: auf Befriedigung aus dem Erlöse. Es entfällt, soweit Befriedigung erlangt wird, und es besteht, soweit sie ausbleibt. Hat nun der Kläger, wie unstreitig ist, mit seiner Hypothek Abt. III Nr. 4 Befriedigung aus dem Erlöse bis auf den Betrag von 12817,76 ℳ gefunden, so besteht das rechtliche Interesse, für welches er die Vormerkung geltend machen darf, nur noch darin, daß er auch in Höhe dieses noch nicht gedeckten Betrags von 12817,76 ℳ Befriedigung aus dem Erlöse erhalte. Darüber hinaus gibt ihm die Vormerkung kein Recht, und dementsprechend hat der Berufungsrichter die Verurteilung der Beklagten eingeschränkt." ...

43. Zu den Begriffen der „Bearbeitung" und der „freien Benutzung" eines Werkes im Sinne der §§ 12 und 13 des Urheberrechtsgesetzes vom 19. Juni 1901.

I. Zivilsenat. Urt. v. 11. April 1906 i. S. Verlagshandlung A. A. u. Gen. (Kl.) w. Sch. u. Gen. (Bekl.). Rep. I. 452/05.

I. Landgericht I Berlin.
II. Kammergericht daselbst.

Mitkläger war als Verfasser des Theaterstücks „La Duchesse des Folies-Bergère" der Schriftsteller G. F., Mitbeklagter als Verfasser des Theaterstücks „Durchlaucht Radieschen" der Schriftsteller J. Fr. Von letzterem Stücke wurde in der Klage behauptet, daß es eine unberechtigte Benutzung des ersteren darstelle. Die Klage hatte indes in beiden Vorinstanzen keinen Erfolg, und auch die Revision ist zurückgewiesen worden.

Aus den Gründen:

... „Nach § 12 Abs. 1 des Urheberrechtsgesetzes erstrecken sich die in Ansehung eines Werkes dem Urheber zustehenden ausschließlichen Befugnisse auch auf die „Bearbeitungen" des Werkes, wogegen nach § 13 Abs. 1 die „freie Benutzung eines Werkes" zulässig ist, „wenn dadurch eine eigentümliche Schöpfung hervorgebracht wird". Als Bearbeitungen im Sinne des § 12 Abs. 1 sollen nach dem Abs. 2 Ziff. 1—4 dieses Paragraphen auch gelten die hier näher bezeichneten Hervorbringungen. Darin liegt bezüglich der unter Nr. 3 aufgeführten eine Einschränkung des Begriffs der freien Benutzung eines Werkes zur Hervorbringung einer eigentümlichen Schöpfung gegenüber der Rechtsauffassung, wie sie vor dem Urheberrechtsgesetz vom 19. Juni 1901 vielfach bestand und wohl auch begründet sein mochte. Darum wird im § 13 Abs. 1 „unbeschadet der ausschließlichen Befugnisse, die dem Urheber nach § 12 Abs. 2 zustehen", die freie Benutzung eines Werkes zur Hervorbringung einer eigentümlichen Schöpfung für zulässig erklärt. Aus der damit gekennzeichneten Besonderheit der Vorschrift des § 12 Abs. 2 Nr. 3 folgt dann aber, daß diese Vorschrift nicht, wie es von der Revision versucht worden ist, zur grundsätzlichen Abgrenzung des Begriffs der freien Benutzung im Sinne des § 13 Abs. 1 des Gesetzes verwendet werden darf.

Begrifflich ist der Gegensatz zu dieser freien Benutzung eine Nachbildung, die sich nur durch unwesentliche Veränderungen oder Zusätze von ihrem Vorbilde unterscheidet, die, in der Hauptsache die Identität des Werkes unberührt lassend, nur als eine Reproduktion des Originals bezeichnet werden kann. Von selbst ergibt sich daraus, daß einem Werke dessen Motive entlehnt werden dürfen, sofern sie in so eigenartiger Weise verarbeitet werden, daß das Erzeugnis sich als eine eigene geistige Schöpfung darstellt.

Im gegebenen Falle ist Übereinstimmung des Hauptmotivs vorhanden." (Dies wird näher dargelegt, und es wird ferner darauf verwiesen, daß nach der Feststellung des Berufungsgerichts, das Motiv zum Teil schon für ein älteres Theaterstück, als die beiden hier in Frage stehenden, benutzt worden ist. Dann wird fortgefahren:) „Sodann ergibt die Vergleichung der beiden Stücke eine völlige Verschiedenheit der Dialoge und eine wesentliche Verschiedenheit im Gange der Handlung und in den Nebenfiguren. Von Bedeutung ist besonders auch das letztere, weil infolge davon, wie in dem Gutachten der Sachverständigenkammer ausgeführt wird, die Fr.'sche Posse durchaus die Berliner Lokalfärbung erhalten hat. Von den vier Akten des Fr.'schen Stückes haben zwei nicht ihresgleichen in dem F.'schen, und eigentümlich sind jenem die in allen Akten räumlich stark hervortretenden Couplets. Wenn danach das Berufungsgericht gegenüber demjenigen, was beiden Stücken gemeinsam ist, das Neue und Besondere des Fr.'schen Stückes für so überwiegend hält, daß dieses als eine unter freier Benutzung des französischen Stückes hervorgebrachte eigentümliche Schöpfung angesehen werden müsse, so kann darin eine Gesetzesverletzung nicht gefunden werden.

Das Berufungsgericht verweist darauf, daß die hervorragendsten Dichter ihre literarischen Kunstwerke größtenteils unter Benutzung solcher Stoffe und Ideen, die bereits von anderen Dichtern verwertet worden seien, geschaffen und in neuem Gewande zu klassischen Werken geformt hätten, und die Revision meint, hier zeige sich, daß das Berufungsgericht bei der Beurteilung des gegebenen Falles einen falschen Maßstab angelegt habe. Dies kann aber, ganz abgesehen davon, daß die erwähnte Verweisung nur eine beiläufige ist, der Revision nicht zugegeben werden. Freilich ist nicht zu bezweifeln, daß man an den Begriff der freien Benutzung eines Werkes zur Hervorbringung einer eigentümlichen Schöpfung sehr viel größere Anforderungen, als man es hier tut, stellen könnte, und doch nicht daran denken dürfte, den Schöpfern jener klassischen Werke den Vorwurf des Plagiats oder gar des Nachdrucks zu machen. Ganz verkehrt aber wäre es, nach jenen Werken den Maßstab für die Anwendung des § 12 Abs. 1 des Gesetzes zu bestimmen, und in diesen Irrtum, der ja übrigens ein Irrtum zum Nachteil der Revisionsbeklagten gewesen wäre, ist denn auch das Berufungsgericht nicht verfallen." . . .

44. 1. Kann ein Patent deshalb teilweise für nichtig erklärt werden, weil sein Gegenstand dem Inhalte der ersten, später geänderten Anmeldung nicht entspricht?
2. Ist im Nichtigkeitsverfahren über die Priorität des Patents zu entscheiden?

Patentgesetz vom 7. April 1901 §§ 10. 20 Abs. 3. 23 Abss. 2. 3.

I. Zivilsenat. Urt. v. 18. April 1906 i. S. Allgem. Elektr.-Ges. (Bekl.) w. S., H. & Co. (Kl.). Rep. I. 529/05.

I. Patentamt.

Die Klage war auf Vernichtung des Anspruchs 1 eines vom 16. November 1901 datierten Patents auf ein Verfahren zur Regelung von Wechselstrommaschinen erhoben. Die Entscheidung des Patentamts vernichtete den Anspruch 1 teilweise durch Einschränkung seines Inhalts. Das Reichsgericht hat die Klage abgewiesen aus nachfolgenden, den wesentlichen Sachverhalt bezüglich der beiden oben gestellten Fragen ergebenden

Gründen:

„Die Begründung, mit der die angefochtene Entscheidung zu der ausgesprochenen teilweisen Vernichtung des Anspruchs 1 des Patents gelangt, ist unhaltbar. Es wird ausgeführt, die Fassung des Anspruchs lasse klar erkennen, daß die beabsichtigte Regelung des Motors mit Hilfe der Änderung sowohl der Größe wie der Phase der Spannungen erfolgen solle. Die Patentbeschreibung lasse diese beiden Mittel aber nicht ebenso zweifellos erkennen; einige Stellen könnten so aufgefaßt werden, daß es sich nur um die Größe der Spannungen handle; an anderen Stellen sei auch von der Phasenverschiebung und den Mitteln zu deren Regelung die Rede. Deshalb sei auf die Geschichte der Patenterteilung zurückzugreifen, um zu ermitteln, was die Erfinder ursprünglich als Gegenstand der Erfindung kenntlich gemacht hätten. Daraus ergebe sich aber, daß die patenterteilende Behörde bei der Auslegung und Bewilligung des jetzt vorliegenden Anspruchs über den ersten Antrag hinausgegangen sei. Denn die Anmeldung vom 15. November 1901 kennzeichne als Mittel zur Regelung des Motors nur die Änderung der

Größe der angelegten Spannungen; die Gleichheit der Phasen werde vorausgesetzt. Von Phasenverschiebung sei erst in der Beschreibung vom 3. Januar 1903 die Rede. Es sei nicht zuzugeben, daß für jeden Sachverständigen selbstverständlich sei, was mit der Änderung der Größe der Spannungen erzielt werden solle, könne auch mit der Änderung der Phase erreicht werden.

Ob die Auslegung, welche das Kaiserliche Patentamt der Anmeldung vom 15. November 1901 gibt, richtig ist, kann dahingestellt bleiben. Denn auf Grund dieser Anmeldung, ihrer Beschreibung und Zeichnung allein ist weder die Bekanntmachung der Anmeldung, noch die Erteilung des Patents erfolgt. Die Patenterteilungsakten ergeben, daß die Anmeldung vom 15. November 1901 von den Erfindern mehrfach geändert und ergänzt ist, schließlich in einer Beschreibung vom 3. Januar 1903, welche die angefochtene Entscheidung erwähnt. Über diese ist mit dem Vorprüfer mündlich verhandelt, und auf Grund dieser Anmeldung eine neue Beschreibung nebst vier Ansprüchen am 19. März 1903 eingereicht, welche mit der vom 3. Januar 1903 und mit der Patentbeschreibung bis auf redaktionelle Änderungen übereinstimmt. Diese Beschreibung vom 19. März 1903 ist nach den Erteilungsakten nebst der Anmeldung vom 15. November 1901 und Zeichnung ausgelegt, und auf Grund dieser Unterlagen die Anmeldung bekannt gemacht, und das Patent durch Beschluß vom 18. März 1904 erteilt. Die Beschreibung vom 19. März 1903 enthält in den Ansprüchen und im Text in bezug auf das Mittel der Änderung der Phase alles, was die Ansprüche und die Patentschrift enthalten.

Die angefochtene Entscheidung geht fehl, wenn sie bei der Ermittlung dessen, was die Erfinder als Gegenstand der Erfindung kenntlich gemacht, nur den Inhalt der ersten Anmeldung vom 15. November 1901 in Betracht zieht. Nach § 20 Abs. 3, § 23 Abss. 2 und 3 des Patentgesetzes waren die Anmelder befugt, die erste Anmeldung bis zum Beschluß über die Bekanntmachung und die Auslegung in ihren Angaben zu ändern. Nur nach diesem Zeitpunkt sind Änderungen nicht mehr zulässig, und ein Patent ist nichtig, wenn es auf Grund von Angaben und Tatsachen und für Ansprüche erteilt ist, die nicht im Aufgebotsverfahren durch die Bekanntmachung und die Auslegung zur allgemeinen Kenntnis gebracht sind, für die also die Gelegenheit der Prüfung durch Dritte und des Angriffs durch Einspruch nicht eröffnet ist (§ 24 Abs. 2 des Patentgesetzes).

Vgl. Entsch. des R.G.'s in Zivils. Bd. 46 S. 175, Bd. 50 S. 196. Davon kann hier nach den dargelegten Tatsachen nicht die Rede sein.

Eine andere Frage ist, ob das Patent mit der Priorität vom 16. November 1901 ab erteilt werden durfte, wenn es richtig ist, daß die Anmeldung vom 15. November 1901 einen wesentlichen Teil des Anspruchs 1 des Patents, die Benutzung der Differenz der Phase, nicht enthielt, diese vielmehr erst in der Anmeldung vom 3. Januar und 19. März 1903 offenbart und zum Gegenstande der Anmeldung gemacht ist. Aber darüber ist im Nichtigkeitsverfahren nicht zu entscheiden. Nichtig ist ein Patent nach § 10 des Patentgesetzes, abgesehen von den Fällen, in denen es wegen wesentlichen Mangels des Aufgebotsverfahrens nach den §§ 20 flg. des Patentgesetzes überhaupt nicht erteilt werden durfte, nur, wenn sein Gegenstand ganz oder teilweise keine Erfindung, oder keine neue Erfindung war (§ 10 Nr. 1), oder die Erfindung ganz oder teilweise Gegenstand des Patents eines früheren Anmelders, oder einem anderen entwendet ist (§ 10 Nr. 2. 3). Von alledem ist nicht die Rede, wenn die patenterteilende Behörde das Patent mit Recht erteilt, sich nur in der Priorität geirrt hat. Namentlich kann die Klägerin sich darauf nicht berufen, daß sie in der Zwischenzeit vom 15. November 1901 bis zum 3. Januar 1903 eine Methode für die Regelung des Wechselstrommotors durch absichtliche Änderung der Größe und der Phase der Spannungen zum Patent angemeldet habe. Denn unstreitig hat diese Anmeldung bisher nicht zur Auslegung, noch weniger zur Erteilung eines Patents geführt; und daß die Erfinder des angefochtenen Patents dieser Anmeldung etwas für ihre eigene Anmeldung entnommen haben, hat die Klägerin auf ausdrückliches Befragen nicht behauptet. Ist bei Bestimmung der Priorität des angefochtenen Patents auf den 16. November 1901 fehl gegriffen, hätte die Priorität in Wahrheit auf den 3. Januar 1903 oder den 19. März 1903 verlegt werden müssen, so kann dies von Bedeutung werden für die Frage der Wirkung des Patents gegenüber einem Patent, das etwa der Klägerin für den Gegenstand der Anmeldungen vom 3. Januar und 19. März 1903 mit einer früheren Priorität erteilt wird, und für die Wirkung des angefochtenen Patents gegenüber Dritten, die etwa den Gegenstand der Erfindung der Anmeldungen vom 3. Januar und 19. März 1903 schon vorher im Sinne des § 5 des Patentgesetzes in Benutzung genommen haben, oder endlich wenn zwischen dem früheren falschen Datum und dem richtigen späteren Datum die Erfindung offenkundig geworden, und deshalb nicht mehr patentfähig war. Für das jetzige Nichtigkeitsverfahren hat die Frage keine Bedeutung." . . .

45. Wurde unbewegliches Zubehör nach preußischem Rechte von Verfügungen über das Hauptgrundstück ohne weiteres mitergriffen? Machte es dabei einen Unterschied, ob das Grundbuchblatt des Hauptgrundstücks auf das Grundsteuerbuch zurückgeführt war?

V. Zivilsenat. Urt. v. 19. April 1906 i. S. v. G. (Kl.) w. Prinz F. L. (Bekl.). Rep. V. 287/05.

I. Landgericht Potsdam.
II. Kammergericht Berlin.

Der Beklagte war Eigentümer eines an dem kleinen Wannsee — einem Privatgewässer — belegenen Grundstücks, von dem er im Jahre 1888 eine 1,1312 ha große Parzelle an den Kaufmann R. verkaufte und aufließ. Dieser hatte sie im Jahre 1895 an den Kläger weiter verkauft und aufgelassen. Privatseen gehören nach dem Gesetze (§§ 176. 265. 267. 268 A.L.R. I. 9), wie es in ständiger Rechtsprechung,

vgl. z. B. Entsch. des Obertrib. Bd. 15 S. 361, Bd. 52 S. 40, Bd. 64 S. 34; Striethorst, Archiv Bd. 71 S. 335, Bd. 87 S. 134; Entsch. des R.G.'s in Zivils. Bd. 3 S. 246; Gruchot, Beiträge Bd. 25 S. 888, Bd. 26 S. 943, Bd. 27 S. 148,

ausgelegt worden ist, und wovon auch die beiden Parteien ausgehen, den Eigentümern der anliegenden Grundstücke nach Verhältnis ihrer Anliegerschaft. Das so in das Eigentum des Klägers gelangte

Trennstück stieß nach dessen Behauptung unmittelbar an den See an. Streitig war unter den Parteien, ob mit dem Trennstück ohne weiteres auch ein verhältnismäßiger Anteil am See in das Eigentum R.'s und des Klägers übergegangen war. Der betreffende Seeteil war weder auf den Grundbuchblättern der Parteien verzeichnet, noch war für ihn ein besonderes Grundbuchblatt angelegt. Im Kataster stand der ganze Seeteil noch auf den Namen des Beklagten eingetragen, der bis dahin auch die Grundsteuern zahlte. Der Beklagte beabsichtigte nach der Behauptung des Klägers, durch den von diesem beanspruchten Seeteil einen Damm zu legen, wodurch das Grundstück des Klägers im wesentlichen von der Anliegerschaft an dem See abgeschnitten worden sein würde. Der Kläger wollte dies nicht dulden und verlangte Feststellung seines Eigentums an der Seeparzelle, die im Kataster zwar schon unter einer besonderen Nummer von dem Seeanteile des Beklagten abgezweigt, aber auf dessen Namen eingetragen war. Er gründete sein Eigentum darauf, daß der Seeanteil als Zubehör oder Substanz der an R. und dann an ihn verkauften und aufgelassenen Landparzelle von deren Eigentumsübertragung nach den §§ 43. 44. 105 A.L.R. I. 2 von selbst (kraft Gesetzes) mitergriffen worden sei, und daß bei beiden Verkäufen und Auflassungen der Veräußerungs- und Erwerbswille sich auch auf die Seeparzelle erstreckt habe. Er führte aus, daß das Grundbuch des Stammgrundstücks insoweit noch nicht auf das Grundsteuerbuch zurückgeführt gewesen sei, als die Seefläche nicht als Bestandteil eingetragen gewesen sei.

Der erste Richter erkannte nach dem Klagantrage. Auf die Berufung des Beklagten wurde die Klage abgewiesen. In der Berufungsinstanz hatte der Kläger den eventuellen Antrag gestellt, festzustellen, daß das Eigentum an der streitigen Seeparzelle nicht dem Beklagten, sondern ihm zustehe, und daß der Beklagte nicht befugt sei, der Zuschreibung dieser Parzelle zu dem Grundstücke des Klägers zu widersprechen.

Auf die Revision des Klägers wurde das Berufungsurteil aufgehoben, und die Sache in die Vorinstanz zurückverwiesen, aus folgenden

Gründen:

„Vor der weiteren Ausbildung des sog. Spezialitätsprinzips durch die Gesetze vom 5. Mai 1872 wurden in Preußen die Grundstücke nur allgemein nach Lage, Namen und etwaigen besonderen Kennzeichen im Hypothekenbuche bezeichnet (§ 33 Tit. 1 Hyp.-Ordn. von 1783). Nach § 43 A.L.R. I. 2 konnten Grundstücke als unbewegliche Pertinenzen zu einem Hauptgrundstücke gehören. Solche Pertinenzstücke brauchten im Hypothekenbuche des Hauptguts nicht besonders vermerkt zu werden (§ 34 Tit. 1 Hyp.-Ordn. von 1783). Das Hypothekenbuch des Hauptguts umfaßte sie ohne weiteres, und daher wurden sie von Verfügungen über dieses im Zweifel, d. h. wenn nicht ein anderes ausbedungen war, erfaßt (§ 105 A.L.R. I. 2). Nur wenn sie ein eigenes Hypothekenfolium hatten, führten sie ein gesondertes rechtliches Dasein. Landseen, die, wie der kleine Wannsee, im Privateigentum stehen, bilden unbewegliches Zubehör der an ihnen belegenen Grundstücke nach Maßgabe der Uferausdehnung der einzelnen Grundstücke. Das Hypothekenbuch der Landgrundstücke umfaßte also von selbst den dazu gehörigen Seeanteil, falls für diesen — was aber vor dem 1. Oktober 1872 regelmäßig nicht geschah — nicht ein besonderes Hypothekenfolium angelegt war. Veräußerte ein Anlieger einen Teil seines Grundstücks, so galt der diesem Teile entsprechende Seeanteil als mitveräußert, falls nicht bei der Veräußerung das Gegenteil ausbedungen worden war (Entsch. des Obertrib. Bd. 64 S. 34). Durch Vertrag und Übergabe (des Landgrundstücks) wurde der Erwerber Eigentümer auch des Seeanteils. Eine Änderung trat durch die Gesetze vom 5. Mai 1872 zunächst insofern ein, als das Eigentum an Grundstücken nur noch durch die auf Grund einer Auflassung erfolgte Eintragung des Eigentumsübergangs im Grundbuch erworben werden konnte (§ 1 Eig.-Erw.-Ges.). Diese Bestimmung stand jedoch an sich dem Miterwerb unbeweglichen Zubehörs, das auf dem Grundbuchblatte nicht vermerkt war, nicht entgegen. Das Blatt umfaßte auch nach § 5 G.B.O. von 1872 die unbeweglichen Zubehörstücke des Grundstücks. Gleichzeitig wurde aber das Spezialitätsprinzip durch § 4 G.B.O. weiter entwickelt. Die Grundbücher waren auf das Kataster zurückzuführen, und nach der Zurückführung umfaßte das einzelne Grundbuchblatt nur die aus dem Kataster auf das Blatt übernommenen Bestandteile und unbeweglichen Zubehörstücke. Die Zurückführungsarbeiten waren nach Art. 7 der Ausführungsverfügung vom 2. September 1872 von Amts wegen nach und nach, bei beantragten Einschreibungen in ein Grundbuchblatt aber sofort vorzunehmen, „damit in den auszufertigenden Hypotheken- oder Grundschuldbriefen die Größe und der Ertrag bereits sichtbar werden." Um jedoch den Verkehr nicht zu hemmen, war (daselbst) nachgelassen, daß Eintragungen auch vor der Zurückführung bewirkt werden durften, wenn die Abschrift des Steuerbuchs dem Grundbuchamte noch nicht zugegangen war. Für den Fall der Auflassung sind besondere Zurückführungsvorschriften nicht getroffen worden. In gleicher Rücksichtnahme auf das Verkehrsinteresse wurden aber auch Eigentumsübertragungen auf Grund von Auflassungen vor der Zurückführung eingetragen, wenn der Zurückführung noch Hindernisse entgegenstanden; und diese Praxis lag unzweifelhaft im Sinne der Gesetze vom 5. Mai 1872 und der erwähnten Ausführungsverfügung. Selbst die Abschreibung von Parzellen durfte nicht deshalb abgelehnt oder ausgesetzt werden, weil das Blatt des Stammgrundstücks noch nicht auf das Kataster zurückgeführt war, sofern nur die Zugehörigkeit der Parzelle zum Stammgrundstücke feststand.

Vgl. Johow, Jahrb. Bd. 7 S. 184; Turnau, G.B.O. 5. Aufl. Bd. 1 S. 245 Bem. 8.

Wurde unter der Herrschaft der Gesetze vom 5. Mai 1872 ein auf das Kataster noch nicht zurückgeführtes Grundstück, oder der Teil eines solchen aufgelassen, und demnächst der Erwerber als Eigentümer des Grundstücks oder des abgeschriebenen Teiles eingetragen, dann erwarb er damit alles, was nach dem Gesetze zu dem Grundstück oder dem Teile nach dem früheren Rechte gehörte, insbesondere auch die unbeweglichen Zubehörungen; denn erst mit der Zurückführung auf das Kataster trat die Wirkung des erweiterten Spezialitätsprinzips ein (Entsch. des R.G.'s in Zivils. Bd. 27 S. 247). Auflassung und Eintragung umfaßte von selbst auch solche Zubehörungen. Wäre also im vorliegenden Falle das Grundstück des Beklagten noch nicht auf das Kataster zurückgeführt gewesen, so würden R. und nach ihm der Kläger den abveräußerten Grundstücksteil mit dem dazu gehörigen Seeanteil erworben haben, da nicht behauptet ist, daß dieser von der Auflassung ausdrücklich ausgeschlossen worden sei. Anders würde die Rechtslage sein, wenn zur Zeit jener Veräußerung das Grundstück, wenn auch nur das Landgrundstück, bereits auf das Kataster zurückgeführt gewesen sein sollte. Darüber, ob dies oder jenes der Fall gewesen ist, hat der

Berufungsrichter keine Feststellung getroffen. Die Behauptung des Klägers, wie sie im Tatbestande des Berufungsrichters enthalten ist, ist nicht klar. Sie geht dahin, daß die streitige Seefläche noch (also zurzeit) nicht im Grundbuch eingetragen, also insoweit das Grundbuch noch nicht zurückgeführt sei. Über den Zustand zur Zeit der Auflassung an R. haben die Parteien keine Aufklärung gegeben. Da die Entscheidung der Sache aber wesentlich davon abhängt, hätte der Kläger nach § 139 Z.P.O. zur Vervollständigung seines Vorbringens nach dieser Richtung hin aufgefordert werden müssen. Da dies versäumt ist, mußte das Berufungsurteil schon aus diesem Grunde aufgehoben, und die Sache in die Vorinstanz zurückverwiesen werden. Ergibt sich bei der hierdurch eröffneten neuen Verhandlung, daß das Grundbuch des Stammgrundstücks noch nicht auf das Grundsteuerbuch zurückgeführt war, als die Parzelle an R. veräußert wurde, so ist weiter festzustellen, ob die bestrittene Behauptung des Klägers, daß diese Parzelle zu jener Zeit unmittelbar an den See gestoßen habe, richtig ist. Erweist sie sich als richtig, dann ist der Klagantrag begründet, und es braucht nicht noch festgestellt zu werden, ob der Wille der bei jener Auflassung Beteiligten auf Veräußerung und Erwerb der streitigen Seeparzelle gerichtet gewesen ist. R. ist dann Eigentümer der Landparzelle und des zu ihr gehörigen Seeteils geworden, und er hat mit der Auflassung an diesem den dinglichen Anspruch auf Buchung dieses Eigentums auf den Kläger übertragen (vgl. Entsch. des R.G.'s in Zivils. Bd. 46 S. 225, Jurist. Wochenschr. 1901 S. 527 Nr. 22). Wird zwar erwiesen, daß das Grundbuchblatt noch nicht zurückgeführt war, aber nicht, daß die Parzelle unmittelbar an den See grenzte, so wird die auf die Anliegerschaft am See gegründete Klage abzuweisen sein. Die für den Übertragungswillen angebotenen Beweise haben, da nicht behauptet ist, daß der Wille auch zum Ausdrucke gekommen sei, nur für den Fall jener Anliegerschaft Bedeutung.

Aber auch für den Fall, daß sich herausstellen sollte, daß das Grundbuchblatt des Stammgrundstücks zu der erheblichen Zeit bereits auf das Grundsteuerbuch zurückgeführt war, ist der Entscheidung des Berufungsrichters in ihrer jetzigen Begründung nicht beizutreten. Freilich kann dann nicht mehr angenommen werden, daß die Seeparzelle schon Gegenstand der Veräußerung war, wenn die

Parteien sie nicht ausdrücklich davon ausgenommen haben; denn von der Zurückführung an umfaßt das Grundbuchblatt nicht gebuchte, oder auf einem anderen Blatte gebuchte unbewegliche Zubehörstücke nicht mehr. Aber mit Unrecht versagt der Berufungsrichter der Behauptung des Klägers, daß bei der Abveräußerung an R. und demnächst an den Kläger der Wille der Beteiligten sowohl beim Abschlusse der Kaufverträge, als auch bei Abgabe der Auflassungserklärungen die streitige Seeparzelle mitumfaßt habe, jede Bedeutung. Es kommt nicht lediglich auf den Wortlaut der Verträge an, sondern es ist der wahre Wille der Parteien zu erforschen. Dieser Wille ist entscheidend für die Frage, was Gegenstand des Verkaufs und der Auflassung gewesen ist.

Vgl. Entsch. des R.G.'s in Zivils. Bd. 60 S. 239. 240.

Kann der Richter diesen Willen durch Auslegung oder auf andere Weise ermitteln, so deklariert er den Kauf- und den Auflassungsvertrag hinsichtlich des unrichtig oder unvollständig bezeichneten Gegenstandes. Grundstücksteile, die in den Verträgen als veräußert bezeichnet sind, ohne daß der Veräußerungs- und Erwerbswille sich auf sie bezog, sind in Wahrheit nicht Gegenstand der Verträge gewesen und gehen daher nicht in das Eigentum des Erwerbers über.

Vgl. Jurist. Wochenschr. 1899 S. 681 Nr. 24, 1900 S. 403 Nr. 30, 1901 S. 813 Nr. 34; Entsch. des R.G.'s in Zivils. Bd. 46 S. 225.

Grundstücke oder Grundstücksteile, die in den Verträgen nicht aufgeführt sind, auf die sich aber der Wille der Beteiligten bezog, sind mitverkauft und mitaufgelassen.

Vgl. Jurist. Wochenschr. 1896 S. 17 Nr. 66, 1897 S. 254 Nr. 85.

Danach kommt es sehr wesentlich darauf an, was die Beteiligten bei den Verkäufen und Auflassungen an R. und demnächst an den Kläger als Vertragsgegenstand gewollt haben. Dabei ist es unerheblich, daß der Kaufvertrag mit R. nicht in der damals erforderlichen Schriftform geschlossen war; denn sofern nur der Wille der Beteiligten die Seeparzelle mitumfaßte, wurde der Mangel der Schriftform durch die nachfolgende Auflassung geheilt, wenn auch die Seeparzelle nach dem ermittelten Willen Gegenstand der Auflassung war (§ 10 Eig.-Erw.-Ges. vom 5. Mai 1872). Der Eintragung bedurfte es damals — abweichend vom jetzt geltenden Rechte (§ 313 Satz 2 B.G.B.) — zur Heilung des Formmangels nicht. Daraus, daß die (etwa) abveräußerte Seeparzelle in den Verträgen nicht nach dem Steuerbuche bezeichnet war (§ 58 G.B.O. vom 5. Mai 1872), ergeben sich wesentliche Bedenken nicht, da der § 58 nur instruktioneller Natur ist, und seine Nichtbeachtung die Auflassung nicht nichtig machte (Jurist. Wochenschr. 1895 S. 214 Nr. 61).

Kommt das Berufungsgericht auf Grund der erneuten Verhandlung zu den Feststellungen, daß zwar das Stammgrundstück, von dem die Parzelle an R. abveräußert ist, damals schon auf das Kataster zurückgeführt war, daß aber der Veräußerungs- und Erwerbswille sich (auch bei der Veräußerung von R. an den Kläger) auf die Seeparzelle miterstreckt hat, dann würde freilich der ursprüngliche Klagantrag auf Anerkennung des Eigentums des Klägers nicht gerechtfertigt sein, da es hinsichtlich der Seeparzelle an der zum Eigentumserwerb nach § 1 Eig.-Erw.-Ges. erforderlichen Eintragung fehlt. Es würde dann aber zu untersuchen sein, ob in dem eventuellen Berufungsantrag eine Klagänderung, oder nur eine Herabminderung des ursprünglichen Klagebegehrens zu finden ist, und ob dieses auf einem dinglichen Rechtsgrunde beruht. Dabei wird zu erwägen sein, daß — unter den angegebenen Voraussetzungen — der Anspruch des Klägers durch die Auflassungen jedenfalls dem rein obligatorischen Gebiete entwachsen ist, daß die Beteiligten alles, was sie zur Übertragung des Eigentumswechsels tun konnten, bereits getan haben, so daß es nur noch der von der Grundbuchbehörde zu bewirkenden Eintragung bedarf, die auf Antrag des Klägers erfolgen muß, sobald durch rechtskräftiges Urteil feststeht, daß die Beteiligten die Seeparzelle haben mitverkaufen und mitauflassen wollen. Denn schon mit der Auflassung begibt sich der Veräußerer in rechtsverbindlicher Weise, wenn auch vielleicht nicht — wie Förster-Eccius Bd. 3 § 178 S. 264 (6. Aufl.) annimmt — seines Eigentums, so doch jedes Verfügungsrechts über das aufgelassene Grundstück (Entsch. des R.G.'s in Zivils. Bd. 28 S. 350), und zwar zugunsten des Erwerbers. Der Veräußerer hat nicht mehr das Recht oder die Macht, die Eintragung des Erwerbers als Eigentümers zu hindern. Diese Bindung der Verfügungsmacht hat in dem dinglichen Rechtsgeschäfte der Auflassung ihre Grundlage und ist ebendaher dinglicher Natur, wenngleich sie Dritten gegenüber keine unbeschränkte Wirkung haben mag, bevor die Eintragung hinzukommt.

Sollte die Seeparzelle an R. und von diesem an den Kläger mitaufgelassen sein, so würde der Anspruch des R. auf Geschehenlassen der Buchung auf seinen Namen mit der Auflassung an den Kläger auf diesen von selbst mitübergegangen sein, und der Eintragung des Klägers kein Hindernis entgegenstehen."

46. 1. Maschinen als wesentliche Bestandteile eines Brauereigrundstücks.
2. Begriff des Bestandteils im Gegensatze zum Zubehör.

B.G.B. §§ 93. 94. 97.

V. Zivilsenat. Urt. v. 19. April 1906 i. S. Gasmotorenfabrik D. (Kl.) w. Sch. (Bekl.). Rep. V. 528/05.

I. Landgericht Düsseldorf.
II. Oberlandesgericht Köln.

Durch Vertrag vom 27./31. Dezember 1902 verkaufte die Klägerin dem Brauereibesitzer V. in Rh. eine Sauggasanlage mit Motor und Zubehör für 12105 ℳ unter Vorbehalt des Eigentums bis zur vollen Zahlung des Kaufpreises. Die Sauggasanlage nebst Motor wurde in dem Brauereigebäude des Käufers aufgestellt. Dieser geriet in Konkurs, und über das Brauereigrundstück wurde auf Antrag des Beklagten, eines Hypothekengläubigers, das Zwangsversteigerungsverfahren eingeleitet. Die Klägerin erhob unter der Behauptung, daß V. den Kaufpreis noch in Höhe von 6594 ℳ schulde, Klage mit dem Antrage, den Beklagten zu verurteilen, anzuerkennen, daß das Zwangsversteigerungsverfahren, insbesondere die Beschlagnahme der dem V. gehörigen Grundstücke, die verkaufte Sauggasanlage nebst Motor und Zubehör nicht umfasse, und einzuwilligen, daß die Klägerin die Anlage einschließlich des Motors und Zubehörs von den Grundstücken entferne.

Diesem Antrage gemäß wurde in erster Instanz erkannt, dagegen auf die Berufung des Beklagten die Klage abgewiesen.

Die Revision wurde zurückgewiesen, aus folgenden

Gründen:

„Die angefochtene Entscheidung beruht auf der Annahme, daß die streitigen Maschinen, Sauggasanlage mit Motor und Zubehör, wesentliche Bestandteile des zur Zwangsversteigerung gestellten Brauereigrundstücks sind, woraus dann nach §§ 93 und 946 flg. B.G.B. folgt, daß durch die Verbindung der Maschinen mit dem Brauereigebäude das frühere Eigentum der Klägerin erloschen, der von dieser bei dem Verkauf der Maschinen vereinbarte Eigentumsvorbehalt wirkungslos geworden ist. Der Berufungsrichter gründet diese Annahme ausschließlich auf § 93 a. a. O. und verwirft aus tatsächlichen Gründen ausdrücklich die Meinung des Beklagten, der die Eigenschaft der Maschinen als wesentlicher Bestandteile zunächst aus ihrer festen Verbindung mit dem Grund und Boden hergeleitet hat. Maßgebend sei — so führt der Berufungsrichter aus — allein „der Gesichtspunkt der durch die Einfügung der bezeichneten Gegenstände in die Brauerei hergestellten wirtschaftlichen Einheit". Hiervon ausgehend erwägt nun der Berufungsrichter, daß Brauereien rationell nur noch mit Maschinen betrieben werden können, daß im vorliegenden Falle der Motor dazu bestimmt ist, alle in der Brauerei befindlichen und deren Zwecken dienenden Maschinen zu betreiben, daß bei Entfernung der Motoranlage alle diese Maschinen zum Stillstand kommen würden, und daß, wenn man die bisher von Maschinen besorgten Leistungen durch Menschenkräfte bewirken lassen wollte, eine ganz andere und erheblich kostspieligere Art des Betriebes würde eintreten müssen. Danach würde durch die Beseitigung des Motors die Brauerei eine so erhebliche Einbuße in ihrer wirtschaftlichen Bedeutung erleiden, daß darin nach den Anschauungen des Verkehrs eine Wesensänderung zu erblicken sei. Durch die Fortnahme der fraglichen Maschinen würde aber nicht nur das bisherige Ganze — die Brauerei —, sondern auch der Teil, das besonders für den Betrieb derselben eingerichtete Gebäude, in seinem Wesen geändert.

Es könnte scheinen, als ob der Berufungsrichter dem an die Spitze gestellten Gesichtspunkte der „wirtschaftlichen Einheit" eine zu große Bedeutung beigelegt hätte. Ungeeignet oder wenigstens für sich allein unzureichend erscheint dieser Begriff für die Unterscheidung zwischen (wesentlichen) Bestandteilen und Zubehör. Auch ein Landgut bildet eine wirtschaftliche Einheit mit seinem lebenden und toten

Inventar, und durch vollständige Trennung des letzteren von dem Gute würde dieses nicht minder, wie im vorliegenden Falle das Brauereigrundstück, in seiner wirtschaftlichen Bedeutung herabgesetzt und dadurch in seinem Wesen verändert werden. Es kann also die Herabsetzung der wirtschaftlichen Bedeutung für sich allein kein sicheres Merkmal für die Anwendung des § 93 bieten. Es muß eine Sache zunächst Bestandteil sein, ehe zu entscheiden ist, ob sie wesentlicher Bestandteil sei. Das Bürgerliche Gesetzbuch gibt keine Definition für Bestandteil, und insbesondere kein Merkmal, wodurch sich ein solcher von bloßem Zubehör, d. h. „beweglichen Sachen, die, ohne Bestandteile zu sein, dem wirtschaftlichen Zwecke der Hauptsache zu dienen bestimmt sind" (§ 97 a. a. O.), unterscheidet. Es wurde angenommen, daß es sich um einen allgemein verständlichen Begriff handle.

Vgl. Küntzel, in Gruchot, Beiträge Bd. 41 S. 135.

Danach aber sind als Bestandteile einer Sache diejenigen körperlichen Gegenstände anzusehen, die entweder von Natur eine Einheit bilden, oder durch Verbindung miteinander ihre Selbständigkeit dergestalt verloren haben, daß sie fortan, solange die Verbindung dauert, als ein Ganzes, als eine einheitliche Sache erscheinen, wogegen Zubehörstücke ihre individuelle Selbständigkeit als bewegliche Sachen bewahrt haben, und nur in einem ihrer Bestimmung entsprechenden räumlichen Verhältnisse zu einer „Hauptsache" stehen (§ 97 a. a. O.). Es wird also das unterscheidende Merkmal eines (gleichviel ob wesentlichen, oder nicht wesentlichen) Bestandteils von bloßem Zubehör im Zweifelsfalle in der Art der Verbindung der bestehenden Sachen gesucht und gefunden werden müssen. Es muß, um einem Gegenstande die Eigenschaft eines Bestandteils eines größeren Ganzen zuzusprechen, ein physischer oder mechanischer Zusammenhang, eine körperliche Verbindung bestehen, die dann aber nicht so beschaffen zu sein braucht, um schon an und für sich im Sinne des § 94 Abs. 1 a. a. O. die Eigenschaft der Sache als wesentlicher Bestandteil eines Grundstücks zu begründen. Auf die größere oder geringere Festigkeit der Verbindung kommt es im Sinne des § 93 (so wenig wie im Falle des § 94 Abs. 2) nicht an.

Vgl. Entsch. des R.G.'s in Zivils. Bd. 58 S. 341; Jurist. Wochenschr. 1904 S. 111 Nr. 4, S. 548 Nr. 2.

Wenn daher der Berufungsrichter das Vorhandensein einer festen Verbindung der Maschinen im Sinne des § 94 Abs. 1 verneint, so steht das der Anwendung des § 93 nicht entgegen; es genügt vielmehr die vom Berufungsrichter festgestellte, durch Anschrauben an eine eingemauerte Betonunterlage bewirkte Verbindung der Maschinen mit dem Gebäude, um dieselben als Bestandteile und bei dem Vorliegen der im übrigen bedenkenfrei festgestellten Voraussetzungen des § 93 als wesentliche Bestandteile des Grundstücks zu kennzeichnen. Dahingestellt kann bleiben, ob die Eigenschaft der fraglichen Maschinen als wesentliche Bestandteile des Gebäudes, dem sie eingefügt sind, sich nicht auch aus § 94 Abs. 2 a. a. O. ergibt.

Nach alledem fällt dem Berufungsrichter die von der Revision behauptete Verletzung der §§ 93 und 94 B.G.B. nicht zur Last. In gleichem Sinne ist erkannt in neueren Entscheidungen des Reichsgerichts, Jurist. Wochenschr. 1906 S. 189 Nr. 3 und 4." ...

47. Besteht die Enteignungspflicht der Gemeinde nach § 13 Abs. 1 Ziff. 2 und 3 des preußischen Fluchtliniengesetzes vom 2. Juli 1875 auch dann, wenn eine Baustelle durch die Fluchtlinie einer neuen Querstraße ganz, oder bis auf einen unbebaubaren Rest in Anspruch genommen wird?

VII. Zivilsenat. Urt. v. 20. April 1906 i. S. Gemeinde L. (Bekl.) w. B. (Kl.). Rep. VII. 376/05.

I. Landgericht Bochum.
II. Oberlandesgericht Hamm.

Die Frage ist bejaht aus folgenden

Gründen:

„Nach § 11 des Fluchtliniengesetzes vom 2. Juli 1875 erhält die Gemeinde mit der Offenlegung eines Fluchtlinienplanes das Recht, die nach dem Plane für Straßen und Plätze bestimmte Grundfläche dem Eigentümer zu entziehen; es ist ihr aber nicht die Pflicht auferlegt, dieses Recht alsbald oder binnen bestimmter Frist auszuüben.

Doch läßt das Gesetz Ausnahmen zu. In den im § 13 Abs. 1 unter Ziff. 2 und 3 bezeichneten Fällen kann der Eigentümer verlangen, daß ihm die Gemeinde die zu Straßen (und Plätzen) bestimmte Grundfläche gegen Entschädigung abnimmt, und daß sie das Entschädigungsfeststellungsverfahren nach §§ 24 flg. des Enteignungsgesetzes vom 11. Juni 1874 beantragt. Insoweit besteht eine Enteignungspflicht der Gemeinde. Die Erfüllung dieser Pflicht fordert der Kläger vorliegendenfalls bezüglich seines Grundstücks. Dieses Grundstück ist unbebaut, aber an sich zur Bebauung geeignet; es liegt an der längst bestehenden anbaufertigen Kaiserstraße, und es wird von der Fluchtlinie der neuanzulegenden Sedanstraße durchschnitten. Insoweit liegen die Voraussetzungen des § 13 Abs. 1 Ziff. 3 des Fluchtliniengesetzes vor. Dagegen kann der Kläger das weitere Erfordernis, daß „die Bebauung (des Restgrundstücks) in der Fluchtlinie der neuen Straße erfolgt", nicht erfüllen, weil das ihm an der Kaiserstraße verbleibende Restgrundstück zu klein ist, als daß es überhaupt noch bebaut werden könnte. Es fragt sich, ob die Enteignungspflicht der Gemeinde trotzdem besteht. Das Landgericht hatte die Frage verneint; das Berufungsgericht bejaht sie im Anschluß an das — in den Entsch. in Zivils. Bd. 7 S. 273 abgedruckte — Urteil des Reichsgerichts, V. Zivilsenats, vom 23. September 1882. Dieses Urteil zieht zur Ergänzung des § 13 Abs. 1 Ziff. 3 den Abs. 3 des § 13 heran; es findet im Abs. 3 „eine die Entschädigungspflicht für betroffene Baustellen anderweit regulierende Modifikation der Bestimmung des Abs. 1 Ziff. 3". Hiergegen wendet sich die Revision, im wesentlichen unter Wiederholung der von v. Strauß u. Torney in Friedrich's Kommentar zum Fluchtliniengesetz (5. Aufl. S. 148 flg.) hervorgehobenen Bedenken. Es wird ausgeführt, die Ansicht des V. Senats des Reichsgerichts lege dem Abs. 3 des § 13 eine Bedeutung bei, die er nach dem Bau und der Entstehungsgeschichte des Gesetzes nicht haben könne. Der Abs. 3 bezwecke nicht eine Ergänzung oder Änderung des Abs. 1, sondern eine Ergänzung der entsprechenden Bestimmungen im § 9 des Enteignungsgesetzes. Mit der Frage, ob und in welchem Zeitpunkte die Gemeinde zur Enteignung zu schreiten verpflichtet sei, habe der Abs. 3 nichts zu tun.

Die Revision muß ohne Erfolg bleiben. Das Gewicht der erhobenen Bedenken soll nicht verkannt werden. Allein wenn man ihnen auch im vollen Maße Rechnung trägt, so führt dies nur zu einer teilweise von der des V. Senats abweichenden Begründung der Entscheidung, nicht zu einer abweichenden Entscheidung der streitigen Frage selbst. Zunächst ist zu bemerken, daß der Abs. 3 keineswegs ohne alle Bedeutung für die vorliegende Streitfrage ist. Nach Abs. 3 kann der Eigentümer die Übernahme des ganzen Grundstücks verlangen, wenn dasselbe durch die Fluchtlinie entweder ganz, oder bis auf einen nicht mehr zur Bebauung geeigneten Rest in Anspruch genommen wird. Dieses Recht hat er „in allen obenerwähnten Fällen", d. i. in allen Fällen des Abs. 1, also auch im Falle des Abs. 1 Ziff. 3. Der Fall gänzlicher oder fast gänzlicher Inanspruchnahme des Grundstücks muß demnach von der Ziff. 3 des Abs. 1 mitumfaßt sein, denn anderenfalls könnte das Recht des Abs. 3 vom Eigentümer niemals in einem Falle der Ziff. 3 des Abs. 1 ausgeübt werden. Mit anderen Worten: Der Abs. 3 setzt voraus, daß die Enteignungspflicht der Gemeinde nach Abs. 1 Ziff. 3 auch dann besteht, wenn das Grundstück durch die Fluchtlinie ganz oder bis auf einen unbebaubaren Rest in Anspruch genommen wird. Insofern enthält der Abs. 3 einen wichtigen Behelf für die Auslegung der Ziff. 3 des Abs. 1, für die Ermittlung der Tragweite dieser letzteren Bestimmung. Zu dem gleichen Ergebnisse gelangt man aber auch, wenn man den Abs. 1 Ziff. 3 für sich und außer Zusammenhang mit dem Abs. 3, aber an der Hand der — in dem Urteile des V. Senats vom 23. September 1882 in ihren wesentlichsten Zügen mitgeteilten — Entstehungsgeschichte des Gesetzes betrachtet. Es kann im allgemeinen auf das erwähnte Urteil Bezug genommen werden; doch mögen zur Ergänzung hier noch einige Bemerkungen über den Grund und die Tragweite der in Abs. 1 Ziff. 3 gesetzten Bedingung („wenn die Bebauung in der Fluchtlinie der neuen Straße erfolgt") Platz finden.

Die Ziff. 3 wurde dem Gesetzentwurf von der Kommission des Abgeordnetenhauses aus Billigkeitsrücksichten eingefügt. Wenn eine Baustelle an bestehender Straße durch die Fluchtlinie einer neuen Straße für diese neue Straße in Anspruch genommen wird, insoweit also die bisherige Bebauungsfähigkeit verliert, so soll dem Eigentümer nicht zugemutet werden, zu warten, bis die Gemeinde die Abtretung verlangt; der Eigentümer soll selbst berechtigt sein, die Abnahme der zur Straße bestimmten Fläche gegen Entschädigung zu fordern. Daß hierbei nichts darauf ankommen kann, ob das betroffene Grundstück ganz oder nur zum Teil für die Straße bestimmt ist, und ob der nicht zur Straße fallende Teil groß oder klein ist, bebaubar bleibt oder unbebaubar wird, ist eigentlich selbstverständlich. Das Gesetz macht denn auch einen derartigen Unterschied nicht, und der Kommissionsbericht bemerkt ausdrücklich, die Entschädigung (gemeint ist der Anspruch auf Enteignung gegen Entschädigung) solle dem Eigentümer gewährt werden, wenn das Grundstück ganz oder zum Teil in Anspruch genommen wird. Insoweit ist also Sinn und Wortlaut der Ziff. 3 des Abs. 1 ganz klar; die Enteignungspflicht tritt ein ohne Rücksicht auf die Größe und Beschaffenheit des verbleibenden Restgrundstücks.

Die Billigkeit erfordert dagegen nicht, daß die Enteignungspflicht der Gemeinde als sofortige und unmittelbare Folge der Fluchtlinienfestsetzung eintritt. Zunächst steht die Fluchtlinie nur auf dem Papier, an der Benutzung der betroffenen Fläche in bisheriger Weise ist der Eigentümer nicht gehindert. Erst wenn er daran geht, das bisher unbebaute Grundstück wirklich als Baustelle auszunutzen (oder das bebaut gewesene neu zu bebauen), stößt er auf die durch die Fluchtlinie aufgerichtete Schranke, und erst in diesem Zeitpunkte muß billigerweise sein Anspruch auf Enteignung fällig werden. Die Vereitlung der baulichen Ausnutzung, die ohne die Fluchtlinie nicht nur möglich gewesen, sondern voraussichtlich auch wirklich ausgeführt worden wäre, ist demnach nach dem Grundgedanken des Gesetzes die eigentliche, aber nicht ausgesprochene Bedingung für die Fälligkeit des Anspruchs. Dem Gesetzgeber erwuchs nun die Aufgabe, eine bestimmte Tatsache zu bezeichnen, die als Beweis des ernstlichen Bauwillens des Eigentümers gelten solle. Der Regierungsentwurf hatte (zur jetzigen Ziff. 2) vorgeschlagen, die Enteignungspflicht eintreten zu lassen, wenn die Erlaubnis zum Bauen innerhalb der alten Fluchtlinie versagt wird. Der Kommission des Abgeordnetenhauses schien dies nicht genügend; sie erwog, daß die Nachsuchung der Bauerlaubnis nichts beweise, da der Eigentümer ja zum voraus wisse, daß sie ihm verweigert werde. Es komme nicht darauf an, daß der Eigentümer sage, er wolle bauen, sondern daß er dies durch die Tat beweise. Hiervon ausgehend forderte sie bei der Ziff. 2 Freilegung des Grundstücks von Gebäuden bis zur neuen Fluchtlinie, und bei der Nr. 3 „die Bebauung in der Fluchtlinie der neuen Straße". Es fällt nun sofort in die Augen, daß diese Bedingung dem Grundgedanken des Gesetzes insofern nicht gerecht wird, als sie nicht auf alle in Betracht kommenden Fälle paßt. Sie setzt begrifflich ein bebautes Restgrundstück voraus. Auf den Fall dagegen, daß das Grundstück ganz oder bis auf einen unbebaubaren Rest zur Straße bestimmt ist, ist diese Bedingung schlechthin unanwendbar, für diesen Fall ist sie nicht gesetzt und kann sie nicht gesetzt sein. Wenn nun in der Literatur und von der Revision hieraus gefolgert wird, das Gesetz habe in Fällen der vorliegenden Art den Enteignungsanspruch des Eigentümers an eine unmögliche Bedingung geknüpft, der Anspruch sei deshalb hinfällig, so entbehrt diese Folgerung der Begründung. Richtig ist nur so viel, daß der Gesetzgeber nach seinem leitenden Gedanken den Anspruch an eine Bedingung hätte knüpfen sollen, deren Erfüllung als Beweis für den ernstlichen Bauwillen des Eigentümers gelten könnte, und daß dies vermutlich nur aus Versehen unterblieben ist. Welche Bedingung der Gesetzgeber aufgestellt hätte, wenn der Punkt zur Sprache gekommen wäre, das kann niemand wissen. Sicher ist aber so viel, einmal daß dies keinesfalls die jetzt im Gesetze stehende Bedingung gewesen wäre, und zweitens daß die Aufstellung einer Bedingung für die hier streitigen Fälle im Gesetze selbst unterblieben ist. Die einzig zulässige Folgerung aus dieser Unterlassung ist die, daß hier der Enteignungsanspruch überhaupt an keine weitere Bedingung geknüpft ist, die Fälligkeit des Anspruchs also in der Tat als unmittelbare Folge der Fluchtlinienfestsetzung eintritt. Nach alledem wäre das Verlangen des Klägers auf Einleitung des Entschädigungsfeststellungsverfahrens auch dann als begründet anzusehen, wenn der Abs. 3 des § 13 überhaupt nicht im Gesetze stünde. Jenes Verlangen leitet seine gesetzliche Berechtigung nicht aus dem Abs. 3, sondern aus dem Abs. 1 Nr. 3 des § 13 ab.

Der Klaganspruch freilich, wie er vorliegend erhoben ist, kann nicht nur auf den Abs. 1 gestützt werden, denn dieser gewährt (in Verbindung mit § 14) dem Eigentümer nur das Recht, die Gemeinde zur Ausübung ihres Enteignungsrechts anzuhalten. Das

Verlangen der Übernahme des Restgrundstücks dagegen hat seine Grundlage allerdings im Abs. 3 des § 13 und im § 9 des Enteignungsgesetzes. Diese Frage aber gehört streng genommen überhaupt nicht in den gegenwärtigen Rechtsstreit. Den Antrag auf Übernahme des ganzen Grundstücks hat der Eigentümer im Verwaltungsverfahren zu stellen, und erst gegen die dort ergehende Entscheidung steht ihm nach § 30 des Enteignungsgesetzes der Rechtsweg offen. Dort kommt der Abs. 3 des § 13 zur Geltung. Vgl. Urteil des V. Zivilsenats vom 27. Mai 1891 in der Jurist. Wochenschr. S. 403 und Gruchot's Beiträge Bd. 35 S. 1116. Der auf Übernahme des nicht zur Straße bestimmten Grundstücksteils gerichtete Antrag hätte deshalb abgewiesen werden können."...

---

48. Verkauf eines Grundstücks zum Fortbetrieb eines auf ihm eingerichteten Bordells. Kann der dinglichen Klage aus einer Hypothek, die für rückständiges Kaufgeld aus einem solchen Vertrage bestellt worden ist, der Einwand entgegengesetzt werden, daß die Hypothek wegen der Unsittlichkeit des Kaufvertrags nichtig sei? Aufrechnung der Provisionsforderung für Vermittlung des Kaufvertrags bei einem Bordellgrundstück.

B.G.B. §§ 138 Abs. 1. 387. 817. 1137. 1163 Abs. 1. 1168 Abs. 1. 1169.

V. Zivilsenat. Urt. v. 21. April 1906 i. S. F. (Kl.) w. L. (Bekl.). Rep. V. 505/05.

I. Landgericht Hamburg.
II. Oberlandesgericht daselbst.

Die Beklagte hatte durch notariellen Kaufvertrag vom 22. Mai 1902 von dem Kläger ein Hausgrundstück in Hamburg für 104000 *M* gekauft und demnächst aufgelassen erhalten. Sie blieb ein Restkaufgeld in Höhe von 38400 *M* schuldig, welches für den Kläger, mit 5 Prozent vom 1. Juli 1902 ab verzinslich, auf dem verkauften Grundstück hypothekarisch eingetragen wurde. Auf Zahlung der Zinsen für die Zeit vom 1. Juli 1902 bis zum 1. Januar 1903 im Betrage von 960 *M* war die Klage mit dem Antrage gerichtet, die Beklagte zur Zahlung dieses Betrags bei Vermeidung der Zwangsvollstreckung in das Grundstück zu verurteilen. Die Beklagte beantragte Abweisung der Klage und erhob Widerklage dahin, festzustellen, daß die vom Kläger beanspruchte Restkaufgeldforderung von 38400 *M* nebst Zinsen nicht zu Recht bestehe, und den Kläger zur Löschung der für ihn eingetragenen Hypothek zu verurteilen. Sie behauptete, eine Gegenforderung in Höhe von 1000 *M* für Vermittlung eines Kaufes über ein Haus in Lübeck gegen den Kläger zu haben, deren Aufrechnung auf die jetzt eingeklagten Zinsen mit ihm vereinbart sei, und sie machte ferner geltend, daß der ganze Kaufvertrag, aus welchem für den Kläger die Restkaufgelder in Höhe von 38400 *M* eingetragen wurden, nichtig sei, weil er gegen die guten Sitten verstoße. Kläger habe nämlich in dem Hause ein Bordell betrieben und nicht bloß das Haus, sondern auch dessen gesamte, dem Bordellbetriebe dienende Einrichtung und das Bordellgeschäft selbst an sie für einen auf 129000 *M* vereinbarten Kaufpreis verkauft. Lediglich um die Immobilienabgabe zu verringern, sei das Geschäft, welches ein einheitliches Rechtsgeschäft darstelle, in zwei gesonderte Verträge zerlegt, und der Preis für das Grundstück auf 104000 *M* angesetzt worden. Es seien auf die vereinbarten 129000 *M* Gesamtkaufpreis 29000 *M* bar gezahlt, und davon 25000 *M* auf das Inventar und das Geschäft, und 4000 *M* auf den Kaufpreis des Grundstücks angerechnet worden. In Wahrheit aber liege ein einheitliches Rechtsgeschäft vor. Letzteres bestritt der Kläger; er behauptete, es seien eben deshalb zwei gesonderte Verträge geschlossen worden, weil der Kaufvertrag über das Grundstück nicht dem Einwande, daß er gegen die guten Sitten verstoße, habe ausgesetzt werden sollen. Was die Gegenforderung von 1000 *M* anlangt, so macht Kläger geltend, daß gerade diese aus einem Geschäfte herrühre, das gegen die guten Sitten verstoße. Denn das Haus in Lübeck sei ein öffentliches Haus (ein Bordell) gewesen, und die Beklagte habe sich die Provision für die Vermittlung eines Kaufvertrags über dieses versprechen lassen.

Der erste Richter erhob Beweis und erkannte sodann unter der Feststellung, daß es sich beim Abschlusse des Kaufvertrags zwischen den Parteien um den Kauf und Verkauf eines als Bordell benutzten und als Bordell zu benutzenden Hauses gehandelt habe, und daß an diesem Inhalte des Kaufvertrags durch die Fassung, die er erhalten, nichts geändert werde, dahin:

„I. Der Kläger wird mit der erhobenen Klage abgewiesen.

II. Dem widerklagend geltend gemachten Anspruch auf Feststellung des Nichtbestehens der Kaufpreisforderung entsprechend wird festgestellt, daß die Kaufpreisforderung von 38400 *M*, für welche auf das Grundstück in Hamburg eine Hypothek eingetragen ist, nicht zur Entstehung gelangt ist.

III. Der widerklagend geltend gemachte Anspruch auf Löschung der vorgenannten Hypothek wird abgewiesen."

Gegen diese Entscheidung legten beide Parteien Berufung ein. Der Kläger erhöhte die Klage um 600 *M*, als den Rest der am 1. Juli 1903 fällig gewordenen Zinsen, und beantragte, die Beklagte zur Zahlung von insgesamt 1560 *M* zu verurteilen und die Widerklage gänzlich abzuweisen.

Die Beklagte beantragte, der Widerklage auch insoweit stattzugeben, als sie vom ersten Richter abgewiesen worden war, und den Kläger auch mit den neu geforderten 600 *M* abzuweisen.

Der Berufungsrichter hob im ersten Rechtszuge das Urteil des Landgerichts auf und erkannte dahin: „Die Beklagte wird verurteilt, dem Kläger 600 *M* zu bezahlen. Mit dem weitergehenden Anspruche wird der Kläger abgewiesen. Die Widerklage der Beklagten wird abgewiesen."

Dieses Urteil wurde vom Reichsgericht auf die Revision des Beklagten und auf die Anschließung des Klägers durch Urteil vom 27. Juni 1904 aufgehoben, und die Sache zur anderweiten Verhandlung und Entscheidung an das Berufungsgericht zurückverwiesen. Die Gründe hierfür ergeben sich, soweit erforderlich, aus der Begründung des jetzigen (zweiten) Revisionsurteils.

Bei der erneuten Verhandlung vor dem Berufungsgericht erweiterte der Kläger den Zinsenanspruch bis zum 1. Juli 1904, so daß er jetzt insgesamt 3840 *M* Zinsen forderte. Der Berufungsrichter änderte nunmehr nach erneuter Verhandlung und Beweiserhebung das Urteil des Landgerichts bezüglich der Kostenentscheidung ab; in der Sache selbst aber wies er die Berufung beider Parteien zurück.

Dieses Urteil wurde auf die Revision des Klägers (die Beklagte hat es nicht angefochten) insoweit aufgehoben, als es die Berufung des Klägers gegen das Urteil erster Instanz zurückweist, und in der

Sache selbst wurde unter entsprechender Abänderung des letzteren Urteils die Beklagte verurteilt, an den Kläger zur Vermeidung der Zwangsvollstreckung in das mit der Hypothek belastete Hamburger Grundstück 2840 *M* zu zahlen. Mit der Mehrforderung wurde der Kläger abgewiesen, und im übrigen die Revision zurückgewiesen. Die Entscheidung ist ergangen aus folgenden

Gründen:

„Daß die Parteien nicht zwei voneinander abhängige Verträge, den einen über das Hausgrundstück, auf welchem das Bordell betrieben wurde, und den anderen über die dem Bordellbetriebe dienende Einrichtung (Inventar) und über das Bordellgeschäft selbst, geschlossen haben, daß ihr Wille und ihre Einigung vielmehr dahin ging, über diese Gegenstände (Haus, Inventar und Bordellgeschäft) ein einheitliches Kaufgeschäft abzuschließen, durch das die Beklagte in den Stand gesetzt werden sollte, das bisher vom Kläger betriebene Bordell weiter zu betreiben, hat der Berufungsrichter auf Grund der Beweisaufnahme bedenkenfrei festgestellt. Es ist daher ohne Belang, daß die Parteien, nachdem sie sich über das ganze Geschäft zu einem einheitlichen Preise von 129000 *M* geeinigt hatten, zwei gesonderte Kaufverträge verlautbarten, von denen sie den einen mit einem Preise von 104000 *M* auf das Grundstück, und den anderen mit einem Preise von 25000 *M* auf das Inventar und das Bordellgeschäft abstellten. Durch eine solche nur äußerliche Trennung konnte, wie der Berufungsrichter richtig und im Anschluß an das hierüber in dem früheren Revisionsurteil Ausgeführte angenommen hat, die in der Willenseinigung und Absicht der Parteien begründete Einheitlichkeit des Rechtsgeschäfts nicht beseitigt werden. Hat aber, wie hieraus hervorgeht, das ganze — einheitliche — Rechtsgeschäft einen unsittlichen Charakter, weil es getätigt worden ist, um die Beklagte in den Stand zu setzen, das Bordellgeschäft fortzusetzen, so wird hiervon auch jeder Teil des einheitlichen Rechtsgeschäfts ergriffen, und deshalb erweist sich nicht bloß der Kaufvertrag über das Inventar und Bordellgeschäft, sondern auch der über das Grundstück als ein gegen die guten Sitten verstoßendes Rechtsgeschäft und ist deshalb nach § 138 Abs. 1 B.G.B. nichtig. Was hiergegen die Revision vorgebracht hat, läuft wieder auf die äußere Trennung in zwei gesonderte Verträge hinaus und ist darum nicht zu beachten.

Wäre bei dieser Sachlage die Beklagte auf Zahlung der rückständigen Zinsen des Kaufpreises mit der persönlichen Klage in Anspruch genommen worden, so wäre die Zurückweisung der Klage unbedenklich. Eine persönliche Klage ist aber nicht erhoben. Allerdings hat der Kläger, als er im ersten Rechtszuge der Berufungsinstanz den Klaganspruch um 600 *M* (den Rest der am 1. Juli 1903 fällig gewordenen Zinsen) erweiterte, dabei nicht zum Ausdrucke gebracht, daß er auch diese 600 *M* nur mit der dinglichen Klage einfordere, und dementsprechend ging auch das damalige Berufungsurteil schlechtweg dahin, daß die Beklagte zur Zahlung von 600 *M* an den Kläger verurteilt wurde; aber schon in der Klage ist der Antrag dahin eingeschränkt, daß die Beklagte bei Vermeidung der Zwangsvollstreckung in das Grundstück zur Zahlung verurteilt werden soll, und dieselbe Einschränkung enthält der jetzt in der Berufungsinstanz gestellte Antrag des Klägers, durch den, wie im Tatbestande bemerkt, der geltend gemachte Zinsenanspruch bis zum 1. Juli 1904 erstreckt worden ist. Erhoben ist also die dingliche Klage, mag auch der Kläger im Laufe des Rechtsstreits zu erkennen gegeben haben, daß er die Beklagte auch für persönlich verpflichtet erachtet. Daß dies in der Tat seine Meinung ist, erhellt am besten daraus, daß er den Kaufvertrag um das Grundstück als ein selbständiges, von der Unsittlichkeit des anderen Kaufvertrags unberührtes Rechtsgeschäft darzustellen bemüht ist. Wäre er dies, so könnte natürlich davon, daß die Beklagte eine persönliche Haftung wegen der Unsittlichkeit des Rechtsgeschäfts ablehnen dürfte, keine Rede sein. Auf die Meinung des Klägers käme es nun zwar nicht an, sondern auf die von ihm gestellten Anträge; aber die Meinung des Klägers und der Umstand, daß ihr entsprechend wenigstens zeitweise auch die Anträge des Klägers gelautet haben, kommt hier insofern in Betracht, als die Beklagte widerklagend eine Feststellung dahin verlangt hat, daß eine Kaufpreisforderung von 38000 *M* gegen sie nicht zur Entstehung gelangt sei. Hätte der Kläger anerkannt, daß er die Beklagte persönlich auf Zahlung und Verzinsung dieses Kaufgelderrückstandes nicht in Anspruch nehmen könne, so hätte die Beklagte ihr rechtliches Interesse an einer alsbaldigen Feststellung darüber, daß sie persönlich nicht verpflichtet sei, anderweit dartun müssen; das Verhalten des Klägers aber ergibt ein solches rechtliches Interesse zur Genüge (§ 256 Z.P.O.).

Und die Feststellung selbst, welche die Beklagte verlangt, folgt unmittelbar aus § 138 Abs. 1 B.G.B. und aus der oben erwähnten bedenkenfreien Feststellung des Berufungsgerichts. Mit Recht ist daher die Berufung insoweit zurückgewiesen worden, als sie sich gegen die auf die Widerklage hin getroffene Feststellung des ersten Richters (Ziff. 2 des Urteils erster Instanz) richtet. Insoweit ist daher auch die Revision unbegründet. Dabei mag bemerkt werden, daß die Entscheidung des ersten Richters insoweit, als durch sie die Widerklage abgewiesen wird (Ziff. 3 desselben Urteils), rechtskräftig geworden ist. Denn das Berufungsgericht hat nunmehr beide Berufungen zurückgewiesen, und hiergegen hat nur der Kläger Revision eingelegt. Die Beklagte und Widerklägerin hat das Berufungsurteil nicht angefochten.

Es bleibt somit in der Sache selbst noch über die Zurückweisung der Klage zu erkennen, wobei — wie bereits hervorgehoben — festzuhalten war, daß sie als dingliche Klage erhoben worden ist, und der Kläger den eingeklagten Zinsenanspruch nach seinem jetzt in der Berufungsinstanz gestellten Antrag auch nur als dinglichen geltend machen will. Dieser Umstand nötigt, Stellung zu der Frage zu nehmen, ob und in welcher Weise die auf sachenrechtlichem Gebiete liegenden Erfüllungsgeschäfte von der Unsittlichkeit des zugrunde liegenden Kausalgeschäfts beeinflußt werden. Das Urteil des VII. Zivilsenats des Reichsgerichts vom 19. Februar 1904 (Entsch. Bd. 57 S. 95) beschäftigt sich mit dieser Frage nur hinsichtlich der wucherlichen Kausalgeschäfte; für diese aber und für ihren Zusammenhang mit dem zu ihrer Erfüllung eingegangenen dinglichen Rechtsgeschäft ist im § 138 Abs. 2 B.G.B. eine auf die Eigentümlichkeiten des Wuchers abgestellte Spezialbestimmung gegeben, so daß dieses Urteil für die hier zu beantwortende Frage, für die es an einer solchen Spezialbestimmung fehlt, nicht maßgebend sein kann.

Die sachenrechtlichen Erfüllungsgeschäfte (z. B. Übergabe, Auflassung) sind nach dem Systeme des Bürgerlichen Gesetzbuchs als Rechtsgeschäfte konstruiert, die die Macht, eine sachenrechtliche Wirkung hervorzubringen (z. B. Eigentum zu übertragen), in sich selbst tragen. Man bezeichnet sie deshalb als losgelöst von dem Kausalgeschäft, oder man spricht von einem dinglichen Vertrage, der ihr eigentliches Wesen sei, und der, weil sich bei ihm der beiderseitige Wille nur auf die Herbeiführung der sachenrechtlichen Wirkung (z. B. auf Übertragung und Erwerb des Eigentums) richte, nichts von dem Kausalgeschäft in sich aufgenommen habe. Man nennt die sachenrechtlichen Erfüllungsgeschäfte daher auch abstrakte Rechtsgeschäfte, abstrakt insofern, als sie auf sich selbst gestellt sind, und in dem Kausalgeschäfte, das ihnen zugrunde liegt, zwar ihre Veranlassung finden, aus ihm aber keinen ihre Wirksamkeit bedingenden Faktor herübernehmen. Hält man diesen selbständigen Charakter der sachenrechtlichen Erfüllungsgeschäfte fest, so ist die von Dernburg auch für das heute geltende Recht vertretene Annahme abzulehnen,

vgl. Dernburg, Bürgerl. Recht Bd. 1 § 127 Nr. 2, Bd. 2 Abs. 2 § 379, Bd. 3 § 64 a. E.,

daß die Unsittlichkeit des Kausalgeschäfts, und die an sie gesetzlich geknüpfte Folge der Nichtigkeit dieses Geschäfts auch die sachenrechtlichen Erfüllungsgeschäfte (Übergabe, Auflassung) nichtig mache. Gerade im Gegensatz hierzu ist andererseits die Meinung aufgestellt worden,

vgl. Enneccerus-Lehmann, Das Bürgerliche Recht, Bd. 1 § 98 Nr. 2, § 158 Nr. 4, § 355 Anm. 1 und Eccius, in der Deutsch. Juristztg. 1903 S. 41,

daß die abstrakten Erfüllungsgeschäfte von der dem zugrunde liegenden Kausalgeschäft anhaftenden Unsittlichkeit überhaupt nicht ergriffen werden könnten, weil die Elemente, aus denen sie sich zusammensetzen, und aus denen sie ihre Wirksamkeit entnehmen, mit dem Zwecke des Kausalgeschäfts, der dieses zu einem unsittlichen stempele, nichts zu tun hätten. Ob man soweit gehen soll, oder ob man nicht vielmehr mit Förster (im Recht 1905 S. 356) anzunehmen haben wird, daß in der Regel die Unsittlichkeit, die dem Kausalgeschäft anhaftet, auch dem Erfüllungsgeschäft anhaftet, kann dahingestellt bleiben. Denn das, worauf es ankommt, ist die Frage, ob auch das Erfüllungsgeschäft, wofern ihm eine Unsittlichkeit anhaftet, vom Gesetz als nichtig behandelt wird, und diese Frage ist zu verneinen. Die Nichtigkeit des Erfüllungsgeschäfts wäre unvereinbar mit dem § 817 B.G.B. Denn wäre das Erfüllungsgeschäft nichtig, so könnte davon keine Rede sein, daß aus der Leistung zu unsittlichem Zwecke nur eine Rückforderung (Kondiktion) stattfände. Die Nichtigkeit des Erfüllungsgeschäfts, z. B. der Auflassung, müßte zur Folge haben, daß eine Vermögensverschiebung überhaupt nicht eingetreten, das Eigentum vielmehr bei demjenigen, der die Auflassung erteilt hat, verblieben wäre, und von ihm mit der Eigentumsklage (Vindikation) geltend gemacht werden könnte. Dies ist nun aber ersichtlich nicht der Standpunkt, den das Bürgerliche Gesetzbuch im § 817 einnimmt. Denn wenn dort darüber Bestimmung getroffen wird, wann die Rückforderung zulässig, und wann sie ausgeschlossen sein soll, so ist damit anerkannt, daß die Vermögensverschiebung stattgefunden hat; das abstrakte Erfüllungsgeschäft (die Auflassung rc) kann also nicht nichtig gewesen sein; denn sonst hätte es die Wirkung, eine Vermögensverschiebung herbeizuführen (Eigentum zu übertragen), nicht haben können.

Nun ist aber nach § 817 Satz 2 die Rückforderung ausgeschlossen, wenn dem Leistenden gleichfalls ein Verstoß gegen die guten Sitten zur Last fällt, „es sei denn, daß die Leistung in der Eingehung einer Verbindlichkeit bestand". Auf welche Fälle sich die in den letzten Worten zugelassene Ausnahme bezieht, wird noch zu erörtern sein; hier muß zunächst der Annahme des Berufungsgerichts entgegengetreten werden, daß die Anwendbarkeit der Vorschrift überhaupt „von den Umständen" abhänge, und daß sie im vorliegenden Falle auf den Hausverkauf nicht anwendbar sei, weil dieser an sich nichts Unsittliches enthalte. Denn damit wird wiederum, wie schon in dem ersten aufgehobenen Berufungsurteile, das einheitliche Geschäft in besondere, voneinander unabhängige Teile zerlegt, und dann nur ein Teil — der Kaufvertrag über das Haus — der richterlichen Beurteilung unterstellt. Dies ist, wie schon in dem früheren Revisionsurteil ausgeführt wurde, unzulässig und wird jetzt auch durch die von dem Berufungsrichter getroffene Feststellung ausgeschlossen. Der Kaufvertrag über das Hausgrundstück unterliegt also, da auch ihm die Unsittlichkeit anhaftet, ebenfalls dem § 817. Damit wird eine Rückforderung des Grundstücks für den Kläger ausgeschlossen. Nicht so zweifellos ist, inwieweit eine Rückforderung auch für die Beklagte ausgeschlossen bleiben muß. Gewiß ist freilich in dieser Beziehung, daß sie das bar gezahlte Geld nicht zurückfordern kann; denn die Rückforderung läßt das Gesetz für den Leistenden, der mit seiner Leistung gleichfalls gegen die guten Sitten verstieß, nur zu, wenn „die Leistung in der Eingehung einer Verbindlichkeit bestand", und davon kann bei Barzahlung selbstverständlich keine Rede sein. Dagegen könnte man in der Hypothekenbestellung für das Kaufgeld eine solche Leistung finden, nämlich eine Leistung, die in der Eingehung einer Verbindlichkeit besteht, und wäre dies so, so müßte man die Beklagte für befugt erachten, die Hypothek zu kondizieren, d. h. die Aufhebung des Hypothekenrechts zu verlangen. Daß dies zu einem dem Gerechtigkeitsgefühl unerträglichen Ergebnis führen würde, liegt auf der Hand; denn die Beklagte würde, obwohl sie mindestens ebenso unsittlich gehandelt hat wie der Kläger, das Grundstück behalten und für den noch schuldigen Kaufpreis weder persönlich noch mit dem Grundstücke haftbar zu machen sein. Persönlich haftbar ist sie gewiß nicht; dies folgt — wie bereits ausgeführt — mit zwingender Notwendigkeit aus § 138 Abs. 1 B.G.B.; aber die in Erfüllung des Vertrags begründete dingliche Verhaftung des Grundstücks vermag sie nicht zu beseitigen. Denn die Hypothekenbestellung gehört nicht zu der Ausnahme, für welche der § 817 Satz 2 die Rückforderung zugelassen hat. Dies ergibt sich, wenn man auf die Entstehungsgeschichte der Vorschrift eingeht, um darüber zur Klarheit zu kommen, an welche Fälle man gedacht hat, als man ausnahmsweise („es sei denn" ꝛc) die Rückforderung zuließ.

Die Vorschrift (§ 817 Satz 2) ist entstanden aus einer Zusammenziehung des § 747 Abs. 3 des Entwurfs I und des § 684 Abs. 3 dieses Entwurfs; die Schlußworte sind ein Zusatz der 2. Kommission. Jener § 747 Abs. 3 brachte die Bestimmung, die jetzt den Eingang des Satzes 2 im § 817 bildet, und den Regelfall darstellt, daß derjenige nicht zurückfordern darf, der selbst durch seine Leistung gegen die guten Sitten verstoßen hat. Nun erwog man aber, daß möglicherweise die Leistung in der Eingehung einer abstrakten Verbindlichkeit bestanden haben könne, durch die derjenige, der sie einging, sich ebenfalls persönlich, aber in abstrakter Weise, verbindlich gemacht haben würde. Als solche Fälle führte man an: die Eingehung einer Wechselverbindlichkeit, die Abgabe eines abstrakten Schuldversprechens und die vertragsmäßige Anerkennung des Bestehens oder Nichtbestehens eines Schuldverhältnisses (vgl. §§ 780—782 B.G.B. und Entsch. des R.G.'s in Zivils. Bd. 2 S. 337). Man wollte nun nicht, daß derjenige, der sich in dieser abstrakten Weise persönlich verbindlich gemacht, damit aber zugleich einen Verstoß gegen die guten Sitten begangen hatte, zur Erfüllung der von ihm eingegangenen Verbindlichkeit gezwungen werden könne. Deshalb ließ man für solche Fälle die Kondiktion zu. Man begegnete sich hier mit dem Gedanken, der bereits im § 684 Abs. 3 des Entwurfs I niedergelegt war, und den man nun — etwas undeutlich — in die Worte faßte: „es sei denn, daß die Leistung in der Eingehung einer Verbindlichkeit bestand". Die Absicht war also, denjenigen, der sich durch ein abstraktes Rechtsgeschäft persönlich verbindlich gemacht hatte, aus dieser persönlichen Verbindlichkeit zu lösen, weil das Gesetz ein wirksames Schuldverhältnis, welches einen Verstoß gegen die guten Sitten in sich trägt, nicht anerkennen kann, also auch dann nicht, wenn es in ein abstraktes Rechtsgeschäft eingekleidet worden ist.

Aus dieser Entstehungsgeschichte erhellt, daß man an Erfüllungsgeschäfte, die auf dem Gebiete des Sachenrechts liegen, und die eine Vermögensverschiebung in dinglichen Rechten bewirken, nicht gedacht hat. Sie bilden insofern einen Gegensatz, als sie keine persönliche Haftung erzeugen und ihre Wirkung eben nur in Ansehung der Sache, auf die sie sich beziehen, zutage treten lassen. Zu ihnen gehört die Grundschuld, wenn diese für rückständiges Kaufgeld aus einem Bordellgrundstückskaufvertrage bestellt wird; nicht minder aber auch die Hypothek. Auch ihre Kondiktion ist unzulässig, weil das Gesetz als Regel die Rückforderung demjenigen, dem selbst ein Verstoß gegen die guten Sitten zur Last fällt, versagt und sie nur ausnahmsweise unter Voraussetzungen zugelassen hat, die — wie soeben gezeigt wurde — auf die Hypothek nicht zutreffen. Die Wirkungen einer solchen Hypothek müssen so weit reichen, wie das dingliche Recht Macht hat; sie müssen also auch auf die Zinsen mitausgedehnt werden, wenn solche miteingetragen worden sind, und daher das Grundstück auch für sie dinglich verhaftet ist. Das der Hypothek zugrunde liegende Schuldverhältnis wird dadurch nicht berührt; es bleibt nichtig. Die Beklagte kann also persönlich weder für das hypothekarisch sichergestellte Kapital noch für die Zinsen in Anspruch genommen werden. Für beide haftet sie nur mit dem Grundstück. Ob man bei solcher Rechtslage sagen darf, eine derartige Hypothek verwandle sich in eine Grundschuld (so Förster a. a. O. S. 357), mag dahingestellt bleiben; die Ähnlichkeit beider ist unverkennbar. Aber von der Grundschuld unterscheidet sich eine derartige Hypothek immer noch dadurch, daß sie für eine persönliche Forderung bestellt worden ist, die zwar vom Gesetze für nichtig erklärt wird, bei der es aber doch die Rückforderung ausschließt, soweit sie bezahlt oder durch eine Vermögensverschiebung auf sachenrechtlichem Gebiet erfüllt worden ist. Darum ist es unrichtig, wenn der erste Richter auf einen solchen Fall den § 1163 Abs. 1 B.G.B. für anwendbar erachtet und angenommen hat, die Hypothek stehe, weil die Forderung, für welche sie bestellt ist, nicht zur Entstehung gelangt sei, dem Eigentümer — hier also der Beklagten — zu. Eine solche Annahme ist mit dem § 817 Satz 2 unvereinbar. Denn wenn die Rückforderung der Hypothek ausgeschlossen sein soll, weil demjenigen, der sie bestellt hat, gleichfalls ein Verstoß gegen die guten Sitten zur Last fällt, so kann man nicht auf einem Umwege zu dem gerade entgegengesetzten Ergebnisse kommen. Dies wäre aber der Fall, wenn die Beklagte die Hypothek, die sie nicht kondizieren darf, als eine ihr zustehende Eigentümerhypothek behandeln und als solche verwerten dürfte. Aus demselben Grunde muß auch die Anwendbarkeit des § 1137 B.G.B. für ausgeschlossen gelten. Denn wollte man der Beklagten gestatten, die ihr gegen die Forderung zustehende Einrede, daß sie wegen Unsittlichkeit nichtig sei, auch der hypothekarischen Klage entgegenzusetzen, so würde die Beklagte, da sie mit dieser Einrede die Geltendmachung der Hypothek dauernd ausschließen könnte, nach § 1169 B.G.B. auch verlangen können, daß der Kläger auf die Hypothek verzichte, und dies würde nach § 1168 Abs. 1 B.G.B. die Folge haben, daß sie — die Beklagte — als Eigentümerin des Grundstücks die Hypothek erwürbe. Man käme also auch hier wieder — nur auf einem anderen Wege — gerade zu dem Ergebnisse, welches mit der Vorschrift in § 817 Satz 2 unvereinbar ist. Es bleibt daher nur der Schluß übrig, daß die Hypothek, wenngleich die ihr zugrunde liegende persönliche Forderung als solche nicht geltend gemacht werden kann, zu Recht besteht, und demnach auch die hypothekarische Klage demjenigen, dem die Hypothek zusteht, nicht versagt werden kann.

Die Beklagte hat schließlich noch eingewendet, daß der Kläger mit den eingeklagten Zinsen in Höhe von 1000 ℳ durch Aufrechnung mit einer Provisionsforderung befriedigt worden sei, die ihr für Vermittlung eines Kaufvertrags für ein in Lübeck gelegenes Haus gegen ihn zugestanden habe. Bezüglich dieses Einwandes steht in tatsächlicher Beziehung nach dem beiderseitigen Parteivorbringen nunmehr fest, daß die Parteien über die Aufrechnung der gedachten Provisionsforderung auf die am 1. Januar 1903 fällig gewordenen Zinsen in der Tat einig geworden sind, die Aufrechnung also durch Vertrag vollzogen haben, daß aber auch der Kaufvertrag um das Lübecker Haus ein Bordellgrundstück betraf. Mit Rücksicht hierauf will Kläger an die Aufrechnung jetzt nicht mehr gebunden sein. Der Berufungsrichter hat sich hierüber nicht ausgesprochen, und er brauchte es auch von seinem Standpunkt aus nicht, da er ohnehin zur Abweisung der Klage gelangte. Es bedarf aber dieserhalb keiner Zurückverweisung der Sache in die Vorinstanz; denn mit der durch Vertrag vollzogenen Aufrechnung ist die Forderung des Klägers erloschen. Es handelt sich nicht um eine Aufrechnungsbefugnis, die die Beklagte auf Grund der gesetzlichen Vorschriften (§ 387 B.G.B.) für sich in Anspruch nähme, und die ihr zu versagen sein würde, wenn die Forderung, mit der sie aufrechnen will, aus einem gegen die guten Sitten verstoßenden Rechtsgeschäfte herrührte. Es handelt sich vielmehr um die Frage, ob die Forderung des Klägers endgültig als getilgt anzusehen ist, nachdem er sich vertragsmäßig damit, daß sie auf eine Gegenforderung der Beklagten aufgerechnet werden soll, einverstanden erklärt hat, und diese Frage war zu bejahen. Damit ermäßigt sich der Zinsenanspruch des Klägers auf den Betrag von 2840 ℳ; mit der Mehrforderung war der Kläger abzuweisen." . . .

---

49. Gehören die Beiträge, die der Bergwerksbesitzer nach dem Gewerbe-Unfallversicherungsgesetze vom 30. Juni (5. Juli) 1900 an die Knappschafts-Berufsgenossenschaft zu entrichten hat, zu den gemeinen Lasten im Sinne des Art. 1 Abs. 1 Ziff. 2 u. Art. 17 Abs. 2 preuß. Ausf.-Ges. zum Zw.V.G.?

V. Zivilsenat. Urt. v. 21. April 1906 i. S. Stadt W. u. Gen. (Bekl.) w. Sch. Bank u. Gen. (Kl.). Rep. V. 472/05.

I. Landgericht Bochum i. W.
II. Oberlandesgericht Hamm.

Die Revision gegen das Berufungsurteil, welches die Frage verneint hat, ist zurückgewiesen worden aus folgenden

Gründen:

„Nach § 10 Ziff. 3 des Reichsgesetzes über die Zwangsversteigerung und Zwangsverwaltung steht den Ansprüchen auf Entrichtung der öffentlichen Lasten des Grundstücks wegen der laufenden und der aus den letzten zwei Jahren rückständigen Beträge in der Rangordnung die dritte Stelle zu. Welche Lasten des Grundstücks zu den öffentlichen gehören, darüber ist reichsgesetzlich nichts bestimmt; sowohl die Bestimmung hierüber, wie auch darüber, ob eine Last als auf dem Grundstücke haftend zu betrachten sei, ist der Landesgesetzgebung überlassen. Hierüber kann nach den Materialien des Gesetzes und der übereinstimmenden, bei seiner Beratung geäußerten Meinung der gesetzgebenden Faktoren (Jaeckel, Note 4 zu § 10 Zw.V.G.) kein Zweifel sein. Für Preußen ist die landesgesetzliche Bestimmung in den Artt. 1—3 Ausf.-Ges. vom 23. September 1899 (G.-S. S. 291) gegeben, die im ersten Abschnitt dieses Gesetzes stehen. Letzterer führt die Aufschrift: „Zwangsversteigerung und Zwangsverwaltung von Grundstücken im Wege der Zwangsvollstreckung". Eine weitere Spezialbestimmung findet sich für Bergwerke im Art. 17 Abs. 2 desselben Gesetzes; sie gehört dem zweiten Abschnitt an, der nach seiner Aufschrift und nach der ihn einleitenden Bestimmung des Art. 15 „besondere Vorschriften" für die „Zwangsversteigerung und Zwangsverwaltung von Bergwerkseigentum, unbeweglichen Bergwerksanteilen und selbständigen Kohlenabbaugerechtigkeiten im Wege der Zwangsvollstreckung" gibt. Die Revision vertritt die Meinung, daß gleichwohl auch die Vorschriften des ersten Abschnittes des Ausführungsgesetzes (Artt. 1—14) bei der Zwangsversteigerung eines Bergwerks insoweit zur Anwendung zu bringen seien, als dies nicht durch die besonderen Vorschriften des zweiten Abschnitts ausgeschlossen wird. Dies ist richtig; die Anwendung der Vorschriften des ersten Abschnitts auf die Zwangsversteigerung eines Bergwerks ist schon deshalb unabweisbar, weil sich unter ihnen auch Vorschriften befinden, die (wie z. B. Artt. 9. 10. 11. 14) lediglich das Verfahren betreffen, und bezüglich deren daher eine unausgefüllte Lücke bestehen würde, wenn man ihnen die Anwendung auf die Versteigerung eines Bergwerks versagen wollte. Ob sich dabei die Überschrift des ersten Abschnitts des Ausführungsgesetzes als ganz korrekt erweist, oder ob sie allgemeiner hätte gefaßt werden sollen, darauf kann es nicht ankommen. Der Revision ist daher auch zuzugeben, daß für die Frage, ob eine Last zu den gemeinen Lasten gehört, die auf dem Bergwerke ruhen, die Vorschriften in den Artt. 1—3 Ausf.-Ges. nicht ohne Bedeutung sind. Denn soweit aus ihnen das Wesen der gemeinen, auf dem Grundstücke ruhenden Last erkannt werden kann, muß diese Begriffsbestimmung auch für Lasten des Bergwerks gelten.

Als gemeine Lasten bezeichnet der Art. 1 Abs. 1 Ziff. 2 Ausf.-Ges. „die auf einem nicht privatrechtlichen Titel beruhenden Abgaben und Leistungen, die auf dem Grundstück nach Gesetz oder Verfassung haften". Zu den wesentlichen Merkmalen der gemeinen Last gehört also, daß sie nach Gesetz oder Verfassung auf dem Grundstück selbst ruhen muß. Den Gegensatz bilden Abgaben und Leistungen, die den Grundbesitzer persönlich treffen, oder die von ihm zu entrichten sind, weil er das Grundstück einem bestimmten Betriebe gewidmet hat. In letzterer Beziehung hat die fortschreitende Gesetzgebung auf dem Gebiete der Unfallversicherung zahlreiche neue Belastungen zur Folge, die nicht auf dem Grundstücke ruhen, sondern aus dem auf ihm eingerichteten Betriebe hervorgehen. Die Unterscheidung von Betrieb und Grundstück macht dabei keine Schwierigkeit, und so besteht denn auch wohl allseitiges Einverständnis darüber, daß die Beiträge, die ein Betriebsunternehmer als Arbeitgeber nach dem Krankenversicherungsgesetz, oder nach den betreffenden Unfallversicherungsgesetzen oder nach dem Invalidenversicherungsgesetze zu zahlen hat, nicht Abgaben und Leistungen sind, die seinen Grundbesitz belasten. Nicht so einfach ist die Unterscheidung beim Bergwerke. Denn bei ihm lassen sich Betrieb und Bergwerk nicht in derselben Weise als voneinander verschieden gegenüberstellen wie Betrieb und Grundstück. Der Betrieb gehört zum Bergwerke; denn das Bergwerkseigentum ist nicht Eigentum an einer Sache, sondern mit ihm bezeichnet man den Inbegriff derjenigen Berechtigungen, die dem gemeinsamen Zwecke der bergmännischen Produktion dienen.

Vgl. **Dernburg**, Bürgerl. Recht Bd. 3 § 143; **Klostermann-Fürst**, Bem. 1 zu § 50 Allg. Berg.-Ges.

Gleichwohl kann nicht jede Leistung, die dem Bergwerksbesitzer auf Grund eines öffentlich-rechtlichen Titels obliegt, als das Bergwerk oder das Bergwerkseigentum nach Gesetz oder Verfassung belastend angesehen werden. Die Revision scheint dies, wie auch der erste Richter, anzunehmen; aber damit würde ein wesentliches Merkmal der gemeinen Last, welches bei Grundstücken eben darin besteht, daß das Grundstück selbst durch sie belastet sein muß, beiseite geschoben. Soll die Begriffsbestimmung der gemeinen Last auf Bergwerke Anwendung finden, so muß auch bei ihnen ersichtlich sein, daß die Last auf das Bergwerkseigentum selbst gelegt ist.

In dieser Beziehung bietet nun Art. 17 Abs. 2 Ausf.-Ges. zum Zw.V.G. einen Anhalt, der nicht für, sondern gegen die von der Revision vertretene Meinung spricht. Auch die Beiträge, die der „Werkbesitzer“ nach den §§ 174 und 175 Abs. 2 Allg. Berggeſ. zu den Knappschafts- und Krankenkassen zu entrichten hat, beruhen — wie nicht weiter ausgeführt zu werden braucht — nicht auf einem privatrechtlichen, sondern auf einem öffentlich-rechtlichen Titel. Trotzdem ist bezüglich ihrer erst durch das Gesetz vom 13. Juli 1883, betr. die Zwangsvollstreckung in das unbewegliche Vermögen, im § 159 Abs. 2, vorgeschrieben worden, daß sie zu den im § 28 dieses Gesetzes bezeichneten Lasten gehören sollen. Erst hierdurch wurden sie den „auf dem Grundstücke haftenden gemeinen Lasten“ (§ 28 Abs. 1) gleichgestellt. Bemerkenswert ist dabei, daß man sich zu dieser Gleichstellung erst infolge einer Anregung des Volkswirtschaftsrates entschlossen hat, nachdem die Kommission des Herrenhauses einen entsprechenden Zusatz dem Gesetzentwurfe beigefügt hatte (Bericht S. 43). Nun gibt es zwar auch gesetzliche Vorschriften, die nur deklaratorischer Natur sind d. h. solche, die das, was sie festsetzen, nur der Deutlichkeit halber aussprechen, und die daher zur Not entbehrt werden könnten, weil auch ohne sie zu demselben Ergebnis zu gelangen wäre. Aber nichts spricht dafür, daß der vorerwähnte § 159 Abs. 2 des preußischen Gesetzes vom 13. Juli 1883 zu diesen Vorschriften gehörte, und der Weg, auf dem er in das Gesetz hineingebracht worden ist, spricht sogar dagegen. Er kann nur als eine positive Fortbildung des damals bestehenden Rechtes betrachtet werden, woraus sich dann als Rückschluß von selbst ergibt, daß bis zum Erlasse dieses Gesetzes die nach den §§ 174 und 175 Abs. 2 Allg. Berggeſ. zu entrichtenden Beiträge der Werkbesitzer nicht die Natur der gemeinen Lasten hatten, obwohl sie auf öffentlichrechtlichem Titel beruhten. Und diese positive Fortbildung hat sich dann auch weiter vollzogen; denn nach Art. 17 Abs. 2 Ausf.-Ges. gehören nun auch die Beiträge der Arbeiter, für deren Einziehung und Abführung die Werkbesitzer aufzukommen haben (§ 176 Abs. 1 Allg. Berggeſ.), zu den gemeinen Lasten.

Richtig hebt nun zwar die Revision hervor, daß dieselben rechtlichen und sozial-politischen Gesichtspunkte, welche zur Einrichtung der Knappschaftskassen als einer öffentlichrechtlichen Institution und zur Heranziehung der Werkbesitzer zu Beiträgen, wie solche in den §§ 174 flg. Allg. Berggeſ. geordnet ist, geführt haben, auch maßgebend gewesen sind für die weitere Ausbildung der Arbeiterfürsorge durch die Unfallversicherungsgesetze und namentlich durch das Gewerbeunfallversicherungsgesetz vom 30. Juni 1900 (n. F. vom 5. Juli 1900; R.G.Bl. S. 585), sowie ferner, daß Zweck und Aufgabe der Knappschaftsberufsgenossenschaft in dem ihr durch das Reichsgesetz zugewiesenen erweiterten Umfange dieselben sind, die bisher in beschränkterem Umfange die Knappschaftskassen zu leisten hatten. Aber wenn die Revision nun noch einen Schritt weiter geht, und aus der Gemeinsamkeit der Grundlage folgern will, daß auch den Beiträgen der Werkbesitzer an die Berufsgenossenschaft dieselbe rechtliche Stellung eingeräumt werden müsse, die der Art. 17 Abs. 2 Ausf.-Ges. vom 23. September 1899 den dort bezeichneten Beiträgen zu den Knappschaftskassen beilegt, so verkennt sie den bereits hervorgehobenen positivrechtlichen Charakter dieser Vorschrift.

Die Revision meint, daß wenn die neue, durch das Gewerbe-Unfallversicherungsgesetz vom 30. Juni 1900 (5. Juli) geschaffene Organisation bereits beim Erlasse des Ausführungsgesetzes vom 23. September 1899 bestanden hätte, dann wohl Veranlassung gewesen wäre, die Vorschrift des Art. 17 Abs. 2 auch auf die an die Berufsgenossenschaft zu leistenden Beiträge der Werkbesitzer auszudehnen. Aber diese Veranlassung bestand auch dem damals in Geltung befindlichen § 94 des Unfallversicherungsgesetzes vom 6. Juli 1884 gegenüber; und man müßte also, da sich in den Vorarbeiten zu dem Ausführungsgesetze vom 23. September 1899, soweit sie veröffentlicht worden sind, keinerlei Anhalt dafür findet, daß man an eine weitere Ausdehnung des Vorrechts gedacht hat, geradezu annehmen, daß die ganze Frage damals übersehen worden sei. Eine solche Annahme erscheint von vornherein ausgeschlossen. Aber wie es sich auch damit verhalten mag, jedenfalls hätte es für das von der Knappschaftsberufsgenossenschaft beanspruchte Vorrecht einer positiven, dieses Vorrecht festsetzenden Gesetzesvorschrift bedurft, zumal da es sich hierbei, wie der vorliegende Fall zeigt, zugleich um die Sicherheit des Realkredits handelt, die nur durch eine möglichst genaue Abgrenzung der den Realgläubigern vorgehenden Ansprüche gewährleistet werden kann. Das Fehlen einer solchen positivrechtlichen Bestimmung muß daher gegen die Revision entscheidend sein.

Daran ändert auch der Umstand nichts, auf den der erste Richter Gewicht legt, daß die von dem Unternehmer gesetzlich für das Betriebspersonal zu entrichtenden Beiträge an die Unfallskassen als Geschäfts- oder Betriebskosten in Abzug gebracht werden dürfen, und daß sie ebenso bei der Festsetzung des Ertrags aus dem Bergwerke für abzugsfähig erklärt worden sind. Und wenn endlich die Revision mit dem ersten Richter darauf hinweist, daß das Reichsgericht den an die Berufsgenossenschaften zu entrichtenden Beiträgen in der Rangordnung der Konkursgläubiger die Stellung in der dritten Klasse (§ 54 Nr. 3 K.O. a. F., jetzt § 61 Nr. 3) zuerkannt habe (Entsch. in Zivils. Bd. 22 S. 140), so ist damit für die hier zu entscheidende Frage nichts gewonnen; denn der Punkt, auf den es hier ankommt, ob die Leistungen solche sind, die das Bergwerk selbst belasten, spielt für das Vorrecht im Konkurse keine Rolle."

---

50. 1. Schadensersatzanspruch einer verheirateten Frau wegen Verminderung ihrer Erwerbsfähigkeit infolge einer Körperverletzung (§§ 842 flg. B.G.B.).

2. Voraussetzungen der Erlassung eines Zwischenurteils nach § 304 Z.P.O. Bedeutung eines solchen Urteils.

VI. Zivilsenat. Urt. v. 23. April 1906 i. S. Kr. u. Gen. (Bekl.) w. H. Ehefr. (Kl.). Rep. VI. 314/05.

I. Landgericht Insterburg.
II. Oberlandesgericht Königsberg.

Die Klägerin war im März 1901 im Hause des Erblassers der Beklagten die Treppe hinabgestürzt und hatte sich dabei Verletzungen zugezogen. Mit der Behauptung, daß jenen ein Verschulden an dem Unfall getroffen habe, verlangte sie für dessen Folgen von den Beklagten Schadensersatz, und zwar neben dem Ersatz von Heilungskosten Ersatz der Nachteile, die für ihren Erwerb herbeigeführt worden seien. Diesen letzteren Anspruch begründete sie damit, daß sie infolge des Unfalls nicht in dem Maße, wie vorher, in dem Geschäft ihres Mannes tätig sein könne, und daß deswegen zu ihrer Vertretung in diesem Geschäft mehrfach Hilfskräfte hätten herangezogen werden müssen; für die Bemessung der ihr in jener Hinsicht zu gewährenden Rente komme in Betracht, daß in Fleischergeschäften eine fremde Arbeitskraft 30 *M* Monatsgehalt und freie Station erhalte. Sie forderte demgemäß von den Beklagten außer Heilungskosten Ersatz der infolge ihrer Vertretung in dem Geschäft ihres Mannes durch dritte Personen bis zum 15. Juni 1902 entstandenen Kosten von 152, bzw. 128 *M*, sowie von diesem Tage ab eine tägliche Rente, und zwar bis zum 31. Dezember 1902 eine solche von 1 *M*, von da ab bis zu ihrer völligen Wiederherstellung eine solche von 2 *M*.

Das Landgericht verurteilte die Beklagten zur Zahlung der geforderten Heilungskosten und der Stellvertretungskosten von 128 *M*, sowie zu einer täglichen Rente von 50 *Pf*, bzw. 90 *Pf* und wies im übrigen die Klage ab. Die Beklagten legten Berufung ein mit dem Antrage, die Klage in vollem Umfange abzuweisen. Das Oberlandesgericht erklärte zunächst durch Zwischenurteil den Anspruch der Klägerin dem Grunde nach für gerechtfertigt. Dieses Urteil wurde rechtskräftig. In dem darauf eingeleiteten Verfahren über den Betrag des Anspruchs schloß sich die Klägerin der Berufung an mit dem Antrage, die Rente für die Zeit bis Ende 1902 auf 1 *M* und für die spätere Zeit auf 1,80 *M* täglich festzusetzen. Im Endurteil wurden die Berufung und die Anschließung zurückgewiesen. Auch die Revision und die Anschlußrevision sind erfolglos geblieben.

Aus den Gründen:

... „Der Revision der Beklagten ist ... darin beizutreten, daß das Berufungsgericht sich die rechtliche Natur der geltend gemachten Ansprüche nicht klar gemacht hat, daß es der Klägerin Ansprüche zugebilligt hat, die nicht ihr, sondern lediglich ihrem Manne zustehen. Zwar gilt dies nicht von den Heilungskosten, die von den Ausführungen der Revision überhaupt nicht berührt werden; denn auch der verheirateten Frau, gleichviel welches eheliche Güterrecht maßgebend ist, und gleichviel ob sie ihre Erwerbsfähigkeit betätigt, sei es für sich selbst, sei es für ihren Mann, steht ein Anspruch auf Ersatz dieser Kosten zu. Wohl aber gilt dies für den Ersatz des Schadens, der durch die Minderung der Erwerbsfähigkeit der Klägerin entstanden ist. Allerdings läßt sich prinzipiell auch einer Ehefrau ein solcher Anspruch nach Maßgabe der §§ 842. 843 B.G.B.'s nicht versagen. Allein eine Entschädigung für den Verlust oder die Minderung der Erwerbsfähigkeit wird nicht schlechthin gewährt, sondern nur für den dem Verletzten nach seinen Lebens- und Erwerbsverhältnissen tatsächlich entgehenden Erwerb, wenn schon dabei nicht bloß die Verhältnisse zur Zeit des Unfalls und in der Gegenwart, sondern auch die zukünftige Gestaltung der Dinge, soweit sie sich bei Zugrundelegung normalen Verlaufs voraussehen lassen, zu berücksichtigen sind. Betätigt mithin eine Frau ihre Erwerbsfähigkeit lediglich im Hauswesen und im Geschäfte des Mannes, wozu sie gesetzlich verpflichtet ist (§ 1356 B.G.B.), so kann sie selbst für den Verlust oder die Minderung ihrer Erwerbsfähigkeit insoweit keinen Schadensersatzanspruch geltend machen, weil insoweit lediglich dem Manne ein Schaden entstanden, mithin nur dieser nach § 845 B.G.B. forderungsberechtigt ist; es könnte ihr nur für den Fall ein solcher Anspruch zugebilligt werden, daß sie infolge einer in den ehelichen Verhältnissen eintretenden Veränderung in die Lage käme, ihre Arbeitskraft für eigenen Erwerb zu verwerten. Bei Anwendung dieser Grundsätze, von denen der erkennende Senat in dem von der Revisionsbeklagten für sich verwerteten Urteile Rep. VI. 237/04 (teilweise abgedruckt in der Jurist. Wochenschr. v. 1905 S. 341 Nr. 12) ausgegangen ist, erweist sich der Klaganspruch, soweit er nicht die Heilungskosten betrifft, ohne weiteres als unbegründet.

Dies hat zunächst zu gelten von den der Klägerin zugesprochenen 128 *M*, die deswegen gefordert worden sind, weil sich infolge der Minderung der Erwerbsfähigkeit der Klägerin im Geschäfte des Mannes eine Vertretung der Klägerin durch eine fremde Arbeitskraft nötig gemacht hatte; hier handelt es sich lediglich um einen Anspruch des Mannes auf Grund der Vorschrift im § 845. Es hat dies aber auch zu gelten von der der Klägerin zugesprochenen Rente. Denn gefordert wird diese — und dadurch unterscheidet sich der vorliegende Fall von dem in jenem Urteil behandelten — **lediglich** als Ersatz für die Minderung der Arbeitsfähigkeit der Klägerin im Geschäft des Mannes, der also diesem nach § 845 zu vergüten ist, nicht auch für den Ausfall eigenen Erwerbs, den die Klägerin etwa künftig erleiden könnte; für letzteres bietet ihr Vorbringen ebensowenig einen Anhalt, als dafür, daß ihr selbst ein Schaden durch die Minderung ihrer Erwerbsfähigkeit bereits entstanden sei. Steht aber der Klägerin jener Anspruch nicht zu, so kann dieser Mangel der Sachlegitimation auch dadurch nicht als beseitigt gelten, daß in gewissen prozessualen Vorgängen die Zustimmung des Mannes zur Geltendmachung des Anspruchs durch die Klägerin gefunden werden könnte; diese Auffassung kann zutreffen, wenn die Eheleute in Gütergemeinschaft oder in Errungenschaftsgemeinschaft leben (vgl. das Urteil des erkennenden Senates in den Entsch. des R.G.'s Bd. 60 S. 146), nicht aber wenn, was mangels gegenteiliger Behauptung anzunehmen, das gesetzliche Güterrecht das maßgebende ist. Hiernach hätte das Berufungsgericht die Klage — von dem Anspruch auf Erstattung der Heilungskosten abgesehen — abweisen sollen.

Gleichwohl können diese Erwägungen der Revision der Beklagten nicht zum Erfolg verhelfen. Dem steht das rechtskräftige Zwischenurteil des Berufungsgerichts entgegen. Dadurch ist „der Anspruch der Klägerin" dem Grunde nach für gerechtfertigt erklärt worden, mithin der Klaganspruch, soweit er in die Berufungsinstanz devolviert war, also — abgesehen von den Heilungskosten — der Anspruch auf Ersatz der Stellvertretungskosten von 128 *M*, sowie der auf Zahlung einer Rente wegen Verminderung der Erwerbsfähigkeit der Klägerin. Diese Ansprüche können daher dem Grunde nach nicht mehr in Zweifel gezogen werden. Zwar spricht sich das Berufungsgericht in den dem Zwischenurteil beigegebenen Gründen nur dahin aus, daß mindestens Auslagen an Arzt und Apotheker entstanden seien, schweigt aber, obgleich nach dem Tatbestande die Klägerin die betreffenden Ansprüche geltend gemacht hatte, darüber vollständig, ob auch Stellvertretungskosten entstanden seien, und ob die Erwerbsfähigkeit der Klägerin gemindert sei, wiewohl auch dies in dem Verfahren über den Grund des Anspruchs zu erörtern gewesen wäre, da nicht mit jeder Körperverletzung oder Gesundheitsbeschädigung eine

Minderung der Erwerbsfähigkeit verbunden zu sein braucht, und da die Grundlage eines jeden mit der Klage geltend gemachten selbständigen Anspruchs in jenem Verfahren festzustellen ist. Das ist aber nur ein Mangel in der Begründung des Zwischenurteils, der, wenn es angefochten worden wäre — schon abgesehen von der Verletzung des § 845 B.G.B. durch Nichtanwendung — zu seiner Aufhebung, soweit es sich nicht um die Heilungskosten handelte, hätte führen müssen; maßgebend für das allein noch in Betracht kommende Verfahren über den Betrag ist der entscheidende Teil des Zwischenurteils, durch den die mit der Klage verfolgten Ansprüche dem Grunde nach für gerechtfertigt erklärt worden sind. In bezug auf den Betrag der der Klägerin vom Berufungsgericht zugebilligten Ansprüche sind aber rechtliche Bedenken zugunsten der Beklagten nicht zu erheben ... Hiernach muß die Revision der Beklagten ... zurückgewiesen werden ...

Die Anschlußrevision beschwert sich darüber, daß das Berufungsgericht der Anschlußberufung der Klägerin, mit der die Erhöhung der Rente gefordert wurde, nicht stattgegeben hat. ... Es kann dahingestellt bleiben, ob nicht diese Angriffe zum Teil begründet sind, wenn man, wie dies nach dem rechtskräftigen Zwischenurteil zu geschehen hat, davon ausgeht, daß die Klägerin die eigentlich ihrem Manne zukommende Rente selbst zu fordern berechtigt ist. Denn wenn auch diese Angriffe an und für sich nur den Betrag dieser Rente betreffen, so verbietet doch schon die eigenartige prozessuale Lage des Falles ihre Berücksichtigung. Wie der erkennende Senat wiederholt dargelegt hat, erstreckt sich das Zwischenurteil über den Grund des Anspruchs auf den Anspruch nur in dem Umfange, wie er zur Zeit der Erlassung des Urteils anhängig war; wird später der Klaganspruch in der ersten Instanz erweitert, so muß insoweit der Anspruch von neuem, wenn auch vielleicht nur kurz durch Bezugnahme, auch dem Grunde nach begründet und der Entscheidung des Gerichts unterstellt werden. Im vorliegenden Falle hat das Landgericht über den Grund des Klaganspruchs nicht erst vorab entschieden, sondern ohne vorgängiges Zwischenurteil die Beklagten zur Bezahlung eines Teils der geforderten Beträge — unter Abweisung der Klage wegen des Mehrgeforderten — verurteilt. Infolge der Berufung der Beklagten wurden die Klagansprüche nur insoweit, als eine Verurteilung erfolgt war, in die Berufungsinstanz devolviert; nur in diesem Umfang kann daher dem vom Berufungsgericht erlassenen Zwischenurteil über den Grund des Anspruchs Bedeutung zukommen; nicht aber kann es sich auf den Umfang des Klaganspruchs beziehen, den dieser in der Berufungsinstanz dadurch gewonnen hat, daß die Klägerin erst nach Erlassung des Urteils sich der Berufung angeschlossen und in der Berufungsinstanz nunmehr erst mehr gefordert hat, als ihr von der ersten Instanz zugebilligt worden war. Dieser Mehrbetrag kann ihr trotz des Zwischenurteils nur zugesprochen werden, wenn der Klaganspruch überhaupt dem Grunde nach gerechtfertigt ist. Da dies aber, wie bereits ausgeführt, nicht der Fall ist, so kann es auch nicht darauf ankommen, ob das Berufungsgericht zur Zurückweisung der Anschlußberufung der Klägerin dadurch gelangt ist, daß es aus unzutreffenden Gründen der Klägerin nicht mehr zugebilligt hat, als das Landgericht ihr zugesprochen hatte. Hiernach mußte auch die Anschlußrevision zurückgewiesen werden." ...

---

51. Zum Begriffe der Gewerbe- und Handlungsgehilfen hinsichtlich der Zuständigkeit der Gewerbe- bzw. Kaufmannsgerichte.

III. Zivilsenat. Urt. v. 24. April 1906 i. S. M. (Kl.) w. G. (Bekl.). Rep. III. 477/05.

I. Landgericht Heidelberg.
II. Oberlandesgericht Karlsruhe.

Das Sachverhältnis ergibt sich aus nachfolgenden

Gründen:

„Der Beklagte ist Dekorationsmaler. Sein Gewerbe besteht in der Hauptsache darin, daß er in Neubauten und anderen Häusern Dekorationsmalereien ausführt bzw. durch Gehilfen ausführen läßt, auch vereinzelt Möbel anstreicht bzw. anstreichen läßt. Daneben hat er aber, wie das bei Malern üblich ist, streichfertige, von ihm angeschaffte Farben und Öle an Kunden weiterverkauft. Während der Jahresumsatz des Beklagten im ganzen sich nach den Angaben des

Klägers auf 80—90000 *M* (nach den Angaben des Beklagten auf 80—110000 *M*) beläuft, steckt darin für den zuletzt erwähnten Weiterverkauf nach den Angaben des Klägers ein Jahresumsatz von 2000 *M* (nach den Angaben des Beklagten von noch nicht 1000 *M*). In das Handelsregister ist das Geschäft des Beklagten nicht eingetragen. Der Kläger war für das Gesamtgeschäft des Beklagten als Buchhalter engagiert. Er hatte die Lohn- und Geschäftsbücher zu führen, die Rechnungen auszustellen und die Kassengeschäfte zu besorgen. Am 15. Dezember 1904 ist Kläger ohne Kündigung vom Beklagten entlassen und hat aus diesem Grunde mit der vorliegenden Klage sein Gehalt bis zum 1. April 1905 eingeklagt. Während das Landgericht nach dem Klagantrage erkannt hat, hat das Berufungsgericht die Klage wegen Unzulässigkeit des ordentlichen Rechtsweges abgewiesen, weil nach §§ 4 Ziff. 1 und 6 des Gewerbegerichtsgesetzes in der Fassung vom 29. September 1901 (R.G.Bl. S. 353) für den vorliegenden Rechtsstreit das Gewerbegericht zuständig sei, indem Kläger nach Abs. 1 des § 1 und § 3 den Bestimmungen dieses Gesetzes unterliege, und die für Gehilfen in „Handelsgeschäften" getroffene Ausnahme im vorliegenden Falle nicht zutreffe. Denn der Beklagte betreibe kein Handelsgewerbe. Die Ausführung von Malerarbeiten in Häusern sei kein Handelsgeschäft; das Anstreichen der Möbel gehe nicht über den Umfang des Handwerks hinaus, und wenn er auch Waren an andere weiter veräußere, so sei nach den oben mitgeteilten Verhältnissen diese Weiterveräußerung eine so geringfügige, daß man nicht sagen könne, der Gewerbebetrieb des Beklagten habe Geschäfte der im § 1 Abs. 2 Ziff. 2 H.G.B. bezeichneten Art „zum Gegenstand".

Hiergegen richtet sich die jetzt von dem Kläger eingelegte Revision. Nach § 1 Abs. 2 Ziff. 1 H.G.B. sei jeder Gewerbebetrieb, welcher die Anschaffung und Weiterveräußerung von Waren zum Gegenstand habe, als Handelsgewerbe anzusehen, ohne daß es auf den Umfang dieses Betriebs, und darauf ankomme, ob es den ausschließlichen oder auch nur den Hauptberuf bilde. Wie hiernach der Beklagte Kaufmann sei, so sei auch Kläger, welcher kaufmännische Dienste geleistet habe, Handlungsgehilfe und daher den Gewerbegerichten nicht unterworfen.

Es ist der Revision zuzugeben, daß der Entscheidungsgrund des Berufungsgerichts nicht unbedenklich ist. Denn wenn das Berufungsgericht das Bestehen eines Handelsgewerbes wegen der Geringfügigkeit dieses Teiles des Gewerbebetriebs verneint, so setzt es sich dadurch mit der ständigen Rechtsprechung des Reichsgerichts, wie auch des ehemaligen Reichsoberhandelsgerichts insofern in Widerspruch, als es danach für den Begriff des Handelsgewerbes und der Kaufmannseigenschaft nicht auf den Umfang des Betriebs und auch nicht darauf ankommt, ob der Betrieb des Handelsgewerbes den ausschließlichen oder den Hauptberuf bildet. Sachlich ist aber die Entscheidung des Berufungsgerichts zu billigen. Darauf, daß Kläger im wesentlichen kaufmännische Dienste geleistet hat, kommt es entscheidend nicht an; es steht in der Rechtsprechung fest, daß, wer in einem Nichthandelsgewerbe kaufmännische Dienste leistet, gleichwohl nur Gewerbegehilfe ist. Es ist ferner zweifellos, daß, wie jemand zugleich ein Handelsgeschäft und daneben ein von diesem unabhängiges anderes Gewerbe betreiben kann, so auch jemand gleichzeitig in zwei Geschäften, z. B. vormittags in dem Handelsgeschäft eines Kaufmanns, nachmittags in dem Gewerbebetrieb eines Nichtkaufmanns, Dienste leisten kann. In letzterem Geschäfte ist er Gewerbegehilfe, in ersterem Handlungsgehilfe. In Rechtsstreitigkeiten, die zu seiner Stellung im Handelsgeschäft in Beziehung stehen, untersteht er (jetzt den Kaufmannsgerichten, damals) den ordentlichen Gerichten, in Rechtsstreitigkeiten aus seiner Stellung als Gewerbegehilfe den Gewerbegerichten. Darin kann es natürlich keinen Unterschied machen, wenn die beiden Gewerbe von einer und derselben Person betrieben werden. Läge im vorliegenden Falle die Sache so, daß der geringe Handelsbetrieb mit Farben und Ölen in einem besonderen Laden von einem eigens hierzu angestellten Gehilfen ohne Mitwirkung des Klägers betrieben wäre, dann könnte nicht zweifelhaft sein, daß Kläger lediglich als Gewerbegehilfe angesehen werden müßte. Nun liegt die Sache aber so, daß Kläger auch für den kleinen Handelsbetrieb mitbeschäftigt ist; er ist daher Gewerbegehilfe und Handlungsgehilfe, sein Prinzipal in der Hauptsache Gewerbetreibender (Dekorationsmaler), nebenbei aber auch Kaufmann; der Rechtsstreit betrifft die Stellung des Klägers in beiden Geschäften. Wenn nun nicht eine Gesetzesvorschrift besteht, wonach die Eigenschaft eines Kaufmanns und, was hier in Frage steht, eines Handlungsgehilfen der gleichzeitigen Eigenschaft eines Gewerbegehilfen vorgeht, dann kann als maßgebend nur erachtet werden, welche Eigenschaft nach den Anschauungen des Lebens die Haupteigenschaft ist. Eine solche gesetzliche Vorschrift, wonach die Eigenschaft eines Handlungsgehilfen vorgeht, liegt aber nicht vor. Der § 81 des Gewerbegerichtsgesetzes bestimmt nur, daß das Gesetz auf Gehilfen in Handelsgeschäften keine Anwendung findet. Das sagt aber nicht, daß das Gesetz auf Gehilfen in anderen Gewerben keine Anwendung findet, wenn sie zufällig auch nebenbei in einem Handelsgeschäft beschäftigt sind; denn dann würde, was unmöglich gewollt sein kann, das Gewerbegericht auch dann ausgeschlossen sein, wenn der Rechtsstreit lediglich die Stellung des Gehilfen in dem Nichthandelsgewerbe beträfe. Ist aber danach entscheidend, ob Kläger in der Hauptsache in dem Nichthandelsgewerbe, oder in dem Handelsgewerbe des Beklagten beschäftigt gewesen ist, dann kann nach der Sachlage kein Zweifel sein, daß das Nichthandelsgewerbe die Hauptsache ist, da das Handelsgeschäft mit Farben und Öl rein nebensächlich betrieben ist, bei einem Gesamtumsatz von 80—100000 ℳ nur höchstens 2000 ℳ Umsatz gebracht hat. In seinem Verhältnis zu seinem Prinzipal war daher Kläger im wesentlichen Gewerbegehilfe, und war daher das Gewerbegericht zuständig." . . .

52. Wirksamkeit eines Vergleichs, den der Verwalter im Konkurs einer Aktiengesellschaft mit den Mitgliedern des Aufsichtsrats über die Ersatzansprüche aus Verletzung der Aufsichtsratspflichten geschlossen hat. Kann, entgegen einem solchen Vergleiche, die „Aktionärschaft" diese Ersatzansprüche noch für sich geltend machen?

I. Zivilsenat. Urt. v. 25. April 1906 i. S. B. u. Gen. (Kl.) w. S. (Bekl.). Rep. I. 614/05.

I. Landgericht Leipzig.
II. Oberlandesgericht Dresden.

Der Verwalter im Konkurse über das Vermögen der Aktiengesellschaft L. B. in Leipzig hatte mit den Mitgliedern des Aufsichtsrats, wozu auch der Beklagte gehörte, am 27. Februar 1902 einen

Vergleich abgeschlossen, worin er gegen die — später vereinbarungsgemäß erfolgte — Zahlung eines auf 4500000 *M* bestimmten Betrags verzichtete „auf alle weiteren Regreßschädenersatz- und sonstigen Forderungen, welche etwa der in Konkurs geratenen Gesellschaft sowie der Gläubigerschaft an die Mitglieder des Aufsichtsrats oder deren Erben aus der Mitgliedschaft bei dem Aufsichtsrate der L. B. zustehen oder zustehen könnten."

Die Kläger waren Aktionäre der L. B. Sie waren der Ansicht, daß der Vergleich insoweit nicht wirksam sei, als er die Ersatzansprüche betreffe, welche nicht nach § 249 Abs. 3 u. § 241 Abss. 3. 4 H.G.B. dem unmittelbaren Zugriffe der Gläubiger unterlägen, oder doch wenigstens insoweit nicht, als die Ersatzansprüche den zur Befriedigung der Gläubiger erforderlichen Betrag überstiegen hätten. Darüber hinaus, meinten sie, ständen die Ersatzansprüche nicht der Aktiengesellschaft als solcher, dem Subjekte des Konkursverfahrens, zu, sondern der Aktionärschaft als Gemeinschaft der Aktionäre, und hafteten nicht den Gläubigern der Aktiengesellschaft, seien mithin auch nicht der Verfügung des Konkursverwalters unterworfen. Die Kläger beabsichtigten, dieses vom Vergleiche nicht zerstörte Aktivum zur Verteilung unter die Aktionäre zu bringen, und zu diesem Zwecke in Anwendung des § 302 H.G.B. bei dem zuständigen Gerichte die Bestellung von Liquidatoren zu beantragen. Sie hielten es aber für erforderlich, daß vorher im Wege des Prozesses das Vorhandensein solcher Ersatzansprüche festgestellt werde. Deshalb richteten sie die Klage auf die Feststellung der Verpflichtung des Beklagten, den der L. B. und der Gesamtheit der Aktionäre derselben durch diejenigen Handlungen und Geschäftsdispositionen, welche zum Konkurse der Bank geführt, zugefügten Schaden den Aktionären der L. B. zu ersetzen.

Beide Instanzen wiesen die Klage ab. Die Revision der Kläger hat keinen Erfolg gehabt. Über die in der Überschrift berührten Fragen heißt es in den

Gründen:

... „Verlangt wird die Feststellung, daß der Beklagte den Aktionären der L. B. den Schaden zu ersetzen habe, welcher der L. B. oder der Gesamtheit ihrer Aktionäre aus gewissen, eine Pflichtverletzung enthaltenden Handlungen und Geschäftsdispositionen der Gesellschaftsorgane erwachsen sei. Für den Beklagten können nur Verletzungen seiner Obliegenheiten als Mitglied des Aufsichtsrats in Betracht kommen. Erfolg kann deshalb die Klage nur haben, wenn der vom Konkursverwalter mit den Aufsichtsratsmitgliedern abgeschlossene Vergleich vom 27. Februar 1902 die Haftung des Beklagten für diese Verfehlungen nicht oder nicht vollständig aufgehoben hat. Nach dem Wortlaute des Vergleichs kann kein Zweifel sein, daß auf alle weiteren Ersatzansprüche der in Konkurs geratenen Gesellschaft gegen den Beklagten verzichtet worden ist. Der Vergleich steht also der Klage entgegen, insofern die Kläger nicht dartun, daß der Konkursverwalter den Vergleich insoweit, als die mit der Klage geltend gemachte Ersatzpflicht in Frage steht, nicht wirksam habe abschließen können.

Die Kläger haben diese Darlegung versucht. Der Inhalt ihrer weitläufigen Auseinandersetzungen läßt sich im Ergebnisse dahin zusammenfassen, daß die Ersatzansprüche, auf welche sich das Feststellungsbegehren bezieht, nicht der Aktiengesellschaft als solcher, welche allein Subjekt des Konkursverfahrens sei, sondern der Gesellschaft der Aktionäre, der Aktionärschaft, zuständen, oder daß doch, wenn sie zum Vermögen der Aktiengesellschaft gehörten, sie nicht in die Konkursmasse gefallen seien. Beide Instanzen haben, und mit Recht, die Deduktionen der Kläger abgelehnt.

Für die Behauptung, daß Ersatzansprüche gegen pflichtvergessene Aufsichtsratsmitglieder nicht der Aktiengesellschaft als solcher, sondern der Aktionärschaft gehörten, haben die Kläger sich darauf berufen, daß bei der Aktiengesellschaft zwischen der inneren und der äußeren Seite zu unterscheiden sei. Juristische Persönlichkeit sei der Aktiengesellschaft lediglich nach außen beigelegt; in dieser Richtung werde sie ausschließlich durch den Vorstand vertreten. Nach innen aber wirke die juristische Persönlichkeit nicht; hier greife das gesellschaftliche Prinzip durch, und nach diesem Prinzipe bestimmten sich nicht nur die Beziehungen der Mitglieder unter sich, sondern auch zu den Personen, welche sie mit ihrer Vertretung zwecks einheitlicher Leitung des Geschäfts und zum Organ ihrer „geschäftsbetrieblichen Einheit" gemacht hätten. Dazu gehörten insbesondere auch die Aufsichtsräte, welche die Aktionäre kraft eigenen Rechts in der kein Organ der juristischen Person bildenden Generalversammlung wählten, und welche daher für die pflichtmäßige Erfüllung des ihnen erteilten Auftrages den Aktionären in ihrer gesellschaftlichen Gesamtheit, und nicht der Aktiengesellschaft als juristischer Person verantwortlich seien. Entgegen diesen Aufstellungen hat das Berufungsgericht, in wesentlicher Übereinstimmung mit der ersten Instanz, den Standpunkt eingenommen, die Aktiengesellschaft sei nach der ihr im Handelsgesetzbuch gegebenen Gestaltung eine juristische Person, die in der Generalversammlung der Aktionäre das ihr Rechtsleben beherrschende Organ und im Vorstand ein dienendes Organ habe, welches den von jener kundgegebenen Willen ausführe. Wenn auch die Aktionäre in der Generalversammlung eigene Rechte wahrnähmen, so seien dies doch nur solche Rechte, die ihnen auf Grund ihres Aktienbesitzes in den Angelegenheiten der Gesellschaft zuständen. Eine besondere Gesellschaft der Aktionäre neben der Aktiengesellschaft sei dem geltenden Rechte fremd; das Handelsgesetzbuch kenne nur die Gesellschaft und die Gesellschafter. Demgemäß sei, was die Aktionäre in der Generalversammlung beschlössen, das Ergebnis ihrer Willensbetätigung für die Aktiengesellschaft. Ernenne die Generalversammlung nach dem Statute den Vorstand, oder wähle sie die Aufsichtsratsmitglieder, so nehme sie diese Akte lediglich als Willensorgan der Aktiengesellschaft und für diese vor; von Schaffung eines Rechtsverhältnisses zwischen Vorstand und Aufsichtsrat einerseits und den Aktionären andererseits könne nicht die Rede sein.

Die Revision hat diese Auffassung als rechtsirrtümlich angegriffen. Der Angriff ist nicht begründet. Die Revision hat die früheren Argumente wiederholt; sie hat aber hervorgehoben, der Sinn der von ihr vertretenen Instanzausführungen sei nicht, daß die Aktiengesellschaft aus zwei voneinander unabhängigen selbständigen Rechtspersönlichkeiten bestehe; vielmehr seien juristische Person und Aktionärschaft zwei unter sich verbundene, dennoch aber voneinander unterscheidbare Seiten der Aktiengesellschaft. Der Begriff der Aktiengesellschaft erschöpfe sich nicht in der nach außen wirksamen juristischen Persönlichkeit; hinter dieser stehe noch als der treibende Teil die Gesellschaft, als die Gemeinschaft der Gesellschafter, die societas der Aktionäre. Demgegenüber ist an der Ansicht des Berufungsgerichts festzuhalten. Des Eingehens auf theoretische Streitpunkte bedarf es nicht. Für die Unterscheidung von Gesellschaftsvermögen, das der Aktiengesellschaft als juristischer Person, und Gesellschaftsvermögen, das der

Aktionärschaft gehörte, wäre unerläßliche Voraussetzung, daß beide, Aktiengesellschaft als solche und Aktionärschaft, besondere Vermögensträger sein könnten. Es liegt auf der Hand, daß die Revision, indem sie die Trennung der Aktiengesellschaft in zwei selbständige Rechtspersönlichkeiten aufgibt, damit auch die Möglichkeit ausschließt, in der Aktiengesellschaft zwei nebeneinander bestehende Subjekte des Vermögens zu unterscheiden, und dieses Vermögen je nach seinem Inhalte bald dem einen, bald dem anderen zuzuweisen. Auch vom Boden der Revision würde man nur dahin gelangen, daß der identische Vermögensträger nach außen als juristische Person, nach innen als gesellschaftliche Organisation in Erscheinung trete. Daß aber die Annahme zweier selbständiger Vermögensträger in der Tat völlig verwerflich wäre, kann keinem Zweifel unterliegen. Dem Berufungsgericht ist darin unbedenklich beizutreten, daß nach der Gestaltung, welche das Institut im Handelsgesetzbuch erhalten hat, eine besondere Gesellschaft der Aktionäre neben der Aktiengesellschaft nicht besteht. Die Aktiengesellschaft hat nach § 210 H.G.B. als solche selbständig ihre Rechte und Pflichten. Darin liegt, daß ihr als Einheit, im Gegensatze zu den Aktionären, Rechts- und Vermögensfähigkeit zukommt, wodurch sie sich nach der herrschenden Ansicht als juristische Person charakterisiert. Wenn die Revision den Einwand aufgreift, daß die juristische Persönlichkeit der Aktiengesellschaft nur nach außen, nur zu Zwecken des Verkehrs beigelegt sei, so kann darauf schon aus dem Grunde hier nichts ankommen, weil gerade die Fähigkeit, Vermögen zu besitzen, eine nach außen gerichtete Wirkung der Rechtspersönlichkeit ist. Allerdings ist die Aktiengesellschaft kein selbständiges Vermögenssubjekt; sie dient materiell den Interessen der Aktionäre. Dies hindert aber nicht, daß sie formell als alleiniger Träger des Gesellschaftsvermögens erscheint. Auf die Führung der Gesellschaftsgeschäfte haben freilich die Aktionäre in gewissen Grenzen bestimmenden Einfluß. Allein wenn ihnen dieser auch kraft eigenen Rechts zukommt, so ist es doch, wie das Berufungsgericht unter Hinweis auf § 250 H.G.B. mit Recht hervorhebt, eine Betätigung in den Angelegenheiten der Gesellschaft — nicht in ihren besonderen Angelegenheiten —, die sie durch Beschlußfassung in der Generalversammlung ausüben. Verfehlt ist der Widerspruch der Kläger dagegen, daß die Generalversammlung der Aktionäre als Organ der Aktiengesellschaft zu betrachten sei. So wenig wie es eine der Aktiengesellschaft selbständig gegenüberstehende Aktionärschaft gibt, so wenig sind zwei verschiedene Willen vorhanden, der Aktionärschaft, um die Befehle an die Aktiengesellschaft zu erteilen, und der letzteren, um sich in Ausführung dieser Befehle geschäftlich zu betätigen. Vielmehr gelten die von den Aktionären in den Generalversammlungen gemäß Gesetz und Satzung gefaßten Beschlüsse als der für die Aktiengesellschaft, die als solche nicht willensfähig ist, ausgesprochene Wille, wobei es für die grundsätzliche Auffassung selbstverständlich ohne Bedeutung ist, daß die Voraussetzungen für einen gültigen Beschluß in verschiedenen Fällen verschieden bestimmt sind, und daß der einzelne Aktionär bei Abgabe seiner Stimme sich von seinem eigenen Interesse leiten läßt. Völlig willkürlich wäre es, von diesem Satze eine Ausnahme dann zu machen, wenn es sich um die Wahl des Aufsichtsrats oder die Ernennung des Vorstandes handelt. Auch hierbei ist der Generalversammlungsbeschluß als unmittelbarer Wille der Aktiengesellschaft anzusehen. Mit Recht hat das Berufungsgericht die Auffassung abgelehnt, daß dadurch ein besonderes Rechtsverhältnis zwischen Vorstand und Aufsichtsrat auf der einen Seite, und den Aktionären oder der Aktionärschaft auf der anderen Seite geschaffen werde. Die theoretischen Schwierigkeiten, welche die Kläger für die praktische Durchführung dieses Standpunkts behaupten, sind in Wirklichkeit nicht vorhanden. Es ist eine Überspannung des Grundsatzes, daß die Vertretung der Aktiengesellschaft dem Vorstand obliegt, wenn man die Möglichkeit jeder anderen Vertretung ausschließen will. Insbesondere darf nicht bestritten werden, daß ausnahmsweise in den Fällen, wo ein anderes Vertretungsorgan der Aktiengesellschaft nicht besteht, wie dies bei Vereinbarungen mit den Aufsichtsratsmitgliedern vorkommen kann, auch die Generalversammlung selbst mit Rechtswirksamkeit für die Aktiengesellschaft muß tätig werden können.

Vgl. Staub, Kommentar zum H.G.B. Anm. 1 zu § 250; Behrend, Lehrbuch des Handelsrechts § 121 Anm. 8 S. 818; Lehmann, Das Recht der Aktiengesellschaft Bd. 2 S. 158, 197/198, 239, 367 bei Anm. 4.

Das in den Entsch. in Zivils. Bd. 43 S. 283 flg. abgedruckte Urteil des erkennenden Senats vom 18. Februar 1899 steht dem nicht entgegen, da es nur von der regelmäßigen Ordnung der Vertretungsfrage spricht.

Im Anschluß an das Instanzvorbringen hat die Revision die

Auslegung verteidigt, daß in § 241 Abs. 2 u. § 249 Abs. 2 H.G.B. unter der „Gesellschaft", welcher der fehlbare Vorstand oder Aufsichtsrat für den Schaden ersatzpflichtig ist, nicht die Aktiengesellschaft, sondern die Gesellschaft der Aktionäre, die Aktionärschaft, zu verstehen sei. Nachdem es sich herausgestellt hat, daß es diesen Unterschied in Wirklichkeit nicht gibt, muß der Auslegungsversuch ohne weiteres fallen. Es wäre aber auch ganz willkürlich, dem gleichen Worte hier eine andere Bedeutung beizulegen, als an den anderen zahlreichen Stellen, wo es gebraucht wird, und völlig undurchführbar, die Bezeichnung „Gesellschaft, Aktiengesellschaft" an allen Stellen, wo der Beisatz „als solche" fehlt, der übrigens nicht nur in dem von den Klägern genannten § 210, sondern auch im § 200 Abs. 1 vorkommt, im Sinne der Aktionärschaft zu deuten.

Wenn es hiernach unmöglich ist, das Gesellschaftsvermögen an zwei getrennte, selbständige Träger zu verteilen, so kann doch die Unterscheidung noch Bedeutung für die Frage haben, ob von dem Vermögen der Aktiengesellschaft nur ein Teil zur Befriedigung der Gesellschaftsgläubiger zu dienen habe, während der andere Teil den Aktionären vorbehalten bleibe. Die Kläger haben eine solche Teilung behauptet. Es soll unterschieden werden zwischen dem Haftungsvermögen, an welches allein sich die Gläubiger halten könnten, und allem anderen Vermögen, worauf ein Zugriff der Gläubiger nicht stattfinde. Zu dem letzteren sollen die Regreßansprüche gegen Vorstand und Aufsichtsrat gehören, welche sich nicht auf die in § 241 Abs. 3 aufgeführten besonderen Verfehlungen gründen. Das Berufungsgericht hat diese Unterscheidung abgelehnt. Gestützt auf § 210 Abs. 1 hat es ausgesprochen, daß alles, was die Aktiengesellschaft erwerbe, worunter auch der Regreßanspruch gegen Vorstand und Aufsichtsrat falle, in ihr selbständiges Vermögen gelange und mangels einer gesetzlichen Beschränkung den Gläubigern hafte. Dem ist beizutreten. Was die Revision dagegen vorgebracht hat, greift nicht durch. In Anknüpfung an das Instanzvorbringen sind bei der mündlichen Revisionsverhandlung folgende Gesichtspunkte betont worden: in den §§ 241. 249 H.G.B. werde neben der Haftung von Vorstand und Aufsichtsrat aus Verletzungen ihrer Obliegenheiten im allgemeinen noch eine besondere Haftung aus bestimmten Pflichtverletzungen ausgesprochen. Nur in diesen besonders ausgezeichneten Fällen stehe der

Anspruch den Gläubigern der Gesellschaft zu. Mindestens also könnten die Regreßansprüche nicht ausschließlich den Gläubigern zugute kommen, sondern müßten jedenfalls auch der Gesellschaft, d. h. der Aktionärschaft, zustehen. Damit scheint der von den Klägern früher vertretene Standpunkt insoweit aufgegeben zu sein, als jetzt nicht mehr behauptet wird, daß durch Einführung des eigenen Klagrechts der Gläubiger nur in den besonderen Fällen sich für die Regreßansprüche der Gesellschaft in den anderen Fällen ergebe, sie seien von der Haftung für die Gesellschaftsschulden ganz frei. Diese Ansicht würde auch jeden Grundes entbehren, wie das Berufungsgericht zutreffend ausgeführt hat. Den Gläubigern ist mit dem selbständigen Klagrecht etwas verliehen, was sie an sich nicht haben würden, zur Verbesserung ihrer Rechtsposition, um sie gegen die Nachteile besonders nahe liegender Einwirkungen auf den Ersatzanspruch zu schützen (§ 241 Abs. 2 Satz 2), nicht zur Beschränkung der ihnen an sich zukommenden Befugnisse. Daß aber die Regreßansprüche gegen Vorstand und Aufsichtsrat der Gesellschaft zustehen, und zwar nicht nur, wie die Revision jetzt meint, zum Teile, sondern in vollem Umfange und auch neben der Mitberechtigung der Gläubiger, soweit diese reicht, ist für die Frage, ob diese Ansprüche dem Zugriffe der Gläubiger entzogen seien, ohne Belang. Die Revision geht hier nach zwei Richtungen fehl. Einmal soll die Behauptung, daß die Regreßansprüche außer den Gläubigern doch jedenfalls auch der Gesellschaft zukämen, den Schluß begründen, daß insoweit, also wenigstens zu einem Teile, die Gläubiger davon ausgeschlossen seien. Allein auch eine solche Beschränkung der Gläubiger hat das Gesetz nirgends ausgesprochen. Die gleichen Gründe, welche die Beschränkung der Gläubiger auf die Fälle des eigenen Klagrechts ausschließen, sind auch gegen diese etwas enger gezogene Beschränkung geltend zu machen. Sodann scheint die Revision, was freilich von ihrem Standpunkt aus nicht folgerichtig wäre, sich auch des Gedankens nicht ganz entschlagen zu haben, daß der Verwalter im Konkurse der Aktiengesellschaft die Regreßansprüche zugunsten der Gläubiger nur soweit verfolgen könne, als diesen ein eigenes Klagrecht zustehen würde. Die Frage, ob der Konkursverwalter mit den Regreßansprüchen der Gesellschaft auch die selbständigen Gläubigeransprüche geltend macht (Entsch. des R.G.'s in Zivils. Bd. 39 S. 64), gehört nicht hierher. In erster Linie sind es aber unzweifelhaft die Regreßansprüche der Gesellschaft, die, wie das übrige Gesellschaftsvermögen, zur Konkursmasse gehören, und die der Konkursverwalter deshalb für diese verwertet. Das Argument der Revision, daß es auch Ansprüche der Gesellschaft seien, steht daher nicht entgegen, sondern ist geradezu Voraussetzung für die Zugehörigkeit zur Masse. Denn im Konkurse machen die Gläubiger nicht geltend, was bereits ihnen gehört, sondern sie verlangen die Verteilung des dem Gemeinschuldner gehörigen Vermögens. Auch dadurch verbessert die Revision ihre Stellung nicht, daß sie hervorhebt, der Anspruch der Gesellschaft gehe auf Ersatz des vollen Schadens, insbesondere auf Erstattung des schuldhaft verlorenen Kapitals, und könne in diesem Umfange der Gläubigerschaft gar nicht zustehen. Der Regreßanspruch der Gesellschaft ist und bleibt seinem ganzen Bestande nach ein Teil des Gesellschaftsvermögens, das beim Konkurs in die Masse fällt. Diese Masse zum Zwecke der Verteilung an die Konkursgläubiger zu verwenden, soweit es erforderlich ist, ist Pflicht und Recht des Konkursverwalters.

Zu einem anderen Ergebnisse führen auch nicht die Betrachtungen, welche die Revision, anschließend an das Instanzvorbringen, vom Gesichtspunkte des Mandates aus angestellt hat. Ob das Verhältnis der Aktiengesellschaft zu ihrem Vorstand und zu ihrem Aufsichtsrat als Auftrag, oder als Dienstvertrag zu behandeln wäre, kann als hier unerheblich bei Seite gelassen werden. Daß das Mandat keinesfalls von den Aktionären oder der Aktionärschaft erteilt sein kann, wie die Kläger in erster Linie behaupten, folgt aus dem bisher Erörterten. Mit Recht hat aber das Berufungsgericht auch die Ausführung der Kläger zurückgewiesen, daß das Mandat, welches, von wem immer erteilt, auf die Interessen nicht nur der Gesellschaft, sondern auch der Gesellschafter gerichtet sei, im Sinne der l. 2 Dig. mand. 17, 1 ein mandatum mea et aliena gratia, nämlich sowohl societatis als sociorum gratia, darstelle. Die Revision ist darauf zurückgekommen. Diese Deduktion könnte nur dann Bedeutung haben, wenn nun der Dritte, zu dessen Vorteil der Auftrag gegeben ist, selbst als der Auftraggeber anzusehen wäre, dem die Mandatsansprüche zuständen. Das Argument muß also schon aus dem Grunde versagen, weil davon in der angeführten Pandektenstelle keine Rede ist. Die l. 2, deren Inhalt übrigens in § 1300 sächs. B.G.B. wiederholt ist, besagt nur daß ein Mandat, welches im Interesse des Mandanten allein oder des Mandanten und eines Dritten oder des Mandanten und des Mandatars erteilt worden, ein gültiges Mandat des Mandanten sei, daß aber im Interesse des Mandatars allein kein Mandat erteilt werden könne.

Dafür, daß der Anspruch aus dem Auftrage wenigstens nach Auflösung der Aktiengesellschaft durch die Konkurseröffnung auf die an ihre Stelle getretene Gesamtheit der Aktionäre übergegangen sei, haben die Kläger geltend gemacht: der Vorstand sei verpflichtet gewesen, nach Beendigung seines Amtes das ihm anvertraute Vermögen so zurückzugeben, wie es nach ordnungsmäßiger Verwaltung noch hätte vorhanden sein müssen. Da dies nicht geschehen und infolge des Konkurses unmöglich geworden sei, hafteten jetzt die Mitglieder des Aufsichtsrats, weil sie durch ihr Verhalten die Unmöglichkeit der Erfüllung seitens des Vorstandes mitverschuldet hätten, der Aktionärschaft auf Schadensersatz. Demgegenüber hat aber das Berufungsgericht völlig zutreffend ausgeführt, daß es sich immer nur um Ersatzansprüche der Aktiengesellschaft handele, die zu deren Vermögen gehört hätten, und nach Eröffnung des Konkurses in die Konkursmasse gefallen seien. Es ist nicht ersichtlich, wie aus § 249 H.G.B., worauf sich die Revision zur Widerlegung berufen hat, sich etwas Abweichendes ergeben sollte.

Über das Vermögen einer Aktiengesellschaft kann ein Konkursverfahren stattfinden (§ 207 K.O.). Gerichtet ist dieses Verfahren gegen die Aktiengesellschaft als einheitlichen, selbständigen Träger des Gesellschaftsvermögens. Gegenstand ist dieses gesamte Vermögen, soweit es bei Eröffnung des Konkurses vorhanden war und der Zwangsvollstreckung nicht entzogen ist. Regreßansprüche der Gesellschaft gegen Mitglieder des Aufsichtsrats aus Verletzungen der Dienstobliegenheiten gehören zum Vermögen der Aktiengesellschaft. Daß die Regreßansprüche, auf welche sich das Feststellungsbegehren der Kläger bezieht, bei Eröffnung des Konkursverfahrens bereits entstanden waren, unterliegt keinem Zweifel. Den Klägern ist es auch nicht gelungen, einen Grund darzulegen, weshalb diese Ansprüche von dem Zugriffe der Gläubiger sollten ausgeschlossen sein. Sie fielen daher in die Konkursmasse. Über die Konkursmasse verfügt zu den Zwecken des Konkurses der Konkursverwalter. Daß er auch zum Abschlusse von Vergleichen über zur Masse gehörige Außenstände berechtigt ist, ist anerkannten Rechts.

Vgl. § 133 Ziff. 2 K.O., Entsch. des R.G.'s in Zivils. Bd. 29 S. 82, Bd. 39 S. 64.

Wenn die Revision darauf hinweist, daß der Konkursverwalter doch nichts verschenken dürfe, so kann es darauf nicht ankommen. Denn daß der Vergleich vom 27. Februar 1902 von dem Konkursverwalter in Schenkungsabsicht betätigt worden sei, ist in den Instanzen, wohin die Behauptung gehört hätte, niemals geltend gemacht worden. Allerdings ist dem Konkursverwalter die Befugnis zum Abschlusse von Vergleichen, sowie überhaupt das ihm über die Masse eingeräumte Verwaltungs- und Verfügungsrecht (§ 6 K.O.) nur für die Aufgaben des Konkurses beigelegt. Aber die Gültigkeit der zur Erfüllung dieser Aufgaben vorgenommenen Verfügungen hängt nicht davon ab, daß sie objektiv erforderlich waren. Der Hinweis der Revision auf den gewaltigen Unterschied zwischen der Vergleichssumme und dem Betrage der verglichenen Schadensersatzforderung ist deshalb ohne Bedeutung. Es würde sich dabei nur um das in die Verfügungsmacht des Konkursverwalters fallende Ermessen handeln, dessen fehlerhafte Ausübung ihn zwar verantwortlich machen, nicht aber die Gültigkeit des abgeschlossenen Vergleichs in Frage stellen könnte. Durch diesen Vergleich ist aber nicht nur die Vergleichssumme, oder nur der Ersatzanspruch aus § 249 Abs. 3 H.G.B., oder der Ersatzanspruch nur insoweit, als er die Konkursforderungen gedeckt haben würde, sondern der Ersatzanspruch im vollen Umfange und nach jeder Richtung zum Zwecke der konkursmäßigen Befriedigung der Gläubiger verbraucht worden. Dadurch entfallen die Ausführungen der Revision, welche auf dem Unterschied im Betrage der Vergleichssumme, der Gläubigerforderungen und der Regreßansprüche beruhen.

Die Revision hat auch die formellen Angriffe gegen die Gültigkeit des Vergleichs wiederholt: der Vergleich soll ungültig sein, weil der Konkursverwalter nicht vorher einen Beschluß der Generalversammlung eingeholt, und weil er auch unterlassen habe, dem Vorstande der Gemeinschuldnerin eine Mitteilung von dem beabsichtigten Vergleichsabschlusse zu machen. In Übereinstimmung mit dem Landgerichte hat das Berufungsgericht unter Bezugnahme auf § 136 K.O. die Erheblichkeit dieser Angriffe verneint. Dem ist einfach beizutreten.

Demnach ist es nicht rechtsirrig, sondern entspricht vielmehr dem Gesetze, wenn die Instanzgerichte angenommen haben, daß diejenigen Ersatzansprüche gegen den Beklagten, auf welche sich die mit der Klage begehrte Feststellung bezieht, unter den vom Konkursverwalter abgeschlossenen Vergleich fallen und nach Zahlung des Vergleichsbetrags erloschen sind. Damit fällt die Klage. Die Frage, ob sich der Beklagte durch sein Verhalten als Mitglied des Aufsichtsrats der falliten Aktiengesellschaft etwa auch dem einzelnen Aktionär gegenüber schadensersatzpflichtig gemacht habe, in welcher Weise ein solcher Ersatzanspruch zu begründen wäre, und ob sich der Vergleich auch darauf beziehen würde, scheidet hier ganz aus. Denn auf derartige Ersatzansprüche hat das Feststellungsbegehren keinen Bezug." . . .

---

53. 1. Finden die Vorschriften über Pfändung einer Briefhypothek auch Anwendung, nachdem durch Erteilung des Zuschlags die Hypothek als solche zu bestehen aufgehört hat, und an ihre Stelle der Anspruch auf Befriedigung aus dem Versteigerungserlöse getreten ist?

2. Kann die zur Pfändung einer Briefhypothek notwendige Übergabe (Wegnahme) des Hypothekenbriefs, wenn sich dieser in der Hand eines Dritten befindet, dadurch ersetzt werden, daß der Gläubiger den Anspruch seines Schuldners auf Herausgabe des Briefes gegen den Dritten pfänden und sich zur Einziehung überweisen läßt?

Z.P.O. § 830.
B.G.B. §§ 398. 870.

V. Zivilsenat. Urt. v. 25. April 1906 i. S. Gl. u. Gen. (Bekl.) w. S. (Kl.). Rep. V. 448/05.

I. Landgericht Insterburg.
II. Oberlandesgericht Königsberg.

Die Klägerin fiel bei der am 28. November 1903 stattgehabten Zwangsversteigerung eines der Frau Margarete Gl. (der Beklagten zu 5) gehörig gewesenen Grundstücks mit einer für sie in Abt. III unter Nr. 15 eingetragenen Hypothek von 15000 *M* nebst Zinsen und Kosten vollständig aus. Sie erwirkte aber wegen des ihr drohenden

Ausfalls bei dem Landgerichte in Insterburg unter dem 4. Dezember 1903 einen Arrestbefehl in Höhe von 15000 *M* und eines Kostenpauschquantums von 1000 *M* gegen die Grundstückseigentümerin Margarete Gl., durch welchen deren Anspruch auf Auszahlung desjenigen Betrags gepfändet wurde, der ihr aus dem Versteigerungserlöse auf die zur Eigentümergrundschuld gewordene, früher der Frau Lina M. zustehende Hypothek von 30000 *M* zufallen würde. Der Arrestbefehl wurde den Erstehern des Grundstücks, dem Vollstreckungsgericht und der Margarete Gl. am 8. Dezember 1903 zugestellt. Auf Grund desselben beanspruchte die Klägerin im Termine zur Verteilung des Erlöses, der am 19. Dezember 1903 abgehalten wurde, von der auf die gedachte Eigentümergrundschuld in Höhe von 25544,57 *M* entfallenden Hebung den Betrag von 15522,50 *M*. Die Auszahlung dieses Betrags wurde aber zwischen ihr und dem Beklagten Eduard Gl. streitig. Dieser hatte nämlich schon vorher wegen einer ihm gegen die Margarete Gl. zustehenden vollstreckbaren Forderung von 17458 *M* nebst Zinsen durch Pfändungs- und Überweisungsbeschluß des Amtsgerichts G. vom 6. März 1903 (zugestellt der Margarete Gl. am 7. März 1903) deren vorerwähnte Eigentümergrundschuld pfänden und sich zur Einziehung überweisen lassen. Außerdem war ihm von derselben Eigentümergrundschuld seitens der Margarete Gl. ein Betrag von 2000 *M* durch Zession vom 17. November 1903 abgetreten worden. Die Eigentümergrundschuld war dadurch entstanden, daß Margarete Gl. die Hypothekengläubigerin Frau Lina M. befriedigt hatte. Über die Post, eingetragen in Abt. III unter Nr. 11bc, und über eine zweite unter Nr. 11ab für die Kaufleute J. und L. eingetragene Post von ebenfalls 30000 *M* war ein gemeinschaftlicher Hypothekenbrief gebildet, der sich im Besitze der Gläubiger J. und L. befand. Der Hypothekenbrief war dem Beklagten weder bei der Zession übergeben, noch bei der Pfändung den Inhabern abverlangt worden. Letztere haben ihn erst zum Verteilungstermine dem Vollstreckungsgericht eingereicht. Dagegen hatte der Beklagte einen weiteren Beschluß des Amtsgerichts G. vom 16. Mai 1903 erwirkt (zugestellt den Kaufleuten J. und L. am 23. Mai und der Margarete Gl. am 25. Mai 1903), durch den der Anspruch der Margarete Gl. gegen J. und L. auf Herausgabe des Hypothekenbriefes gepfändet und ihm zur Einziehung überwiesen worden war. Mit Rücksicht auf diese Vorgänge hielt der Beklagte die Pfändung vom 6. Mai und die Zession vom 17. November 1903 für rechtswirksam und war deshalb der Meinung, daß er mit seinem Liquidate die Klägerin ausschließe. Die Klägerin bestritt dies und beanspruchte die streitigen 15522,50 ℳ, die infolge des Streites vom Vollstreckungsgerichte hinterlegt worden waren, auf Grund der Pfändung vom 4. Dezember 1903 für sich. Der Beklagte hatte diese Pfändung auch auf Grund des Anfechtungsgesetzes als zum Nachteile der Gläubiger der Margarete Gl. erfolgt angefochten.

Der erste Richter sprach die Streitmasse der Klägerin zu und wies dementsprechend die Widerklage ab. Die Berufung des Beklagten wurde zurückgewiesen. Nunmehr legte der Beklagte Eduard Gl. Revision ein. Auch sie wurde zurückgewiesen, aus folgenden

Gründen:

„Die streitigen und infolge des Widerspruchs des Beklagten hinterlegten 15522,50 ℳ sind aus dem Versteigerungserlöse auf die der Grundstückseigentümerin Margarete Gl. zustehende Eigentümerhypothek, die für sie durch Befriedigung der Hypothekengläubigerin in Höhe von 30000 ℳ entstanden war, entfallen. Mit dem Zuschlage hatte nach §§ 52. 91 Zw.V.G. die Eigentümerhypothek als solche zu bestehen aufgehört, und an ihre Stelle war der Anspruch auf Befriedigung aus dem Versteigerungserlöse getreten. Dieser Befriedigungsanspruch, in den sich die Hypothek aufgelöst hat, der aber, da die Hypothek in der Belastung eines Grundstücks besteht (§ 1113 B.G.B.), eine Hypothek nicht mehr darstellt, unterliegt, wie jedes andere Forderungsrecht, der Pfändung. Auf letztere finden aber, eben weil es sich nicht um eine Forderung handelt, für welche eine Hypothek besteht, die besonderen Vorschriften im § 830 Z.P.O. keine Anwendung (Urteile des R.G.'s vom 29. März 1905, Rep. V. 447/05, und vom 8. Juli 1903, Entsch. in Zivils. Bd. 55 S. 264). In Übereinstimmung mit diesen vom Reichsgerichte widerholt ausgesprochenen Grundsätzen hat der Berufungsrichter die Pfändung des Anspruchs der Margarete Gl. auf Befriedigung aus dem Versteigerungserlöse, der an die Stelle der ihr zustehenden Eigentümerhypothek getreten war, für an sich wirksam erachtet Sie ist für die Klägerin durch den Arrestbeschluß des Landgerichts Insterburg vom 4. Dezember 1903 erfolgt und durch Zustellung vom 8. desselben Monats vollzogen worden. Der vom Beklagten unternommene Versuch, die Pfändung als in fraudulöser Absicht zur Benachteiligung der Gläubiger getätigt anzufechten, ist mißlungen und vom Berufungsrichter mit zutreffender Begründung zurückgewiesen worden. . . .

Die Frage ist nur, ob sich der Beklagte mit Erfolg auf die für ihn schon vorher — durch den Pfändungsbeschluß des Amtsgerichts G. vom 6. März 1903 — erfolgte Pfändung und Überweisung und auf die ihm erteilte Zession vom 17. November 1903 berufen kann. Beide Rechtsakte liegen **vor** dem Zuschlage (die Zwangsversteigerung fand erst am 28. November 1903 statt), treffen also in eine Zeit, in der die Eigentümerhypothek **als solche** für Margarete Gl. noch bestand. Es bedurfte daher, da über die Hypothek ein Brief gebildet war, zur Wirksamkeit der Pfändung nach § 830 Z.P.O. der Übergabe des Hypothekenbriefs an den Gläubiger, oder der Wegnahme desselben durch den Gerichtsvollzieher zum Zwecke der Ablieferung an den Gläubiger; und ebenso war nach § 1154 B.G.B. zur Abtretung der Forderung die Übergabe des Hypothekenbriefs erforderlich. Daß weder eine Übergabe noch eine Wegnahme durch den Gerichtsvollzieher stattgefunden hat, ist unstreitig. Der Hypothekenbrief ist im Besitze der Kaufleute J. und L. verblieben, denen die anderen 30000 *M*, über die er lautete, abgetreten waren, und denen er bei der Abtretung seitens der Zedentin ausgehändigt worden ist. Der Beklagte meint aber, dadurch wenigstens mittelbarer Besitzer des Hypothekenbriefs geworden zu sein, daß er durch einen weiteren Beschluß des Amtsgerichts G. vom 16. Mai 1903 den Anspruch seiner Schuldnerin Margarete Gl. gegen J. und L. auf Herausgabe des Hypothekenbriefs pfänden und sich zur Einziehung überweisen ließ. Er erachtet hierdurch die Übergabe des Briefes, wie sie das Gesetz im § 830 Z.P.O. und im § 1154 B.G.B. als erforderlich vorschreibt, für ersetzt, und deshalb sowohl die Pfändung vom 6. März wie die Zession vom 17. November 1903 für gültig. Seine Hauptbeschwerde richtet sich dagegen, daß der Berufungsrichter dies verneint hat. Aber sie ist unbegründet. Unterstellt man auch zugunsten der Revision, daß der Margarete Gl. ein Anspruch auf Herausgabe des Briefes gegen dessen Besitzer, die Kaufleute J. und L., überhaupt zugestanden habe, so ist dieser keineswegs, wie bereits der Berufungsrichter ausgeführt hat, durch die Pfändung und Überweisung zur Einziehung auf den Beklagten ebenso übergegangen, wie er durch

Zession übergegangen sein würde. Denn die Überweisung zur Einziehung ermächtigt zwar denjenigen, dem sie erteilt ist, zur Geltendmachung des überwiesenen Anspruchs; sie hat aber, wie das Reichsgericht in feststehender Rechtsprechung anerkannt hat,

vgl. u. a. Entsch. in Zivils. Bd. 27 S. 294; Bd. 20 S. 422; Bd. 18 S. 399 flg.,

nicht die Wirkung, das Gläubigerrecht selbst auf ihn zu übertragen. Gläubiger bleibt derjenige, gegen den die Zwangsvollstreckung sich richtet, und nur zur Geltendmachung des ihm verbliebenen Anspruchs wird ein anderer durch richterliche Ermächtigung wie ein procurator in rem suam legitimiert. Die Überweisung zur Einziehung steht also der Abtretung, durch die die Forderung selbst übertragen wird (§ 398 B.G.B.), nicht gleich, und deshalb kann auch der mittelbare Besitz, wenngleich er durch Abtretung des Herausgabeanspruchs übertragen werden kann (§ 870 B.G.B.), nicht durch eine Überweisung zur Einziehung übertragen werden (Planck, Kommentar Bem. 2 § 870 B.G.B. und Gaupp-Stein, 4. Aufl. Bem. II unter 2 zu § 830 Z.P.O. S. 587). Die Revision meint, damit erweise sich die Pfändung einer Eigentümerhypothek so lange überhaupt als unmöglich, als der Brief sich in den Händen eines Dritten befinde, der zur Herausgabe nicht bereit ist. Aber dies trifft nicht zu. Der Beklagte hätte, um bei dem vorliegenden Falle stehen zu bleiben, sich eben dabei nicht beruhigen dürfen, daß ihm der Anspruch auf Herausgabe des Briefes überwiesen worden ist; er hätte das ihm überwiesene Recht geltend machen müssen, um in den Besitz eines Teilhypothekenbriefs zu gelangen. Wäre dies rechtzeitig geschehen, d. h. bevor durch Erteilung des Zuschlags die Hypothek als solche erlosch, und der an ihre Stelle getretene Befriedigungsanspruch anderweitig gepfändet wurde, so wäre die Pfändung der Eigentümerhypothek wirksam geworden. Hat dies der Beklagte verabsäumt und damit den übrigen drängenden Gläubigern der Margarete Gl. die Möglichkeit offen gelassen, ihrerseits eine wirksame Pfändung auszubringen, nachdem sich die Hypothek in einen Befriedigungsanspruch aufgelöst hatte, so muß er nunmehr, weil er bei der Begründung seines eigenen Rechtes auf halbem Wege stehen geblieben ist, das, wenn auch später, aber vollkommen begründete Recht der Klägerin anerkennen. Es bedarf daher auch keiner Erörterung darüber, ob der Beklagte, wie er behauptet, durch die

Vorgänge, die sich im Termin vom 19. Dezember 1903 bei der Verteilung des Erlöses abgespielt haben, in den Besitz des Hypothekenbriefs gekommen ist; denn damals war die von der Klägerin ausgebrachte Pfändung bereits wirksam geworden, und das für sie begründete Recht konnte dadurch, daß etwa später das Pfändungsrecht des Beklagten konvaleszierte, ihr nicht entzogen werden. Dasselbe gilt, wenn man mit dem Beklagten auf die Überreichung des Briefes zu den Zwangsversteigerungsakten, die vor dem Verteilungstermine geschehen ist, Gewicht legen wollte; denn sie ist, wie der Berufungsrichter festgestellt hat, mittels Eingabe vom 15. Dezember 1903 erfolgt, während der für das Recht der Klägerin maßgebende Arrestbefehl am 8. Dezember 1903 zugestellt worden ist. Daß endlich auch in der Zessionserklärung vom 17. November 1903 eine Abtretung des Anspruchs auf Herausgabe des Briefes nicht enthalten ist, eine solche auch von der Zedentin nicht beabsichtigt war, hat der Berufungsrichter bedenkenfrei festgestellt." ...

54. Unter welchen Voraussetzungen vertritt ein Ausfallmuster die bereits hergestellte und noch herzustellende Ware rücksichtlich der dem Käufer nach § 377 H.G.B. obliegenden Pflichten?

II. Zivilsenat. Urt. v. 24. April 1906 i. S. E. (Bekl.) w. B. (Kl.). Rep. II. 419/05.

I. Landgericht Freiburg.
II. Oberlandesgericht Karlsruhe.

Aus den Gründen:

... „Der Kläger hatte dem Beklagten gleichzeitig mit Schreiben vom 4. September 1899 je 30 Stück von jeder der 28 verschiedenen Ansichtspostkarten, die als Ganzes die II. Serie ausmachten, übersendet. In diesem Schreiben war um Mitteilung ersucht, „ob Kläger die II. Serie schneiden und dem Beklagten zusenden könne", sowie bemerkt, daß „er, um nicht die gleichen Schwierigkeiten, wie bei der I. Serie, zu haben, vorerst nur 1000 Bogen gedruckt habe, so daß er in der Lage sei, eventuelle Wünsche, soweit es ihm möglich sei, beim

Rest der Auflage noch zu berücksichtigen." ... Durch Brief vom 11. Oktober verweigerte der Beklagte die Annahme, da der Auflagedruck nicht vertragsgemäß sei und an näher bezeichneten Mängeln leide. Der Beklagte widersprach durch Brief vom 12. Oktober dieser Dispositionsstellung.

Wieviele Postkarten am 4. September 1899 bereits gedruckt waren, und wieviele gedruckt waren am 11. Oktober 1899 beim Eintreffen der Mängelrüge, ist nicht festgestellt. Nicht bestritten ist, daß die II. Serie in der bestellten Menge bei Erhebung der Klage hergestellt war, und daß der durch die Klage verlangte Kaufpreis den Preisvereinbarungen entspricht.

Das Berufungsgericht erörtert zunächst, ob den Beklagten an sich das Präjudiz der Genehmigung aus Art. 347 Abs. 2 H.G.B. a. F., der mit § 377 Abs. 2 H.G.B. n. F. übereinstimmt, treffen würde, wenn und soweit überhaupt die Bestimmungen des § 377 H.G.B. angewendet werden könnten. Es gelangt zu dem Ergebnisse, dieses Präjudiz würde den Beklagten treffen. Dieser Teil der Entscheidung gibt (wie näher ausgeführt wird) zu rechtlichen Bedenken keinen Anlaß.

Die Vorschriften des § 377 H.G.B. regeln nur die Untersuchungs- und Rügepflicht in bezug auf die abgelieferte Ware. Als abgeliefert können im gegebenen Falle nur gelten die mit Brief vom 4. September 1899 übersendeten Postkarten; denn der Beklagte hat die Annahme der ihm weiter zugesendeten Postkarten verweigert; sie lagern auf Verfügung des Klägers bei einem Spediteur in Fr. Sie sind dem Beklagten nicht abgeliefert.

Das Berufungsgericht übersieht dies nicht. Es nimmt indessen an, das Präjudiz der Genehmigung treffe den Beklagten in bezug auf den ganzen Auflagedruck der II. Serie, ohne daß es darauf ankomme, was am 4. September abgeliefert wurde, oder was am 4. September bereits gedruckt war, und was etwa in der Zwischenzeit vom 4. September bis zum 11. Oktober, oder endlich nach dem 11. Oktober gedruckt worden sei. Zu diesem Ergebnisse gelangt es auf Grund der Annahme, die mit Brief vom 4. September übersendeten Probedrucke seien Ausfallmuster im juristisch-technischen Sinne gewesen, welche hinsichtlich der dem Beklagten nach § 377 obliegenden Pflichten die bereits hergestellte und die noch herzustellende Ware vertraten. Danach treffe den Beklagten das Präjudiz der

Genehmigung aus § 377 Abs. 2 für alle Postkarten der II. Serie, soweit sie den mitgeteilten Ausfallmustern entsprechen. Daß die übrigen gedruckten Postkarten den Ausfallmustern entsprechen, sei nicht in Frage gestellt.

Unter Ausfallmuster oder Ausfallprobe wird verstanden einmal ein Teil einer bestimmten Ware, der aus der Ware entnommen wird, damit man daraus die Beschaffenheit der Ware erkenne. Das ist die eine Bedeutung. Bei einer zu liefernden, aber erst herzustellenden Ware, zu der nach Art ihrer Herstellung jedes auch künftig herzustellende Stück mit einem bereits hergestellten Stücke übereinstimmen wird, ist Ausfallmuster ein hergestellter Teil der Ware, aus dem die Beschaffenheit auch der künftig herzustellenden Ware erkannt werden kann. Das ist die zweite Bedeutung. Ausfallmuster oder Ausfallproben dienen im Handel den verschiedensten Zwecken. Ausfallmuster im juristisch-technischen Sinne ist ein Ausfallmuster, das rücksichtlich der dem Käufer nach § 377 obliegenden Pflichten die Ware vertritt, in bezug auf das also den Käufer die dort geregelte Untersuchungs- und Rügepflicht mit dem Präjudize trifft, daß, wenn er dies unterläßt, die Ware, deren Repräsentant das Ausfallmuster ist, als genehmigt gilt. Die bloße Tatsache des Zusendens und Annehmens eines Ausfallmusters reicht nicht zu, um die dargelegten qualifizierten Wirkungen, daß das Ausfallmuster für die nach § 377 dem Käufer obliegenden Pflichten die Ware vertritt, zu begründen. Das muß ausdrücklich vereinbart sein oder als stillschweigend vereinbart gelten. Die Zulässigkeit einer solchen Vereinbarung kann einem Bedenken nicht unterliegen, da § 377 insoweit dispositives Recht enthält.

Zur Annahme einer stillschweigenden Vereinbarung ist nötig, einmal daß der Verkäufer das Ausfallmuster mit der Absicht dem Käufer übersendet, es solle die Ware vor ihrer — der Ware — Ablieferung für die nach § 377 dem Käufer obliegenden Pflichten vertreten, sodann daß besondere Umstände vorliegen, aus denen sich für den Käufer die Verpflichtung ergibt, das Ausfallmuster als Vertreter der noch nicht abgelieferten Ware für seine Untersuchungs- und Rügepflicht zu behandeln. Solche besonderen Umstände liegen vor, wenn ein derartiges Verfahren nach dem Geschäftsverkehr unter den Parteien üblich ist, oder wenn ein entsprechender Handelsgebrauch besteht, oder endlich wenn nach Treu und Glauben eine solche Verpflichtung zur Untersuchung anzunehmen ist. Nach Auffassung des Handelsverkehrs liegt das letztere vor, wenn Ablieferung und Abnahme der Ware an einem weit entlegenen überseeischen Platze erfolgen soll, oder wenn der Käufer durch die unterlassene Rüge bestimmt würde, mit der begonnenen Anfertigung fortzufahren. Endlich wird hierher noch der Fall gerechnet, daß der Verkäufer die Ware, aus der die Probe entnommen ist, zur Erfüllung des Vertrages erst anschaffen soll, und dies dem Käufer bekannt ist. Das Präjudiz geht, wenn das Ausfallmuster aus der Ware entnommen ist, dahin, daß die Ware, aus der es genommen ist, soweit sie mit ihm übereinstimmt, im Umfange des § 377 Abs. 2 als genehmigt gilt; und wenn es der Ausfall einer erst herzustellenden Ware ist, dahin, daß die hergestellte Ware, soweit sie mit dem Ausfallmuster übereinstimmt, für Erfüllung des Lieferungsvertrages in obigem Umfange als genehmigt gilt.

Zwei Streitfragen bestehen noch in dieser Materie. Zunächst wird die Meinung vertreten, der Käufer dürfe das unter solchen besonderen Umständen ihm abgelieferte Ausfallmuster zurücksenden, seine dargelegten Pflichten aus § 377 seien daher noch davon abhängig, daß er das Ausfallmuster vorbehaltlos angenommen habe. Erst durch diese stillschweigende Genehmigung werde für ihn die Verpflichtung begründet, das Ausfallmuster rücksichtlich der Pflichten nach § 377 als Vertreter der Ware zu behandeln.

Weiter neigt die Auffassung des Handels mehr dazu, eine Untersuchungspflicht des Käufers mit den dargelegten Wirkungen nur anzunehmen, wenn die oben aufgezählten besonderen Voraussetzungen vorliegen; im übrigen legt sie der Übersendung und Annahme eines Ausfallmusters nur die Bedeutung bei, daß der Käufer das Recht habe, die Ware auf Grund des Ausfallmusters zu beurteilen, und sich auf den Beweis beschränken dürfe, um seine Annahmeweigerung der Ware zu rechtfertigen, das ihm übersendete Ausfallmuster stelle keine vertragsmäßige Ware dar, unbeschadet des dem Verkäufer obliegenden Gegenbeweises, daß die Ware selbst von besserer Beschaffenheit als das Ausfallmuster sei und dem Vertrage genüge.

Vgl. Entsch. des R.G.'s in Zivils. Bd. 47 S. 133/134.

In der handelsrechtlichen Literatur und in einigen gerichtlichen Entscheidungen[1] besteht dagegen für den Fall, wenn das Ausfallmuster ohne Vorbehalt angenommen wurde, eine ausgesprochene Neigung, grundsätzlich anzunehmen, daß das Ausfallmuster die Ware für die Untersuchungs- und Rügepflicht vertrete. Zu diesen beiden Streitfragen braucht indessen, wie die nachfolgenden Ausführungen ergeben, nicht Stellung genommen zu werden.

Nach der gegebenen Sachlage handelt es sich um ein Ausfallmuster, das rücksichtlich der angeblich am 4. September 1899 bereits hergestellten 1000 — nach späterer Darstellung 3000 — Bogen aus der zu liefernden Ware entnommen war, und das ferner Ausfallprobe der noch herzustellenden Ware sein sollte. Das Berufungsgericht erachtet als erwiesen, daß der Kläger, der Verkäufer, das Ausfallmuster mit der Absicht dem Beklagten — dem Käufer — übersendete, dasselbe solle die Ware, d. i. die zu liefernden Ansichtspostkarten der II. Serie, für die dem Käufer nach § 377 obliegende Untersuchungs- und Rügepflicht vertreten, daß auch der Beklagte — der Käufer — die Sache so aufgefaßt habe, er solle die übersendeten Karten prüfen und auf Grund dieser Prüfung sich äußern, welche Beanstandungen er gegen die übersendeten Karten erhebe, damit dies bei der Herstellung des Restes berücksichtigt werden könne. Endlich nimmt es an, daß es sich um Ausfallmuster einer zum Teil erst herzustellenden Ware handle, bei der im Hinblick auf die Art ihrer Herstellung auch die künftig herzustellenden Stücke mit dem Ausfallmuster übereinstimmen, und bei welcher der Verkäufer durch das Unterlassen der Rüge bestimmt werde, mit der begonnenen Anfertigung fortzufahren. Von dieser Grundlage aus konnte das Berufungsgericht nach den dargelegten rechtlichen Grundsätzen rechtlich einwandfrei zu dem Ergebnisse kommen, dem Beklagten habe die Verpflichtung zur Untersuchung und Mängelrüge nach § 377 mit der Wirkung obgelegen, daß durch Versäumen dieser Pflichten die dem Ausfallmuster entsprechende — bereits hergestellte oder noch herzustellende — Ware als genehmigt gelte." . . .

[1] Vgl. Staub, H.G.B. (6./7. Aufl.) § 377 Anm. 30 S. 1355/56; Düringer-Hachenburg, H.G.B. Anm. 3 S. 279/80; vorsichtiger Hanausek, Haftung des Verkäufers für die Beschaffenheit der Ware Anm. 2 S. 74/75; v. Hahn, H.G.B. 2. Aufl. Art. 347 § 22; R.G. I. 16. März 1889 (Jurist. Wochenschr. 1889 S. 173 Nr. 21, Bolze, Bd. 7 Nr. 585). D. E.

55. Hat bei Berechnung der Enteignungsentschädigung nach dem Ertrage eines gedachten Neubaues der in der ortsüblichen Vorauszahlung der Mieten für den Eigentümer liegende Vorteil deshalb außer Betracht zu bleiben, weil zur Zeit der Enteignung auf dem Grundstück Hypotheken ruhen, deren während der Bauzeit auflaufende Zinsen den nach Fertigstellung des Neubaues zuerst zur Zahlung gelangenden Mietgeldern im Betrage gleichstehen? Sind die genannten Zinsen dem Baukapital hinzuzusetzen?[1]

VII. Zivilsenat. Urt. v. 24. April 1906 i. S. St. (Kl.) w. Stadtg. B. (Bekl.). Rep. VII. 390/05.

I. Landgericht I Berlin.
II. Kammergericht daselbst.

Aus den Gründen:

... „Bei Berechnung des Ertrages ist dem Sachverständigen in dem jetzt erstatteten Gutachten, sowie dem ihm folgenden Berufungsgerichte ein der Klägerin zur Beschwerde gereichender Fehler untergelaufen. Der Sachverständige, welcher früher den aus der Vorauszahlung der Mieten für den Eigentümer sich ergebenden Vorteil in Ansatz gebracht hatte, hält dies jetzt mit Rücksicht auf die bei der Enteignung schon vorhanden gewesene hypothekarische Belastung des Grundstücks mit im ganzen 835000 *M* für unzulässig. Der seine Anschauungen billigende Berufungsrichter führt aus, die genannte Summe habe selbstverständlich auch während der Zeit des Neubaus verzinst werden müssen, obwohl während der Bauzeit von 1 Jahr und $4^{23}/_{30}$ Monaten keinerlei Erträge erzielt worden seien, aus denen die Verzinsung hätte gedeckt werden können; mithin hätte Klägerin die zu einem Zinssatze von 4 Prozent berechneten, und auf $16^{23}/_{30}$ Monate die Summe von rund 46667 *M* ausmachenden Zinsen anderweitig decken müssen; die nach Vollendung des Neubaus am 1. April 1891 bei der üblichen Vorausbezahlung der Mietzinsen zu erwartende verfügbare Einnahme von 41498,38 *M* würde demnach zur Deckung der während der Bauzeit aufgelaufenen Hypothekzinsen

---

[1] Vgl. das erste in der Sache ergangene Revisionsurteil vom 30. Oktober 1903, in dieser Samml. Bd. 56 S. 92. D. E.

noch nicht ausgereicht haben, so daß der betreffende Anspruch der Klägerin trotz der Vorausbezahlung der Mietzinsen und Nachbezahlung der Hypothekenzinsen nicht gerechtfertigt sei.

Von der Revision wird demgegenüber geltend gemacht, daß es für die Frage der Anrechnung ohne Belang sei, ob auf dem enteigneten Grundstück zur Zeit der Enteignung Hypotheken ruhen, oder nicht. Der Anschauung des Berufungsrichters kann auch nicht beigetreten werden. Die Unrichtigkeit des von ihm entwickelten Gedankens zeigt sich schon, wenn man dem vorliegenden Falle einen ihm im übrigen völlig gleichen, und nur darin von ihm abweichenden gegenüberstellt, daß die Mieten nicht im voraus, sondern am Schluß des Vierteljahrs entrichtet werden. Während der Eigentümer in dem ersten Falle die am 1. April 1891 eingehenden Mieten zur Abtragung der während der Bauperiode erwachsenen, etwa noch unberichtigten Zinsen der alten Hypotheken, soweit sie dazu ausreichen, zu verwenden vermag, würde er sich in dem zur Vergleichung herangezogenen zweiten Falle genötigt gesehen haben, eine entsprechende Summe anzuleihen und zu verzinsen, oder, wenn aus irgend einer Quelle bares Geld zu seiner Verfügung stand, mit diesem die restierenden Zinsen zu decken, anstatt es anderweit nutzen zu können. Stets war die Lage des Eigentümers bei Vorauszahlung der Mieten eine günstigere. Der Vorteil kommt nur, wenn eine hypothekarische Belastung vorhanden ist, in anderer Gestalt zur Erscheinung, als in dem gegenteiligen; aber hierauf kommt nichts an, sondern entscheidend ist lediglich die Tatsache des Vorhandenseins des Vorteils als eines den Ertrag des Grundstücks mitbestimmenden Faktors. Durch die hypothekarische Belastung wird also der Vorteil weder in Wegfall gebracht, noch in einer seine Anrechnung ausschließenden Weise ausgeglichen, sondern höchstens ein scheinbarer Ausgleich liegt vor, der sich lediglich dadurch erklärt, daß, wenn Hypotheken nicht vorhanden sind, der Eigentümer über die pränumerando bezahlten Mieten frei verfügen kann, während er sich sonst zu einer bestimmten Art der Verwendung genötigt sehen wird. . . .

Bei Schätzung des Wertes eines bereits vorhandenen Gebäudes könnte die Anrechnungsfähigkeit des Vorteils überhaupt nicht in Zweifel gezogen werden. Den Ertrag bilden im Falle der Vorauszahlung nicht nur die Beträge der wirklich gezahlten Mieten, sondern diese erst unter Hinzurechnung der sich daraus ergebenden Beträge, daß der Eigentümer die für einen bestimmten Zeitraum im voraus gezahlten Mieten bereits während dieses Zeitraums nutzen kann. Beides zusammen ergibt die Ertragsfähigkeit des Gebäudes. Bei einem nur gedachten Bau ist die Sachlage grundsätzlich keine andere; nur bieten sich hier verschiedene Möglichkeiten der Berechnung. Legt der Schätzer Mietzinsen zugrunde, welche seiner Auffassung nach schon die Ertragsfähigkeit des Gebäudes zum Ausdruck bringen, so können nur sie für die Höhe der Entschädigung maßgebend sein. Bringt er dagegen die Mieten nur in derjenigen Höhe, wie sie das Grundstück, ungeachtet der für den Mieter ungünstigen Vorauszahlung, abzuwerfen vermag, in Ansatz, so ist der in der Vorauszahlung für den Vermieter liegende Vorteil hinzuzurechnen. Der Sachverständige ist hier tatsächlich in letzterer Art verfahren.

Der Berufungsrichter hat, wiederum dem Sachverständigen folgend, ausgeführt, zu dem von ihm angenommenen Ergebnisse gelange man auch noch auf einem anderen Wege, indem man nämlich die Hypothekenzinsen dem Baukapitale zusetze. Dies würde aber, wie die Revision mit Recht bemerkt, unzulässig sein. Für die Höhe des aufzuwendenden Baukapitals ist es wieder ohne Belang, ob auf dem Grundstücke verzinsliche Hypotheken ruhen, oder nicht, abgesehen davon, daß infolge der hypothekarischen Belastung der bauende Eigentümer, welcher anderweite Sicherheiten etwa nicht zu gewähren vermag, zur Bewilligung höherer Zinsen der aufzunehmenden Bausumme, als sonst erforderlich, gezwungen sein kann." . . .

56. Ist die Klage auf Übertragung der Firma eines bestehenden Handelsgeschäfts zulässig, wenn nicht bereits vor Erhebung der Klage das Geschäft selbst von dem seitherigen Inhaber auf den Kläger übertragen wurde?

H.G.B. §§ 22. 23.

I. Zivilsenat. Urt. v. 25. April 1906 i. S. P. (Bekl.) w. E. (Kl.). Rep. I. 507/05.

I. Landgericht Elberfeld.
II. Oberlandesgericht Köln.

Der Beklagte hatte noch in den ersten Monaten des Jahres 1904 in R. unter der Firma H. R. & Co. ein Engros- und Exportgeschäft in Uhrfournituren und Werkzeugen betrieben, in welchem er auch mit Feilen handelte. In Feilen behauptete er damals einen Jahresumsatz von 6—10000 *M*, bei einem Gesamtumsatz des Geschäfts von ca. 100000 *M*, gehabt zu haben. Unstreitig hatte der Kläger zu Anfang des Jahres 1904 von dem Beklagten mehrfach Waren zu Einkaufspreisen übernommen, und der Beklagte gab zu, sich dem Kläger gegenüber verpflichtet zu haben, diesem diejenigen Waren, welche er am 1. Mai 1904 noch auf Lager habe, zu Einkaufspreisen zu überlassen. Der Beklagte beabsichtigte, sein Geschäft in Uhrfournituren und Werkzeugen aufzugeben, und nur den Handel in Feilen, welche sein Bruder unter der Firma R. P. mit etwa 60 Arbeitern fabrizierte, beizubehalten. Der Kläger behauptete nun, es sei schon längere Zeit vor dem 1. Mai 1904 zwischen ihm und dem Beklagten eine Vereinbarung dahin zustande gekommen, daß sich der Beklagte verpflichtet habe, dem Kläger sein gesamtes Geschäft mit der Firma H. R. & Co. zu übertragen, und zwar in der Art, daß die Übertragung bis spätestens zum 1. Mai 1904 habe vollendet sein sollen. Im Verfolg dieser Vereinbarung wollte der Kläger die Waren, die er unstreitig nach und nach zum Einkaufspreise bis auf einen Rest im Werte von etwa 5000 *M* an sich gebracht hatte, erworben haben; der Beklagte bestritt aber, daß er sich verpflichtet habe, dem Kläger das ganze Geschäft und die Firma H. R. & Co. zu übertragen. Der Kläger erhob deshalb noch im April 1904 Klage mit dem Antrage, den Beklagten zu verurteilen, das von ihm unter der Firma H. R. & Co. in Remscheid betriebene Geschäft dem Kläger mit der Firma gegen Zahlung des Einkaufspreises der Waren zu übertragen. Der Beklagte beantragte die Abweisung der Klage, da von einem Verkaufe des „Geschäfts nebst Firma" nie die Rede gewesen sei. Das Landgericht wies die Klage ab, weil der Beklagte unstreitig das Feilengeschäft beibehalten habe und fortführe, somit nur einen Teil des Geschäfts habe aufgeben wollen, und die Firmenübertragung gemäß § 23 H.G.B. nur zulässig sei, wenn das gesamte unter der Firma betriebene Handelsgeschäft veräußert werde.

Der Kläger legte Berufung ein. Vom Berufungsgericht wurde festgestellt, daß der Beklagte im Jahre 1903 sich verpflichtet hatte, seine sämtlichen unter der Firma H. R. & Co. geführten noch vorhandenen Waren bis spätestens 1. Mai 1904 an den Kläger zum Einkaufspreise zu veräußern, daß der Kläger das Geschäftsinventar sowie den weitaus größeren Teil des Warenlagers bis zum 1. April 1904 übernommen, und der Beklagte den nicht übernommenen Teil anderweit veräußert hatte. Der Kläger beschränkte hierauf, unter Zurücknahme der Klage im übrigen, seinen Antrag dahin, den Beklagten zu verurteilen, darin zu willigen, daß der Kläger als Inhaber der Firma H. R. & Co. in das Handelsregister eingetragen werde, und das Oberlandesgericht machte die Entscheidung davon abhängig, daß der Kläger beschwöre, es sei wahr, daß der Beklagte ihm in der Zeit vor April 1904 zu wiederholten Malen ausdrücklich erklärt habe, er bekomme sein Geschäft mit der Firma bestimmt bis zum 1. Mai 1904.

Auf die Revision des Beklagten wurde das Urteil des Berufungsgerichts aufgehoben, und die Sache an dasselbe zurückverwiesen, aus folgenden

Gründen:

... „Das Urteil des Berufungsgerichts kann nicht aufrecht erhalten werden, weil es auf einer rechtsirrigen Auffassung über die Tragweite des § 23 H.G.B. beruht. Nach dieser gesetzlichen Bestimmung kann die Firma nicht ohne das Handelsgeschäft, für welches sie geführt wird, veräußert werden. Eine Übertragung einer bestehenden Firma ohne Übertragung des Handelsgeschäfts, für welches sie geführt wurde, gibt es demnach nicht. Es ist also nicht allein der auf Veräußerung der Firma ohne Geschäft gerichtete obligatorische Vertrag rechtlich unzulässig, verboten und nichtig, sondern es gilt dies auch von der tatsächlichen Übertragung der Firma, falls nicht das Handelsgeschäft, für welches dieselbe seither geführt wurde, mitübertragen wird. Demnach ist auch eine Klage, welche allein darauf gerichtet ist, daß der Beklagte verurteilt werde, die angeblich veräußerte Firma auf den Kläger zu übertragen oder darin zu willigen, daß der Kläger als Inhaber der Firma in das Handelsregister eingetragen werde, unzulässig, es sei denn, daß bereits vorher das Geschäft, für welches die Firma geführt wurde, mit der das Geschäft veräußert worden sein soll, tatsächlich an den Kläger übertragen war. Ist das nicht geschehen, so kann der Vorbehalt der Ansprüche auf Übertragung des Geschäfts oder auf Schadensersatz wegen nicht erfolgter Übertragung des Geschäfts nicht ausreichen, um die Klage, soweit sie die Übertragung der Firma betrifft, aufrecht zu erhalten. Vielmehr muß in diesem Falle die Klage, welche zurückgenommen ist, soweit sie auf Übertragung des Geschäfts gerichtet war, abgewiesen werden, soweit sie jetzt die Übertragung der Firma allein verlangt, gerade so, wie sie hätte abgewiesen werden müssen, wenn sie von Anfang an auf Übertragung der Firma allein gerichtet gewesen wäre. Denn die Übertragung des Handelsgeschäfts als Ganzen, in seinem seitherigen wesentlichen Bestande mit dem, was zum Betriebe gerade dieses Geschäfts nach seiner Eigenart, in der es sich ausgebildet hatte und im Handelsverkehr hervortrat, gehört, bildet die Voraussetzung, unter welcher die tatsächlich vorhandene Kontinuität des Geschäftsbetriebs auch nach außenhin dadurch dauernd erkennbar gemacht werden kann, daß dem neuen Erwerber die Fortführung der seitherigen Firma in der durch § 22 H.G.B. vorgesehenen Weise gestattet wird.

Die Feststellungen des Berufungsgerichts reichen nun aber durchaus nicht aus, um darzutun, daß eine Übertragung des von dem Beklagten unter der Firma H. R. & Co. geführten Geschäfts auf den Kläger bereits stattgefunden hat. Daraus, daß der Beklagte sich verpflichtete, seine sämtlichen Warenvorräte an den Kläger bis zum 1. Mai 1904 zu Einkaufspreisen zu übertragen, daß er ihm auch einen größeren Teil dieser Waren wirklich übertrug und das Geschäftsinventar überließ, läßt sich nicht mehr entnehmen, als daß der Kläger einzelne Bestandteile des seitherigen Geschäfts übergeben erhielt, während ein anderer Teil der Waren und solche, die vom Kläger zurückgesendet wurden, von dem Beklagten an Dritte veräußert worden sind. Eine Übertragung des Geschäfts als solchen an den Kläger ist aus den erwähnten Tatsachen noch keineswegs zu entnehmen, auch wenn anerkannt wird, daß der Vorbehalt eines verhältnismäßig untergeordneten Geschäftszweiges noch nicht hinreicht, um die Annahme auszuschließen, daß das seitherige Handelsgeschäft von dem Beklagten in seinem wesentlichen Bestande auf den Kläger übertragen worden ist. Ob dies der Fall war, ist auch jetzt noch nicht klargestellt, und es wäre im Hinblick auf § 23 H.G.B. Aufgabe des Berufungsgerichts gewesen, in den verschiedenen Richtungen, in welchen der Wille, ein bestehendes Handelsgeschäft als solches einem anderen zur

Fortführung zu übertragen, nach außen erkennbar wird, unter Anwendung des § 139 Z.P.O. zur Erörterung zu bringen, inwiefern der Kläger das Handelsgeschäft des Beklagten als solches, nicht nur einzelne Bestandteile desselben, erworben hat." . . .

---

57. 1. Kann nach dem jetzt geltenden Rechte eine Grundschuld rechtswirksam in blanco abgetreten werden?

B.G.B. §§ 126. 1154. 1192.

2. Kann der Abtretung durch nachträgliche Ausfüllung des Namens des neuen Gläubigers Wirksamkeit verschafft werden?

V. Zivilsenat. Urt. v. 25. April 1906 i. S. Konkursmasse M. (Kl.) w. S. (Bekl.). Rep. V. 447/05.

I. Landgericht Halle a. S.
II. Oberlandesgericht Naumburg a. S.

Der Gemeinschuldner M. war eingetragener Gläubiger einer Briefgrundschuld von 6000 *M*. Er hatte den Brief und eine Zession mit Umschreibungsbewilligung, in der jedoch der Name des Zessionars offen gelassen war, dem Beklagten übergeben, und zwar — wie dieser behauptete — auf Grund eines vorher mündlich getroffenen Abtretungsabkommens und gegen Empfang der Zessionsvaluta. Die Zession war am 28. April 1900 ausgestellt. Am 16. April 1904 wurde über das Vermögen des M. der Konkurs eröffnet. Der Konkursverwalter verlangte die Herausgabe des Grundschuldbriefs, weil die Blankoabtretung einer Grundschuld nach heutigem Rechte unwirksam sei.

Der erste Richter wies die Klage ab mit der Ausführung, daß eine Blankoabtretung einer Grundschuld auch jetzt noch rechtswirksam sei. Die Berufung der Klägerin wurde zurückgewiesen. Der Berufungsrichter ging auf die vom ersten Richter erörterte Frage nicht ein; er hielt die Klage deshalb für unbegründet, weil der Beklagte durch den Vertrag, durch den M. sich zur Abtretung der Grundschuld verpflichtet hatte, zum Besitze des Briefes berechtigt sei.

Auf Revision der Klägerin wurde das Berufungsurteil aufgehoben, und nach dem Antrag der Klage erkannt, aus folgenden

Gründen:

„Der Berufungsrichter hat sich der Entscheidung der Rechtsfrage, ob nach dem jetzt geltenden Rechte die dingliche Abtretung einer Grundschuld rechtswirksam in blanco, d. h. ohne Nennung des neuen Gläubigers in der Abtretungsurkunde, erfolgen könne, entschlagen zu dürfen geglaubt, weil zwischen dem Gemeinschuldner und dem Beklagten vor der Ausstellung der Urkunde vom 28. April 1900 ein Vorvertrag geschlossen worden ist, durch den der Gemeinschuldner sich zur Abtretung der Grundschuld verpflichtet hat. Da aus einem solchen Vertrage, der keiner Form bedarf (Entsch. des R.G.'s in Zivils. Bd. 54 S. 146), auf Erfüllung des Abtretungsversprechens geklagt werden kann, so braucht der Beklagte nach der Annahme des Berufungsrichters den in Erfüllung des Versprechens empfangenen Grundschuldbrief nach § 986 B.G.B. nicht herauszugeben. Die Revision bezeichnet diese Annahme als rechtsirrtümlich, weil mit Rücksicht auf die Erfüllungsablehnung seitens des Konkursverwalters nach § 17 K.O. nicht ein Anspruch des Beklagten auf Erfüllung, d. h. auf Abtretung der Grundschuld, bestehe, sondern nur eine Konkursforderung auf Schadensersatz wegen Nichterfüllung (§§ 26. 14. 193 K.O.). Dieser Angriff ist nur in der Begründung verfehlt. Der § 17 K.O. setzt voraus, daß der Vertrag noch von keiner Seite voll erfüllt ist. An dieser Voraussetzung fehlt es im vorliegenden Falle, da der obligatorische Vertrag seitens des Beklagten durch Zahlung der Zessionsvaluta voll erfüllt ist, was der Berufungsrichter im Einklange mit der eigenen Behauptung des Beklagten bedenkenfrei festgestellt hat. Aber die Rechtslage ist in solchem Falle im wesentlichen dieselbe, wie in dem von der Revision als gegeben vorausgesetzten. Wer vor Eröffnung des Konkursverfahrens über das Vermögen seines Vertragsgegners seine obligatorischen Verpflichtungen bereits vollständig erfüllt hat, hat keinen Anspruch auf Erfüllung seitens der Konkursmasse, sondern eine bloße Konkursforderung, die, wenn sie nicht auf Zahlung einer Geldsumme gerichtet ist, nach ihrem Schätzungswert in Geld zu befriedigen ist (§§ 26. 69 K.O.; vgl. Jaeger, K.O. Anm. 14 zu § 17). Hat aber der Beklagte der klagenden Konkursmasse gegenüber kein Recht auf Abtretung der Grundschuld, so steht ihm auch kein Recht zum Besitze des Grundschuldbriefs im Sinne des § 986 B.G.B. zu. Der Brief ist noch Eigentum des Gemeinschuldners (§ 952 B.G.B.) und gehört zur Konkursmasse.

Demnach läßt sich die Entscheidung der Frage, ob die Blankoabtretung in Verbindung mit der Übergabe des Grundschuldbriefs den Übergang der Grundschuld auf den Beklagten bewirkt hat, nicht umgehen. Wäre die Frage zu bejahen, so würde die Klage abgewiesen werden müssen, da dann die Grundschuld und der Brief nicht Bestandteil der Konkursmasse wären. Sie ist aber zu verneinen.

Auszuscheiden für die anzustellende Untersuchung sind die Fälle, in denen eine Verpflichtung oder Übertragung rechtliche Wirkung lediglich durch das Hinschreiben des Namens auf ein Blankett erhält, in denen es also der Ausfüllung des leeren Raumes über der Namensschrift nicht bedarf, wenn das der Verpflichtung entsprechende Recht oder der Erwerb geltend gemacht werden soll. Wo das Gesetz Schriftform fordert, verlangt es der Regel nach eine Namensunterschrift und damit einen Text, der durch die Unterschrift gedeckt werden soll (§ 126 B.G.B.). Jene Fälle beruhen auf Ausnahmevorschriften (vgl. z. B. § 365 H.G.B., Art. 12 W.O.), die auf andere Fälle nicht übertragen werden dürfen. Ähnlich ist die Rechtslage, wenn das Gesetz der Namensschrift, die unter einem Texte steht, verpflichtende oder übertragende Kraft beilegt, obgleich in dem Texte wesentliche Bestandteile fehlen, von denen die Gesetze sonst die Rechtswirksamkeit abhängig machen. Um einen solchen Fall handelt es sich bei der Blankoabtretung von Grundschulden nach dem früheren preußischen Rechte (§ 55 Eig.-Erw.-Ges.) und nach der ehemaligen mecklenburgischen Praxis. Grundschulden konnten ohne Nennung des Erwerbers mit der Wirkung abgetreten werden, daß jeder Inhaber dadurch das Recht erlangte, die Blankoabtretung mit einem Namen auszufüllen, die Grundschuld auch ohne diese Ausfüllung abzutreten, und die dingliche Klage anzustellen. Die bloße Namenszeichnung genügte dazu nicht, sondern es war eine darüber stehende schriftliche Erklärung des Abtretenden erforderlich, aus der der Abtretungswille hervorging; nur der Name des Erwerbers durfte fehlen.

Vgl. für das preußische Recht Gruchot's Beitr. Bd. 30 S. 1038, Entsch. des R.G.'s in Zivils. Bd. 20 S. 307 flg., und für mecklenburgisches Recht Entsch. des R.G.'s in Zivils. Bd. 17 S. 115 flg.

Mit einer solchen Blankoabtretung in Verbindung mit der Übergabe des Grundschuldbriefs vollzog sich der Übergang der Grundschuld.

Vgl. Entsch. des R.G.'s in Zivils. Bd. 3 S. 326, Bd. 14 S. 94 flg., Gruchot's Beitr. Bd. 35 S. 668 flg.

Freilich bedurfte es zur Eintragung der Abtretung, zur Löschungsbewilligung und zur Anstellung der Grundschuldklage der Einrückung des Namens des derzeitigen Inhabers in die Abtretungsurkunde (Turnau, Grundbuchordnung S. 443); aber der Erwerb der Grundschuld war nicht davon abhängig. Nach den allgemeinen Grundsätzen des preußischen Rechts war eine Urkunde, die den Namen des Berechtigten nicht enthielt, insbesondere eine Zession, die den Zessionar nicht benannte, unwirksam, die Schriftform damit nicht erfüllt (Jurist. Wochenschr. 1895 S. 246 Nr. 29). Demnach stellt auch der § 55 Eig.-Erw. Ges. sich als Ausnahmebestimmung dar. Ebenso geht das Bürgerliche Gesetzbuch von der Regel aus, daß in Fällen, wo die schriftliche Form erfordert wird, die schriftliche Urkunde eine bestimmte Person als Berechtigten zu bezeichnen habe. Das ergibt sich daraus, daß nur für bestimmte Fälle (§§ 793. 1187 flg. 1195. 1270 B.G.B.) Urkunden, in denen ein bestimmter Berechtigter nicht benannt ist, verpflichtende oder übertragende Wirkung beigelegt wird. Für die Abtretung einer für einen bestimmten Gläubiger bestellten Hypothek oder Grundschuld fehlt es an einer solchen Ausnahmebestimmung, und schon daraus folgt die Unwirksamkeit der Abtretung an eine nicht benannte Person. Überdies ergeben die Vorarbeiten zum Bürgerlichen Gesetzbuche, daß dies auch gewollt ist. Die Motive (Bd. 3 S. 783) lehnten die Aufnahme einer dem § 55 preuß. Eig.-Erw.-Ges. entsprechende Bestimmung ausdrücklich ab, weil der Grundschuldbrief dadurch tatsächlich die Bedeutung einer Schuldverschreibung auf den Inhaber annehmen würde, und bei den Beratungen der zweiten Kommission wurden wiederholt gestellte Anträge auf Zulassung der Blankoabtretung der Briefhypothek und Briefgrundschuld abgelehnt (Prot. Bd. 3 S. 651 flg. 713—719). Da die erwähnten Anträge unter einer Blankoabtretungserklärung eine solche verstanden, bei der nur der Name des neuen Gläubigers offen gelassen wird, ist durch die Nichtaufnahme der beantragten Bestimmung in das Gesetz der Wille des Gesetzgebers erkennbar geworden, daß einer solchen Erklärung jede Wirksamkeit versagt sein solle. So faßt denn auch fast die gesamte Rechtslehre den Willen des Gesetzgebers auf, und auch **Dernburg**, der freilich im Bürgerl. Recht Bd. 2 Abt. 2 § 135 Anm. 9 die Zulässigkeit der Blankoabtretung angenommen hatte, hat sich in der später erschienenen 3. Aufl. des Bd. 3 desselben Werkes S. 723 Nr. II der herrschenden Ansicht angeschlossen. Der § 1192 in Verb. m. § 1154 B.G.B. verlangt zur Abtretung einer Briefgrundschuld die Erteilung der Abtretungserklärung in schriftlicher Form und die Übergabe des Hypothekenbriefs. Die schriftliche Abtretungserklärung ohne Benennung des neuen Gläubigers genügt jenen Vorschriften nicht, da sie die Schriftform in einer für die Abtretung wesentlichen Bestimmung nicht erfüllt.

Es ist aber weiter zu untersuchen, ob, und gegebenenfalls mit welcher Wirkung eine nachträgliche Ausfüllung einer solchen Blankoabtretungserklärung zulässig ist. Freilich ist im vorliegenden Falle die Abtretungserklärung noch jetzt nicht ausgefüllt; aber unter Umständen, nämlich dann, wenn dem Beklagten die Macht zustände, die unvollständige Urkunde mit rückwirkender Kraft auszufüllen, würde er zur Herausgabe des Grundschuldbriefs nicht angehalten werden können. Eine solche Befugnis des Beklagten ist jedoch nicht anzuerkennen. Freilich kann das Erfordernis der Schriftform dadurch erfüllt werden, daß der Raum über einer bloßen Namensschrift, oder die leeren Stellen des über einer Namensunterschrift stehenden Textes, der von den Beteiligten getroffenen Vereinbarung entsprechend, ausgefüllt werden,

vgl. Entsch. des R.G.'s in Zivils. Bd. 14 S. 297, Bd. 15 S. 55, Bd. 17 S. 115, Bd. 27 S. 269, Bd. 57 S. 68;

aber **fertig** wird die Urkunde erst mit einer solchen Ausfüllung; erst mit dieser ist die Schriftform vollendet.

Vgl. Entsch. des R.G.'s in Zivils. Bd. 14 S. 301, Bd. 33 S. 44, Bd. 57 S. 66 flg., besonders S. 69.

Eine Zurückbeziehung der Ausfüllung auf den Zeitpunkt der Leistung der Namensschrift oder Namensunterschrift, so daß dem Erfordernisse der Schriftform schon in diesem Zeitpunkte genügt wäre, erscheint schon an sich bedenklich,

vgl. dagegen Entsch. des R.G.'s in Zivils. Bd. 2 S. 91, Bd. 8 S. 59;

sie ist aber zweifellos unmöglich in den Fällen, wo die Beobachtung der Schriftform allein oder in Verbindung mit einer anderen Tatsache unmittelbar einen dinglichen Rechtsübergang zur Folge hat. Diese Folge kann nur eintreten, wenn eine in allen Teilen schriftliche Erklärung vorliegt.

Vgl. Entsch. des R.G.'s in Zivils. Bd. 16 S. 84 flg., besonders S. 88, und Jurist. Wochenschr. 1896 S. 290 Nr. 46.

Diese in der Natur der Sache begründete Regel wird durch die Fälle, in denen das Gesetz Urkunden auf den Inhaber mit übertragender Wirkung zuläßt, nicht durchbrochen, sondern dann soll nach dem Willen des Gesetzgebers die Schriftform auch ohne Benennung eines bestimmten Berechtigten erfüllt sein. Aber dies ist eben nur in den vom Gesetze verordneten Ausnahmefällen zulässig, und für den Fall der Abtretung einer für einen bestimmten Gläubiger eingetragenen Hypothek oder Grundschuld läßt das Gesetz eine Ausnahme nicht nur nicht zu, sondern indem es im § 1154 Abs. 1 Satz 2 B.G.B. von dem bisherigen und dem neuen Gläubiger spricht, gibt es deutlich zu erkennen, daß eine bestimmte Person als Erwerber bezeichnet sein muß. Vermittelt sich der Übergang der Grundschuld sonach erst mit dem Zeitpunkte, wo eine vollständige schriftliche Abtretungserklärung vorliegt, so erscheint schon an sich eine nachträgliche Ergänzung, wenn nicht überhaupt, so doch jedenfalls dann unzulässig, wenn sie nicht das richtige Datum der Ergänzung angibt. Daraus, daß einer dem § 55 preuß. Eig.-Erw.-Ges. entsprechenden Bestimmung die Aufnahme in das Bürgerliche Gesetzbuch versagt ist, ergibt sich aber, daß die Blankoabtretung weder gültig ist, noch durch nachträgliche Vervollständigung Rechtswirksamkeit erlangen kann. Der Gesetzgeber hat sich also dafür entschieden, daß die nachträgliche Ausfüllung überhaupt unzulässig ist.

Wenn der Beklagte sich zur Rettung seiner durch das Berufungsurteil erlangten günstigen Stellung auf den § 409 B.G.B. beruft, so übersieht er, daß die Abtretung von Hypotheken und Grundschulden anders geregelt ist, als die von persönlichen Forderungen, und daß der § 409 nicht darüber entscheidet, wann und unter welchen Voraussetzungen sich der Forderungsübergang vollzieht, sondern nur den Schuldner schützen will, der an einen ihm vom Gläubiger bezeichneten neuen Gläubiger zahlt. Hier handelt es sich aber nicht um das Verhältnis des Schuldners zu den Gläubigern, sondern um das des neuen zum alten Gläubiger.

Die Grundschuld ist nach alledem weder auf den Beklagten übergegangen, noch kann er den Übergang durch nachträgliche Ausfüllung der Blankoabtretungserklärung herbeiführen; sondern die Grundschuld steht noch dem Gemeinschuldner zu und könnte nur vom Konkursverwalter abgetreten werden. Der Beklagte hat nur eine Konkursforderung und hat kein Recht auf den Besitz des Grundschuldbriefs." ...

58. Kann nach Scheidung der Ehe der Ehegatte, dem nach § 1635 B.G.B. die Sorge für die Person des Kindes nicht zusteht, auf Gestattung des persönlichen Verkehrs mit dem Kinde Klage erheben, und im Prozeßwege die nähere Regelung dieses Verkehrs, sowie die entsprechende Verurteilung des anderen Ehegatten, oder doch die Verurteilung desselben zur Befolgung und Duldung der von dem Vormundschaftsgerichte getroffenen Anordnungen beantragen? B.G.B. § 1636.

IV. Zivilsenat. Urt. v. 26. April 1906 i. S. Kr. (Kl.) w. gesch. Ehefr. Kr. (Bekl.). Rep. IV. 19/06.

I. Landgericht Guben.
II. Kammergericht Berlin.

Die Parteien waren miteinander verheiratet; doch ist ihre Ehe geschieden, und der jetzige Kläger für den schuldigen Teil erklärt worden. Ihrer Ehe entstammt ein Kind, Gertrud Kr., geboren am 7. September 1901, das sich bei der Mutter befindet. Kläger, der wieder verheiratet ist, will mit dem Kinde verkehren und wünschte, dasselbe jeden zweiten Sonntag bei sich im Hause zu haben; die Mutter wollte ein Zusammensein des Vaters mit dem Kinde zwar gestatten, aber nur in ihrer Wohnung und in ihrer oder ihrer Eltern Gegenwart. Kläger wandte sich an das zuständige Vormundschaftsgericht, und dies traf durch Beschluß vom 20. September 1904 auf Grund des § 1636 B.G.B. die Anordnung, daß Beklagte das Kind bis auf weiteres jeden zweiten Sonntag dem Kläger auf die Zeit von 10—12 Uhr zuzuführen oder zuführen zu lassen habe, widrigenfalls Kläger befugt sei, das Kind am selben Tage nach 4 Uhr abholen zu lassen und zwei Stunden bei sich zu behalten. Beklagte legte hiergegen Beschwerde ein, die indes als unbegründet zurückgewiesen wurde.

Den so getroffenen Anordnungen leistete Beklagte nicht Folge. Kläger erhob daher Klage und beantragte, die Beklagte zu verurteilen, ihm an jedem ersten und dritten Sonntag im Monat das Kind so, wie angeordnet worden sei, zuzuführen, und zwar bei Vermeidung einer Strafe von 500 *M* für jeden Fall der Zuwiderhandlung, und sie ferner zu verurteilen, das Kind, wenn sie es ihm am Vormittag nicht zugeführt habe, am Nachmittag nach 4 Uhr auf zwei Stunden herauszugeben, und zwar ebenfalls bei Vermeidung einer Strafe von 500 *M* für jeden Fall der Zuwiderhandlung. In erster Instanz wurde durch Versäumnisurteil nach diesem Antrage erkannt. Beklagte legte Einspruch ein; es wurde jedoch das Versäumnisurteil mit der Maßgabe aufrecht erhalten, daß die Strafe auf 50 *M* für jeden Übertretungsfall herabgesetzt ward. Auf die Berufung der Beklagten wurde dagegen abändernd erkannt, und der Rechtsweg, unter Abweisung der Klage, für unzulässig erklärt. Die Revision des Klägers wurde zurückgewiesen, aus folgenden

Gründen:

„Beide Instanzgerichte gehen davon aus, daß Anordnungen zur Regelung des persönlichen Verkehrs eines geschiedenen, von dem Erziehungsrecht ausgeschlossenen Ehegatten mit den Kindern gemäß § 1636 B.G.B. lediglich von dem Vormundschaftsgericht getroffen werden können. Beide nehmen ferner an, daß das Vormundschaftsgericht zur Durchführung seiner Anordnungen Zwangsmaßregeln treffen könne. Das Landgericht ist der Ansicht, daß eine Klage entbehrlich sei, wenn das Vormundschaftsgericht von dieser Befugnis Gebrauch gemacht habe, daß aber, sofern das nicht geschehen sei, derjenige Ehegatte, dem der persönliche Verkehr mit dem Kinde vorenthalten werde, ein Klagerecht behufs Durchführung der vom Vormundschaftsgericht getroffenen Anordnungen habe. Im vorliegenden Fall hält es daher, da das Amtsgericht seinem Beschluß keine Strafandrohung hinzugefügt habe, die erhobene Klage für zulässig und, da die Anordnungen des Amtsgerichts nicht nachzuprüfen seien, für begründet. Das Berufungsgericht ist dagegen der Ansicht, daß eine Klage behufs Geltendmachung solcher Anordnungen überhaupt nicht stattfinde.

Die Ansicht des Berufungsgerichts muß für die zutreffende erachtet werden. Im früheren Rechte bestand Meinungsverschiedenheit darüber, welche Behörde in Fällen der vorliegenden Art über den persönlichen Verkehr eines geschiedenen Gatten mit den Kindern zu bestimmen habe.

Vgl. für das gemeine Recht die Urteile bei Seuffert, Archiv Bd. 33 Nr. 312, Bd. 35 Nr. 296; für das preußische Allgemeine Landrecht Dernburg, Preußisches Privatrecht Bd. 3 4. Aufl. § 51 Anm. 10, und Jurist. Wochenschr. 1899 S. 153.

Durch das Bürgerliche Gesetzbuch ist in § 1636 das Vormundschaftsgericht zur Regelung dieses Verhältnisses berufen. Ob es mit dieser Bestimmung vereinbar ist, daß die Eltern über den Verkehr mit den Kindern einen rechtlich wirksamen Vertrag schließen können, steht gegenwärtig nicht in Frage; zweifelsfrei dagegen, und auch in der Literatur nicht bestritten ist es, daß die in § 1636 vorgesehene Regelung ausschließlich von dem Vormundschaftsgericht getroffen werden kann.

Hierdurch wird die Möglichkeit eines Rechtsstreits über den vom Vormundschaftsgericht geregelten oder zu regelnden Verkehr ausgeschlossen. Für die Zulässigkeit einer Klage wird zwar geltend gemacht, daß die Zuständigkeit des Prozeßgerichts anerkannt werden müsse, weil ein Streit der Gatten über den persönlichen Verkehr mit den Kindern eine bürgerliche Rechtsstreitigkeit, und zur Entscheidung über eine solche nach § 13 G.V.G. das ordentliche Gericht berufen sei. Allein das ist nicht richtig; denn den ordentlichen Gerichten sind, eben durch § 13 G.V.G., u. a. alle Rechtsstreitigkeiten entzogen, für welche die Zuständigkeit einer Verwaltungsbehörde begründet ist; Streitigkeiten der hier in Rede stehenden Art sind aber dem Vormundschaftsgericht ausschließlich zugewiesen, und letzteres ist eine Verwaltungsbehörde im Sinne des § 13 G.V.G.

Zur sachgemäßen Entscheidung ist aber auch das Vormundschaftsgericht allein in der Lage, das Prozeßgericht dagegen nicht, oder jedenfalls nicht immer. Es wird allerdings, um die Zulassung des Prozeßweges zu rechtfertigen, zwischen den Rechten der Gatten in ihrem Verhältnis zueinander und den Interessen des Kindes unterschieden. Eine solche Unterscheidung ist indes zwar möglich in Ansehung der Frage, wer die Kosten für den Unterhalt des Kindes zu tragen oder einstweilen zu bestreiten hat (vgl. § 627 Z.P.O.); handelt es sich dagegen darum, ob und wie dem von der Erziehung ausgeschlossenen Gatten der persönliche Verkehr mit dem Kinde zu gestatten sei, so läßt sich das Recht der Gatten in ihrem Verhältnis zueinander von dem Interesse des Kindes überhaupt nicht trennen. Das Gericht, das Anordnungen behufs Regelung dieses Verkehrs zu treffen hat, kann das Interesse des Kindes nicht unberücksichtigt lassen, und muß, wenn es seiner Aufgabe gerecht werden will, die Befugnis haben, dieses Interesse nötigenfalls auch von Amts wegen berücksichtigen zu dürfen. Solche Befugnis aber steht zwar dem Vormundschaftsgericht zu, dem Prozeßgericht dagegen nicht.

Abgesehen davon würde die Zulassung der Klage auch sonst zu unannehmbaren Folgen führen. Da lediglich das Vormundschaftsgericht die gemäß § 1636 B.G.B. nötigen Anordnungen treffen kann, so müßte die Klage eine Klage auf Vollstreckung der vom Vormundschaftsgericht getroffenen Anordnungen sein, also eine Klage auf Erlaß eines Vollstreckungsurteils, wie bei ausländischen Urteilen (§ 722 Z.P.O.), oder bei Schiedssprüchen (§ 1042 Z.P.O.). Eine solche ist jedoch nirgends zugelassen, würde mithin jeder gesetzlichen Grundlage entbehren. Möglich bliebe dann freilich noch, eine Klage, wie es im vorliegenden Falle vom Landgericht geschehen ist, auf Grund der vom Vormundschaftsgericht getroffenen Anordnungen behufs Durchführung derselben zuzulassen.

Vgl. auch Knitschky, Rechtsverhältnis zwischen Eltern und Kindern S. 162; Boschan, Eltern- und Vormundschaftsrecht § 12 S. 47; Neumann, Jahrbuch des deutschen Rechts 1. Jahrg. Bd. 2 § 1636 B.G.B. II, 4.

Allein das würde in hohem Grade unzweckmäßig sein. Das Vormundschaftsgericht könnte seine Anordnungen stets ändern; aber damit würde ein auf Grund der früheren Anordnungen vom Prozeßgericht etwa erlassenes Urteil nicht ohne weiteres außer Kraft treten; sondern dasselbe würde bestehen bleiben, bis auf Grund des § 767 Z.P.O. die sog. Vollstreckungsgegenklage erhoben und durchgeführt wäre. Abgesehen davon aber würde, wie das Berufungsgericht mit Recht hervorhebt, durch Zulassung des Prozeßweges der ungeeignete und der Stellung des Prozeßgerichts keineswegs angemessene Zustand herbeigeführt, daß letzteres gezwungen werden könnte, ein Urteil zu erlassen, das nach seiner Überzeugung ungerecht wäre. Das zeigt sich gerade im vorliegenden Falle. Kläger ist von der Beklagten geschieden worden, weil er sie beschimpft und bedroht hatte; das Kind ist geboren, als Beklagte bereits getrennt von ihm lebte. Jetzt hat Beklagte ärztliche Bescheinigungen beigebracht, daß das Kind vor Aufregung gehütet werden muß, und hat behauptet sowie unter Beweis gestellt, daß Kläger und dessen jetzige Gattin Äußerungen gemacht haben, aus denen hervorgeht, daß ihnen an dem Kinde gar nichts gelegen ist. Das Landgericht selbst hat im Hinblick hierauf ausgesprochen, es seien die Behauptungen der Beklagten an sich geeignet, die von der Beklagten erstrebte anderweite Regelung des Verkehrs herbeizuführen, aber das unterliege nicht der Prüfung des Prozeßrichters. Letzteres ist nicht zu beanstanden, läßt indes die Annahme geboten erscheinen, daß der Prozeßrichter mit derartigen Angelegenheiten überhaupt nicht zu befassen ist.

Endlich besteht kein Bedürfnis, eine Klage zuzulassen. Allerdings wird die Ansicht vertreten (vgl. Schultheiß, Vormundschaftsrichter S. 255), daß das Vormundschaftsgericht seine Anordnungen nicht zwangsweise zur Geltung bringen könne; allein das ist nicht zutreffend. Das Vormundschaftsgericht darf zwar nicht Maßregeln verhängen, auf die das Landgericht anfangs erkannt hatte, 500 ℳ Geldstrafe für jeden Fall der Zuwiderhandlung; allein Zwangsmittel stehen ihm in ausreichendem Maße zu Gebote. Das Reichsgesetz über die Angelegenheiten der freiwilligen Gerichtsbarkeit hat freilich solche nicht vorgesehen. In dem Entwurf eines Gesetzes über das Verfahren in Vormundschaftssachen war die Gestattung von Zwangsmitteln in § 41 geregelt und ausgestaltet. Der Entwurf eines Reichsgesetzes über die Angelegenheiten der freiwilligen Gerichtsbarkeit (Reichstag 1897/98 Drucksachen Nr. 21) hatte allgemeine Bestimmungen über Zwangsmaßregeln nicht, sondern wollte diese zufolge § 196 der Landesgesetzgebung überlassen. Dabei blieb es, obwohl in der Kommissionsverhandlung (Bericht, Drucksachen Nr. 109 S. 4) eine Beanstandung laut wurde. Nur wurde von der Kommission die in das Gesetz als § 33 übergegangene Bestimmung aufgenommen, daß Ordnungsstrafen vorher anzudrohen seien und im einzelnen Fall 300 ℳ nicht übersteigen dürfen (a. a. O. S. 33). Sache der Landesgesetzgebung war es alsdann, für Ausführungsbestimmungen zu sorgen. Für Preußen ist das geschehen, und zwar sind in dem preuß. Gesetz über die freiwillige Gerichtsbarkeit vom 21. September 1899 (G.S. S. 249) in den Artt. 15—17 Bestimmungen erlassen, die auch dann Anwendung finden können, wenn das Vormundschaftsgericht auf Grund des § 1636 B.G.B. Anordnungen getroffen hat, und der Gatte, bei dem das Kind sich befindet, nicht Folge leisten will. Zweifelhaft ist es allerdings, ob das Vormundschaftsgericht die Zuführung des Kindes auf Grund des Art. 15 jenes Gesetzes bei Strafe befehlen kann, da es fraglich ist, ob die Zuführung des Kindes eine Handlung ist, die ausschließlich von dem Willen des Gatten, dem der Befehl gegeben wurde, abhängt. Aber statthaft, auch völlig genügend würde es sein, wenn das Vormundschaftsgericht dem Gatten aufgäbe, das Kind zuzuführen, und wenn es für den Fall, daß das nicht geschähe, auf Grund des Art. 17 des erwähnten Gesetzes den anderen ermächtigte, sich das Kind, nötigenfalls mit Gewalt, zu holen, und auf Grund des Art. 15 dem Gatten, bei dem sich das Kind befindet, bei Strafe anbeföhle, das zu dulden.

Auch im vorliegenden Falle würde mithin das Vormundschaftsgericht, wenn es trotz der von der Beklagten geltend gemachten Gründe auf ihre Bitte, dem Kläger den Verkehr mit dem Kinde nur in ihrer Wohnung und in ihrer oder ihrer Eltern Gegenwart zu gestatten, nicht eingehen wollte, seine Anordnungen selbst durchsetzen können. Es zeigt sich hierin, daß die Versagung des Klagerechts nur sachgemäß ist."

59. Welche Bedeutung hat die Kleinheit eines Warenzeichens für dessen Verwechslungsfähigkeit nach § 20 des Warenzeichengesetzes?

II. Zivilsenat. Urt. v. 27. April 1906 i. S. K. (Kl.) w. W. (Bekl.). Rep. II. 431/05.

I. Landgericht Zwickau, Kammer für Handelssachen.
II. Oberlandesgericht Dresden.

Beide Parteien fertigen gewerbsmäßig Tafelgeräte und Bestecke aus Alpacca an und setzen diese Waren hauptsächlich im Orient ab.

Die Klägerin, welche in Berlin eine Niederlassung im Sinne des § 23 des Warenzeichengesetzes besitzt, hat in die Zeichenrolle des Kaiserlichen Patentamts am 21. Oktober 1903 für diese Waren die Warenzeichen Nr. 4310 und Nr. 5641 eintragen lassen. Das Warenzeichen Nr. 4310 stellt einen schreitenden Bären in einem Ovale dar; innerhalb dieses Ovals befindet sich über dem Bären das Wort „Berndorf", unter dem Bären das Wort „Alpacca", rechts und links vom Bären je ein Stern. Das Zeichen Nr. 5641 stellt lediglich einen schreitenden Bären dar. Die Beklagte versieht ihre Waren mit einem Zeichen, das in einem Oval einen Elefanten, und unter demselben das Wort „Alpacca" zeigt. Die Klägerin erachtet die Verwechslungsgefahr dieses Zeichens der Beklagten mit ihren geschützten Zeichen für gegeben; sie hat daher auf Grund der §§ 12 und 20 des Warenzeichengesetzes Klage mit dem Antrag erhoben, es solle der Beklagten unter Androhung einer Geldstrafe bis zu 1000 ℳ für jeden Zuwiderhandlungsfall untersagt werden, Bestecke und Tafelgeräte aus Neusilber mit einer Bezeichnung zu versehen, wie sie die mit der Klage überreichten Löffel der Beklagten enthalten, die so bezeichneten Waren in den Verkehr zu bringen, oder auf der Verpackung oder Umhüllung der Waren die Kennzeichnung anzubringen.

Das Landgericht hat der Klage, abgesehen von einem hier nicht in Betracht kommenden Punkt, stattgegeben. Das Oberlandesgericht hat auf Berufung der Beklagten die Klage abgewiesen. Die Revision der Klägerin ist zurückgewiesen worden, aus folgenden

Gründen:

„Das Oberlandesgericht stellt fest, daß bei oberflächlicher Betrachtung ein Unterschied der beiden Zeichen dem Beschauer sich nicht aufdrängt; es verneint trotzdem die Verwechslungsgefahr, weil die Kleinheit, in welcher die Zeichen angebracht werden, die Verwechslung herbeiführe; ebenso erklärt das Oberlandesgericht den Umstand für unerheblich, daß die Beklagte ihr Zeichen an derselben Stelle wie die Klägerin auf den Waren anbringe. In diesen beiden Aussprüchen erblickt die Klägerin eine Verletzung des Grundsatzes, daß es auf den Gesamteindruck, den ein Zeichen auf den Durchschnittskonsumenten macht, also auch auf die Kleinheit und die Art der Anbringung ankomme. Ferner unterstelle das Oberlandesgericht einen Käufer, der die von der Klägerin erzeugte Ware und das dafür bestehende Warenzeichen kenne, während gerade umgekehrt mit Käufern gerechnet werden müsse, welche diese Kenntnis nicht besitzen, aber Bestecke mit dem Bärenzeichen auf Grund einer Empfehlung erwerben wollen.

Richtig ist, daß für die Verwechslungsfähigkeit das Zeichen nicht bloß so, wie dasselbe eingetragen ist, sondern auch so in Betracht zu ziehen ist, wie sich dasselbe im praktischen Gebrauch, im Verkehr darstellt; auch in letzterer Hinsicht wird dem eingetragenen Zeichen der Schutz der §§ 12 und 20 des Warenzeichengesetzes zuteil, sofern nicht durch die Benutzung des Zeichens im Verkehr ein von der Eintragung verschiedenes Bild entsteht. Richtig ist auch, daß der Schutz des Gesetzes eintritt, wenn für das Durchschnittspublikum, welches bei Anwendung verkehrsüblicher Sorgfalt auf feinere Unterschiede der Zeichen nicht zu achten pflegt, auch regelmäßig gar nicht in der Lage ist, die beiden Zeichen genauer zu vergleichen, die Gefahr der Verwechslung besteht. Entscheidend ist hiernach das Gesamtbild und dessen täuschende Wirkung, die sich nach den Hauptbestandteilen richten, wie sie sich der Vorstellung des Durchschnittskonsumenten einprägen.

Gegen diese Grundsätze hat das Berufungsgericht aber nicht verstoßen, wenn man seine Erwägungen, welche an manchen Stellen nach ihrer Fassung zu Bedenken Veranlassung geben könnten, in ihrem Zusammenhang betrachtet. Das Berufungsgericht will sagen, die Hauptbestandteile der beiden Zeichen, nämlich einerseits der Bär, andererseits der Elefant, seien an sich nicht verwechslungsfähig; auch die Art der Aufprägung und die Stelle, an der die beiden Zeichen auf den Waren angebracht seien, führe nicht zu einer Ähnlichkeit; nur die Kleinheit beider Zeichen berge eine Verwechslungsgefahr insofern in sich, als dieselben bei oberflächlicher Betrachtung überhaupt nicht mehr als Zeichen zu erkennen seien; wer die Zeichen erkennen wolle, müsse genau hinsehen, oder sich einer Lupe bedienen; eine solche Verwechslungsfähigkeit, welche infolge des kleinen Maßstabes für jedes beliebige andere Zeichen bestehe, werde von § 20 des Warenzeichengesetzes nicht getroffen; denn die Kleinheit entspreche den in der Silberschmiedekunst bestehenden Gepflogenheiten, sei keine der Klägerin geschützte Eigenschaft ihres Zeichens, und nötige jeden Käufer solcher Waren, dieselben mit der vom Verkehr gebotenen Genauigkeit sich anzusehen; bei Anwendung dieser durch den Verkehr geforderten Sorgfalt schwinde jede Gefahr einer Verwechslung.

So verstanden hält das Urteil den Angriffen der Klägerin stand, soweit die Klägerin der Beklagten das Anbringen des Elefantenzeichens auf den Alpaccawaren verbieten will." ...

60. Findet gegen Beschlüsse der Oberlandesgerichte, durch welche Sachverständigengebühren festgesetzt werden, Beschwerde statt?

Gebührenordnung für Zeugen und Sachverständige § 17.
Z.P.O. § 567 Abs. 2.

VII. Zivilsenat. Beschl. v. 27. April 1906 i. S. v. d. M. (Kl.) w. L. Kleinbahn A.-G. (Bekl.). Beschw.-Rep. VII. 46/06.

I. Kammergericht Berlin.

Gründe:

„Für die von dem Sachverständigen in der Berufungsinstanz erstatteten Gutachten vom 20. Juli 1905 und vom 2. Februar 1906 sind die Gebühren in geringerer Höhe, als der Sachverständige beansprucht, festgesetzt. Die von ihm dagegen erhobene Beschwerde erscheint als unzulässig, weil das Gesetz gegen die von den Oberlandesgerichten erlassenen Beschlüsse des fraglichen Inhalts ein Rechtsmittel nicht gewährt. Zu den im § 17 Abs. 3 der Gebührenordnung für Zeugen und Sachverständige als auf die Beschwerde gegen Festsetzungen anwendbar bezeichneten gesetzlichen Vorschriften gehört auch der § 567 Z.P.O. Während der zweite Absatz dieses Paragraphen in der auf dem Gesetz vom 17. Mai 1898 beruhenden Fassung der Zivilprozeßordnung bestimmte, daß gegen die in betreff der Prozeßkosten erlassenen Entscheidungen der Oberlandesgerichte die Beschwerde nur zulässig ist, wenn die Beschwerdesumme den Betrag von 100 ℳ übersteigt, lautet er auf Grund des Gesetzes, betreffend Änderungen der Zivilprozeßordnung, vom 5. Juni 1905 Art. I Ziff. 9 dahin:

„Gegen die in betreff der Prozeßkosten erlassenen Entscheidungen der Oberlandesgerichte ist eine Beschwerde nicht zulässig." Im Art. II des eben genannten Gesetzes ist bestimmt, daß, soweit in Reichsgesetzen auf Vorschriften der Zivilprozeßordnung verwiesen ist, welche durch Art. I des Gesetzes geändert werden, die entsprechenden Vorschriften dieses Gesetzes an ihre Stelle treten. Mithin kommt der zweite Absatz des § 567 Z.P.O. in seiner gegenwärtigen Gestalt auch im Bereich der Gebührenordnung für Zeugen und Sachverständige zur Anwendung. Eine Anfechtung der Gebührenfestsetzungen der Oberlandesgerichte findet also nicht mehr statt."

---

61. Besteht die Pflicht der Kaufleute, die Ausschließung der Gütergemeinschaft durch Vertrag im Handelsregister eintragen zu lassen (Art. 20 preuß. Einf.-Ges. zum A.D.H.G.B.), nach dem Inkrafttreten des Bürgerlichen Gesetzbuchs fort?

IV. Zivilsenat. Urt. v. 30. April 1906 i. S. Ehefr. B. (Bekl.) w. A. u. Gen. (Kl.). Rep. IV. 506/05.

I. Landgericht Bochum.
II. Oberlandesgericht Hamm.

Die Beklagte verheiratete sich im Jahre 1899 mit ihrem jetzigen Ehemanne M. B. Sie war zur Zeit der Eheschließung Teilhaberin der offenen Handelsgesellschaft H. & Co. Ihr Ehemann war damals, wie die Beklagte behauptet, Reisender einer anderen Firma. Vor der Eheschließung wurde beim Amtsgericht in Bochum, woselbst die Eheleute ihren ersten ehelichen Wohnsitz nahmen, die Ausschließung der Gütergemeinschaft vereinbart. Diese Ausschließung wurde auch öffentlich bekannt gemacht (gemäß § 422 A.L.R. II. 1 und §§ 1 und 2 des Gesetzes vom 16. April 1860), aber es unterblieb die Eintragung der Ausschließung in das Handelsregister und die öffentliche Bekanntmachung der Eintragung. Am 15. April 1902 verkaufte die Beklagte, die inzwischen das Geschäft der Firma H. & Co. allein übernommen hatte, dieses Geschäft ihrem Ehemanne, und letzterer geriet später in Konkurs. Die klagenden 43 Firmen hatten dem Ehemanne, als dieser bereits der Inhaber des Geschäfts war, Waren geliefert. Ihre Forderungen waren im Konkurse anerkannt und festgestellt worden. Den dritten Teil derselben mit 14210,95 ℳ klagten sie dann gegen die Ehefrau des Gemeinschuldners ein, indem sie behaupten, ihnen sei bei Lieferung der Waren nicht bekannt gewesen, daß eine Ausschließung der Gütergemeinschaft erfolgt sei; der Ehemann der Beklagten sei bereits bei der Eheschließung Vollkaufmann gewesen, habe daher die Verpflichtung gehabt, die Eintragung der Gütertrennung in das Handelsregister bewirken zu lassen, und es unterliege, da die Eintragung unterblieben, das gesamte Vermögen der Beklagten, welche keinerlei Vorbehaltsgut besitze, dem Zugriffe der klagenden Firmen wegen ihrer Forderungen gegen den Ehemann.

Die Beklagte widersprach dem Klagantrage und schob den Inhabern der klagenden Firmen den Eid darüber zu, daß sie von der Ausschließung der Gütergemeinschaft Kenntnis gehabt hätten. Das Landgericht erkannte auf diesen Eid, und das Oberlandesgericht wies die Berufung der Beklagten zurück. Auf die Revision der Beklagten wurde das Berufungsurteil aufgehoben, und die Klage abgewiesen, aus folgenden

Gründen:

„Da die Beklagte und ihr Ehemann M. B. im Jahre 1899 ihren ersten ehelichen Wohnsitz in Westfalen, wo nach dem Gesetze vom 16. April 1860 Gütergemeinschaft galt, nahmen, jedoch durch einen vorschriftsmäßig abgeschlossenen und bekannt gemachten Vertrag (§§ 1 und 2 desselben Gesetzes und §§ 412 flg. A.L.R. II. 1) die Gütergemeinschaft ausschlossen, so bestand in ihrer Ehe von Anfang an der gesetzliche Güterstand des Allgemeinen Landrechts (Tl. II Tit. 1 Abschn. 5). Mit dem Zeitpunkte, in welchem das Bürgerliche Gesetzbuch in Kraft trat, wandelte sich der gesetzliche Güterstand des Allgemeinen Landrechts in den gesetzlichen Güterstand des Bürgerlichen Gesetzbuchs für die Ehe der Beklagten mit M. B. um.

Vgl. Artt. 3. 55. 200 Abs. 1. 218 Einf.-Ges. zum B.G.B., Artt. 44. 45 Abs. 1. 58 Abs. 1 preuß. Ausf.-Ges. zum B.G.B.

Nach § 1410 B.G.B. können aber die Gläubiger des Mannes nicht Befriedigung aus dem eingebrachten Gute der Frau verlangen. Die eingeklagten Forderungen rühren von Warenlieferungen an den

Ehemann als den Inhaber des früher der Beklagten gehörigen, am 15. April 1902 von ihm übernommenen Geschäfts her, begründen daher nur gegen den Ehemann Gläubigerrechte und können gegen die Ehefrau nicht geltend gemacht werden. Die Klage ist demzufolge abzuweisen.

Die Gegenausführungen der Vorinstanzen, die sich auf ein in der Rechtspr. der O.L.G. Bd. 6 S. 158 abgedrucktes Urteil des Oberlandesgerichts in Stettin stützen, können nicht gebilligt werden, insbesondere nicht hinsichtlich des Art. 59 § 9 Abs. 1 preuß. Ausf.-Ges. zum B.G.B.

Daselbst heißt es:

„Die Wirksamkeit des nach diesem Gesetz eintretenden Güterstandes gegenüber Dritten bestimmt sich nach den für die Wirksamkeit des bisherigen Güterstandes geltenden Vorschriften. Die Bestimmungen des Allgemeinen Landrechts Tl. II Tit. 1 §§ 352. 353. 425 treten jedoch außer Kraft."

Für die Wirksamkeit der Ausschließung der Gütergemeinschaft gegenüber Dritten war durch § 422 A.L.R. II. 1 und Gesetz vom 21. Dezember 1849 gehörige Bekanntmachung im Regierungs-Amtsblatte vorgeschrieben. Diese ist unbestritten erfolgt. Für Vollkaufleute kam noch die besondere Bestimmung des an die Stelle von § 423 A.L.R. II. 1 gesetzten Art. 20 preuß. Einf.-Ges. zum A.D.H.G.B. in Betracht, wo es heißt:

„Bei denjenigen Personen, welche nach Art. 4 H.G.B. als Kaufleute anzusehen sind, jedoch mit Ausschluß der im Art. 10 H.G.B. bezeichneten, muß außerdem die Ausschließung oder Aufhebung der Gemeinschaft der Güter oder des Erwerbs in das Handelsregister eingetragen und nach Maßgabe des Art. 13 H.G.B. veröffentlicht werden."

Diese Eintragung und Veröffentlichung ist unstreitig unterblieben. Das preußische Einführungsgesetz zum Allgemeinen Deutschen Handelsgesetzbuch ist zwar durch das preußische Ausführungsgesetz zum Handelsgesetzbuch Art. 8 Abs. 1 Nr. 1 aufgehoben worden, aber unbeschadet der Übergangsvorschriften anderer Gesetze.

Wäre der Ehemann der Beklagten zur Zeit der Eheschließung Vollkaufmann im Sinne des alten Handelsgesetzbuchs gewesen —

was streitig —, so würde unter der Herrschaft des alten Rechts seine Ehefrau seinen Gläubigern gegenüber nicht haben geltend machen können, daß die Gütergemeinschaft ordnungsmäßig ausgeschlossen worden sei. Die Gläubiger des Mannes würden sich also an das eingebrachte Gut der Frau haben halten können. Ob dieselbe Folge auch dann unter der Herrschaft des alten Rechts eingetreten wäre, wenn der Ehemann zwar nicht schon bei der Eheschließung Vollkaufmann gewesen, sondern erst später Vollkaufmann geworden wäre, kann hier dahingestellt bleiben. Denn selbst wenn er schon bei der Eheschließung Vollkaufmann gewesen wäre, so hörte für ihn doch mit dem Inkrafttreten des Bürgerlichen Gesetzbuchs die Verpflichtung auf, die Ausschließung der Gütergemeinschaft in das Handelsregister eintragen und die Eintragung veröffentlichen zu lassen.

Das Handelsregister des alten Rechts hatte zum Zwecke, diejenigen Rechtsverhältnisse des Handelsstandes, welche für den kaufmännischen Verkehr von Wichtigkeit waren, in möglichster Vollständigkeit und in zuverlässiger Weise zur öffentlichen Kenntnis zu bringen.

Vgl. Instruktion des Justizministers vom 12. Dezember 1861, Erster Teil, Einleitung.

Es war unter anderem bestimmt zur Eintragung der Ausschließung oder Aufhebung der ehelichen Gütergemeinschaft an Stelle der im § 423 A.L.R. II. 1 vorgeschriebenen Bekanntmachung (Art. 20 Einf.-Ges.). Hierzu war ein besonderes Register mit vier Spalten eingerichtet.

Ebenda § 84 und Anlage D.

Da es ein Güterrechtsregister nicht gab, so war für den kaufmännischen Verkehr das Handelsregister diejenige Quelle, aus der die zuverlässigste Auskunft über das in der Ehe eines Vollkaufmanns herrschende Güterrecht geschöpft werden konnte. Der gute Glaube an den Inhalt des Handelsregisters schützte.

Nach dem Inkrafttreten des Bürgerlichen Gesetzbuchs hat sich dieser Rechtszustand völlig geändert. Erkenntnisquelle in Ansehung der güterrechtlichen Verhältnisse eines Ehegatten ist jetzt ausschließlich das Güterrechtsregister, und zwar gleichviel, ob der Ehegatte Kaufmann ist, oder nicht.

Vgl. §§ 1558 flg. B.G.B.; Art. 4 Einf.-Ges. zum H.G.B.; Erlaß des Reichskanzlers vom 12. November 1898 (Z.D.R. S. 438);

Art. 29 Abs. 1 des preußischen Gesetzes über die freiwillige Gerichtsbarkeit; Verfügung des Justizministers vom 6. November 1899 (Just.-Min.-Bl. S. 299).

In das Güterrechtsregister können nur die im Gesetze selbst vorgesehenen Eintragungen bewirkt werden.

Vgl. Abschnitt III des vorstehend angeführten Erlasses des Reichskanzlers; Planck, Bürgerliches Gesetzbuch Bem. III 3 vor § 1558.

Solche Eintragungen können auch Ehen betreffen, die schon zur Zeit des Inkrafttretens des Bürgerlichen Gesetzbuchs bestanden haben.

Vgl. Art. 59 § 9 Abs. 2 preuß. Ausf.-Ges. zum B.G.B.; Art. 19 der angeführten Verfügung vom 6. November 1899.

Zu den hiernach zulässigen Eintragungen gehört aber nicht die vor dem Inkrafttreten des Bürgerlichen Gesetzbuchs bewirkte vertragsmäßige Ausschließung provinzieller Gütergemeinschaft. Den B.'schen Eheleuten ist daher das Güterrechtsregister zur Eintragung der Ausschließung der Gütergemeinschaft von Anfang an verschlossen gewesen. Absichtlich und aus wohlerwogenen Gründen hat der Gesetzgeber davon Abstand genommen, einen allgemeinen Registerzwang für die zur Zeit des Inkrafttretens des Bürgerlichen Gesetzbuchs bestehenden Ehen einzuführen.

Vgl. Begründung zum preußischen Ausführungsgesetz zum Bürgerlichen Gesetzbuch S. 70. 71. 72 (Stegemann S. 46. 47. 48).

In betreff des Zwangs zur Eintragung der güterrechtlichen Verhältnisse in das Güterrechtsregister bei der Überleitung sollte möglichst schonend zu Werke gegangen werden. Die Einführung des neuen Rechts sollte für sich allein die Ehegatten nicht zu einer Eintragung nötigen. In der Begründung wird ausdrücklich hervorgehoben, daß für die zahlreichen (alten) Ehen, für die der Entwurf das gesetzliche Güterrecht des Bürgerlichen Gesetzbuchs einführen wolle, eine Eintragung in das Güterrechtsregister überhaupt nicht in Betracht komme.

Ebenda S. 73 (Stegemann S. 48. 49).

Das Handelsregister neueren Rechts ist überhaupt nicht bestimmt und geeignet, Vermerke über ehegüterrechtliche Verhältnisse von Kaufleuten aufzunehmen.

Vgl. §§ 8 flg. H.G.B.; Art. 4 Einf.-Ges. zum H.G.B.; Art. 29 Abs. 1 des preußischen Gesetzes über die freiwillige Gerichtsbarkeit;

Verfügung des Justizministers vom 7. November 1899 (Just.-Min.-Bl. S. 313).

Die Handelsregister älteren Rechts werden nur für die Firmen, welche vor dem 1. Januar 1900 eingetragen sind, bis auf weiteres fortgeführt.

Vgl. §§ 36—42 der angeführten Verfügung.

Daß der Ehemann der Beklagten als Inhaber einer Firma in das alte Handelsregister eingetragen worden sei, ist nicht behauptet worden. Für ihn kann also das alte Handelsregister nicht mehr in Frage kommen.

Hat jemand vor dem Inkrafttreten des Bürgerlichen Gesetzbuchs durch Vertrag die Gütergemeinschaft ausgeschlossen, und wird er nach dem Inkrafttreten des Bürgerlichen Gesetzbuchs Vollkaufmann, so entsteht für ihn nur die Verpflichtung, seine Firma in das Handelsregister neuen Rechts eintragen zu lassen. Dagegen ist er nicht verbunden, den in seiner Ehe herrschenden Güterstand, der infolge gesetzlicher Überleitung nunmehr dem regelmäßigen Güterstande des Bürgerlichen Gesetzbuchs entspricht, noch irgendwo und irgendwie bekannt zu machen. Nach Lage der gegenwärtigen Gesetze ist überhaupt kein Register da, in das etwas derartiges eingetragen werden könnte. Das Güterrechtsregister nimmt nur Abweichungen von dem Regelmäßigen auf. Hier liegt aber nur Regelmäßiges vor. In einem solchen Falle können die Gläubiger des Mannes das Frauengut nicht in Anspruch nehmen, obwohl die Ausschließung der Gütergemeinschaft in keiner Art und Weise öffentlich eingetragen worden ist. Sie können daraus auch keinen Grund zur Beschwerde herleiten, weil mit dem Inkrafttreten des Bürgerlichen Gesetzbuchs der Güterstand der ehemännlichen Verwaltung und Nutznießung die Regel geworden ist.

Wäre der Ehemann der Beklagten aber auch schon vor dem Inkrafttreten des Bürgerlichen Gesetzbuchs Vollkaufmann, und daher eintragungspflichtig gewesen, so würde die Unterlassung der Eintragung in das alte Handelsregister und der Veröffentlichung seiner Ehefrau doch nur von solchen Gläubigern entgegengehalten werden können, deren Forderungen vor dem Inkrafttreten des Bürgerlichen Gesetzbuchs entstanden gewesen wären. Ihnen gegenüber konnte und mußte die Eintragung der Ausschließung der Gütergemeinschaft in das

Handelsregister bewirkt werden. Bei der in Westfalen herrschenden Gütergemeinschaft bedurften die Gläubiger dieses Schutzes. Mit der Veränderung des Rechtszustandes durch das Bürgerliche Gesetzbuch fiel dieses Schutzbedürfnis aber hinweg. Demzufolge kann Art. 59 § 9 Abs. 1 Satz 1 preuß. Ausf.-Ges. zum B.G.B. nicht auf den Art. 20 preuß. Einf.-Ges. zum H.G.B. bezogen werden.

Dieser Auffassung entspricht es auch, daß dasselbe Gesetz im Art. 59 § 9 Abs. 1 Satz 2 die Bestimmungen der §§ 352, 353 und 425 A.L.R. II. 1 ausdrücklich außer Kraft gesetzt und im Art. 89 Ziff. 1c den ganzen Abschnitt (§§ 345—433) daselbst — unbeschadet der Übergangsvorschriften — aufgehoben hat. Eheleute, die vor dem 1. Januar 1900 in einem Gebiete des gesetzlichen landrechtlichen Güterrechts geheiratet haben, und Eheleute, die in einem Gebiete der Gütergemeinschaft geheiratet, jedoch durch Vertrag die Gütergemeinschaft ausgeschlossen haben, mußten nach altem Rechte (§§ 352. 353. 426 A.L.R. II. 1) ihren Güterstand, wenn sie in ein anderes Gebiet der Gütergemeinschaft verzogen, dort bekannt machen lassen. Diese Pflicht hat mit dem Inkrafttreten des Bürgerlichen Gesetzbuchs aufgehört. Verziehen also nach dem 1. Januar 1900 Ehegatten der genannten Ehen in ein Gebiet der Gütergemeinschaft, so gelten sie auch ohne Bekanntmachung als im gesetzlichen Güterrechte des Bürgerlichen Gesetzbuchs lebend. Der Grund dieser Regelung liegt darin, daß es dem Standpunkte des neuen Rechts widersprechen würde, die Wirksamkeit des gesetzlichen Güterstandes Dritten gegenüber von einer Veröffentlichung abhängig zu machen.

Vgl. Kommissionsbericht des Herrenhauses S. 18 (Stegemann S. 405).

Derselbe Widerspruch würde sich ergeben, wenn man für die Ehe eines Kaufmanns, in der nach der Überleitung das gesetzliche Güterrecht des Bürgerlichen Gesetzbuchs herrscht, noch die Eintragung in das Handelsregister verlangen wollte. Dazu liegt auch angesichts des Umstandes, daß nunmehr für das ganze Gebiet des Deutschen Reichs der Güterstand des Bürgerlichen Gesetzbuchs der regelmäßige geworden ist, kein Bedürfnis vor.

Erst wenn der infolge der Überleitung eingetretene Güterstand nachträglich durch Vertrag, Urteil oder in anderer Weise geändert wird, soll der gutgläubige Dritte gegen Einwendungen auf

Grund dieser Änderung gemäß § 1435 Abs. 1 B.G.B. geschützt sein, sofern die Änderung nicht im Güterrechtsregister eingetragen war. Dies bezieht sich gleichmäßig auf neue wie auf alte Ehen.

Vgl. Art. 59 § 9 Abs. 2 preuß. Ausf.-Ges. zum B.G.B.; Begründung dazu S. 73 (Stegemann S. 49).

Eine solche Änderung liegt hier aber nicht vor.

Dahingestellt kann bleiben, wie sich die Rechtslage beim Vorhandensein von Vorbehaltsgut der Beklagten gestalten würde; denn die Parteien sind darüber einig, daß solches nicht vorhanden ist.

Hiernach können die klagenden Firmen wegen ihrer nach dem Inkrafttreten des Bürgerlichen Gesetzbuchs entstandenen Forderungen an den Ehemann M. B. nicht aus dem eingebrachten Gute der Beklagten Befriedigung suchen." ...

---

62. Kommt die dreimonatige Verjährung, welche im § 61 Abs. 2 H.G.B. für die Ansprüche des Prinzipals gegen den Handlungsgehilfen auf Schadensersatz und auf Eintritt in die Geschäftsabschlüsse des letzteren bestimmt ist, auch für den Anspruch des Prinzipals auf Unterlassung eigenen Gewerbebetriebs seitens des Handlungsgehilfen oder eigener Geschäftsabschlüsse im Handelszweige des Prinzipals zur Anwendung?

III. Zivilsenat. Urt. v. 1. Mai 1906 i. S. K. R. & Co. (Kl.) w. H. (Bekl.). Rep. III. 478/05.

I. Landgericht Altenburg.
II. Oberlandesgericht Jena.

Obige Frage ist vom Reichsgericht bejaht worden aus folgenden, zugleich den Sachverhalt ergebenden

Gründen:

„Der Beklagte war von der Klägerin, wie dieselbe behauptet, bis zum 1. Januar 1910 als Handlungsgehilfe angenommen, hat aber diese Stellung bereits für den 31. Dezember 1903 aufgekündigt und zu dieser Zeit in Gemeinschaft mit dem Kaufmann M. im Orte

M. eine Porzellanfabrik zur Anfertigung elektrotechnischer Porzellan-Massenartikel, wie der in der Fabrik der Klägerin hergestellten, aufgetan. Wegen dieser Verletzung des von ihr behaupteten Vertragsverhältnisses hat die Klägerin am 20. Juli 1904 wider ihn Klage erhoben mit dem Antrage, ihn zu verurteilen, das von ihm unter der Firma H. & M. in M. gemeinschaftlich mit einem anderen betriebene Handelsgewerbe sofort aufzugeben und es künftig zu unterlassen, bis zum 1. Januar 1910 irgendein Handelsgewerbe zu betreiben oder in dem Handelszweige der Klägerin Geschäfte zu machen.

In zweiter Instanz hat der Beklagte gegen diesen Anspruch die Einrede der (dreimonatigen) Verjährung nach § 61 Abs. 2 H.G.B. vorgeschützt, und nachdem die Klägerin zugegeben hatte, daß sie länger als drei Monate vor der Klagerhebung von der Errichtung der offenen Handelsgesellschaft H. & M. sowie von der Beteiligung des Beklagten an diesem Konkurrenzunternehmen Kenntnis gehabt habe, hat das Berufungsgericht auf Grund dieser Verjährungseinrede die Klage abgewiesen. Dasselbe hat dabei erwogen, daß die im § 61 Abs. 2 H.G.B. zunächst für die Schadensansprüche des Prinzipals, sowie für seinen Anspruch auf Eintritt in die von dem Handlungsgehilfen widerrechtlich abgeschlossenen Geschäfte, bestimmte dreimonatige Verjährung bei der Gleichartigkeit des gesetzgeberischen Grundes auch auf die vorliegenden Unterlassungsansprüche Anwendung zu finden habe, die dreimonatige Frist aber unter entsprechender Anwendung der Vorschrift im § 113 Abs. 3 H.G.B., wonach die Ansprüche der offenen Handelsgesellschaft gegen einen an einer anderen Gesellschaft rechtswidrig sich beteiligenden Gesellschafter binnen drei Monaten seit erlangter Kenntnis von dieser Teilnahme verjähren, vorliegendenfalls von dem Zeitpunkte ab, wo der Prinzipal von der Beteiligung des Klägers an der erwähnten Gesellschaft und an deren Betrieb Kenntnis erhalten, zu berechnen, mithin nach dem Zugeständnis der Klägerin abgelaufen sei. Auf weitere, sich immer erneuernde Geschäftsabschlüsse komme es dabei nicht an, und die scheinbar entgegenstehende Ausführung in der Denkschrift zu dem Entwurf des Handelsgesetzbuchs vom 10. Mai 1897 S. 84 sei mit Cosack, Handelsrecht 5. Aufl. S. 547, und gegen die Mehrzahl der Kommentatoren (Staub, Lehmann, Goldmann, Makower) für unzutreffend zu erachten.

Die Revision hat hiergegen die entsprechende Anwendung der Verjährungsvorschriften im § 61 Abs. 2 und im § 113 Abs. 3 für unzulässig erklärt und unter Bezugnahme auf die angeführte Stelle der Denkschrift bemerkt, daß letztere Vorschrift eine andere, als die ihr von dem Berufungsgericht beigemessene Bedeutung habe.

Es war indessen dieser Revisionsangriff für unbegründet zu erachten, und der Auffassung des Berufungsgerichts im wesentlichen beizutreten.

Nach § 60 Abs. 1 H.G.B. darf der Handlungsgehilfe ohne Einwilligung des Prinzipals weder ein Handelsgewerbe betreiben, noch in dem Handelszweige des Prinzipals für eigene oder fremde Rechnung Geschäfte machen. Für den Fall der Verletzung dieser Verpflichtung wird zwar dem Prinzipal im § 61 Abs. 1 nur ein Anspruch auf Schadensersatz sowie auf Eintritt in die von dem Handlungsgehilfen gemachten Geschäfte und die daraus entspringenden Vorteile eingeräumt. Mit Recht wird jedoch von Rechtslehre und Rechtsprechung,

s. Staub, Kommentar 6./7. Aufl. § 61 Anm. 5; Entsch. des R.O.H.G.'s Bd. 16 S. 160, Bd. 19 S. 138,

dem Prinzipal daneben auch der Anspruch auf Unterlassung eigenen Gewerbebetriebs von seiten des Handlungsgehilfen, oder eigener Geschäftsabschlüsse im Handelszweige des Prinzipals zugestanden, ein Anspruch, der sich nicht, wie der Revisionsbeklagte ausführt, als ein Schadensersatzanspruch nach § 249 B.G.B., sondern als ein Anspruch auf Erfüllung der dem Handlungsgehilfen nach § 60 Abs. 1 obliegenden Verpflichtung darstellt.

Es fragt sich nun vor allem, ob die im § 61 Abs. 2:

„die Ansprüche verjähren in drei Monaten von dem Zeitpunkte an, in welchem der Prinzipal Kenntnis von dem Abschlusse des Geschäfts erlangt",

geordnete Verjährung auch auf diesen Unterlassungsanspruch Anwendung findet. Allerdings bezieht sich diese Vorschrift zunächst nur auf die im vorhergehenden Abs. 1 erwähnten Ansprüche auf Schadensersatz und auf Eintritt in die widerrechtlich eingegangenen Geschäfte. Mit dem Berufungsgericht ist aber ihre Ausdehnung auf den aus § 60 Abs. 1 hervorgehenden Unterlassungsanspruch für unbedenklich zu erachten. Es spricht dafür vor allem der auch von der Vorinstanz hervorgehobene Umstand, daß der für die kurze Verjährung des Schadensanspruchs maßgebend gewesene gesetzgeberische Grund, den Prinzipal zur möglichst raschen Verfolgung und Feststellung des gedachten Anspruchs zu veranlassen, in gleichem, ja noch in verstärktem Maße bei dem Unterlassungsanspruch zutrifft, und daß es zu geradezu unerträglichen Folgen führen würde, wenn der Prinzipal, nachdem mit seiner Kenntnis der Handlungsgehilfe neben dieser Stellung eine Reihe von Jahren hindurch ein eigenes Gewerbe betrieben hat, noch auf Unterlassung dieses Betriebes klagen könnte. Überdies ist auch aus § 60 Abs. 2:

„die Einwilligung zum Betrieb eines Handelsgewerbes gilt als erteilt, wenn dem Prinzipal bei Anstellung des Gehilfen bekannt ist, daß er das Gewerbe betreibt, und der Prinzipal die Aufgabe des Betriebs nicht ausdrücklich vereinbart",

der Grundsatz zu entnehmen, daß der Prinzipal seinen Widerspruch gegen den eigenen Geschäftsbetrieb seines Gehilfen baldtunlich geltend machen soll.

Es fragt sich weiter, von welchem Zeitpunkt ab die dreimonatige Frist zu berechnen ist. Nach § 198 B.G.B. würde dieselbe bereits von der Zuwiderhandlung ab laufen. Mit Rücksicht auf die Vorschrift im § 61 Abs. 2 aber erscheint es geboten, diese Frist, wie bei den Schadensersatzansprüchen, so auch im vorliegenden Falle erst von dem Zeitpunkte ab zu berechnen, wo der Prinzipal von der Beteiligung des Gehilfen an der von demselben gegründeten Gesellschaft und an deren Betrieb Kenntnis erhalten hat, wofür auch die von dem Berufungsgericht hervorgehobene Vorschrift des § 113 bei dem gleichartigen Verhältnis des rechtswidrigen Eintritts eines Gesellschafters in eine andere Handelsgesellschaft spricht. Nach dem Zugeständnis der Klägerin ist diese Frist hier abgelaufen, und demgemäß sowohl der Anspruch auf Unterlassung des Gewerbebetriebs, als auch, da dieser Gewerbebetrieb unbestritten ein solcher in Konkurrenzfabrikaten ist, der Anspruch auf Unterlassung des Abschlusses von Einzelgeschäften im Handelsbetriebe der Klägerin mit der Vorinstanz als verjährt anzusehen.

Unbegründet ist endlich der Einwand, daß es für den Beginn der Verjährung lediglich auf den Abschluß bestimmter Einzelgeschäfte ankomme, und mit deren Vornahme die Verjährungsfrist sich fortwährend erneuere. Die vorliegende Klage ist auf den Eintritt des Beklagten in den gesellschaftlichen Gewerbebetrieb, also auf einen Vorgang gestützt, der, ebenso wie der Abschluß eines Einzelgeschäfts, bestimmt und fest begrenzt ist. Mit der Verjährung des hierauf gegründeten Unterlassungsanspruchs aber, der seiner Natur nach bei eingetretener Verjährung nicht nochmals erhoben werden kann, ist eine weitere Klage auf Unterlassung dieses Handelsgewerbebetriebs und der damit zusammenhängenden Geschäfte ausgeschlossen. Weitere, vom Beklagten im Betriebe seines Gewerbes abgeschlossene Einzelgeschäfte kommen hiernach für den vorliegenden Klaganspruch und dessen Verjährung überhaupt nicht in Betracht. Dem steht auch die von dem Berufungsgericht und von der Revision angezogene Stelle der Denkschrift zum Entwurf des Handelsgesetzbuchs vom 10. Mai 1897 nicht entgegen; denn dieselbe trifft nicht den vorliegenden Fall, spricht vielmehr aus, daß, wenn ein Ersatzanspruch verjährt sei, der aus der Beteiligung eines Gesellschafters bei einer anderen Gesellschaft hergeleitet werde (§ 113 H.G.B.), dadurch ein Einwand gegen weitere Ersatzansprüche an diesen Gesellschafter nicht begründet werde."

---

63. Ist für die Frage, ob unrichtige Angaben über den Besitz von Auszeichnungen gemäß § 1 des Gesetzes zur Bekämpfung des unlauteren Wettbewerbs vorliegen, nur die Verleihungsurkunde entscheidend, oder darf auf dasjenige zurückgegangen werden, was das Preisgericht eigentlich auszeichnen wollte?

II. Zivilsenat. Urt. v. 1. Mai 1906 i. S. Z. & Co. (Bekl.) w. O. & P. (Kl.). Rep. II. 434/05.

I. Landgericht Wiesbaden.
II. Oberlandesgericht Frankfurt a. M.

Auf der internationalen Feuerwehrausstellung in Berlin 1901 hatten die Parteien von ihnen angefertigte Fabrikate ausgestellt.

Die Klägerin erhielt für ihre Schlauchkuppelung System Giersberg vom Preisrichterkollegium einen vom Thüringer Landesfeuerverband für die anerkannt beste Schlauchkuppelung gestifteten Geldpreis von 150 *M* zuerkannt; die Beklagte erhielt für hervorragende Verdienste auf dem Gebiete des Feuerschutzes und des Feuerrettungswesens die vom preußischen Ministerium des Innern gestiftete silberne Medaille. In der Zeitschrift „Feuer und Wasser" hat sie eine Reklame für ihre Schlauchkuppelung Patent Storz einrücken lassen, worin gesagt ist: „Ausgezeichnet mit dem höchsten Preise für Schlauchkuppelungen auf der Berliner internationalen Feuerwehrausstellung 1901. Silberne Medaille des Ministeriums des Innern". In derselben Zeitschrift hat die Klägerin für ihre Giersberg-Kuppelung Reklame gemacht: „Als anerkannt beste Schlauchkuppelung Berlin 1901 mit dem einzigen ausgesetzten Preis ausgezeichnet". Die Klägerin behauptet, die Beklagte verstoße mit ihrer Veröffentlichung gegen § 1 des Wettbewerbsgesetzes; ihre Angabe, sie sei mit dem höchsten Preise für Schlauchkuppelungen ausgezeichnet worden, sei unrichtig; der Beklagten sei vielmehr für ihre Gesamtausstellung, die außer der Schlauchkuppelung noch viele andere Gegenstände umfaßt habe, die Medaille erteilt worden; während sie, die Klägerin, den einzigen, für Schlauchkuppelungen ausgesetzten Preis, den Geldpreis von 150 *M*, erhalten habe. Ihr Klagantrag, soweit er hier interessiert, ging dahin, die Beklagte zu verurteilen, in ihren Anpreisungen die Angabe zu unterlassen, daß die Schlauchkuppelung Patent Storz mit dem höchsten Preise für Schlauchkuppelungen bei der Berliner internationalen Feuerwehrausstellung 1901 ausgezeichnet sei. Die Beklagte beantragte, die Klage abzuweisen, und mit Widerklage, der Klägerin die weitere Annoncierung und Anpreisung ihrer Kuppelung als anerkannt beste, und mit dem einzigen Preis auf der Berliner Ausstellung 1901 ausgezeichnete zu untersagen. Sie behauptete, die silberne Medaille sei ihr für ihre Schlauchkuppelung zuerkannt worden; denn nur diese habe sie ausgestellt gehabt; die anderen Gegenstände seien nur zu dem Zwecke in ihrer Ausstellung vorhanden gewesen, um an ihnen die Güte der Kuppelung darzutun; die silberne Medaille sei ein höherer Preis, als der Geldpreis von 150 *M*, und das System Storz sei auch besser, als das System Giersberg. Ihre Angabe in der Veröffentlichung sei daher wahr, und unwahr die Angabe der Klägerin, sie habe für die Giersberg-Kuppelung den einzigen ausgesetzten Preis als für die anerkannt beste Schlauchkuppelung erhalten. Die Klägerin widersprach und beantragte die Abweisung der Widerklage.

Das Berufungsgericht verurteilte die Beklagte, in öffentlichen Bekanntmachungen und Mitteilungen, die für einen größeren Kreis von Personen bestimmt sind, die Angabe zu unterlassen, daß die Schlauchkuppelung Patent Storz mit dem höchsten Preise für Schlauchkuppelungen bei der Berliner internationalen Feuerwehrausstellung 1901 ausgezeichnet sei, und wies die weiteren Anträge der Parteien ab. Die Revision der Beklagten wurde zurückgewiesen, aus folgenden

Gründen:

... „Das Oberlandesgericht hat allerdings, wie die Beklagte (Revisionsklägerin) in der Begründung der Revision hervorgehoben hat, als bewiesen angenommen, daß die Schlauchkuppelung nach Patent Storz der Hauptgegenstand ihrer Ausstellung gewesen ist, und die anderen auf ihrem Ausstellungstische ausgelegten Gegenstände nur als Demonstrationsobjekte in Betracht kamen, und ist hierbei auf die von der Beklagten angeregte Frage eingegangen, ob aus diesem Umstande zu entnehmen sei, daß das Preisgericht die Schlauchkuppelung der Beklagten als solche habe prämiieren wollen. Es hat aber sodann ausgeführt, auf die Gründe, durch die das Preisgericht zu seiner Entscheidung veranlaßt worden sei, sei nicht näher einzugehen, noch weniger darauf, ob die Erwägungen des Preisgerichts richtig gewesen, und nicht etwa Unregelmäßigkeiten bei der Preisverteilung vorgekommen seien; denn es handle sich nur darum, ob die Beklagte einen Preis gerade für ihre Schlauchkuppelungen wirklich erhalten habe; diese Frage sei aber nach dem Wortlaute der Verleihungsurkunde verneinend zu beantworten, und daß der Sinn der Urkunde solches besage, sei nicht bewiesen. Auf dieser Begründung beruht die angegriffene Entscheidung. Sie ist als zutreffend anzuerkennen. Indem das Gesetz zur Bekämpfung des unlauteren Wettbewerbs in § 1 u. a. dem mit den Auszeichnungen getriebenen Reklameunfug durch das Verbot unrichtiger Angaben über den Besitz von Auszeichnungen entgegentritt, kann für die Frage, welche Auszeichnung und wofür sie verliehen worden ist, nur die Verleihungsurkunde selbst, ihr Wortlaut und ihr sich aus diesem ergebender

Sinn maßgebend sein; denn nur hiernach läßt sich mit Sicherheit feststellen, ob die Angabe richtig bzw. unrichtig ist; wollte man in Abweichung von dem Wortlaute und dem sich aus ihm ergebenden Sinne noch auf die Gründe für die Gewährung der Auszeichnung und darauf zurückgehen, was eigentlich der Preisrichter auszeichnen wollte, so würde in vielen Fällen ein Ergebnis kaum zu erzielen sein, und nur Ungewißheit entstehen. Der Zweck der namentlich auf Ausstellungen erteilten Preise besteht gerade darin, nach außen hin die anerkannte Trefflichkeit einer Leistung kund zu tun, und damit dem Ausgezeichneten die Möglichkeit zu gewähren, im Wege der erlaubten Reklame auf seine Leistungen aufmerksam zu machen; der unlauteren Reklame würde aber Tür und Tor geöffnet sein, wenn man gestatten wollte, hinsichtlich des Inhalts und der Erklärung der Auszeichnung auf die inneren Vorgänge und Meinungen, die sich bei der Preisverteilungsstelle abgespielt haben, und für sie vielleicht bestimmend waren, zurückzugehen. So hat denn auch der Senat bereits in seiner Entscheidung Rep. II. 99/02 ausgesprochen, die Auffassung, daß die Auszeichnung nur in derjenigen Fassung, wie sie tatsächlich erteilt worden sei, zur Reklame benutzt werden dürfe, sei nicht rechtsirrig. Nun steht fest, daß nach der Verleihungsurkunde der Beklagten für hervorragende Verdienste auf dem Gebiete des Feuerschutzes und Feuerrettungswesens die silberne Medaille erteilt worden ist, und daß weder der Wortlaut noch der Sinn der Urkunde einen Anhalt dafür geben, der Preis sei der Beklagten für die Schlauchkuppelung Patent Storz erteilt worden. Der Berufungsrichter hat daher mit Recht angenommen, daß die in den Veröffentlichungen der Beklagten enthaltene Angabe, die Schlauchkuppelung Patent Storz sei auf der fraglichen Ausstellung mit dem höchsten Preise für Schlauchkuppelungen ausgezeichnet worden, unwahr sei, daß dagegen, da der Klägerin der für die anerkannt beste Schlauchkuppelung gestiftete Geldpreis zuerkannt worden ist, deren Angabe, ihre Giersberg-Kuppelung sei als anerkannt beste Schlauchkuppelung Berlin 1901 mit dem einzigen ausgesetzten Preis ausgezeichnet, der Wahrheit entspreche." . . .

64. Findet auf Lieferungsverträge über Mengen von Sachen oder Waren, die in außerpreußischen Gebietsteilen des Deutschen Reichs in dem Betriebe eines der Vertragschließenden (Preußen oder Nichtpreußen) erzeugt oder hergestellt sind, die Befreiungsvorschrift Nr. 3 der Tarifst. 32 des preußischen Stempelsteuergesetzes vom 31. Juli 1895 Anwendung?

VII. Zivilsenat. Urt. v. 1. Mai 1906 i. S. Akt.-Ges. D. St. (Kl.) w. preuß. Staatsfiskus (Bekl.). Rep. VII. 398/05.

I. Landgericht I Berlin.
II. Kammergericht daselbst.

Am 18./21. März, 26. April 1904 schloß die Klägerin mit der Königlich preußischen Kommission zur Aufteilung der in Preußen liegenden Domäne D. einen schriftlichen Vertrag, durch den sie sich zur Lieferung eines Postens von ihr im eigenen Betrieb in F. im Großherzogtum Baden hergestellter Steinzeugwaren verpflichtete. Für diesen Vertrag entrichtete die Klägerin den vom Beklagten auf Grund der Tarifst. 32 zu c des preußischen Stempelsteuergesetzes vom 31. Juli 1895 erforderten Stempel von 116,50 *M*. Diesen Betrag nebst Zinsen forderte die Klägerin mit der Klage zurück, indem sie die Befreiungsvorschrift unter Ziff. 3 der genannten Tarifstelle auf den bezeichneten Vertrag für anwendbar erachtete. Das Landgericht wies die Klage ab. Die Klägerin legte ohne Erfolg Berufung ein. Auch ihre Revision ist zurückgewiesen, aus folgenden

Gründen:

„Die Befreiungsvorschrift Nr. 3 der Tarifst. 32, aus der die Klägerin die beanspruchte Stempelbefreiung herleitet, bestimmt in ihrem hier in Betracht kommenden Teile, daß Kauf- und Lieferungsverträge über Mengen von Sachen oder Waren befreit sind, sofern diese „im Inlande“ in dem Betriebe eines der Vertragschließenden erzeugt oder hergestellt sind. Inland im Sinne des Stempelsteuergesetzes und des Tarifs ist nach § 2 Abs. 2 des Gesetzes dessen Geltungsbereich, also das Gebiet des preußischen Staates mit Ausnahme der Hohenzollernschen Lande und der Insel Helgoland. Diesem Geltungsbereich gehört der Ort F., wo die den Gegenstand des zur

Versteuerung gezogenen Lieferungsvertrags bildenden Waren im Betriebe der Klägerin hergestellt sind, nicht an. Die Befreiungsvorschrift Nr. 3 kann hiernach im vorliegenden Falle keine Anwendung finden. Für diese Anwendung macht es keinen Unterschied, ob der Eigentümer des Betriebes, in dem die Herstellung erfolgt ist, nach seiner Staatsangehörigkeit Preuße oder Nichtpreuße ist, entscheidend ist vielmehr die Lage des Herstellungsorts.

Auch die Entstehungsgeschichte der Befreiungsvorschrift gibt keinen Anhaltspunkt dafür, daß auch Lieferungsverträge über solche Waren an der Befreiung teilnehmen sollten, die in einem anderen Bundesstaate des Deutschen Reichs als in Preußen hergestellt sind. Die Befreiungsvorschrift hat ihre Wurzel in der „Anmerkung" zur Tarifnummer 4 des Reichsstempelgesetzes vom 29. Mai 1885, inhalts deren Kauf- und sonstige Anschaffungsgeschäfte über im Inlande von einem der Kontrahenten erzeugte oder hergestellte Mengen von Sachen oder Waren steuerfrei waren. In dieser Vorschrift des für das ganze Deutsche Reich geltenden Gesetzes konnte freilich unter dem Inlande nur das gesamte Reichsgebiet verstanden werden. Mit Rücksicht auf die zwingende Natur des Reichsrechts durften hiernach auch diejenigen Lieferungsverträge nicht einem Landesstempel unterworfen werden, deren Gegenstand in Preußen hergestellte Waren waren. Dieser Rechtszustand wurde durch das Reichsstempelgesetz vom 27. April 1894 geändert. In diesem wurde, unter Beseitigung der vorbezeichneten „Anmerkung", durch die Befreiungsvorschrift Ziff. 2 zur Tarifnummer 4 bestimmt, daß der Anschaffungsstempel nicht erhoben werde, falls die Waren, welche Gegenstand eines nach Nr. 4b stempelpflichtigen Geschäfts sind, von einem der Vertragschließenden im Inlande erzeugt oder hergestellt sind. Auch hier ist unter „Inland" das gesamte Gebiet des Deutschen Reichs zu verstehen. Der Kreis der befreiten Geschäfte ist jedoch gegen die frühere Zeit wesentlich eingeschränkt; denn er umfaßt nur die in der Nr. 4b bezeichneten Geschäfte; und unter diese Nummer fallen nur Kauf- oder sonstige Anschaffungsgeschäfte, welche unter Zugrundelegung von Usancen einer Börse über Mengen von Waren geschlossen werden, die börsenmäßig gehandelt werden. Diese Änderung ist, wie die Motive des neuen Gesetzes ausdrücklich anerkennen (Drucksachen Nr. 52 S. 14. 15), erfolgt, weil durch die der „Anmerkung" vom Reichsgericht gegebene Auslegung dem Landesstempel in verschiedenen Bundesstaaten eine Reihe von Lieferungsverträgen entzogen worden waren, an deren Befreiung bei Erlaß jener Bestimmung von keiner Seite gedacht worden war, und es deshalb wünschenswert erschien, der Landesgesetzgebung bezüglich der Versteuerung dieser Verträge wieder freie Hand zu lassen. Die Motive führen weiter aus, die durch die „Anmerkung" außer Kraft gesetzten landesgesetzlichen Steuervorschriften würden durch die Beseitigung der Anmerkung nicht ohne weiteres wieder in Geltung treten; vielmehr würde es des Erlasses neuer landesgesetzlicher Bestimmungen bedürfen, falls eine Besteuerung der von den Produzenten geschlossenen Verträge eintreten sollte. Von dem hiernach für die Landesgesetzgebung freigewordenen Besteuerungsrecht hat der preußische Staat sofort bei Erlaß des Stempelsteuergesetzes vom 31. Juli 1895 insofern Gebrauch gemacht, als er durch die Tarifst. 32 allgemein die lästigen Veräußerungsverträge einem Stempel unterwarf. Von diesem Stempel waren fortan nur die obenbezeichneten Veräußerungsgeschäfte über börsenmäßig gehandelte Waren frei. Ein solches Geschäft liegt hier nicht vor. Wenn nun das preußische Stempelsteuergesetz eine besondere, landesgesetzliche Befreiung geschaffen hat, indem es Kaufverträge befreite, die über im Inlande in dem Betriebe eines der Vertragschließenden erzeugte oder hergestellte Mengen von Sachen oder Waren geschlossen sind, und wenn es gleichzeitig im § 2 bestimmte, daß unter „Inland" der Geltungsbereich des Gesetzes, also nur Gebietsteile des preußischen Staates, verstanden werden sollten, so kann nicht zweifelhaft sein, daß in der Befreiungsvorschrift der Tarifst. 32 das Wort „Inland" nur im Sinne des § 2 a. a. O. verstanden werden kann, und daß daher Verträge über Waren, die in außerpreußischen Gebietsteilen des Deutschen Reichs hergestellt sind, von der Befreiung nicht getroffen werden. Diese Einschränkung hat auch einen guten Sinn. Das preußische Stempelsteuergesetz hat den Zweck, dem preußischen Staat Einnahmen aus der Steuerkraft seiner Staatsbürger zuzuführen. Wenn nun der Staat hier zugunsten der Produzenten der im preußischen Staatsgebiet hergestellten Waren auf den Stempel verzichtet, so erklärt sich das, abgesehen von anderen Gründen, schon daraus, daß durch eine solche Befreiung die Neigung, im Staatsgebiet Waren herzustellen, erhöht, damit die Industrie des Landes gefördert, und der Wohlstand und die Steuerkraft allgemein gehoben werden. An der an sich wünschenswerten Förderung der Industrie der übrigen Länder des Deutschen Reichs hat der preußische Staat nicht ein so weit gehendes Interesse, daß er zugunsten dieser Industrie auf Einnahmen verzichten Anlaß hätte, die er benötigt, und die er zu erheben nicht gehindert ist. Daß die Reichsgesetzgebung eine so weitreichende Rücksichtnahme des einzelnen Bundesstaates auf das finanzielle Interesse der anderen Bundesstaaten nicht für erforderlich erachtet hat, ergibt sich aus der Aufhebung der durch die „Anmerkung" allgemein gewährten Befreiung.

Auf einem anderen Standpunkte scheint die von der Revision in Bezug genommene Allgemeine Verfügung des preußischen Finanzministers vom 30. Januar 1897 (Zentralblatt für Abgaben rc. Verwaltung 1897 S. 45) zu stehen. Sie führt aus, zwar könne in der Befreiungsvorschrift 3 zur Tarifst. 32 unter „Inland" nur der Geltungsbereich des Gesetzes verstanden werden; es würde indessen den Grundsätzen des Art. 3 Abs. 1 der Reichsverfassung und des Art. 26 Abs. 2 des — durch Art. 40 der Reichsverfassung aufrecht erhaltenen — Zollvereinigungsvertrags vom 8. Juli 1867 zuwiderlaufen, wenn die den preußischen Betrieben bewilligte Stempelbefreiung den in sonstigen Gebietsteilen des Deutschen Reichs befindlichen Betrieben versagt würde; da ein auf Reichsgesetz und Staatsvertrag beruhender Grundsatz durch Landesgesetz nicht abgeändert werden könne, erkläre sich die Finanzverwaltung „damit einverstanden", daß die durch die genannte Tarifstelle angeordnete Stempelbefreiung auch dann zur Anwendung komme, wenn die den Gegenstand der Verträge bildenden Sachen oder Waren zwar nicht im Geltungsbereich des Stempelsteuergesetzes, aber innerhalb des Deutschen Reichs in dem Betriebe eines der Vertragschließenden erzeugt oder hergestellt seien. Der in dieser Verfügung ausgesprochenen Auffassung der Finanzverwaltung kann aber nicht beigetreten werden. Der Art. 3 Abs. 1 der Reichsverfassung bestimmt:

„Für ganz Deutschland besteht ein gemeinsames Indigenat mit der Wirkung, daß der Angehörige (Untertan, Staatsbürger) eines jeden Bundesstaates in jedem anderen Bundesstaate als Inländer zu behandeln und demgemäß zum festen Wohnsitz, zum Gewerbebetriebe, zu öffentlichen Ämtern, zur Erwerbung von Grundstücken, zur Erlangung des Staatsbürgerrechts und zum Genusse aller sonstigen bürgerlichen Rechte unter denselben Voraussetzungen wie der Einheimische zuzulassen, auch in betreff der Rechtsverfolgung und des Rechtsschutzes demselben gleich zu behandeln ist."

Und der Art. 26 Abs. 2 des Zollvereinigungsvertrags lautet:

„Von den Angehörigen eines Vereinsstaates, welche in dem Gebiete eines anderen Handel und Gewerbe treiben, oder Arbeit suchen, soll keine Abgabe entrichtet werden, welcher nicht gleichmäßig die in demselben Gewerbeverhältnisse stehenden eigenen Angehörigen unterworfen sind."

Diese Vorschriften des Reichsrechts haben die Bedeutung, daß Angehörige eines jeden Bundesstaates in jedem anderen Bundesstaate als Inländer zu behandeln, und zum Genusse aller bürgerlichen Rechte unter denselben Voraussetzungen wie der Einheimische zuzulassen sind, daß sie insbesondere beim Betriebe von Handel und Gewerbe in einem anderen Bundesstaate keine Abgabe entrichten sollen, welcher nicht gleichmäßig die in demselben Gewerbeverhältnisse stehenden eigenen Angehörigen unterworfen sind. Von einer Gleichstellung der in einem Bundesstaate vorhandenen Betriebe mit den in jedem anderen Bundesstaate vorhandenen ist aber in diesen Vorschriften nichts enthalten. Diese werden nicht verletzt, wenn im vorliegenden Falle von dem Eigentümer des in Baden liegenden Betriebes der preußische Kaufstempel erhoben wird; denn ein „in demselben Gewerbeverhältnisse stehender" Preuße, also ein solcher, der Eigentümer eines in Baden liegenden Betriebes wäre, würde, wie oben dargelegt ist, in gleicher Weise, ungeachtet der Befreiungsvorschrift 3 der Tarifst. 32, zur Entrichtung des Kaufstempels herangezogen werden müssen, wenn er in diesem außerpreußischen Betriebe hergestellte Waren veräußerte. Hiernach kann es dahingestellt bleiben, ob die von den Vorinstanzen vertretene Ansicht zu billigen ist, daß die in den angeführten beiden reichsgesetzlichen Vorschriften den Angehörigen der einzelnen Bundesstaaten gewährte, sie den Angehörigen aller anderen Bundesstaaten gleichstellende, Vergünstigung nur physischen Personen zugestanden ist, nicht also den juristischen Personen und insbesondere nicht der klagenden Aktiengesellschaft.

Auch die durch die Gewerbeordnung in der Fassung vom 26. Juli 1900 (R.G.Bl. S. 871 flg.) in vielfacher Hinsicht bewirkte

Gleichstellung der in den einzelnen Bundesstaaten vorhandenen Gewerbebetriebe steht der Erhebung des hier streitigen Stempels nicht entgegen; denn nach § 5 daselbst ist durch die Gewerbeordnung in den Beschränkungen des Betriebes einzelner Gewerbe, welche auf den Steuergesetzen beruhen, nichts geändert. Das Urteil des Berufungsgerichts mußte hiernach, wenn auch aus anderen, als den von ihm seiner Entscheidung unterlegten Gründen, aufrecht erhalten werden."

65. Darf nach Eröffnung des Konkursverfahrens über das Vermögen einer Kommanditgesellschaft der Kommanditist gegen die Forderung auf Leistung der Einlage eine Forderung an die Gesellschaft aufrechnen?

H.G.B. §§ 171. 172.

I. Zivilsenat. Urt. v. 2. Mai 1906 i. S. M.'er Parkett-, Jalousie-, Rollladen- und Blockfabrik von Fr. B. & Co. Konkursverw. (Kl.) w. A. (Bekl.). Rep. I. 448/05.

I. Landgericht Magdeburg.
II. Oberlandesgericht Naumburg a. S.

Laut Gesellschaftsvertrag vom 12. September 1896 beteiligte sich der Beklagte an dem Handelsgewerbe des Kaufmanns B. in M. als stiller Gesellschafter mit einer Einlage von 20000 *M*. Laut Vertrag vom 12. Juni 1901 wurde diese stille Gesellschaft in eine Kommanditgesellschaft umgewandelt, deren persönlich haftender Gesellschafter B., und deren Kommanditist, unter Festsetzung seiner Einlage auf 50000 *M*, der Beklagte wurde; auf diese gingen die sämtlichen Aktiven und Passiven des bisherigen Geschäfts über. Der Betrag der Einlage wurde in das Handelsregister eingetragen. Nachdem am 24. Januar 1902 über das Vermögen der Kommanditgesellschaft das Konkursverfahren eröffnet worden war, erhob der Konkursverwalter mit der Behauptung, daß der Beklagte mit Einzahlung seiner Einlage im Rückstande sei, Klage auf Zahlung eines Teilbetrags von 10000 *M*.

Aus den Gründen:

„Das Oberlandesgericht hat die Klage mit Ausnahme eines Betrages von 104,66 *M* abgewiesen, weil es für erwiesen hält, daß dem Beklagten am 12. Juni 1901 eine Forderung im Betrage von 32773,79 *M* gegen die damals gegründete Kommanditgesellschaft zugestanden habe, durch deren Aufrechnung mit der Forderung auf die Einlage des Beklagten, und, unter Abrechnung von weiteren zur Tilgung von Gesellschaftsschulden von dem Beklagten geleisteten Zahlungen, die Einlageforderung bis zu jenem Betrage von 104,66 *M* getilgt worden sei. Die Revision rügt die Verletzung der §§ 171 und 172 H.G.B. durch unrichtige Anwendung und des § 390 B.G.B. durch Nichtanwendung, weil das Oberlandesgericht die Aufrechnung mit dem Guthaben von 32773,79 *M* zugelassen habe, während diese durch die Eintragung der Kommanditeinlage von 50000 *M* in das Handelsregister ausgeschlossen werde, außerdem aber das Guthaben des Beklagten im Falle der Eröffnung des Konkurses über das Vermögen von B., oder bei gleichzeitiger Befriedigung aller Gläubiger desselben nur mit etwa 73 Prozent zur Hebung gelangt sein würde.

Nach dem Handelsgesetzbuche besteht, wie der erkennende Senat bereits in dem Urteile vom 11. Februar 1905, Rep. I. 455/04, ausgesprochen hat, kein Rechtssatz dahin, daß die Einlage des Kommanditisten bei der einfachen Kommanditgesellschaft in barem Gelde erfolgen muß. Die Einlage kann auch durch Einbringung anderer Vermögensgegenstände geleistet werden. Es fehlt ferner eine gesetzliche Vorschrift, die dem Kommanditisten ausdrücklich verbietet, gegen die Forderung auf Leistung der Einlage eine Forderung an die Gesellschaft aufzurechnen. Hieraus folgt aber nicht, daß ihm die Befugnis zur Aufrechnung in jedem Falle zusteht. Die Denkschrift zum Entwurfe eines Handelsgesetzbuchs (vgl. Hahn, Materialien zu den Reichs-Justizgesetzen Bd. 6 S. 281) bezeichnet es als selbstverständlich, daß den Gesellschaftsgläubigern gegenüber, wenn die Einlage des Kommanditisten nicht durch Barzahlung, sondern durch Einbringung anderer Vermögensgegenstände geleistet wird, eine solche Leistung nur insoweit wirksam ist, als die eingebrachten Gegenstände den Wert des festgesetzten Einlagebetrags wirklich erreichen. Nicht jede von der Gesellschaft als Erfüllung der Einlagepflicht anerkannte Leistung gilt daher als Erfüllung auch im Verhältnis zu den Gläubigern der Gesellschaft. Diesen haftet der Kommanditist nach den §§ 171 (Abs. 1) und 172 (Abs. 1) H.G.B. bis zur Höhe des in das Handelsregister eingetragenen Betrags seiner Einlage unmittelbar. Zwar ist die

Haftung ausgeschlossen, soweit die Einlage geleistet ist (§ 171 Abs. 1); als geleistet gilt aber die Einlage den Gesellschaftsgläubigern gegenüber nur, wenn und soweit ein der im Handelsregister eingetragenen Geldsumme entsprechender Betrag in barem Gelde oder sonstigen Werten der Gesellschaft wirklich zugeflossen ist (vgl. Staub, Handelsgesetzbuch § 161 Anm. 9). Nach demselben Grundsatze ist die Frage zu beantworten, ob der Kommanditist eine ihm gegen die Gesellschaft zustehende Forderung gegen die Forderung der Gesellschaftsgläubiger aus § 171 H.G.B. aufrechnen kann. Die Aufrechnung ist zulässig, sofern und soweit dafür, daß die Gesellschaft Schuldnerin des Kommanditisten wurde, ein Vermögenswert ihr zugeflossen ist, weil alsdann die Rechtslage dieselbe ist, wie wenn von vornherein dieser Wert zum Zwecke der Erfüllung der Einlagepflicht dem Vermögen der Gesellschaft zugeführt worden wäre, und deshalb insoweit die Einlage als geleistet anzusehen ist. Der Kommanditist, der der Gesellschaft ein Darlehn gegeben hatte, kann somit seine Darlehnsforderung gegen jene Forderung der Gesellschaftsgläubiger stets aufrechnen, weil in der Darlehnssumme ein entsprechender Wert in das Vermögen der Gesellschaft gelangt ist. Hierbei kommt die Sicherheit der Darlehnsforderung, also der Wert, den sie mit Rücksicht auf das Vermögen der Gesellschaft hatte oder hat, nicht in Betracht. Dagegen kann der Kommanditist seine gegen die Gesellschaft erworbene Kaufpreisforderung nur in Höhe des Wertes des an die Gesellschaft verkauften Gegenstandes aufrechnen. Welchen Wert die Kaufpreisforderung hatte oder hat, ist wiederum gleichgültig.

Die Eintragung der Einlage in das Handelsregister entzieht für sich allein dem Kommanditisten den Gesellschaftsgläubigern gegenüber nicht die Befugnis, eigene Forderungen gegen die Gesellschaft aufzurechnen. Der § 172 H.G.B., auf den sich die Revision beruft, sagt nur, daß nach der Eintragung weder ein höherer, noch ein geringerer, als der in das Handelsregister eingetragene Betrag der Einlage im Verhältnis zu den Gesellschaftsgläubigern als zugesagt gilt, bestimmt aber nichts über die Art der Leistung der Einlage.

Vgl. Urt. des Reichsgerichts vom 11. Februar 1905, Rep. I. 455/04.

Im vorliegenden Falle gehört die Forderung des Beklagten, deren ... Aufrechnung die Revision beanstandet, zu den Geschäftsschulden des Kaufmanns B., welche die ... Kommanditgesellschaft bei ihrer Gründung am 12. Juni 1901 übernommen hatte. Sie bildet das Guthaben, welches dem Beklagten als damaligem stillen Gesellschafter ... zustand. Derselbe kann sie nach den vorstehend entwickelten Grundsätzen mit ihrem ganzen Betrage aufrechnen, wenn die übernommenen Aktiven den übernommenen Passiven am 12. Juni 1901 mindestens gleichkamen, weil alsdann anzunehmen ist, daß ein dem vollen Betrage des Geschäftsguthabens entsprechender Vermögenswert der Kommanditgesellschaft von dem Beklagten mittelbar dadurch zugeführt wurde, daß er sein nunmehr von der Kommanditgesellschaft geschuldetes Guthaben nicht einzog. Soweit dagegen der Wert der Aktiven damals hinter den Passiven zurückblieb, würde die Aufrechnung unzulässig sein." ...

66. 1. Liegt Klagänderung vor, wenn der aus § 123 B.G.B. erhobene Vertragsaufhebungsanspruch nachträglich auf § 826 in Verbindung mit § 249 B.G.B. gestützt wird?

2. Kann wegen arglistiger Täuschung beim Vertragsschlusse der getäuschte Vertragsteil auch noch nach Ablauf der einjährigen Anfechtungsfrist des § 124 B.G.B. Rückgängigmachung des Vertrags auf Grund der §§ 826. 249 B.G.B. verlangen?

V. Zivilsenat. Urt. v. 2. Mai 1906 i. S. Eheleute G. (Kl.) w. S. (Bekl.). Rep. V. 455/05.

I. Landgericht Köln.
II. Oberlandesgericht daselbst.

Die Kläger fochten einen Grundstückskaufvertrag wegen arglistiger Täuschung gemäß § 123 B.G.B. an und stützten, nachdem der erste Richter die Anfechtung wegen Ablaufs der einjährigen Frist des § 124 B.G.B. für unzulässig erklärt hatte, in zweiter Instanz ihren Aufhebungsanspruch auf die §§ 826. 249 B.G.B. Der Beklagte rügte demgegenüber unzulässige Klagänderung. Dieser Auffassung trat der zweite Richter bei. Die Revision der Kläger ist zurückgewiesen.

Aus den Gründen:

... „Der Revision ist zuzugeben, daß dieser Entscheidungsgrund — die Annahme unzulässiger Klagänderung — rechtsirrtümlich ist. Der Kläger hat sein tatsächliches Vorbringen erster Instanz für die zweite Instanz beibehalten und nur den rechtlichen Gesichtspunkt, aus dem er auf Grund jenes Vorbringens den Klaganspruch als begründet anerkannt wissen will, in zweiter Instanz anders konstruiert. Die rechtliche Beurteilung der Klagetatsachen ist aber überhaupt kein Bestandteil des Klagegrundes im Sinne des § 253 Abs. 2 Ziff. 2 Z.P.O., sondern vom Gerichte selbständig zum Gegenstande seiner Urteilsfindung zu machen. Dabei ist es auch gleichgültig, ob etwa, je nachdem auf das tatsächliche Parteivorbringen die eine, oder die andere Konstruktion angewendet wird, die Rechtsfolgen sich nach einzelnen Richtungen hin verschieden gestalten, was für den vorliegenden Fall der Vertreter des Revisionsbeklagten bezüglich des Verhältnisses der §§ 123. 124 B.G.B. zum § 826 B.G.B. behauptet hat. Vielmehr kommt es nach den §§ 264. 268 Z.P.O. lediglich auf den (tatsächlichen) Klagegrund und den Klagantrag (Klaganspruch) an; sind diese unverändert geblieben, wie im gegenwärtigen Falle, so liegt keinenfalls eine Klagänderung vor.

Zu einer Aufhebung des angefochtenen Urteils kann jedoch der vorerwähnte Rechtsirrtum nicht führen, da seine Annahme, daß der § 826 B.G.B. bei Beurteilung des Klaganspruchs außer Betracht bleiben müsse, aus einem anderen Grunde zutreffend ist, und daher der § 563 Z.P.O. Platz greift. Allerdings enthält die betrügliche Verleitung zum Vertragsschlusse, wie sie im § 123 B.G.B. als Anfechtungsgrund vorgesehen ist, zugleich den Tatbestand einer „gegen die guten Sitten verstoßenden Schadenszufügung" im Sinne des § 826 B.G.B., und dies ist insofern von praktischer Bedeutung, als in den Fällen, in denen der Betrogene es vorzieht, bei dem Vertrage stehen zu bleiben, und auf Grund des letzteren Schadensersatz wegen des verübten Betruges zu verlangen,

vgl. das Urteil des erkennenden Senats vom 12. November 1904, Entsch. d. R.G.'s in Zivils. Bd. 59 S. 155, und die daselbst S. 158 Anm. 1 angeführten weiteren Entscheidungen,

er diesen Anspruch gemäß § 826 geltend machen kann, gleichviel ob er den Vertrag rechtzeitig innerhalb der einjährigen Frist des § 124

B.G.B. angefochten hat, oder nicht. Anders aber liegt die Sache, wenn der Betrogene den Vertrag aufheben und, soweit er bereits erfüllt ist, die Erfüllung rückgängig machen will. Zwar könnte es scheinen, als stünde auch in einem solchen Falle der § 826 dem Betrogenen zur Seite. Denn für den nach diesem Paragraphen zu leistenden Schadensersatz ist die allgemeine Vorschrift des § 249 B.G.B. maßgebend, und diese gibt dem Schadensersatzberechtigten in erster Linie das Recht, die Herstellung desjenigen Zustandes zu verlangen, der bestehen würde, wenn der zum Ersatze verpflichtende Umstand nicht eingetreten wäre. Da unter den letzteren Gesichtspunkt zweifellos die Rückgängigmachung eines durch Betrug veranlaßten Vertragsschlusses fällt, so wäre damit auch für diesen Fall das Erfordernis der vorgängigen rechtzeitigen Vertragsanfechtung beseitigt. Dieser Auffassung, die von den Klägern in der Tat in der Vorinstanz vertreten worden ist, kann indessen nicht zugestimmt werden. Vielmehr ist davon auszugehen, daß der § 124 B.G.B., insofern er eine Auflösung des durch Betrug zustande gekommenen Vertrags nur bei rechtzeitiger Anfechtung zuläßt, eine Spezialvorschrift enthält, die als solche nach allgemeinen Auslegungsregeln die Geltung der allgemein lautenden Vorschriften der §§ 249. 826 B.G.B. einschränkt. Wollte man das Gegenteil annehmen, so würde nach dem vorhin Bemerkten der § 124 B.G.B. überhaupt gegenstandslos sein, und daß dies im Sinne des Gesetzgebers gelegen haben sollte, kann nicht angenommen werden.

Vgl. auch das einen ähnlichen Fall (Verhältnis der Wandlung zur Vertragsanfechtung wegen Irrtums) betreffende Urteil vom 1. Juli 1905, Entsch. d. R.G.'s in Zivils. Bd. 61 S. 171." ...

67. 1. Zur Auslegung des § 25 des preußischen Gesetzes über die Eisenbahn-Unternehmungen vom 3. November 1838.
2. Ist auf diese gesetzliche Bestimmung die Vorschrift des § 254 B.G.B. anwendbar?

VI. Zivilsenat. Urt. v. 3. Mai 1906 i. S. preuß. Eisenbahnfiskus (Bekl.) w. St. (Kl.). Rep. VI. 295/05.

I. Landgericht Königsberg.
II. Oberlandesgericht daselbst.

Im Juli 1903 wurden von einem Eisenbahnzuge acht dem Kläger gehörige Pferde überfahren. Gestützt auf den § 25 des preußischen Gesetzes über die Eisenbahn-Unternehmungen vom 3. November 1838 forderte der Kläger vom Beklagten Ersatz des Wertes dieser Pferde, des ihm durch ihren Verlust während der Dauer von 11 Tagen entgangenen Gewinns, und der ihm beim Ankauf neuer Pferde erwachsenen Unkosten. Das Landgericht erklärte den Klaganspruch dem Grunde nach für gerechtfertigt. Die Berufung des Beklagten wurde zurückgewiesen. Auch die Revision ist erfolglos geblieben.

Gründe:

„Das Berufungsgericht hat angenommen, daß der Schade weder durch die eigene Schuld des Klägers, noch durch einen unabwendbaren äußeren Zufall bewirkt worden ist, . . . aber weiter dargelegt, daß die Knechte des Klägers grob fahrlässig gehandelt haben, indem sie versuchten, mit einer 40 Meter weit sich ausdehnenden Pferdeherde die Eisenbahngleise zu überschreiten, obgleich sie den Zug schon sich nähern sahen; es verneint indessen, daß der Kläger für dieses Verschulden seiner Angestellten hafte, mit der Begründung: in einem Vertragsverhältnis zum Beklagten habe er nicht gestanden; der § 278 B.G.B. finde also keine Anwendung, und auch nach den §§ 254 Abs. 2. 278 B.G.B. habe er für ein Verschulden seiner Leute nur insoweit einzustehen, als diesen eine schuldhafte Säumnis bei Abwendung oder Minderung des Schadens zur Last falle; daß aber hier von den Leuten des Klägers die im Verkehr erforderliche Sorgfalt nicht beobachtet worden sei, habe der Beklagte nicht behauptet.

Die Revision greift diese letztere Annahme mit dem Hinweis darauf an, daß der Beklagte unter Bezugnahme auf das in den Entsch. des R.G.'s in Zivils. Bd. 55 S. 329 flg. abgedruckte Urteil des erkennenden Senats vom 5. Oktober 1902 geltend gemacht habe, der Unfall würde nicht eingetreten sein, wenn die Knechte nicht, ohne sich durch das Herannahen des Zuges abhalten zu lassen, in wilder Gangart dem Eisenbahnübergang zugejagt wären. Das Berufungsgericht habe hierin auch eine grobe Fahrlässigkeit der Knechte gefunden; auch könne es nach den Ausführungen in jenem Urteile keinem Zweifel unterliegen, daß der Kläger durch den den Knechten erteilten Auftrag sich ihrer zur Erfüllung der ihm obliegenden Verpflichtung, den Schaden abzuwenden, bedient habe; somit seien die Voraussetzungen zur Anwendung der im angefochtenen Urteil angezogenen Gesetzesbestimmungen gegeben.

Diese Rüge geht fehl und beruht auf einer mißverständlichen Auffassung sowohl des Berufungsurteils, wie jenes Urteils des erkennenden Senats. Das Berufungsgericht hat zwar angenommen, daß bei der Entstehung des Schadens (d. i. der im Abs. 1 des § 254 B.G.B. behandelte Fall) ein Verschulden der Knechte des Klägers mitgewirkt habe, diesem aber — offensichtlich in der Erwägung, daß der Schlußsatz des § 254 Abs. 2 sich nicht auch auf die Fälle des Abs. 1 beziehe — jede Bedeutung versagt; dagegen hat es ein solches Verschulden der Knechte bei der Abwendung des Schadens (Fall des Abs. 2 des § 254) mangels einer darauf gerichteten Behauptung des Beklagten nicht angenommen; und in der Tat ist das, was als Verschulden der Knechte vom Beklagten behauptet und vom Berufungsgericht festgestellt worden ist, ein Verschulden, das bei der Entstehung des Schadens mitgewirkt hat. Dagegen betrifft das von der Revision angezogene Urteil des erkennenden Senats einen Fall, bei dem es sich um das Verschulden einer der im § 278 bezeichneten Personen bei der Abwendung des bereits entstandenen Schadens handelte. In dem zur Entscheidung stehenden Fall würde es daher, wenn § 254 überhaupt Anwendung finden könnte, auf die Beantwortung der — vom Berufungsgericht verneinten — Frage ankommen, ob der auf den § 278 verweisende Schlußsatz des Abs. 2 des § 254 auch auf die Fälle des Abs. 1 zu beziehen, und insbesondere auch auf Fälle anzuwenden ist, in denen ein rechtsgeschäftliches Verhältnis zwischen dem Schädiger und dem Beschädigten nicht vorliegt. Einer Beantwortung dieser Frage bedarf es aber nicht, da der § 254 in seinem ganzen Umfang auf die nach § 25 des preußischen Eisenbahngesetzes zu beurteilenden Fälle überhaupt nicht anwendbar ist.

Durch die Vorschrift des Art. 105 Einf.-Ges. zum B.G.B. ist dem Art. 55 gegenüber dem angezogenen § 25, soweit er sich auf die Haftung des Eisenbahnunternehmers für die Beschädigung von Sachen bezieht, der Fortbestand gewährt. Die Frage, ob die Vorschriften des Bürgerlichen Gesetzbuchs zur Ergänzung dieser Gesetzesbestimmung bezüglich der darin besonders geregelten Materie herangezogen werden dürfen, kann nur aus letzterer selbst heraus beantwortet werden, und sie müßte Bejahung finden, wenn der Gesetzgeber bei der Erlassung des Gesetzes vom 3. November 1838 davon ausgegangen wäre, daß es in Verbindung mit den übrigen Landesgesetzen die Materie habe regeln, daher in den verschiedenen Rechtsgebieten der Monarchie (in dem des Allgemeinen Landrechts, des rheinischen und des gemeinen Rechts) in seinen Einzelheiten verschieden wirken sollen; dann würden mit dem 1. Januar 1900 an die Stelle der in diesen verschiedenen Rechtsgebieten in Geltung gewesenen Bestimmungen die Vorschriften des Bürgerlichen Gesetzbuches getreten sein. Allein jene Voraussetzung ist nicht gegeben. Das Eisenbahngesetz ist, wie sich besonders aus seinem § 11 ergibt, für den ganzen Umfang der damaligen Monarchie erlassen worden. Die Gefährlichkeit des Betriebs der Eisenbahnunternehmungen, die damals erst ins Leben gerufen worden waren, veranlaßte den Gesetzgeber, dem Unternehmer eine weit strengere Haftung aufzuerlegen, als sie nach den bestehenden gesetzlichen Vorschriften gegeben war. Diesem allgemeinen Gesichtspunkt gegenüber konnte aber der Ort und damit das Rechtsgebiet, in dem der Unfall sich ereignet hatte, nicht von Bedeutung sein; mit ihm war daher eine verschiedene Beurteilung der Haftung je nach der Anwendung des in den verschiedenen Rechtsgebieten der Monarchie geltenden Rechts nicht verträglich. Es sollte vielmehr, wie das Gesetz für den ganzen Umfang der Monarchie bestimmt war, auch seine Anwendung als lex specialis in der ganzen Monarchie eine einheitliche sein. Hiernach konnte das Gesetz nur aus sich selbst heraus, nur unter Zugrundelegung der ihm eigenartigen Grundsätze, und ohne Heranziehung der sonstigen preußischen Landesgesetze ausgelegt werden, wie denn auch ebenso das Reichsgericht in ständiger Rechtsprechung bis zum Inkrafttreten des Bürgerlichen Gesetzbuchs daran festgehalten hat, daß der Begriff des Verschuldens im § 1 des Reichshaftpflichtgesetzes lediglich aus diesem selbst zu entnehmen ist. In dieser Weise ist der § 25 auch vom Reichs-Oberhandelsgericht (vgl. dessen Entsch. Bd. 6 S. 12/13 unter Nr. 3) ausgelegt worden, und in gleicher Weise ist auch der erkennende Senat in den Urteilen vom 22. April 1897 (Rep. VI. 434/96) und vom 25. November 1901 (Rep. VI. 278/01) verfahren, indem er die Frage, in welchen Fällen eine Haftung des Eisenbahnunternehmers für den bei der Beförderung an Sachen entstandenen Schaden nicht eintritt, lediglich auf Grund jener Gesetzesbestimmung, und nicht unter Heranziehung anderer landesgesetzlichen Bestimmungen beantwortet hat. In diesen Urteilen ist weiter ausgeführt, daß nach jener Gesetzesbestimmung lediglich das eigene Verschulden des Beschädigten in Betracht kommt, und daß deswegen ein Verschulden seines Beauftragten den Anspruch auf Schadensersatz nicht beseitigen kann. Dies ist auch vom V. Zivilsenat in dem in den Entsch. des R.G.'s in Zivils. Bd. 5 S. 232flg. abgedruckten Urteile ausgesprochen, und wenn hier zugleich darauf hingewiesen wird, daß weder nach gemeinem Recht, noch nach dem preußischen Allgemeinen Landrecht anzunehmen sei, daß, wenn ein Schade durch einen Beauftragten des Beschädigten verursacht worden, hierdurch die sonst bestehende Verpflichtung eines Dritten zum Schadensersatz allgemein und ohne weiteres aufgehoben werde, so hat dies die Bedeutung eines zweiten, selbständigen Entscheidungsgrundes. An jener Auffassung, daß andere Gesetze zur Ergänzung des § 25 des Eisenbahngesetzes bezüglich der darin besonders geregelten Materie nicht herangezogen werden dürfen, hält der erkennende Senat fest, und hieran ist auch durch das Inkrafttreten des Bürgerlichen Gesetzbuchs nichts geändert worden, da durch Art. 105 Einf.-Ges. die ebenda aufgeführten landesgesetzlichen Bestimmungen auch in ihrer die ergänzende Anwendbarkeit anderer Gesetze ausschließenden Bedeutung aufrecht erhalten worden sind. Wenn der erkennende Senat in zahlreichen Entscheidungen die Anwendung des Abs. 1 des § 254 B.G.B. auch für den Rechtskreis des Reichshaftpflichtgesetzes ausgesprochen hat, so beruht dies auf der — bei dem hier anzuwendenden preußischen Eisenbahngesetz nicht einschlagenden — Erwägung, daß die im Art. 42 Einf.-Ges. vorgenommene Neuredaktion jenes Gesetzes den ausgesprochenen Zweck hat, dessen Vorschriften mit dem Bürgerlichen Gesetzbuch in Einklang zu bringen, so daß nunmehr das neue Recht des Bürgerlichen Gesetzbuchs zusammen mit dem in Art. 32 Einf.-Ges. erwähnten bisherigen Reichsrecht als eine einheitliche Kodifikation sich darstellt. Da endlich der erkennende Senat auch daran festhält, daß nach § 25 des Eisenbahngesetzes nur ein Verschulden des Beschädigten selbst, nicht auch seiner Beauftragten oder der sonst für ihn handelnden Personen den Schadensanspruch ausschließt, so kann dem vom Berufungsgericht festgestellten Verschulden der Knechte des Klägers Bedeutung für die Entscheidung des Rechtsstreits nicht beigelegt werden.

Die Revision beschwert sich endlich darüber, daß der Klaganspruch auch, soweit damit mehr als der Wert der Pferde gefordert wird, dem Grunde nach für gerechtfertigt erklärt worden ist. Auch die Frage, was unter „allem Schaden, der an Sachen entsteht", zu verstehen ist, kann nach dem Ausgeführten nur aus dem § 25 selbst beurteilt werden, insbesondere nicht nach dem Allgemeinen Landrecht (vgl. die angezogenen Entsch. des R.O.H.G.'s), auch nicht nach dem Bürgerlichen Gesetzbuch. Dies führt zur Zurückweisung des Revisionsangriffs, da unter jenen weiten Begriff sowohl der Schade fällt, der dem Geschädigten durch die Beschaffung eines Ersatzes entsteht, als derjenige, der ihm durch die Unmöglichkeit der Benutzung bis zur Beschaffung dieses Ersatzes erwächst." . . .

68. Kann das Vormundschaftsgericht eine Anordnung aus § 1635 Abs. 1 Satz 2 B.G.B. während eines Rechtsstreites der geschiedenen Ehegatten über das gesetzliche Erziehungsrecht treffen? Verfahrensgrundsätze.

IV. Zivilsenat. Beschl. v. 3. Mai 1906 in der Th. und K. B.'schen Vormundschafts-S. Beschw.-Rep. IV. 100/06.

I. Amtsgericht Nürnberg.
II. Landgericht daselbst.

Die Frage wurde bejaht.

Gründe:

„Die Ehe des Ingenieurs H. B. und seiner Frau E., geb. D., zu Nürnberg wurde durch rechtskräftiges Urteil des Landgerichts Nürnberg vom 28. April 1904 auf Grund des § 1568 B.G.B. geschieden, und beide Ehegatten wurden für schuldig erklärt. Die aus der Ehe stammenden Töchter Th., geb. den 3. Januar 1896, und K., geb. den 13. Februar 1897, befinden sich in Nürnberg bei ihrem Vater. Die geschiedene Ehefrau, jetzt wieder verehel. M. zu Berlin, erhob gegen H. B. bei dem Prozeßgericht Klage auf Herausgabe der Töchter. Im Laufe des Prozesses stellte H. B. bei dem Amtsgericht Nürnberg als Vormundschaftsgericht den Antrag, anzuordnen, daß die Kinder bei ihm zu verbleiben haben. Das Vormundschaftsgericht wies den Antrag als unbegründet ab. Auf die von H. B. hiergegen eingelegte Beschwerde hob das Landgericht Nürnberg nach Erhebung von Beweisen mit Beschluß vom 2. Februar 1906 die Verfügung des Vormundschaftsgerichts auf und übertrug die Sorge für die Personen der Kinder deren Vater. In den Gründen dieses Beschlusses wird ausgeführt, daß nach dem Ergebnisse der Beweisaufnahme in Verbindung mit den im Scheidungsverfahren getroffenen Feststellungen die Mutter und ihr jetziger Ehemann vermöge ihrer Charaktereigenschaften zu gedeihlicher Erziehung der Kinder nicht befähigt seien, und die Kinder durch die Verbringung zur Mutter in geistiger und leiblicher Beziehung ernster Gefahr ausgesetzt würden. Dagegen seien die Kinder bei dem Vater, der nicht wieder geheiratet habe, in der besten Weise versorgt. Seine beiden Schwestern, die mit ihm den Haushalt teilten, und von denen die eine früher Erzieherin gewesen, böten ihnen vollen Ersatz für mütterliche Liebe und Pflege und seien vollkommen befähigt, die heranwachsenden Mädchen gedeihlich zu erziehen. Der Vater habe zwar früher stark getrunken und sich auch den weiblichen Dienstboten gegenüber ungehörig benommen, er habe sich aber wesentlich gebessert. Aus diesen Gründen sei die getroffene Anordnung im Interesse der Kinder geboten. Gegen diese Entscheidung legte die verehel. M. bei dem Bayerischen Obersten Landesgericht in München die weitere Beschwerde ein. Letzteres legte diese Beschwerde dem Reichsgericht vor, indem es ausführte, daß es die weitere Beschwerde zurückweisen würde, hieran aber durch den Beschluß des Oberlandesgerichts zu Stuttgart vom 16. August 1901 gehindert sei, da dieses annehme, daß während eines Rechtsstreites über das gesetzliche Erziehungsrecht das Vormundschaftsgericht eine von der gesetzlichen Regel abweichende Anordnung auf Grund des § 1635 Abs. 1 Satz 2 B.G.B. nicht treffen dürfe. Im Gegensatze dazu hält das Bayerische Oberste Landesgericht eine solche Regelung für zulässig.

Der Fall des § 28 Abs. 2 des Reichsgesetzes über die Angelegenheiten der freiwilligen Gerichtsbarkeit ist gegeben. Das Bayerische

Oberste Landesgericht will bei der Auslegung des eine Angelegenheit der freiwilligen Gerichtsbarkeit betreffenden § 1635 Abs. 1 Satz 2 B.G.B. von der auf weitere Beschwerde ergangenen Entscheidung des Oberlandesgerichts zu Stuttgart vom 16. August 1901 abweichen. Der Konfliktsfall wäre nicht beseitigt, und das Reichsgericht bliebe zur Entscheidung über die weitere Beschwerde berufen, möchte auch H. B., wie er geltend macht, inzwischen in dem wegen Herausgabe der Kinder schwebenden Rechtsstreite die von ihm eingelegte Berufung zurückgezogen haben. Denn für die Entscheidung auf die weitere Beschwerde bleiben, abgesehen von den in § 554 Abs. 3 Nr. 2b. c Z.P.O. (n. F.) angeführten Tatsachen, die der angefochtenen Entscheidung zugrunde gelegten tatsächlichen Verhältnisse maßgebend (§ 27 Fr.G.G. § 561 Z.P.O.).

Die Beschwerdeführerin rügt zunächst die Verletzung von Verfahrensvorschriften. Sie macht geltend, daß ihr im Verfahren über die Beschwerde zwar der Inhalt der Beschwerdeschrift bekannt gegeben worden sei, daß sie aber keine Kenntnis von dem ergangenen Beweisbeschlusse und von den sonst veranstalteten Ermittlungen erhalten habe, und daß sie daher behindert gewesen sei, Einsicht von den Ergebnissen der Ermittlungen zu gewinnen, neue Beweisanträge zu stellen und Unrichtigkeiten zu berichtigen. Die Rüge ist nicht begründet. Das Landgericht entsprach der ausdrücklichen Vorschrift der §§ 1673. 1686 B.G.B., indem es der Beschwerdeführerin durch Mitteilung der Beschwerdeschrift Gelegenheit zur Äußerung gab und weiterhin auch Verwandte der Kinder hörte. Ein weiteres war gesetzlich nicht vorgeschrieben. Insbesondere waren eine Bekanntmachung des Beweisbeschlusses an die Beschwerdeführerin und eine Zuziehung derselben zur Beweisaufnahme durch Mitteilung von den Beweisterminen und Gewährung der Gelegenheit, an die Zeugen bei deren Vernehmung sachdienliche Fragen zu stellen, nicht geboten. Nach § 15 Fr.G.G. sind die Vorschriften der Zivilprozeßordnung über den Zeugenbeweis entsprechend anwendbar. Es haben also die Vorschriften der Zivilprozeßordnung für das Verfahren der freiwilligen Gerichtsbarkeit nur insoweit Anwendbarkeit zu beanspruchen, als nicht die besondere Natur des letzteren entgegensteht. Das hier in Frage stehende Verfahren vor dem Vormundschaftsgericht hat zum Gegenstande die Prüfung, ob das Interesse der Kinder im besonderen Falle, abweichend von der allgemeinen Gesetzesvorschrift, die Übertragung der Sorge für ihre Person an den anderen Elternteil erfordert. Die Entscheidung hierüber kann nur geleitet werden von Rücksichten auf das persönliche Wohl der Kinder; sie muß unabhängig bleiben von den Anträgen und den Dispositionen Dritter. Ein solches Verfahren ist daher durchaus beherrscht von dem Prinzip des § 12 Fr.G.G., wonach das Gericht von Amts wegen die zur Feststellung der Tatsachen erforderlichen Ermittlungen zu veranstalten, und die geeignet erscheinenden Beweise aufzunehmen hat. Das im § 397 Z.P.O. den Parteien gegebene Recht, Fragen an die Zeugen zu stellen, das notwendig zur Voraussetzung hat, daß die Parteien zum Beweistermine geladen werden (§ 357 Z.P.O.), ist aber ein Ausfluß des die Zivilprozeßordnung beherrschenden Grundsatzes des Parteibetriebs und der Verhandlungsmaxime, und waren demnach die in den §§ 397. 357 Z.P.O. gegebenen Bestimmungen nicht notwendig auch in dem Offizialverfahren vor dem Vormundschaftsgericht anzuwenden. Es stand lediglich im pflichtmäßigen Ermessen desselben, inwieweit es über die formellen Vorschriften hinaus die Beteiligten in dem Verfahren zuziehen wollte. Ein Mittel zur Kenntnis der stattgehabten Ermittlungen war der Beschwerdeführerin jedenfalls in der Einsicht der Akten gegeben, die nach § 34 Fr.G.G. jedem insoweit gestattet ist, als er ein berechtigtes Interesse glaubhaft macht.

In der Sache selbst war der von dem Bayerischen Obersten Landesgericht vertretenen Rechtsauffassung beizutreten. Der § 1635 Abs. 1 Satz 2 B.G.B. verleiht dem Vormundschaftsgericht die Befugnis, hinsichtlich der Sorge für die Person der Kinder aus geschiedenen Ehen eine von der gesetzlichen Regel abweichende Anordnung zu treffen, ohne jede weitere Voraussetzung als die, daß eine solche Anordnung aus besonderen Gründen im Interesse der Kinder geboten ist. Auch aus anderen positiven Gesetzesvorschriften ist nichts dafür zu entnehmen, daß die Anordnung unzulässig sei, solange zwischen den geschiedenen Eheleuten über das Recht der persönlichen Fürsorge für die Kinder ein Prozeß schwebt. Solches ist auch nicht aus inneren Gründen zu folgern. Vielmehr ist davon auszugehen, daß Prozeßgericht und Vormundschaftsgericht selbständig nebeneinander zur Entscheidung berufen sind. Der rechtliche Standpunkt, von dem aus die Beurteilung zu geschehen hat, ist für beide Gerichte ein grundsätzlich verschiedener. Das Prozeßgericht entscheidet deklarativ nach Maßgabe der einfürallemal feststehenden Norm des Satzes 1 Abs. 1 § 1635 B.G.B.; das Vormundschaftsgericht bestimmt konstitutiv, wenn, abweichend vom Gesetz, aus besonderen Gründen das Fürsorgerecht dem anderen Elternteile zu übertragen ist. Die bloße Tatsache, daß vor dem Prozeßgericht ein bezügliches Verfahren schwebt, schließt bei der Verschiedenheit der unterliegenden Fragen den Beginn oder die Fortsetzung eines solchen Verfahrens vor dem Vormundschaftsgericht daher ebensowenig aus, wie umgekehrt das bestehende Verfahren vor dem Vormundschaftsgericht einen gleichzeitigen Rechtsstreit vor dem Prozeßgericht ausschließt.

Vgl. Entscheidung des Reichsgerichts vom 5. Januar 1905 in der Deutschen Juristen-Zeitung 1905 S. 312.

Auch neben dem Interimistikum des Eherichters aus § 627 Z.P.O. kann das Vormundschaftsgericht aus § 1666 B.G.B. einen Anlaß zum selbständigen Einschreiten entnehmen. Denn auch diese beiden Verfahrensarten bewegen sich auf verschiedener Basis. Die Tragweite der in einem dieser Verfahren rechtskräftig ergangenen Entscheidung und das Verhältnis einer solchen Entscheidung zu dem anderen Verfahren und der in diesem ergangenen Entscheidung stehen hier nicht in Frage. Aber selbst eine vom Prozeßgericht ergangene rechtskräftige Entscheidung würde den Fortgang des Verfahrens vor dem Vormundschaftsgericht nicht ausschließen. Anders freilich möchte es sich verhalten, wenn das Vormundschaftsgericht nach § 1635 Abs. 1 Satz 2 eine Entscheidung dahin getroffen hat, daß, abweichend vom Gesetze, dem anderen Elternteile die Fürsorge zu übertragen sei. Der rechtsbegründende Charakter der Entscheidung dürfte für solchen Fall allerdings zur Folge haben können, daß die Entscheidung auch im Verfahren vor dem Prozeßgericht beachtlich wird.

Bei Zugrundelegung dieser Rechtsauffassung war die Beschwerde als unbegründet zurückzuweisen. Denn die weitere Ausführung der angefochtenen Entscheidung, wonach es mit Rücksicht auf die Lage des Falles geboten erscheine, die Fürsorge für die Tochter nicht bei der Mutter zu belassen, sondern dem Vater zu übertragen, beruht wesentlich auf konkreter Würdigung der tatsächlichen Verhältnisse und ist daher der Nachprüfung entzogen (§ 27 Fr.G.G.)." ...

69. Ist der nicht beauftragte Geschäftsführer verpflichtet, die begonnene Geschäftsbesorgung zu vollenden? Macht er sich schadensersatzpflichtig, wenn er von dem ihm von seiten eines Dritten zugegangenen Vertragsangebote dem Geschäftsherrn keine Nachricht gibt, und daraufhin für eigene Rechnung ein Geschäft mit dem Dritten abschließt?

B.G.B. §§ 677. 681. 666. 667.

VI. Zivilsenat. Urt. v. 10. Mai 1906 i. S. H. Wwe. (Kl.) w. Kr. (Bekl.). Rep. VI. 344/05.

I. Landgericht Duisburg.
II. Oberlandesgericht Hamm.

Der Schiffer Schm. war Eigentümer von Grundstücken, auf denen eine Hypothek von 9263,70 *M* für den Kaufmann Ph. aus einer Schuldurkunde vom Jahre 1860 lastete. Schm. hinterließ als Erben seine zwei Töchter, die Klägerin und die Ehefrau des Beklagten. Der Beklagte, welcher im Besitze jener Grundstücke war, beauftragte im Jahre 1901 im Namen der Erben Schm. den Rechtsanwalt Sch., mit den Hypothekengläubigern, den Erben Ph., wegen Löschung der Hypothek zu verhandeln. Im Verlaufe dieser Verhandlungen bot Rechtsanwalt Sch. den Erben Ph. vergleichsweise 25 Prozent des geschuldeten Kapitals an. Am 2. November 1901 erwiderte Rechtsanwalt Fr., daß die Erben Ph. die Löschung bewilligen würden, wenn die Erben Schm. 2500 *M* zahlen und die Löschungskosten tragen wollten. Am 18. November 1901 schrieb Rechtsanwalt Sch., der Beklagte sei zur Annahme des Vergleiches bereit, könne sich aber mit seiner Miterbin, der Klägerin, nicht einigen und mache deshalb einen Vergleichsvorschlag dahin, daß die Erben Ph. gegen Zahlung von 2500 *M* alle Rechte aus der Hypothek an den Beklagten abtreten sollten. Die Erben Ph. nahmen diesen Vorschlag an und traten dem Beklagten die Hypothek ab, die alsdann auf ihn umgeschrieben wurde.

Die Klägerin forderte in erster Linie Abtretung des hälftigen Teiles der Hypothek gegen Zahlung von 1250 *M*, eventuell als Schadensersatz einen Betrag von 4631,85 *M*. Der erste Richter verurteilte für den Fall der Leistung eines der Klägerin auferlegten

Eides den Beklagten nach dem prinzipalen Klagantrage; das Berufungsgericht wies die Klage ab. Der Revision der Klägerin ist stattgegeben.

Aus den Gründen:

... „Der erste Richter ist davon ausgegangen, daß die Verpflichtung des Geschäftsführers zur Geschäftsbesorgung durch dessen Rücktritt in einem solchen Augenblick, der das Geschäft zum Abschlusse bringe, nicht beendet werde. Der mutmaßliche Wille der Klägerin sei, wie dem Beklagten bewußt gewesen, auf Annahme des günstigen Angebots der Erben Ph. gegangen. Wenn der Beklagte jetzt von der Geschäftsführung Abstand genommen habe, um das günstige Geschäft für seine Rechnung zu machen, so habe er wider Treu und Glauben gehandelt, und es sei daher so anzusehen, als ob der Beklagte das Geschäft für die Erben Schm. zu Ende geführt hätte. Gemäß den §§ 681. 667 B.G.B. sei er dann zur Herausgabe des Erlangten verpflichtet, also zur Abtretung der Hälfte der Hypothek gegen Zahlung des halben vom Beklagten entrichteten Entgelts. Das Berufungsgericht ist dieser Ansicht nicht beigetreten. Zwar sei der Beklagte als Geschäftsführer ohne Auftrag für die Klägerin dahin tätig geworden, die fragliche Hypothek zur Löschung zu bringen. Aber er habe dieses Geschäft nicht für die Klägerin zu Ende geführt, vielmehr von dem Angebote der Gläubiger in der Weise Gebrauch gemacht, daß er die Verhandlungen als Vertreter der Erben Schm. abgebrochen und sich die Hypothek habe zedieren lassen. Die Meinung des ersten Richters, daß es in einem solchen Falle so angesehen werden könne, als ob jemand als Geschäftsführer ohne Auftrag für einen andern gehandelt habe, finde im Gesetz keine Unterlage. Wo, wie hier, feststehe, daß jemand in eigenem Namen gehandelt habe, liege keine Geschäftsführung vor. Es habe dem Beklagten jederzeit frei gestanden, von der Geschäftsführung für die Klägerin Abstand zu nehmen. Er habe es getan, bevor er eine Zusage auf das Angebot der Hypothekengläubiger abgegeben habe. Ein Anspruch aus den §§ 681. 667 B.G.B. auf Herausgabe des durch die Geschäftsführung Erlangten würde nur begründet sein, wenn bei dem Beklagten der Wille vorhanden gewesen wäre, für sich und die Klägerin zu erwerben. Da dies nicht der Fall gewesen, so sei der Prinzipalantrag der Klägerin unbegründet. Der Berufungsrichter erörtert sodann mit Rücksicht auf den eventuellen Klagantrag die Frage, ob der Beklagte sich durch sein Verhalten schadensersatzpflichtig gemacht habe, erachtet aber diesen Schadensersatzanspruch, welchen die Klägerin auf § 826 B.G.B. stützen zu können glaube, schon deshalb für unbegründet, weil die Klägerin nicht darzulegen vermocht habe, daß ihr durch das Eingreifen des Beklagten überhaupt ein Schade entstanden sei.

Die Revision rügt Verletzung der Vorschriften des Bürgerlichen Gesetzbuchs über Geschäftsführung ohne Auftrag. Eine Geschäftsführung in diesem Sinne liege zweifellos vor. Der Beklagte wäre verpflichtet gewesen, von dem Angebot der Hypothekengläubiger vom 2. November 1901 die Klägerin zu benachrichtigen, und er hätte die Hypothek nicht an sich bringen dürfen, ehe er der Klägerin Zeit gelassen habe, das Angebot anzunehmen. Anstatt dessen habe er fälschlicherweise den Gläubigern geschrieben, daß die Klägerin sich auf nichts einlassen wolle. Durch dieses gegen Treu und Glauben verstoßende Verhalten habe sich der Beklagte schadensersatzpflichtig gemacht. Das folge einmal aus § 681 in Verbindung mit § 666 B.G.B. Sodann aber sei die Klage, mit welcher Erfüllungs- wie Schadensersatzanspruch geltend gemacht sei, auch aus § 681 in Verbindung mit § 667 B.G.B. begründet. Als der Beklagte die Geschäftsführung abbrach, habe das Angebot der Hypothekengläubiger, in die Löschung zu willigen, vorgelegen. Dieses Angebot sei etwas gewesen, was der Beklagte aus der Geschäftsführung erlangt hatte, und der Beklagte sei also verpflichtet gewesen, es der Klägerin herauszugeben. Die Herausgabe hätte darin bestanden, daß der Beklagte das Angebot der Klägerin zugehen ließ und diese in Stand setzte, sie anzunehmen. Das habe der Beklagte nicht getan, und es sei jetzt durch vom Beklagten zu vertretende Umstände unmöglich geworden. Mit Unrecht verneine das Berufungsgericht, daß ein Schade, welchen Beklagter zu ersetzen hätte, der Klägerin erwachsen sei. Schon aus § 249 B.G.B. lasse sich der Schadensersatzanspruch begründen: der Beklagte habe den Zustand herzustellen, welcher bestehen würde, wenn er nicht pflichtwidrig gehandelt hätte.

Die Revision war, wenn auch ihren Ausführungen nicht durchweg beizupflichten ist, als begründet anzusehen.

Zunächst unterliegt es keinem Bedenken, daß zwischen den Parteien durch die anfänglich für die Erben Schm. vom Beklagten betätigte Geschäftsbesorgung, wie insoweit auch das Berufungsgericht annimmt, das Verhältnis einer Geschäftsführung ohne Auftrag im Sinne von § 677 B.G.B. begründet worden ist; im Berufungsurteil ist auch ausdrücklich festgestellt, der Beklagte sei, ohne von der Klägerin Auftrag erhalten zu haben oder sonst ihr gegenüber dazu berechtigt zu sein, für sich und die Klägerin tätig geworden.

Der Revisionsbeklagte hat in Zweifel gezogen, ob bei der zwischen den Schm.'schen Erben bestandenen Gemeinschaft von einer Besorgung fremder Geschäfte auf Seite des Beklagten die Rede sein konnte. Allein jenes Gemeinschaftsverhältnis der Erben, der Klägerin und der Ehefrau des Beklagten, (welches allerdings, wie zu erwähnen sein wird, nach einer anderen Richtung von Bedeutung ist) schließt im Hinblick auf die Bestimmungen im § 744 vgl. mit §§ 2038. 2040 B.G.B. keineswegs aus, daß der Beklagte zugleich mit dem Geschäfte seiner Ehefrau oder seinem eigenen auch das Geschäft der Klägerin für diese besorgte.

Vgl. Oertmann, Schuldverh. 2. Aufl. S. 718 Bem. 3e.

Dem Berufungsgericht ist nun darin Recht zu geben, daß nach dem geltenden Gesetze eine Verpflichtung des nicht beauftragten Geschäftsführers, das begonnene Geschäft zu Ende zu führen, grundsätzlich nicht besteht. Das deutsche Bürgerliche Gesetzbuch hat eine hierauf abzielende Vorschrift, wie sie von mehreren Landesgesetzen — namentlich in § 257 preuß. A.L.R. I. 13, § 1346 sächs. B.G.B., Art. 1372 Code civil — getroffen war, nicht aufgenommen. Die Motive (Bd. 2 S. 858) bemerken: nach der Regel des § 749 (677) habe der Geschäftsführer für den andern das Geschäft so zu führen, wie es der Sorgfalt eines ordentlichen Hausvaters entspreche, und habe hierbei auf die erkennbaren Intentionen des Geschäftsherrn zu achten. Hiernach beurteile sich auch die Frage, ob der Geschäftsführer von der einmal unternommenen Geschäftsführung zurücktreten dürfe. Drohe aus dem Zurücktreten für den Geschäftsherrn ein Schade, welcher nicht entstanden sein würde, wenn der Geschäftsführer sich nicht eingemischt hätte, so sei der letztere zur Vermeidung der Haftung wegen Schadensersatzes die Geschäftsbesorgung fortzusetzen verpflichtet. Im übrigen sei eine besondere Verpflichtung zur Fortsetzung der Geschäftsbesorgung nicht anzuerkennen. Dementsprechend wird auch in der

Rechtslehre vorwiegend eine Verpflichtung des Geschäftsführers, das begonnene Geschäft fortzuführen und zu vollenden, — in mehr oder weniger bestimmter Weise — verneint.

Vgl. Endemann, Bürg. Recht Bd. 1 8. Aufl. § 178 Ziff. 3b S. 1123 Anm. 22; Cosack, Lehrb., 4. Aufl. Bd. 1 § 155 II 1a; Weyl, Vorträge Bd. 1 § 117 S. 473; Matthiaß, Bürg. Recht 3. Aufl. § 138 S. 685; Enneccerus u. Lehmann, Bürg. Recht Bd. 1 § 299 I 4; v. Staudinger, Kommentar zu § 677 Bem. 3c; Planck, B.G.B. Bd. 2 § 677 Bem. 2 (vgl. übrigens auch Neumann, Kommentar zu § 677 II 1 4. Aufl. S. 451; Dernburg, Bürg. Recht Bd. 2 Abt. 2 § 301 Ziff. VI.); Goldmann u. Lilienthal, B.G.B. § 189 zu § 677 Nr. 4 und Anm. 5, und jetzt in Einschränkung seiner früheren Meinung Oertmann, Schuldverhältnisse 2. Aufl. zu § 677 Bem. 1a; and. Ansicht Isay, Die Geschäftsführung nach dem B.G.B., bei Fischer, Abh. Bd. 6 S. 125flg.

Allein wenn auch nach diesem Grundsatze eine Verpflichtung des Beklagten, die begonnene Geschäftsbesorgung für die Klägerin zu vollenden, also etwa entsprechend dem Angebote der Hypothekengläubiger mit diesen den Vergleich im Namen der Erben Schm. abzuschließen, nicht bestand, und wenn ferner richtig ist, daß man nicht in der Weise, wie es der erste Richter will, das nachher vom Beklagten lediglich in eigenem Namen mit den Erben Ph. abgeschlossene Geschäft beiseite setzen und es behandeln kann, als ob Beklagter das Geschäft für die Erben Schm. zu Ende geführt hätte, so ist damit die Klage noch nicht hinfällig. Der Beklagte hat jedenfalls insolange das Geschäft für die Klägerin geführt, bis das Vergleichsangebot der Erben Ph. bei ihm, bzw. dem von ihm bevollmächtigten Anwalt, eingegangen war. Diese Geschäftsführung hatte bereits Verpflichtungen für ihn erzeugt, welche dadurch, daß er nunmehr seine Absicht änderte und die Geschäftsführung für die Klägerin fallen ließ, nicht rückwärts beseitigt werden konnten. Nach § 681 Satz 1 B.G.B. hat der Geschäftsführer die Übernahme der Geschäftsführung, sobald es tunlich ist, dem Geschäftsherrn anzuzeigen, und, wenn nicht mit dem Aufschube Gefahr verbunden ist, dessen Entschließung abzuwarten. Und zufolge der nach § 681 Satz 2 B.G.B. entsprechend zur Anwendung kommenden Vorschrift des § 666 B.G.B. ist der Geschäftsführer verpflichtet, dem Geschäftsherrn die erforderlichen Nachrichten zu geben. Eine Benachrichtigung der Klägerin war, wenn nicht schon bezüglich der früheren Verhandlungen, so doch gewiß hinsichtlich des am 2. November 1901 von seiten der Erben Ph. gemachten Vergleichsangebotes erforderlich. Wollte man selbst zugeben, daß die Benachrichtigungspflicht des Geschäftsführers für die Regel dann hinfällig oder gegenstandslos werde, wenn derselbe von der Geschäftsführung zurücktritt, bevor der Geschäftsherr mit der Angelegenheit befaßt worden ist, so trifft das doch in einem Falle der vorliegenden Art nicht zu. Die Erfüllung der Verbindlichkeiten untersteht auch bei der Geschäftsführung ohne Auftrag dem Gesichtspunkte des § 242 B.G.B. Da, wo Treu und Glauben mit Rücksicht auf die Verkehrssitte es erfordern, daß der Geschäftsherr von dem bisher Geschehenen in Kenntnis gesetzt wird, könnte der Geschäftsführer keinenfalls die Unterlassung einer Mitteilung damit rechtfertigen, daß er demnächst von der Geschäftsführung zurückgetreten sei. Nach dieser Richtung kommt im vorliegenden Falle insbesondere noch das zwischen den Schm.'schen Erben in Ansehung der fraglichen Grundstücke damals bestehende Gemeinschaftsverhältnis in Betracht. Hatte es der Beklagte, der Ehemann der einen Miteigentümerin und der Besitzer der Grundstücke, unternommen, im Namen der Erben mit den Gläubigern wegen Löschung der Hypothek und wegen eines Vergleiches zu verhandeln, so ergab sich aus diesen Beziehungen der Parteien für den Beklagten als Geschäftsführer, wo nicht eine Vollendungspflicht, so doch zum mindesten die Verpflichtung, die Klägerin von dem Vergleichsangebot der Gläubiger zu unterrichten, auch wenn er sich jetzt entschloß, die Geschäftsführung für die Klägerin abzubrechen. Durch schuldhafte Nichterfüllung dieser Verpflichtung würde der Beklagte sich schadensersatzpflichtig gemacht haben. Hätte der Beklagte, anstatt der Klägerin Mitteilung zu machen, auf den Vergleichsvorschlag den Erben Ph. unwahrerweise erwidern lassen, daß er sich mit der Klägerin nicht einigen könne, da diese jede Zahlung ablehne, so wäre das ein arglistiges Verhalten, welches den Beklagten auf Grund von § 826 B.G.B. zum Schadensersatz verpflichten könnte. Indes hat die Klägerin einen Schadensersatzanspruch offenbar nicht, wie der Berufungsrichter annimmt, bloß auf § 826 B.G.B., sondern auch auf das pflichtwidrige Verhalten des Beklagten bei der Geschäftsführung stützen wollen. Ob diese Haftung als solche aus einem vertragsähnlichen Verhältnisse, oder als eine vom Gesetz mit der Rechtshandlung der Geschäftsführung ohne Auftrag verknüpfte, oder aber nach den Grundsätzen über unerlaubte Handlungen zu beurteilen wäre, kann im übrigen hier unerörtert bleiben. Ein Fall des § 687 Abs. 2 B.G.B. liegt nicht vor.

Das Berufungsgericht hat die Klaganträge einseitig nur von dem Standpunkte der unvollendet gelassenen Geschäftsführung aus betrachtet. Hiermit ist aber nicht einmal der prinzipale Klagantrag unbedingt erledigt. Allerdings würde die von der Revision versuchte Konstruktion des Anspruchs aus § 667 in Verbindung mit § 681 Satz 2 B.G.B. nicht zum Ziele führen, auch wenn mit der Revision angenommen wird, daß die Genehmigung der Geschäftsführung des Beklagten (mit dem Ergebnisse des Vergleichsvorschlages vom 2. November 1901) von seiten der Klägerin durch Erhebung der Klage erfolgt sei, und wenn insoweit die Voraussetzungen einer Herausgabepflicht (vgl. Oertmann, Schuldverhältnisse § 681 Bem. 2 S. 727) vorlägen. Das Vertragsangebot der Gläubiger an und für sich, eine empfangsbedürftige Willenserklärung, kann (abgesehen von dem körperlichen Schriftstück) nicht wohl als etwas bezeichnet werden, was der Beklagte im Sinne von § 667 B.G.B. aus der Geschäftsführung „erlangt" hat, und was er der Geschäftsherrin „herausgeben" müßte. Wollte man aber daraus, daß die Antragenden nach Maßgabe der §§ 145 flg. B.G.B. an den Antrag gebunden waren, ein dem Antragsempfänger erworbenes Recht (zur Annahme oder Ablehnung des Antrags) ableiten, so würde doch der Beklagte nicht in der Lage gewesen sein, dieses Recht der Klägerin herauszugeben. Der Vergleichsvorschlag war dem Beklagten nicht für seine Person, sondern als dem Vertreter der Erben Schm. von den Gläubigern gemacht; die Erben waren die Antragsgegner, und für einen Vertragsabschluß hätten gegenüber der Klägerin die Vorschriften der §§ 177 flg. B.G.B. Platz gegriffen. Übrigens stände jetzt nur noch Schadensersatz wegen Nichterfüllung der etwaigen Herausgabepflicht in Frage. Richtig ist immerhin so viel, daß der Beklagte pflichtwidrig und gegen Treu und Glauben handelte, wenn er den ihm für die Erben Schm. zugegangenen Vergleichsantrag, der, wie zu unterstellen, als für jene günstig erscheinen mußte, und dessen Annahme also durchaus dem Interesse und dem mutmaßlichen Willen der Klägerin entsprochen haben würde, der Klägerin vorenthielt, um das Geschäft in anderer Rechtsform für sich zu machen und den Vorteil allein einzuheimsen. Indes ergibt sich die Verantwortlichkeit des Beklagten hierfür schon aus den oben erörterten Grundsätzen (§§ 677. 681. 666 B.G.B.).

Anlangend nun die Frage, ob und inwiefern der Klägerin ein Schade aus dem Verhalten des Beklagten entstanden und ihr von diesem zu ersetzen sei, so erscheint die Erwägung des Berufungsgerichts, daß durch das Eingreifen des Beklagten der Klägerin ein (positiver) Schade nicht zugefügt worden sei, bzw. daß die Klägerin eine Schädigung nicht darzulegen vermocht habe, als unzureichend, um die Entscheidung zu tragen. Es mag sein, daß durch den Wechsel in der Person des Gläubigers der Hypothek infolge des Erwerbes derselben durch den Beklagten die Rechtslage der Klägerin nicht berührt wird, und es ist an sich nicht zu bestreiten, daß, wenn der Beklagte durch sein weiteres Vorgehen auf rechtmäßige Weise Vorteile für sich erlangte, das für die Klägerin kein Recht begründet hätte, an diesen Vorteilen teilzunehmen. Allein darauf kommt es für die Begründung des Schadensersatzanspruchs der Klägerin nicht allein an. Handelt es sich, wie hier, nicht bloß um die Nichtvollendung des Geschäfts oder den unzeitigen Rücktritt des Geschäftsführers, sondern auch um eine von diesem bei der Geschäftsführung begangene Pflichtverletzung, so ist für die hierdurch begründete Schadensersatzpflicht nicht lediglich das negative Interesse des Geschäftsherrn, derjenige Schade, welcher diesem nicht entstanden wäre, wenn sich der Geschäftsführer überhaupt nicht eingemischt hätte, in Betracht zu ziehen. Vielmehr kann aus der pflichtwidrigen Handlung oder Unterlassung eine weitergehende Schadensersatzpflicht nach allgemeinen Rechtsgrundsätzen begründet sein. Das würde wenigstens im gegenwärtigen Falle mit Rücksicht auf die besonderen Rechtsbeziehungen der Parteien zutreffen. Hat der Beklagte bei der das Gemeinschaftsverhältnis der Erben Schm. berührenden Geschäftsbesorgung schuldhaft, oder gar arglistig die Benachrichtigung der Klägerin von dem für jenes Verhältnis sehr bedeutsamen Ergebnisse der bisherigen Verhandlungen unterlassen, so ist er für den aus dieser Handlungsweise der Klägerin erwachsenen Schaden nach Maßgabe der §§ 249 flg. B.G.B. ersatzpflichtig. Nach § 252 B.G.B. aber umfaßt der zu ersetzende Schaden auch den entgangenen Gewinn.

Die Frage wäre alsdann dahin zu stellen, wie sich die Vermögenslage der Klägerin gestaltet haben würde, wenn ihr der Beklagte pflichtgemäß von dem Vergleichsvorschlage der Erben Ph. Nachricht gegeben hätte. Der weitere Verlauf mochte der sein, daß die Klägerin den Vergleichsvorschlag für sich akzeptierte oder dem Beklagten in dieser Beziehung einen entsprechenden Auftrag erteilte, oder etwa nunmehr selbst sich an den Verhandlungen mit den Gläubigern beteiligte. Wäre auf die eine oder andere Weise ein Abkommen zwischen den Erben Schm. und den Hypothekengläubigern auf der Grundlage jenes Angebots, oder mit einem wirtschaftlich gleichwertigen Ergebnisse mit Wahrscheinlichkeit zu erwarten gewesen, so könnte sich möglicherweise selbst der prinzipale Klagantrag aus dem Gesichtspunkte der Schadensersatzpflicht als berechtigt erweisen. Keinenfalls durfte angesichts der Vorschriften in § 287 und § 139 Z.P.O. der Schadensersatzanspruch aus dem Grunde zurückgewiesen werden, weil es demselben an einer näheren Substanziierung nach der Art und Höhe des Schadens mangele." . . .

70. 1. Sind mangels besonderer Vorschriften die zur Zeit der Pensionierung geltenden Gesetze auch dann allein maßgebend, wenn die zur Zeit der Anstellung geltenden dem zu Pensionierenden günstiger waren?

2. Gelten die für die Versorgungsansprüche der Militärpersonen der Schutztruppe gegebenen Vorschriften in den §§ 7. 8 des Schutztruppengesetzes nur für die unmittelbar aus der Schutztruppe erfolgenden Pensionierungen?

3. Geht der Rang eines Deckoffiziers mit dem Wiedereintritt in die Armee in der früheren Stellung einer Militärperson der Unterklassen verloren?

4. Kann in solchem Falle das Einkommen eines Deckoffiziers auf Grund des § 7 des Militärpensionsgesetzes oder auf Grund des § 8 des Schutztruppengesetzes in Verbindung mit § 43 des Reichsbeamtengesetzes der Pension bei späterer Pensionierung zugrunde gelegt werden?[1]

---

[1] Vgl. Bd. 62 S. 392 flg. dieser Sammlung. D. E.

5. Kann in einem solchem Falle eine Pensionserhöhung aus § 9 Abs. 1a des Schutztruppengesetzes beansprucht werden, wenn die spätere Invalidität auf eine als Deckoffizier erlittene Dienstbeschädigung zurückzuführen ist?

Gesetz, betr. die Kaiserlichen Schutztruppen, vom 18. Juli 1896 §§ 7. 8. 9. 11. 12. 14.
Militärpensionsgesetz vom 27. Juni 1871 § 7.
Reichsbeamtengesetz vom 31. März 1873 § 43.

III. Zivilsenat. Urt. v. 11. Mai 1906 i. S. T. (Kl.) w. Reichsmilitärfiskus (Bekl.). Rep. III. 483/05.

I. Landgericht I Berlin.
II. Kammergericht daselbst.

Am 7. Februar 1894 war Kläger, bis dahin Sergeant und Zahlmeister-Aspirant in der Armee, als Deckoffizier in die Schutztruppe eingetreten und am 22. November 1896 als Sergeant und Zahlmeister-Aspirant in die Armee zurückgetreten. Hier wurde er am 12. Dezember 1897 zum Feldwebel befördert und aus diesem Dienstverhältnis am 1. April 1901 als dauernd ganz invalid mit Pension entlassen. Es ist unstreitig, daß die Invalidität auf eine im Februar 1896 festgestellte innere Dienstbeschädigung zurückzuführen ist. Die Pension wurde (abgesehen von einer ohne Rechtsanspruch aus einem Dispositionsfonds ihm gewährten Summe) auf Grund der §§ 7 Abss. 2. 8 des Schutztruppengesetzes in Verbindung mit §§ 41. 48 des Reichsbeamtengesetzes auf 501 *M* als Feldwebelpension, und auf Grund des § 9 Abs. 2 des Schutztruppengesetzes auf fernere 300 *M* als Pensionserhöhung festgesetzt. Kläger beansprucht aber eine Pension als Deckoffizier, und zwar nach dem jetzigen Gehalte der Deckoffiziere, welches 300 *M* mehr beträgt, als zu der Zeit, zu welcher er die Stellung innehatte, und außerdem eine Pensionserhöhung nach § 9 Abs. 1a des Schutztruppengesetzes im Betrage von 1020 *M* anstatt der ihm bewilligten 300 *M*. Das Landgericht hatte in der Hauptsache den Anträgen des Klägers entsprochen, indem es annahm, daß Kläger auch durch seinen Wiedereintritt in die Armee als Sergeant seinen Rang als Deckoffizier nicht verloren habe, und daß ihm daher nach § 7 Abs. 1 des Schutztruppengesetzes in Verbindung mit § 7 des Militärpensionsgesetzes die Pension eines Deckoffiziers und gemäß § 9 Abs. 1a eine Pensionserhöhung von 1020 ℳ zustehe; es könne aber nur das von ihm als Deckoffizier bezogene Gehalt der Pensionsberechnung zugrunde gelegt werden. Das Berufungsgericht hat dagegen die Klage abgewiesen. Es führt aus, daß der § 7 des Schutztruppengesetzes auf den vorliegenden Fall überhaupt keine Anwendung finden könne, da er lediglich die unmittelbar aus der Schutztruppe erfolgenden Pensionierungen betreffe. Auch habe Kläger durch seine Wiederanstellung als Sergeant den Rang als Deckoffizier verloren, und könne er daher an sich nur auf die Pension eines Feldwebels Anspruch machen. Aber gemäß § 8 des Schutztruppengesetzes und § 43 des Reichsbeamtengesetzes müsse gleichwohl das von ihm bezogene Gehalt eines Deckoffiziers der Pensionsberechnung zugrunde gelegt werden, wonach sich ein Pensionsbetrag von 499 ℳ ergebe. Als Pensionserhöhung könne nur, da er nicht aus der Charge eines Deckoffiziers pensioniert sei, gemäß § 9 Abs. 2 des Schutztruppengesetzes der Betrag von 300 ℳ zugesprochen werden. Da diese Beträge aber den Betrag der ihm zugebilligten Pension nicht erreichten, so müsse die von ihm erhobene Klage abgewiesen werden. Hiergegen hat der Kläger, auf seinem früheren Standpunkt verbleibend, Revision eingelegt, indem er an erster Stelle das frühere Schutztruppengesetz vom 22. März 1891 für maßgebend erachtete, eventuell aber seine Ansprüche auch auf die §§ 7. 9 des neuen Schutztruppengesetzes vom 18. Juli 1896 stützte. Die Revision ist zurückgewiesen, aus folgenden

Gründen:

„Wenn der Kläger für seinen Anspruch, als Deckoffizier pensioniert zu werden, sich an erster Stelle auf das frühere Schutztruppengesetz vom 22. März 1891 bezieht, unter dessen Geltung er zur Schutztruppe übergetreten ist, so hat das Berufungsgericht diese Auffassung, der ständigen Rechtsprechung des Reichsgerichts entsprechend, mit Recht deshalb zurückgewiesen, weil die Pensionierung eines Beamten oder einer Militärperson nach den zur Zeit der Pensionierung geltenden Gesetzen, soweit sie abweichendes nicht bestimmen, sich richtet, zur Zeit der Pensionierung des Klägers aber längst das neue Gesetz vom 18. Juli 1896 in Kraft getreten war, und weil ferner aus den vom Kläger vorgetragenen Tatsachen, insbesondere daß bei seiner Übernahme in die Schutztruppe ihm das Gesetz vom 22. März 1891 vorgelesen, und dabei mitgeteilt sei, daß seine Pensionsbezüge sich danach richten würden, eine vertragsmäßige Festsetzung, daß, auch wenn das Gesetz geändert werden sollte, für seine Pension die Bezüge des früheren Gesetzes maßgebend bleiben sollten, nicht gefolgert werden könne. Das Gesetz vom 22. März 1891 kommt daher überhaupt nicht in Betracht. Zutreffend hat aber das Berufungsgericht ferner ausgeführt, daß auch der § 7 des neuen Schutztruppengesetzes vom 18. Juli 1896, worauf der Kläger seinen Anspruch weiter gestützt hat, für ihn nicht in Betracht komme, weil dieser Paragraph sich nur auf solche Personen beziehe, welche unmittelbar bei ihrem Ausscheiden aus der Schutztruppe pensioniert würden, Kläger aber bei seiner Pensionierung aus der Schutztruppe ausgeschieden, in das Heer wieder eingetreten sei, hier über vier Jahre Dienste geleistet habe, und noch zum Feldwebel avanciert sei, aus welcher Stellung dann seine Pensionierung erfolgt sei. Daß die in dem Schutztruppengesetz gegebenen Versorgungsansprüche an sich, d. h. soweit nicht einzelne Vorschriften ergeben, daß sie auch bei späteren Pensionierungen gelten sollen, sich nur auf Pensionierungen **aus der Schutztruppe** beziehen, ergibt der Wortlaut und Zusammenhang der bezüglichen Vorschriften, namentlich die Bestimmung des Abs. 3 des § 11, wonach die besondere Bestimmung dieses Paragraphen, die Doppelrechnung der Dienstjahre in der Schutztruppe, auch für diejenigen Militärpersonen stattfinden soll, welche ohne Pension aus der Schutztruppe in ihr früheres Dienstverhältnis zurücktreten, und demnächst **aus diesem letzteren Dienstverhältnis** pensioniert werden. Dies entspricht auch allein dem allgemeinen, in den Zivil- wie Militärpensionsgesetzen festgehaltenen Grundsatz, daß die Pensionierung an sich, d. h. soweit nicht besondere Vorschriften gegeben sind, sich nach der zur Zeit der Pensionierung bekleideten Charge oder Dienststellung richtet. Kläger, welcher in seiner Stellung als Feldwebel des aktiven Heeres pensioniert ist, hat daher, wenn nicht besondere Vorschriften ihm weitere Rechte geben, lediglich auf die gewöhnliche Feldwebelpension nach Maßgabe des allgemeinen Militärpensionsgesetzes Anspruch. Seine Meinung, daß er trotz seines Wiedereintritts in die Armee als Sergeant und demnächst als Feldwebel Deckoffizier geblieben sei, den Rang eines solchen behalten habe, ist, wie das Berufungsgericht zutreffend ausführt, mit der strengen Gliederung der Dienststellungen im Beamtentum und ganz besonders im Heere, wonach jeder Beamte oder Angehörige des Heeres denjenigen Rang einnimmt, welcher der jeweilig ihm übertragenen Dienststelle entspricht, soweit nicht ausdrücklich etwas anderes bestimmt ist, unvereinbar, und im vorliegenden Falle um so mehr zurückzuweisen, als es im aktiven Heere Deckoffiziere überhaupt nicht gibt. Besondere Vorschriften aber, die dem Kläger eine höhere Pension als die gewöhnliche Feldwebelpension gewährten, existieren nicht. Wenn der erste Richter auf Grund des § 7 des Militärpensionsgesetzes das früher bezogene höhere Einkommen der Pension zugrunde legen will, so ist dies schon deshalb ausgeschlossen, weil dieser § 7 nur die Offiziere und im Offiziersrange stehenden Militärärzte (Erster Teil des Militärpensionsgesetzes) betrifft, für den Kläger als Feldwebel aber der zweite, die Militärpersonen der Unterklassen betreffende Teil des Militärpensionsgesetzes maßgebend ist. Und wenn der zweite Richter auf Grund des § 8 des Schutztruppengesetzes vom 18. Juli 1896 in Verbindung mit § 43 des Reichsbeamtengesetzes die Pension nach dem Einkommen eines Deckoffiziers bemessen will, obwohl er anerkennt, daß Kläger nicht Deckoffizier ist, so kann dies, auch abgesehen von den vom Berufungsgericht selbst besprochenen daraus sich ergebenden Unstimmigkeiten, deshalb als richtig nicht anerkannt werden, weil auch der § 8 des Schutztruppengesetzes, ebenso wie der § 7, dem er sich anschließt, sich nur auf die unmittelbar aus der Schutztruppe erfolgenden Pensionierungen bezieht. Hier etwas anderes, als für § 7 anzunehmen, fehlt es an jedem Grunde. Hat aber danach Kläger überhaupt keinen Anspruch, daß das Einkommen eines Deckoffiziers bei seiner Pensionierung berücksichtigt werde, so erledigt sich damit ohne weiteres der erste Angriff der Revision, daß dem Kläger zu Unrecht nicht derjenige Betrag, der aus dem jetzigen Einkommen des Deckoffiziers als Pension sich ergebe, zugebilligt sei, anstatt des dem von ihm bezogenen Einkommen entsprechenden, ihm vom Berufungsgericht zugebilligten Betrags. Es handelt sich daher nur noch um den Betrag der Erhöhung der Pension aus § 9 des Schutztruppengesetzes vom 18. Juli 1896, welcher § 9 nach der ausdrücklichen Bestimmung des § 12 daselbst nicht bloß bei der unmittelbar von der Schutztruppe aus erfolgenden Pensionierung, sondern auch bei späteren Pensionierungen anwendbar ist. Kläger fordert nun diese Pensionserhöhung aus § 9 Abs. 1a, weil er die Dienstbeschädigung, die zu seiner Pensionierung geführt hat, während seiner Stellung als Deckoffizier erlitten habe, und er verlangt daher anstatt der ihm als einer Militärperson der Unterklassen gemäß Abs. 2 daselbst bewilligten Erhöhung der Pension um 300 *M* eine solche von 1020 *M*. Nach dem vorhin Ausgeführten hat aber Kläger nicht auf die Pension eines Deckoffiziers, sondern nur auf die Pension der Militärpersonen der Unterklassen Anspruch. Dazu kommt, daß Kläger auch zu der Zeit, als die zweite Voraussetzung dieser Pensionserhöhung, daß er zur Fortsetzung des aktiven Militärdienstes unfähig geworden, nicht mehr Deckoffizier, sondern eine Militärperson der Unterklassen war; und endlich erfordert die Anwendung des Abs. 1a des § 9 mit ausdrücklichen Worten, daß die Pensionierung aus der Charge eines Deckoffiziers erfolgt sein muß. Hiernach kann es keinem Zweifel unterliegen, daß Kläger nicht eine Pensionserhöhung aus Abs. 1a, sondern nur aus Abs. 2, wie sie ihm zugebilligt ist, beanspruchen kann. Wenn die Revision sich zur Begründung ihrer gegenteiligen Ansicht noch auf die §§ 12 und 14 des Schutztruppengesetzes beruft, so stehen diese Paragraphen mit der vorliegenden Frage in gar keiner Verbindung. Der § 12 bestimmt nur, wie lange die Versorgungsansprüche aus § 9 geltend gemacht werden können, sagt aber darüber, welche der in § 9 aufgeführten Ansprüche im Einzelfall in Betracht kommen, nichts, und § 14 bestimmt nur — wie die Motive sagen, zur Vereinfachung des Verfahrens —, daß bei der Pensionierung einer aus der Schutztruppe ausgeschiedenen und in den Heeresdienst wieder aufgenommenen Militärperson die Pension für die gesamte Dienstzeit aus dem Pensionsfonds des Reichsheeres gezahlt werden soll. Was dies mit der vorliegenden Frage zu tun haben soll, ist unerfindlich."

71. Kann die Afterverpachtung einer Jagd auch durch den Abschluß eines Gesellschaftsvertrags bewirkt werden, in dem die Jagdpächter anderen Personen gegen Entgelt die Befugnis zur Ausübung der Jagd einräumen?

Preuß. Jagdpolizeigesetz vom 7. März 1850 § 12.
B.G.B. §§ 549. 581.

VII. Zivilsenat. Urt. v. 11. Mai 1906 i. S. Gemeinde S. (Bekl.) w. W. (Kl.). Rep. VII. 422/05.

I. Landgericht Koblenz.
II. Oberlandesgericht Köln.

Die Waldjagd der verklagten Gemeinde S. wurde von dem Bürgermeister am 18. Juni 1900 öffentlich verpachtet und dem Apotheker K. für eine Jahrespacht von 795 *M* zugeschlagen. Nach Nr. 7 der Vertragsbedingungen ist der Jagdpächter befugt, der Verpächterin höchstens zwei Personen als Mitpächter zu bezeichnen, die, wenn sie von der Verpächterin als solche angenommen sind, die Rechte des Pächters erlangen, dafür aber auch neben dem Pächter für dessen Verbindlichkeiten solidarisch haften. Nach Nr. 9 hat die Verpächterin einseitig das Recht, die Pacht auch vor Ablauf des Pachtvertrags jederzeit sofort aufzuheben, wenn einer der Jagdpächter sein Jagdrecht ohne Zustimmung der Verpächterin an eine weitere Person „abtritt oder durch Afterverpachtung nutzt". K. hat der Beklagten den Kläger als Mitpächter bezeichnet, und dieser ist von der Beklagten als solcher angenommen worden. Demnächst haben der Kläger und K. mit sechs anderen Personen, von denen drei noch Mitpächter der anstoßenden Jagden der Gemeinde T. waren, den schriftlichen Gesellschaftsvertrag vom 12. Juni 1902 geschlossen, inhalts dessen die sämtlichen Beteiligten berechtigt sein sollten, sowohl auf den letztgenannten Jagden als auch auf der durch K. und den Kläger gepachteten Waldjagd der verklagten Gemeinde unter gleichen Rechten und Pflichten die Jagd auszuüben. Die Beklagte erblickte in dem Abschlusse dieses Vertrags eine Verletzung des von ihr geschlossenen Jagdpachtvertrags, untersagte dem Kläger und K. die Ausübung der Jagd in dem gepachteten Walde ihrer Feldmark, und drohte anderweite Neuverpachtung der Jagd an. Der Kläger erhob darauf Klage mit dem Antrage, zu erkennen, daß die Beklagte nicht berechtigt sei, den Jagdpachtvertrag vom 18. Juni 1900 aufzulösen. Diesem Antrage wurde in beiden Vorinstanzen stattgegeben. Auf die Revision der Beklagten ist die Klage abgewiesen worden, aus folgenden

Gründen:

„Der Berufungsrichter geht mit Recht davon aus, daß der Jagdpachtvertrag vom 18. Juni 1900, da durch ihn die Jagd nicht an mehr als drei Personen verpachtet ist, gegen den § 12 des preußischen Jagdpolizeigesetzes vom 7. März 1850 nicht verstößt und rechtsverbindlich ist, und daß deshalb für den Kläger auf Grund dieses Vertrags das von ihm geltend gemachte Jagdrecht gegenüber der Beklagten entstanden ist. Dagegen beruht die weitere Annahme des Berufungsrichters, für die Beklagte sei das unter Nr. 9 der Vertragsbedingungen festgestellte Recht zur einseitigen Auflösung des Vertrags nicht erwachsen, auf einem Rechtsirrtum. Nach der genannten Vorschrift der Vertragsbedingungen steht dieses Auflösungsrecht der Beklagten zu, wenn einer der Pächter sein Jagdrecht ohne Zustimmung der Verpächterin an eine weitere Person abtritt oder durch Afterverpachtung nutzt. Diese Bestimmung legt der Berufungsrichter dahin aus, daß hier unter „Abtretung" und „Afterverpachtung" nach dem Vertragswillen der Parteien nur die mit diesen Bezeichnungen allgemein verbundenen, feststehenden Rechtsbegriffe haben verstanden werden sollen. Nach der Meinung des Berufungsrichters enthält aber der Vertrag vom 12. Juni 1902 . . . weder eine Abtretung noch eine Afterverpachtung. Diese Annahme beruht, soweit sie die Afterverpachtung betrifft, auf einer Verkennung des Rechtsbegriffs der Afterverpachtung. Letztere ist vorhanden, wenn der Pächter den Gebrauch und Genuß des erpachteten Gegenstandes einem Dritten gegen Entgelt überläßt, insbesondere den Gegenstand weiter verpachtet (§§ 549. 581 B.G.B.). Diese Erfordernisse sind in dem Vertrage vom 12. Juni 1902 erfüllt. Er bestimmt im § 1, daß die darin aufgeführten acht Personen, darunter der Kläger, zwecks gemeinsamer Jagdausübung in den besonders aufgeführten Jagdrevieren, unter anderem in dem Walde der Beklagten, ein Jagdkonsortium bilden, und daß diese Jagdreviere dementsprechend, unabhängig davon, ob das einzelne Mitglied eingetragen, oder nicht eingetragen, Anpächter, oder nicht Anpächter ist, als eine, von jedem dieser Mitglieder zu gleichem Anteil, gleichen Rechten und gleichen Pflichten gemeinschaftlich erpachtete Jagd anzusehen sei. Hiernach haben der Kläger und K. den anderen sechs bei dem Konsortium beteiligten Personen den Gebrauch und Genuß der Waldjagd der Beklagten in der Weise eingeräumt, daß diesen sechs Personen das Jagdrecht in gleicher Weise wie dem Kläger und K. selbst zustehen sollte. Der Pachtzins, der übrigens nicht in Geld zu bestehen braucht, wurde von jenen sechs Personen dadurch entrichtet, daß sie nunmehr jeder ein Achtel des durch den Vertrag vom 18. Juni 1900 bestimmten Jahrespachtzinses von 795 ℳ beizutragen hatten, während bisher dessen Entrichtung dem Kläger und K. allein, und zwar jedem zur Hälfte, oblag. Durch den Vertrag vom 12. Juni 1902 haben hiernach der Kläger und K. das ihnen gemeinschaftlich zustehende Jagdrecht zu Bruchteilen von je einem Achtel an „weitere" Personen afterverpachtet. Dem steht auch nicht entgegen, daß in demselben Vertrage andere Beteiligte ihrerseits das ihnen zustehende Pachtrecht ebenso gegen Entgelt bruchteilweise an den Kläger und K. als an Mitpächter übertragen haben. Hierdurch und durch die Zusammenfassung aller dieser Einzelvereinbarungen zu einem einheitlichen Gesellschaftsvertrage wurde die Tatsache, auf die es im Verhältnisse des Klägers zur Beklagten allein ankommt, nicht beseitigt, daß der Kläger sein Jagdrecht teilweise Dritten gegen Entgelt vertragsmäßig überlassen hat. Die Beklagte war hiernach befugt, von der ihr im Vertrage gewährten Befugnis, den Vertrag aufzulösen, Gebrauch zu machen. Es kann deshalb dahingestellt bleiben, ob nicht die Auslegung des Berufungsrichters, nur die Abtretung und Afterverpachtung im juristisch-technischen Sinne dieser Worte solle der Beklagten das Auflösungsrecht geben, als eine zu enge, nur am Wortlaut haftende, mit dem Vertragszwecke nicht vereinbare anzusehen ist, da offenbar die Beklagte sich allgemein dagegen schützen wollte, daß von mehr als drei Personen ohne ihre Einwilligung die Befugnis zur Jagdausübung in Anspruch genommen werden könnte. Ob die vom Kläger und K. angenommenen sechs neuen Mitpächter rechtlich in der Lage gewesen sind, ihren Anspruch auf Ausübung der Jagd in der Feldmark S. gegenüber der bei dem Vertrage vom 12. Juni 1902 nicht beteiligten Beklagten durchzusetzen, bedarf nicht der Erörterung, da nach dem Vertrage vom 18. Juni 1900 schon die Tatsache der Weiterüberlassung des erpachteten Jagdrechts das Auflösungsrecht zur Entstehung bringen sollte, ohne Rücksicht darauf, ob diese Weiterüberlassung von der Beklagten als zu Recht bestehend anerkannt werden mußte, oder ob dies nicht zutraf."

72. Kann ein Wirt von einem auf längere Zeit abgeschlossenen Bierabnahmevertrage wegen vereinzelter Lieferungen schlechten Bieres zurücktreten?

II. Zivilsenat. Urt. v. 11. Mai 1906 i. S. J. (Bekl.) w. A.=Brauerei (Kl.). Rep. II. 459/05.

I. Landgericht Köln.
II. Oberlandesgericht daselbst.

Die Frage wurde verneint, aus folgenden

Gründen:

„Das Berufungsgericht ist von der Annahme ausgegangen, der Beklagte habe niemals, weder bei der Bestellung einer weiteren Sicherungshypothek von 1000 ℳ wegen Erhöhung seiner Bierschuld, noch bei seinem Rückzahlungserbieten vom 13. August 1904, das Bier der Klägerin irgend bemängelt.... Von jenem Ausgangspunkte aus konnte nun das Berufungsgericht eine Gefährdung des Vertragszwecks wegen angeblicher Lieferung schlechten Bieres und folgeweise ein Recht des Beklagten zum Rücktritt vom Vertrage verneinen, indem es in dem Unterlassen jedweder Bemängelung des Bieres, somit in dem eigenen Verhalten des Beklagten, einen Beweis dafür erblickte, daß dieser selbst die angebliche Lieferung schlechten Bieres nicht für erheblich genug angesehen habe, um deshalb Beschwerde zu führen, geschweige denn von dem Vertrage zurückzutreten. Vom Standpunkte dieser rechtlich nicht zu beanstandenden Auffassung aus konnte es das Beweiserbieten des Beklagten dafür, daß ihm und anderen von der Klägerin schlechtes Bier geliefert worden sei, als unerheblich ablehnen. Denn für den Regelfall und abgesehen von besonderen, vom Beklagten nicht behaupteten Umständen gebieten bei einem auf längere Zeit abgeschlossenen Bierabnahmevertrage Treu und Glauben mit Rücksicht auf die Verkehrssitte, daß ein Wirt nicht wegen jeder, selbst unerheblichen, Lieferung vertragswidrigen Bieres sofort und ohne vorherige Beanstandung vom ganzen Vertrage zurücktreten, sondern hierzu erst dann übergehen darf, wenn trotz Beschwerde die Bierlieferung von nicht vertragsmäßiger Beschaffenheit in einer Weise fortgesetzt wird, daß er an der weiteren Lieferung in solcher Art kein Interesse hat, und die Fortsetzung des Vertrags bei loyaler Auslegung und Erfüllung nach den Umständen des Falles billigerweise ihm nicht zugemutet werden kann. Wegen vereinzelter vertragswidriger Lieferungen ist der Wirt genugsam geschützt durch das Recht, 1. die Annahme der vertragswidrigen Lieferung zu verweigern, und a) auf vertragsmäßiger Lieferung zu bestehen (§ 480 B.G.B.), oder b) sofern dies zur ununterbrochenen ordnungsmäßigen Fortführung der Wirtschaft notwendig erscheint, was vielfach der Fall sein wird, sofort und ohne vorherige Fristbestimmung anderweitig sich zu decken und Schadensersatz wegen Nichterfüllung zu fordern (§ 326 Abs. 2 B.G.B), 2. Wandelung oder Preisminderung zu verlangen (§ 462 B.G.B.)." . . .

73. Inwieweit ist die tatsächliche Existenz und Wirkung eines nicht veröffentlichten Bebauungsplans, auf Grund dessen eine nachgesuchte Bauerlaubnis versagt wird, bei Feststellung der Entschädigung für diese Versagung zu berücksichtigen?

A.L.R. Einl. § 75.

VII. Zivilsenat. Urt. v. 11. Mai 1906 i. S. Stadtg. B. (Bekl.) w. J. u. Gen. (Kl.). Rep. VII. 419/05.

I. Landgericht I Berlin.
II. Kammergericht daselbst.

Die Kläger sind Eigentümer eines vor dem Schlesischen Tore in Berlin gelegenen Grundstücks, das nach dem genehmigten, aber nicht veröffentlichten Bebauungsplane für die Stadt Berlin von 1862 zur Anlegung eines öffentlichen Platzes bestimmt ist. Als im Jahre 1881 die damalige Eigentümerin das Grundstück bebauen wollte, wurde ihr die Erlaubnis hierzu wegen der Bestimmung des Grundstücks zu einem öffentlichen Platze versagt. Im jetzigen Rechtsstreite verlangt die Eigentümerin, an deren Stelle im Laufe des Verfahrens die Kläger als ihre Erben getreten sind, eine Entschädigung von 100000 *M* als den durch die Belastung mit der Servitut der Unbebaubarkeit herbeigeführten Minderwert des Grundstücks.

Beide Vorinstanzen erkannten nach dem Klagantrage. Die Revision der Beklagten ist zurückgewiesen.

Aus den Gründen:

„Der Revision mußte der Erfolg versagt werden. Kein Bedenken besteht zunächst gegen die Annahme des Berufungsgerichts, daß der Bebauungsplan von 1862 erst durch die im Jahre 1881 erfolgte Versagung der Bauerlaubnis auf das Grundstück der Kläger zur Anwendung gebracht worden ist. Erst hierdurch ist dem Grundstück die öffentlichrechtliche Dienstbarkeit der Unbebaubarkeit auferlegt worden.... Hiervon ausgehend hat das Berufungsgericht im Anschluß an das Gutachten des Sachverständigen H. die Wertminderung, die das Grundstück durch die Belastung erlitt, auf 100000 ℳ festgestellt. Hierbei ist angenommen, daß das Grundstück, das nicht nur von der Straße vor dem Schlesischen Tore, sondern auch von der Schleusenuferstraße begrenzt ist, im Jahre 1881 ohne die durch den Bebauungsplan geschaffene Beschränkung mit Gebäuden jeder Art hätte bebaut werden können, da die Schleusenuferstraße bereits vor Erlaß des Gesetzes vom 2. Juli 1875 zum Anbau fertig gestellt gewesen sei.

Hiergegen macht die Revision geltend: wenn auch nicht amtlich veröffentlicht, so sei doch der Bebauungsplan von 1862 längst allgemein bekannt gewesen. Aus den im Buchhandel käuflichen Karten und Stadtplänen sei jedermann ersichtlich gewesen, daß das klägerische Grundstück zu einem öffentlichen Platze bestimmt und daher nicht unbeschränkt bebauungsfähig sei. Diese tatsächliche Unmöglichkeit der Bebauung habe schon seit 1862 bestanden, und deshalb habe das Grundstück an der seitdem eingetretenen allgemeinen Wertsteigerung nicht mehr teilnehmen können. Durch die Nichtbeachtung dieses Gesichtspunktes verletze das Berufungsurteil die in der Rechtsprechung des Reichsgerichts, besonders in den Urteilen (des V. Zivilsenats) vom 27. November 1886 (Entsch. in Zivils. Bd. 17 S. 162) und vom 27. Oktober 1897 (Jurist. Wochenschr. 1897 S. 648) entwickelten Rechtsgrundsätze. Dieser Angriff ist jedoch unbegründet.

Es kann davon ausgegangen werden, daß der Bebauungsplan von 1862 alsbald allgemein bekannt wurde, so daß jedermann wissen konnte, das Grundstück werde früher oder später behufs Anlegung eines öffentlichen Platzes enteignet werden, und die Polizei werde schon von jetzt ab die Erlaubnis zur Bebauung des Grundstücks versagen, oder nur unter Wahrung seiner künftigen Bestimmung erteilen. Tatsächlich war also das Grundstück allerdings schon seit 1862 unbebaubar oder nur beschränkt bebaubar. Aber schlechthin unerfindlich ist es, wie dieser Umstand geeignet sein sollte, den Wert des Grundstücks zu beeinflussen. Die Kenntnis von einem sicher bevorstehenden Ereignisse, das den Wert des Grundstücks vermindert, wird freilich den Wert schon vor dem Eintritt des Ereignisses beeinflussen, aber doch nur dann, wenn der Schade droht, ohne daß dem Eigentümer in irgendeiner Weise Ersatz geleistet wird. Bei einer in Aussicht stehenden Enteignung ist es aber ganz sicher, daß dem Eigentümer voller Ersatz geleistet wird. Die Kenntnis davon, daß ein Grundstück, wenn auch erst nach Jahren, zu öffentlichen Zwecken enteignet werden wird, kann deshalb den Wert des Grundstücks niemals mindern, sondern eher erhöhen, insofern nämlich, als erfahrungsgemäß im Enteignungsverfahren die Entschädigung reichlich bemessen wird. Die erwähnte Tatsache und ihre Kenntnis kann auch nicht hindern, daß das künftig zu enteignende Grundstück an der inzwischen eintretenden allgemeinen Wertsteigerung teilnimmt. Denn maßgebend für die Entschädigung ist, wie das Berufungsgericht unter Anführung der reichsgerichtlichen Rechtsprechung zutreffend darlegt, der Wert zur Zeit der Enteignung, und nicht der Wert zur Zeit der Fluchtlinienfestsetzung. Wenn demnach selbst eine nach Maßgabe des Gesetzes vom 2. Juli 1875 festgesetzte und bekannt gemachte Fluchtlinie dem Grundstück die Teilnahme an der nachträglichen Wertsteigerung nicht zu entziehen vermag, so kann eine nicht bekannt gemachte ältere Fluchtlinie diese Wirkung gleichfalls nicht haben. Richtig ist nur so viel, daß diejenige Wertsteigerung außer Betracht bleiben muß, die als Folge gerade der Fluchtlinienfestsetzung der geplanten neuen Anlage eintritt. Maßgebend ist der Wert, den das Grundstück zur Zeit der Enteignung haben würde, wenn die Fluchtlinie (oder der Bebauungsplan) überhaupt nicht bestände. Von diesem Grundsatze geht das Berufungsurteil aus. Was von der Enteignung gilt, muß naturgemäß auch von der Belastung des Grundstücks mit der Servitut der Unbebaubarkeit gelten. Denn die letztere ist ihrem Wesen nach nichts anderes als eine Teilenteignung. Während bei der Herstellung der auf Grund des Gesetzes vom

2. Juli 1875 geplanten Straßen und Plätze die Entschädigung für die zu enteignenden Flächen in einem Posten, eben der Enteignungsentschädigung für das als unbelastet gedachte Grundstück, gewährt wird, kann sie bei der Ausführung älterer Bebauungspläne in zwei Teile zerfallen, und sie muß dies, wenn die Belastung des Grundstücks mit der Servitut früher als die Enteignung, und gesondert von dieser eintritt. Hier liegt der Gemeinde die Pflicht ob, dem Eigentümer schon wegen der Belastung des Grundstücks auf Grund des § 75 Einl. A.L.R. Entschädigung zu leisten, wogegen sie ihm bei der künftigen Enteignung nur den Wert des belasteten Grundstücks zu ersetzen hat. Für jeden der beiden Entschädigungsposten aber ist der Zeitpunkt maßgebend, zu welchem die Schädigung eingetreten ist, die Entschädigung gefordert werden kann.

Diese vom Berufungsgericht richtig angewandten Grundsätze stehen mit den von der Revision angeführten Urteilen des Reichsgerichts keineswegs im Widerspruch. Dort handelte es sich um Grundstücke, die auch ohne die Fluchtlinienfestsetzung nicht bebaubar waren. Der Kern jener Entscheidungen ist in der Darlegung zu finden, man könne nicht sagen, einer Grundfläche werde durch die Fluchtlinie die Bebaubarkeit entzogen, wenn sie auch ohne die Existenz dieser Fluchtlinie nicht bebaubar wäre, eine Darlegung, die unzweifelhaft richtig ist, während es im übrigen dahingestellt bleiben kann, ob allen Sätzen jener Urteile beizutreten wäre. Hier dagegen handelt es sich um ein Grundstück, dessen Bebauung ohne die Belastung durch den Bebauungsplan weder rechtliche noch tatsächliche Hindernisse entgegenstehen würden, dem also die Baulandseigenschaft nur durch den Bebauungsplan, oder vielmehr durch die Inkraftsetzung des Bebauungsplans entzogen worden ist." . . .

74. Die verschiedenen Möglichkeiten des Inhalts eines Konsignationsvertrags. Hat der Kommissionär die Befugnis, die ganze Kommission auf einen anderen zu übertragen? Rechtsfolge unstatthafter Übertragung der Kommission.

I. Zivilsenat. Urt. v. 14. Mai 1906 i. S. Rhein.-Westf. Sprengstoff-Akt.-Ges. (Kl.) w. St. (Bekl.). Rep. I. 472/05.

I. Landgericht Hamburg, Kammer für Handelssachen.
II. Oberlandesgericht daselbst.

Laut einer Faktura vom 28. Juni 1901 hatte die Klägerin zufolge Order der Firma H. & St. eine Konsignationssendung (Fakturenbetrag 5713,20 Frs.) an J. M. L., Amsterdam transit, abgehen lassen, und durch ein in einem Vorprozeß ergangenes und rechtskräftig gewordenes Urteil des Landgerichts war die Firma H. & St. verurteilt worden, der Klägerin über jene Konsignationssendung Abrechnung nebst Belegen und über den Verbleib der Waren Auskunft zu erteilen. Die Firma H. & St. hatte eingewendet, daß das Konsignationsgeschäft zwischen J. M. L. in Amsterdam und der Klägerin geschlossen und von ihr, der Beklagten, nur gegen Provision vermittelt worden sei. Dieser Einwand wurde durch das erwähnte Urteil verworfen.

Am 18. Februar 1904 schrieb die Firma H. & St. an die Klägerin, sie sende in der Beilage die Abrechnung über die Konsignation an J. M. L. vom 28. Juni 1901 mit einem Nettoprovenu von 1063,75 ℳ; jedoch sei das nur eine vorläufige Abrechnung, wie sie sie von ihren Amsterdamer Anwälten erhalten habe; L. habe ihr mitgeteilt, daß sein Kunde in Soerabaya (Java), Br., falliert habe, und deshalb nichts mehr von ihm zu bekommen sei; sie habe die Abrechnung nicht als genügend angesehen und infolgedessen gegen L. die erforderlichen Schritte eingeleitet, um von ihm die ganze Summe der Mindestpreise zu erlangen; sobald sie von L. Geldbeträge erhalte, werde sie sie unverzüglich an die Klägerin abführen. Die dem Schreiben beigefügte Anlage war überschrieben „vorläufige Abrechnung“; es fand sich darin der Betrag der Faktura vom 28. Juni 1901 mit Frs. 5713,20 = 4624,98 ℳ vorgemerkt, und darunter die Notiz „Abrechnung von J. M. L. 23 % = 1063,75 ℳ“.

Ausgehend davon, daß diese Mitteilungen ungenügend seien, und den Standpunkt vertretend, daß sie, da die Firma H. & St. weder eine ordnungsmäßige Abrechnung erteilt, noch Auskunft darüber, was mit der Ware geschehen sei, gegeben habe, jetzt berechtigt sei, den Fakturenbetrag zu fordern, eventuell auch unter Eideszuschiebung behauptend, daß die Firma H. & St. im April 1901 das Delkredere für den Fakturenbetrag übernommen habe, verlangte nunmehr die Klägerin Verurteilung des Beklagten als des Inhabers der Firma

H. & St. zur Zahlung von 5713,20 Frs. (4627,69 M) nebst Zinsen, eventuell Verurteilung zur Herausgabe der in der Konsignationsfaktura verzeichneten Waren.

Der Beklagte widersprach diesem Verlangen und bestritt insbesondere die behauptete Übernahme des Delkredere.

Vom Landgericht wurde der Beklagte dem ersten Klagantrage gemäß verurteilt, wogegen auf die Berufung des Beklagten vom Oberlandesgericht, nachdem die Leistung des dem Beklagten über die Übernahme des Delkredere zugeschobenen und von ihm angenommenen Eides durch Beweisbeschluß angeordnet worden, und ungeachtet des Widerspruchs der Klägerin gegen die Zulässigkeit dieser Anordnung die Abnahme des Eides erfolgt war, die Klage abgewiesen wurde. Auf die Revision der Klägerin wurde das landgerichtliche Urteil wiederhergestellt aus folgenden

Gründen:

„Bei einer Konsignation, d. h. einer Kommission, deren Ziel der Verkauf einer Ware in einem überseeischen Lande ist, kann der zwischen dem Warenbesitzer und seinem Kommissionär abgeschlossene Vertrag verschiedenen Inhalts sein. Es ist möglich,

1. daß der Kommissionär selbst — sei es auch durch einen in seinem Namen Handelnden — den Verkauf im Auslande vornehmen soll, in welchem Falle also die Kommission eine Verkaufskommission ist;

2. daß zwei Kommissionsverhältnisse vorliegen: eines zwischen dem Warenbesitzer und einem inländischen Exporthause, bei welchem dieses nur beauftragt wird, für Rechnung des Auftraggebers, aber in eigenem Namen einem überseeischen Hause eine Verkaufskommission zu erteilen, bei welchem mithin die Kommission nur eine Kommission im Sinne des § 406 H.G.B. ist; ein zweites, das gemäß der ersten Kommission zwischen dem Exporthause und dem überseeischen Hause begründet wird und folglich ein Verkaufskommissionsverhältnis ist.

Es können aber auch

3. drei Kommissionsverhältnisse zur Entstehung gelangen, in der Weise nämlich, daß der erste Kommissionär es nur übernimmt, die Ware einem inländischen oder doch europäischen Hause zur

weiteren Konsignation an ein überseeisches Haus zu übergeben, und an diese erste Kommission sich dann zwei dem Fall 2 entsprechende Kommissionen anschließen. Endlich kann

4. die Sache so liegen, daß an und für sich der Fall 2 gegeben ist, jedoch bei oder nach Abschluß des ersten Kommissionsgeschäfts vom ersten Kommittenten seinem Kommissionär die Befugnis eingeräumt wird, die ganze Kommission auf einen anderen zu übertragen. Eine solche Befugnis hat gesetzlich der Kommissionär nicht.[1] Wurde aber vom ersten Kommittenten seinem Kommissionär die Substitutionsbefugnis eingeräumt, und wird von dieser Befugnis Gebrauch gemacht, dann ist das Rechtsverhältnis zwischen dem ersten Kommittenten und seinem Kommissionär nicht anders zu beurteilen, als wenn von vornherein der Fall 3 vorgelegen hätte.

Zur Abweisung der erhobenen Klage ist nun das Oberlandesgericht auf Grund der Annahme gelangt, es habe dem Inhalte der zwischen den Parteien geführten Verhandlungen entsprochen, daß die Firma H. & St. die Ware nicht unmittelbar einem Hause in Soerabaya konsigniert, sondern zur weiteren Konsignation an ein solches Haus der Firma J. M. L. in Amsterdam in Kommission gegeben habe. Ob sich, wie die Revision meint, das Oberlandesgericht durch die so begründete Klagabweisung mit dem rechtskräftigen Urteil des Vorprozesses in Widerspruch gesetzt hat, kann unerörtert bleiben. Der Revision ist darin beizutreten, daß durch das vorliegende, vom Oberlandesgericht aber nicht vollständig berücksichtigte Urkundenmaterial die erwähnte Annahme nicht gerechtfertigt wird. Aus ihm ergibt sich vielmehr folgendes.

In einem von dem damaligen Vertreter der Klägerin R. an diese gerichteten Briefe vom 6. April 1901 ist in ganz unbestimmter Weise von einem Geschäftsfreunde der Firma H. & St., der hätte eintreffen sollen, die Rede; über dessen rechtliches Verhältnis zur Firma H. & St. wird nichts gesagt. Am 15. April 1901 schreibt derselbe Vertreter an die Klägerin: H. & St. verzichteten auf Sumatra, ihnen liege mehr an Soerabaya; wenn sie dort reussierten, würden sie das Geschäft weiter ausdehnen, und deshalb schickten sie jetzt schon einen Reisenden hinüber ...; das Haus, mit welchem

[1] Vgl. Grünhut, Das Recht des Kommissionshandels S. 312. D. E.

Genannte (H. & St.) in Soerabaya in Verbindung ständen, habe weder direkt noch durch eine holländische Firma von der Klägerin bezogen. Auf das allerdeutlichste wird hier also die Klägerin auf eine bestehende Geschäftsverbindung der Firma H. & St. mit einem Hause in Soerabaya hingewiesen. Am 16. April 1901 schreibt dann die Klägerin an R.: „Wir erklären uns hiermit bereit, dieser Firma (H. & St.) den Alleinverkauf unserer Fabrikate für Java und Sumatra unter folgenden Bedingungen zu übertragen ...“; und nachdem hierauf H. & St. am 18. April an R. u. a. geschrieben hatten: „Wir werden die Partie zu den von der Fabrik zu fakturierenden Preisen verkaufen“, setzt am 19. April R. die Klägerin davon in Kenntnis, daß H. & St. mit ihren Bedingungen einverstanden seien. Damit war der Vertrag zum Abschluß gelangt; man hatte sich dabei (durch die Briefe vom 15., 16., 18. und 19. April) darüber verständigt, daß die Klägerin an eine ihr zu nennende Amsterdamer Firma weder direkt noch indirekt liefern dürfe, vielmehr etwaige Aufträge dieser Firma zur Effektuierung an H. & St. zu überweisen habe, und als diese Amsterdamer Firma war dann der Klägerin die Firma J. M. L. genannt worden; in keiner Weise aber war angedeutet, daß die Firma J. M. L. irgend etwas mit dem Geschäft zu tun haben werde, das zwischen H. & St. und der Klägerin abgeschlossen wurde. Unzweifelhaft wurde vielmehr durch die den Vertragsabschluß enthaltenden Willenserklärungen der Firma H. & St. eine Kommission erteilt, die nicht dahin ging, ein anderes Handlungshaus mit der Konsignation der Ware nach Soerabaya zu beauftragen. Hält man sich an den Wortlaut der Erklärungen, so muß man sogar die erteilte Kommission für eine Verkaufskommission halten. Auf dem Standpunkte, daß es sich um eine solche handle, steht indes die Klägerin selbst nicht. Sie behauptet nur eine Exportkommission der oben unter 2 gekennzeichneten Art; und den erwähnten Verhandlungen sowie einem noch zu besprechenden Briefe der Klägerin vom 9. Juli 1901 ist auch zu entnehmen, daß es nur auf eine solche abgesehen, mit dem „Verkaufen“ somit das Verkaufenlassen durch ein von H. & St. zu beauftragendes javanisches Haus gemeint war.

Fragen kann sich demnach nur noch, ob etwa nach Abschluß des Kommissionsvertrags der Firma H. & St. von der Klägerin gestattet worden ist, die ihr erteilte Kommission auf die Firma J. M. L. zu übertragen. Daß das ausdrücklich geschehen sei, dafür ist nichts beigebracht. Befolgt hat unstreitig die Klägerin die von H. & St. durch R. erhaltene Weisung vom 25. April 1901: „Senden Sie gefl. die für H. & St. bestimmten Waren nicht an seine (so) Adresse hierher, sondern auf Veranlassung dieser Firma an Herrn J. M. L., Amsterdam." Daraus war keineswegs erkennbar, daß H. & St. sich für die ganze Kommission die Firma J. M. L. substituieren wollten. Diese Firma konnte sehr wohl, wenn nicht nur eine Speditionsfirma, so doch nur eine Speditions- und Agenturfirma sein, welche die Vertragschließung zwischen H. & St. und dem überseeischen Konsignatar vermittelte, und darum kann aus der Befolgung der erhaltenen Weisung von seiten der Klägerin so wenig, wie daraus, daß ihr mit einem Briefe R.'s vom 26. April 1901 eine „Originalorder" von J. M. L. übersandt wurde, die Zustimmung der Klägerin zu einer Übertragung der Kommission auf J. M. L. gefolgert werden. . . . Hinzu kommt dann aber der Brief der Klägerin an H. & St. vom 9. Juli 1901, in welchem sie schreibt: „Wir haben das Vergnügen, Ihnen mitzuteilen, daß wir die Konsignationssendung für Ihre Freunde in Soerabaya am 28. v. Mts. an Herrn J. M. L. in Amsterdam transit abgesandt haben. . . . Einliegend beehren wir uns, Ihnen Faktura hierüber . . . zu überreichen, und hoffen gerne, daß Ihre überseeischen Freunde in der Lage sind, einen schnellen und vorteilhaften Verkauf der Waren zu bewerkstelligen." Die Klägerin hat also die Weisung vom 25. April 1901 nicht stillschweigend, sondern unter einer Kundgebung befolgt, durch die sie mit vollster Deutlichkeit die Firma H. & St. wissen ließ, daß diese, und nicht die Firma J. M. L., von ihr als diejenige angesehen wurde, welche die Ware an ein Haus in Soerabaya zu konsignieren habe, und dem haben H. & St. nicht widersprochen. Erst in ihrem Schreiben vom 6. August 1902 nach eingetretener Zahlungsunfähigkeit von J. M. L. machen sie den Versuch, sich auf den Standpunkt zu stellen, daß die Klägerin an J. M. L. konsigniert habe.

Hat hiernach die Firma H. & St. dadurch, daß sie die ihr erteilte Kommission auf die Firma J. M. L. übertrug, vertragswidrig gehandelt, so folgt daraus ihre Verpflichtung zum Schadensersatz, und deshalb ist im Ergebnis die Entscheidung des Landgerichts für richtig zu erachten. Gerechtfertigt ist es insbesondere, daß das Landgericht die Schadensersatzforderung der Klägerin in Höhe des Fakturenpreises der Kommissionsware zuerkannt hat.

Vgl. Entsch. des Oberappellationsgerichts Lübeck in Hamburger Sachen Bd. 3 S. 148 flg." ...

---

75. Kann die Aussonderung im Konkurse darauf gegründet werden, daß der Verkäufer einer Sache sich das Recht vorbehalten hat, im Falle des Zahlungsverzugs ohne weiteres die Sache zurückzunehmen?
K.O. § 43.

VII. Zivilsenat. Urt. v. 15. Mai 1906 i. S. H. & Co. Konkurs (Bekl.) w. L. (Kl.). Rep. VII. 430/05.

I. Landgericht Mannheim.
II. Oberlandesgericht Karlsruhe.

Die Gemeinschuldnerin hatte eine Lokomobile, die sie mit ihrer Schotteranlage verbunden hat, laut Bestellschreiben vom 6. Juli 1903 von der Klägerin zum Preise von 12000 ℳ bezogen. Danach war der Klägerin bis zur Bezahlung des Kaufpreises, die nicht erfolgte, das ausschließliche Eigentum vorbehalten, auch das Recht eingeräumt, im Fall des Zahlungsverzugs ohne weiteres die Maschine zurückzunehmen. Nach der Konkurseröffnung über das Vermögen der Gemeinschuldnerin verlangte die Klägerin Aussonderung der Lokomobile und erhob mit dem Antrage auf Herausgabe, eventuell auf Gestattung der Wegnahme gegen den Verwalter der Masse Klage. Das Landgericht verurteilte diesen zur Herausgabe; die Berufung wurde zurückgewiesen.

Auf die Revision des Konkursverwalters wurde das Berufungsurteil aufgehoben und unter Abänderung des landgerichtlichen Urteils, nach Erörterung der Anwendbarkeit der §§ 94 und 93 B.G.B., die Klage abgewiesen, aus folgenden

Gründen:

... „Hiernach war der Eigentumsvorbehalt der Klägerin erloschen, und es fragt sich nur noch, ob die Klägerin, wie beide Vorderrichter angenommen haben, ihren Aussonderungsanspruch auf das in dem Vertrage eingeräumte persönliche Recht zur Wegnahme der Maschine gründen kann. Der § 43 K.O. erwähnt auch Aussonderungsansprüche auf Grund persönlicher Rechte und hat damit Sachen im Auge, die durch Verträge, insbesondere Leih-, Miet- oder Verwahrungsverträge, in den Besitz des Gemeinschuldners gelangt sind, und auf Grund der Verträge zurückgefordert werden können, auch wenn der Forderungsberechtigte nicht Eigentümer der Sachen ist. Voraussetzung aber ist nach der ausdrücklichen Bestimmung des § 43 K.O., daß die Sachen nicht Eigentum des Gemeinschuldners sind, nicht „ihm gehören". Etwas anderes ist auch in der von dem Berufungsrichter angezogenen Literatur nicht ausgesprochen. Im vorliegenden Falle war das Eigentum auf den Gemeinschuldner übergegangen, und von einem Aussonderungsrechte kann daher keine Rede sein. Zwar kann es auch bei wesentlichen Bestandteilen einer Sache persönliche Ansprüche auf Ablösung oder Trennung geben (Planck, B.G.B. Bem. 1 Abs. 2 zu § 93 B.G.B., Entsch. des R.G.'s Rep. V. 325/03 in der Jurist. Wochenschr. 1904 S. 139 Nr. 2); diese Ansprüche können aber im Konkurse kein Aussonderungsrecht, sondern nur eine gewöhnliche Konkursforderung begründen, wovon hier nicht die Rede ist (vgl. § 69 K.O.)." ...

---

76. 1. Bedeutung des § 3 des Binnenschiffahrtsgesetzes.
2. Schadensersatzanspruch der Ladung eines geschleppten Fahrzeuges gegen den Schlepper. Kann sich der Schlepper einem solchen Anspruche gegenüber auf Befreiungsklauseln im Schleppvertrage berufen?

B.Sch.G. §§ 3. 4. 7.
B.G.B. §§ 276. 823 Abs. 1.

I. Zivilsenat. Urt. v. 16. Mai 1906 i. S. F. (Bekl.) w. C. & A. (Kl.). Rep. I. 610/05.

I. Landgericht II Berlin.
II. Kammergericht daselbst.

Die Klägerin hatte im April 1900 in einem der Witwe Br. gehörigen Flußkahn 1600 Sack Rohzucker verfrachtet. Führer des

Kahns war der Schiffer N. Dieser schloß mit dem Beklagten einen Schleppvertrag für die Strecke von Spandau bis Havelort. Der Kahn wurde als viertes Anhangsfahrzeug von dem beklagtischen Schlepper „Auguste“ mitgenommen. Bei der Durchfahrt unter der Eisenbahnbrücke bei Rathenow geriet der Kahn gegen einen Brückenpfeiler und sank. Die Ladung wurde beschädigt und konnte nur zum Teil geborgen werden.

Die Ladung gehörte der Firma L. B. & Söhne zu Hamburg. Auf Grund einer Zession dieser Firma nahm die Klägerin den Beklagten auf Ersatz des Ladungsschadens in Anspruch, indem sie geltend machte, daß der Führer des Schleppers, Steuermann Gr., das Brückenjoch unrichtig angesteuert und durch diese Vernachlässigung seiner Pflichten den Schaden verursacht habe.

Die Beklagte bekämpfte die Klage u. a. auch deswegen, weil der Schleppvertrag mit der Klausel geschlossen sei, daß sich der Kahnführer für etwa entstehende Schäden nur an deren Urheber, nicht aber an sie (die Beklagten) halten könne.

Die Klage wurde in erster Instanz abgewiesen, in zweiter Instanz aber unter Beschränkung der Haftung des Beklagten mit Schiff und Fracht dem Grunde nach für berechtigt erklärt. Das Reichsgericht hat die Revision des Beklagten zurückgewiesen.

Aus den Gründen:

„Die Begründung des Berufungsurteils ist nicht frei von Rechtsirrtum, die Entscheidung selbst aber stellt sich aus anderen Gründen als gerechtfertigt dar, so daß die Revision nach § 563 Z.P.O. zurückzuweisen war.

Das Berufungsgericht hat den Vorwurf, der Führer des Schleppers habe den Unfall des Br.'schen Kahns durch fahrlässige Steuerung verursacht, für begründet erachtet. Es sieht die Firma L. B. & Söhne, aus deren Rechten die Klage erhoben ist, als Ladungsbeteiligte an und folgert aus § 7 B.Sch.G., daß der Führer des Schleppers auch dieser Firma gegenüber verpflichtet sei, die Sorgfalt eines ordentlichen Schiffers anzuwenden, und daß er ihr für jeden durch die Vernachlässigung dieser Sorgfalt entstandenen Schaden hafte. Der Beklagte aber sei für diesen Schaden nach den §§ 3 und 4 B.Sch.G. in der Weise verantwortlich, daß er mit Schiff und Fracht hafte. Gegenüber dieser gesetzlichen Haftung komme die Befreiungsklausel des Schleppvertrags nicht in Betracht, da L. B. & Söhne Rechte nicht aus dem Schleppvertrage ableiteten.

Aus dieser Begründung ergibt sich, daß der Berufungsrichter nicht verkannt hat, daß durch § 3 B.Sch.G. nicht eine selbständige Deliktsklage gegen den Schiffseigner geschaffen ist, die nur von dem Nachweise eines Dienstverschuldens der Schiffsbesatzung abhinge. Der Gedanke des Gesetzes ist nur der, daß, wenn dem geschädigten Dritten auf Grund anderer gesetzlicher Bestimmungen ein Ersatzanspruch gegen die schuldige Person der Schiffsbesatzung gegeben sei, auch der Schiffseigner für diesen Anspruch haften solle, und zwar in der aus § 4 ersichtlichen Beschränkung. Nachgebildet ist der § 3 der seerechtlichen Vorschrift des § 485 H.G.B. (früher Art. 451), für die dieser Grundsatz stets anerkannt worden ist (Entsch. des R.G.'s in Zivils. Bd. 9 S. 162); das Reichsgericht hat ihn auch für § 3 B.Sch.G. in dem Urteile vom 22. Juni 1901 in der Sache Rep. I 82/01 (Jurist. Wochenschr. S. 619 Nr. 8) bereits zur Anwendung gebracht.

Der Anspruch gegen die Person der Schiffsbesatzung, für den der Schiffseigner nach § 3 einzutreten hat, kann seinen Rechtsgrund in besonderen Bestimmungen des Binnenschiffahrtsrechts haben. Dahin gehört die Haftung des Schiffers für gehörige Sorgfalt in der Ausführung seiner Dienstverrichtungen, die nach § 7 auch gegenüber den Ladungsbeteiligten (Absender und Empfänger) besteht. Ein Irrtum des Berufungsgerichts aber ist es, daß dieser Fall hier vorliege. L. B. & Söhne waren zwar Ladungsbeteiligte im Sinne von § 7 gegenüber dem Br.'schen Kahne, in dem der Zucker verfrachtet war. Dem Schlepper aber, dessen Dienste der Br.'sche Kahn zur Ausführung der Frachtreise in Anspruch genommen hatte, stehen sie nicht als Ladungsbeteiligte gegenüber. Eine Ladung des Schleppzuges, die dem Schlepper anvertraut wäre, gibt es nicht, und ebensowenig liegt ein Vertragsverhältnis zwischen dem Absender oder Empfänger der Kahnladung einerseits und dem verklagten Schleppschiffahrtsunternehmer andererseits vor.

Aber der Anspruch des Geschädigten gegen die Person der Schiffsbesatzung, der die Grundlage der Klage aus § 3 bilden muß, kann seinen Rechtsgrund auch in Bestimmungen des allgemeinen bürgerlichen Rechts haben. In dieser Beziehung kamen vor 1900 in den gemeinrechtlichen Gebieten vor allem die Bestimmungen des

Aquilischen Gesetzes in Frage. Jetzt treten an deren Stelle die Vorschriften des Bürgerlichen Gesetzbuchs über unerlaubte Handlungen, insbesondere die §§ 823 und 826 B.G.B. Das vom Berufungsgericht festgestellte Sachverhältnis aber ergibt ohne weiteres, daß hier ein unter § 823 Abs. 1 B.G.B. fallender Tatbestand vorliegt. Der Steuermann Gr., dem die Führung des Schleppers „Auguste" oblag, hat fahrlässig das Eigentum der Firma L. B. & Söhne widerrechtlich verletzt. Er ist daher der Klägerin, an die L. B. & Söhne ihre Rechte abgetreten haben, zum Ersatze des daraus entstehenden Schadens verpflichtet; und weil sich die Fahrlässigkeit des Steuermanns als ein Verschulden in der Ausführung seiner Dienstverrichtungen darstellt, ist auch der Beklagte nach § 3 B.Sch.G. für den Schaden mit verantwortlich.

Die Revision will dies freilich nicht gelten lassen. Sie sucht auszuführen, daß von einer Fahrlässigkeit des Steuermanns Gr. nur geredet werden könne, weil und insoweit ihm durch den Schleppvertrag Pflichten gegenüber dem Br.'schen Kahne auferlegt waren. Außerhalb dieses kontraktlichen Bandes, auf das sich der Kläger nicht berufen könne, liege eine Pflichtversäumnis nicht vor. Diese Ausführung kann als richtig nicht anerkannt werden. Fahrlässig handelt nach § 276 B.G.B., wer die im Verkehr erforderliche Sorgfalt außer acht läßt. Die Beobachtung dieser Sorgfalt liegt, soweit es sich um den Schutz der in § 823 Abs. 1 aufgeführten Rechtsgüter handelt, jedermann ob; und wer durch ihre widerrechtliche Vernachlässigung an diesen Rechtsgütern geschädigt ist, dem gibt das Gesetz den Ersatzanspruch. Für diesen Ersatzanspruch des Geschädigten ist es ohne Bedeutung, ob sich die Außerachtlassung der im Verkehr erforderlichen Sorgfalt im Verhältnis des Schädigers zu einem Dritten zugleich als eine Vertragsverletzung darstellt. Daß Gr. aus dem Schleppvertrage, den er mit dem Br.'schen Kahne abgeschlossen hatte, diesem verpflichtet war, bei der Navigierung des Schleppzuges die Sorgfalt eines ordentlichen Schiffers anzuwenden, ist richtig. Kraft Gesetzes aber lag ihm außerdem auch die Pflicht ob, bei der Navigierung die erforderliche Sorgfalt anzuwenden, um nicht fremdes Eigentum (oder das Leben oder die Gesundheit anderer) zu beschädigen.

Erweist sich die Klage durch die Vorschriften des § 3 B.Sch.G.

in Verb. m. § 823 Abs. 1 und § 276 Abs. 1 Satz 2 B.G.B. als begründet, so muß hieraus auch weiter gefolgert werden, daß die Befreiungsklausel, die in dem Schleppvertrage Aufnahme gefunden hat, der Klage nicht entgegensteht. Wenn der Beklagte durch Vertrag mit dem Führer des Br.'schen Kahns diesem gegenüber seine gesetzliche Haftung für ein schadenstiftendes Verschulden der Schlepperbesatzung ausschloß, so wurde dadurch seine allgemeine deliktische Haftung gegenüber Dritten nicht berührt. Mag der Verzicht des Kahnführers auch so auszulegen sein, daß er nicht nur dessen kontraktliche, sondern auch dessen deliktische Ansprüche umfaßt, so kann er doch immer nur auf die eigenen Ansprüche des Kahnführers bezogen werden, nicht aber auf Ansprüche der Ladung, auf die zu verzichten der Schiffer nicht legitimiert ist. Ob Befreiungsklauseln in einem Frachtvertrage, den ein anderer im eigenen Namen, aber im Auftrage des Eigentümers des Frachtgutes abgeschlossen hat, die deliktischen Ansprüche aus dem Eigentum mitumfassen, steht nicht zur Erörterung. Den Schleppvertrag schließt der Kahnführer nicht im Auftrage des Ladungseigentümers oder des Absenders, sondern im eigenen Interesse zur Ausführung der ihm obliegenden Frachtreise.

Bei dieser Rechtslage durfte das Berufungsgericht es unentschieden lassen, ob die Behauptung des Beklagten richtig sei, daß die Befreiungsklausel auf Elbe und Havel bei allen Schleppschiffahrts-Unternehmern üblich, und daß dies auch den Spediteuren und Versendern bekannt sei. Auch wenn man annimmt, daß die Klägerin die Ausführung der Frachtreise durch Schlepperhilfe beim Abschlusse des Frachtvertrags als selbstverständlich unterstellt hat, kann dieser Sachverhalt keinen Anlaß bieten, der Befreiungsklausel eine Ausdehnung auf die Rechte Dritter zu geben, die ihr an sich nicht innewohnt. Das Reichsgericht vermag in dieser Hinsicht den von der Revision ins Feld geführten vermeintlichen Billigkeitsrücksichten kein Gewicht beizulegen." . . .

77. Hat der Architekt, welchem vom Bauherrn, abgesehen von der Herstellung der Bauzeichnungen und Kostenanschläge, nur Mitwirkung bei dem Abschluß der Verträge zwischen dem Bauherrn und den einzelnen Unternehmern, oder Stellvertretung des Bauherrn bei dem

Abschluß dieser Verträge sowie die Leitung und Überwachung der Bauarbeiten übertragen ist, Anspruch auf Einräumung einer Sicherungshypothek an dem Baugrundstücke?

B.G.B. § 648.

VII. Zivilsenat. Urt. v. 18. Mai 1906 i. S. M. (Kl.) w. N. (Bekl.). Rep. VII. 435/05.

I. Landgericht Freiburg.
II. Oberlandesgericht Karlsruhe.

Die Frage wurde verneint aus folgenden

Gründen:

„Der Berufungsrichter hält es nicht für geboten, die Frage nach dem Charakter des Vertrags zu entscheiden. Er führt aus: wenn auch eine Sicherungshypothek auf Grund eines Dienstvertrags ausgeschlossen sei, so erwachse doch andererseits auch nicht aus jedem Werkvertrag bezüglich eines Baues ein Anspruch auf eine Sicherungshypothek an dem Bauwerk, und selbst wenn im vorliegenden Falle der Vertrag vom 9. März 1904 als Werkvertrag aufzufassen wäre, so würde doch dem Kläger ein Anspruch auf Einräumung einer Sicherungshypothek nicht zugestanden werden können. Denn für den Ausgang des vorliegenden Rechtsstreits sei die Beantwortung der Frage entscheidend, ob ein Architekt, der Pläne rc zu fertigen, die verantwortliche Bauleitung zu übernehmen und die Verträge mit den Einzelunternehmern aufzustellen habe, als **Unternehmer** im Sinne des § 648 B.G.B. zu betrachten ist. Diese Frage aber verneint der Berufungsrichter. Er zieht zunächst und in erster Reihe die Entstehungsgeschichte des genannten Paragraphen heran. Ihr entnimmt er, daß der Anspruch auf Einräumung einer Sicherungshypothek grundsätzlich nur denjenigen habe gewährt werden sollen, deren Vertragsleistung darin besteht, daß sie das Bauwerk oder einen Teil desselben unmittelbar selbst erstellen, so daß ihre Arbeit im Gegensatz einerseits zu der der bloßen Lieferanten, andererseits zu der des planfertigenden und aufsichtführenden Architekten materiell in dem Bau zum Ausdruck komme. Diesen „Unternehmern" habe eine dingliche Haftung des Grundstücks, das sie ganz oder zum Teil erstellt haben, für ihre

Forderungen aus dem Vertrage, Entgelt für ihre Arbeit und gelieferte Materialien, ermöglicht werden sollen. Die Arbeit eines Architekten, der im wesentlichen die Pläne fertige und die verantwortliche Bauaufsicht habe, auch Verträge mit den Unternehmern abschließe, bestehe, so notwendig sie auch bei der Herstellung des Bauwerks sei, nicht in der Erstellung eines Bauwerks oder eines Teils desselben und er habe daher keinen Anspruch aus § 648 B.G.B. Alsdann führt der Berufungsrichter aus, daß diese Auffassung auch mit dem Wortlaut des § 648 und dem Sprachgebrauch des Wortes „Unternehmer" in Einklang stehe.

Demgegenüber macht die Revision geltend, es liege ein reiner Werkvertrag vor; nicht nur die Anfertigung der Pläne und Kostenanschläge sei ein Werk, sondern auch die übrige Leistung des Klägers. Dieser übernehme es allerdings nicht, daß das Haus zustande komme, sondern lediglich, daß das Zustandekommen des Hauses nicht an mangelnder Bauleitung scheitere. Das, was er übernehme, die Bauleitung, sei aber nichtsdestoweniger ein Werk. Dem Besteller komme es nur darauf an, daß eine ordentliche Bauleitung erfolge; wie sie erfolge, sei ihm gleich. Es sei dem Kläger völlig überlassen, wie er den Bau leiten wolle, und, abgesehen davon, daß er bei wichtigen Arbeiten und täglich mindestens einmal auf dem Bauplatz sein sollte, auch wieviel Zeit, Mühe und Geld er auf die Bauleitung verwenden wolle; seine Vergütung sei fest und von dem Maße seiner Tätigkeit unabhängig. Weiter sucht die Revision nachzuweisen, daß, wenn ein Werkvertrag vorliege, der Kläger auch die Rechte aus § 648 B.G.B. habe. Als irrig betrachtet sie die Ausführungen des Berufungsgerichts über die Entstehungsgeschichte der Gesetzesvorschrift. Sie bemerkt, wenn kein Plan da wäre, nach dem das Haus gebaut werden könnte, oder wenn das Haus nicht nach dem vorhandenen Plane gebaut werde, so entstehe ein Chaos, nicht das Haus. Damit das Haus entstehe, genüge es nicht, daß überhaupt gemauert rc. werde. Das Haus müsse nach einem Plane in bestimmter Form errichtet werden; die Erhöhung, die der Wert des Grundstücks durch den Hausbau erfahre, trete nicht durch die Leistungen der Handwerker allein ein, sondern nur, wenn diese Einzelleistungen sich nach dem Plane des Architekten zu einem sinnvollen Ganzen vereinten; also auch das Werk des Architekten, der den Plan mache und dafür sorge, daß er innegehalten werde, sei ein in das Grundstück zur Verwendung gelangendes Werk.

Erfolg konnten die Revisionsangriffe nicht haben. Die Bauzeichnungen und Kostenanschläge bleiben überhaupt außer Betracht, da sie den Bau nur vorbereiten, nicht aber einen Teil desselben bilden. Soweit aber, abgesehen hiervon, die dem Architekten übertragene Tätigkeit lediglich darin besteht, daß er beim Abschluß der Verträge zwischen dem Bauherrn und den einzelnen Unternehmern dem ersteren Hilfe leistet, oder auch in seiner Vertretung den Abschluß der Verträge bewirkt, sowie daß er die Bauarbeiten leitet und überwacht, ist dieselbe nicht geeignet, obwohl sie das Bauwerk unmittelbar betrifft, einen Anspruch aus § 648 B.G.B. zu rechtfertigen. Dies wird schon durch die Stellung des genannten Paragraphen im System des Gesetzbuchs und durch seinen Wortlaut ausgeschlossen. Die bezeichneten Tätigkeiten des Architekten stellen sich nur als Dienste im Sinne des § 611 B.G.B., speziell als fortlaufende Dienste, dar. Unerheblich ist, ob die Vergütung für sie sich nach der zeitlichen Dauer der Bauarbeiten richtet, oder ob sie in einer Gesamtsumme festgestellt wird. Eine Pflicht zur Herstellung eines Werkes übernimmt der Architekt nicht; der Vertrag hat nicht einen Erfolg zum Gegenstande, und der Architekt trägt nicht, wie im § 644 B.G.B. für den Werkvertrag vorgesehen ist, die Gefahr bis zur Abnahme des Bauwerks, sondern es kommt lediglich die Bestimmung des § 323 zur Anwendung, daß, wenn die aus einem gegenseitigen Vertrage dem einen Teil obliegende Leistung infolge eines Umstandes unmöglich wird, den weder er noch der andere Teil zu vertreten hat, er den Anspruch auf die Gegenleistung verliert. Seine Haftung aber bestimmt sich nach § 276 B.G.B. Der Versuch der Revision, die ordnungsmäßige Ausführung der Leitung und Überwachung im Gegensatz zur äußeren Art ihrer Vornahme, der Zeit des Verweilens auf dem Bauplatze 2c., als einen Erfolg zu charakterisieren, geht fehl; denn es handelt sich dabei immer nur um die Qualität der Vertragsleistung als solche. In dem Titel „Werkvertrag" (VII. Titel des VII. Abschnitts) aber hat der § 648 seinen Platz erhalten. Nach seinem Wortlaut steht der Anspruch auf die Sicherungshypothek dem „Unternehmer eines Bauwerks oder eines einzelnen Teiles eines Bauwerks" zu. Schon der Ausdruck „Unternehmer" weist auf den Werkvertrag hin. Das

Werk aber muß sich eben als ein Bauwerk oder als Teil eines solchen charakterisieren. Es ist nicht tunlich, das Bauwerk in seiner Gesamtheit deshalb, weil der Architekt zur Herstellung desselben eine leitende Tätigkeit ausübt, als ein von ihm unternommenes Werk aufzufassen; es entspricht nicht der wirklichen Sachlage, daß er als das Werk aus den Leistungen der einzelnen Unternehmer schaffend zu betrachten wäre, sondern die Unternehmer stellen den Bau her. Ebensowenig erscheint seine Leistung als Teil eines Bauwerks. Als solche Teile kennzeichnen sich nur die das Bauwerk im ganzen bildenden materiellen Ergebnisse der Einzelleistungen, wenn es auch nicht erforderlich ist, daß diese greifbar in körperlicher Abgegrenztheit vorliegen.

Auch der Anlaß zur fraglichen Gesetzesvorschrift spricht nicht für den Standpunkt des Klägers. Er lag darin, daß den Bauhandwerkern, welche einerseits durch ihre Tätigkeit das Bauwerk herstellen und den Wert des Grundstücks steigern, andererseits aber infolge ihrer gewerblichen und wirtschaftlichen Stellung der Regel nach nicht in der Lage sind, durch Vereinbarung mit dem Bauherrn sich vorher Sicherheit für ihre Forderungen versprechen zu lassen, ein Schutz kraft Gesetzes gewährt werden sollte. Als tatsächliche Voraussetzung für den Schutz ergab sich demgemäß der Abschluß eines Bauwerkvertrags und seine Erfüllung. Darüber hinaus einem jeden, der in irgendeiner rechtlichen und tatsächlichen Form, durch Handarbeit oder geistige Tätigkeit, zur Herstellung eines Baues beigetragen hat, einen gesetzlichen Anspruch auf eine Sicherungshypothek einzuräumen, ist nicht für geboten erachtet und hätte auch erhebliche Mißstände voraussehen lassen. Bei Handarbeitern, Gesellen rc ist Barzahlung des Lohnes, oder doch Zahlung in kurzen Perioden so sehr üblich, daß die Fälle der Kreditierung eine besondere Berücksichtigung nicht erfordern. Wäre ihnen trotzdem der Anspruch zugestanden, so würde eine ungemessene Zahl der Berechtigten, und eine übergroße Belastung des Grundbuchs die notwendige Folge gewesen sein. Auch würde bei solchen Arbeitern, welche nicht mit dem Bauherrn, sondern mit einem der Unternehmer im Vertragsverhältnis stehen, für den Bauherrn die Gefahr doppelter Zahlung entstanden sein. Die Lieferanten der Baumaterialien können sich mit Hilfe der Einrede des nicht erfüllten Vertrags schützen. Was aber die bauleitenden Architekten betrifft, so ist deren Stellung zu dem Bauherrn von solcher Art, daß ihnen ausreichende Handhaben, sich Sicherheit für ihre Forderungen auszubedingen, nicht fehlen. Auch ist anscheinend vor Erlaß des Gesetzes ein Bedürfnis, ihnen einen gesetzlichen Sicherungsanspruch zu gewähren, nicht zur Sprache gekommen.

Auch die Reichstagsverhandlungen geben der Auffassung des Klägers keine Stütze. Erheblich sind hier namentlich die Vorgänge in der Sitzung vom 22. Juni 1896 (vgl. Stenographische Berichte über die Verhandlungen des Reichstags IX. Legislaturperiode 5. Session 1895/97 Bd. 4 S. 2815 flg.). Vom Abgeordneten Auer war folgender Zusatz zu § 638 des Entwurfs beantragt: „das gleiche Recht steht dem Lieferanten von Materialien für das Bauwerk und dem Arbeiter zu, welcher eine Arbeitsleistung in das Bauwerk verwendet hat." Nachdem der Abgeordnete Frohme den gewünschten Zusatz als eine lediglich konsequente Anwendung des Prinzips zu charakterisieren versucht hatte, trat der Kommissar des Bundesrats dem Antrage in seinen beiden Richtungen entgegen. In seiner Erwiderung warf der Abgeordnete Frohme den Zweifel auf, was die Judikatur unter „einzelne Teil eines Bauwerks" verstehen werde. Dies gab dem Berichterstatter Abgeordneten Enneccerus, welcher der Ansicht war, daß durch die Ausführungen des Abgeordneten Frohme, vielleicht sehr gegen dessen Wünsche, eine Unklarheit in den Paragraphen hineingetragen werde, Anlaß zu einer Äußerung. Er konstatierte zunächst den Inhalt der vom Abgeordneten aufgeworfenen Frage, und zwar dahin, was im Sinne des Paragraphen als ein Gebäudeteil zu verstehen sei, ob jeder Handwerker, der irgend etwas an dem Gebäunde gemacht oder geleistet habe, von dem Rechte des Paragraphen Gebrauch machen könne. Alsdann antwortete er mit „Ja!" Hätte er damit geschlossen, und hätte in diesem Sinne seine Erklärung allgemeine Zustimmung gefunden, so wäre damit eine auch die bloßen Dienstverträge einschließende Auslegung ermöglicht. Er fügte aber noch folgendes hinzu: „Wer irgendeine Arbeit, welcher Art sie auch sei, bei der Errichtung eines Gebäudes geleistet hat, infolge eines unmittelbar mit den Eigentümern des Gebäudes geschlossenen Werkvertrags, der hat ein Recht, auf Grund dieses Paragraphen die Sicherungshypothek eintragen zu lassen." Nach Maßgabe dieser Erklärung, welche auf Widerspruch nicht gestoßen ist, bleibt der Gesetzesvorschrift eine mit ihrem Wortlaut völlig im Einklang stehende Bedeutung gewahrt. Wesentlich ist die Erklärung für den Sinn des Ausdrucks „Gebäudeteil" insofern, als sie bestätigt, daß dieser Begriff nicht eine körperliche, kubische Abgegrenztheit des Teiles erfordert; nichts aber kann ihr, gleichwie den sonstigen Verhandlungen in der genannten Sitzung, in bezug auf die Art der Tätigkeit und des ihr zugrunde liegenden Vertrags dafür entnommen werden, daß bloße Dienstverträge genügen. Im Gegenteil lassen die Verhandlungen erkennen, daß an dem Erfordernisse eines Werkvertrags mit dem Bauherrn und speziell an dem Erfordernisse des Unternehmens eines Bauwerks oder eines Teiles eines solchen festgehalten werden sollte. Insbesondere tritt aber in den Verhandlungen nichts dafür hervor, daß die bloß bauleitende und überwachende Tätigkeit eines Architekten für geeignet erachtet worden wäre, einen Anspruch auf eine Sicherungshypothek zu begründen."

78. Kann die Revision auf Verletzung des französischen Rechts (Code civil), soweit dasselbe als in Frankreich geltendes Gesetzesrecht zur Anwendung gebracht ist, gegründet werden?

Z.P.O. § 549.
Verordnung vom 28. September 1879 § 2.

II. Zivilsenat. Urt. v. 18. Mai 1906 i. S. R. (Bekl.) w. B. & G. (Kl.). Rep. II. 469/06.

I. Landgericht Elberfeld, Kammer für Handelssachen.
II. Oberlandesgericht Köln.

Die Frage wurde verneint.

Aus den Gründen:

... „Das Oberlandesgericht ist der Aufstellung der Klägerin, daß die Genehmigung des in Frage stehenden Geschäfts seitens der Beklagten zu spät erfolgt, dasselbe daher nicht rechtswirksam geworden sei, beigetreten, und hat demnach den Aufrechnungseinwand der Beklagten für nicht begründet erachtet. Dasselbe ist bei dieser Beurteilung davon ausgegangen, daß insoweit, da eine gegen die

Klägerin erhobene Schadensersatzforderung in Frage stehe, und nicht ersichtlich sei, daß die Parteien sich anderweitig über das anzuwendende Recht geeinigt hätten, nicht deutsches, sondern das in Frankreich geltende Recht zur Anwendung zu bringen sei. Diese Annahme ist rechtlich nicht zu beanstanden, weil es sich um die Frage der Verletzung einer in Frankreich zu erfüllenden Verbindlichkeit seitens der dort wohnenden Klägerin handelt. Soweit aber das in Frankreich geltende Recht zur Anwendung gebracht ist, kann die Revision schon deshalb keinen Erfolg haben, weil dieses Recht nicht revisibel ist. Die Revisibilität einer Rechtsnorm nach § 549 Z.P.O. ist in erster Linie dadurch bedingt, daß dieselbe als Gesetzesrecht im Bezirke des Berufungsgerichts gilt. Das ergibt sich bezüglich des französischen Rechts insbesondere auch aus dem klaren Wortlaute des § 2 der Verordnung vom 28. September 1879. Der Umstand, daß das im Auslande geltende zur Anwendung gebrachte Recht mit dem in dem Bezirk des Berufungsgerichts geltenden Recht inhaltlich übereinstimmt, kann die Revisibilität nicht begründen. Das entspricht auch der ständigen Rechtsprechung des Reichsgerichts.

Vgl. Entsch. in Zivils. Bd. 6 S. 413, Bd. 8 S. 88, Bd. 10 S. 115; Jurist. Wochenschr. 1896 S. 301 Nr. 7, S. 372 Nr. 14, 1897 S. 209 Nr. 18, 1899 S. 93 Nr. 21; Seuffert, Z.P.O. (8. Aufl.) zu § 549 S. 69 unter b; Petersen, Z.P.O. (5. Aufl.) zu § 549 Bem. 11 bei Anm. 10 und 13."

---

79. Ist § 75 Z.P.O. auch dann anwendbar, wenn der Dritte, der unter Bezugnahme auf den § 75 Z.P.O. in den Rechtsstreit eingetreten ist, lediglich Zurückweisung des vom Kläger auf Verurteilung des Dritten zur Einwilligung in die Auszahlung des hinterlegten Betrags an ihn gerichteten Antrags verlangt, ohne seinerseits zu beantragen, den hinterlegten Betrag ihm zuzusprechen?

II. Zivilsenat. Urt. v. 18. Mai 1906 i. S. Ehefr. A. Sch. (Kl.) w. Erben H. Sch. (Bekl.). Rep. II. 570/05.

I. Landgericht Düsseldorf.
II. Oberlandesgericht Köln.

Obige Frage wurde vom Reichsgericht bejaht aus folgenden, den Sachverhalt ergebenden

Gründen:

... „Es steht fest, daß Alexander Sch. auf die von der Klägerin gegen die Beklagten geltend gemachte Geldforderung für sich Anspruch erhebt, daß er auf die deshalb von den Beklagten an ihn erlassene Streitverkündung seinen Eintritt in den Rechtsstreit „gemäß § 75 Z.P.O." erklärt hat, und daß die Beklagten, nachdem sie den Betrag der Forderung unter Verzicht auf das Recht zur Rücknahme hinterlegt hatten, Entlassung aus dem Rechtsstreite verlangt haben. Im Gegensatze zu dem Landgericht, welches diesem Antrage stattgegeben und auf den Antrag der Klägerin den Alexander Sch. zur Einwilligung in die Auszahlung des hinterlegten Betrags an sie verurteilt hat, hat das Berufungsgericht, indem es die in der Berufungsinstanz von Alexander Sch. aufgestellte Behauptung, er sei nicht auf Grund des § 75 in den Rechtsstreit eingetreten, sondern gemäß § 74 Z.P.O. als Nebenintervenient den Beklagten beigetreten, für zutreffend erachtet, die Klage abgewiesen, weil die Klägerin nicht den Beklagten gegenüber nachgewiesen habe, daß sie von diesen das Geld zurückfordern könne. Die Annahme, der Eintritt des Alexander Sch. in den Rechtsstreit sei als Nebenintervention anzusehen, wird von dem Berufungsgericht mit der Erwägung begründet, daß Alexander Sch. nicht ebenso, wie die Klägerin, einen auf Zusprechung des hinterlegten Betrags an ihn gerichteten Antrag gestellt, sondern Abweisung des in diesem Sinne von der Klägerin gestellten Antrags und Abweisung der Klage verlangt hat. Diese Begründung und die darauf gestützte Abweisung der Klage beruhen auf Rechtsirrtum. Rechtliche Bedenken ergeben sich schon gegen die Zulässigkeit einer Nebenintervention in Fällen der vorliegenden Art. Die Nebenintervention besteht nach ihrem Wesen und Zweck in der Unterstützung einer Partei, um ihr zum Siege zu verhelfen. Wenn aber, wie es hier der Fall ist, die verklagte Partei das eingeklagte Geld schuldig zu sein zugibt und nicht Abweisung der Klage, sondern unter Hinterlegung des schuldigen Betrags gemäß § 75 Z.P.O. Entlassung aus dem Rechtsstreite erstrebt, so will sie nicht obsiegen und kann zum Zwecke des Obsiegens nicht von einem Dritten unterstützt werden. Auch haben im gegenwärtigen Falle die

Beklagten dem Alexander Sch. den Streit nicht zu dem Zwecke verkündet, seine Unterstützung zu erhalten, sondern um ihm Gelegenheit zu geben, seinen Anspruch auf die den Gegenstand des Rechtsstreites bildende Forderung gegen die Klägerin zu vertreten. Da er tatsächlich im Rechtsstreite die eingeklagte Forderung als ihm zustehend darzutun suchte, und damit die Beklagten als seine Schuldner betrachtet, ist auch sein Standpunkt nicht der eines Helfers, sondern eines Gegners der Beklagten. Ob hiernach Alexander Sch. überhaupt in wirksamer Weise als Nebenintervenient in dem gegenwärtigen Prozesse auftreten konnte, mag indessen unentschieden bleiben, da jedenfalls die Annahme des Berufungsgerichts, sein Eintritt in den Rechtsstreit sei als Nebenintervention aufzufassen, nach Lage der Sache rechtlich nicht zu halten ist. Nach § 75 Z.P.O. ist in dem Falle, daß auf Streitverkündung des verklagten Schuldners der Dritte, welcher die geltend gemachte Forderung für sich in Anspruch nimmt, in den Rechtsstreit eintritt, der Beklagte, wenn er den Betrag der Forderung zugunsten der streitenden Gläubiger unter Verzicht auf das Recht zur Rücknahme hinterlegt, auf seinen Antrag aus dem Rechtsstreite zu entlassen, der Rechtsstreit über die Berechtigung an der Forderung zwischen den streitenden Gläubigern allein fortzusetzen, und dem Obsiegenden der hinterlegte Betrag zuzusprechen. Die nach diesen Bestimmungen erforderlichen Voraussetzungen, nämlich der Eintritt des Alexander Sch. als Forderungsprätendent, dem der Streit verkündet worden war, in den Rechtsstreit, und die Hinterlegung des Betrags der Forderung durch die Beklagten liegen hier vor. Daraus ergab sich von selbst als notwendige gesetzliche Folge, daß die Beklagten, entsprechend ihrem Antrage, aus dem Rechtsstreite zu entlassen waren, und der Rechtsstreit zwischen der Klägerin und dem Alexander Sch. allein, und zwar mit dem Endergebnis fortgesetzt werden mußte, daß demjenigen unter ihnen, welcher obsiegte, der hinterlegte Betrag zugesprochen wurde. Der Mangel eines förmlichen Antrags des Alexander Sch., ihm den Betrag zuzusprechen, konnte für die Fortsetzung des Rechtsstreites zwischen ihm und der Klägerin ein Hindernis nicht bilden. Das Erfordernis förmlicher Antragstellung ist weder ausdrücklich im § 75 ausgesprochen, noch dem Sinn und Zweck desselben als ausnahmslose Regel zu entnehmen. Danach soll unter Vermeidung eines neuen Rechtsstreites in dem schwebenden Verfahren unter den Forderungsprätendenten allein endgültig die Frage zum Austrage gebracht werden, wem von ihnen das bessere Recht auf die Forderung zusteht. Die Forderung bleibt, da der Beklagte ausscheidet, nicht im Verhältnis zu diesem, sondern im Verhältnis der Prätendenten untereinander im Streite. Zu entscheiden ist also nicht die Frage, ob der Kläger mit Recht von dem Beklagten das eingeklagte Geld gefordert hat, sondern die Frage, ob dasselbe mit größerem Rechte von dem Kläger, oder von dem Dritten beansprucht werden kann. Mit Unrecht wird von dem Berufungsgericht ein prozessuales Bedenken dahin geltend gemacht, daß der Dritte nicht als streitender Gläubiger auftrete, wenn er nicht durch einen förmlichen Antrag den hinterlegten Betrag für sich begehre. Als streitender Gläubiger erscheint der Dritte schon dadurch, daß er als Gläubiger, nämlich mit dem Anspruch, ihm stehe die eingeklagte Forderung zu, in den Rechtsstreit eintritt, und, wie es im gegenwärtigen Falle geschehen ist, auch im Rechtsstreite ausdrücklich behauptet, ihm gebühre die eingeklagte Forderung, sowie bei dem Eintritt in den Rechtsstreit auf § 75 Z.P.O. Bezug nimmt. Die weitere Gestaltung des zwischen ihm und dem Kläger fortzusetzenden Rechtsstreites hängt wesentlich von seinem eigenen Verhalten ab. Der Fall, daß keiner der beiden Forderungsprätendenten den hinterlegten Betrag für sich begehrt, ist kaum denkbar. Stets wird der Kläger anstatt des ursprünglichen Klagebegehrens in irgendeiner Form verlangen, daß der hinterlegte Betrag ihm zugesprochen werde. Der Dritte, welcher in den Rechtsstreit eingetreten ist, kann diesen Anspruch anerkennen oder bestreiten, und kann auch seinerseits einen Antrag stellen, welcher sein Verlangen zum Ausdruck bringt, daß ihm der hinterlegte Betrag zugesprochen werde. Nötig ist letzteres aber nicht. Auch wenn er nur den dahin zielenden Antrag des Klägers abzuweisen beantragt, erweist er sich als ein streitender Gläubiger, und ist dem prozessualen Erfordernisse insofern genügt, als zwei Gegner (Gläubiger) vorhanden sind, die einander mit ihren Anträgen widersprechen. Dieser Fall liegt hier vor. Der in der ersten Instanz erklärte Eintritt des Alexander Sch. in den Rechtsstreit mußte daher, wie es auch seitens des Landgerichts geschehen ist, als nach § 75 erfolgt angesehen werden, und der Rechtsstreit konnte nur nach Maßgabe des § 75 zwischen der Klägerin und dem Alexander Sch. fortgesetzt werden." . . .

80. Muß ein Ausstattungszwecken dienendes Rentenversprechen schriftlich erteilt sein?

B.G.B. §§ 761. 1624.

IV. Zivilsenat. Urt. v. 23. Mai 1906 i. S. W. (Kl.) w. L. (Bekl.). Rep. IV. 569/05.

I. Landgericht II Berlin.
II. Kammergericht daselbst.

Der Kläger heiratete im Oktober 1901 die Tochter des Beklagten. Er behauptete, auf seine Vorstellung, daß er ohne einen jährlichen Zuschuß nicht heiraten könne, habe der Beklagte wenige Tage vor der Hochzeit versprochen, ihm oder seiner jetzigen Ehefrau als Mitgift eine den damaligen Vermögensverhältnissen des Beklagten entsprechende, vierteljährlich im voraus zahlbare Jahresrente von 1800 *M* zu zahlen. Die für die Zeit vom 1. Januar 1903 bis zum 30. Juni 1904 rückständigen Beträge klagte der Kläger ein. Der Beklagte wandte ein, er habe nur für das erste Jahr der Ehe einen Zuschuß bewilligt. In beiden Instanzen wurde die Klage abgewiesen. Das Berufungsgericht nahm an, als erwiesen sei jedenfalls nur anzusehen, daß das Versprechen mündlich erteilt sei; dies genüge aber nicht. Die Revision wurde zurückgewiesen.

Aus den Gründen:

. . . „Aus § 1624 B.G.B. ist nur zu entnehmen, daß die Ausstattung, die von einem Elternteil dem Kinde in Erfüllung einer sittlichen Verbindlichkeit gewährt wird, soweit sie das den Umständen entsprechende Maß nicht übersteigt, nicht als Schenkung gilt. Daraus folgt für das Versprechen einer solchen Ausstattung lediglich die Unanwendbarkeit der das Schenkungsversprechen betreffenden Formvorschrift des § 518 B.G.B. Im übrigen hängt es von dem Inhalt und der Art des von den Beteiligten gewählten Vertrags ab, ob eine sonstige, vom Bürgerlichen Gesetzbuch allgemein vorgesehene Formvorschrift zu beachten ist.

Die auf einer Einfügung der Reichstagskommission beruhende Vorschrift des § 761 B.G.B. ist mit Rücksicht auf die Wichtigkeit des Leibrentenvertrags und die lange Dauer seiner Wirksamkeit getroffen worden, während der Entwurf eine besondere Form für diesen Vertrag nicht vorsah. Nach der bezeichneten Vorschrift ist zur Gültigkeit eines Vertrags, durch den eine Leibrente versprochen wird, soweit nicht eine andere Form vorgeschrieben ist, schriftliche Erteilung des Versprechens erforderlich. Ausnahmen sind zugunsten der Ausstattungszwecken dienenden Rentenversprechen nicht gemacht worden. Hieraus ergibt sich die Folge, daß ein Ausstattungsversprechen, das die Hergabe eines nach den Umständen, insbesondere den Vermögensverhältnissen des Elternteils, angemessenen Geldkapitals zum Gegenstande hat, keiner Form bedarf, während das zum Zwecke der Ausstattung abgegebene Rentenversprechen schriftlich erteilt sein muß.

Mit Unrecht rügt die Revision, das Berufungsgericht habe den Begriff der Leibrente verkannt. Das Berufuugsgericht versteht unter Leibrenten im Sinne der §§ 759—761 B.G.B. periodisch wiederkehrende, auf eine längere Zeitdauer, im Zweifel auf die Lebensdauer des Rentenberechtigten, in Geld oder Naturalien zu entrichtende Leistungen. Darin ist eine Verkennung der wesentlichen Merkmale der Leibrente, die das Bürgerliche Gesetzbuch nicht näher bestimmt, sondern als bekannt voraussetzt, nicht zu erblicken. Es ist deshalb nicht zu beanstanden, wenn das Berufungsgericht angenommen hat, das fragliche, vom Beklagten der Ehefrau des Klägers abgegebene Versprechen falle unter die Vorschrift des § 761 und sei wegen Formmangels nichtig.

Das gleiche gilt aber auch für den Fall, daß dem Kläger für seine Person das behauptete Rentenversprechen mündlich erteilt sein sollte."

81. Haften die Mitglieder des Aufsichtsrats der Aktiengesellschaft, die ihre Aufsichtspflichten nicht genügend wahrgenommen haben, einer Person, die auf Grund geschmeichelter Bilanzen Aktien erworben

hat, für den dadurch entstandenen Schaden? Ist § 249 Abs. 1 H.G.B. ein Gesetz, das im Sinne des § 823 Abs. 2 B.G.B. „den Schutz eines anderen bezweckt"?

I. Zivilsenat. Urt. v. 23. Mai 1906 i. S. K. (Kl.) w. Dr. R. u. Gen. (Bekl.). Rep. I. 603/05.

I. Landgericht Neuwied.
II. Oberlandesgericht Frankfurt a. M.

Im November 1901 wurde über das Vermögen der „Fabrik feuerfester und säurefester Produkte, Aktiengesellschaft zu V.", das Konkursverfahren eröffnet. Die Gesellschaft war 1891 errichtet worden, hatte stets hohe Dividenden verteilt, und besaß zum Schluß ein Aktienkapital von 6000000 *M*. Der Kurs der Aktien schwankte in den Jahren 1896 bis 1900 zwischen 201 und 285 Prozent, fiel dann Ende 1900 auf 148 Prozent und im Jahre 1902 auf 14 Prozent. Der Zusammenbruch der Gesellschaft wurde herbeigeführt durch ungetreue Verwaltung des Gründers und alleinigen Vorstandsmitgliedes der Gesellschaft, des Ingenieurs B. Dieser wurde im November 1902 vom Landgericht wegen Vergehens gegen die §§ 312. 313 Nr. 3. 314 Nr. 1 u. Nr. 2 H.G.B. und gegen die §§ 240 Nr. 3 u. 244 K.O. rechtskräftig zu Gefängnis und Geldstrafe verurteilt. Das Urteil stellte fest, daß B. absichtlich zum Nachteile der Gesellschaft gehandelt, daß er wissentlich in seinen Darstellungen und in seinen Übersichten über den Vermögensstand die Verhältnisse unwahr dargestellt und verschleiert, daß er die Handelsbücher unordentlich geführt, daß er bei der Eintragung von Kapitalerhöhungen wissentlich falsche Angaben gemacht, und daß er Inhaberaktien vor Zahlung des Ausgabepreises in Kurs gesetzt habe.

Der Kläger kaufte im März 1900 und ferner im Februar und April 1901, also zu Zeiten, als der Kurs bereits zu weichen begann, nach und nach 10 Aktien der Gesellschaft und bezahlte hierfür im ganzen 12631 *M*. Nach Aufdeckung der Mißwirtschaft B.'s verkaufte er die Aktien und erlöste dafür 2247,65 *M*. Für den Preisunterschied von 10383,35 *M* nebst Zinsen machte er die Beklagten als Gesamtschuldner verantwortlich. Diese waren Mitglieder des Aufsichtsrats der Aktiengesellschaft.

Der Kläger machte geltend, die Beklagten hätten die ihnen nach dem Gesetz obliegenden Pflichten nicht erfüllt. Insbesondere hätten sie unterlassen, die Unterlagen der veröffentlichten Bilanzen mit der erforderlichen Sorgfalt zu prüfen. Infolge dieser Fahrlässigkeit seien sie für die Fälschungen B.'s mitverantwortlich. Ohne die pflichtwidrigen Unterlassungen der Beklagten hätten die Bilanzen nicht veröffentlicht, und die hohen Dividenden nicht verteilt werden können. Die Bilanzen und die Dividenden aber seien für ihn bestimmend gewesen, die Aktien zu erwerben. Daher seien auch die Beklagten für den Schaden haftbar, der dem Kläger durch den Kauf entstanden sei.

Die Beklagten bestritten, ihre Pflichten als Mitglieder des Aufsichtsrats vernachlässigt zu haben. Außerdem bekämpften sie die Klage aus Rechtsgründen.

Die Klage wurde in beiden Instanzen abgewiesen. Auch die Revision hatte keinen Erfolg.

Gründe:

„Das Berufungsgericht läßt es unentschieden, ob die Beklagten die Pflichten, die ihnen als Mitgliedern des Aufsichtsrats oblagen, fahrlässig verabsäumt haben, und ob der Kläger hierdurch zu Schaden gekommen ist. Es weist die Klage lediglich deswegen ab, weil dem Kläger weder nach den vor 1900 geltenden Gesetzen (allgemeines deutsches Handelsgesetzbuch und gemeines Recht), noch nach der dann in Kraft getretenen Gesetzgebung (Handelsgesetzbuch und Bürgerliches Gesetzbuch) wegen einer bloßen Fahrlässigkeit der Beklagten ein Schadensersatzanspruch gegeben sei.

In bezug auf die neuere Gesetzgebung bekämpft die Revision diese Rechtsansicht, indem sie Verletzung des § 823 Abs. 1 B.G.B. und der §§ 249. 246. 241 H.G.B. rügt. Der Angriff kann indes keinen Erfolg haben, wenn auch der Begründung im Berufungsurteile nicht beigetreten werden kann.

Zunächst ist hervorzuheben, daß der Kläger den Beklagten nicht vorgeworfen hat, sie hätten gegen eine der Strafvorschriften der §§ 312—319 H.G.B. verstoßen. Ebensowenig handelt es sich nach der Klagebegründung darum, daß gegen die Beklagten der Vorwurf erhoben wird, daß mit ihrem Wissen und ohne ihr Einschreiten eine der in § 241 Abs. 3 bezeichneten Handlungen vorgenommen wäre (§ 249 Abs. 3). Vielmehr ist der Standpunkt des Klägers, an dem die Revision festhält, folgender. Durch § 246 sei dem Aufsichtsrate die Pflicht auferlegt, die Geschäftsführung der Gesellschaft in allen Zweigen der Verwaltung zu überwachen, sich zu dem Zwecke vom Gange der Angelegenheiten zu unterrichten, und ferner die Jahresrechnungen, die Bilanzen und die Vorschläge zur Gewinnverteilung zu prüfen. Nach § 249 Abs. 1 hätten die Mitglieder des Aufsichtsrats bei der Erfüllung dieser ihrer gesetzlichen Obliegenheiten die Sorgfalt eines ordentlichen Geschäftsmannes anzuwenden. Das hätten die Beklagten durch ungenügende Prüfung und mangelhafte Aufsicht verabsäumt und damit gegen das Gesetz verstoßen. Dadurch sei der Kläger als „Dritter", d. h. als jemand, der zur Zeit der fahrlässigen Handlungsweise der Beklagten weder Aktionär noch Gläubiger gewesen sei, zu Schaden gekommen, indem er durch die Veröffentlichung der geschmeichelten Bilanzen und Jahresberichte veranlaßt worden sei, Aktionär zu werden. Die Beklagten aber hafteten ihm aus § 823 Abs. 2 B.G.B. Denn die Vorschrift des § 249 Abs. 1 H.G.B., wogegen die Beklagten verstoßen hätten, sei als ein „den Schutz eines anderen bezweckendes Gesetz" anzusehen.

Der Begriff des Schutzgesetzes im Sinne des § 823 Abs. 2 B.G.B. ist in der Literatur bestritten. Das Reichsgericht hat ausgesprochen, daß nicht nur Strafgesetze und polizeiliche Vorschriften unter den Begriff fallen können, sondern auch Vorschriften des bürgerlichen Rechts, z. B. die Vorschrift des § 909 B.G.B., wonach ein Grundstück nicht in der Weise vertieft werden darf, daß der Boden des Nachbargrundstücks die erforderliche Stütze verliert (Entsch. des R.G.'s in Zivils. Bd. 51 S. 179). Sodann ist angenommen worden, daß der Begriff auch solche Gesetze umfasse, die zwar zunächst den Schutz der allgemeinen öffentlichen Interessen bezwecken, daneben aber auch den Schutz der einzelnen (Entsch. a. a. O. Bd. 51 S. 178; Jurist. Wochenschr. 1904 S. 554). Allgemein anerkannt aber ist der Satz, daß der „andere", dessen Schutz das Gesetz bezweckt, der Beschädigte sein muß. Es kommt demnach hier darauf an, zu entscheiden, ob der § 249 Abs. 1 (in Verb. mit § 246) H.G.B. ein Gesetz ist, das nicht nur den Schutz der Aktiengesellschaft und ihrer Gläubiger bezweckt, sondern auch den Schutz aller übrigen Personen, die möglicherweise auf den Gedanken kommen könnten, sich Aktien zu kaufen. Diese Frage ist zu verneinen.

Die Vorschrift des § 249 Abs. 1 regelt, ebenso wie die des § 241 Abs. 1 H.G.B., an und für sich nur das Vertragsverhältnis zwischen der Körperschaft und der Person, die für die Körperschaft oder in deren Interesse tätig werden soll. Einer solchen ein konkretes Vertragsverhältnis regelnden Bestimmung kann, selbst wenn sie, wie es hier der Fall, zwingender Natur ist, die Bedeutung nicht beigelegt werden, den Schutz eines anderen als des Gegenkontrahenten zu bezwecken, geschweige denn den Schutz jedes beliebigen Dritten. Der weitere Inhalt der §§ 249 und 241 stellt es völlig klar, daß dem so ist. Denn der Ausspruch des Gesetzes, daß Vorstand und Aufsichtsrat der Gesellschaft, und, unter gewissen einschränkenden Voraussetzungen, auch den Gläubigern für die Verletzung ihrer aus Abs. 1 fließenden Pflichten verhaftet sind, würde auf dem Boden der gegenwärtigen Gesetzgebung völlig überflüssig sein, wenn ein solcher Anspruch in größerem Umfange schon jedermann durch § 823 Abs. 2 B.G.B. gegeben wäre. Demnach greifen hier dieselben Gesichtspunkte durch, die den VI. Zivilsenat veranlaßt haben, im Hinblick auf § 832 B.G.B. den Vorschriften in den §§ 1627 und 1631, die dem Vater die Aufsichtspflicht für das Kind auferlegen, die Bedeutung eines Schutzgesetzes im Sinne des § 823 abzusprechen (Entsch. in Zivils. Bd. 53 S. 314).

Unrichtig ist es, wenn das Berufungsgericht, um die Abweisung der Klage zu begründen, auf Art. 2 Einf.-Ges. zum H.G.B. zurückgreift, wonach in Handelssachen die Vorschriften des Bürgerlichen Gesetzbuchs nur insoweit zur Anwendung kommen, als nicht im Handelsgesetzbuche ein anderes bestimmt ist. Darin liegt ein logischer Fehler. Das Handelsgesetzbuch bestimmt nur, daß die Gesellschaftsorgane der Gesellschaft, und beschränkt den Gläubigern haften. Inwieweit eine deliktische Haftung gegenüber den Aktionären und gegenüber Dritten besteht, darüber bestimmt das Handelsgesetzbuch nichts. Dies ist ausschließlich dem bürgerlichen Rechte zu entnehmen. Man darf daher nicht sagen, weil das Sonderrecht des Handelsgesetzbuchs dem Bürgerlichen Gesetzbuche vorgehe, falle die deliktische Haftung weg, also etwa auch die Haftung aus § 823 Abs. 1 oder aus § 826 B.G.B. Die Frage bleibt immer nur: ist § 249 Abs. 1 B.G.B. ein Schutzgesetz für dritte Personen im Sinne des § 823 Abs. 2 B.G.B.? Und daher ist es nicht haltbar, wenn das Oberlandesgericht dies zwar bejahen, dann aber doch wegen der Sonderrechtsnatur des Handelsgesetzbuchs den Schutz nur im Umfange des Handelsgesetzbuchs selbst gewähren will.

Für seine Auffassung, daß der § 249 Abs. 1 H.G.B. als ein den Schutz dritter Personen bezweckendes Gesetz anzusehen sei, beruft sich das Oberlandesgericht auf zwei Entscheidungen des Reichsgerichts, die in Wahrheit aber die vorliegende Frage unberührt lassen. In der einen (Entsch. des R.G.'s in Zivils. Bd. 59 S. 237) wird anläßlich der Frage, ob § 163 Abs. 1 St.G.B., der den fahrlässigen Falscheid mit Strafe bedroht, als ein Schutzgesetz im Sinne des § 823 Abs. 2 B.G.B. zu erachten sei, bemerkt, die Grenzen des Begriffs zu eng zu ziehen, verbiete sich schon deshalb, weil dann das Fehlen eines allgemeinen Ersatzanspruchs für fahrlässige Vermögensbeschädigung im Bürgerlichen Gesetzbuche um so drückender empfunden werden würde. Diese Worte, die, wie sich aus dem Zusammenhange ergibt, nur von Strafgesetzen handeln, dürfen aus diesem Zusammenhange nicht gelöst werden. Im übrigen kann es richtig sein, daß man die Grenzen des Begriffs nicht zu eng ziehen darf. Ebenso richtig aber ist es, daß man sie auch nicht zu weit ziehen darf. In der anderen Entscheidung (Entsch. des R.G's in Zivils. Bd. 59 S. 49) spricht der III. Zivilsenat aus, daß der § 69 des Genossenschaftsgesetzes, der dem Vorstande der Genossenschaft die Pflicht auferlegt, die Austrittserklärung des Genossen zum Register anzumelden, ein Gesetz sei, das auch den Schutz des austretenden Genossen bezwecke. Dessen Schadensklage aus § 823 Abs. 2 B.G.B. ist daher zugelassen. Ob dieser Entscheidung beizutreten sein würde, kann unerörtert bleiben. Es genügt, daß es durchaus möglich erscheint, den § 69 des Genossenschaftsgesetzes als ein Schutzgesetz auch für den einzelnen Genossen anzusehen, dem § 249 Abs. 1 H.G.B. aber doch die Bedeutung abzusprechen, daß er den Schutz dritter Personen bezwecke. Darin liegt nicht notwendigerweise ein Widerspruch. Denn es wird für jede gesetzliche Bestimmung stets besonders zu untersuchen sein, ob und inwieweit sie den Schutz „eines anderen" bezweckt."

82. Hat die vorläufige Vollstreckung die Wirkung, daß der Schuldner gegen die Klageforderung in der Berufungsinstanz eine neue, aber nach § 529 Z.P.O. zulässige Aufrechnungseinrede nicht mehr vorschützen kann?

Z.P.O. §§ 717 Abs. 2. 815 Abs. 3.

VI. Zivilsenat. Urt. v. 28. Mai 1906 i. S. Z. (Bekl.) w. Sch. (Kl.) Rep. VI. 547/05.

I. Landgericht Breslau.
II. Oberlandesgericht daselbst.

In der ersten Instanz bestritt der Beklagte die Forderung des Klägers, wurde aber klagegemäß zur Zahlung verurteilt, und es wurde das Urteil gegen Sicherheitsleistung für vorläufig vollstreckbar erklärt. Nach der Bestellung der Sicherheit wurde der Betrag der Forderung vom Beklagten beigetrieben, der zur Abwehr der Pfändung zahlte. Er legte gegen das ergangene Urteil Berufung ein und brachte gegen den Klaganspruch, den er wiederum bestritt, eine Gegenforderung in Aufrechnung, die nach der Zeit, wo die Vollstreckung stattgefunden hatte, von ihm erworben war. Das Berufungsgericht sah diese neue Einrede als prozessual zulässig, aber als gegenstandslos an. Die von der Revision hierüber erhobene Beschwerde wurde für begründet erachtet.

Aus den Gründen:

... „Das Berufungsgericht hat die Geltendmachung der neuen Aufrechnungseinrede nach § 529 Abs. 3 Z.P.O. für prozessual zulässig erachtet, weil der Beklagte ohne sein Verschulden außerstande gewesen sei, die Einrede in der ersten Instanz vorzubringen. Aber sie ist von ihm als „gegenstandslos" angesehen, weil zu der Zeit, wo der Beklagte sie erworben habe, die Klageforderung bereits durch Zahlung an den Gerichtsvollzieher getilgt gewesen sei. Der Hingabe des Geldes an den Gerichtsvollzieher zur Abwehr der Pfändung aus dem vorläufig vollstreckbaren Urteile wird also die rechtliche Wirkung einer Zahlung beigelegt, die den Anspruch des Klägers getilgt und nur ein Rückforderungsrecht des Beklagten nachgelassen habe. Diese Auffassung, die allerdings folgerichtig zu dem Ergebnis führt, daß eine Aufrechnung mit der getilgten Forderung rechtlich unmöglich war, ist nicht gebilligt worden. Das Urteil des I. Zivilsenats (Entsch. in Zivils. Bd. 39 S. 106), das das Berufungsgericht für sich anführt, steht dem nicht entgegen, da es nur eine konkursrechtliche Frage, und auf Grund des damaligen Prozeßrechts, entschieden hat.

Die prozessuale Zulässigkeit der neuen Einrede ist vom Berufungsgericht mit Recht angenommen. Die vorläufige Vollstreckbarkeit des Urteils hat dem Rechtsmittel des Beklagten die den Vollzug aufschiebende Wirkung genommen, im übrigen aber seine prozessualen Befugnisse nicht eingeschränkt. Eine andere Frage ist es, ob nicht die Durchführung der Zwangsvollstreckung die vom Berufungsgericht angenommene materiellrechtliche Wirkung hat. Es ließe sich die Sache so auffassen, daß die, wenngleich unfreiwillige, Hingabe des Geldes an den Gerichtsvollzieher, der nach dem § 754 Z.P.O. dem Beklagten als Beauftragter des Klägers gegenübersteht, nach der Vorschrift des § 815 Abs. 3 Z.P.O. als Zahlung zu gelten habe. Der auf seiten des Beklagten nicht vorhandene Wille zu zahlen werde durch den Zwang des Gerichts ergänzt, gerade so wie bei der Vollstreckung eines rechtskräftigen Urteils, wenn der Beklagte die Zahlung weigert. Man hätte dann die Hergabe des Geldes oder, was gleich sein würde, dessen Wegnahme durch den Gerichtsvollzieher als eine Zahlung aufzufassen, die zwar unter Vorbehalt und ohne Schuldanerkennung erfolgt, aber dennoch eine Zahlung ist und die Wirkung einer solchen auf den Bestand der Klagforderung hat. Allein die rechtlichen Bedenken gegen solche Auffassung der vorläufigen Vollstreckung sind doch überwiegend.

Die vorläufige Vollstreckung und die endgültige zur Durchführung einer rechtskräftigen Verurteilung haben nicht nur einen verschiedenen Namen, sondern auch eine verschiedene Bestimmung. Sie sind darum auch nicht notwendig von gleicher Wirkung auf den Bestand der Klageforderung; vielmehr ist schon aus der Bezeichnung als vorläufiger Zwangsmaßregel zu folgern, daß dieser die mindere Rechtswirkung beiwohnt. Es kommt, da eine ausdrückliche Entscheidung hierüber nicht im Gesetze gegeben ist, darauf an, was dessen sonstigen Vorschriften zu entnehmen ist. Da ist es nun entscheidend, daß nach dem im § 717 Abs. 2 Z.P.O. zum Ausdrucke gebrachten Willen des Gesetzes aus der vorläufigen Vollstreckbarkeit eines Urteils dem Beklagten kein Schade entstehen soll. Wird das

Urteil aufgehoben, so ist der Kläger zum Ersatz des aus der Vollstreckung dem Beklagten erwachsenen Schadens verpflichtet. Es wird hier nicht, wie im § 945 Z.P.O., ein Unterschied gemacht zwischen dem Falle, wo das vorläufig vollstreckbare Urteil von Anfang an ungerechtfertigt gewesen ist, und dem anderen, wo die Aufhebung des Urteils auf Grund eines neuen Vorbringens erfolgt. Entscheidend ist vielmehr allein, ob das schließliche Endurteil in dem Streite zugunsten des Klägers, oder des Beklagten ausfällt. Der erstere macht von dem Ausnahmerechte der vorläufigen Vollstreckbarkeit Gebrauch auf die Gefahr hin, daß der Beklagte mit einem in der höheren Instanz vorgebrachten weiteren Rechtsbehelfe die Aufhebung des Urteils erreicht. Diese uneingeschränkte Verpflichtung des Klägers zum Ersatze führt dahin, daß er in der Vollstreckung nicht das Mittel haben kann, dem Beklagten die Geltendmachung einer nachträglich erworbenen Einrede zu nehmen, deren Verlust für ihn schadenbringend sein würde. Eben diese Erwägung schließt es aus, die vorläufige Vollstreckung als eine Zahlung aufzufassen, die unter Vorbehalt und ohne Schuldanerkennung erfolgt, und bei der der fehlende Erfüllungswille des Beklagten durch den Zwang des Gerichts ergänzt wird. Die Hingabe oder Wegnahme des Geldes auf Grund der vorläufigen Vollstreckung ist vielmehr die vorläufige Regelung des Streitverhältnisses zugunsten des Klägers, aber unter voller Wahrung der Rechte des Beklagten; und der Bestand dieser vorläufigen Regelung ist abhängig gemacht von dem Bestand oder der Aufhebung des Urteils, nicht von dem Bestande der Klageforderung zur Zeit der Erlassung des Urteils oder seiner Vollstreckung. Die Entscheidung über die rechtliche Wirkung der Auslieferung des Geldes ist hiernach hinausgeschoben bis zur rechtskräftigen Entscheidung des Streites." . . .

83. Finden die Vorschriften des § 254 B.G.B. auch auf die Fälle des § 2 des Reichshaftpflichtgesetzes vom 7. Juni 1871 Anwendung?

VI. Zivilsenat. Urt. v. 28. Mai 1906 i. S. v. J. (Bekl.) w. L. (Kl.). Rep. VI. 376/05.

I. Landgericht Bartenstein.
II. Oberlandesgericht Königsberg.

Die vorstehende Frage wurde vom Reichsgericht bejaht, aus folgenden

Gründen:

..."Die Anwendbarkeit des § 254 B.G.B. auf den Schadensersatzanspruch aus § 2 des Reichshaftpflichtgesetzes steht außer allem Zweifel. Die Gründe, aus denen das Reichsgericht die Vorschrift des § 254 auch für die aus dem Reichshaftpflichtgesetze entspringenden Schadensersatzansprüche als maßgebend erachtet und auf die Fälle des § 1 des letztgenannten Gesetzes in ständiger Rechtsprechung angewendet hat,

vgl. Urteil des erkennenden Senats vom 24. November 1902, Entsch. in Zivils. Bd. 53 S. 77 flg.; auch Urteil vom 12. Februar 1903, ebendort S. 398 flg.,

treffen für den Fall des § 2 des Haftpflichtgesetzes gleichermaßen zu. Die hiergegen namentlich von Eger (Reichs-Haftpflicht-Gesetz 6. Aufl. Bem. 2 zu § 2 S. 316, vgl. Bem. 12 zu § 1 S. 199 flg.) erhobenen Bedenken erscheinen gerade für diesen Fall um so weniger begründet, als es sich bei § 2 um eine Haftung aus Verschulden, wenn auch nicht aus eigenem Verschulden des Haftpflichtigen — in der früheren Rechtssprache eine quasideliktische Obligation —, handelt, und als der § 2 über das konkurrierende Verschulden des Verletzten eine eigene Bestimmung gar nicht enthält." ...

84. Zur Anwendung der §§ 8 Ziff. 2 und 10 Gew.O. auf Verpflichtungen zum Bierbezuge.

II. Zivilsenat. Urt. v. 29. Mai 1906 i. S. T. u. Gen. (Kl. u. Widerbekl.) w. Ehel. O. (Bekl. u. Widerkl.). Rep. II. 512/05.

I. Landgericht Erfurt.
II. Oberlandesgericht Naumburg a. S.

Die Beklagten sind Eigentümer eines Grundstücks zu E., in dem eine Schankwirtschaft betrieben wird. Ihr Schwiegersohn Sch. ist in letzterer als Wirt eingesetzt. Bei den Klägern, Inhabern einer Großbrauerei, nahmen sie ein Darlehn von 13000 ℳ auf, für das sie ihnen Hypothek bestellten. In der Hypotheken-Bestellungsurkunde vom 6. Juli 1904 verpflichteten sie sich, dafür einzustehen, daß alles Bier, das in dem bezeichneten Grundstücke von ihnen oder anderen zum Ausschank gebracht werde, echt bayerisches und Lichtenhainer Bier ausgenommen, aus der Brauerei der Kläger oder ihrer Nachfolger entnommen werde, und zwar solange die Hypothek an diesem Grundstücke für Kläger und ihre Geschäftsnachfolger bestehe, mindestens aber bis zum 1. Juli 1916. Sie verpflichteten sich ferner, für jedes Hektoliter verbotenen Bieres eine Strafe von 5 *M* an die Kläger oder ihre Geschäftsnachfolger zu bezahlen und bestellten für alle Forderungen aus Vertragsstrafe eine Sicherheitshypothek in Höhe von 3000 *M*.

Mit der Klage war Zahlung von Vertragsstrafen verlangt, weil verbotenes Bier in jener Wirtschaft verschenkt worden sei. Die Beklagten beantragten, die Klage abzuweisen, und erhoben Widerklage mit dem Antrage, festzustellen, daß den Klägern überhaupt nicht das Recht zustehe, solche Vertragsstrafen zu verlangen. Der erste Richter hat die Beklagten nach den Klaganträgen verurteilt und mit der Widerklage abgewiesen. Das Berufungsgericht änderte dahin ab, daß es die Klage abwies und gegen die Kläger als Widerbeklagte nach dem Feststellungsbegehren der Widerklage erkannte. Auf Revision letzterer wurde das Berufungsurteil aufgehoben, und die Sache zur anderweiten Verhandlung und Entscheidung an das Berufungsgericht zurückverwiesen.

Aus den Gründen:

. . . „Der III. Zivilsenat des Reichsgerichts hat in einem Urteile vom 28. Oktober 1905 (Entsch. in Zivils. Bd. 59 S. 109) auf Grund der Sachlage, daß auf einem Grundstück mit Wirtschaftsbetrieb als Reallast eingetragen war, der Inhaber des Grundstücks habe auf die Dauer von 15 Jahren das Bier von einer näher bezeichneten Brauerei zu beziehen, ausgesprochen, der durch einen Vertrag vom 1. Juli 1897 begründete Erwerb der Reallast verstoße gegen § 10 Gew.O. und sei somit nichtig. In den Gründen zu diesem Urteile wird insbesondere ausgeführt, unter den in § 10 Gew.O. bezeichneten Zwangs- und Bannrechten seien nicht nur die im § 7 und § 8 Ziff. 1 erwähnten Zwangsrechte zu verstehen, sondern auch das Zwangsrecht der Ziff. 2 des § 8. Die Besonderheit der Ziff. 2 wird darin gefunden, dadurch sei die Ablösbarkeit für den Fall ausgedehnt worden, daß die Verpflichteten nicht Personengemeinschaften, sondern Kategorien von Einzelpersonen angehören. Eine solche Kategorie von Einzelpersonen seien die Inhaber der Schankstätte. Nach Lage des konkreten Falles wird weiter dort angenommen, der jeweilige Inhaber der Schankstätte als solcher habe gezwungen werden sollen, das Bier auf die Dauer von 15 Jahren von der beklagten Brauerei zu beziehen.

Unter Hinweis auf dieses Urteil des Reichsgerichts erwägt das Oberlandesgericht: durch die Übernahme der in die Hypotheken-Bestellungsurkunde aufgenommenen Verpflichtung hätten die Beklagten dem Erblasser der Kläger das Recht eingeräumt, sie zu zwingen, daß sie entweder selbst oder ihre Vertreter oder ihre Pächter das im fraglichen Grundstück zum Ausschank gelangende Bier bis mindestens zum Jahr 1916 aus der Brauerei des Erblassers der Kläger beziehen. Dieses Recht stelle sich als ein im § 8 Ziff. 2 Gew.O. bezeichnetes Recht dar, den Inhaber einer Schankstätte zu zwingen, daß er für seinen Wirtschaftsbedarf das Getränk aus einer bestimmten Fabrikationsstätte entnehme. Nach der bezogenen Entscheidung des Reichsgerichts falle ein solches Zwangsrecht auch dann unter § 8 Ziff. 2, wenn es durch Vertrag und nur auf Zeit bestellt sei. Verfehlt seien die Einwendungen der Kläger, es handle sich um eine persönliche Verpflichtung zweier bestimmter Personen zur Zahlung einer Entschädigung, wenn in ihrem Hause Bier verschenkt werde, das nicht vom Kläger entnommen sei, und diese Verpflichtung sei nicht als ein Zwangsrecht im Sinne des § 8 Ziff. 2 anzusehen. Richtig sei zwar, daß der Vertrag nicht mit dem Inhaber der Schankstätte abgeschlossen, und danach nicht der Inhaber selbst, sondern die Beklagten als deren Eigentümer gezwungen werden könnten, das Bier aus der Brauerei der Kläger zu beziehen. Die Beklagten hätten aber aus dem Vertrage dafür einzustehen, daß das von anderen in ihrem Grundstücke ausgeschenkte Bier aus der Brauerei der Kläger entnommen werde; sie müßten daher dem jeweiligen Inhaber der Schankwirtschaft eine entsprechende Vertragspflicht auferlegen, so daß der im vorliegenden Vertrag enthaltene Zwang sich indirekt immer gegen den Inhaber der Schankwirtschaft richte. Da sich hiernach der Zwang nicht nur gegen die Beklagten richte, wenn sie selbst Bier im fraglichen Grundstück verschenkten, sondern mittelbar gegen alle anderen, die Bier in diesem Grundstücke ausschenkten, stehe hier nicht etwa nur ein zwischen zwei physischen Personen begründetes Recht, sondern ein gegen eine ganze Kategorie von Einzelpersonen gerichtetes Recht in Frage. Ein solches Zwangsrecht unterliege der Ablösung nach § 8 Ziff. 2 und könne nach § 10 Gew O. nicht mehr erworben werden, da es eine Gewerbebeschränkung enthalte, die mit der in § 1 Gew.O. jedermann gestatteten Gewerbefreiheit unvereinbar sei. Der vorliegende Vertrag verstoße danach gegen § 10 Gew.O. und sei daher nichtig (§ 134 B.G.B.).

Der Annahme des Oberlandesgerichts, durch den vorliegenden Vertrag sei ein der Ablösung nach § 8 Ziff. 2 Gew.O. unterliegendes Zwangsrecht begründet, er verstoße daher gegen § 10 Gew.O. und sei aus diesem Grunde nichtig, kann nicht beigetreten werden. § 8 Ziff. 2 a. a. O. verlangt als mindestes, daß durch Vertrag oder dingliches Recht jeder Inhaber einer Schankstätte — also die durch die Inhaberqualität bezeichnete Kategorie von Einzelpersonen — gezwungen sei, für seinen Wirtschaftsbetrieb das Getränk aus einer bestimmten Fabrikationsstätte zu entnehmen. Sein Mindesterfordernis ist ein unmittelbarer Zwang gegen jeden Inhaber der Schankstätte. Daran fehlt es nach den eigenen Ausführungen des Oberlandesgerichts, wonach der Zwang sich nur mittelbar — durch eine weitere zwischen den Beklagten und dem jeweiligen Inhaber zu treffende Vereinbarung — „immer" gegen den Inhaber der Schankwirtschaft richte. Ein solcher nur möglicher, nur durch einen Vertrag zwischen dem Verpflichteten und dem Inhaber der Schankstätte bedingter, jeweils erst zu begründender Zwang der einzelnen Inhaber reicht zur unmittelbaren Anwendung des § 8 Ziff. 2 a. a. O. nicht zu.

Eine andere Frage ist, ob nicht der in § 8 Ziff. 2 und § 10 Gew.O. ausgesprochene Rechtsgedanke zu dem Ergebnisse führen kann, solche Vereinbarungen, die einen mittelbaren Zwang der angenommenen Art bezwecken, als gegen die guten Sitten im Sinne des § 138 B.G.B. verstoßend auf Grund der letzteren Gesetzesvorschrift für nichtig zu erklären. Dabei wäre außer dem Gesamtinhalt der Vertragsgedinge namentlich die Dauer der Gebundenheit in Betracht zu ziehen. Denn bei den wirtschaftlichen Zuständen der Gegenwart, deren Eigenart im raschen Wechsel der Konjunkturen und ihrem geschickten Ausnutzen besteht, kann es nahe liegen, einen durch langfristige Bindung begründeten Ausschluß des freien Ausnutzens der Konjunkturen als unzulässige Unterbindung der wirtschaftlichen Freiheit zu beurteilen. Nach der Praxis des erkennenden Senats ist indessen die Frage, ob ein Rechtsgeschäft gegen die guten Sitten im Sinne des § 138 B.G.B. verstoße, nicht ausschließlich Rechtsfrage; sie ist wenigstens zum Teil auch Frage der tatsächlichen Würdigung des einzelnen Falles. Das Oberlandesgericht hat aber das vorliegende Tatsachenmaterial noch nicht unter dem gedachten Gesichtspunkte geprüft. Deshalb war es nicht möglich, im Wege des § 565 Abs. 3 Nr. 1 Z.P.O. seine Entscheidung durch Anwendung des § 138 B.G.B. aufrecht zu halten." ...

85. 1. Welche Oberpostdirektion ist für Ansprüche gegen die Postverwaltung im Falle der Einräumung eines Postschließfachs zuständig?

2. Hat der Inhaber eines Postschließfachs Ansprüche gegen die Post, wenn in das Schließfach einzulegende Gegenstände am Postschalter einer zur Abholung nicht ermächtigten Person ausgehändigt worden sind?

III. Zivilsenat. Urt. v. 29. Mai 1906 i. S. F. (Kl.) w. Reichspostfiskus (Bekl.). Rep. III. 431/05.

I. Landgericht Düsseldorf.
II. Oberlandesgericht Köln.

Gründe:

„Der Kläger hat am 16. August 1893 der Kaiserlichen Postanstalt in Neuß eine Abholungserklärung gemäß § 48 des Gesetzes über das Postwesen des Deutschen Reichs vom 28. Oktober 1871, und § 42 der Postordnung für das Deutsche Reich vom 11. Juni 1892 (Zentralblatt für das Deutsche Reich 1892 S. 453) ausgestellt, und am 4. September 1901 schriftlich einen Antrag auf Überlassung eines Schließfachs (Gesetz vom 11. März 1901, betr. Änderung des Gesetzes über das Posttaxwesen im Gebiete des Deutschen Reichs vom 28. Oktober 1871, Postordnung für das Deutsche Reich vom 20. März

1900 — Zentralblatt für das Deutsche Reich 1900 S. 53 — § 42 in der Fassung vom 8. April 1901 — Zentralblatt für das Deutsche Reich 1901 S. 107 —) gemäß Nr. 3 der Grundsätze für die Überlassung verschließbarer Abholungsfächer an dieselbe Postanstalt gerichtet, wobei jedoch jene Abholungserklärung nicht wiederholt wurde. Der Kläger, dem daraufhin ein Schließfach beim Postamt zu Neuß überlassen wurde, behauptet, daß die Postbehörde seinem am 1. Oktober 1903 entlassenen Kommis B. teils vor, teils nach dieser Entlassung Ablieferungsscheine zu Wertbriefen und Postanweisungen auf Grund der Vorspiegelung des Besitzes einer bezüglichen Vollmacht am Schalter ausgehändigt habe, obwohl dieser nicht im Besitze des Schlüssels zum Schließfache gewesen sei, und daß es infolgedessen dem B., der auf den Postquittungen seinen, des Klägers, Namen gefälscht habe, möglich gewesen sei, Geldbeträge von insgesamt 1875,55 ℳ für sich zu erheben. Der Kläger hat Klage auf Ersatz des ihm dadurch erwachsenen Schadens gegen den Reichspostfiskus, vertreten durch die Kaiserliche Oberpostdirektion zu Düsseldorf, als die für Neuß zuständige Oberpostdirektion, erhoben. Der Beklagte hat Abweisung der Klage beantragt, indem er (abgesehen vom Bestreiten in tatsächlicher Hinsicht) geltend machte, daß die Klage nur gegen die im § 13 des Gesetzes über das Postwesen des Deutschen Reichs vom 28. Oktober 1871 genannte Oberpostdirektion, als welche die zu Düsseldorf in keinem der in Betracht kommenden Fälle erscheine, gerichtet werden könne, daß der Anspruch an die Postverwaltung gemäß § 14 des genannten Reichsgesetzes erloschen sei, und daß der erhobene Anspruch überhaupt unbegründet erscheine. Das Gericht erster Instanz hat die Klage abgewiesen, indem es zwar die Einwendungen aus §§ 13. 14 des erwähnten Reichsgesetzes zurückwies, aber den erhobenen Anspruch selbst als unbegründet erachtete. Die vom Kläger mit dem Antrag auf Klagezusprechung eingelegte Berufung wurde durch das jetzt angefochtene Urteil aus denselben Erwägungen als unbegründet zurückgewiesen. Die vom Kläger gegen das Berufungsurteil mit dem früheren Antrag eingelegte Revision kann für begründet nicht erachtet werden.

Ohne Rechtsirrtum hat zwar zunächst das Berufungsgericht die Einwendungen aus §§ 13. 14 des Gesetzes über das Postwesen des Deutschen Reichs vom 28. Oktober 1871 zurückgewiesen; denn Kläger macht keine Ansprüche aus diesen Bestimmungen geltend, sondern er erhebt solche aus der Tatsache der Überlassung eines Schließfachs in Gemäßheit des Reichsgesetzes vom 11. März 1901, unabhängig von etwaigen Ansprüchen des Absenders. Allein es ist den Ausführungen des Berufungsgerichts beizustimmen, daß die desfallsige Klageforderung unbegründet ist. Es ist hierbei davon auszugehen, daß der Ersatzanspruch gegen die Postverwaltung auf Grund des zwischen dieser und dem Absender geschlossenen Vertrags (vgl. Gesetz über das Postwesen des Deutschen Reichs vom 28. Oktober 1871 §§ 6. 50) lediglich dem Absender und nicht dem Empfänger (wenn dieser nicht als Rechtsnachfolger des ersteren in Betracht kommt) zusteht.

Vgl. Entsch. des R.G.'s in Straff. Bd. 20 Nr. 154 S. 439; Entsch. des R.G.'s in Zivils. Bd. 43 Nr. 25 S. 98; Mittelstein, Beiträge zum Postrecht S. 58/59. 87; Dambach, Kommentar zum Postgesetz 6. Aufl. (von v. Grimm) S. 73/74; Mayer, Deutsches Verwaltungsrecht 2. Aufl. Teil 1 S. 587—589.

Diese Bestimmung findet auch auf die Bestellung der Postsendungen (Gesetz über das Postwesen des Deutschen Reichs vom 28. Oktober 1871 §§ 48. 49) Anwendung, da die letztere ebenfalls einen Bestandteil des zwischen dem Absender und der Postverwaltung geschlossenen Vertrags bildet. Nirgends, insbesondere nicht in dem Reichsgesetze vom 11. März 1901, ist bestimmt, daß diese Grundlage der Verantwortlichkeit der Postverwaltung durch die Überlassung eines Postschließfachs eine Änderung erlitten habe. Ebensowenig ist dies durch die Postordnung für das Deutsche Reich in der Fassung vom 8. April 1901, welche übrigens nach § 50 Abs. 1 des Gesetzes über das Postwesen des Deutschen Reichs vom 28. Oktober 1871 die Haftung der Postverwaltung erweiternde Bestimmungen gar nicht zu treffen in der Lage gewesen wäre, geschehen. Es konnte daher aus der falschen Auslieferung der Postsendungen an den B. immer nur der Absender Ansprüche herleiten. Solche Ansprüche bestehen aber überhaupt nicht vermöge der §§ 48. 49 des Gesetzes über das Postwesen des Deutschen Reichs vom 28. Oktober 1871, welche Bestimmungen ja gerade getroffen sind, um eine Haftbarkeit der Postverwaltung auszuschließen, und die Gefahr der Bestellung von dieser abzuwälzen (Entsch. des R.G.'s in Zivils. Bd. 35 Nr. 80). Daß die Einräumung eines Schließfachs unter diese Bestimmungen im allgemeinen fällt, und nicht etwa im Sinne des § 48 Satz 2 des Gesetzes über das Postwesen des Deutschen Reichs vom 28. Oktober 1871 als ein besonderes Abkommen zwischen der Postanstalt und dem Adressaten erscheint, geht unzweideutig aus § 42 Abs. I und II der Postordnung für das Deutsche Reich vom 20. März 1900 in der Fassung vom 8. April 1901 hervor. Denn danach hat nicht bloß der, der seine Postsendungen am Postschalter abholt oder abholen läßt, sondern auch der „Abholer", dem die Postbehörde auf besonderen Antrag ein verschließbares Abholungsfach (Schließfach) überlassen hat, die Abholungserklärung abzugeben. Die Gefahr der Bestellung geht daher im Falle der Einräumung eines Schließfachs nicht auf die Post über; die letztere ist vielmehr, wenn die Bestellung infolge des Abholungsverfahrens als erfolgt anzusehen ist, für die richtige Bestellung nicht verantwortlich. Es ist auch nicht richtig, daß durch die Einräumung eines Schließfachs die Post verpflichtet wäre, lediglich einer durch Besitz des Schlüssels zum Schließfach legitimierten Person die Postsachen am Schalter auszuliefern. Dies ist nirgends, insbesondere nicht in Abs. II von § 42 der Postordnung für das Deutsche Reich in der Fassung vom 8. April 1901, bestimmt worden; aus § 2 der Grundsätze, wonach für einen Teil der Postsachen das gewöhnliche Abholungsverfahren, und für einen anderen Teil das Schließfach bestimmt werden kann, folgt nicht das Gegenteil. Der Umstand, daß vorliegend die Abholungserklärung 1893 abgegeben, das Schließfach 1901 eingeräumt wurde, tut der Wirksamkeit der ersteren auch hinsichtlich des letzteren keinen Eintrag, zumal Kläger aus den Grundsätzen wußte, daß ohne die Abholungserklärung ein Schließfach nicht eingeräumt wurde. Wenn die Revision darauf hinweist, daß bei dem von der Post eingehaltenen Verfahren der Inhaber eines Schließfachs eine geringere Sicherheit als bei dem gewöhnlichen Abholungsverfahren genieße, so ist dieser Umstand durchaus unerheblich. Denn bereits in der Begründung zu dem Entwurfe des Gesetzes vom 11. März 1901 ist auf Vorzüge wie Mängel der Schließfächer für das Publikum hingewiesen. Als jene werden die Nichtinanspruchnahme des Beamten am Schalter und der nicht eintretende Zeitverlust, als diese die in Ausnahmefällen eintretende Inanspruchnahme des Schalterbeamten (bezüglich der Sachen, die im Schließfach nicht Aufnahme finden), und die Gefahr verlorener oder entwendeter Schlüssel bezeichnet; doch wird erhofft, daß die Vorzüge die Mängel für das Publikum überwiegen. Dagegen wird in der Begründung nirgends erwähnt, daß der Abholer durch Einräumung eines Schließfachs eine besondere Sicherheit genießen werde; Vorteile für die Post werden überhaupt nicht erhofft, da das Sortiergeschäft als umständlicher bezeichnet wird. Auch aus diesem Grunde kann nicht von einer erweiterten Haftpflicht der Post die Rede sein. Wenn die Revision noch hervorhebt, daß nicht bei allen Postanstalten nach Nr. 7 der Grundsätze die Schließfächer außerhalb der Dienststunden zugänglich seien, so folgt hieraus (abgesehen davon, daß eine Behauptung über die Art der Benutzung bei der Postanstalt in Neuß nicht aufgestellt ist) nichts zugunsten des Klägers. Daß die für das Schließfach zu zahlenden Gebühren, deren Höhe von dessen Größe abhängt, endlich lediglich als ein Ausgleich für die der Post aus der Einrichtung der Schließfächer erwachsenden Kosten gedacht ist, ergibt die angezogene Begründung zweifellos. Es war daher die Revision kostenfällig zurückzuweisen."

---

86. Wieweit haftet der Geschäftsherr für Versehen der Personen, deren er sich zur Erfüllung einer vertragsmäßigen Verbindlichkeit bedient? Mitwirkendes Verschulden des anderen Teils.

B.G.B. §§ 278. 254.

III. Zivilsenat. Urt. v. 29. Mai 1906 i. S. M. u. Gen. (Kl.) w. C. u. Gen. (Bekl.). Rep. III. 465/05.

I. Landgericht Frankfurt a. M.
II. Oberlandesgericht daselbst.

Die Kläger ließen für die Beklagten in deren Neubau die Maler- und Weißbinderarbeiten ausführen und hatten dafür Ende März 1904 3500 *M* zu beanspruchen. Die Beklagten rechneten jedoch hiergegen mit einer Gegenforderung von 2140 *M*, die ihnen nach ihrer Behauptung deshalb zustand, weil die Arbeiter der Kläger, insbesondere der Maler S., an dem Neubau Schaden in dieser Höhe angerichtet hätten. Als nämlich am 31. Dezember 1903 abends die Arbeiter den Neubau verließen, blieb in dem Keller, wo die Arbeiter ihr Handwerkszeug aufbewahrten und sich die Hände zu waschen pflegten, der Haupthahn der Wasserleitung offen stehen, während in der Küche des zweiten Stockwerks der Hahn über dem Wasserstein nicht geschlossen, und das Abflußrohr im Wasserstein durch ein Stück Packpapier und einen darauf gestellten schweren Malertopf verstopft war. Infolgedessen ergoß sich in der Nacht zum 1. Januar das Wasser durch den Wasserhahn in der Küche in die Räume des zweiten Stockwerks, drang von da in den ersten Stock und lief dort über den Balkon nach der Straße hinunter. Fußböden, Decken, Wände und Treppen erlitten Beschädigungen, deren Beseitigung nach Angabe der Beklagten den oben bezeichneten Betrag erforderte.

Die Kläger bestritten, daß der Ausfluß des Wassers von ihren Arbeitern verschuldet worden sei, und daß sie nach § 278 B.G.B. dafür aufzukommen hätten. Sie beriefen sich aber auch auf § 254 B.G.B., weil der Arbeiter D., der im Auftrage der Beklagten nach dem Arbeitsschluß den Neubau zu verschließen und den Haupthahn der Wasserleitung abzustellen gehabt habe, an dem in Rede stehenden Tage dies unterlassen habe.

Die Kläger machten den Restbetrag ihrer Forderung in Höhe von 2140 *M* nebst 4 Prozent Zinsen klageweise geltend, und das Landgericht erkannte nach ihrem Antrage. Durch Urteil des Berufungsgerichts wurde jedoch die Klage abgewiesen. Auf die Revision der Kläger wurde das Berufungsurteil aufgehoben, und die Sache an das Berufungsgericht zurückverwiesen, aus folgenden

Gründen:

„Das Berufungsgericht hat ohne Rechtsirrtum festgestellt, daß der in der Nacht vom 31. Dezember 1903 zum 1. Januar 1904 durch den Ausfluß des Wassers am Hause der Beklagten angerichtete Schade auf das Verschulden des Malers S. zurückzuführen ist. In dieser Beziehung hält der Berufungsrichter für erwiesen, daß S. am 31. Dezember 1903 zunächst das Abflußrohr in der Küche des zweiten Stockwerks durch Aufsetzen des Farbentopfes verstopft und dann den Haupthahn im Keller zugleich mit dem Abflußhahn behufs Entnahme frischen Wassers geöffnet, demnächst aber nur den Abflußhahn, nicht auch den Haupthahn geschlossen hat. Daß S. auch den Wasserhahn in der Küche geöffnet habe, hält der Berufungsrichter zwar im höchsten Maße für wahrscheinlich, legt aber keinen Wert darauf, weil er die beiden anderen Versehen für ausreichend hält. Nun ist es zwar, wie die Revision hervorhebt, richtig, daß ohne die Öffnung des Wasserhahns in der Küche der Ablauf des Wassers und der Schade nicht hätte eintreten können; dieser Umstand kann jedoch die Verantwortlichkeit des S. nicht aufheben; denn es ist zur Herstellung des ursächlichen Zusammenhangs nicht erforderlich, daß der Schuldige alle Ursachen, die bei der Entstehung des Schadens mitgewirkt haben, herbeiführt; es genügt vielmehr, daß er Urheber auch nur einer der mitwirkenden Ursachen ist.

Vgl. Gruchot, Beiträge Bd. 49 S. 616; Entsch. des R.G.'s in Zivils. Bd. 50 S. 222, Bd. 28 S. 108, Bd. 23 S. 161, Bd. 13 S. 66.

Daß die Handlungen, die S. festgestelltermaßen vorgenommen hat, insbesondere das Offenlassen des Haupthahns, Schaden anrichten könnten, durfte ihm bei gewöhnlicher Aufmerksamkeit nicht entgehen; auch durfte er, wenn er den Haupthahn geschlossen vorfand, sich nicht darauf verlassen, daß jemand anders nochmals den Hahn schließen werde; vielmehr mußte er dies selbst, und zwar, wie der Berufungsrichter mit Recht hervorhebt, um so mehr tun, als es sich um einen Neubau handelte, und er nicht wissen konnte, ob an der Wasserleitung und den Abflußhähnen alles in Ordnung war.

Auch die weiteren Angriffe der Revision, soweit sie sich gegen die Annahme des Berufungsgerichts wenden, daß die Kläger das Verschulden des Malers S. nach § 278 B.G.B. zu vertreten hätten, konnten keinen Erfolg haben. Denn S. war unstreitig von den Klägern mit der Ausführung der Malerarbeiten beauftragt, und seine Tätigkeit in dem Neubau diente zur Erfüllung der von den Klägern übernommenen vertraglichen Verbindlichkeit. Nun kann zwar der Ansicht nicht beigetreten werden, daß der Geschäftsherr für alle von seinen Hilfspersonen „bei Gelegenheit" der Vertragserfüllung begangenen Versehen verantwortlich zu machen sei; vielmehr ist mit der herrschenden Meinung (s. insbes. Planck, B.G.B. 3. Aufl. Bd. 2 S. 76. 77 Bem. 3 zu § 278; v. Staudinger, 2. Aufl. Bd. 2 S. 95 Bem. III zu § 278) zu unterscheiden, ob das Versehen den Tatbestand einer selbständigen unerlaubten Handlung bildet, die mit der Vertragserfüllung nur äußerlich zusammenhängt, oder ob es, ähnlich wie im Falle des § 831 B.G.B. (Motive zu § 711 des I. Entw. zum B.G.B. Bd. 2 S. 736), „in Ausführung" der Verrichtung oder, wie Entw. I § 224 Abs. 2 sich ausdrückte, „in Ansehung" der Erfüllung begangen ist. Nur in dem letzteren Falle, wo das Versehen zugleich als eine Verletzung der Vertragspflicht sich darstellt, greift der § 278 B.G.B. Platz. So aber liegt hier ohne Zweifel die Sache bei dem Farbentopf, den der Maler bei der Arbeit brauchte und auf den Wasserstein derart setzte, daß er den Abfluß des Wassers durch das Abflußrohr verhinderte. Nicht anders aber ist die Öffnung und das Offenlassen des Haupthahns im Keller unter den besonderen Umständen des Falles zu beurteilen. Der Raum, wo sich der Haupthahn befand, war den Arbeitern an der Arbeitsstätte zur Aufbewahrung ihrer Sachen und zu der bei Malerarbeiten notwendigen Reinigung bei beendeter Arbeit (§ 120b Gew.O.) angewiesen. Zur Vornahme der Reinigung war dort ein Kübel aufgestellt, dessen Wasser S. schmutzig vorfand, und den er deshalb mit frischem Wasser aus der Wasserleitung füllte. Die Reinigung und das Öffnen des Hahns stand sonach in ursächlichem Zusammenhange mit der Arbeitsleistung; diese wurde erst durch die Reinigung und durch das Verlassen der Arbeitsstätte zum Abschluß gebracht. In ähnlicher Weise ist auch in Fällen, wo es sich darum handelte, ob ein Betriebsunfall im Sinne der Versicherungs- und Haftpflichtgesetze vorliege, die Frage behandelt worden, ob der Verunglückte auf dem Wege zur und von der Arbeit, und bei der Reinigung am Schlusse der Arbeit sich im Dienste befunden habe. Soweit dabei die Arbeitsstätte in Betracht kam,

vgl. Entscheidung des Reichsgerichts bei Gruchot, Beiträge Bd. 44 S. 1039, Entsch. des R.G.'s in Zivils. Bd. 52 S. 78,

und soweit es sich um eine Reinigung an der Arbeitsstätte,

vgl. die Rekursentscheidungen des Reichsversicherungsamts in Beckmann's Archiv für gewerbliche Rechtspflege 1900 S. 34 Nr. 8 und S. 36 Buchst. d u. e,

im Gegensatz zu einer anderweit vorgenommenen Reinigung handelte,

vgl. Rekursentscheidungen in Beckmann's Archiv a. a. O. S. 35 Buchst. a, b, c,

ist die Frage regelmäßig bejaht worden. Der Berufungsrichter ist hiernach mit Recht davon ausgegangen, daß S. die Versehen bei Erfüllung des Vertrags begangen hat, und daß die Kläger nach

§ 278 B.G.B. ebenso dafür haften, wie sie mit der Vertragsklage haften würden, wenn sie in ähnlicher Lage die Versehen selbst begangen hätten.

Unzulänglich sind jedoch die weiteren Ausführungen des Berufungsrichters, mit denen er die Anwendbarkeit des § 254 B.G.B. verneint, und insoweit war der Revision der Erfolg nicht zu versagen. Die Kläger hatten behauptet, es sei üblich, und für die Sicherheit von Neubauten im Hinblick auf die Möglichkeit solcher Beschädigungen unbedingt erforderlich, daß ein von der Bauleitung Beauftragter nach der Entfernung der Arbeiter für die Abstellung der Wasserleitung und alle sonstigen zur Sicherheit des Baues erforderlichen Maßnahmen, wie Schließen der Türen und Rollläden, zu sorgen habe; hiermit sei auch ein Angestellter des Bauunternehmers K., nämlich der Arbeiter D., von den Beklagten beauftragt worden; derselbe habe aber an dem fraglichen Tage seine Pflicht vernachlässigt. Nun hat zwar der Berufungsrichter auf Grund des Zeugnisses des Arbeiters D. festgestellt, daß dieser kein Angestellter der Beklagten, sondern des mit der Bauleitung beauftragten Architekten K. gewesen sei; will man aber hierin auch die weitere Feststellung finden, daß der Auftrag zur Vornahme der vorerwähnten Sicherungsmaßregeln von K. ausgegangen sei, so würde diese Feststellung doch noch nicht ausreichen, um die Beklagten zu entlasten. Vielmehr hätte es zu diesem Zwecke einer näheren Aufklärung bedurft, wem die Bauleitung oblag, ob diese von den Beklagten ausging, oder ob der Architekt K. selbständiger Bauunternehmer war. Hatte K. nur den Anweisungen der Beklagten zu folgen, war er also nur ausführendes Organ der Beklagten, wurden die Verträge mit den Handwerkern und Arbeitern von diesen geschlossen, so müssen sie nach §§ 254. 278 B.G.B. auch für K. und dessen Angestellte aufkommen. . . .

Zur Aufklärung des behaupteten konkurrierenden Verschuldens und zur Abwägung der daraus nach § 254 B.G.B. herzuleitenden Folgen war hiernach eine erneute Verhandlung vor dem Berufungsgericht geboten." . . .

87. 1. Findet die im § 1 des Gesetzes vom 16. Mai 1894, betr. die Abzahlungsgeschäfte, enthaltene Bestimmung über die Rückgewähr der beiderseitigen Leistungen Anwendung, wenn die Vorschriften der §§ 138 Abs. 1 und 817 Satz 2 B.G.B. der Rückforderung entgegenstehen?

2. Unter welchen Voraussetzungen verstößt der Verkauf eines Bordellinventars und die Zahlung des Kaufpreises hierfür gegen die guten Sitten?

3. Ist die Vorschrift des § 817 Satz 2 B.G.B. nur einem ausdrücklich auf die Vorschrift des § 817 Satz 1 daselbst gegründeten Klaganspruch gegenüber, oder ist sie auch dann anwendbar, wenn einem auf die allgemeinen Grundsätze über ungerechtfertigte Bereicherung (§ 812 B.G.B.) gestützten Klaganspruch in Wirklichkeit ein unter die Bestimmung des § 817 Satz 2 B.G.B. fallender Tatbestand, der von dem Beklagten einredeweise geltend gemacht wird, zugrunde liegt?

II. Zivilsenat. Urt. v. 29. Mai 1906 i. S. K. (Kl.) w. Z. (Bekl.). Rep. II. 519/05.

I. Landgericht Hamburg.
II. Oberlandesgericht daselbst.

Die Klägerin, welche der Beklagten ein als Bordell benutztes Haus vermietet und ihr das darin befindliche Inventar unter Vorbehalt des Eigentums für 14000 *M* verkauft hatte, beantragte mittels Klage, die Beklagte zur Räumung dieses Hauses unter Zurücklassung der Inventargegenstände zu verurteilen. Die Beklagte beantragte für den Fall ihrer Verurteilung zur Zurücklassung des Inventars mittels Widerklage, die Klägerin zu verurteilen, ihr 5000 *M* nebst Zinsen zu bezahlen. Sie behauptete: sie habe der Klägerin auf den Kaufpreis des Inventars bisher 7000 *M* entrichtet. Damit sei der Wert des Inventars mehr als reichlich bezahlt. Die übermäßigen Vertragspreise seien von ihr lediglich mit Rücksicht darauf bewilligt worden, daß ihr auch die Benutzung des Hauses als Bordell bis zum 1. Juli 1907 gewährt worden sei. Sie sei daher nur verpflichtet, die gekauften Sachen gegen Erstattung der von ihr bezahlten 7000 *M* zurückzulassen. Jedenfalls müsse Klägerin die ihr durch diese Zahlungen zu Teil gewordene ungerechtfertigte Bereicherung im Betrage von 5000 *M* herausgeben, indem eine Vergütung von 2000 *M* für die Benutzung des Inventars seitens der Beklagten mehr als ausreichend sei. Das Landgericht erkannte nach dem Klagantrage und wies die Widerklage ab, indem es eine Rückforderung der Leistung der Beklagten als nach § 817 Satz 2 B.G.B. ausgeschlossen erachtete. In zweiter Instanz wurde die Widerklage auch auf die Bestimmungen des Gesetzes über die Abzahlungsgeschäfte gestützt. Das der Widerklage teilweise stattgebende Urteil des Oberlandesgerichts wurde auf die Revision der Widerbeklagten hin insoweit aufgehoben, und die Widerklage bezüglich des Kapitalbetrags vollständig abgewiesen, aus folgenden

Gründen:

„Das Berufungsgericht hat ... auf die für die Revision allein in Betracht kommende Widerklage hin die Klägerin zur Zahlung der Summe von 4260 *M* verurteilt, darstellend den Betrag der sich zusammen auf 7000 *M* belaufenden Abzahlungen, die von der Beklagten auf das ihr von der Klägerin verkaufte, aber von dieser wieder zurückgenommene Inventar des Bordells, Schützenstraße Nr. 18 zu Hamburg, geleistet worden sind, abzüglich der von der Klägerin für die Benutzung des Inventars durch Beklagte zugebilligten Vergütung von 2750 *M*. Diese Verurteilung hat das Berufungsgericht im wesentlichen folgendermaßen begründet: dem Landgericht sei darin nicht beizutreten, daß der Kaufvertrag über das Inventar gegen die guten Sitten verstoße und deshalb nichtig sei. Für den rechtlichen Charakter eines Kaufgeschäfts sei es gleichgültig, zu welchem Zwecke der Käufer die gekaufte Sache verwenden wolle, insbesondere ob er sie zu unsittlichen Zwecken zu verwenden beabsichtige ... Dem Verkäufer stehe keinerlei Einwirkung darauf zu, wie der Käufer demnächst über die Sache verfüge, und welchen Gebrauch er von ihr mache. Selbst wenn daher der Käufer bei Abschluß des Vertrags einen unsittlichen Gebrauch beabsichtige, und dieses dem Verkäufer bekannt sei, sei das für den Charakter des Vertrags unwesentlich; denn der Käufer übernehme keineswegs die Verpflichtung, jene Absicht auszuführen ... Allerdings könnten mit dem Kaufvertrage Nebenberedungen getroffen, und dieser Vertrag mit andern unsittlichen Rechtsgeschäften derartig eng verbunden sein, daß auch er gegen die guten Sitten verstoße ... Solche besondere, dem Vertrag über den Verkauf des Inventars den

Stempel der Unsittlichkeit verleihende Umstände lägen aber hier nicht vor. Der zu den Akten gebrachte Mietvertrag über das Haus und der mündlich abgeschlossene Kaufvertrag über das Inventar seien völlig unabhängig voneinander vereinbart und von den Parteien behandelt worden. Wenn auch anzunehmen sei, daß Beklagte das Inventar nur gekauft habe, weil ihr das Haus vermietet, und das Inventar schon darin gewesen sei, und wenn auch von den Parteien vorgetragen sei, daß der Preis des Inventars um deswillen besonders hoch bemessen sei, weil es sich um ein Bordellinventar gehandelt habe, so seien dies doch nur Beweggründe für die Beklagte zum Abschluß gerade dieses Kaufvertrags (Gegenstand und Preisbemessung) gewesen, die nicht geeignet erschienen, ihm den Charakter der Unsittlichkeit zu verleihen. . . . Der Kaufvertrag über das Inventar sei daher gültig. . . . Da eine Vereinbarung nicht getroffen sei, welche der Beklagten den Gebrauch der Sachen, die bis zur Zahlung des vollen Preises im Eigentum der Klägerin geblieben seien, gesichert habe, die Beklagte aber den vollen Kaufpreis noch nicht gezahlt habe, so sei der Anspruch der Klägerin auf Herausgabe des Inventars auf Grund ihres Eigentums berechtigt. Bei dieser Sachlage sei aber der bereits gezahlte Teil des Kaufpreises abzüglich einer Vergütung für Gebrauch und Abnutzung der Beklagten zurückzuzahlen. Der § 817 B.G.B. stehe dem nicht entgegen, da der Kaufvertrag nicht unsittlich sei, und die Zahlung des Preises wie die Annahme desselben nicht gegen die guten Sitten verstoßen habe. Da der Kaufpreis in Teilzahlungen habe berichtigt werden sollen, sei der Vertrag nach dem Gesetze, betreffend die Abzahlungsgeschäfte, vom 16. Mai 1894 zu beurteilen. Die Verkäuferin habe das verkaufte Inventar auf Grund des ihr vorbehaltenen Eigentums wieder an sich genommen; nach § 5 des Gesetzes gelte dies als Ausübung des Rücktrittsrechts. Jeder Teil sei deshalb nach § 1 verpflichtet, dem andern Teile die empfangenen Leistungen zurückzugewähren; der Käufer aber habe nach § 2 dem Verkäufer für die Überlassung des Gebrauchs oder der Benutzung deren Wert zu vergüten, usw. Bei Bemessung dieser Vergütung ist das Berufungsgericht sodann davon ausgegangen, daß der objektive Wert des Inventars zur Zeit, als es von der Klägerin der Beklagten überlassen worden sei, nicht 14000 *M*, sondern nur etwa 10000 *M* gewesen sei.

Die Revisionsklägerin hat Verletzung der §§ 138 und 817 B.G.B., sowie infolgedessen unrichtige Anwendung des Gesetzes vom 16. Mai 1894 und des § 287 Z.P.O. gerügt und hierzu folgendes ausgeführt: mit dem Verkaufe des Inventars und mit dem Eigentumsvorbehalte bis zur völligen Zahlung des Kaufpreises sei auch die Vereinbarung der zwischenzeitlichen Benutzung des Inventars zu unsittlichen Zwecken in dem zu unsittlichen Zwecken gemieteten Hause verbunden. Die mit Rücksicht auf diese Überlassung der Benutzung des Inventars zu unsittlichen Zwecken vereinbarten und geleisteten Teilzahlungen könnten daher nach § 817 B.G.B. nicht zurückgefordert werden.

Diese Beschwerde erscheint als im wesentlichen begründet.

Dieselbe sowie die nachfolgende Erörterung haben zunächst zur Voraussetzung, daß auf Abzahlungsgeschäfte, als welches der streitige Kaufvertrag mit Recht vom Berufungsgerichte angesehen worden ist, auch die in §§ 138 und 817 B.G.B. enthaltenen Vorschriften grundsätzlich, d. h. sofern deren Voraussetzungen im einzelnen Falle vorliegen, anwendbar sind. Die Anwendbarkeit dieser Vorschriften auf Abzahlungsgeschäfte ergibt sich aber aus der aus Art. 32 Satz 2 des Einf.-Ges. zum B.G.B. zu entnehmenden allgemeinen Regel über das Verhältnis des Bürgerlichen Gesetzbuchs zu den früher erlassenen Reichsgesetzen, wonach dieses Verhältnis im wesentlichen so zu behandeln ist, wie wenn die Vorschriften der bisherigen Reichsgesetze und die Vorschriften des Bürgerlichen Gesetzbuchs und des Einführungsgesetzes hierzu in einem und demselben Gesetze enthalten wären. Von diesem Gesichtspunkte aus kann aber die Bestimmung des § 1 des Gesetzes vom 16. Mai 1894, daß unter den dort angegebenen Voraussetzungen die empfangenen Leistungen von jedem Teile dem andern zurückzugewähren sind, dann keine Anwendung finden, wenn die Vorschriften der §§ 138 und 817 Satz 2 B.G.B. beim Vorliegen der darin bestimmten Voraussetzungen der Rückforderung einer solchen Leistung entgegenstehen. Denn es liegt offenbar im Sinne des Bürgerlichen Gesetzbuchs, daß die Geltung dieser Vorschriften, die anerkanntermaßen einen allgemeinen prohibitiven Charakter haben,

vgl. Entsch. des RG.'s in Zivils. Bd. 47 S. 104, Jurist. Wochenschr. 1901 S. 639,

sich auch auf solche Rechtsgeschäfte erstrecken soll, die nur hinsichtlich einzelner rechtlicher Beziehungen durch ein Spezialgesetz geregelt, im übrigen aber nach den Grundsätzen des gemeinen bürgerlichen Rechts zu beurteilen sind. Dies trifft aber bei dem hier in Rede stehenden Abzahlungsgeschäfte zu, das seiner allgemeinen rechtlichen Natur nach ein Kauf ist.

Das Berufungsgericht hat auch die Nichtanwendung der Vorschriften der §§ 138 und 817 B.G.B. im gegebenen Falle nicht etwa durch die Bestimmungen des Gesetzes vom 16. Mai 1894, sondern nur mit solchen Gründen zu rechtfertigen versucht, welche die ersteren Vorschriften selbst betreffen. Diese Gründe sind aber rechtlich zu beanstanden.

Zwar mag, wie der V. Zivilsenat des Reichsgerichts in seinem in dem Berufungsurteile erwähnten Urteile vom 27. Juni 1904, Rep. V. 10/04, ausgeführt hat, die Absicht des Käufers über die Verwendung der Sache, die er zu erwerben im Begriffe steht, für sich allein betrachtet, nicht genügen, einem Kaufgeschäfte einen rechtlich in Betracht kommenden Charakter zu geben, und deshalb auch die Kenntnis dieser Absicht auf seiten des Verkäufers nicht ausreichen, um das Veräußerungsgeschäft als ein gegen die guten Sitten verstoßendes erscheinen zu lassen. Aber dieser vom Berufungsgericht allerdings beachtete Gesichtspunkt genügt im gegebenen Falle nicht zur Verneinung der Frage, ob das streitige Kaufgeschäft ein unsittliches sei, und ob der Beklagten bezüglich der von ihr in Erfüllung desselben geleisteten Abschlagszahlungen ein Verstoß gegen die guten Sitten zur Last falle (§ 138 Abs. 1, § 817 Satz 2 B.G.B.); denn es kommt zunächst für die Prüfung dieser Frage nicht ausschließlich auf das Motiv an, das die Parteien zum Abschluß des Kaufvertrags bestimmt hat. Wie nämlich der erkennende Senat bereits in seinem Urteile vom 15. Dezember 1903 (Entsch. des RG.'s Bd. 56 S. 231) ausgesprochen hat, will § 138 B.G.B. solchen Rechtsgeschäften die Anerkennung und den Rechtszwang versagen, die nach ihrem aus der Zusammenfassung von Inhalt, Motiv und Zweck zu entnehmenden Gesamtcharakter, nach den objektiven und subjektiven Momenten gegen die guten Sitten verstoßen.

Vgl. auch Urteil des Reichsgerichts vom 21. Januar 1903, Jurist. Wochenschr. Beil. Nr. 86 S. 41.

Die im gegebenen Falle für die Frage der Unsittlichkeit des Kaufs zu berücksichtigenden objektiven Momente hat aber das Berufungsgericht nicht hinreichend geprüft und gewürdigt. Neben dem Motiv der Parteien — bezüglich dessen das Berufungsgericht die Feststellung getroffen hat, die Beklagte habe das Inventar nur gekauft, weil ihr das (zum Bordellbetrieb dienende) Haus (von der Klägerin) vermietet, und das Inventar schon darin gewesen sei — kam nämlich bezüglich des Gesamtcharakters, namentlich des Inhalts und Zwecks dieses Kaufvertrags hauptsächlich die in den Vorinstanzen von der Beklagten aufgestellte Behauptung in Betracht, die Kaufpreise für das Inventar seien „aufgeputzte Preise", die lediglich mit Rücksicht darauf bewilligt worden seien, daß ihr auch die Benutzung des Grundstücks als Bordell bis zum 1. Juli 1907 gewährt worden sei. Ebenso war in dieser Hinsicht der etwaige innere Zusammenhang zu berücksichtigen, der im Falle der Richtigkeit dieser Behauptung zwischen dem Kaufvertrag des Inventars und dem das Grundstück betreffenden Mietvertrage bestehen konnte, welchen letzteren das Berufungsgericht ja selbst in seiner die Klage betreffenden Begründung für unsittlich und deshalb nichtig erachtet hat; denn nach dieser Behauptung der Beklagten sollte der vertragsmäßige Kaufpreis nur zum Teil als Gegenwert für die gekauften Mobilien als solche, zum andern Teile aber als Vergütung für die Überlassung und Ermöglichung des Bordellbetriebs, der an den Besitz des Hauses und des zugehörigen Inventars geknüpft war, vereinbart worden sein. Es ist aber anerkannten Rechtens, 1. daß ebenso wie Kauf- und Mietverträge über Bordellgrundstücke, die zum Zweck des Bordellbetriebs abgeschlossen sind (vgl. hierüber Förster im „Recht" 1905 S. 356), auch Kauf- und Mietverträge über das Mobiliar eines Bordells, sofern durch solche Verträge der Bordellbetrieb ermöglicht werden soll, wegen dieses objektiven Inhalts und Vertragszwecks als gegen die guten Sitten verstoßend anzusehen sind, namentlich dann, wenn der Kauf- oder Mietpreis mit Rücksicht auf den Bordellbetrieb besonders hoch bemessen ist, so daß ein Teil dieses Preises als Vergütung für die Überlassung des Bordellgeschäfts anzusehen ist, und 2. daß in einem solchen Falle das ganze Rechtsgeschäft nichtig ist.

Vgl. Entsch. des RG.'s in Zivils. Bd. 29 S. 109flg., Bd. 38 S. 202; Puchelt's Zeitschrift Bd. 20 S. 10 und 34, Bd. 34 S. 450.

Hiernach war das Vorbringen der Beklagten selbst geeignet, der ihrer Widerklage von der Klägerin und Widerbeklagten entgegengesetzten Einrede, daß der Kaufvertrag und die Leistung der von der Beklagten auf Grund dieses Vertrags gemachten Abschlagszahlungen gegen die guten Sitten verstießen, zur Stütze zu dienen. Das Berufungsgericht hat aber dieses Vorbringen, soweit es dasselbe überhaupt gewürdigt hat, lediglich deshalb für unerheblich erachtet, weil es sich dabei nur um Beweggründe für die Beklagte gehandelt habe. Diese letztere Ansicht, die auf einer Verkennung des oben dargelegten umfassenderen Sinns des § 138 B.G.B. und auf einer ungenügenden Würdigung des bezüglichen Vorbringens der Parteien beruht, ist aber nach den vorstehenden Erörterungen über den Inhalt und die rechtliche Bedeutung der Behauptung der Beklagten nicht haltbar. Dieser Ansicht steht auch nicht etwa das vom Berufungsgerichte angeführte Urteil des V. Zivilsenats des Reichsgerichts vom 27. Juni 1904 zur Seite; denn der Umstand, daß in diesem Urteil hauptsächlich die vom Berufungsgerichte berücksichtigten Gesichtspunkte hinsichtlich der Frage der Unsittlichkeit des damals in Rede stehenden Vertrags erörtert sind, hat nicht etwa darin seinen Grund, daß der V. Zivilsenat die oben dargelegten weiteren Gesichtspunkte für die Unsittlichkeit eines Vertrags grundsätzlich für alle Fälle für unerheblich gehalten hätte, sondern lediglich darin, daß nach dem damals gegebenen Tatbestande kein Anlaß zur Erörterung dieser weiteren Gesichtspunkte gegeben war. Vielmehr betrifft, was unten im einzelnen noch näher dargelegt werden soll, das fragliche Vorbringen der Beklagten außer den Beweggründen der Parteien gerade den unsittlichen Inhalt und Zweck des Kaufvertrags, somit das für die Annahme eines hierin liegenden Verstoßes gegen die guten Sitten wesentliche objektive Moment. Das Berufungsgericht hätte daher das erwähnte Vorbringen der Beklagten und den von ihm selbst bezüglich des Motivs der Parteien festgestellten Sachverhalt daraufhin prüfen sollen, ob sich hieraus nicht auch das Vorliegen eines objektiv unsittlichen Zwecks und Inhalts des Kaufgeschäfts ergebe. Dies ist aber nicht geschehen, und daher ist hierauf die Verneinung der Unsittlichkeit des Rechtsgeschäfts seitens des Berufungsgerichts zurückzuführen. Die Prüfung des teils unbestritten feststehenden, teils vom Berufungsgerichte festgestellten Sachverhalts unter Zugrundelegung der oben erörterten Rechtsansicht über den Sinn des § 138 B.G.B.

ergibt aber ohne weiteres, daß der fragliche Kaufvertrag gegen die guten Sitten verstößt.

Das Berufungsgericht hat nämlich zunächst bezüglich des wirklichen Beweggrundes, durch den die Beklagte zu dem Kaufabschluß bestimmt worden ist, die oben erwähnte Feststellung getroffen. Aus dieser in Verbindung mit der anderen vom Berufungsgerichte festgestellten Tatsache, daß der Kaufpreis um deswillen besonders hoch (nämlich auf 14000 *M* für das in Wirklichkeit nur etwa 10000 *M* werte Inventar) bemessen worden sei, weil es sich um ein Bordellinventar gehandelt habe, ergibt sich aber ohne weiteres, daß die Beklagte das letztere mit Wissen der Klägerin zum Zwecke des Fortbetriebs des Bordells zu einem Preise gekauft hat, der zum Teil eine Vergütung für die mit der käuflichen Abtretung des Inventars und der Vermietung des Bordellgrundstücks verbundene Überlassung des Bordellbetriebs enthielt. Diese nicht nur das Motiv, sondern auch den objektiven Inhalt und Zweck des Kaufvertrags betreffenden Umstände, wegen deren auch die Motive, aus denen die Parteien den Kaufvertrag geschlossen haben, als unsittliche erscheinen, genügen aber nach der oben angeführten Rechtsprechung vollständig, um den Kaufvertrag nach seinem Gesamtcharakter, ebenso wie den über das Bordellgrundstück geschlossenen Mietvertrag, als ein gegen die guten Sitten verstoßendes Rechtsgeschäft erscheinen zu lassen. . . .

Wenn aber hiernach der fragliche Kaufvertrag aus den dargelegten Gründen objektiv als gegen die guten Sitten verstoßend im Sinne des § 138 Abs. 1 B.G.B. zu erachten ist, so ist auch aus denselben Gründen weiter anzunehmen, daß der Beklagten persönlich insofern ein Verstoß gegen die guten Sitten zur Last fällt, als sie mit den von ihr auf den Kaufpreis des Inventars geleisteten Abschlagszahlungen bezweckt hat, sich das dem Bordellbetriebe dienende Inventar zu verschaffen und zu erhalten, und so die Fortsetzung des Bordellbetriebs ihrerseits zu ermöglichen. Es würde daher die mit der Widerklage von der Beklagten verfolgte Rückforderung dieser von ihr unter Verstoß gegen die guten Sitten gemachten Leistungen nach § 817 Satz 2 B.G.B. ausgeschlossen sein, sofern diese Vorschrift überhaupt auf den Widerklaganspruch anwendbar ist. Bei Prüfung der letzteren Frage ist davon auszugehen, daß dieser Anspruch von der Beklagten nicht etwa auf die Spezialbestimmung des § 817 Satz 1

B.G.B., sondern in erster Instanz auf die allgemeinen Grundsätze des Bürgerlichen Gesetzbuchs über ungerechtfertigte Bereicherung, in zweiter Instanz überdies auf die Vorschriften des Gesetzes vom 16. Mai 1894 gestützt worden ist.

Auch soweit es sich um die Anwendung des letzteren Gesetzes, namentlich um die oben erörterte Frage handelt, ob die Vorschrift des § 817 Satz 2 B.G.B. der auch auf Grund des Gesetzes vom 16. Mai 1894 erfolgten Rückforderung der geleisteten Abschlagszahlungen entgegensteht, ist dieser streitige Anspruch seiner rechtlichen Natur nach als ein Bereicherungsanspruch anzusehen, der als solcher von der Widerklägerin trotz ihrer oben erörterten Behauptungen jedenfalls nicht auf die Bestimmungen des § 817 Satz 1 B.G.B. gestützt ist, für den also an sich die allgemeine Vorschrift des § 812 B.G.B. angerufen wird. Es kommt daher auf die sehr bestrittene Frage an, ob die Bestimmung im Satz 2 des § 817, wonach die Rückforderung einer Leistung ausgeschlossen ist, wenn dem Leistenden ein Verstoß gegen ein gesetzliches Verbot oder gegen die guten Sitten zur Last fällt, nur einem ausdrücklich auf die Vorschrift des § 817 Satz 1 B.G.B. oder einen entsprechenden Tatbestand gegründeten Klaganspruch gegenüber — auf den sie sich ihrem Wortlaute („gleichfalls") und ihrer Stellung im Gesetze nach jedenfalls bezieht —, oder ob sie auch dann anwendbar ist, wenn einem auf die allgemeinen Grundsätze über ungerechtfertigte Bereicherung gestützten Klaganspruch in Wirklichkeit ein von dem Beklagten einwandsweise geltend gemachter, unter die Bestimmung des § 817 Satz 2 B.G.B. fallender Tatbestand zugrunde liegt. Wenn auch für die erstere Ansicht der Wortlaut und die Stellung, die diese Bestimmung im Bürgerlichen Gesetzbuche schließlich erhalten hat, angeführt werden können, so sprechen doch überwiegende Gründe dafür, daß in derselben der Ausdruck eines allgemeinen Grundsatzes zu finden ist, der nach der (im Bürgerlichen Gesetzbuche selbst nicht klar ausgesprochenen) Absicht des Gesetzgebers für die ganze Materie der ungerechtfertigten Bereicherung maßgebend sein soll; denn der hauptsächliche Grund, auf dem die Vorschrift des § 817 Satz 2 beruht, — daß nämlich einem Anspruch, dem eine gegen die guten Sitten verstoßende Handlung des Klägers zugrunde liegt, der Rechtsschutz zu versagen ist — trifft beim Vorliegen dieser Voraussetzung nicht nur bei einem sich ausdrücklich auf einen verwerflichen Empfang im Sinne des § 817 Satz 1 stützenden Anspruch, sondern in gleicher Weise auch bei einem in anderer Weise, namentlich durch die allgemeine Vorschrift des § 812 B.G.B., begründeten Bereicherungsanspruch zu. Da der Bereicherungsanspruch des Bürgerlichen Gesetzbuchs in der Gestalt, die er durch die II. Kommission zur Beratung des Bürgerlichen Gesetzbuchs erhalten hat, trotz der für einzelne Fälle desselben gegebenen besonderen Bestimmungen, doch im wesentlichen als ein einheitlicher, in der Hauptsache gemeinsamen Regeln unterliegender Anspruch aufzufassen ist, so ist nach der zu vermutenden Absicht des Gesetzgebers der der Bestimmung des § 817 Satz 2 B.G.B. zugrunde liegende Gedanke als für jeden Bereicherungsanspruch maßgebend anzusehen, auch soweit ein solcher an sich unter die allgemeine Bestimmung des § 812 fällt; denn es würde ein mit der Absicht des Gesetzgebers offenbar unvereinbares Ergebnis sein, wenn die Anwendbarkeit der Vorschrift des § 817 Satz 2 auf einen Rückforderungsanspruch, der eine gegen die guten Sitten verstoßende Leistung zum Gegenstand hat, davon abhängen sollte, ob dieser Anspruch in einer der Vorschrift des § 817 Satz 1, oder ob er in einer andern, der allgemeinen Bestimmung des § 812 B.G.B. entsprechenden Weise begründet ist, so daß es in vielen Fällen, bei denen an sich die Voraussetzungen des § 817 Satz 1 und 2 vorliegen, in der Hand des Klägers liegen würde, dadurch, daß er einen solchen Anspruch nicht der Vorschrift des § 817 Satz 1, sondern der Vorschrift des § 812 gemäß begründet, die Anwendung des § 817 Satz 2 auf denselben auszuschließen. Der hier vertretenen Ansicht steht endlich auch die Entstehungsgeschichte des Bürgerlichen Gesetzbuchs jedenfalls nicht entgegen; denn aus dem Inhalte des ersten Entwurfs (§§ 742. 743 Nr. 1. 747) und des zweiten Entwurfs (§ 741) ergibt sich, daß ursprünglich eine über den Fall der condictio ob turpem causam (§ 817 B.G.B.) hinausgehende Geltung des der Bestimmung in Satz 2 daselbst zugrunde liegenden Prinzips beabsichtigt war. Es erhellt aber nicht, daß die II. Kommission bei der Umarbeitung der betreffenden Vorschriften, die zu der im Bürgerlichen Gesetzbuche enthaltenen Fassung derselben geführt hat, auch von der Absicht geleitet gewesen ist, die Geltung jenes Prinzips auf den Fall des § 817 Satz 1 einzuschränken (vgl. Protokolle S. 2937 und 2979).

Hiernach erscheint die von der Klägerin dem Widerklaganspruch entgegengesetzte Einrede, daß die Beklagte durch die Leistungen gegen die guten Sitten verstoßen habe, als begründet, und somit dieser Anspruch als nicht gerechtfertigt." ...

88. Sind die deutschen Gesetze für die Beerbung eines im Inlande verstorbenen Ausländers dann, wenn ein Deutscher erbrechtliche Ansprüche nach den deutschen Gesetzen geltend macht, auch zugunsten von Ausländern maßgebend, die nach dem ausländischen Rechte nicht erbberechtigt sind?

Einf.-Ges. zum B.G.B. Art. 25.

IV. Zivilsenat. Urt. v. 31. Mai 1906 i. S. K. (Bekl.) w. W. u. Gen. (Kl.). Rep. IV. 573/05.

I. Landgericht München II.
II. Oberlandesgericht daselbst.

Im Jahre 1902 ist zu J. in Bayern die österreichische Staatsangehörige Witwe Marie Kr., geb. Sch., die daselbst ihren Wohnsitz hatte, gestorben. Der Nachlaß bestand aus einem in J. gelegenen Anwesen, sowie aus Bargeld und Forderungen. Eine letztwillige Verfügung lag nicht vor. Nachkommen hat Witwe Kr. nicht hinterlassen. Sie war eine uneheliche Tochter von Elisabeth Sch., die sich später mit Joseph W. in St. in Tirol verehelichte. Ehefrau W. ist vor ihrer Tochter, der Erblasserin, gestorben. Aus der Ehe der Elisabeth W. sind fünf Kinder hervorgegangen. Die W.'schen Nachkommen, die Kläger, waren zur Zeit des Erbfalls sämtlich österreichische Staatsangehörige. Dagegen war die Tochter eines Bruders der Elisabeth Sch., die Beklagte, schon zur Zeit des Erbfalls deutsche Staatsangehörige. Diese machte Erbansprüche geltend, während die Kläger behaupteten, sie seien als nähere Verwandte Erben. Das Landgericht wies die Beklagte, die Widerklage erhoben hatte, mit ihren Ansprüchen ab. Die Berufung der Beklagten hatte keinen Erfolg. Auf die Revision der Beklagten wurde das Berufungsurteil aufgehoben; zugleich wurde in der Sache selbst entschieden, daß die Beklagte Erbin sei, soweit nicht der Nachlaß aus unbeweglichen Sachen bestehe.

Aus den Gründen:

„Die Beklagte hat den von ihr geltend gemachten erbrechtlichen Anspruch auf die Bestimmung des Art. 25 des Einf.-Ges. zum B.G.B. gestützt. Nach Satz 1 des Art. 25 wird ein Ausländer, der zur Zeit seines Todes seinen Wohnsitz im Inlande hatte, nach den Gesetzen des Staates beerbt, dem er zur Zeit seines Todes angehörte. Mit Recht hat das Berufungsgericht angenommen, daß nach dieser Bestimmung die Erblasserin Witwe Kr., die zur Zeit ihres Todes ihren Wohnsitz in J. hatte, aber österreichische Staatsangehörige war, nach den österreichischen Gesetzen beerbt wurde.

Das Berufungsgericht hat sodann ausgeführt: da nach § 300 des österreichischen allgemeinen bürgerlichen Gesetzbuchs unbewegliche Sachen den Gesetzen des Bezirkes unterworfen seien, in welchem sie lägen, alle übrigen Sachen hingegen mit der Person ihres Eigentümers unter gleichen Gesetzen stünden, so richte sich danach die Erbfolge in die im Deutschen Reiche gelegenen unbeweglichen Sachen, nämlich in das Anwesen mit dem Inventar und der Brennereieinrichtung, nach den deutschen Gesetzen. Gemäß Art. 27 des Einf.-Ges. zum B.G.B. seien demnach auf das Anwesen mit Inventar und Brennereieinrichtung die deutschen Gesetze anzuwenden. Nach deutschem Recht habe das uneheliche Kind im Verhältnisse zu der Mutter und zu den Verwandten der Mutter die rechtliche Stellung eines ehelichen Kindes (§ 1705 B.G.B.). Die Beklagte sei ein Abkömmling der Großeltern der Erblasserin, gehöre also zu den gesetzlichen Erben der dritten Ordnung (§ 1926 B.G.B.). Da aber die Kläger, als Abkömmlinge der Mutter der Erblasserin, gesetzliche Erben der zweiten Ordnung seien (§ 1925), so sei die Beklagte nicht zur Erbschaft in die bezeichneten unbeweglichen Nachlaßsachen berufen (§ 1930 B.G.B.). Insoweit sei der Widerklageantrag unbegründet.

Die Revision hat hierzu keinen Angriff erhoben. Soweit es sich um die Anwendung deutschen Rechts handelt, sind die Ausführungen des Berufungsgerichts nicht zu beanstanden; die Anwendung des ausländischen Rechts unterliegt nicht der Nachprüfung des Revisionsgerichts.

Vgl. Entsch. des RG.'s in Zivils. Bd. 10 S. 115, 172, Bd. 38

S. 273, Bd. 57 S. 142 und S. 318 des vorliegendes Bandes; Jurist. Wochenschr. 1896 S. 301 Nr. 7, 1897 S. 209 Nr. 18, 1900 S. 278 Nr. 18.

Was den übrigen Teil des Nachlasses — Bargeld und Forderungen — angeht, so hat das Berufungsgericht angenommen, daß nach dem gemäß Satz 1 des Art. 25 des Einf.-Ges. zur Anwendung kommenden österreichischen Recht (§ 756 des österreichischen allgemeinen bürgerlichen Gesetzbuchs) in das Vermögen eines unehelich gebliebenen Kindes nur der Mutter die Erbfolge gebührt, andere Verwandte, also auch die Kläger und die Beklagte, davon ausgeschlossen sind. Das Berufungsgericht hat weiter festgestellt, daß nach dem österreichischen Recht für die Beerbung eines Deutschen, der seinen Wohnsitz in Österreich hatte, die deutschen Gesetze nicht ausschließlich maßgebend sind (Art. 25 Satz 2 Halbsatz 2). Die erbrechtlichen Ansprüche, welche die Beklagte als Deutsche nach den deutschen Gesetzen gemäß Satz 2 des Art. 25 erhoben hat, sind von dem Berufungsgericht mit der Begründung zurückgewiesen worden: Art. 25 Satz 2 sei offenbar eine Kampfmaßregel und dazu bestimmt, der ausschließlichen Anwendung des Heimatrechts des Erblassers in den ausländischen Gesetzgebungen oder durch Staatsverträge zum Siege zu verhelfen. Diese Zweckbestimmung bringe es mit sich, daß sie, obwohl eine Ausnahmebestimmung, nicht einschränkend auszulegen sei. Allein die erste Voraussetzung sei, daß auch der Wortlaut eine ausdehnende Auslegung zulasse, oder doch zu Zweifeln in dieser Beziehung Anlaß gebe. Die Absicht des Gesetzgebers könne dahin gegangen sein, neben dem fremden Erbrecht auch das deutsche Erbrecht, sofern ein Deutscher Rechte daraus ableiten könne, zur Geltung zu bringen, während dem Gesetzgeber, wenn auch nach deutschem Recht einem Deutschen im einzelnen Falle Erbrechte nicht zukämen, das Schicksal der Erbschaft mehr oder minder gleichgültig sei. Andererseits könne allerdings ein Gesetzgeber auch wollen, daß ein Deutscher auch dann berücksichtigt werde, wenn er nach dem deutschen Erbrecht gleiche oder bessere Rechte habe, wie der nach dem Heimatrecht des Erblassers zur Erbschaft Berufene. Ersterenfalls stehe der Beklagten kein Erbrecht zu, da sie auch nach deutschem Recht nicht erbberechtigt sei, vielmehr durch die Kläger ausgeschlossen werde; letzterenfalls würde das Vorhandensein eines deutschen Erbberechtigten das fiskalische Erbrecht ausschließen, da nach deutschem Erbrecht die Verwandten dritter Ordnung jede fiskalische Berechtigung ausschlössen. Nach dem Wortlaute der Gesetzesbestimmung sei nur die erste Auslegung, nicht die zweite, zulässig. Aus der Wahl des gegebenen Wortlautes sei zu folgern, daß die Begünstigung des Deutschen nicht so weit gehen solle, als dies nach der zweiten Auffassung der Fall wäre. Eine Unterbringung der zweiten Auffassung unter den Wortlaut des Gesetzes wäre nur dann möglich, wenn davon ausgegangen würde, daß durch Art. 25 Satz 1 im Zusammenhange mit Satz 2 für den einzelnen Fall die den fremden Verwandten ungünstigen Vorschriften des fremden Rechts als in das deutsche Recht aufgenommen, als Bestandteil des deutschen Rechts zu gelten hätten; dann wären durch das nun besonders geartete deutsche Recht die österreichischen Verwandten der zweiten Ordnung als Erben ausgeschlossen, und die Verwandten dritter Ordnung erbberechtigt. Allein die Fassung der einzelnen Vorschriften der Artt. 7—31 des Einf.-Ges. zum B.G.B. verbiete eine derartige Auffassung. Der Richter habe in den einzelnen Fällen fremdes Recht als solches anzuwenden. Man könnte versucht sein anzunehmen, daß für den nach Art. 25 Satz 2 nicht unter das fremde Recht fallenden Deutschen die unter das fremde Recht fallenden fremden Erbberechtigten eben durch dieses fremde Recht als nicht vorhanden (§ 1930 B.G.B.) zu gelten hätten. Allein das internationale Privatrecht des Bürgerlichen Gesetzbuchs lasse zwar mitunter, wie z. B. in den Artt. 11. 16 Abs. 2. 24 Abs. 2, die wahlweise Anwendung deutschen oder fremden Rechts zu und fordere zuweilen, wie in den Artt. 12. 17. 21, die Anwendung der beiden Rechte; eine derartige Vermengung der beiden Rechte aber, wie sie bei der bezeichneten Annahme Platz greifen würde, sei ihm fremd. Gerade der Vergleich mit Art. 24 ergebe, daß in Art. 25 Satz 2 eine gleiche wahlweise Anwendung des deutschen oder des fremden Rechts in Frage sei; die Wahl gehe aber nur dahin, ob das fremde, oder das deutsche Recht schlechthin anzuwenden sei, nicht ein drittes Gemenge aus beiden.

Diese Ausführungen des Berufungsgerichts gehen fehl. Nach Art. 25 Satz 1 wird ein Ausländer, der zur Zeit seines Todes seinen Wohnsitz im Inlande hatte, nach den Gesetzen des Staates beerbt, dem er zur Zeit seines Todes angehörte. Ausländer, die nach den hiernach maßgebenden Gesetzen nicht zur Erbfolge berufen sind, kommen als gesetzliche Erben nicht in Betracht. Für Deutsche macht das Gesetz eine Ausnahme. Ein Deutscher kann erbrechtliche Ansprüche auch dann geltend machen, wenn sie nur nach den deutschen Gesetzen begründet sind (Art. 25 Satz 2). Der Art. 25 bestimmt nicht, daß, wenn ein Deutscher nach deutschem Gesetze einen erbrechtlichen Anspruch erhebt, der Erblasser nach den deutschen Gesetzen beerbt wird, so daß auch Ausländer Ansprüche nach den deutschen Gesetzen erheben könnten; Art. 25 behält vielmehr die Befugnis, im deutschen Rechte begründete Ansprüche zu erheben, den Deutschen vor. Wenn Ausländer nach den Gesetzen des Staates, dem der Erblasser angehörte, nicht erbberechtigt sind, das deutsche Recht ihnen die Befugnis, auf die deutschen Gesetze Ansprüche zu gründen, nicht einräumt, so sind sie zur Erbfolge überhaupt nicht berufen. Der Berufungsrichter hat nicht dargelegt, in welchen Worten des Art. 25 er die Absicht des Gesetzgebers ausgedrückt finde, daß die Beerbung (auch zugunsten der Ausländer) nach dem deutschen Rechte sich richte, sofern ein Deutscher einen Anspruch nach den deutschen Gesetzen erhebe. Der Wortlaut: Ein Deutscher kann jedoch ꝛc spricht nicht für, sondern gegen die Auffassung des Berufungsgerichts. Da die Beerbung des Ausländers nicht nach den deutschen Gesetzen erfolgt, so bedarf es auch nicht, wie das Berufungsgericht geglaubt hat, der Annahme, daß die den fremden Verwandten ungünstigen Vorschriften des fremden Rechts als Bestandteile des deutschen Rechts zu gelten hätten. Ebensowenig ist dem Berufungsgericht darin beizutreten, daß es ein unzulässiges Gemenge des deutschen und des ausländischen Rechts sei, wenn angenommen werde, daß es für die durch das fremde Recht ausgeschlossenen Ausländer bei den Bestimmungen des fremden Rechts verbleibe, der Deutsche aber erbrechtliche Ansprüche auch dann geltend machen könne, wenn sie nur nach den deutschen Gesetzen begründet seien. Ob ähnliche Bestimmungen in den Artt. 7 flg. des Einf.-Ges. sich finden, kann dahingestellt bleiben; denn Art. 25 Satz 2 enthält, wie auch der Berufungsrichter anerkannt hat, eine Ausnahmebestimmung. Das Berufungsgericht hat übrigens selbst Vorschriften angeführt, durch welche die Anwendung des deutschen Rechts neben dem fremden Rechte gefordert wird.

Da die Beklagte als Deutsche erbrechtliche Ansprüche nach den deutschen Gesetzen erheben darf und nach diesen Gesetzen als gesetzliche Erbin der dritten Ordnung berufen ist, erbberechtigte Verwandte einer vorhergehenden Ordnung aber nicht vorhanden sind, so hätte das Berufungsgericht den von der Beklagten gestellten Anträgen, soweit sie sich auf den beweglichen Nachlaß beziehen, stattgeben sollen." . . .

89. Kann der Konkursverwalter, der in bezug auf einen Anspruch des Gemeinschuldners, welcher tatsächlich schon vor der Konkurseröffnung zugunsten eines Gläubigers des Gemeinschuldners behufs Befriedigung des ersteren für diesen gepfändet und ihm überwiesen war, um die dem Anspruch entgegenstehende Einrede des nicht erfüllten Vertrags im Interesse der Konkursmasse zu beseitigen, Aufwendungen aus dieser gemacht hat, von dem Gläubiger wenigstens deren Erstattung an die Masse in Höhe der Bereicherung des Gläubigers verlangen?

VII. Zivilsenat. Urt. v. 12. Juni 1906 i. S. St. (Bekl.) w. W. Konkursverw. (Kl.). Rep. VII. 512/05.

I. Landgericht Bremen.
II. Oberlandesgericht Hamburg.

Aus den Gründen:

„Der am 31. Mai 1900 unter Bestellung des Klägers zum Verwalter in Konkurs geratene Maurermeister W. hatte durch Vertrag vom 4. November 1899 übernommen, für eine Vergütung von 66235 *M* einen Neubau für den Wirt B. herzustellen. Die erwähnte Summe sollte, nachdem zwei Raten von zusammen 35000 *M* schon vor der Konkurseröffnung als während der Bauzeit fällig entrichtet waren, bezüglich des Restes getilgt werden:

1. mit 24735 *M* bei der zur Zeit der Konkurseröffnung noch nicht erfolgten Ablieferung des Baues,
2. mit dem Reste von 5500 *M* (sog. Garantiesumme) zwei Jahre später.

Es hat nun der Kläger die Fertigstellung des Baues durch den von ihm hierzu engagierten Zimmermeister H. für eine sich auf mindestens 17186,25 *M* belaufende Vergütung bewirken lassen. Danach hat B., nachdem die Ablieferung des Baues an ihn erfolgt war, 16038,08 *M* zum Zweck der Tilgung seiner Verbindlichkeit in Gestalt eines Sparkassenbuches bei der Sparkasse zu Bremerhaven hinterlegt, indem er von der durch die Ablieferung des Baues fällig gewordenen Baurate wegen fehlender Arbeiten und als Konventionalstrafe für verspätete Lieferung 8696,92 *M* in Abzug brachte. Die Hinterlegung war dadurch veranlaßt, daß verschiedene Personen, worunter die Beklagte, Anspruch auf den fälligen Betrag erhoben. Die letztere stützte diesen Anspruch auf einen behufs Befriedigung eines ihr an W. zustehenden, vollstreckbaren Anspruchs gegen denselben auf ihren Antrag erlassenen Pfändungs- und Überweisungsbeschluß vom 28. Februar 1900, zugestellt am 3. März 1900. Mit der gegenwärtigen Klage hat der Kläger beantragt, die Beklagte zu verurteilen, sich mit der Hebung der durch das erwähnte Sparkassenbuch verbrieften Summe durch den Kläger einverstanden zu erklären. Im Wege der Widerklage hat die Beklagte die Zustimmung des Klägers dazu verlangt, daß sie auf das Sparkassenbuch den Betrag ihrer Forderung mit 7158 *M* nebst Zinsen erhebe, und um Zurückweisung der Klage in diesem Umfange gebeten. . . .

Die Vorinstanz hat gemäß dem Klagantrage, unter Zurückweisung der Widerklaganträge, entschieden. Es ist folgendes ausgeführt: die Beklagte sei auf Kosten der Konkursmasse ohne rechtlichen Grund insoweit bereichert, als die Konkursmasse Aufwendungen gemacht habe, ohne die der gepfändete und überwiesene Anspruch von der Beklagten nicht hätte geltend gemacht werden können. Bei der Höhe der Aufwendung sei dieser Anspruch, falls die erstere nicht erfolgt sei, völlig wertlos gewesen. Damit liege die Bereicherung der Beklagten auf Kosten der Konkursmasse vor. Die Bereicherung sei ohne rechtlichen Grund erfolgt, weil der Beklagten ein Anspruch darauf, daß der Konkursverwalter den Bau fertig stelle, nicht zugestanden habe. Für den Umfang der Bereicherung komme in Betracht, daß das zur Fertigstellung des Baues Aufgewendete mehr betragen habe, als der von B. zu zahlende, nunmehr hinterlegte Betrag. . . .

Mit der Revision ist in erster Linie geltend gemacht, die Beklagte sei durch den ergangenen Pfändungs- und Überweisungsbeschluß an die Stelle des Gemeinschuldners getreten und könne daher, nachdem infolge der für diesen vorgenommenen Fertigstellung des Baues zu dessen Gunsten der Anspruch auf die Auszahlung der in Frage stehenden Summe erwachsen sei, nicht als ungerechtfertigt bereichert angesehen werden, wenn ihr der Betrag ausgezahlt werde. Es beruht die hiermit kundgegebene Auffassung darauf, daß, falls der Konkursverwalter bei einer Sachlage, wie sie hier vorliegt, nach dem § 17 K.O. Erfüllung von der Gegenseite verlangt, die in Rücksicht auf diesen Anspruch vor der Konkurseröffnung vorgenommene Pfändung und Überweisung, selbst mit Rücksicht darauf, daß die Erfüllung erst infolge der nach der Konkurseröffnung durch die behufs Fertigstellung des Baues aus der Masse erfolgte Aufwendung ermöglicht worden, rechtliche Wirkung gegenüber der Masse habe. Diese Annahme unterliegt indes erheblichen Zweifeln.

Dafür Entsch. in Zivils. Bd. 11 S. 51; dagegen a. a. O. Bd. 6 S. 111, Bd. 11 S. 138 und Bd. 33 S. 49.

Es braucht aber darauf nicht eingegangen zu werden, da, auch wenn man der Auffassung der Revision beitritt, der von der Vorinstanz zugunsten des Klägers verwendete Gesichtspunkt der ungerechtfertigten Bereicherung Platz greift. Indem nämlich der klagende Konkursverwalter zwar „an Stelle des Gemeinschuldners" (§ 17 K.O.) den Bauvertrag durch die der Masse entnommene Aufwendung erfüllte, und damit den der gepfändeten und überwiesenen Forderung entgegenstehenden Einwand des nicht erfüllten Vertrags beseitigte, geschah dies doch durch Mittel, die nur uneigentlich als solche des Gemeinschuldners bezeichnet werden können, und nicht für diesen. Vielmehr erfolgte die Wegräumung jener Einrede und die dadurch allein ermöglichte Befriedigung der Beklagten wegen des ihr gegen den Gemeinschuldner zustehenden Anspruchs, welcher an sich nur als einfache Konkursforderung in Betracht kam, in der Weise, daß das zur Konkursmasse gehörige Vermögen des Gemeinschuldners, welches behufs Befriedigung der Gläubiger der Verfügung des Konkursverwalters untersteht (§ 6 K.O.), herangezogen wurde. Es wurde daher die Beklagte durch die Verbesserung ihres Anspruchs auf Kosten der Masse, eines Dritten, bereichert. Diese Bereicherung erfolgte ohne rechtlichen Grund, weil darauf, daß der Kläger den Bauvertrag zwischen dem Gemeinschuldner fortsetzte, und, indem er in Verfolg hiervon den Bau fertig stellte, die Realisierung der zugunsten der

Beklagten gepfändeten und überwiesenen Forderung ermöglichte, der Beklagten ein Anspruch nicht zustand.

Eventuell ist von der Revision geltend gemacht, daß in bezug auf den **Umfang** der Bereicherung von dem Berufungsgerichte geirrt sei. Es habe in Betracht gezogen werden müssen, welcher Wert den von dem Gemeinschuldner vor der Konkurseröffnung geleisteten Bauarbeiten beizumessen gewesen sei. Dem kann nicht beigetreten werden. Es ist ausschlaggebend, welcher Aufwand aus der Masse erfolgte, um die Fertigstellung des Baues zu bewirken. Unter den Parteien steht aber fest, daß diese Summe, deren Verausgabung erfolgen mußte, um die Fälligkeit der streitigen Baurate und deren Zahlung, an deren Stelle die Hinterlegung getreten ist, herbeizuführen, größer ist, als der hinterlegte Betrag." . . .

90. Was versteht § 10 K.O. unter Rechtsstreitigkeiten über das zur Konkursmasse gehörige Vermögen, welche zur Zeit der Eröffnung des Verfahrens für den Gemeinschuldner anhängig sind?

II. Zivilsenat. Beschl. v. 12. Juni 1906 i. S. E. (Kl. u. Widerbekl.) w. G. Konkursmasse (Bekl. u. Widerkl.). Beschw.-Rep. II. 34/06.

I. Oberlandesgericht Hamburg.

Gründe:

„Durch die Klage war aus unstreitiger Warenlieferung Zahlung von 2663,48 *M* verlangt. Der Beklagte machte aus einem anderen Abschlusse eine Forderung auf Schadensersatz wegen Nichterfüllung geltend. In Höhe der Klageforderung rechnete er auf; durch Widerklage verlangte er Zahlung des in der Schlußverhandlung erster Instanz auf 76,52 *M* berechneten Mehrbetrags. Das Landgericht hat die Klage abgewiesen und den Kläger als Widerbeklagten nach dem Antrag der Widerklage verurteilt. Durch Berufung des Klägers und Widerbeklagten sind die Anträge angekündet, das erste Urteil dahin abzuändern, daß der Beklagte nach dem Klagantrag verurteilt, und seine Widerklage abgewiesen werde. Nach Einlegung der Berufung wurde am 6. Juli 1905 über das Vermögen des Beklagten und Widerklägers der Konkurs eröffnet, und dadurch das Verfahren nach § 240 Z.P.O. unterbrochen.

Der Kläger und Widerbeklagte hat das Verfahren über die von ihm eingelegte Berufung nicht aufgenommen, dagegen hat der Verwalter im Konkurse über das Vermögen des Beklagten und Widerklägers durch zugestellten Schriftsatz vom 27. November 1905 erklärt, den Rechtsstreit aufzunehmen, soweit er für den Gemeinschuldner anhängig sei, und die Anträge angekündet, die Berufung des Klägers und Widerbeklagten zurückzuweisen, soweit durch sie die Verurteilung auf die Widerklage angefochten, und Abweisung der Widerklage beantragt ist, auf die durch Anschlußberufung zu erweiternde Widerklage aber den Kläger und Widerbeklagten zur Zahlung weiterer 280 *M* mit Zinsen zu verurteilen. In dem auf Antrag des Konkursverwalters bestimmten Termin zur mündlichen Verhandlung vom 17. Mai 1906 war der Kläger und Widerbeklagte nicht vertreten. Der Konkursverwalter beantragte, gegen ihn nach Maßgabe der bezeichneten Anträge Versäumnisurteil zu erlassen. Das Oberlandesgericht hat durch sofort verkündeten Beschluß diese Anträge als unzulässig verworfen. Es ging dabei von der Auffassung aus, das durch Eröffnung des Konkursverfahrens unterbrochene Verfahren sei vom Kläger nicht aufgenommen und gelte deshalb noch als unterbrochen. Sonach bestehe ein prozeßordnungsgemäß zur Verhandlung über die Berufung gegebener Termin nicht, und fehle es an einem prozeßordnungsgemäßen Verfahren für die vom Konkursverwalter beabsichtigten Anträge, insbesondere an der Gelegenheit, die angekündete Anschlußberufung in einem prozeßordnungsgemäß zur mündlichen Verhandlung über die Berufung bestimmten Termine zu erheben.

Gegen diesen Beschluß richtet sich die rechtzeitig und in zulässiger Weise eingelegte sofortige Beschwerde, mit der beantragt ist, den angefochtenen Beschluß aufzuheben und die Sache nach § 336 Z.P.O. an das Oberlandesgericht zurückzuweisen.

Die sofortige Beschwerde hat ihre prozessuale Grundlage in § 336 Satz 1 Z.P.O. Die Rechtsprechung nimmt die Anwendbarkeit dieser Vorschrift an, wenn die Erlassung eines Versäumnisurteils auch aus anderen Gründen, als denen des § 335 Z.P.O. zurückgewiesen wurde.

Vgl. Entsch. des R.G.'s in Zivils. Bd. 37 S. 396, Bd. 55 S. 310.

Die Beschwerde ist auch materiell begründet. Allerdings betrifft die Klage und die Berufung, soweit sie sich auf die Abweisung der Klage bezieht, einen sogenannten Passivprozeß, und deshalb wären für Aufnahme dieses Teiles des in der Berufungsinstanz anhängigen Verfahrens die Vorschriften in den §§ 12 und 146 Abs. 3 K.O. anzuwenden. Der Konkursverwalter könnte das Verfahren nicht aufnehmen. Dem stände auch nicht entgegen, daß über die Aufrechnung des Gemeinschuldners in diesem Teile des Verfahrens entschieden wird.

Die Widerklage dagegen, durch die Zahlung an den Gemeinschuldner verlangt wird, und die Berufung des Klägers als Widerbeklagten, soweit sie Abänderung des der Widerklage stattgebenden Urteils und deren Abweisung verlangt, betrifft einen sogenannten Aktivprozeß. Daher ist § 10 K.O. anzuwenden. Zwar wird in diesem Paragraphen von Rechtsstreitigkeiten über das zur Konkursmasse gehörige Vermögen, welche zur Zeit der Eröffnung des Verfahrens für den Gemeinschuldner anhängig sind, gesprochen. Die Bestimmung will indes nicht sagen, daß die konkrete Gestaltung des Verfahrens für den Gemeinschuldner anhängig, hier also das Rechtsmittel für den Gemeinschuldner eingelegt sein müsse. Vielmehr soll damit nur ausgesprochen werden, daß durch den Rechtsstreit Vermögensrechte zugunsten des Gemeinschuldners verlangt werden. Für den Gemeinschuldner ist daher der Rechtsstreit im Sinne dieser Bestimmung anhängig, wenn gegen eine zur Leistung an ihn verurteilende Entscheidung von der Gegenpartei ein Rechtsmittel zur Zeit der Eröffnung des Konkursverfahrens eingelegt ist. Denn hier wird in dem anhängigen Verfahren ein Vermögensrecht für den Gemeinschuldner und für die Konkursmasse beansprucht. Danach konnte der Konkursverwalter im vorliegenden Falle das Verfahren über die vom Kläger und Widerbeklagten eingelegte Berufung aufnehmen, soweit letztere das Urteil über die Widerklage betrifft. Durch die Berufung ist die ganze Sache, also auch dieser Teil des Rechtsstreits, in der Berufungsinstanz anhängig. Im Rahmen des so aufgenommenen Verfahrens über einen Teil der Berufung war ferner der Termin zur mündlichen Verhandlung vom 17. Mai 1906 ein Termin zur mündlichen Verhandlung über die Berufung; folgeweise konnte in diesem Termin auch eine Anschlußberufung des Konkursverwalters, durch die ein damit zusammenhängender erweiterter Anspruch des Gemeinschuldners, jetzt der Konkursmasse, verfolgt wird, erhoben werden.

Danach war der angefochtene Beschluß aufzuheben, und die Sache zum weiteren Verfahren nach § 336 Satz 2 Z.P.O. an das Oberlandesgericht zurückzuweisen."

91. 1. Kann die Revisionssumme dadurch hergestellt werden, daß der Beklagte auf Erstattung der zwangsweise gezahlten Summen nebst Zinsen und Kosten Widerklage erhebt?

2. Sind bei der Wechselverjährung Stundungen nach § 202 B.G.B. zu berücksichtigen?

3. Verstößt ein Bordellbauvertrag gegen die guten Sitten?

Z.P.O. §§ 4. 546. 600 Abs. 2. 302 Abs. 4. 717 Abs. 2.
B.G.B. §§ 202. 138.

VII. Zivilsenat. Urt. v. 13. Juni 1906 i. S. Z. (Bekl.) w. W. (Kl.). Rep. VII. 511/05.

I. Landgericht Oldenburg.
II. Oberlandesgericht daselbst.

Die verklagte Ehefrau hatte Wechsel, die der mitverklagte Ehemann auf einen gewissen S. in B. gezogen, und durch Indossament auf sie übertragen hatte, in blanco weiter begeben; die Wechsel wurden an den Verfalltagen durch S. nicht eingelöst, sondern protestiert. Aus den Blankoindossamenten klagte der Kläger im Regreßwege gegen die verklagte Ehefrau auf Zahlung, und gegen den Ehemann auf Duldung der Zwangsvollstreckung im Wechselprozesse. Die Beklagten wurden demgemäß unter Vorbehalt ihrer Rechte verurteilt. Die Wechselregreßklagen sind erst ein Jahr nach dem Protest erhoben, weil der Kläger in einem Schriftstück vom 22. März 1902 den Beklagten gegenüber sich verpflichtet hatte, im Falle der Nichteinlösung durch S. die Wechsel nicht eher als ein Jahr nach dem jeweiligen Fälligkeitstage gegen die Beklagten einzuklagen.

Im Nachverfahren wurden die drei Prozesse verbunden. Die Beklagten behaupteten, die Wechselbeträge nebst Zinsen und Kosten zur Abwendung der Zwangsvollstreckung bezahlt zu haben. Sie beantragten, die Klage abzuweisen und im Wege der Widerklage den Kläger zur Zahlung 1. von 556,30 *M* nebst 4 Prozent Zinsen seit dem 8. März 1904, 2. von 504,60 *M* nebst 4 Prozent Zinsen seit dem 1. Dezember 1903, 3. von 1515,30 *M* nebst 4 Prozent Zinsen seit dem 14. Juni 1904 und von 58,85 *M* nebst 4 Prozent Zinsen seit dem 16. Juni 1904 zu verurteilen. Die Beklagten erhoben die Einrede der Verjährung gegenüber allen Wechselansprüchen und machten im übrigen geltend, daß die Wechsel nichtig seien, weil die Forderung des Klägers, zu deren Deckung der verklagte Ehemann unter Bürgschaft seiner Frau die Wechsel gegeben habe, aus einem unsittlichen Rechtsgeschäfte herrühre. Der verklagte Ehemann habe sein in B. betriebenes Bordell an S. verkauft und ein in O. erworbenes Hausgrundstück durch den Kläger zu einem Bordell umbauen lassen. Der Kläger habe, um die Einrichtung eines Bordells kennen zu lernen, das B.'er Bordell, namentlich den dort errichteten Plankenzaun, durch seinen Sohn besichtigen lassen, zweckdienliche Zeichnungen gefertigt und die Vergrößerung des Bordells durch Aufsetzen eines Stockwerks angeraten. Er habe gewußt, daß der Beklagte keine Mittel besitze und die Bauforderung nur aus dem Verdienste des Bordells bezahlen könne; er habe auch keine Kostenanschläge gefertigt und seine Forderung für den Neubau entsprechend hoch bemessen.

Das Landgericht hielt die Wechselurteile aufrecht und wies die Widerklage ab; die Berufung blieb erfolglos. Auf die Revision der Beklagten wurde das Berufungsurteil aufgehoben aus folgenden

Gründen:

„Es konnte zunächst in Frage kommen, ob die Revision nicht unzulässig ist, da die den Gegenstand der Klage bildenden Wechselansprüche von 500 + 500 + 1350 *M* die Revisionssumme des § 546 Z.P.O. nicht erreichen, und die Zinsen- und die Kostenbeträge nach § 4 Abs. 2 Z.P.O. nicht mitgerechnet werden. Die Zulässigkeit der Revision kann daher nur aus den Anträgen hergeleitet werden, die mit der Widerklage gestellt worden sind. Sie stützen sich auf § 600 Abs. 2 und § 302 Abs. 4 Satz 3 Z.P.O. Nun war es nach früherem Recht (§§ 563 Abs. 2. 655 Abs. 2 Z.P.O.) zweifellos, daß die

Rückzahlungsanträge, die auf Grund der erwähnten Vorschriften gestellt, und die selbst in der Revisionsinstanz noch zugelassen wurden (vgl. Entsch. des R.G.'s in Zivils. Bd. 27 S. 44, Bd. 34 S. 385), nicht die Natur der Widerklage hatten und an dem Werte des Streitgegenstandes und an der Revisionssumme nichts zu ändern vermochten (Entsch. a. a. O. Bd. 9 S. 410, Bd. 23 S. 351, Bd. 31 S. 380). Die Zivilprozeßnovelle vom 17. Mai 1898 hat nun zwar an den erwähnten Gesetzesvorschriften wesentliche Veränderungen vorgenommen, insbesondere dem früheren Rückzahlungsanspruch die Natur eines Schadensersatzanspruchs beigelegt. Gleichwohl hat sie nicht vorgeschrieben, daß der Anspruch (wie z. B. in dem Falle des § 280 Z.P.O.) durch Widerklage geltend zu machen sei, sondern hat, wie früher, einen Antrag in dem anhängigen Rechtsstreit zugelassen. Demgemäß hat das Reichsgericht kein Bedenken getragen, den Antrag auch noch im Läuterungsverfahren zuzulassen (Gruchot's Beiträge Bd. 49 S. 1053). Auch ist die Reichstagskommission bei der Beratung eines Abänderungsantrags (Kommissionsbericht zu § 655 Z.P.O. S. 173, Hahn's Materialien Bd. 8 S. 393) von der Auffassung ausgegangen, daß die Geltendmachung des Schadensersatzanspruchs in dem anhängigen Rechtsstreite an der sachlichen Zuständigkeit der Gerichte und den Rechtsmitteln nichts ändere. Danach würde ein Antrag nach § 302 Abs. 4 Satz 4 (§ 717 Abs. 2 Satz 2) Z.P.O. die Revisionssumme herzustellen nicht geeignet sein (vgl. auch Gaupp-Stein, 4. Aufl. Bem. III Ziff. 1 Abs. 2 zu § 717 Z.P.O.). Auf der anderen Seite aber ist es zweifellos und unbestritten, daß der durch die Zivilprozeßnovelle geschaffene Schadensersatzanspruch auch in einem besonderen Rechtsstreite verfolgt werden kann, und wenn dies der Fall ist, so ist nicht abzusehen, warum er nicht auch durch Widerklage sollte verfolgt werden können, wenn der Beklagte auf die besonderen Vorteile, die ihm die Geltendmachung im anhängigen Rechtsstreite gewährt, verzichtet. Im vorliegenden Falle haben die Beklagten schon beim Landgericht förmliche Widerklage erhoben; den Gegenstand dieser Widerklage bildet ein einheitlicher Schadensersatzanspruch, bei dem auch die gezahlten Zinsen und Kosten mitzurechnen sind, und die Revisionssumme mußte danach als vorhanden angenommen werden.

In der Sache selbst sind die Revisionsangriffe, soweit sie die

Einrede der Verjährung betreffen, nicht begründet. Diese Einrede ist in den Wechselurteilen vom 28. Januar und 6. Mai 1904 (P. 81/03, betreffend den am 1. August 1902 fälligen Wechsel von 500 *M*) bereits als unbegründet verworfen, und kann daher in betreff dieses Wechsels in dem Nachverfahren überhaupt nicht mehr geltend gemacht werden (vgl. die Urteile des Reichsgerichts bei Gruchot, Beiträge Bd. 39 S. 1148, Bd. 43 S. 1243, Bd. 45 S. 114. 115). Dasselbe gilt aber auch von dem zweiten Wechsel über 500 *M*, bezüglich dessen das Landgericht in dem Wechselurteil vom 12. Februar 1904 (P. 11/04) die Verjährung von Amts wegen geprüft und verneint hat. Ob dies zulässig war oder nicht, braucht dabei nicht untersucht zu werden, weil das Wechselurteil rechtskräftig geworden ist. Es kommt daher nur der dritte Wechsel über 1350 *M* in Frage, in bezug auf den in dem Wechselurteil vom 27. Mai 1904 (P. 48/04) über die Frage der Verjährung noch keine Entscheidung getroffen ist. Hier ist nach der oben mitgeteilten Rechtsprechung die Einrede noch zulässig; der Entscheidung des Berufungsrichters, der die Hemmung der Verjährung nach § 202 B.G.B. zugelassen hat, war jedoch beizutreten. Denn die frühere Rechtsprechung (Entsch. des R.O.H.G.'s Bd. 4 S. 375 Bd. 25 S. 26), welche die Stundungen (Prolongationen) bei der Wechselverjährung nicht berücksichtigte, fand ihre Stütze wesentlich in dem Art. 80 W.O. und in dessen Vorgeschichte (Entsch. des R.O.H.G.'s Bd. 25 S. 27). Nachdem aber Art. 80 a. a. O. beseitigt, und ein einheitliches die Verjährung regelndes Recht in Deutschland hergestellt ist, Sondervorschriften für Wechsel bei der Gesetzesdurchsicht im Jahre 1897 nicht nur nicht erlassen, die bestehenden vielmehr mit der ausgesprochenen Absicht, die wechselrechtlichen Abweichungen zu beseitigen, aufgehoben worden sind (Art. 8 Ziff. 2 Einf.-Ges. zum H.G.B., Denkschrift dazu in der amtl. Ausgabe von 1897 S. 311), fehlt es an jedem Grunde, den Vorschriften des Bürgerlichen Gesetzbuchs die Anerkennung im Wechselrecht zu versagen.

Für begründet mußte dagegen die Revision insoweit erachtet werden, als sie die Nichtberücksichtigung der unsittlichen Natur des der Wechselbegebung zugrunde liegenden Rechtsgeschäfts rügt. Denn wenn die Sache sich so verhielt, wie die Beklagten sie schildern, wenn der Kläger direkt ein Bordell mit allen Einrichtungen eines solchen zu bauen übernommen und gebaut hat, so kann es keinem Zweifel unterliegen, daß der unsittliche, auf die Förderung der Unzucht gerichtete Zweck Inhalt und Gegenstand des Vertrags geworden ist. Auf die Streitfrage, inwieweit die Unsittlichkeit des Vertrags aus dem Zweck, den die Vertragsparteien verfolgten, hergeleitet werden kann, kommt es daher im vorliegenden Falle gar nicht an. Die unsittliche Natur des Rechtsgeschäfts, aus dem der Kläger seine Forderung ableitet, kann — die Richtigkeit der Behauptungen der Beklagten vorausgesetzt — im vorliegenden Falle ebensowenig zweifelhaft sein, wie in dem Falle der Bordellvermietung (Entsch. des R.G.'s in Zivils. Bd. 38 S. 199). Alle abweichenden Ausführungen des Berufungsrichters sind verfehlt und finden keine Stütze in den wesentlich anders liegenden Fällen, in denen abweichende Entscheidungen ergangen sind. Zum großen Teil sind diese Entscheidungen in dem vorerwähnten Urteil bereits gewürdigt; es handelt sich dabei um Bordellverkäufe und Darlehn (wie auch in der von der Revision angezogenen Entscheidung in der Jurist. Wochenschr. 1906 S. 331 Nr. 5), die einer anderen Beurteilung unterliegen. War aber das Rechtsgeschäft, aus dem die Forderung des Klägers entsprang, wegen seiner unsittlichen Natur nichtig, so ergreift die Nichtigkeit auch die zur Sicherung der klägerischen Forderung eingegangenen Rechtsgeschäfte (die Bürgschaft und die Wechselerklärungen) der verklagten Ehefrau (vgl. Entsch. des R.G.'s in Zivils. Bd. 38 S. 251, Bd. 47 S. 52).

Da die Behauptungen der Beklagten noch des Beweises bedürfen, so war das Berufungsurteil, wie geschehen, aufzuheben, und die Sache in die Vorinstanz zurückzuverweisen."

92\. 1. Können Aktiengesellschaften im Prozesse ohne gesetzliche Vertreter auftreten?

2\. Darf der Hypothekengläubiger nach §§ 865. 771 Z.P.O. klagen, oder nur nach § 766 das. Einwendungen erheben?

3\. Können fremde Zubehörstücke eines Grundstücks, die nach § 1120 B.G.B. nicht für die Hypothek haften, mit Einwilligung des Eigentümers der Sache der Hypothek unterworfen werden?

VII. Zivilsenat. Urt. v. 12. Juni 1906 i. S. Vereinsbrauerei H. A.-G. (Kl.) w. A. Sch. Bankverein A. G. (Bekl.). Rep. VII. 469/05.

I. Landgericht Düsseldorf.
II. Oberlandesgericht Köln.

Der Rechtsvorgänger des Beklagten ließ wegen einer vollstreckbaren Forderung gegen den Hotelbesitzer B. am 11. und 19. Februar 1904 durch einen Gerichtsvollzieher in dem Hotel verschiedene Mobilien pfänden. Die Sachen gehörten zum Inventar des Hotels mit Ausnahme mehrerer am 19. Februar 1904 in dem Schlafzimmer gepfändeter Gegenstände, hinsichtlich deren dies streitig ist. Eigentümerin der Sachen war die Ehefrau des Schuldners, die mit diesem, dem Eigentümer des Hotels, in getrennten Gütern lebte.

Die Klägerin war Hypothekengläubigerin wegen eines Darlehns von 15000 *M*, das sie nach der notariellen Schuldurkunde vom 3. Juni 1903 beiden Eheleuten gegeben und am 13. Juni 1903 hatte eintragen lassen. In der Schuldurkunde hatten beide Eheleute erklärt:

„Zur größeren Sicherheit der Schuld stellen wir der Gläubigerin folgendes Immobile zur Hypothek: Gemarkung K. Bd. 121 Art. 6034 ... mit aufstehenden Gebäulichkeiten ... nebst dem sämtlichen zum Wirtschaftsbetriebe gehörigen Inventar als gesetzlichem Immobiliarzubehör."

Die Klägerin behauptete, daß sich die Hypothek auf das der Ehefrau gehörige Inventar miterstrecke; die Verpfändungserklärung der Ehefrau enthalte einen Verzicht auf die Geltendmachung der Ausnahmevorschrift des § 1120 B.G.B., bzw. einen Verzicht auf ihr Eigentumsrecht. Sie erhob demzufolge nach §§ 865. 771 Z.P.O. Widerspruchsklage mit dem Antrage, die Pfändungen aufzuheben.

Das Landgericht gab dem Antrage statt; das Oberlandesgericht aber erkannte abändernd auf Abweisung der Klage. Die Revision der Klägerin wurde zurückgewiesen worden, aus folgenden

Gründen:

„Obwohl die Parteien als Aktiengesellschaften prozeßunfähig sind und nur durch gesetzliche Vertreter im Prozeß auftreten können, ergeben die beiden Vorderurteile nichts über die gesetzliche Vertretung im Prozesse. Dem Mangel, der nach den §§ 56. 313 Ziff. 1 Z.P.O.

von Amts wegen zu berücksichtigen war, ist in der Revisionsinstanz dadurch abgeholfen worden, daß die gesetzlichen Vertreter, die den Prozeß geführt haben, benannt worden sind.

Der Berufungsrichter hat die Zulässigkeit der auf die §§ 865. 771 Z.P.O. gegründeten Klage in Zweifel gezogen, jedoch mit Unrecht. Denn wenn auch Zuwiderhandlungen gegen den § 865 a. a. O. durch Einwendungen beim Vollstreckungsgericht nach § 766 Z.P.O. gerügt werden können, so ist doch die Erhebung einer Klage nach § 771 a. a. O. nicht ausgeschlossen. Es ist dies nicht bloß für das ältere Recht in der von dem Berufungsrichter angeführten Entscheidung (Rep. V. 129/00, in der Jurist. Wochenschr. 1900 S. 641), sondern auch für das neue Recht (Rep. V. 71/03, Entsch. in Zivils. Bd. 55 S. 207) ausgesprochen und ausführlich begründet. Hiervon abzugehen liegt keine Veranlassung vor.

In der Sache selbst hat der Berufungsrichter im Gegensatz zum Landgericht angenommen, daß die gesetzliche Begrenzung, die das für die Hypothek verhaftete Zubehör durch § 1120 B.G.B. erfahren hat, durch Parteivereinbarung nicht geändert werden kann, und daß Zubehörstücke, die anderen Personen als dem Grundstückseigentümer gehören, zwar als bewegliche Sachen zum Faustpfand gegeben, aber nicht zur Hypothek gestellt werden können. Dem war beizutreten. Das Bürgerliche Gesetzbuch läßt es zwar (abweichend von den §§ 60. 108 preuß. A.L.R. I. 2) zu, daß auch fremde Sachen Zubehör des Grundstücks werden (§§ 926. 1120 B.G.B., Motive zu § 789 des I. Entw. Bd. 3 S. 62 a. E.); dadurch verlieren aber die Sachen nicht die Eigenschaft beweglicher Sachen, sie können daher insoweit, als das Gesetz nichts anderes bestimmt, nur als bewegliche Sachen verpfändet werden. Das Gesetz hat nun aber für fremde Sachen, auch wenn sie Zubehör sind, die Verhaftung für die Hypothek ausdrücklich ausgeschlossen, und daraus ergibt sich von selbst die von dem Berufungsrichter gezogene Folge. Möglich ist es zwar, daß solche Sachen, wenn deren Eigentümer seine Rechte nicht geltend macht, kraft der für den Grundstückseigentümer nach § 1006 B.G.B. streitenden Eigentumsvermutung als der Hypothek unterworfen erscheinen, und demgemäß auch im Zwangsversteigerungsverfahren behandelt werden (§§ 27 Ziff. 5. 55 Abs. 2 Zw.V.G.).

Vgl. Entsch. des R.G.'s in Zivils. Bd. 49 S. 253, bei Gruchot,

Beiträge Bd. 46 S. 1035; Turnau u. Förster, Liegenschaftsrecht Bd. 1 § 1120 B.G.B. Bem. B III.
Wird aber die Eigentumsverschiedenheit geltend gemacht — und hierfür sind außerhalb des Zwangsversteigerungsverfahrens bestimmte Formen und Fristen nicht vorgeschrieben —, so ist es unmöglich, die fremden Sachen als Gegenstand der Hypothek zu behandeln, auch wenn deren Eigentümer damit einverstanden ist. Der von der Klägerin geltend gemachte Verzicht der Ehefrau war daher ebensowenig wie die Verpfändungserklärung in der Schuldurkunde vom 3. Juni 1903 geeignet, das Hypothekenrecht der Klägerin an Sachen derselben zu begründen. Etwas anderes wäre es freilich, wenn die Ehefrau ihr Eigentum an den Sachen aufgegeben und auf ihren Ehemann übertragen hätte. Dann wäre von selbst auch die Schranke des § 1120 B.G.B. in Wegfall gekommen (vgl. Entsch. des R.G.'s in Zivils. Bd. 53 S. 351 flg.); von einer solchen Eigentumsübertragung aber enthält die Schuldurkunde vom 3. Juni 1903 nichts.

Beim Mangel des von der Klägerin beanspruchten Rechts ist die darauf gegründete Klage hinfällig, und die Revision konnte demnach keinen Erfolg haben."

93. Haftet der Unternehmer einer städtischen Gasanstalt ohne Verschulden für den durch einen Bruch des Rohrnetzes entstandenen Schaden?

B.G.B. §§ 823. 906. 907.

Gew.O. § 26.

V. Zivilsenat. Urt. v. 13. Juni 1906 i. S. Stadtgem. B.-B. (Bekl.) w. Fr. u. Gen. (Kl.). Rep. V. 589/05.

I. Landgericht Karlsruhe.
II. Oberlandesgericht daselbst.

Am Abend des 13. Dezember 1902 fand in dem Hause des Maurers M. in B.-B. eine Gasexplosion statt. Das Haus war an die Gasleitung nicht angeschlossen; es war aber ihm gegenüber das städtische Gasrohr in der Straße gebrochen, und das entströmte Gas, da es nicht durch das gefrorene Erdreich nach oben entweichen konnte, seitwärts durch die gerissene Grundmauer in den M.'schen Keller gedrungen, von wo es durch einen undichten Schornstein aufwärts gestiegen und an einem Ofenfeuer im zweiten Stock zur Entzündung gekommen war. Der Gebäudeschaden war dem M. ersetzt worden; im Prozeßwege forderten er und noch vier Personen, die damals in dem Hause zur Miete gewohnt hatten, Ersatz des sonstigen durch die Explosion und die polizeilich angeordnete Räumung des Hauses für sie unmittelbar und mittelbar entstandenen Schadens, den sie insgesamt auf 2501,50 *M* bezifferten. Sie verlangten den Ersatz von der Stadtgemeinde, als der Eigentümerin des Gaswerks.

In erster Instanz wurde die Klage abgewiesen, und diese Entscheidung ward in zweiter Instanz insoweit gebilligt, als der Anspruch auf ein Verschulden der Beklagten gestützt worden war. Aber das Berufungsgericht erachtete die Klage ohne ein Verschulden der Beklagten für begründet und stellte die Ersatzverbindlichkeit der Beklagten dem Grunde nach fest.

Der hiergegen gerichteten Revision der Beklagten wurde stattgegeben, aus folgenden

Gründen:

„Gegen die Ausführungen des Berufungsrichters, die sich mit der Frage beschäftigen, ob die Explosion auf irgendein Verschulden, sei es eines der Kläger, sei es der Beklagten, zurückgeführt werden könne, und diese verneinen, lassen sich keine Bedenken erheben. Die Entscheidung hängt sonach einzig und allein davon ab, ob mit dem Berufungsrichter angenommen werden kann, daß die Beklagte auch ohne die Voraussetzung eines ihrerseitigen Verschuldens für den aus der Explosion entstandenen Schaden aufzukommen habe.

Der Berufungsrichter begründet dies in folgender Weise:

Der § 906 B.G.B. sei ein den Schutz des Grundeigentums gegen unzulässige Einwirkungen bezweckendes Gesetz im Sinne des § 823 Abs. 2 B.G.B.; Schadensersatzansprüche aus einer unzulässigen Immission erforderten nun freilich, im Gegensatz zu bloß negatorischen Ansprüchen (§ 1004), entweder ein Verschulden des Verpflichteten, das hier nicht vorliege, oder einen das Verschulden ersetzenden Umstand, und ein solcher Umstand liege vor, wenn dem Grundeigentümer im Einzelfalle das wesentliche Recht entzogen sei, widerrechtliche Eingriffe in sein Eigentum abzuwehren (wofür auf die Entsch. des R.G.'s in Zivils. Bd. 58 S. 134 Bezug genommen wird). Dies treffe hier aber zu: die verklagte Stadt besitze für ihre Gasbereitungsanstalt die im § 16 Gew.O. vorgeschriebene gewerbepolizeiliche Genehmigung; von dieser Anstalt aus habe sie durch das die Straßen der Stadt durchziehende Rohrnetz in rechtswidriger Weise Gas auf das Grundstück des Mitklägers M. geleitet und dadurch Schaden angerichtet. Die Kläger hätten nun aber nach § 26 Gew.O. nicht das Recht, die Einstellung des polizeilich genehmigten Gewerbebetriebs der Beklagten oder die Beseitigung der Anlage zu verlangen; sie könnten auch nicht auf Herstellung von Einrichtungen klagen, welche eine benachteiligende Einwirkung der hier vorliegenden Art ausschlössen, weil solche Einrichtungen, wie sich aus der Sachlage ohne weiteres ergebe, untunlich und mit einem gehörigen Betriebe des Gewerbes unvereinbar seien.

Der Berufungsrichter erwägt dann weiter, daß den Klägern auch aus § 907 B.G.B. und Art. 18 bad. Ausf.-Ges. kein Schutz gegen den polizeilich genehmigten Gewerbebetrieb der Beklagten erwachse, weil das Rohrnetz, das freilich für sich allein keine genehmigungspflichtige Anlage sei, eine gefahrdrohende Anlage nicht darstelle, gefahrdrohend vielmehr nur das von der Gasfabrik aus in die Rohre geleitete Gas sei; aber gegen die hieraus für den Nachbar entstehende Gefahr habe dieser keinen gesetzlichen Schutz seines Eigentums.

Dem Berufungsrichter ist darin zweifellos beizutreten, daß von dem Verschuldungsgrundsatze, den das Bürgerliche Gesetzbuch bei Regelung der Schadensersatzpflicht aus unerlaubten Handlungen, unter Ablehnung des Verursachungs- oder Veranlassungsprinzips, an die Spitze gestellt hat, außer den im Gesetze selbst angeordneten Ausnahmen auch dann eine solche zugelassen werden muß, wenn dem Verletzten die Befugnis entzogen ist, an sich widerrechtliche Eingriffe in sein Eigentum abzuwehren und dadurch dem Schaden vorzubeugen, wie dies in dem angeführten Urteile des erkennenden Senats (Entsch. des R.G.'s Bd. 58 S. 134) näher ausgeführt ist. Es kann aber nicht anerkannt werden, daß diese Voraussetzung im vorliegenden Falle gegeben wäre.

Der Berufungsrichter stützt seine Ansicht auf § 26 Gew.O. Es ist nun aber im Auge zu behalten, daß der Schutz, den diese Gesetzesbestimmung dem Gewerbe gegen Klagen auf Einstellung oder auf ungebührliche Erschwerung des Betriebes gewährt, nur den — wie es dort heißt — mit obrigkeitlicher Genehmigung errichteten gewerblichen Anlagen zukommt, d. h., wie allseitig anerkannt ist, den nach Vorschrift der Gewerbeordnung einer obrigkeitlichen Genehmigung, also einer gewerbepolizeilichen Genehmigung, bedürftigen Anlagen. Als solche kommt im vorliegenden Falle nur die Gasbereitungs- und Gasbewahrungsanstalt der Beklagten in Betracht, wie sich aus § 16 Gew.O. ergibt, dagegen nicht die außerhalb dieser Anstalt befindliche, in dem Rohrnetze verkörperte Anlage, die dazu dient, das bereitete Gas den Straßen und Plätzen der Stadt und den einzelnen Häusern zuzuführen. Diese Anlage mag zwar juristisch als Bestandteil des Gaswerks anzusehen sein (Entsch. des R.G.'s in Zivils. Bd. 39 S. 204), und auch wirtschaftlich mit diesem eine Einheit bilden; der gewerbepolizeilichen Genehmigung bedarf sie gleichwohl nicht, wie auch vom Berufungsrichter anerkannt wird. Ihr kommt daher auch nicht der Schutz des § 26 zustatten; soweit also die bestehenden Rechte zur Abwehr benachteiligender Einwirkungen, welche von einem Grundstück aus auf ein benachbartes Grundstück geübt werden, dem Eigentümer oder Besitzer des letzteren eine Privatklage gewähren, erfährt solche Klage gegen nachteilige Einwirkungen der Gasleitung durch § 26 Gew.O. keine Einschränkung. Dies könnte nur dann der Fall sein, wenn durch solche Klage mittelbar in den Betrieb der Gasbereitungs- und Gasbewahrungsanstalt selbst in einer dem § 26 widersprechenden Weise eingegriffen würde.

Nun erkennt der Berufungsrichter an, daß die Rohranlage in der W.'straße, aus der das den Klägern schädlich gewordene Gas entwichen ist, an und für sich keine Anlage sei, deren Entfernung der Nachbar auf Grund des § 907 B.G.B. wegen ihrer Gefährlichkeit beanspruchen könnte; er scheint aber anzunehmen, daß sie durch ihre Benutzung als Gasleitung dennoch einen gefahrdrohenden Charakter erhalte, der die Anwendung des § 907 ermöglichen würde, wenn dem nicht der § 26 Gew.O. im Wege stände. Das trifft jedoch nicht zu. Der § 907 spricht von Anlagen, von denen mit Sicherheit vorauszusehen ist, daß ihr Bestand oder ihre Benutzung eine unzulässige Einwirkung auf das Nachbargrundstück zur Folge habe. Davon kann bei dem Rohrnetze einer städtischen Gasanstalt der Regel nach keine Rede sein. Umgekehrt, es kann von solcher Anlage mit gleicher Sicherheit wie von andern Anlagen, die unter Umständen Schaden stiften können, angenommen werden, daß sie bei ordnungsmäßigem Betriebe ungefährlich bleibt, und nur der Einwirkung des Zufalls, wie alle menschlichen Einrichtungen, unterliegt. Daß die Beklagte aber ihr Rohrnetz irgendwie ordnungswidrig angelegt oder unterhalten hätte, ist nicht einmal behauptet worden. Es ist daher davon auszugehen, daß diese Anlage im Sinne des § 907 B.G.B. ungefährlich war, wie auch der Verlauf gezeigt hat, da neben dem von keiner Seite verschuldeten, zufälligen Rohrbruch noch das gefrorene Erdreich, das ein naturgemäßes Entweichen des Gases nach oben verhinderte, und ein Riß in der Kellerwand des M.'schen Hauses zusammentreffen mußten, um den Eintritt des Schadens erst zu ermöglichen. Der § 907 B.G.B. litt demnach auf die Gasrohranlage überhaupt keine Anwendung, wurde also nicht, wie der Berufungsrichter annimmt, erst durch § 26 Gew.O. ausgeschlossen. Aber gesetzt, das Rohrnetz wäre in der Tat ordnungswidrig angelegt, und hätte eine gefahrdrohende Anlage im Sinne des § 907 dargestellt, so wäre ein Einschreiten auf Grund des § 907 durch § 26 Gew.O. nicht verhindert worden. Die Kläger hätten dann nämlich doch nur verlangen können, daß das vor dem M.'schen Hause liegende und dieses Grundstück mit einer Gefahr bedrohende Stück der Rohrleitung entfernt werde. Dies würde durch eine Auswechslung des Rohrstücks gegen ein anderes, das keine gefahrdrohende Beschaffenheit hatte, zu bewerkstelligen gewesen sein, und eine Einstellung oder auch nur nennenswerte Erschwerung des Betriebes der Gasbereitungsanstalt nicht im Gefolge gehabt haben.

Gegen das Eindringen von Gas in ihre Wohnungen stand nun allerdings den Klägern der Schutz des vom Berufungsrichter angezogenen § 906 B.G.B. und, wie hinsichtlich der Mitkläger des Hauseigentümers M. hinzuzufügen ist, des § 862 (§ 868) B.G.B. zur Seite. Sie konnten nach §§ 1004 und 862 die Beseitigung der Beeinträchtigung verlangen, und, wenn weitere Beeinträchtigungen zu besorgen waren, auf Unterlassung klagen. Die Beseitigung der Beeinträchtigung wäre aber auch hier durch Auswechslung des schadhaften Rohrs zu bewerkstelligen gewesen, und daß dadurch auf den Betrieb der Gasbereitung irgendwie störend eingewirkt worden sein würde, kann im Ernst nicht behauptet werden. Daß die Anstellung einer solchen Klage durch den Eintritt des Schadens überholt werden kann, wie der vorliegende Fall zeigt, ist ein Übelstand, der in allen Verhältnissen möglich ist, jedenfalls mit den die Vorbeugung des Schadens erschwerenden Bestimmungen des § 26 Gew.O. nicht zusammenhängt. Wenn der Berufungsrichter gleichwohl annimmt, daß der § 26 einen Rechtsschutz gegen Gasimmissionen verhindere, so kann er dabei nur an eine Klage auf Unterlassung künftiger Störungen gedacht haben. Diese Klage stand aber den Klägern unter den vorliegenden Umständen überhaupt nicht zu, wurde also nicht erst durch § 26 Gew.O. ausgeschlossen. Das Gesetz (§§ 1004. 862 B.G.B.) gibt sie nur unter der Voraussetzung, daß weitere Beeinträchtigungen oder Störungen zu besorgen sind. Eine solche Besorgnis erfordert aber mehr als die bloße abstrakte Möglichkeit, daß ein schadenbringendes Ereignis sich wiederholen könne. Mehr liegt hier nicht vor; zu einer Besorgnis, daß in der W.'straße vor dem M.'schen Hause wieder ein Rohr platzen werde, und ausströmendes Gas unter einer ähnlichen Verkettung von Umständen wie dieses Mal den Klägern schädlich werden würde, fehlen alle Voraussetzungen. Aber angenommen selbst, es ließe sich diese Besorgnis rechtfertigen, es stände also den Klägern ein Anspruch auf Unterlassung fernerer Störungen zu, so könnte dieser doch nur darauf gerichtet werden, daß die Beklagte Einrichtungen treffe, die solche Störungen auszuschließen geeignet sind. Daß dies untunlich oder mit einem gehörigen Betriebe der Gasbereitungsanstalt unvereinbar sein würde, läßt sich nicht anerkennen. Der gegenteiligen Annahme des Berufungsrichters scheint die Meinung zugrunde zu liegen, daß es sich dabei um eine Wegnahme oder doch Auswechslung des ganzen Rohrnetzes handle. Die Kläger hätten aber doch nur Anspruch auf Schutz ihres Grundstücks, des Hauses W.'straße Nr. 35, und daß dieses Haus gegen künftige Gasimmissionen völlig gesichert werden kann durch Einrichtungen, die auf den Betrieb der Gasanstalt selbst gar keinen Einfluß ausüben, bedarf keiner weiteren Begründung.

Den § 26 Gew.O. hat demnach der Berufungsrichter zu Unrecht auf den vorliegenden Fall angewandt. Es fehlt aber überhaupt die Voraussetzung der angefochtenen Entscheidung, daß die Kläger unabwendbaren Folgen eines gefährlichen Betriebes schutzlos preisgegeben wären. Der vom Berufungsrichter angezogene Fall in den Entsch. des R.G.'s in Zivils. Bd. 58 S. 134 betraf einen ganz andern Tatbestand. Dort handelte es sich um eine Kleinbahn, die gar nicht anders betrieben werden kann als unter Auswurf von Rauch und Funken, die notwendig auf fremde Grundstücke gelangen. Die Versorgung einer Stadt mit Gas dagegen kann bei ordnungsmäßigem Betriebe, also in Ermangelung eines Verschuldens nur beim Eintritte von Zufällen, denen alle menschlichen Einrichtungen unterliegen, einen Schaden anrichten. Für solche Zufälle den Unternehmer haftbar zu machen, gewähren aber die bestehenden Rechte keinen Anhalt.

Aus diesen Gründen mußte die angefochtene Entscheidung aufgehoben, und die in erster Instanz ausgesprochene Abweisung der Klage wiederhergestellt werden." . . .

94. Zur Anwendung der Vorschrift in Art. 4 Ziff. 7 W.O.

I. Zivilsenat. Urt. v. 13. Juni 1906 i. S. v. K. u. Gen. (Bekl.) w. B. (Kl.). Rep. I. 8/06.

I. Landgericht I Berlin.
II. Kammergericht daselbst.

Geklagt wurde aus drei vom Kläger auf die Tiroler Kohlengesellschaft Koessen in Groß-Lichterfelde bei Berlin gezogenen und mit dem Akzept

„Tiroler Kohlengesellschaft Koessen
der Vorstands-Vorsitzende
Hugo Nicolay."

versehenen Wechseln unter der Behauptung, daß die Beklagten Mitglieder der Tiroler Kohlengesellschaft Koessen gewesen seien. Diese Gesellschaft besaß unstreitig Rechtspersönlichkeit nicht; sie war nach der vorinstanzlichen Feststellung eine im Jahre 1898 im Gebiete des preußischen Landrechts gegründete Erwerbsgesellschaft im Sinne der §§ 169 flg. A.L.R. I. 17, die den Zweck verfolgte, Kohlenfelder aufzuschließen, zu erwerben und auszubeuten.

Die nur von einem der Beklagten eingelegte Revision führte zur gänzlichen Abweisung der Klage, soweit sie gegen ihn erhoben war.

Aus den Gründen:

..."Da die Klage, soweit sie auf den ersten Wechsel vom 16. Juli 1901 über 2642,50 ℳ gestützt war, bereits abgewiesen worden ist, kommen für die Revision des Beklagten zu 3 nur mehr der zweite Wechsel, d. d. Berlin, den 15. September 1901 über 2643,50 ℳ, und der dritte Wechsel, d. d. Berlin, den 1. Oktober 1901 über 19410 ℳ in Betracht. Diese beiden Wechsel sind aber nicht geeignet, als Grundlage des von dem Kläger erhobenen Anspruchs, der auf die Wechsel allein gestützt wird, zu dienen. Denn beide Wechsel genügen den Anforderungen des Art. 4 Ziff. 7 W.O. nicht. Nach dieser Gesetzesstelle gehört zu den wesentlichen Erfordernissen eines gezogenen Wechsels der Name der Person oder die Firma, welche die Zahlung leisten soll. Die auf beiden Wechseln als Bezeichnung des Bezogenen sich findende Angabe „Tiroler Kohlengesellschaft Koessen in Groß-Lichterfelde bei Berlin" enthält aber weder einen persönlichen Namen noch eine Firma, welche als Bezeichnung einer firmenberechtigten Person möglich ist, sondern lediglich die Bezeichnung einer durch geographische Angaben sich kennzeichnenden Gesellschaft des bürgerlichen Rechts, welche weder eigene Rechtspersönlichkeit besitzt, noch eine Handelsgesellschaft ist, noch auch eine Gewerkschaft im Sinne des Allgemeinen Berggesetzes für die Preußischen Staaten bildet. Die Bezeichnung „Tiroler Kohlengesellschaft Koessen in Groß-Lichterfelde bei Berlin" entspricht somit dem Erfordernis, welches Art. 4 Ziff. 7 W.O. aufstellt, nicht, und die Folge hiervon ist nach Art. 7 W.O. die, daß aus den beiden Schriftstücken, welchen eines der wesentlichen Erfordernisse des Wechsels fehlt, keine wechselmäßige Verbindlichkeit entsteht, und auch die auf den Schriftstücken sich findenden Akzepte keine Wechselkraft haben. Es ist somit aus ihnen eine wechselmäßige Verpflichtung überhaupt nicht entstanden, und kann deshalb auf Grund dieser Wechsel der Beklagte zu 3 auch als Gesellschafter der Tiroler Kohlengesellschaft Koessen nicht in Anspruch genommen werden." . . .

95. 1. Welchen Umfang hat die dem Betriebsunternehmer einer Privateisenbahn nach Maßgabe des Reichshaftpflichtgesetzes vom 7. Juni 1871 obliegende Schadensersatzpflicht, wenn der im Betriebe der Bahn Verletzte ein Beamter ist, der von dem Deutschen Reiche auf Grund des Unfallfürsorgegesetzes vom $\frac{\text{15. März 1886}}{\text{18. Juni 1901}}$ Unfallfürsorgeleistungen, sowie den über die Unfallfürsorgepension hinausgehenden Betrag der ordentlichen Amtspension zu beanspruchen hat?

2. Genügt zur Unterbrechung der Verjährung ein Anerkenntnis unter der gleichzeitigen Verwahrung dagegen, daß nicht nur der Anspruch an sich, sondern auch der geforderte Betrag anerkannt werde?

Unfallfürsorgegesetz vom 15. März 1886 § 10, und vom 18. Juni 1901 § 12.

Reichshaftpflichtgesetz vom 7. Juni 1871, §§ 1 u. 8 (Art. 42 III Einf.-Ges. zum B.G.B.).

B.G.B. § 208.

IV. Zivilsenat. Urt. v. 14. Juni 1906 i. S. Holländische Eisenbahngesellschaft (Bekl.) w. Reichspostfiskus (Kl.). Rep. IV. 554/05.

I. Landgericht Münster.
II. Oberlandesgericht Hamm.

Der Postschaffner P. erlitt am 6. Dezember 1900 in Rheine, während er in einem Bahnpostwagen Dienst tat, durch einen Rangierstoß einen Unfall, der seine dauernde Dienstunfähigkeit zur Folge hatte. Der Unfall ereignete sich im Betriebe der verklagten Privateisenbahngesellschaft. P. ist zum 1. April 1902 mit einer ihm auf Grund des Unfallfürsorgegesetzes vom 15. März 1886 und des Reichsbeamtengesetzes vom 31. März 1873 zugemessenen Jahrespension von 1293 *M* in den Ruhestand versetzt worden. Der klagende Postfiskus macht nun die gemäß § 10 des Unfallfürsorgegesetzes auf ihn übergegangenen Rechte geltend. Er verlangt, daß die Beklagte nach Maßgabe des Reichshaftpflichtgesetzes ihm jährlich vom 1. April 1902 ab bis zum Tode des P. 1293 *M* zahle, und ihm die zu verauslagenden, dem P. nach seiner Pensionierung etwa erwachsenden Kosten des Heilverfahrens ersetze. Die Beklagte behauptet, der dem Verletzten auf Grund des Haftpflichtgesetzes zustehende Schadensersatzanspruch habe nur in dem Unterschiede zwischen dem vollen Diensteinkommen und der ihm zustehenden Pension bestanden; er sei daher auch nur in dieser Höhe auf den Kläger übergegangen. Der Anspruch sei außerdem nach § 8 des Haftpflichtgesetzes in der Fassung des Art. 42 III Einf.-Ges. zum B.G.B. verjährt.

Das Oberlandesgericht hat dem Kläger den geforderten Jahresbetrag von 1293 *M* zuerkannt, den Anspruch jedoch unter der Annahme, daß P. auch ohne den Unfall seine Pensionierung mit dem gleichen Ruhegehalte zum 1. April 1909 zu erwarten gehabt hätte, auf die Zeit bis zum 1. April 1909 eingeschränkt, und hat die Beklagte weiter verurteilt, dem Kläger bereits verauslagte Heilungskosten mit 61,75 *M*, sowie die etwa später noch entstehenden Kosten des Heilverfahrens zu ersetzen.

Die von der Beklagten allein eingelegte Revision wurde zurückgewiesen aus folgenden

Gründen:

„Die Vorschriften des § 10 des Reichsgesetzes, betreffend die Fürsorge für Beamte und Personen des Soldatenstandes infolge von Betriebsunfällen vom 15. März 1886 (R.G.Bl. S. 53) stimmen mit den Vorschriften des § 12 der durch Art. 1 des Reichsgesetzes vom 18. Juni 1901 (R.G.Bl. S. 211) eingeführten Gesetzesfassung bis auf eine sachlich bedeutungslose Abweichung des Abs. 3 wörtlich überein. Es kann deshalb davon abgesehen werden, zu untersuchen, ob der Berufungsrichter mit Rücksicht darauf, daß die Versetzung des Postschaffners P. in den Ruhestand in die Geltungszeit des Gesetzes vom 18. Juni 1901 fällt, seiner Entscheidung, wie geschehen, den § 12 der neuen Fassung zugrunde legen durfte, oder ob er an die zur Zeit des Unfalls gültige ursprüngliche Gesetzesfassung gebunden war. Nach § 10 wie nach § 12 sind die Ansprüche, welche dem P. auf Grund des § 1 des Reichshaftpflichtgesetzes vom 7. Juni 1871 (R.G.Bl. S. 207) gegen die Beklagte als Eisenbahnbetriebsunternehmer zugestanden haben, in dem nämlichen Umfange anteilsweise auf den Kläger übergegangen: Kläger trat in diese Ansprüche ein sowohl in Höhe des festen Jahresbetrages, den das Unfallfürsorgegesetz selbst gemäß § 1 dem verletzten Beamten zugebilligt hat, also in Höhe von 66 $^2/_3$ Prozent des Diensteinkommens, als auch darüber hinaus in Höhe des weiteren Pensionsbetrages, der mit Rücksicht auf die lange Dauer der von P. zurückgelegten Dienstzeit gemäß § 1 Abs. 2 der früheren und § 1 Abs. 5 der jetzigen Gesetzesfassung diesem nach Maßgabe des Reichsbeamtengesetzes vom 31. März 1873 zustand. Der im § 10 (12) Abs. 1 a. a. O. zugunsten des Eisenbahnbetriebsunternehmers gemachte Vorbehalt, wonach ihm gemäß Art. 8 des Gesetzes vom 20. Dezember 1875 (R.G.Bl. S. 318) der Rückgriff auf die Postverwaltung zusteht, kommt im gegebenen Falle der Beklagten nicht zu statten. Denn es besteht unter Parteien darüber kein Streit, daß der Unfall sich unter Umständen ereignet hat, durch die sich die im Art. 8 a. a. O. für den Fortfall des Rückgriffsrechts vorgesehenen Voraussetzungen erfüllt haben.

Wie in den Vorinstanzen macht aber die Beklagte jetzt auch mit der Revision geltend, die kraft Gesetzes auf den Kläger übergegangenen Rechte des P. seien nach dem Haftpflichtgesetz in ihrem Umfange hinter dem Betrage der Beamtenpension zurückgeblieben. Insoweit nämlich, als der Kläger zur Entrichtung der Pension verpflichtet sei, bestehe auf ihrer Seite keine Verpflichtung, den Verletzten noch außerdem durch eine Haftpflichtrente zu entschädigen. Vielmehr sei sie, da das Diensteinkommen 1762,80 M betragen habe, und die Pension 1293 M ausmache, überhaupt nur verpflichtet, 469,80 M und nicht 1293 M jährlich zu zahlen. Für die Richtigkeit dieser Aufstellung würden gewichtige Gründe in dem Falle sprechen, wenn bei der Beurteilung des Verhältnisses zwischen der pensionspflichtigen Betriebsverwaltung des Reichs und einem nach dem Haftpflichtgesetze entschädigungspflichtigen Eisenbahnbetriebsunternehmer es angängig wäre, sich ausschließlich auf den Standpunkt des vor der reichsgesetzlichen Unfallfürsorge für Beamte geltenden Rechts zu stellen, und die Entscheidung über das Maß der Verpflichtung des Eisenbahnbetriebsunternehmers ohne Berücksichtigung des Unfallfürsorgegesetzes selbst zu treffen. Denn in dieser Beziehung besteht zwar zunächst unter den Schriftstellern eine Meinungsverschiedenheit.

Endemann, Die Haftpflicht der Eisenbahnen rc 3. Aufl. S. 134 flg., und Eger, Reichs-Haftpflicht-Gesetz, 6. Aufl. S. 458 flg., haben sich gegen die Einrechnung der Amtspensionen in die Haftpflichtentschädigung, Oertmann, die Vorteilsausgleichung beim Schadensersatz S. 142 flg., und Reindl, Reichs-Haftpflicht-Gesetz S. 175 flg., haben sich dafür ausgesprochen.

Die Entstehungsgeschichte des Reichshaftpflichtgesetzes ließe sich indessen zugunsten dieser letzteren Meinung und damit zugunsten der Revision verwerten. Denn, wie bereits das Reichsoberhandelsgericht (Entsch. Bd. 13 S. 26) hervorgehoben hat, bezeichneten die Motive zum Regierungsentwurfe des Haftpflichtgesetzes (S. 13 und 14 zu § 5) es allgemein als selbstverständlich, daß bei der richterlichen Bemessung der Unfallentschädigung Pensionsansprüche des Verletzten oder seiner Hinterbliebenen zu berücksichtigen seien. Gleichwohl wurde im Reichstage noch der Antrag eingebracht (Nr. 99 der Drucksachen), die ausdrückliche Vorschrift in das Gesetz aufzunehmen:

„Beziehen der Verletzte oder die Erben des Getöteten aus Veranlassung des Unfalls irgend eine Pension, so ist diese von der zu leistenden Gesamtentschädigung abzurechnen",

und es wurde dieser Antrag erst zurückgezogen, nachdem der Bundesratsbevollmächtigte ihn als überflüssig mit der Ausführung bekämpft hatte, wer infolge des Unfalls und um des Unfalls willen anderwärts Entschädigung bekomme, müsse sich diese Entschädigung so wie so abrechnen lassen (Stenographische Berichte S. 616). In Übereinstimmung damit haben denn auch der II. Zivilsenat und der III. Zivilsenat des Reichsgerichts (Entsch. Bd. 15 S. 114 flg. und Bd. 17 S. 47 flg.) sich für eine Anrechnung, in dem einen Falle der Witwen- und Waisengelder, in dem andern Falle der Beamtenpension, und zwar beide Male sogar unter der Voraussetzung ausgesprochen, daß von dem Beamten Pensionsbeiträge erhoben worden waren, während der V. Zivilsenat des Reichsgerichts (Entsch. Bd. 10 S. 50) unter der gleichen Voraussetzung eine Witwenpension für nicht anrechnungsfähig gehalten hatte.

Den bei diesem Stande der Rechtslehre und der Rechtsprechung immerhin möglichen Zweifeln hat nun freilich auch das Unfallfürsorgegesetz durch eine mit klaren Worten auf Gesetzeserläuterung abzielende Vorschrift nicht abgeholfen. Die Fassung des § 10 (12) spricht sogar, wie der Revision zugegeben werden muß, an sich mehr dagegen, daß eine authentische Klarstellung des nach dem Haftpflichtgesetze bestehenden Rechtszustandes beabsichtigt war. Gleichwohl aber hat das Gesetz in unverkennbarer Weise der Streitfrage gegenüber Stellung genommen.

Zunächst ist so viel gewiß, daß für Fälle, in denen es sich um Unfälle im Betriebe von Privateisenbahnen handelt, das Recht des Verletzten, neben der ihm aus Reichs- oder Staatsmitteln zu entrichtenden Beamtenpension auf Grund des Haftpflichtgesetzes den Mehrbetrag des Diensteinkommens als Entschädigung zu verlangen, durch das Unfallfürsorgegesetz keinerlei Schmälerung erfahren hat. Nur für bestimmte andere Fälle entlastete das Unfallfürsorgegesetz den Eisenbahnbetriebsunternehmer teils unbedingt teils unter bestimmten Voraussetzungen insofern, als er dem Verletzten und den Hinterbliebenen des Verletzten über die in ihm vorgesehenen Fürsorgeleistungen hinausgehende Ansprüche versagte, ihm also auch eine weitergehende Inanspruchnahme auf Grund des Haftpflichtgesetzes abschnitt: dann nämlich, wenn der Eisenbahnbetriebsunternehmer das Reich (§ 8 Abs. 1, jetzt § 10 Abs. 1, und § 10 Abs. 2, jetzt § 12 Abs. 2), oder ein Bundesstaat (§ 10 Abs. 2, jetzt § 12 Abs. 2), oder ein Kommunalverband (§ 12, jetzt § 14) ist. Dazu kommt, daß weder bei der Entstehung des Gesetzes vom 15. März 1886 noch auch bei der des Gesetzes vom 18. Juni 1901 in irgendeiner Weise oder an irgendeiner Stelle die Absicht erkennbar geworden ist, die Beamten bei der Bemessung des Umfangs der ihnen zukommenden Bezüge insoweit, als ihnen neben dem pensionspflichtigen Dienstgeber ein haftpflichtiger Privatunternehmer gegenübersteht, eine Einbuße an der vollen Unfallentschädigung erleiden zu lassen. Hält man hieran fest, so zeigt sich ohne weiteres, daß, wenn das Unfallfürsorgegesetz die Ansprüche des verletzten Beamten aus dem Haftpflichtgesetz in Höhe der Unfallfürsorgeleistungen und der darüber hinausgehenden ordentlichen Pensionsleistungen auf das Reich überträgt, dies unter der notwendigen Voraussetzung geschieht, an und für sich stehe dem Beamten auf Grund des Haftpflichtgesetzes das Recht zu, von dem Eisenbahnbetriebsunternehmer die volle Entschädigung, und nicht bloß eine Ausgleichung in Höhe des Unterschieds zwischen Gehalt und Pension zu fordern. Der im § 10 (12) Abs. 1 geregelte Forderungsübergang kraft Gesetzes würde gegenstandslos sein, wenn beim Fortbestehen der Befugnis des Beamten, den Unternehmer der Privatbahn zu einer derartigen Ausgleichsleistung heranzuziehen, sich die Verpflichtung des Unternehmers hierin überhaupt erschöpfte. Die Revision versucht dieser Erwägung mit der Ausführung zu begegnen, daß sich die im § 10 (12) Abs. 1 enthaltene Regelung als wirksam und gegenständlich wenigstens für solche Fälle erweisen könnte, in denen die Unfallfürsorgepension den Betrag der ordentlichen Beamtenpension übersteigt, weil alsdann bei unveränderter gesetzlicher Fortgeltung der Verpflichtung des Privatunternehmers zur Hergabe des Mehrbetrags, mit dem das Diensteinkommen über die ordentliche Pension hinausgeht, in den Grenzen dieses Mehrbetrags ein Anteil übrig bliebe, den nicht der Beamte, sondern auf Grund des Forderungsübergangs das Reich von dem Unternehmer zu fordern hätte. Allein daß dies nicht dem Standpunkt entspricht, vom dem aus die in § 10 (12) enthaltenen Gesetzesvorschriften erlassen sind, ergibt sich einmal daraus, daß das Gesetz eine Verteilung der Ansprüche aus dem Haftpflichtgesetz unter das Reich und den Beamten schlechthin ins Auge faßt, und als Teilungsmaßstab den Betrag der Unfallfürsorge- und der ordentlichen Pensionsleistungen unter einer Ausdrucksform verwendet, die mit der Art und Weise, in der die Revision den Forderungsübergang seinen Voraussetzungen und seinem Gegenstande nach einzuschränken sucht, unvereinbar ist. Wie ersichtlich, würden dabei die Ansprüche aus dem Haftpflichtgesetze nicht nach der Ausdrucksweise des Gesetzes „in Höhe" der Fürsorgeleistungen, zuzüglich des Mehrbetrags der Beamtenpension, sondern in ihrem von der Revision angenommenen vollen Betrage auf das Reich übergehen, ja sie würden nicht einmal annähernd jenen Leistungen jemals gleichkommen können. Außerdem wird eben im § 10 (12) der Teilungsmaßstab nicht allein den eigenen Normen des Unfallfürsorgegesetzes entnommen, sondern die Ansprüche des Verletzten sollen, wie das Gesetz ausdrücklich vorschreibt, auch in Höhe solcher Bezüge, die von der Betriebsverwaltung des Reichs auf Grund anderweiter reichsgesetzlicher Vorschrift zu bestreiten sind, auf das Reich übergehen. Damit schließt aber § 10 (12) gerade auch die ordentliche Beamtenpension in den Betrag der Deckung ein, die dem Reiche vermöge des Forderungsübergangs in der dem Verletzten nach dem Haftpflichtgesetze zustehenden Entschädigungsforderung zuteil werden soll. Das Reich soll also bei dem Betriebsunternehmer keineswegs nur, wie die Revision ihm zugestehen will, mit dem Betrage Deckung finden, den das Unfallfürsorgegesetz selbst für Fälle einer zurückgelegten kürzeren Dienstzeit dem Verletzten entweder anstelle der ordentlichen Beamtenpension, oder über diese hinaus gewährt.

Aus allen diesen Gründen hat der erkennende Senat sich dafür entschieden, der in dem Berufungsurteil aufgestellten, dort aber nicht näher begründeten Ansicht beizutreten, daß in den Fällen der reichsgesetzlichen Unfallfürsorge für Beamte vermöge des in § 10 (12) Abs. 1 des Unfallfürsorgegesetzes verordneten Forderungsübergangs der Reichsfiskus Gläubiger des Betriebsunternehmers einer Privateisenbahn zum vollen Betrage aller Leistungen wird, die er dem verletzten Beamten auf Grund des Unfallfürsorgegesetzes und des Reichsbeamtengesetzes zu entrichten hat, und daß dem gegenüber der Betriebsunternehmer nicht geltend machen darf, die ihm auf Grund des Haftpflichtgesetzes obliegenden Verpflichtungen seien in ihrem Gesamtbetrage auf den Unterschied zwischen dem Diensteinkommen des Verletzten und der Summe der Unfallfürsorge- und ordentlichen Pensionsleistungen des Fiskus einzuschränken. Ob daraus die Folgerung herzuleiten ist, daß die Ansprüche des Reichsfiskus gegen den Betriebsunternehmer sich in die Zeit hinein erstrecken, in der auch ohne den erlittenen Unfall der Beamte in den Ruhestand hätte versetzt werden müssen, bedarf keiner Erörterung, da die Entscheidung des Berufungsrichters insoweit der Revisionsklägerin nicht zur Beschwerde gereicht.

Die Einrede der Verjährung verwirft der Berufungsrichter aus doppeltem Grunde. Der Lauf der Frist sei nicht schon vom Tage des Unfalls ab zu berechnen, sondern sie sei erst dadurch in Lauf gekommen, daß am 28. Dezember 1901 der Pensionsanspruch des P. endgültig festgesetzt wurde. Das ist unrichtig. Der Beginn der Verjährung richtet sich gemäß § 8 des Haftpflichtgesetzes stets nach dem Tage des Unfalls. Geht der Anspruch des Verletzten auf einen anderen über, so ist das auf den Beginn und den Verlauf der Verjährung überhaupt ohne Einfluß. Es ist überdies unrichtig, daß die Entstehung des Anspruchs, und der auf § 10 des Unfallfürsorgegesetzes beruhende Anspruchsübergang zeitlich auseinanderfallen.

Vgl. Entsch. des R.G.'s in Zivils. Bd. 60 S. 200 flg. und 207 flg.; Juristische Wochenschrift 1905 S. 410 Nr. 40 und S. 497 Nr. 26.

Der Berufungsrichter hält sodann die Verjährung gemäß § 208 B.G.B. durch Anerkennung für unterbrochen. Auf Ersuchen des Klägers war bei der außergerichtlichen Geltendmachung der Ansprüche desselben gegen die Beklagte von der Eisenbahndirektion in Münster die Vermittlung übernommen worden. Die Eisenbahndirektion in Münster hatte nach Annahme des Berufungsrichters in der mit dem Beklagten geführten Korrespondenz auch zum Ausdruck gebracht, daß sie als Vertreterin des Klägers handle. Das Anerkenntnis erblickt der Berufungsrichter nun in den dieser Vertreterin gegenüber abgegebenen brieflichen Erklärungen der Beklagten vom 10. Mai und 16. August 1902. Dieser Entscheidungsgrund trägt das Urteil, allerdings nur insoweit, als er auf das Schreiben vom 10. Mai 1902 gestützt ist. Denn in dem späteren Schreiben vom 16. August 1902 verwahrte sich die Beklagte ausdrücklich dagegen, daß sie über einen Höchstbetrag von 469,80 *M* hinaus von P. in Anspruch genommen werden könne; sie bestritt auch jeden über diesen Jahresbetrag hinausgehenden Anspruch des Klägers und schloß damit jedenfalls diesen bestimmt begrenzten Mehrbetrag von der Anerkennung aus. Nun enthält zwar auch das Schreiben der Beklagten von 10. Mai 1902 folgende Stelle:

„Die Verpflichtung dagegen, der Postverwaltung den ganzen dem P. gewährten Unfallruhegehalt im Betrage von 1293 *M* zurückzuzahlen, vermögen wir ohne weiteres nicht anzuerkennen."

Allein dem Grunde nach hat damals, wie die in dem Berufungsurteil hervorgehobenen ferneren Stellen dieses Schreibens ergeben, die Beklagte den klägerischen Anspruch immerhin als gerechtfertigt anerkannt. Sie hat nur noch im Ungewissen gelassen, welchen Betrag sie fortlaufend an den Kläger zu zahlen verpflichtet sei. Dabei schränkte sie jedoch die Anerkennung durch keinerlei bestimmte Abgrenzung in solcher Weise ein, daß sie für einen Teil des objektiv Geschuldeten ihre Verpflichtung nicht gelten lassen wollte; sie ließ vielmehr keinen Zweifel darüber, daß, sofern die Forderung des Klägers so viel ausmachte, als Kläger behauptete, sie auch im geltend gemachten Umfange dem erhobenen Anspruche gerecht werden wolle. Einer derartigen Bestätigung der Schuldverpflichtung durch den

Schuldner wohnt die gleiche anspruchserhaltende Wirkung bei, wie der Erhebung einer Klage, die, ohne den Betrag der Forderung in den Rechtsstreit hineinzuziehen, auf deren Feststellung gerichtet ist. Da nun in der Zeit, seitdem die Verjährung am 10. Mai 1902 unterbrochen war, bis zur Klagerhebung die Verjährung nicht ablaufen konnte, so versagt die Verjährungseinrede, ohne daß es darauf ankommt, ob die Beklagte ihre in dem Schreiben vom 10. Mai 1902 enthaltenen Erklärungen nachträglich einzuschränken oder zurückzunehmen versucht hat." ...

---

96. Verstößt ein Vertrag, wodurch ein Wirt gegenüber einer Brauerei gegen Gewährung eines Darlehns zur Bierabnahme auf die Dauer von mindestens fünf Jahren sich verpflichtet, gegen die guten Sitten?

II. Zivilsenat. Urt. v. 15. Juni 1906 i. S. D. Aktien-Brauerei (Kl.) w. M. (Bekl.). Rep. II. 514/05.

I. Landgericht Duisburg.
II. Oberlandesgericht Hamm.

Die Frage wurde von den Instanzgerichten bejaht, vom Reichsgericht aber verneint, aus folgenden

Gründen:

... „Das Berufungsgericht legt den Vertrag der Parteien dahin aus, daß der Beklagte auch nach einer seitens der Klägerin erfolgten Kündigung und Rückzahlung des Darlehns zur weiteren Bierabnahme auf die Dauer von mindestens fünf Jahren seit dem Tage des Vertragsabschlusses verpflichtet bleibt. Die Vertragsauslegung ist von der Revisionsklägerin nicht beanstandet und rechtlich auch nicht zu beanstanden. Im wesentlichen erklärt das Berufungsgericht gerade mit Rücksicht auf diese Vertragsbestimmungen den Vertrag als den guten Sitten widersprechend für nichtig. Die Entscheidung steht im Widerspruch mit Urteilen anderer Oberlandesgerichte, die den Einwand der Nichtigkeit gegenüber Verträgen von im wesentlichen gleichen Bedingungen zurückgewiesen haben.

So die Oberlandesgerichte Dresden, Sächsisches Archiv Bd. 14

S. 649 und Wengler, Archiv n. F. Bd. 10 S. 534, Celle, Rechtsprechung der Oberlandesgerichte Bd. 4 S. 205 und Köln in mehrfachen Entscheidungen.

Die Entscheidung ist auch rechtlich zu beanstanden. Ob ein Vertrag den guten Sitten widerspricht, ist eine Rechtsfrage, die als solche auf Grund der von dem Berufungsgericht festgestellten oder unstreitigen Tatsachen der Nachprüfung des Revisionsgerichts unterliegt. Für die Beurteilung ist nicht bloß der objektive Inhalt des Geschäfts maßgebend, sondern die Gesamtheit der im Zeitpunkte des Vertragsabschlusses vorhandenen Verhältnisse ist von dem besonderen Standpunkte der Vertragschließenden unter Berücksichtigung ihrer Bedürfnisse, Anschauungen, Motive und Zwecke in Betracht zu ziehen. Dieser Aufgabe ist das Berufungsgericht nicht gerecht geworden, indem es hauptsächlich nur den objektiven Vertragsinhalt und auch diesen nur unvollständig bzw. unzutreffend gewürdigt hat. Damit verletzt es den § 138 B.G.B. Verträge, zufolge deren ein Wirt gegen Gewährung eines Darlehns gegenüber einer Bierbrauerei zur Abnahme des Bierbedarfs auf eine längere Zeitdauer sich verpflichtet, und die Rückzahlung des Darlehns durch einen Aufschlag auf den Bierpreis erfolgt, gehören zu den häufigen Erscheinungen des heutigen Geschäftslebens und dienen dem Interesse beider Vertragsteile, dem Wirt, der mangels genügender eigner Mittel durch Gewährung des Darlehns in den Stand gesetzt wird, sich eine selbständige Existenz zu gründen, oder den Geschäftsbetrieb zu vergrößern, oder weiteren Kredit sich zu verschaffen; der Brauerei, die dadurch auf eine bestimmte Zeit sich die Kundschaft sichert, und entsprechend mit ihrem Geschäftsbetrieb, insbesondere ihrer Produktion, sich einrichten kann. In der Natur der Verhältnisse liegt es einerseits, daß mittellose Anfänger oder in nicht günstiger Vermögenslage befindliche Wirte mit Rücksicht auf das mit der Kreditgewährung immerhin verbundene größere oder geringere Risiko sich lästigeren Vertragsbedingungen unterwerfen müssen, als Abnehmer, deren Kreditwürdigkeit einem Bedenken nicht unterliegt, anderseits, daß die Brauereien das Äquivalent dafür, daß sie flüssige Mittel ihrem Geschäfte entziehen und in kleineren Beträgen mehr oder minder unsicher anlegen, nicht in der üblichen Verzinsung der Darlehen, sondern vielmehr in der Förderung ihres eigentlichen Geschäftsbetriebes, des Bierabsatzes, suchen. Die wirtschaftliche Wichtigkeit und die weite Verbreitung der Bierabnehmerverträge rechtfertigen nun ohne weiteres die Annahme, daß Verträge solcher Art für den Regelfall dem gesunden Rechtsempfinden des Volkes nicht widerstreiten, und daß eine abweichende Beurteilung nur in besonderen Umständen, insbesondere einer drückenden Härte der Vertragsbedingungen, die den Gewerbebetrieb des Wirts übermäßig beschränken, ihre Begründung finden kann. Der § 138 Abs. 1 B.G.B. erklärt ein jedes Geschäft, das den guten Sitten widerspricht, für nichtig. Als besonderen Anwendungsfall hebt der Abs. 2 das wucherische Geschäft hervor. Der Abs. 2 dient einesteils zur Erläuterung des Abs. 1, anderenteils gerade in Fällen der vorliegenden Art als ein naheliegender gesetzlicher Maßstab. Auf diesen Gesichtspunkt hebt auch das Berufungsgericht ab, wenn es von einer gegen die guten Sitten verstoßenden Knebelung, oder von einer Ausnutzung der Lage des wirtschaftlich Schwächeren seitens des wirtschaftlich Stärkeren spricht. So richtig diese allgemeinen Erwägungen sein mögen, so müssen sie doch ihre Rechtfertigung in den besonderen Umständen des konkreten Geschäfts finden. Dies trifft aber im gegebenen Falle nicht zu. Denn die Ausbeutung des Leichtsinns oder der Unerfahrenheit ist vom Beklagten nicht behauptet, das Vorhandensein einer Notlage aber ausdrücklich bestritten worden. Der Verstoß gegen die guten Sitten ist vom Berufungsgericht weiter damit begründet, daß es sich um einen für die Verhältnisse der Klägerin geringen, überdies durch Bürgschaft gesicherten, Betrag von 1000 ℳ handele, und daß die Vertragsstrafe als eine außerordentlich hohe anzusehen sei. Hierbei ist erwogen, der Umstand, daß die Vertragsstrafe nur gegebenenfalls, d. h. für den Fall des Vertragsbruchs gefordert werden könne, im übrigen aber Leistung und Gegenleistung einander gleich kämen, komme nicht in Betracht. Diese Erwägungen sind zum Teil unzutreffend, erschöpfen aber jedenfalls die Sachlage nicht. Durch die Gewährung des Darlehns sind dem Beklagten, der sich bis dahin in der dienenden Stellung eines Oberkellners befand, die Mittel zur Gründung einer selbständigen Existenz verschafft worden. Unter diesem Gesichtspunkte erscheint die Kreditgewährung als eine sittlich und wirtschaftlich anerkennenswerte Tat der Klägerin. Bei der Würdigung ihrer Leistung ist nicht bloß die Größe des mit der Kreditgewährung verbundenen Risikos, sondern auch, und hauptsächlich der Umstand zu berücksichtigen, daß die Klägerin, die nicht gewerbsmäßig Geldverleihgeschäfte betreibt, den fraglichen Betrag ihrem Betriebskapital entzog und mehr oder minder unsicher anlegte. Unzutreffend ist es, wenn das Berufungsgericht der Leistung der Klägerin hauptsächlich die für den Vertragsbruch des Beklagten verwirkte Vertragsstrafe gegenüberstellt, obwohl doch ihre Verwirkung ganz vom Belieben des Beklagten abhängig war. Als Gegenleistung des Beklagten war vielmehr überwiegend seine Verpflichtung zum Bierbezuge in Betracht zu ziehen. Da nun der Beklagte gegenüber der Klägerin — einer großen, renommierten Brauerei — zum Bezuge ihres Bieres, dessen Güte in keiner Weise beanstandet ist, zum Tagespreise, also zu einem Preise, zu dem auch diejenigen Wirte das Bier beziehen, die nicht Darlehnsschuldner der Klägerin sind, unbedingt nur auf die Dauer von fünf Jahren sich verpflichtet, dabei aber sich das Recht vorbehalten hat, ein echtes Pilsener, ein echtes dunkles Münchener Bier sowie in der Stehbierhalle das Bier der Keßler'schen Brauerei zu führen, so kann die Übernahme einer solchen Verpflichtung weder dem Gegenstande noch der Zeitdauer nach als eine übermäßige Beschränkung in seinem Gewerbebetriebe angesehen werden. Wenn dem Beklagten, der die guten Dienste der Klägerin dank der Unterstützung seitens einer Konkurrenzbrauerei jetzt nicht mehr nötig hat, nunmehr die Bierbezugspflicht lästig fällt, so kann dies keinen Grund abgeben, den Vertrag als sittenwidrig erscheinen zu lassen. Bedenken kann nur der Umstand erregen, daß der Beklagte nach der Auslegung, die das Berufungsgericht dem Vertrage gibt, auch noch nach einer seitens der Klägerin erfolgten Kündigung des Darlehns an die Bierbezugspflicht gebunden bleibt. Allein dieses Bedenken ist gegenüber den gesamten übrigen Umständen des Falles nicht erheblich genug, um für sich allein den Vertrag zu einem sittenwidrigen zu stempeln. Übrigens ist hierbei zu erwägen, daß eine solche Vertragsbestimmung nicht bloß nach ihrem strengen Wortsinn, sondern vielmehr in dem Geiste zu verstehen ist, in dem eine große Brauerei sie in eignem wohlverstandenen Interesse zur Erhaltung ihres geschäftlichen Renommees zu handhaben pflegt. Hiernach kann der Vertrag nicht als den guten Sitten widersprechend und nichtig angesehen werden." . . .

97. Folgt aus § 11 Abs. 1 des Urheberrechtsgesetzes vom 19. Juni 1901 die ausschließliche Befugnis des Urhebers, das Werk gewerbsmäßig zu verbreiten, auch für solche Exemplare des Werkes, welche er selbst hergestellt und in den Verkehr gebracht hat, und kann er die gewerbsmäßige Verbreitung solcher Exemplare durch Bestimmung eines Ladenpreises mit Wirkung gegen Dritte beschränken?

Gesetz, betr. das Urheberrecht an Werken der Literatur &c, vom 19. Juni 1901 § 11 Abs. 1.
Gesetz über das Verlagsrecht vom 19. Juni 1901 §§ 8. 21.
B.G.B. §§ 823. 826. 137. 903.

I. Zivilsenat. Urt. v. 16. Juni 1906 i. S. K. (Kl.) w. J. & Co. (Bekl.). Rep. I. 5/06.

I. Landgericht I Berlin.
II. Kammergericht daselbst.

Der Kläger ist Urheber und Verleger des bekannten „Koenigs Kursbuch“, das er durch den Buchhandel zum Ladenpreis von 50 ₰ verbreitet, während er von seinen Sortimentern 30 ₰ erhält. Die Beklagte betreibt in Berlin ein Warenhaus und verkauft in demselben seit längerer Zeit das Kursbuch unter dem Ladenpreis von 50 ₰. Die Beklagte bezieht unstreitig die vom Kläger hergestellten und in den Verkehr gebrachten Exemplare, die sie verkauft, durch Zwischenhändler. Der Kläger behauptet, daß durch das Verhalten der Beklagten in sein ausschließliches Verbreitungsrecht eingegriffen, und sein Geschäftsbetrieb nicht bloß gefährdet, sondern geschädigt werde und geschädigt sei. Er stellt unter Zeugenbeweis, daß eine große Reihe von Sortimentern an ihn geschrieben, sie würden sich für das Kursbuch nicht mehr interessieren und es nicht mehr vertreiben können, falls er nicht verhüten könne, daß es von der Beklagten unter dem Ladenpreis verkauft werde. Er behauptet, daß er durch das Verhalten der Beklagten schließlich gezwungen sein werde, den Preis von 30 ₰, zu dem er das Kursbuch an seine Abnehmer abgebe, herabzusetzen, hat auch zwei Erklärungen der Handelskammer in Sorau und des Vorstandes des Börsenvereins der deutschen Buchhändler zu Leipzig beigebracht, daß im Sortimenthandel der Brauch bestehe, sich für solche Artikel nicht mehr zu verwenden, die durch

Warenhäuser zu Schleuderpreisen an das Publikum vertrieben werden, und daß er, der Kläger, schließlich genötigt sein werde, den Verkaufspreis herabzusetzen. Unstreitig hat der Kläger im Börsenblatt für den deutschen Buchhandel vom 27. Juli 1904 bekannt gemacht, daß er im Interesse des Sortimentbuchhandels fortan das Kursbuch nur unter der Bedingung liefern werde, daß der Besteller die Verpflichtung übernehme, nicht unter dem Ladenpreis von 50 ₰ zu verkaufen, und der Beklagten dies durch Schreiben vom 21. November 1904 mitgeteilt, derselben auch den Verkauf unter 50 ₰ verboten. Der Kläger behauptet, daß er seit Anfang 1904 allen seinen Abnehmern, Beziehern und Abkäufern die Verpflichtung auferlegt habe, nicht unter 50 ₰ zu verkaufen und allen ihren Wiederverkäufern die gleiche Verpflichtung aufzuerlegen.

Seit Juli 1904 tragen sämtliche Exemplare des Kursbuchs den aufgedruckten Vermerk: „Koenigs Kursbuch darf nicht unter 50 ₰ verkauft werden. Jede Zuwiderhandlung wird verfolgt nach § 826 B.G.B."

Die Beklagte hat dem Kläger erklärt, daß sie das Verbot nicht beachten werde, und das Kursbuch zum Preise unter 50 ₰ weiter verkauft. Der Kläger behauptet und stellt unter Beweis, daß die Beklagte durch ihre Angestellten das Kursbuch in großem Umfange unter der Zusage, es nicht unter 50 ₰ zu verkaufen, auffaufen lasse, auch von Sortimentern in großen Mengen beziehe und sogar unter dem Einkaufspreis verkaufe. Er behauptet ferner, daß er jedes Exemplar mit einer Nummer in der Ecke des Umschlags versehe, um zu ermitteln, von welchem Zwischenhändler die Beklagte das Buch beziehe, daß aber bei allen von der Beklagten verkauften Exemplaren die Nummer fortgeschnitten sei, und daß dies auch auf Anordnung der Beklagten oder mit ihrem Einverständnis geschehe. Er hat deshalb auf Grund des § 11 des Urheberrechtsgesetzes vom 19. Juni 1901 und der §§ 823. 826 B.G.B. Klage erhoben mit dem Antrag, zu erkennen: 1. daß die Beklagte nicht berechtigt sei, ohne Erlaubnis des Klägers das von diesem hergestellte „Koenigs Kursbuch" zu einem geringeren Preise als 50 ₰ zu verkaufen, 2. daß sie verpflichtet sei, dem Kläger den ihm seit August 1904 durch den verbotswidrigen Verkauf unter 50 ₰ entstandenen Schaden zu ersetzen, 3. jede weitere Veräußerung unter 50 ₰ ihr bei Strafe zu untersagen.

Die Beklagte bestreitet, daß der Kläger berechtigt sei, ihr den billigeren Verkauf des von ihm selbst verbreiteten Buchs zu verbieten, daß durch ihren Vertrieb in das Recht des Klägers eingegriffen werde, daß ihr, der Beklagten, Verfahren gegen die guten Sitten verstoße, und daß dem Kläger ein Schade entstehen könne und entstanden sei; vielmehr erhöhe der Massenvertrieb durch die Beklagte den Absatz des Klägers. Sie stellt unter Zeugenbeweis, daß die Entfernung der Nummern der einzelnen Exemplare nicht in ihrem Geschäft stattfinde.

Der erste Richter wies die Klage ab, und die Berufung des Klägers wurde zurückgewiesen, ebenso die Revision, aus folgenden

Gründen:

1. . . .

2. . . . „Die Klage fordert die Feststellung, daß die Beklagte nicht berechtigt sei, ohne Erlaubnis des Klägers das Kursbuch unter 50 ₰ zu verkaufen, und daß der Beklagten bei Strafe jede weitere Veräußerung unter 50 ₰ untersagt werde. Gestützt ist die Klage an erster Stelle auf den § 11 des Urheberrechtsgesetzes, aus welchem der Kläger das Recht herleitet, der Beklagten den Verkauf des Kursbuchs unter 50 ₰ in ihrem Gewerbebetriebe zu untersagen.

Besteht ein solches Recht, so ist die Klage begründet. Denn die Beklagte nimmt das Recht, das Kursbuch in ihrem Gewerbebetriebe unter 50 ₰ zu verkaufen, in Anspruch, und der Berufungsrichter stellt tatsächlich fest, daß sie das Kursbuch wissentlich gegen den Willen des Klägers in ihrem Geschäft unter 50 ₰ vertreibt. Den Instanzrichtern ist aber darin beizutreten, daß sich ein Recht, wie es der Kläger in Anspruch nimmt, aus dem § 11 a. a. O. nicht herleiten läßt.

Der Kläger ist Urheber und Verleger des Kursbuchs. Als solcher hat er das ausschließliche Recht, dasselbe zu vervielfältigen und gewerbsmäßig zu verbreiten (§ 11 a. a. O., §§ 36. 38 das., § 8 des Gesetzes über das Verlagsrecht vom 19. Juni 1901). Das ausschließliche Vervielfältigungsrecht des Klägers verletzt die Beklagte nicht. Unstreitig vertreibt sie in ihrem Geschäft nur die vom Kläger selbst hergestellten Exemplare des Kursbuchs, die sie nach der eigenen Behauptung des Klägers durch ihre Angestellten bei den Sortimentern des Klägers und anderen Zwischenhändlern aufkauft.

In Frage kommt nur, ob die Beklagte das ausschließliche Recht des Klägers, das Kursbuch gewerbsmäßig zu verbreiten, dadurch verletzt, daß sie es gegen sein Verbot in ihrem Geschäft gewerbsmäßig unter 50 ₰ verkauft.

Das frühere Recht (Gesetz vom 11. Juni 1870) kannte ein ausschließliches Recht der gewerbsmäßigen Verbreitung für Urheber und Verleger nicht (§§ 1. 18 flg.). Nach § 25 das. war nur der zivilrechtlich und strafrechtlich verantwortlich, der vorsätzlich wider das Gesetz hergestellte Exemplare eines geschützten Werkes gewerbsmäßig verbreitete. Das Gesetz ließ namentlich ungedeckt den Fall, in welchem im Auslande, wo der Urheber keinen Schutz hatte, rechtmäßig hergestellte Exemplare im Inlande gewerbsmäßig vertrieben wurden, und auch den Fall, in welchem bei räumlich gedachtem Verlags- oder Urheberrecht (§ 8 Abs. 3 des Urheberrechtsgesetzes) die in dem einen Bezirk rechtmäßig hergestellten Exemplare gewerbsmäßig in dem anderen vertrieben wurden. Solche und ähnliche Fälle sollten zum Schutz des Urhebers und Verlegers dadurch gedeckt werden, daß dem Urheber ausdrücklich auch das ausschließliche Recht der gewerbsmäßigen Verbreitung verliehen wurde, wie im § 4 des Patentgesetzes dem Erfinder, um ihn und den Verleger gegen die Konkurrenz mit anderen Exemplaren zu schützen, die rechtmäßig hergestellt, aber von andrer Seite als vom Urheber und Verleger in den Verkehr gebracht wurden. Daran ist nicht gedacht, dem Urheber und Verleger ein absolutes ausschließliches Recht der gewerbsmäßigen Verbreitung in dem Sinne zu verleihen, daß außer ihnen und denen, denen sie das Recht der gewerbsmäßigen Verbreitung übertragen, niemand während der Dauer des Urheberrechts befugt sei, ohne ihre Erlaubnis selbst solche Exemplare ihres geschützten Werkes gewerbsmäßig zu verbreiten, die sie in Ausübung ihres Rechts selbst in den Verkehr gebracht haben. Nur unter der Voraussetzung eines absoluten ausschließlichen Rechts in diesem Umfange könnten Urheber und Verleger für berechtigt gelten, die gewerbsmäßige Verbreitung durch andere überhaupt zu verbieten, und durch die Bestimmung eines Ladenpreises auch zu beschränken. Damit wäre dem Urheber und Verleger, in der Hauptsache dem Buchhändler, ein ganz exorbitantes Recht verliehen, wie es für keinen anderen Gewerbetrieb besteht.

Aus § 11 Abs. 1 des Urheberrechtsgesetzes läßt sich ein so weitgehendes Recht nicht herleiten. Das ausschließliche Vervielfältigungsrecht besteht seiner Natur nach während der ganzen Dauer des Urheberrechts und wiederholt sich so oft, als es sich um Vervielfältigung des geschützten Werkes handelt. Das Recht der gewerbsmäßigen Verbreitung wird ausgeübt dadurch, daß das Werk im Gewerbebetrieb an das Publikum abgesetzt, in den Verkehr gebracht wird. Dazu soll nach dem Gesetz vor dem Urheber (oder Verleger) niemand ohne seine Erlaubnis berechtigt sein. Haben aber Urheber oder Verleger das Werk in Ausübung ihres Rechts einmal an das Publikum abgesetzt und so in den Verkehr gebracht, so ist ihr Recht erschöpft. Gewiß hätte das Gesetz das Recht der gewerbsmäßigen Verbreitung für den Urheber (und den Verleger) so gestalten können, daß es ihm während der ganzen Dauer des Urheberrechts als ausschließliches Recht gegenüber jedem Dritten auch für die von ihm selbst in den Verkehr gebrachten Exemplare verblieb. Das stände einer ausschließlichen Gewerberechtigung gleich, und würde dem § 7 Nr. 1 der Gewerbeordnung gegenüber eines völlig klaren und unzweideutigen Ausdrucks im Gesetze bedurft haben, an dem es fehlt. Dem Verlagsbuchhandel wäre damit ein Privilegium gegeben, wie es sonst für keinen Gewerbetreibenden besteht. Besonders wäre damit, worauf Mitteis in seinem Aufsatz im „Recht" 1906 S. 573 hinweist, der ganze Antiquariatsbuchhandel so gut wie beseitigt.

Für den § 4 des Patentgesetzes hat das Reichsgericht in seinem Urteil vom 26. März 1902 (Entsch. in Zivils. Bd. 51 S. 139) ausgesprochen, daß die Wirkung des Patents, daß außer dem Patentinhaber im Inlande niemand den Gegenstand der Erfindung gewerbsmäßig in Verkehr bringen darf, sich damit erschöpft, daß der Patentinhaber sein Produkt in den Verkehr bringt, daß er damit die Vorteile, die ihm das Patent gewährt, genossen und sein Recht konsumiert hat, das Gesetz ihm nicht aber die Befugnis einräume, die Art des Verkehrs mit seinem in den Verkehr gebrachten Produkt anders als durch Vertrag mit seinen Abnehmern und dementsprechend auch nur mit Wirkung gegen diese zu regeln und zu beschränken.

Die ausschließliche Befugnis des Urhebers (Verlegers) in § 11 des Urheberrechtsgesetzes, das Werk gewerbsmäßig zu verbreiten, ist nichts anderes, als die ausschließliche Befugnis des Patentinhabers, den Gegenstand der Erfindung gewerbsmäßig in Verkehr zu bringen. Für beide Fälle muß grundsätzlich das gleiche gelten. Auch der Urheber (Verleger) hat kein ausschließliches Recht, solche Exemplare des Werkes gewerbsmäßig zu verbreiten, die von ihm oder einem anderen Berechtigten in den Verkehr gebracht und so Eigentum Dritter geworden sind. Er kann diesem Dritten weder die Veräußerung überhaupt, noch die gewerbsmäßige Veräußerung (Verbreitung) untersagen, noch dieses aus dem Eigentum folgende Recht des Dritten (§ 903 B.G.B.) durch Bestimmung eines Preises, unter dem er nicht soll veräußern dürfen, beschränken (§ 137 Satz 1 B.G.B.). Nach § 137 Satz 2 B.G.B. wirkt selbst ein diese Verfügungsbefugnis des Eigentümers ausschließendes oder beschränkendes Rechtsgeschäft nicht dinglich, sondern nur obligatorisch unter den Kontrahenten.

Es ist selbstverständlich, daß der Autor, der, wie hier, zugleich der Verleger ist, ebenso wie der Verleger nach § 25 des Gesetzes über das Verlagsrecht den Ladenpreis zu bestimmen hat, zu welchem er das Werk in den Verkehr bringen will. Sein Sortimenter, mag er fest oder à condition bezogen haben, um das Werk gewerbsmäßig zu verbreiten, wird sich von selbst an den Ladenpreis gebunden halten, mit dem er erst das vergütet erhält, was er dem Autor und Verleger zu zahlen hat, und was er für seine Bemühungen für den Vertrieb verdienen muß. Es unterliegt auch rechtlichen Bedenken nicht, daß der Autor und Verleger seinen Sortimentern, sonstigen Abverkäufern zum Wiederverkaufe, Aufkäufern und Kommissionären gemäß § 137 Satz 2 B.G.B. vertragsmäßig die Verpflichtung auferlegen kann, unter einem bestimmten Preise (Ladenpreise) nicht zu verkaufen, und diese Verpflichtung auch ihren Käufern aufzuerlegen, und daß er sich gegen Verletzung dieser Verpflichtung durch Vertragsstrafe sichern, auch Schadensersatz aus dem Vertrage fordern kann, wenn ihm durch den Verkauf unter dem bestimmten Preise Schade entsteht.

Aber weiter reicht das Recht des Autors oder Verlegers auch nicht. Ein allgemeines Verbot mit dinglicher Wirkung gegen jeden Dritten, der Eigentümer rechtmäßig in den Verkehr gebrachter Exemplare des Werkes ist oder solche zu Eigentum erwerben will, kann der Autor und Verleger nach dem § 137 B.G.B. nicht erlassen. Nach den Grundsätzen des Bürgerlichen Gesetzbuchs hat auch die Kenntnis eines Dritten von dem persönlichen Recht eines andern zu einer

Sache oder einem obligatorischen Veräußerungsverbot oder einer obligatorischen Veräußerungsbeschränkung gegen den Dritten keine Wirkung.

Der Kläger steht mit der Beklagten in keinem Vertragsverhältnis. Das allgemeine Verbot, das der Kläger an sie erlassen, ist rechtlich ebenso bedeutungslos wie der solches allgemeine Verbot enthaltende Aufdruck auf den in den Verkehr gebrachten Exemplaren des Kursbuchs.

3. Steht dem Kläger das von ihm in Anspruch genommene ausschließliche Recht aus § 11 des Urheberrechts nicht zu, so fällt auch der Grund, den die Klage aus § 823 B.G.B. entnommen hat, und es kommt nur noch die Begründung aus § 826 B.G.B. in Frage, nach welchem niemand, auch der Eigentümer nicht, sein Recht in einer gegen die guten Sitten verstoßenden Weise vorsätzlich zum Schaden eines andern mißbrauchen darf. Auf ein solches Verhalten der Beklagten würde der Anspruch auf Unterlassen, der negatorische Antrag der Klage, ebenso gestützt werden können, wie der erhobene Anspruch auf Schadensersatz, selbst wenn der Kläger durch das Verhalten der Beklagten mit Schaden auch nur bedroht würde.

In dieser Richtung wird die Abweisung der Klage aber durch die in dieser Instanz nicht zu beseitigenden und durch die Ausführungen der Revision nicht erschütterten, wesentlich tatsächlichen Feststellungen des Berufungsrichters begründet.

Der Berufungsrichter erkennt an, daß der Beklagten ein Verstoß gegen die guten Sitten vorgeworfen werden könnte, wenn sie sich die Exemplare des Kursbuchs, die sie vertreibt, auf unrechtmäßige Art durch arglistige Maßnahmen verschaffte, lediglich um sie billiger als der durch Sonderabkommen gebundene vertragstreue Teil der Sortimenter verkaufen zu können. Er legt dann aber in eingehender rein tatsächlicher Würdigung aller besonderen Umstände des Falles dar, daß dies weder erwiesen, noch durch die Tatsachen, welche der Kläger dafür behauptet habe, zu beweisen sei. Danach würde der Berufungsrichter selbst dann, wenn alle vom Kläger vorgebrachte Tatsachen erwiesen wären, zu der Überzeugung von dem arglistigen Verhalten, das der Beklagten vorgeworfen wird, nicht gelangen. Gegen diese Ausführungen ist, da sie weder einen Rechtsirrtum noch einen prozessualen Verstoß erkennen lassen, in dieser Instanz nicht anzukämpfen. Die behauptete Verletzung des § 286 Z.P.O. ist gegenüber der eingehenden Begründung des angefochtenen Urteils ungerechtfertigt.

Sodann stellt aber der Berufungsrichter weiter fest, daß völlig ungewiß sei, ob der Kläger durch den billigeren Verkauf seines Kursbuchs von seiten der Beklagten objektiv geschädigt werde, und daß bei dieser Ungewißheit jeder ausreichende Anhalt dafür fehle, daß die Beklagte subjektiv das Bewußtsein habe, durch ihr Verfahren dem Kläger Schaden zuzufügen. Der Berufungsrichter erwägt dabei ganz zutreffend, daß der Kläger unstreitig für die von der Beklagten vertriebenen Exemplare den Preis erhalte, für den er sie an andere Weiterverkäufer abgebe. Der Berufungsrichter sagt ferner, daß die Annahme des Klägers, der Absatz des Kursbuches werde zurückgehen, wenn ein Teil der Sortimenter sich für dessen Betrieb nicht mehr interessieren und andere Kursbücher empfehlen würde, und er werde in die Zwangslage kommen, den Preis herabzusetzen, den er bisher von seinen Abnehmern erhalten, bei der großen Verbreitung des Buches (380000 bis 400000 Exemplare) und der Unmöglichkeit, durch Ermäßigung des Bezugspreises Preisunterbietungen im Detailhandel zu begegnen, eine durch nichts bewiesene Behauptung sei, die auch nicht einmal die Wahrscheinlichkeit für sich habe. Damit verneint der Berufungsrichter nicht bloß einen entstandenen, sondern auch einen drohenden Schaden. Die Rüge der Revision, daß dieser Teil des Urteils den § 551 Nr. 7 Z.P.O. durch mangelnde Begründung verletze, ist offensichtlich ungerechtfertigt. Daß der Absatz des Buches durch das Verhalten der Beklagten bereits gelitten habe, ist in den Instanzen weder behauptet, noch unter Beweis gestellt, erst in der Revisionsbegründung glaubhaft zu machen versucht.

Ist dem Kläger kein Schade entstanden, und droht ihm ein solcher auch nicht, so fällt für die Begründung der Klage aus § 826 B.G.B. der Boden ganz fort. Es kommt dann nicht einmal auf die weiteren Ausführungen des Berufungsrichters und die dagegen gerichteten Angriffe der Revision an, daß das Verhalten der Beklagten nicht gegen die guten Sitten verstoße. Eine Schädigung der Sortimenter oder solcher Konkurrenten der Beklagten geltend zu machen, deren Absatz die Beklagte, wie die Revision ausführt, illoyal dadurch schädigt, daß sie durch den billigeren Preis des Kursbuchs Käufer für andere Artikel anlockt, ist der Kläger nicht berufen." ...

98. 1. Kann ein in der Berufungsinstanz einwandsweise neu geltend gemachter Anspruch auf Preisminderung (§§ 477. 638 B.G.B.) als ein neuer Anspruch im Sinne des § 529 Abs. 2 Z.P.O. angesehen werden?

2. Darf er wie ein Aufrechnungseinwand nach § 529 Abs. 3 a. a. O. behandelt werden?

V. Zivilsenat. Urt. v. 16. Juni 1906 i. S. Frau A. G. (Bekl.) w. N. (Kl.). Rep. V. 615/05.

I. Landgericht II Berlin.
II. Kammergericht daselbst.

Die Berufung der Beklagten gegen das sie zur Zahlung der vereinbarten Vergütung aus einem Werkvertrage verurteilende Urteil ist unter Vorbehalt der von ihr in der Berufungsinstanz erhobenen „Gegenforderungen" zurückgewiesen worden. Ihre Revision hatte Erfolg.

Aus den Gründen:

. . . „Begründet erscheinen dagegen die Angriffe, welche die Revision gegen die Behandlung der von der Beklagten erst in der Berufungsinstanz geltend gemachten „Gegenforderungen" erhebt. Diese sog. Gegenforderungen betreffen Fehler des vom Kläger hergestellten Baues und bezwecken Minderung der vereinbarten Vergütung. Die Revision bemerkt daher mit Recht, daß es sich insoweit nicht um selbständige Gegenansprüche, sondern vielmehr um ein qualifiziertes Bestreiten der Höhe des mit der Klage geltend gemachten Anspruchs handle. Es liegt sonach nicht ein Aufrechnungseinwand vor, sondern ein Einwand gegen die Klageforderung selbst. Der vom Berufungsrichter in Anwendung gebrachte Abs. 3 des § 529 Z.P.O. nebst den dort in Bezug genommenen §§ 540 und 541 a. a. O. greift daher nicht Platz. Das Berufungsurteil beruht insoweit auf unrichtiger Anwendung der erwähnten Prozeßvorschriften. Es konnte nun aber in Frage kommen, ob nicht durch Abs. 2 des § 529 die Zurückweisung der in Rede stehenden Verteidigungsmittel (wenn auch nicht der damit verbundene Vorbehalt) gerechtfertigt ist. Aber diese Frage ist zu verneinen. Nach Abs. 2 des § 529 dürfen „neue Ansprüche" — abgesehen von den Fällen des § 268 Nr. 1 und 3 —

ohne Einwilligung des Gegners nicht erhoben werden. Wenn nun auch im § 638 (und ebenso im § 477) B.G.B. von Ansprüchen auf Minderung, Wandlung und Schadensersatz wegen Mängel die Rede ist, so nötigt das doch nicht, einen in der Berufungsinstanz gegen die Klage auf Zahlung des bedungenen Preises erhobenen Minderungseinwand unter die neuen Ansprüche im Sinne des § 529 Abs. 2 Z.P.O. zu begreifen. Der Ausdruck „Anspruch" wird in den Gesetzen nicht überall im gleichen Sinne gebraucht. Der § 529 a. a. O. stellt im Abs. 2 die neuen Ansprüche in Gegensatz zu den Angriffs- und Verteidigungsmitteln im Abs. 1. Diese können in der Berufungsinstanz unbeschränkt geltend gemacht werden. Ein Rechtsbehelf, welcher auf dem Boden des der Klage zugrunde liegenden Rechtsverhältnisses dahin zielt, daß der geltend gemachte Anspruch dem Kläger nicht in der geltend gemachten Höhe erwachsen, oder insoweit durch ein aus demselben Rechtsverhältnis entspringendes Gegenrecht ausgeschlossen sei, verläßt die Grenzen der rechtshängig gewordenen Streitsache nicht, und kann deshalb nur als ein Verteidigungsmittel, keineswegs als ein neuer, d. h. außerhalb der Grenzen der anhängigen Streitsache liegender Anspruch angesehen werden. Das gilt insbesondere von dem hier einredeweise erhobenen Minderungsanspruch, wie es auch von der Einrede des nicht gehörig erfüllten Vertrags gelten würde. Einreden sind keine Ansprüche im Sinne des § 529 Abs. 2 Z.P.O.

Vgl. Gaupp, Z.P.O. Bem. 3 zu § 529." . . .

---

99. 1. Auslegung statutarischer Bestimmungen über das Bezugsrecht der Gründer.
2. Wer ist bei Inhaberaktien der Aktionär?

I. Zivilsenat. Urt. v. 18. Juni 1906 i. S. N. H. & Cie. (Kl.) w. D. H. Aktiengesellschaft (Bekl.). Rep. I. 480/05.

I. Landgericht I Berlin, Kammer für Handelssachen.
II. Kammergericht daselbst.

Der § 4 des Statuts der verklagten Aktiengesellschaft vom 13. Februar 1872 lautet in seinem zweiten Absatze:

„Bei jeder Erhöhung des Grundkapitals sind die Aktienzeichner, falls sie überhaupt noch Aktionäre sind, nach Verhältnis ihrer Zeichnungen die eine Hälfte, und die übrigen jeweiligen Aktionäre nach Verhältnis ihres Aktienbesitzes die andere Hälfte der neu zu emittierenden Aktien zum Emissionskurse zu übernehmen berechtigt."

Die Klägerin verlangte die Feststellung, daß sie berechtigt sei, bei Erhöhungen des Grundkapitals, sofern der Klägerin dann auch nur noch eine einzige der beim Gründungsvertrage gezeichneten Aktien gehöre, den zwanzigsten Teil der neu zu emittierenden Aktien zu dem vom Aufsichtsrat zu bestimmenden Emissionskurse zu übernehmen. Die Beklagte beantragte Abweisung der Klage. Auf diese erkannten beide Vorinstanzen. Die Revision der Klägerin hatte keinen Erfolg.

Aus den Gründen:

„Unter den Parteien ist zunächst die Auslegung der im Tatbestand hervorgehobenen Bestimmung des § 4 des Statuts streitig. Während Klägerin annimmt, es genüge für das von ihr beanspruchte Bezugsrecht, daß sie sowohl erste Zeichnerin gewesen, als auch zur Zeit der Ausübung des Bezugsrechts „im Besitz" einer Aktie gewesen sei, gleichgültig, wann sie diesen Besitz erworben habe, vertritt die Beklagte den Standpunkt, daß ein ursprünglicher Zeichner, wenn er später Bezugsrechte ausüben wolle, ununterbrochen Aktionär geblieben sein müsse, und zwar hinsichtlich aller ursprünglich von ihm gezeichneten Aktien.

Das Kammergericht geht dagegen von der Auffassung aus, daß der erste Aktienzeichner allerdings ununterbrochen Aktionär der Gesellschaft geblieben sein müsse, daß es aber für dieses Erfordernis genüge, wenn er auch nur mit einer Aktie beteiligt geblieben sei. Diese Auslegung des § 4 des Statuts ist von Rechtsirrtum frei und in durchaus schlüssiger Weise begründet. Sie wird ebenso dem Wortlaut der Bestimmung als ihrem Zwecke gerecht, denjenigen Aktionären, welche bei Gründung der Gesellschaft das mit einer solchen unvermeidlich verbundene Risiko übernommen und seither ununterbrochen ihre Beteiligung an der Gesellschaft festgehalten haben, einen gewissen Vorzug zu gewähren.

Zutreffend nimmt sodann das Kammergericht weiter an, daß die Klägerin das Bezugsrecht des ersten Aktienzeichners dadurch verloren habe, daß sie, wie sie selbst einräumen muß, sämtliche von ihr gezeichneten Aktien verkauft hat. Dabei ist es völlig gleichgültig, daß die Klägerin im Depotbesitz der Aktien geblieben ist. Die Übereignung der Aktien an ihre Kunden erfolgte nach den Feststellungen des Kammergerichts in der Weise, daß die Aktien in die für die Depositen der Kunden bestimmten Mappen, oder in mit dem Namen der Kunden versehene Papierstreifen eingelegt wurden. Allerdings bestimmt § 7 des Bankdepotgesetzes in seinem Abs. 1 Satz 1, daß bei der Kommission zum Einkauf von Wertpapieren das Eigentum an denselben mit der Übersendung des Stückeverzeichnisses auf den Kunden übergeht. Daß solche Stückeverzeichnisse mit Nummernaufgabe im vorliegenden Falle den Kunden erteilt wurden, konnte nicht festgestellt werden. Allein der Schlußsatz des Abs. 1 sieht ausdrücklich vor, daß die Bestimmungen des bürgerlichen Rechts, nach welchen der Übergang des Eigentums schon in einem früheren Zeitpunkte eintritt, unberührt bleiben. Mit Recht hat das Kammergericht angenommen, daß die Beklagte, wenn sie die in ihrem Besitz befindlichen Aktienurkunden in äußerlich hervortretender Weise in das Depot des Kunden einlegte, um sie sodann als Depotbesitzer für diesen zu verwahren, in rechtsgültiger Weise mit sich selbst als Vertreterin des Kunden den dinglichen Vertrag schloß, der die Eigentumsübertragung gemäß §§ 181. 930 B.G.B. bewirkte.

Auch der auf die Eigenschaft der Aktien als Inhaberpapiere gestützte Angriff der Revision geht fehl. Der Umstand, daß die Klägerin Besitzerin der Aktien ist, erscheint in dem Momente unerheblich, in welchem sie einräumen muß, daß sie nur als Verwahrerin besitzt, daß die Aktien nicht zu ihrem Vermögen gehören, sondern Eigentum ihrer Kunden geworden sind. Nach dem Bürgerlichen Gesetzbuch steht das Gläubigerrecht an dem Inhaberpapier grundsätzlich nur dem Eigentümer des Papiers zu. In der Beratung der Kommission für die zweite Lesung des Entwurfs des Bürgerlichen Gesetzbuchs herrschte darüber Einverständnis,

„daß der prinzipielle Standpunkt des I. Entwurfs, welcher das Recht aus der Schuldverschreibung auf den Inhaber lediglich an die Tatsache der Innehabung des Papiers knüpft, aufgegeben, und statt dessen davon ausgegangen werden müsse, daß das Gläubigerrecht grundsätzlich nur dem Eigentümer des Papiers zuzugestehen sei."

Vgl. Protokolle der Kommission, herausgegeben von Dr. Achilles 2c, Bd. 2 S. 529.

Diese Auffassung liegt dem Gesetze nicht nur bei den Inhaberschuldverschreibungen, sondern bezüglich aller echten Inhaberpapiere zugrunde. Sie sind Urkunden, deren Eigentum das in ihnen beurkundete Recht gewährt.

Vgl. Jacobi, Wertpapiere S. 32; Düringer u. Hachenburg, Kommentar zum Handelsgesetzbuch Bd. 2 S. 471.

Daneben besteht nach Inhalt der Urkunde die Legitimation des Inhabers, die Rechte aus der Urkunde geltend zu machen. Um Rechte aus der Urkunde handelt es sich aber im vorliegenden Falle nicht; denn die Aktie verhält sich wohl über das Anteilsrecht des Aktionärs, nicht aber über das Bezugsrecht der ursprünglichen Zeichner. Allerdings begründet nach § 1006 B.G.B. der Besitz der Inhaberaktie die Vermutung, daß der Besitzer auch der Eigentümer sei. Im vorliegenden Falle ist diese Vermutung jedoch durch die eigenen Erklärungen der Klägerin widerlegt, nach welchen sie die an ihre Kunden verkauften Aktien, soweit sie Besitzerin blieb, nur noch als Verwahrerin besaß (§ 868 B.G.B.). Damit hatte sie aufgehört Aktionärin zu sein." ...

100. Ist die Klage auf künftig fällig werdende wiederkehrende Leistungen nach § 258 Z.P.O. nur in Verbindung mit einer Klage auf eine bereits fällige Leistung zulässig?

VI. Zivilsenat. Urt. v. 18. Juni 1906 i. S. K.-B. Kreisbahnen (Bekl.) w. P. (Kl.). Rep. VI. 581/05.

I. Landgericht Köln.
II. Oberlandesgericht daselbst.

Die vorstehende Frage ist verneint worden aus folgenden Gründen:

... „Die Revision hat ... die prozessuale Zulässigkeit der erhobenen Klage und insbesondere die Anwendbarkeit des § 258 Z.P.O., aus dem das Berufungsgericht die Zulässigkeit abgeleitet hat, bestritten. Die Beklagte habe ihre Verpflichtung, den Kläger nach Maßgabe des Haftpflichtgesetzes zu entschädigen, nie bestritten und noch vor der Klagerhebung gegenüber dem Kläger schriftlich anerkannt. Sie habe nur, weil sich nicht übersehen lasse, wie sich die Dinge bis zum vollendeten achtzehnten Lebensjahre des Klägers, also in zehn weiteren Jahren, gestalten würden, nicht anerkannt, daß der Betrag der Entschädigung vom Kläger richtig berechnet sei. Dadurch allein werde aber die vorzeitige Erhebung der Klage wegen des noch nicht fälligen Anspruchs nicht gerechtfertigt. Der § 258 lasse bei wiederkehrenden Leistungen eine Klage auf deren künftige Entrichtung nur dann zu, wenn wenigstens eine Leistung fällig, und damit ein Anlaß zur Klagerhebung gegeben sei. Diese Auslegung des § 258 hat allerdings Vertreter gefunden; allein der entgegenstehenden Ansicht ist der Vorzug gegeben.

Vgl. die Kommentare zur Z.P.O. von Petersen-Anger-Remelé, Seuffert, Gaupp-Stein und Struckmann u. Koch zu § 258; Urteil des Oberlandesgerichts Hamburg bei Seuffert, Archiv Bd. 60 Nr. 177.

Es kann zunächst nicht anerkannt werden, daß die Fassung des § 258 der Auslegung des Berufungsgerichts entgegensteht. Die Einschiebung des Wörtchens „auch" ist, wie das meistens zugegeben wird, nicht beweisend. Denn da bei fälligen Leistungen die Zulässigkeit der Klage selbstverständlich ist, kann dem „auch" mit gleichem Recht der Sinn beigelegt werden, daß damit auf die Bedeutung der Vorschrift als einer Erweiterung der sonst geltenden Vorschriften über die prozessuale Zulässigkeit einer Klage hingewiesen werden soll. Dieser Zusammenhang des § 258 mit den voraufgehenden und nachfolgenden analogen Ausnahmebestimmungen ist auch für seine Auslegung entscheidend. Regelmäßig ist der Prozeß dazu bestimmt, einen dem Rechte des Klägers zuwiderlaufenden Zustand zu beseitigen, diesem Rechte Schutz zu gewähren. Das Recht zur Klagerhebung ist darum regelmäßig abhängig von dem Vorhandensein eines Anspruchs auf Schutz, der nicht vorliegt, wenn der Kläger erst künftig etwas fordern kann. Allein diese Regel wird durch die §§ 256 flg. durchbrochen, die aus verschiedenen Anlässen die Befugnis geben, schon vorher den Richter anzugehen. Der gemeinsame Grund dieser Ausnahmevorschriften ist die Zweckmäßigkeit. Geht man von diesem Gesichtspunkt aus an die Frage heran, ob bei wiederkehrenden Leistungen die vom § 258 gewollte Erleichterung der Klage auf den Fall zu beschränken ist, wo ohnehin wegen einer fälligen Leistung Klage zu erheben ist, so kann die Antwort nur verneinend sein. Es kann nicht anerkannt werden, daß der Streit über den Bestand einer Pflicht zu wiederkehrenden Leistungen oder über deren Betrag zweckmäßig stets bis dahin hinausgeschoben wird, wo eine fällige Leistung eingeklagt wird, oder daß es unzweckmäßig ist, die frühere Erhebung der Klage zuzulassen. Darum liegt kein Anlaß vor, die ganz allgemein gehaltene Vorschrift des § 258 einschränkend auszulegen. Der Hinweis auf die Entstehungsgeschichte des § 258 und seinen Zusammenhang mit der älteren Praxis ist nicht durchgreifend, weil das, was daraus herzuleiten ist, in dem Gesetze selbst nicht Ausdruck gefunden hat." . . .

---

101. 1. Abgrenzung der Unzulässigkeit von Beschwerden nach § 567 Abs. 2 Z.P.O.

2. Inwiefern kann eine Partei, insbesondere eine solche, der das Armenrecht bewilligt ist, einen Vorschuß für Kosten einer von ihr zu unternehmenden Reise verlangen, welche vom Gericht als zum Zweck einer Beweisaufnahme erforderlich angeordnet ist?

VI. Zivilsenat. Beschl. v. 21. Juni 1906 i. S. Allg. Lokal- u. Straßenbahn-Gesellschaft (Bekl.) w. G. (Kl.). Beschw.-Rep. VI. 97/06.

I. Oberlandesgericht Dresden.

Gründe:

„Das Oberlandesgericht hat als Berufungsgericht durch Beweisbeschluß vom 7. März 1906 angeordnet, daß der Professor Dr. W. in Leipzig als Sachverständiger ein Gutachten darüber abgeben solle, inwieweit die Verminderung der Erwerbsfähigkeit des Klägers um 66 $^2/_3$ Prozent durch den Unfall vom 16. November 1900 herbeigeführt worden sei, sowie darüber, um welchen Prozentsatz annehmbar die Erwerbsfähigkeit des am 14. Februar 1841 geborenen Klägers sich ohne den Unfall und lediglich infolge der natürlichen Vorgänge in seinem Körper vom 16. November 1900 bis jetzt und in Zukunft von Jahr zu Jahr vermindert haben, und wann in diesem Falle ihr völliges Aufhören zu erwarten gewesen sein würde, und daß der Kläger ... so lange, wie es der Sachverständige für erforderlich halten werde, sich zur Herbeiführung der Begutachtung im Hermann-Hause zu St. bei Leipzig aufhalten solle. Der Kläger, dem für die Berufungsinstanz, wie schon für die erste Instanz, von Anfang an das Armenrecht bewilligt worden ist, hat erklärt, nicht die zur Ausführung der Reise von seinem Wohnorte Chemnitz nach St. erforderlichen Mittel zu besitzen, und gebeten, ihm aus der Kasse des Oberlandesgerichts zur Bestreitung der Reisekosten einen angemessenen Betrag zu übersenden. Dieser Antrag ist durch den jetzt angefochtenen Beschluß abgelehnt worden. Der Kläger hat hiergegen in gesetzlicher Form Beschwerde erhoben, und diese erscheint auch in jeder anderen Beziehung als zulässig. Sie fällt nicht nur unter die allgemeine Bestimmung des § 567 Abs. 1 Z.P.O., sondern würde sich auch, wenigstens falls sie begründet sein sollte, aus dem § 127 derselben rechtfertigen; denn der Kläger macht geltend, daß das ihm bewilligte Armenrecht nach § 115 Nr. 1 Z.P.O. die Gewährung eines solchen Vorschusses mit sich bringe, und wie der erkennende Senat schon laut der Entsch. in Zivils. Bd. 42 S. 369 flg. ausgesprochen hat, berechtigt auch die Entziehung einer einzelnen in dem bewilligten Armenrechte liegenden Befugnis zu der in dem jetzigen § 127 (damaligen § 118) Z.P.O. vorgesehenen Beschwerde. Auch greift hier nicht etwa der Abs. 2 des § 567 Z.P.O. in der Fassung von 1905 ein, nach welchem gegen die in betreff der Prozeßkosten erlassenen Entscheidungen der Oberlandesgerichte keine Beschwerde zulässig ist. Denn damit sind nur solche Entscheidungen gemeint, die zum Gegenstand die Tragung oder den Betrag von Prozeßkosten an und für sich haben, nicht auch solche, die einen einzelnen Geldbetrag, der allerdings auch zu den Prozeßkosten gehört, in einer andern, besondern rechtlichen Beziehung, wie hier in seinem Verhältnisse zum bewilligten Armenrechte, betreffen.

Die Beschwerde konnte nun aber nicht für begründet erachtet werden, und zwar ohne daß es dabei auf die zweifelhafte Frage ankäme, ob und inwieweit die arme Partei einen Vorschuß aus der

Gerichtskasse für Aufwendungen verlangen könnte, die sie für Bereitstellung von Gegenständen der Beweisaufnahme, insbesondere, wenn es sich dabei um ihre eigene Person handelt, an Reisekosten machen müßte. Diese Frage wäre am Platze bei einer der armen Partei selbst obliegenden Beweisführung, unter deren Mißlingen sie zu leiden haben würde. Dieser Fall ist hier nicht gegeben. Das Berufungsgericht hat schon in seinem früheren Beweisbeschlusse vom 1. November 1905, nach welchem der Sachverständige Hofrat Dr. R. in Chemnitz darüber vernommen werden sollte, inwieweit die Verminderung der Erwerbsfähigkeit des Klägers um 66 ²/₃ Prozent durch den Unfall vom 16. November 1900 herbeigeführt worden sei, die Beklagte als in diesem Punkte beweispflichtig behandelt, und ihr daher auch zunächst die Einzahlung eines Auslagenvorschusses von 20 *M* aufgegeben, offenbar davon ausgehend, daß die anzunehmende Verminderung um 66 ²/₃ Prozent an sich als Wirkung des Unfalls anzusehen sei, solange nicht die Beklagte die von ihr eingewandte Tatsache beweise, daß der Kläger unabhängig von dem Unfall an Arterienverkalkung leide, und hierauf die Verminderung seiner Erwerbsfähigkeit zu einem großen Teil zurückzuführen sei. Auf demselben Standpunkte steht das Oberlandesgericht nun auch in dem zuerst erwähnten Beweisbeschlusse, in welchem, nachdem die Vernehmung des Hofrats Dr. R. noch nicht zu voller Aufklärung geführt hatte, der Professor Dr. W. zum Sachverständigen bestellt worden ist; daher ist auch dessen Vernehmung davon abhängig gemacht, daß die Beklagte vorher einen Auslagevorschuß von 100 *M* einzahle. Bei dieser Sachlage ist nicht abzusehen, wie der Kläger ein Recht darauf haben könnte, daß ihm durch einen Vorschuß die Reise nach St. bei Leipzig ermöglicht werde; es fehlt ihm auch an jedem rechtlichen Interesse hieran. Mit dem ihm bewilligten Armenrechte steht diese Angelegenheit in gar keinem Zusammenhange. Keine Partei ist verpflichtet, sich, um der Gegenpartei einen Beweis zu erleichtern, als Beweisobjekt benutzen zu lassen, am wenigsten auf ihre eigenen Kosten, möchte sie auch noch so reich sein. Allerdings wäre es nicht ausgeschlossen, daß das Gericht aus der Weigerung einer Partei, ihre Person als Beweisobjekt darzubieten, unter Umständen einen Beweisgrund zugunsten der Gegenpartei entnähme; aber in der Regel würde dies doch nur berechtigt sein, wenn die erstere Partei in Ansehung der erforderlichen Auslagen sich gedeckt fühlen könnte; vollends bei einer armen Partei wird schwerlich jemals Anlaß zu einer ihr nachteiligen Schlußfolgerung sein, solange sie nicht mit einem angemessenen Vorschusse versehen worden ist. Also ist nicht der Kläger, sondern nur die Beklagte daran interessiert, daß jenem durch einen solchen Vorschuß die Reise nach St. ermöglicht werde. Insofern gehören die Kosten dieser Reise zu den Auslagen, zu deren Deckung die Beklagte den Vorschuß von 100 *M* eingezahlt hat. Ob der Vorschuß hierfür mit ausreicht, oder ob die Beklagte aus diesem Grunde eventuell noch weiteren Vorschuß würde leisten müssen, kommt jetzt nicht in Frage.

Es ergibt sich also, daß der Kläger zwar ganz in seinem Recht ist, wenn er ohne Vorschuß die Reise nach St. nicht unternehmen will, daß aber seine Beschwerde nichtsdestoweniger zurückgewiesen werden mußte. Als weitere Folge ergab sich aus § 97 Abs. 1 Z.P.O. seine Belastung mit den Instanzkosten. Es erschien jedoch angemessen, da das Oberlandesgericht dem Kläger darin gefolgt war, die zu entscheidende Frage als eine des Armenrechts zu behandeln, und unterlassen hatte, dem Kläger unabhängig hiervon einen angemessenen Vorschuß zuzubilligen, nach § 6 G.K.G. die entstandene Gerichtsgebühr niederzuschlagen."

---

102. Wirkt die Anfechtung wegen arglistiger Täuschung, die in einem dem Prozeßbevollmächtigten des Gegners zugegangenen Schriftsatze erklärt ist, grundsätzlich für und gegen die Parteien auch außerhalb des Rechtsstreits?

II. Zivilsenat. Urt. v. 22. Juni 1906 i. S. E. & M. S. (Bekl. u. Widerkl.) w. B. (Kl. u. Widerbekl.). Rep. II. 569/05.

I. Landgericht II Berlin.
II. Kammergericht daselbst.

Aus den Gründen:

... „Die Erklärung der Anfechtung wäre im vorliegenden Rechtsstreite frühestens durch den Schriftsatz vom 19. Dezember 1903 erfolgt. Sie wäre in diesem Falle verspätet; denn die Beklagte hatte von einer arglistigen Täuschung, wenn eine solche vorlag, durch das Ergebnis der Zwangsversteigerung, in der am 12. Dezember 1902 der Zuschlag erfolgt war, Kenntnis erhalten. Nun hatte die Beklagte in ihrem Vorprozesse gegen den Kläger, in dem sie gegen letzteren auf Zahlung des einen seiner Wechselakzepte über 1079,70 *M* geklagt hatte, gegen die Einrede des jetzigen Klägers, jener Wechsel sei durch Hingabe der Hypothek an Zahlungsstatt eingelöst, in einem Schriftsatze vom 4. März 1903 für den Fall, daß eine Annahme der Hypothek an Zahlungsstatt festgestellt werde, die Anfechtung jenes Rechtsgeschäfts wegen arglistiger Täuschung erklärt. Das Berufungsgericht nimmt an, jener Schriftsatz sei dem Prozeßbevollmächtigten des jetzigen Klägers in jenem Rechtsstreite zugestellt worden. Im übrigen prüft es nicht, ob durch jenen Schriftsatz bloß eine Anfechtung für die mündliche Verhandlung angekündet, oder mit sofortiger Wirkung erklärt wurde, und ob im ersteren Falle sie in der mündlichen Verhandlung vorgetragen worden sei. Zur Annahme, jene Anfechtungserklärung sei für den vorliegenden Rechtsstreit wirkungslos, gelangt es aus folgenden Erwägungen. Nach den in den Entsch. des R.G.'s in Zivils. Bd. 53 S. 148, Bd. 58 S. 227 ausgesprochenen Grundsätzen seien zwar die Prozeßbevollmächtigten zur Abgabe und Empfangnahme der Anfechtungserklärung als ermächtigt anzusehen, jedoch nur, soweit die Anfechtung zur Abwehr der gegen den dortigen Klaganspruch von dem damaligen Beklagten erhobenen Einwendungen dienen sollte. Im vorliegenden Rechtsstreite handele es sich um einen ganz anderen als den im Vorprozesse erhobenen Anspruch. Die Anfechtung im Vorprozesse sei danach für den vorliegenden Rechtsstreit nicht wirksam.

Mit Recht bezeichnet die Revisionsklägerin diese Ausführungen als rechtsirrig. Zunächst ist es Frage der Willensauslegung, ob die in einem vorbereitenden Schriftsatz enthaltene Erklärung der Anfechtung abgegeben, oder nur angekündigt ist. Denn die Erklärung der Anfechtung im Prozesse, die für den Prozeß als Prozeßhandlung erfolgt, hat zugleich die Natur einer rechtsgeschäftlichen Willenserklärung. Bei der Doppelnatur dieser Rechtsgeschäfte ist keineswegs notwendig, daß die prozessuale Wirksamkeit Voraussetzung der materiellen ist. Vorbereitende

Schriftsätze können dazu dienen, materiell sofort wirksame Willenserklärungen abzugeben, wenn auch diese Erklärungen erst durch die mündliche Verhandlung prozessual wirksam werden. Darin liegt die eine Bedeutung der bezogenen Rechtsprechung des Reichsgerichts, daß die Prozeßbevollmächtigten durch die Prozeßvollmacht zur Abgabe und Entgegennahme solcher rechtsgeschäftlicher Willenserklärungen des materiellen Rechts, die sofort für und wider die Parteien wirken sollen, ermächtigt sind. Diese Ermächtigung erleidet nur die eine Beschränkung, daß jene rechtsgeschäftlichen Willenserklärungen mit der Rechtsverfolgung oder Rechtsverteidigung des Rechtsstreites, in dem sie von und gegenüber dem Prozeßbevollmächtigten erfolgen, zusammenhängen. Solche rechtsgeschäftlichen Willenserklärungen sind ferner, wenn sie nicht bloß angekündet sind, zivilrechtlich vollendet mit dem Zugehen an den Prozeßbevollmächtigten des Gegners; ihre zivilrechtlichen Wirkungen sind — darin liegt die zweite Bedeutung der bezogenen Rechtsprechung des Reichsgerichts — an sich unabhängig von ihrem weiteren Schicksale im Prozesse und von dem weiteren Schicksale des Prozesses. Sie haben neben und außer dem Prozesse grundsätzlich die gleichen zivilrechtlichen Wirkungen, wie die gleiche außerhalb des Prozesses von einem zur Vertretung Berechtigten abgegebene und entgegengenommene rechtsgeschäftliche Willenserklärung. Die Anfechtung, die in einem dem Prozeßbevollmächtigten des Gegners zugegangenen vorbereitenden Schriftsatze erklärt ist, wirkt grundsätzlich für und gegen die Parteien auch außerhalb des Rechtsstreites. Eine Beschränkung ihrer Wirkungen auf den Rechtsstreit, in dem sie erklärt ist, und auf den in jenem Rechtsstreit verfolgten Anspruch, muß grundsätzlich verneint werden. Danach sind die Erwägungen, aus denen das Berufungsgericht die Erklärung der Anfechtung in dem Schriftsatze vom 4. März 1902 als wirkungslos bezeichnete, rechtlich nicht haltbar." . . .

103. Hat die in § 207 Abs. 2 Z.P.O. für die Zustellung des beim Gerichtsschreiber eingereichten Schriftsatzes bestimmte zweiwöchige Frist die Natur einer Notfrist, welche durch die Gerichtsferien nicht gehemmt wird?

III. Zivilsenat. Urt. v. 22. Juni 1906 i. S. Kr. (Kl.) w. R. u. Gen. (Bekl.). Rep. III. 543/05.

I. Landgericht Neiße.
II. Oberlandesgericht Breslau.

Nachdem das zuungunsten des Klägers ergangene landgerichtliche Urteil am 28. Juni 1905 zugestellt worden war, hat der Kläger den die Berufungseinlegung enthaltenden Schriftsatz am 22. Juli 1905 bei der Gerichtsschreiberei des Oberlandesgerichts behufs Herbeiführung der Terminsbestimmung eingereicht, diesen Schriftsatz aber erst am 19. und sodann nochmals am 21. September 1905 den Beklagten zustellen lassen.

Von seiten der letzteren ist darauf die Rechtsgültigkeit der Berufung beanstandet, und dieselbe vom Oberlandesgericht als unzulässig verworfen. Diese Entscheidung wurde vom Reichsgericht aufrecht erhalten, aus folgenden

Gründen:

„Mit dem Oberlandesgericht ist die Berufungsfrist als versäumt anzusehen, wenn die zweiwöchige Frist des § 207 Abs. 2 Z.P.O., innerhalb deren nach Einreichung des Rechtsmittelschriftsatzes dessen Zustellung zu erfolgen hat, als eine Frist anzusehen ist, die nach § 223 Abs. 2 Z.P.O. durch die Gerichtsferien nicht gehemmt wird. Mit Recht hat der genannte Gerichtshof dies angenommen. Es ist demselben darin beizutreten, daß schon nach der Fassung des angeführten § 207 die erwähnte Frist nicht als eine selbständige, neben der Notfrist hergehende Frist, sondern, wie auch bereits der IV. Zivilsenat des Reichsgerichts ausgesprochen hat (vgl. Gruchot, Beiträge Bd. 45 S. 1101), als eine Verlängerung oder Erweiterung der Notfrist zu gelten hat, welche zu dem Zwecke eingeführt ist, den das Rechtsmittel Einlegenden gegen eine, auf etwaiger Verzögerung der Zustellung beruhende Versäumnis der Notfrist möglichst zu schützen. Wie ferner vom Berufungsgericht bemerkt worden ist, spricht für diese Auffassung auch der Umstand, daß bei der Beratung der Kommission für die Prozeßnovelle vom 17. Mai 1898 (Prot. S. 76) die aus der Mitte dieser Kommission beantragte ausdrückliche Bezeichnung der zweiwöchigen Frist als Notfrist ohne Widerspruch der an der Beratung Teilnehmenden von seiten eines Regierungsvertreters als überflüssig bezeichnet wurde, „da es sich hier nur um Notfristen handle". Zutreffend hat endlich das Berufungsgericht erwogen, daß, wenn man die zweiwöchige Frist nicht als Notfrist gelten lassen wollte, die Parteien die Rechtsmittelfrist im Wege der Vereinbarung ins Ungewisse würden verlängern können, was dem Wesen einer solchen, im öffentlichen Interesse eingeführten Rechtsmittelfrist widersprechen würde. Die letztere Unzuträglichkeit würde auch eintreten, wenn die gedachte Frist, wie eine gesetzliche, nach § 223 Abs. 1 Z.P.O. der hemmenden Einwirkung der Gerichtsferien ausgesetzt wäre.

Die Revision macht dem Berufungsurteil Verletzung des § 223 Abs. 3 Z.P.O. zum Vorwurf, wonach Notfristen nur diejenigen Fristen sind, welche in der Zivilprozeßordnung ausdrücklich als solche bezeichnet werden, eine Voraussetzung, die hier nicht zutreffe. Allein wenn, wie ausgeführt, die in Frage stehende zweiwöchige Frist nur als eine Erweiterung der Notfrist zu gelten hat, bedurfte es nicht noch einer ausdrücklichen Bezeichnung als solche; vielmehr unterliegt auch ohne letztere die fragliche Frist den gleichen Vorschriften, wie die betreffende Notfrist.

Vgl. hierzu Kuttner, in der Zeitschrift für deutschen Zivilprozeß Bd. 32 S. 261.

Die Revision beruft sich ferner auf den Kommentar von Gaupp-Stein, 7. Aufl., wo zu § 207 ausgeführt sei, daß die dort bestimmte Frist keine Notfrist sei, und durch die Gerichtsferien nicht gehemmt werde. Allein in der jetzt im Erscheinen begriffenen Auflage 8/9 dieses Kommentars Bd. 1 § 207 Bem. V ist diese in den früheren Auflagen enthaltene Ansicht dahin berichtigt worden, daß die fragliche Frist, wenn auch keine selbständige Notfrist, doch eine Erweiterung der ursprünglichen Notfrist sei und demgemäß weder durch die Gerichtsferien noch durch die Vereinbarung der Parteien berührt werde. In diesem letzteren Punkte hat sich auch der im übrigen abweichende Kommentar von Petersen u. Anger in seiner fünften Auflage Bd. 1 § 207 Bem. 4 zustimmend geäußert.

Ist nach obigem die mehrerwähnte Frist als eine Erweiterung der Notfrist anzusehen, dann war sie im vorliegenden Falle, ungehemmt durch die Gerichtsferien, zwei Wochen nach der am 22. Juli 1905 erfolgten Einreichung des Berufungsschriftsatzes bei der Gerichtsschreiberei, also mit dem 5. August, abgelaufen; die erst am 19. und 21. September bewirkte Zustellung ist mithin verspätet, und die zweitinstanzlich ausgesprochene Verwerfung des Rechtsmittels gerechtfertigt."

---

104. 1. Unter welchen Voraussetzungen sind Maschinen wesentliche Bestandteile des Fabrikgrundstücks?

B.G.B. §§ 93. 94. 97. 98.

2. Wirkungslosigkeit eines Eigentumsvorbehalts, falls die Maschinen nicht bloß zu einem vorübergehenden Zwecke in das Fabrikgebäude eingefügt sind.

B.G.B. § 946.

3. Begriff der Einfügung zu nur vorübergehenden Zwecken.

B.G.B. § 95 Abs. 2.

4. Kollision des Wegnahmerechts aus §§ 951 Abs. 2 u. 997 und des Bereicherungsanspruchs aus § 951 Abs. 1 B.G.B. mit dem Rechte der Hypothekengläubiger.

V. Zivilsenat. Urt. v. 23. Juni 1906 i. S. Allg. Elektrizitätsgesellsch. (Kl.) w. H. & Co. (Bekl.). Rep. V. 584/04.

I. Landgericht Dresden.
II. Oberlandesgericht daselbst.

Die Klägerin lieferte der Aktiengesellschaft Sebnitzer Papierfabrik im Jahre 1902 eine elektrische Kraftübertragungs- und Lichtanlage. In dem hierüber geschlossenen Vertrag war die Überlassung der Anlage als eine mietweise bezeichnet. Das Ende der Mietzeit war auf den 1. Juli 1905 bestimmt. Die „Kosten der Anlage" waren auf 77010,25 *M* veranschlagt. Im Vertrag war weiter bestimmt: „Der Mietpreis ist in 36 mit dem 30. Juni 1902 beginnenden Monatsraten postnumerando zu entrichten und wird in der Weise berechnet, daß unter Zugrundelegung des tatsächlichen Verbrauchs und Anwendung der Anschlagspreise auf Grund der üblichen Amortisationstabellen mit 5 prozentiger Verzinsung die 36 Mietraten dem Anschlagspreise nebst Zinsen gleichkommen. Bleibt der Mieter ... mit einer Mietrate im Verzuge, so ist die Vermieterin berechtigt, die ... Anlage ... zu entfernen und zurückzunehmen, oder auch den gesamten

Mietzins für die Folgezeit ... abzüglich der nicht weiter zu zahlenden Zinsen ... sofort zu verlangen. Nach Beendigung des Mietvertrags und vollständiger Zahlung der Mietraten geht das Eigentum der Anlage auf die Mieterin über." Im September 1903 wurde über das Vermögen der Sebnitzer Fabrik das Konkursverfahren eröffnet, und im November auf Antrag der Beklagten, für welche auf dem Fabrikgrundstück eine Hypothek von 1000000 ℳ haftete, das Grundstück zur Zwangsversteigerung gebracht. Die Klägerin machte Eigentumsansprüche an der von ihr gelieferten Anlage geltend und verlangte insoweit Einstellung der Zwangsvollstreckung, wurde aber mit ihren Anträgen abgewiesen. Im Zwangsversteigerungsverfahren wurden die gesamten Versteigerungsgegenstände auf 2711201 ℳ, die streitige Anlage auf 76130 ℳ geschätzt. Der ganze Versteigerungserlös wurde der Beklagten, die Meistbietende geblieben war und den Zuschlag erhalten hatte, überwiesen, reichte aber zur Deckung ihrer Hypothek lange nicht aus. Die Klägerin widersprach dieser Überweisung in Höhe von 19697,28 ℳ, indem sie ihr angebliches Eigentum an der Anlage nunmehr gegen den Erlös geltend machte und herausrechnete, daß diese Summe bei verhältnismäßiger Verteilung auf die Anlage entfalle. Diesen Anspruch verfolgte sie im Rechtsstreite, indem sie ihn für den Fall, daß die Anlage als Bestandteil des Fabrikgrundstücks anzusehen sein sollte, auf ungerechtfertigte Bereicherung der Beklagten (§ 951 B.G.B.) gründete. Die Beklagte verlangte Abweisung der Klage, weil die Anlage durch Einfügung in das Fabrikgebäude dessen wesentlicher Bestandteil geworden, und dadurch das frühere Eigentum der Klägerin untergegangen sei.

Der erste Richter wies die Klage ab. Die Berufung der Klägerin wurde zurückgewiesen, desgleichen ihre Revision.

Aus den Gründen:

„Das Berufungsgericht nimmt die Eigenschaft der in Rede stehenden elektrischen Anlagen als wesentlicher Bestandteile des Fabrikgrundstücks an auf Grund von Erwägungen, die durchweg mit der jetzt feststehenden Rechtsprechung des Reichsgerichts im Einklange stehen. Von dieser Rechtsprechung abzugehen, bieten die in der Literatur, insbesondere in zwei auf Veranlassung von Maschinenfabrikanten veröffentlichten Rechtsgutachten, die übrigens in den, in den Entsch. Bd. 62 S. 406 und 410 abgedruckten, Urteilen des

VII. Zivilsenats des Reichsgerichts bereits berücksichtigt worden sind, keinen Anlaß.

Nach der in einem Urteile des erkennenden Senats (Jurist. Wochenschr. 1906 S. 346 Nr. 2)[1] gegebenen Begriffsbestimmung sind Bestandteile einer Sache diejenigen Gegenstände (also Sachen), die entweder von Natur eine Einheit bilden, oder durch Verbindung miteinander ihre Selbständigkeit derart verloren haben, daß sie fortan, solange die Verbindung dauert, als eine einheitliche Sache erscheinen. Wesentlich sind Bestandteile, die voneinander nicht getrennt werden können, ohne daß der eine oder der andere zerstört, oder in seinem Wesen verändert wird (§ 93 B.G.B.); daneben aber auch die mit dem Grund und Boden fest verbundenen und die in ein Gebäude zu dessen Herstellung eingefügten Sachen (§ 94), gleichviel, ob die Voraussetzungen des § 93 zutreffen (Planck, Bem. 1 zu § 94; Turnau u. Förster, Bem. 2 zu § 93 und Bem. 2 zu § 94; Gierke, Sachenrecht S. 42. 43). Von Zubehörstücken unterscheiden sich die Bestandteile (besonders die wesentlichen) dadurch, daß sie zur Vollendung einer einheitlichen Sache dienen, während jene einer Sache — unter Wahrung ihrer Selbständigkeit — nur hinzugefügt werden, um diese wirtschaftlich ausnutzen zu können (Motive Bd. 3 S. 62). Im Einzelfalle kann es zweifelhaft sein, ob eine Sache diesem, oder jenem Zwecke dient. Treffen die Voraussetzungen der §§ 93. 94 zu, dann ist die Sache nicht Zubehör, sondern wesentlicher Bestandteil. Dies drückt der § 97 mit den Worten aus: „Zubehör sind bewegliche Sachen, die, ohne Bestandteile der Hauptsache zu sein, dem wirtschaftlichen Zweck der Hauptsache zu dienen bestimmt sind." Wenn § 98 vorschreibt: „Dem wirtschaftlichen Zwecke der Hauptsache sind zu dienen bestimmt: 1. bei einem Gebäude, das für einen gewerblichen Betrieb dauernd eingerichtet ist, insbesondere bei . . . einer Fabrik die zum Betriebe bestimmten Maschinen", so ist damit offensichtlich nicht gesagt, daß die Maschinen unter allen Umständen Zubehörstücke seien, sondern nur festgestellt, daß bei ihnen eine der beiden Voraussetzungen des § 97, nämlich die Bestimmung, dem wirtschaftlichen Zwecke der Hauptsache zu dienen, stets zutrifft. Daneben muß noch die negative Voraussetzung vorhanden sein, daß die Maschinen nicht

[1] Abgedruckt in diesem Bande S. 171 flg. D. R.

Bestandteile sind. Damit wird der Zubehörbegriff dem Bestandteilsbegriffe nicht untergeordnet, sondern nur darauf hingewiesen, daß beide Begriffe streng auseinander gehalten werden müssen. Ist eine Maschine in ein Fabrikgebäude eingefügt, so ist sie — abgesehen von den Ausnahmefällen des § 95 — nach § 94 Abs. 2 wesentlicher Bestandteil, nicht Zubehör des Gebäudes (so auch in Übereinstimmung mit dem Reichsgerichte Gierke, Sachenrecht S. 81). Die Frage, ob eine Sache zur Herstellung eines Gebäudes eingefügt ist, ist wesentlich tatsächlicher Natur. Der Berufungsrichter bejaht sie für den vorliegenden Fall mit einer Begründung, die einen Rechtsirrtum nicht erkennen läßt. Die wesentlichen Bestandteile eines Gebäudes sind auch wesentliche Bestandteile des Grundstücks, wenn das Gebäude dessen wesentlicher Bestandteil ist. Bei der Einfügung (§ 94 Abs. 2) kommt es nicht, wie im Falle des § 94 Abs. 1, auf die Art der Verbindung, sondern auf den Zweck der Einfügung an. (Gierke, Sachenrecht S. 43 Anm. 20). Die Einfügung braucht insbesondere keine feste zu sein. Türen, Fenster und dergleichen Sachen, die zur Herstellung eines Gebäudes gehören, werden schon mit dem Einhängen, also durch eine ganz lose Verbindung, wesentliche Bestandteile des Gebäudes. Ob der Zweck der Einfügung, nämlich die Herstellung des Gebäudes, vorliegt, ist wieder im wesentlichen Tatfrage, die nicht allgemein, sondern nur nach Lage des Einzelfalls beurteilt werden kann. Es kommt sehr wesentlich auf die Art des Gebäudes und dessen Zweckbestimmung an. Zur Herstellung eines großstädtischen sog. herrschaftlichen Gebäudes gehören andere und mehr Sachen als zur Herstellung einer Kate für die ländlichen Instleute, oder einer Scheune; zur Herstellung eines Fabrikgebäudes wieder andere Sachen als zur Herstellung der genannten Gebäude. Die Fabrikgebäude sind aber wieder untereinander je nach ihrer Zweckbestimmung verschieden, und danach ist auch die Frage verschieden zu beantworten, was zur Herstellung dieser oder jener Fabrik gehört. In den schon erwähnten Rechtsgutachten wird behauptet, daß Maschinen niemals Bestandteile eines Fabrikgebäudes seien. Diese Behauptung beruht teils auf einer Verkennung der oben gekennzeichneten Bedeutung des § 98 Ziff. 1, teils wird sie damit begründet, daß der Baumeister, der mit der Herstellung eines Fabrikgebäudes beauftragt ist, sich wundern würde, wenn von ihm auch die Beschaffung und Einfügung der Maschinen verlangt werden sollte. Diese Begründung ist fehlsam. Auch bei einem Wohnhause braucht nicht die ganze Herstellung einer einzigen Person übertragen zu werden, und gerade wegen der elektrischen Anlagen pflegt der Bauherr direkt mit den Elektrizitätswerken in Verbindung zu treten, die dann auch die Einfügung übernehmen. Jene Ansicht beruht aber auch auf Verkennung des Wortes Fabrikgebäude. Ein Gebäude, das nur aus Mauern, Fenstern, Türen und dem Dache besteht, ist kein Fabrikgebäude, sondern kann zu einem solchen nur dadurch werden, daß es Einrichtungen erhält, die den Fabrikbetrieb ermöglichen. Dazu gehören aber die Beleuchtungsanlage und die treibende Kraft, die für jeden Fabrikbetrieb erforderlich sind, und die nach dem heutigen Stande der Technik mit dem Gebäude verbunden, in dieses eingefügt werden. Außer den erwähnten Anlagen gehören aber zu den zur Herstellung eingefügten Sachen die Maschinen, durch deren Einfügung das Gebäude ein bestimmtes Gepräge, das Gepräge eines bestimmten Fabrikbetriebes erhält, was das Reichsgericht in feststehender Praxis angenommen hat. Im vorliegenden Falle handelt es sich um eine Kraftübertragungs- und Lichtanlage, also um eine Anlage, die jedes Gebäude enthalten muß, wenn es ein Fabrikgebäude darstellen soll. Ob die Maschine durch Elektrizität, oder Dampfkraft getrieben wird, ist für die Frage nach ihrer wesentlichen Bestandteilseigenschaft ebenso unerheblich, wie der Umstand, daß eine andere weniger kostspielige Maschine dieselben Dienste leisten würde, und daß das Gebäude durch Ersetzung der kostspieligen durch eine wohlfeile Maschine seine Eigenschaft als Fabrikgebäude nicht verlieren würde. Die Frage des Ersatzes muß völlig ausgeschieden werden. Dies ist besonders überzeugend in dem in den Entsch. Bd. 62 S. 406 mitgeteilten Urteile des VII. Zivilsenats des Reichsgerichts ausgeführt, durch das auch im übrigen die in dem von der Revision angezogenen Urteile (Jurist. Wochenschr. 1905 S. 387 Nr. 2) von demselben Senat aufgestellten, etwa abweichenden Sätze aufgegeben sind.

Nach § 946 B.G.B. werden Maschinen, die in ein mit dem Grund und Boden fest und dauernd verbundenes Gebäude zu dessen Herstellung als Fabrikgebäude eingefügt sind, Eigentum des Grundstückseigentümers. Sie werden durch die bloße Tatsache der Einfügung wesentliche Bestandteile des Gebäudes und damit des Grundstücks, und können nach § 93 nicht mehr Gegenstand besonderer Rechte sein; insbesondere geht das Eigentum ihres bisherigen Eigentümers mit der Einfügung unter. Dies sind notwendige Folgerungen aus gebietenden Gesetzesbestimmungen, die durch Vereinbarungen der Beteiligten, insbesondere durch Eigentumsvorbehalte, nicht abgewendet werden können.

Vgl. Entsch. des R.G.'s in Zivils. Bd. 26 S. 346, Bd. 62 S. 410. 411; Jurist. Wochenschr. 1897 S. 100 Nr. 67, 1899 S. 679 Nr. 22, 1901 S. 522 Nr. 13, 1902 Beil. S. 219, 1904 S. 138 Nr. 2; Gruchot, Beitr. Bd. 45 S. 1006, Rep. V. 80/04.

Die mehrerwähnten Rechtsgutachten, die dies leugnen, stehen in Widerspruch mit dem klar ausgesprochenen Willen des Gesetzgebers.

Nach § 95 Abs. 2 gehören Sachen, die zu einem nur vorübergehenden Zwecke in ein Gebäude eingefügt sind, nicht zu den Bestandteilen des Gebäudes. Bei der Frage, ob die Einfügung zu einem nur vorübergehenden Zwecke geschehen ist, kommt es nicht sowohl auf die Zeitdauer, für die die Verbindung beabsichtigt ist, als vielmehr darauf an, ob der Wegfall der Verbindung von vornherein beabsichtigt, oder nach der Natur des Zwecks sicher ist.

Vgl. Hölder, Nr. 1 zu § 95, Nr. 1b zu § 97; Entsch. des R.G.'s in Zivils. Bd. 47 S. 197 flg., besonders S. 202.

So kann die Einfügung einer gemieteten Sache, selbst wenn in dem Vertrag eine lange Dauer der Mietzeit vorgesehen ist, als zu einem vorübergehenden Zwecke geschehen angesehen werden, wenn beim Abschließen des Mietvertrags die Absicht kundgegeben ist, daß die Sache nach Ablauf der Mietzeit aus der Verbindung mit dem Gebäude gelöst und dem Vermieter zurückgegeben werden soll. So verhält es sich z. B. mit den Gasuhren, Wassermessern und dergleichen, die von den Städten oder sonstigen Unternehmern lediglich vermietet werden, ohne daß die Absicht einer Eigentumsübertragung gegenwärtig oder für die Zukunft besteht. So aber liegt, wie der Berufungsrichter richtig anerkannt hat, die Sache im vorliegenden Falle nicht. Die elektrischen Anlagen sollten nach dem Willen der Vertragschließenden Eigentum der Sebnitzer Papierfabrik werden. Nur für den nicht normalen Fall, daß diese den in 36 Mietraten zu entrichtenden Preis nicht erlegen sollte, war die Rückgabe jener Anlagen an die Klägerin vorgesehen, und ein auf Erhaltung ihres Eigentums gerichteter Vorbehalt gemacht. Einem solchen Vorbehalte versagt aber das Gesetz die Kraft. „Um einen vorübergehenden Zweck im Sinne des § 95 Abs. 2 B.G.B. anzunehmen, genügt es nicht, daß die Beteiligten die dingliche Rechtslage so zu gestalten suchen, daß der ins Auge gefaßte Erfolg des Eigentumsübergangs erst unter gewissen Voraussetzungen eintreten soll. Es kommt nur darauf an, daß eine bei normalem Verlaufe der Dinge als dauernd gedachte, nicht von vornherein zur Wiederaufhebung bestimmte Verbindung der Sachen hergestellt ist" (Entsch. des R.G.'s in Zivils. Bd. 62 S. 411). Darauf, ob die von der Revision bekämpfte Annahme des Berufungsrichters, die Beteiligten seien beim Abschließen des Vertrags des Willens gewesen, daß die elektrischen Anlagen auch an einem etwaigen Wechsel des Fabrikbesitzers teilnehmen sollten, begründet ist, kommt es nicht an, da diese Folge auch wider den Willen der Beteiligten kraft Gesetzes eingetreten wäre.

Rechtfertigt sich sonach die vom Berufungsrichter getroffene Entscheidung schon aus § 94 Abs. 2 B.G.B., so könnte von der Prüfung der Frage, ob der Eigentumsverlust sich auch aus § 93 ergibt, abgesehen werden. Indessen erscheint es zweckmäßig, wenigstens auszusprechen, daß das Reichsgericht diese Frage im Einklange mit seiner bisherigen feststehenden Rechtsprechung (vgl. besonders Entsch. des R.G.'s in Zivils. Bd. 50 S. 241, Bd. 62 S. 406 u. 410; Gruchot, Beitr. Bd. 49 S. 344; Jurist. Wochenschr. 1906 S. 346 Nr. 2) mit dem Berufungsrichter bejaht. Diese von der Revision bekämpfte Annahme entspricht dem Gesetz, und wenn dieses etwa mit den Verkehrsbedürfnissen nicht im Einklange stehen sollte, so kann nicht der Richter, sondern nur der Gesetzgeber Abhilfe schaffen. Übrigens aber stellen die einseitigen Interessen der Maschinenfabrikanten keineswegs das allgemeine Verkehrsinteresse dar.

In letzter Linie hat die Klägerin ihre Klage auf ihr Wegnahmerecht und auf ungerechtfertigte Bereicherung der Beklagten gegründet. Auch diesen Klagegrund hat jedoch der Berufungsrichter mit zutreffender Begründung verworfen. Allerdings stand der Klägerin unter den Voraussetzungen des § 4 des Mietvertrags nach den §§ 951 Abs. 2 u. 997 B.G.B. ein Recht auf Wegnahme der eingefügten Maschinen zu; aber dieses Recht war lediglich persönlicher Natur und konnte dem dinglichen Rechte der Hypothekengläubiger

(§ 1120 B.G.B.) gegenüber überhaupt nicht und namentlich nicht mehr geltend gemacht werden, nachdem das Grundstück für die Beklagte, die Hypothekengläubigerin war, zum Zwecke der Zwangsversteigerung mit Beschlag belegt war (§ 20 Zw.V.G.). Dem dinglichen Rechte der Beklagten mußte das persönliche der Klägerin weichen. Mithin ist die Rüge der Verletzung des § 951 Abs. 2 B.G.B. und des § 37 Ziff. 5 Zw.V.G. unbegründet. Nach § 951 Abs. 1 kann, wer infolge der Vorschrift des § 946 einen Rechtsverlust erleidet, von demjenigen, zu dessen Gunsten die Rechtsänderung eintritt, Vergütung in Geld nach den Vorschriften über die Herausgabe einer ungerechtfertigten Bereicherung fordern. Zutreffend hat der Berufungsrichter angenommen, daß die Klägerin sich der Beklagten gegenüber nicht auf diese Bestimmungen berufen kann. Nicht zugunsten der Beklagten, sondern zugunsten der damaligen Eigentümerin des Fabrikgrundstücks hat die Klägerin ihr Eigentum an der elektrischen Anlage verloren. Der Beklagten ist dieser Eigentumswechsel nur indirekt zugute gekommen, und nicht etwa auf Grund einer unentgeltlichen Zuwendung der damaligen Grundeigentümerin (§ 822 B.G.B.), sondern auf Grund des Gesetzes (§§ 1120 flg. 946 B.G.B. § 20 Zw.V.G.). Demnach kann von einer ungerechtfertigten Bereicherung der Beklagten im Sinne der §§ 812 flg. und von der Anwendung des § 951 Abs. 1 nicht die Rede sein." . . .

105. Hat der Zedent einer Briefhypothek den für diese empfangenen Gegenwert zurückzuzahlen, wenn er den Hypothekenbrief dem Zessionar nicht ausgehändigt hat, und sodann im Zwangsversteigerungsverfahren die Hypothek erloschen und ausgefallen ist?

B.G.B. §§ 323. 325. 812. 818.

V. Zivilsenat. Urt. v. 23. Juni 1906 i. S. W. (Kl.) w. H. (Bekl.). Rep. V. 585/05.

I. Landgericht Dresden.
II. Oberlandesgericht daselbst.

Der Beklagte hatte dem Kläger im November 1901 eine Teilhypothek von 9500 *M* gegen Barzahlung übertragen, ihm aber den Teilhypothekenbrief niemals ausgehändigt. Nachdem diese Teilhypothek in der Zwangsversteigerung vom 22. Oktober 1904, wobei der Beklagte das Grundstück erstanden hat, ausgefallen war, klagte der Kläger auf Zahlung von 9500 *M* nebst 4 Prozent Zinsen seit dem 1. Juli 1903. Der erste Richter wies die Klage ab, und vom Oberlandesgericht wurde die Berufung des Klägers zurückgewiesen. Das Reichsgericht hat den Beklagten nach dem Klagantrage verurteilt.

Gründe:

„Das Berufungsgericht hat sein Urteil im wesentlichen wie folgt begründet. Unrichtig sei die besonders im ersten Rechtszuge vom Kläger vertretene Ansicht, daß der Abtretungsvertrag wegen unterbliebener Aushändigung des Hypothekenbriefes nichtig gewesen sei. Auf die §§ 326 Abs. 1. 327 Abs. 1. 346 Abs. 1 B.G.B. könne sich der Kläger nicht stützen, weil er den Beklagten nie wegen der Briefherausgabe gemahnt und in Verzug gesetzt habe. Ebensowenig lasse sich die Klage mit Unmöglichkeit der Erfüllung ohne, oder mit Verschulden des Beklagten nach den §§ 323. 325. 287 Satz 2. § 280 Abs. 1 B.G.B. begründen. Der Beklagte habe zwar seine Pflicht, den Hypothekenbrief herauszugeben, nicht erfüllt, aber dadurch die Ungültigkeit und Unbrauchbarmachung des Briefes nicht verursacht. Diese seien vielmehr nur infolge des Nichtausbietens der Hypothek und ihres Erlöschens ohne Verschulden des Beklagten herbeigeführt worden. Der Kläger erkenne dies in seinem Briefe vom 1. November 1904 selbst an. Auch durch beiderseits unverschuldeten Zufall im Sinne des § 323 B.G.B. sei die Vertragserfüllung nicht unmöglich geworden; Kläger habe vielmehr diese Unmöglichkeit selbst durch seine Untätigkeit, durch Nichtausbieten der Hypothek verschuldet. Wenn er sich auf Mangel an Barmitteln berufe, so berühre doch dieser Umstand keinesfalls den Beklagten.

Mit Recht wirft die Revision diesem Urteil Verletzung der §§ 323. 325 B.G.B. vor.

Es war vor den Vorderrichtern bestritten, und es fehlen genaue Feststellungen darüber, ob der Beklagte dem Kläger die Teilhypothek verkauft, oder nur nach schon geschehener Zahlung ohne zugrundeliegenden Kaufvertrag abgetreten hat. In jedem Falle, sei es nach den §§ 433. 437. 444 B.G.B., oder sei es nach den §§ 398. 401. 402 im Zusammenhalt mit den auf beide Fälle anzuwendenden §§ 1154 Abs. 1, 1117. 1152 daselbst, war er verpflichtet, dem Beklagten die abgetretene

Hypothek zu verschaffen und ihm den zum Hypothekenerwerb unbedingt erforderlichen Teilhypothekenbrief herauszugeben. Daß diese Hypothekverschaffung durch Erlöschung der Hypothek in der Zwangsversteigerung, und daß die Auslieferung des Briefes durch dessen Vernichtung gemäß § 91 Abs. 1 Zw.V.G. § 130 daselbst. § 69 G.B.O. mit § 148 sächs. Verordn. z. Ausf. der G.B.O. unmöglich wurde, ist nicht bestritten. Daß er dem Kläger eine ganz ähnliche Hypothek auf dem von ihm ersteigerten Grundstück verschaffen könne oder wolle, behauptet der Beklagte selbst nicht; es braucht daher nicht untersucht zu werden, ob in dieser Weise die Unmöglichkeit der ursprünglichen Erfüllung wieder beseitigt oder gar nicht eingetreten sein könnte.

Mit Unrecht bezweifelt der Vorderrichter den ursächlichen Zusammenhang zwischen der Nichtauslieferung des Hypothekenbriefs, also einer Unterlassung des Beklagten, und der Unmöglichkeit der Vertragserfüllung. Hätte der Beklagte noch unmittelbar vor der Zuschlagserteilung den in seinen Händen befindlichen Hypothekenbrief dem Kläger ausgehändigt, so wäre damit seine Vertragspflicht vollständig erfüllt, die Hypothek auf den Kläger übergegangen gewesen. Mit dem Zuschlag aber wurde ihm diese Erfüllung wegen Erlöschens der Hypothek und Ungültigwerdens des Briefes darüber unmöglich, und er kann sich nicht darauf berufen, daß ja der Kläger durch Ausbieten der Hypothek anderweitige Deckung oder Sicherung hätte suchen können und müssen. Eine solche unter Umständen gewagte und bei Vermögenslosigkeit unmögliche Handlung wäre, wenn sie vom Kläger dennoch vorgenommen worden wäre, keinesfalls eine Erfüllung der ursprünglichen Vertragspflicht des Beklagten gewesen. Diese war und blieb vom Zuschlag an unmöglich. Gänzlich unerheblich für die Beurteilung der Sache ist der Brief des Klägers vom 1. November 1904, worin er dem Beklagten zwar für sein Verhalten in der Zwangsversteigerung dankt, immerhin aber um Zahlung bittet, und keinesfalls auf seine Ansprüche aus dem Rechtsverhältnis verzichtet.

Aus dem Gesagten ergibt sich zunächst, daß vom Oberlandesgericht unzutreffend die Vorschriften über Vertragsrücktritt wegen Verzugs in den §§ 326 flg. B.G.B. zur Abweisung der Klage angewendet worden sind. Nicht wegen Verzugs des Gegners, sondern wegen Unmöglichkeit der Erfüllung will der Kläger zurücktreten, und für solches Verlangen sind die §§ 323—325 B.G.B. allein maßgebend.

Nach § 325 B.G.B. kann, wenn die aus einem gegenseitigen Vertrage dem einen Teile obliegende Leistung infolge eines Umstands, den er zu vertreten hatte, unmöglich wird, der andere Teil Schadensersatz wegen Nichterfüllung verlangen, oder vom Vertrage zurücktreten, oder statt dieser beiden Rechte die für den Fall des § 323 bestimmten Rechte, insbesondere daher einen Bereicherungsanspruch wegen des von ihm Geleisteten, geltend machen.

Das letzte hat der Kläger mittels der Klage getan.

Daß ein gegenseitiger Vertrag vorlag, nimmt der Berufungsrichter, indem er immer von „vertragsmäßiger Leistung" spricht, zunächst nach den §§ 326 flg. B.G.B. urteilt, und die Anwendbarkeit des „nur auf nicht gegenseitige Schuldverhältnisse sich beziehenden § 280 B.G.B." verneint, an, und es sind hiergegen selbst für den Fall, daß ein bloßer Übertragungsvertrag — ohne Kauf — geschlossen war, auch nach der Geschichtserzählung des Beklagten Bedenken nicht zu erheben. Zu vertreten hat der Schuldner gemäß § 276 B.G.B. Vorsatz und Fahrlässigkeit, in besonderen Fällen auch den Zufall.

Man könnte nun in unmittelbarer oder doch entsprechender Anwendung des § 446 B.G.B., wonach die Gefahr erst mit Übergabe der Sache auf den Käufer übergeht, Haftung des Beklagten für Zufall, oder auch weitergehend, weil er sich über die Bedeutung des ihm vom Grundbuchamt zugestellten, nach Empfang des Gegenwerts ihm aber nicht mehr gebührenden Teilhypothekenbriefs nicht erkundigte und ihn sorglos bei sich liegen ließ, Fahrlässigkeit auf seiner Seite annehmen, und — weil auch zur Vertretungspflicht nach den angezogenen §§ 276. 325 förmlicher Verzug nicht gehört — sofort nach letztbezeichneter Gesetzesstelle entscheiden, daß dem Kläger der erwähnte Bereicherungsanspruch zusteht. Es ist aber nicht notwendig, die eben angeregten Rechtsfragen endgültig zu beantworten, weil, selbst wenn man Haftung des Beklagten für Zufall oder seine Fahrlässigkeit nicht für gegeben erachtet, und seine Entschuldigung, daß er von der Briefhypothek nichts wußte und verstand, und an Buchhypothek dachte, billigt, das Endergebnis ganz das gleiche sein muß. Denn jedenfalls muß dann — und noch mehr, weil der Kläger den Teilhypothekenbrief nie zu Gesicht bekam — die gleiche Entschuldigung auch für diesen, der sie ebenfalls vorgebracht hat, gelten; und es liegt dann der Fall des § 323 B.G.B. vor, daß nämlich die vom Beklagten geschuldete Briefübergabe und Hypothekverschaffung infolge beiderseitigen entschuldbaren Rechtsirrtums, also durch einen Umstand unmöglich geworden ist, den weder der eine noch der andere Teil zu vertreten hat. Daß angesichts der Neueinführung des Bürgerlichen Gesetzbuchs und der für den Laien nicht ohne weiteres vorauszusetzenden Kenntnis davon, daß sogar noch zum Übergang einer bereits im Grundbuch überschriebenen Briefhypothek Übergabe des Briefes notwendig ist, der in Rede stehende Rechtsirrtum ein verzeihlicher war, bedarf weiterer Ausführungen nicht. Ist sonach § 323 B.G.B. jedenfalls anzuwenden, so steht nach dessen Abs. 3 der schon erwähnte Bereicherungsanspruch auf Rückzahlung des grundlos gegebenen Gegenwerts von 9500 M dem Kläger zu, und ebenso müßte man — ganz abgesehen vom § 280 B.G.B. — gemäß § 812 Satz 2 daselbst dann entscheiden, wenn man das Vorliegen eines gegenseitigen Vertrags verneinen wollte.

Unzweifelhaft ist der Beklagte durch Zahlung der 9500 M wirklich bereichert worden, und der glaubwürdigen Behauptung des Klägers, daß der Beklagte das Geld zinsbar angelegt und mindestens 4 Prozent Zinsen daraus gezogen habe, hat dieser nicht widersprochen. Er hat auch nicht die Einrede vorgebracht, daß er nicht mehr bereichert sei, daß er etwa das Empfangene durch den Ausfall der Hypothek in der Zwangsversteigerung wieder verloren habe. Im Gegenteil muß daraus, daß er schon im ersten Rechtszuge erklärte: „Seit der Zeit, zu der der Kläger die Teilhypothek erworben habe, sei sie nicht schlechter im Range geworden; wenn der Kläger in der Zwangsversteigerung mitgeboten hätte, so würde er entweder das Grundstück zugeschlagen erhalten haben, oder aber er wäre überboten worden", gefolgert werden, daß er selbst als Ersteher die 9500 M, die er nicht ausgeboten hat, dennoch im Werte des Grundstücks erhielt. Dies scheint auch das Berufungsgericht, wie aus seinem Hinweis auf Erfüllungsermöglichung durch Ausbieten zu schließen, anzunehmen. Es braucht daher schon aus diesen Gründen nicht untersucht zu werden, ob der Fall des § 818 Abs. 3 B.G.B. gegeben ist. Überdies aber könnte der Beweis nicht mehr vorhandener Bereicherung nicht darauf gerichtet werden, daß der Beklagte für die untergegangene Hypothek nichts anderes erhalten hat; denn dann würde ja nicht er die Gefahr tragen, sondern der Kläger. Auch wenn der Beklagte an Stelle der ausgefallenen Hypothek nichts erhalten hätte, ist er durch die vom Kläger empfangene Valuta bereichert. Wie der Verkäufer einer Sache, der den Kaufpreis empfangen, die Sache aber noch nicht übergeben hat, den Kaufpreis zurückgeben muß, wenn die Sache untergeht (§§ 446. 323 B.G.B.), und sich nicht darauf berufen darf, er habe ja die Sache nicht mehr und sei daher durch den an ihre Stelle getretenen Kaufpreis nicht bereichert, so ist dieser Standpunkt auch in den sonstigen Fällen des § 323 nicht denkbar.

Nach dem allem muß das Berufungsurteil wegen Nichtanwendung der Bestimmungen über Erfüllungsunmöglichkeit, insbesondere des § 323 B.G.B., aufgehoben, und, da die Sache zur Endentscheidung reif ist, der Beklagte sofort unter Abänderung des landgerichtlichen Urteils gemäß §§ 823. 812. 818 B.G.B. zur Zahlung der 9500 ℳ nebst 4 Prozent Zinsen seit dem 1. Juli 1903, von wo an sie nur verlangt werden, verurteilt werden."

---

106. Ist im Art. 217 Einf.-Ges. zum B.G.B. unter Erbverzichtsvertrag nur ein solcher im Sinne der §§ 2346. 2352 B.G.B., oder auch ein Vertrag zu verstehen, durch den ein Erbe einem Miterben gegenüber auf sein Erbrecht verzichtet?

V. Zivilsenat. Urt. v. 23. Juni 1906 i. S. S. (Kl.) w. K. (Bekl.). Rep. V. 593/05.

I. Landgericht Elbing.
II. Oberlandesgericht Marienwerder.

Die Parteien waren Kinder der am 7. Juni 1904 verstorbenen Witwe S. und von ihr testamentarisch zu Erben ihres Nachlasses berufen worden. Das Testament war am 18. Oktober 1900 errichtet. Der Kläger machte seine Erbrechte aus dem Testamente geltend, und zwar insbesondere auf das Nachlaßgrundstück, welches die Beklagte nach dem Tode der Erblasserin auf Grund einer ihr am 16. Oktober 1902 erteilten Vollmacht auf ihren Namen im Grundbuche hatte umschreiben lassen.

Die Beklagte hatte Abweisung der Klage beantragt und u. a. eingewendet, der Kläger habe ihr gegenüber auf sein Erbrecht vertragsmäßig verzichtet und ihr hierüber am 21. Juni 1896 ein Schriftstück ausgestellt.

Es erhob sich dabei die obige Streitfrage, die vom Reichsgericht im Sinne der ersten Alternative entschieden wurde.

Aus den Gründen:

... „Der Punkt, bei welchem der Berufungsrichter fehlgeht, betrifft den Art. 217 Einf.-Ges. zum B.G.B. Hier rügt die Revision mit Recht, daß ihn das Berufungsgericht für anwendbar erachtet. Schon die Gegenüberstellung der Vorschriften im § 312 B.G.B. einerseits, und in den §§ 2346. 2352 B.G.B. andererseits ergibt, daß das Bürgerliche Gesetzbuch unter einem „Erbverzichtsvertrage" einen mit dem Erblasser geschlossenen Vertrag versteht. Nur von einem solchen ist auch in der Reichstagskommission bei der Beratung der jetzt den Art. 217 bildenden Vorschrift die Rede gewesen (Prot. Bd. 6 S. 557. 636). Es ist daher nicht angängig, dem Worte eine weitere Bedeutung zu geben und darunter auch einen Vertrag zu verstehen, der nicht mit dem Erblasser, sondern „unter den künftigen gesetzlichen Erben" (§ 312 Abs. 2) geschlossen ist, und zwar auch dann nicht, wenn dabei das frühere Recht in Betracht gezogen wird; denn auch dieses — wenigstens das hier in Betracht kommende preußische Allgemeine Landrecht — hat für derartige Verträge unter Miterben den Ausdruck „Erbverzichtsvertrag" als einen gesetzlichen nicht eingeführt. Mit Recht ist daher die Anwendbarkeit des Art. 217 auf derartige unter Miterben vor dem Inkrafttreten des neuen Rechts abgeschlossene Verträge bestritten, und angenommen worden, daß auf diese nur Art. 170 Einf.-Ges. zur Anwendung kommen könne (Habicht, Einwirkung 2. Aufl. S. 726 § 77). Ob damit derartigen Verträgen unter Miterben, die — wie der Berufungsrichter sagt — nach den Vorschriften des Allgemeinen Landrechts anerkanntermaßen dinglich wirkten, diese Wirkung genommen ist, d. h. ob sie nunmehr die Miterben persönlich binden, aber nicht mehr die Folge haben, daß der entsagende Teil Erbe überhaupt nicht geworden ist, kann für den vorliegenden Fall dahin gestellt bleiben. Denn auch wenn man dies anzunehmen hätte, könnte der Kläger nicht verlangen, daß er als Miteigentümer zur gesamten Hand an dem Nachlaßgrundstück eingetragen werde, oder daß ihm die Beklagte das Nachlaßgrundstück zum Miteigentum auflasse. Seine persönliche Verpflichtung, der

Beklagten gegenüber Erbrechte in den Nachlaß der Mutter nicht geltend zu machen, bleibt bestehen und wird von der Beklagten mit Recht der Klage entgegengesetzt." . . .

107. Nach welchen Normen haftet im früher französisch-rechtlichen Teile der preußischen Rheinprovinz der Staatsbeamte dem Staate für den aus einer Verletzung seiner Dienstpflichten entstandenen Schaden?

III. Zivilsenat. Urt. v. 26. Juni 1906 i. S. preuß. Eisenbahnfiskus (Kl.) w. Z. (Bekl.). Rep. III. 546/05.

I. Landgericht Elberfeld.
II. Oberlandesgericht Köln.

Aus den Gründen:

„Die Klage des preußischen Eisenbahnfiskus gegen den Beklagten als Beamten der preußischen Staatsbahnen ist gerichtet auf Erstattung von 348,10 *M* für dem Kläger erwachsene Vertretungskosten des Rangiermeisters A. Diese Vertretungskosten sind nach der Behauptung der Klage dadurch erwachsen, daß der Beklagte am 27. Oktober 1902, als er als Stationsassistent den Nachtdienst auf dem Güterbahnhof Barmen-Wichlinghausen hatte, dem bei dem Rangieren der Züge beschäftigten A., ohne daß letzterer eine ernste Veranlassung dazu gegeben habe, eine brennende Laterne an den Kopf geschlagen habe, und daß A. infolge der dadurch entstandenen Verletzung längere Zeit dienstunfähig gewesen sei, daher seine Arbeiten von einem Vertreter hätten verrichtet werden müssen. Der Beklagte hat, ohne das Entstehen der Vertretungskosten zu bestreiten, seine Haftbarkeit in Abrede gestellt, da er sich nur gegen einen Angriff A.'s mit der linken Hand gewehrt habe, und A. möglicherweise hierbei von der Laterne, die er in der rechten Hand gehalten habe, getroffen worden sei. Das Gericht erster Instanz hat die Klage zugesprochen, indem es die Schuld des Beklagten an der Verletzung des A. festgestellt hat, und die Haftbarkeit des Beklagten für den dem Kläger durch dieses Dienstvergehen entstandenen Schaden auf Grund der

Artt. 1382. 1383 Code civil ausspricht. Beklagter hat Berufung eingelegt, und es wurde die Klage, seinem Antrage gemäß, durch das nunmehr angefochtene Berufungsurteil als unbegründet abgewiesen. Die gegen dieses Urteil seitens des Klägers (mit dem Antrag auf Aufhebung des Berufungsurteils und Zurückweisung der Berufung des Beklagten gegen das erstinstanzliche Urteil) eingelegte Revision ist für begründet zu erachten.

Die Revision findet ohne Rücksicht auf den Wert des Beschwerdegegenstandes nach § 547 Nr. 2 Z.P.O. in Verbindung mit § 70 Abs. 3 G.V.G. und § 39 Abs. 1 Nr. 3 des preußischen Ausführungsgesetzes zum Deutschen Gerichtsverfassungsgesetze vom 24. April 1878 im vorliegenden Rechtsstreite statt. In der Sache selbst ist dem Berufungsgerichte zwar darin beizustimmen, daß die Artt. 1382. 1383 Code civil durch Art. 89 Ziff. 2 preuß. Ausf.-Ges. zum B.G.B. vom 20. September 1899 (abgesehen von der Frage der Irrevisibilität dieser letzteren Bestimmung) vollständig aufgehoben worden sind, wie sich aus dem Wortlaut und der Begründung ergibt, und auch im Gebiete des öffentlichen Rechts nicht mehr gelten. Ebenso ist die Ansicht des Berufungsgerichts, daß die §§ 88—90 A.L.R. II. 10, welche zufolge des, auch die Ansprüche des Staates gegen Staatsbeamte auf Schadensersatz wegen Verletzung der Amtspflicht dem Staate gegenüber betreffenden, Art. 80 Einf.-Ges. zum B.G.B. (Entsch. des R.G.'s in Zivils. Bd. 56 Nr. 84) aufrecht erhalten sind, in dem früher französischrechtlichen Teile der preußischen Rheinprovinz keine Geltung besitzen, nicht zu beanstanden (Entsch. des R.G.'s in Zivils. Bd. 43 Nr. 84). Wenn nun aber, in Ermangelung besonderer dem Art. 80 Einf.-Ges. zum B.G.B. unterstehender Landesgesetze für das fragliche Rechtsgebiet, das Berufungsgericht davon ausgeht, daß die Bestimmungen des Bürgerlichen Gesetzbuchs über Schadensersatzpflicht infolge der Verletzung von Verträgen, insbesondere eines Dienstvertrags, nicht anwendbar seien, weil der Inhalt der Dienstverpflichtung eines Beamten nicht durch Vertrag, sondern durch Anstellung und Gesetz bestimmt werde, das Dienstverhältnis des Beamten zum Staate überhaupt nicht privatrechtlicher, sondern öffentlichrechtlicher Natur sei, und auch bei Zurückführung dieses Dienstverhältnisses auf einen Vertrag letzterer keinesfalls ein privatrechtlicher obligatorischer, sondern ein eigenartig öffentlichrechtlicher sei, so kann dem im Ergebnis nicht beigestimmt werden. Dasselbe gilt aber von der weiteren Ausführung des Berufungsgerichts, daß die Grundsätze des privatrechtlichen Dienstvertrags (§§ 611 flg. B.G.B.) zur analogen Ausdehnung auf die Dienstpflichten des Beamten nicht geeignet seien, weil jene Dienstpflichten öffentlichrechtlicher Natur seien, ihrem Inhalte nach nicht durch Vertrag, sondern durch die Anstellung und öffentlichrechtliche Vorschriften bestimmt würden, ihre Erfüllung nicht durch Klage verlangt werden könne, und ihre Verletzung nicht eine Vertragsverletzung sei. Hierbei läßt das Berufungsgericht dahingestellt, ob nicht einzelne Ansprüche des Beamten gegen den Staat privatrechtlicher Natur und deshalb nach Analogie des privatrechtlichen Dienstvertrags zu beurteilen seien, da die lediglich öffentlichrechtliche Natur der Dienstpflicht des Beamten festzuhalten sei. Schon dieser letzteren Ausführung muß widersprochen werden, da, wenn eine analoge Anwendung der Bestimmungen über den Dienstvertrag und die Schadensersatzpflicht aus Verträgen zugunsten des Beamten überhaupt rechtlich möglich ist, diese ebenso zugunsten des Staates und zu Lasten des Beamten denkbar ist. Es ist ja richtig und steht in der Rechtsprechung des Reichsgerichts fest, daß das Staatsbeamtenverhältnis öffentlichrechtlicher Natur ist und durch einen einseitigen Akt der Staatsgewalt begründet wird, sowie daß, soweit jenes Verhältnis vertragliche Elemente enthält, diese jedenfalls nicht in einem privat-, sondern in einem öffentlichrechtlichen Vertrag ihren Ursprung finden. Dies schließt aber keineswegs aus, daß das Beamtenverhältnis nicht nur für den Beamten, sondern auch für den Staat privatrechtliche Wirkungen hervorbringt (insoweit also quasikontraktlicher Natur ist), welche, in Ermangelung positiver Gesetzesbestimmungen und aus der öffentlichrechtlichen Natur des Beamtenverhältnisses sich ergebender Ausnahmen, nach Analogie des Dienstvertrags zu beurteilen sind. Dies gilt namentlich insoweit, als der Beamte eine Verletzung seiner Amtspflichten begeht und dadurch dem Staate Schaden zufügt, zu dessen Ersatz dann der Beamte dem Staate nach Analogie des Dienstvertrags und der Bestimmungen des Bürgerlichen Gesetzbuchs über Schadensersatz verpflichtet erscheint. Das Berufungsgericht läßt zwar die Frage unentschieden, ob der Beklagte durch den dem K. zugefügten Schlag seine ihm als preußischem Staatsbeamten gegenüber dem Kläger obliegende Dienstpflicht verletzt hat dadurch, daß er bei Ausführung einer von ihm in amtlicher Eigenschaft vorgenommenen Handlung seine Amtsbefugnisse überschritt, oder ob er diese Dienstpflicht nicht verletzt hat, indem er nur bei Gelegenheit der Ausübung seines Amtes schlug, wozu er innerhalb seines amtlichen Wirkungskreises nicht befugt war. Allein das Berufungsgericht hat andererseits festgestellt: der Beklagte, der am 27. Oktober 1902 als Stationsassistent auf dem Güterbahnhof Barmen-Wichlinghausen den Nachtdienst und damit die Aufsicht über das dort stattfindende Rangieren der Züge hatte, habe dem Rangiermeister A. wegen mangelhafter Ausführung des demselben obliegenden Rangierens Vorhaltungen gemacht und dabei seiner Meinung Ausdruck gegeben, A. sei betrunken; diese Äußerung habe zu einem Wortwechsel zwischen A. und dem Beklagten geführt, in dessen Verlauf der letztere mit der in seiner Hand befindlichen Laterne dem ersteren einen derartig wuchtigen Schlag auf die linke Stirnseite versetzte, daß A. infolge der erlittenen Verletzung bis zum 27. April 1903 dienstunfähig wurde. Danach kann es aber nicht zweifelhaft sein, daß der Beklagte in Ausübung oder mindestens in Veranlassung der Ausübung seines Amtes vorsätzlich eine Körperverletzung begangen hat (§ 340 St.G.B., Entsch. des R.G.'s in Straff. Bd. 17 Nr. 40), also eine Dienstpflichtverletzung auch dem Staate gegenüber sich hat zu Schulden kommen lassen. Der Beklagte ist daher dem Kläger auch zum Ersatze des diesem entstandenen Schadens verpflichtet. Es kann daher dahingestellt bleiben, ob diese Schadensersatzpflicht auch dann eintreten würde, wenn der Beklagte nur gelegentlich der Ausübung des Amtes ohne inneren Zusammenhang mit dieser Ausübung die Körperverletzung begangen hätte, und ob eine Anwendung der Bestimmungen des Bürgerlichen Gesetzbuchs über unerlaubte Handlungen auf das Verhältnis zwischen den Streitteilen ausgeschlossen erscheint, sowie ob, wie Kläger weiter geltend gemacht hat, Beklagter ein gültiges Schuldanerkenntnis im Sinne des § 781 B.G.B. erteilt hat, oder nicht. Sonach war das Berufungsurteil aufzuheben, und die Berufung des Beklagten gegen das erstinstanzliche Urteil zurückzuweisen."

Register.

Die beigesetzten Zahlen beziehen sich auf die Seiten.

A. Sachregister.

A

E

K

W

Z

B. Gesetzesregister.

1. Reichsgesetze.

a. Bürgerliches Gesetzbuch.

b. Einführungsgesetz zum Bürgerlichen Gesetzbuch.

c. Allgemeines Deutsches Handelsgesetzbuch.

d. Handelsgesetzbuch von 1897.

l. Konkursordnung von 1898.

m. Gerichtsverfassungsgesetz.

n. Gesetz über die Angelegenheiten der freiwilligen Gerichtsbarkeit.

o. Grundbuchordnung.

p. Gewerbeordnung.

q. Strafgesetzbuch.

r. Strafprozeßordnung.

s. Gerichtskostengesetz.

t. Gebührenordnung für Zeugen und Sachverständige.

u. Einzelne Gesetze und Verordnungen.

2. Gemeines Recht.

3. Landesrecht.

Preußen.

a. Allgemeines Landrecht.

C. Chronologische Zusammenstellung der Entscheidungen.

Zusammenstellung

der

im dreiundsechzigsten Bande, der neuen Folge dreizehnten Bande

mitgeteilten Entscheidungen

nach

Oberlandesgerichtsbezirken.

Berlin . . . . . 6. 9. 16. 21. 37. 41. 42. 43. 45. 55. 58. 60. 64. 70. 73. 76. 80. 94. 97. 98. 99. 102.
Breslau . . . . 13. 17. 19. 31. 82. 103.
Celle . . . . 23. 35.
Dresden . . . . 52. 59. 101. 104. 105.
Frankfurt a. M. 63. 81. 86.
Hamburg . . . . 39. 48. 74. 87. 89. 90.
Hamm . . . . . . 1. 22. 24. 25. 38. 40. 47. 49. 61. 69. 95. 96.
Jena . . . . . . 12. 18. 34. 62.
Karlsruhe . . . 2. 15. 28. 51. 54. 75. 93. 77.
Kiel . . . . 27.
Köln . . . . 8. 14. 29. 33. 46. 56. 66. 71. 72. 78. 79. 85. 92. 100. 107.
Königsberg . . 5. 50. 53. 67. 83.
Marienwerder 20. 30. 106.
München . . . . 88.
Naumburg . . . 3. 32. 57. 65. 84.
Nürnberg . . . . 68.
Oldenburg . . . 26. 91.
Posen . . . . . . 7. 10.
Stettin . . . . . 4. 11. 36.

Patentamt . . . . 44.

Berichtigungen.

Fünfzigster Band.

S. 373 Z. 5 v. o. statt „1901“ lies „1900“.
„ 377 „ 5 v. u. statt „worden“ lies „werden“.

Einundfünfzigster Band.

S. 223 Z. 4 v. o. statt „welche“ lies „welcher“.
„ 237 „ 2 u. 3 v. u. statt „Reichsgerichts“ lies „Reichsoberhandelsgerichts“.
„ 237 „ 2 v. u. hinter Entsch. lösche „desf. in Zivils.“.
„ 309 „ 7 v. u. statt „§ des“ lies „des §“.
„ 349 in der Anm. Z. 6 v. u. statt „Schollmayer“ lies „Schollmeyer“.
„ 352 Z. 18 v. o. statt „9500“ lies „9000“.
„ 378 „ 14 v. u. statt „hat“ lies „ist“.
„ 380 „ 9 v. o. statt „vermeinliches“ lies „vermeintliches“.
„ 381 „ 19 v. o. statt „rechtliches“ lies „berechtigtes“.

Zweiundfünfzigster Band.

S. 23 Z. 3 v. o. statt „haben" lies „habe".

„ 29 „ 8 v. o. statt „die Rückforderungsklage des Werksbesitzers" lies „der Anspruch der Knappschaftskasse auf die Beiträge".

„ 37 „ 5 v. u. statt „S." lies „Nr.".

„ 46 „ 12 v. o. statt „diese Unbescholtenheit" lies „die Bescholtenheit".

„ 52 „ 9 v. u. statt „Zahlbarkeit" lies „Verzinsbarkeit".

„ 96 „ 15 v. u. statt „167" lies „164".

„ 126 „ 8 v. u. statt „Jogbezirk" lies „Jagdbezirk".

„ 143 „ 7 v. u. statt „Kläger" lies „Beklagter".

„ 170 „ 2 v. o. statt „." setze „?".

„ 221 „ 9 v. o. statt „dem" lies „den".

„ 221 „ 3 v. u. statt „Urkunden" lies „Urkunde".

„ 222 „ 9 v. u. statt „Wechselordnung" lies „Wechselforderung".

„ 289 „ 3 v. o. statt „könne" setze „können".

„ 324 „ 1 v. u. streiche „jetzt".

„ „ „ 2 v. u. hinter „zwar" schiebe ein „auf Grund des § 5, jetzt 4 nicht aber auch" und streiche „17".

„ 345 „ 10 v. o. statt „zukünftig" lies „zu künftig".

„ 352 „ 4 v. u. statt „der Beklagte" lies „die Beklagte".

„ 361 „ 17 v. o. statt „den Gläubiger" lies „dem Gläubiger".

„ 371 „ 2 v. u. statt „verhaltenen" lies „vorbehaltenen".

„ 414 „ 9 v. o. statt „welchen" lies „welchem".

„ 428 „ 1 v. u. statt „verflichtet" lies „verpflichtet".

„ 437 „ 2 v. o. statt „Vortragserklärungen" lies „Vertragserklärungen".

„ 457 Sp. 1 Z. 11 v. u. statt „§ 17" lies „§ 18", und vor „324" schiebe ein „320".

„ „ „ 1 vor Z. 12 v. u. schiebe ein „— — § 5 . . . . 319. 324".

„ 458 „ 2 Z. 18 v. o. füge hinzu „324".

Sechzigster Band.

S. 468 Z. 6 v. u. an Stelle von „statt § 252 I 6" setze „füge hinzu § 252 I 5".

„ 468 „ 3 v. u. statt „52 S. 212" lies „52 S. 262".

Einundsechzigster Band.

S. 66 Z. 16 v. o. hinter „wurde" setze „die Gegenforderung".

Zweiundsechzigster Band.

S. 281 Z. 7 v. o. vor „Satzes" schiebe ein „des".

„ 468 „ 17 v. u. statt „488" lies „468".

Dreiundsechzigster Band.

S. 23 Z. 3 v. o. statt „Bd. 4" lies „Bd. 3".

„ 62 „ 13 v. o. statt „Holdheimer" lies „Holdheim".

„ 86 „ 1 v. o. statt „bis zur" lies „bei der".

„ 105 „ 5 v. u. statt „1885" lies „1883".

„ 223 in der Anm Z. 1 u. 2 v. o. statt „Anm." lies „Bem.".

„ 373 Z. 2 v. u. statt „§ 27" lies „§ 37".

„ 318 „ 11 v. u. statt „469/06" lies „469/05".

„ 347 „ 19 v. o. „von" zu streichen.

„ 351 „ 14 v. o. statt „des Inventars" lies „über das Inventar".

„ 407 „ 15 v. o. statt „gegeben" lies „zu geben".

„ 410 „ 13 v. u. statt „Auslagevorschuß" lies „Auslagenvorschuß".

Kolibri 360 GmbH
Ferdinand-Jühlke-Straße 7
99095 Erfurt, Deutschland
produktsicherheit@kolibri360.de